suhrkamp taschenbuch 64

Fritz Clemens Werner, Jahrgang 1896, ist em. Professor für Zoologie der Universität Leipzig. Schon während seines Studiums (Zoologie, Botanik, Chemie) legte er sich eine Kartei mit einer Sammlung lateinischer, griechischer und anderer Wortbestandteile an. Hinzu kam, während einer ca. 20 Jahre dauernden Forschungstätigkeit an medizinischen Instituten, die Ergänzung seiner Sammlung um die medizinische Terminologie.

Wortelemente lateinisch-griechischer Fachausdrücke in den biologischen Wissenschaften geben nicht eine historische Etymologie, sondern eine Bedeutungsanalyse all der Wortbestandteile, die für Unterricht und Forschung von aktueller Bedeutung sind.

F. Cl. Werner

Wortelemente lateinisch-griechischer Fachausdrücke in den biologischen Wissenschaften

Suhrkamp

Die erste Auflage ist 1956 unter dem Titel erschienen:
Wortelemente lateinisch-griechischer Fachausdrücke in der Biologie, Zoologie und vergleichenden Anatomie

suhrkamp taschenbuch 64
Erste Auflage 1972

Druck: Nomos Verlagsgesellschaft, Baden-Baden
Printed in Germany
Umschlag nach Entwürfen von Willy Fleckhaus und Rolf Staudt

8 9 10 11 12 – 05 04 03 02 01 00

Inhalt

Aus dem Vorwort zur ersten Auflage

Die vorliegende Untersuchung über die wichtigsten Wortelemente der lateinischen und griechischen Fachausdrücke und Namen in der allgemeinen Biologie, Zoologie und verwandten Wissenschaften (medizinische Anatomie) ist in erster Linie für Studierende der Biologie, der Medizin, Veterinärmedizin und Landwirtschaft gedacht. In zweiter Linie soll sie allen denjenigen helfen, die die Fremdwörter der wissenschaftlichen Fachausdrücke und Namen benutzen, ohne Vorkenntnisse der klassischen Sprachen zu besitzen, z. B. Naturfreunden der verschiedensten Interessengebiete. Aber sicherlich wird das Buch auch dem Fachmann von Nutzen sein, vor allem dem Lehrer der Biologie, der mit dem Namen vielfach auch zugleich die Sache erklären kann. Und schließlich sei schon hier darauf hingewiesen, daß die Bedeutung der Wortelemente durchaus nicht ohne weiteres aus lateinischen oder griechischen Schulkenntnissen zu entnehmen ist und sich auch nicht immer aus der Vertrautheit mit den Fachausdrücken ergibt. Sie ist in vielen Fällen erst durch eine sehr gründliche Analyse der Wörter zu erschließen. Das Ergebnis dieser Analyse wird vor allem derjenige verwerten können, der in seiner Forschungsarbeit vor der Notwendigkeit steht, selbst neue Ausdrücke und Namen zu schaffen, und sich darüber im klaren ist, welch schwere Verantwortung er dabei übernimmt.

Leipzig, Ostern 1954 FRITZ CL. WERNER

Aus dem Vorwort zur zweiten Auflage

Der bisherige Untertitel „in der Biologie, Zoologie und vergleichenden Anatomie“ hatte eine zu enge Kennzeichnung des Inhalts gegeben. Mit der Erweiterung des Untertitels „in den biologischen Wissenschaften“, zu denen auch die medizinische Anatomie und Physiologie gehören, ergab sich die Verpflichtung, den Inhalt noch zu erweitern und dabei die Wünsche von Referenten und Benutzern so weit wie möglich zu berücksichtigen.

Wichtiger als die quantitative Vermehrung erscheint es mir, das Verständnis der sprachlichen Formen, ihrer Herkunft, Zusammensetzung und aktuellen Bedeutung zu vertiefen. Zum Beispiel wurden die Stämme der lateinischen Verben vervollständigt, auch soweit sie seltener verwendet sind. Bei der Auswahl von Beispielen habe ich mich wie bisher bemüht, möglichst viele sprachliche Formen zu bieten, so bei den Adjektiven (Artnamen) auf ·us, ·a, ·um ein Beispiel für jedes der grammatischen Geschlechter. Die stärkere Berücksichtigung der botanischen Ausdrücke und Namen ergibt sich vor allem aus den engen Beziehungen zwischen Tieren und Pflanzen und der Gemeinsamkeit beider Lebensformen. Im Sinne eines Vorschlages für den Schulunterricht habe ich mehr als bisher auch Wörter aus Nachbargebieten und allgemeinere Fremdwörter herangezogen, in der Meinung, daß damit auch das Verständnis der speziellen Fachausdrücke und Namen erleichtert werden kann. Für viele Artikel ergab sich daraus die Notwendigkeit einer strengeren Untergliederung nach den verschiedenen Bedeutungen der Wortbestandteile. Die enge Verbindung zwischen sprachlicher Form und sachlichem Inhalt, die in der neuen Auflage noch konsequenter und auf weiterem Gebiet durchgeführt wird, soll vor allem dem Lernenden ermöglichen, durch das Wort auch die Sache besser zu verstehen.

Wenn ich mich im vorliegenden Buche auf Wortelemente lateinischer und griechischer Herkunft beschränkt habe, so lag der Grund in der Einheitlichkeit des sprachlichen Systems, das in diesem Wortmaterial enthalten ist. Ich möchte aber dringend vor dem Mißverständnis warnen, als sei die biologische Terminologie und Nomenklatur der Gegenstand einer angewandten Altphilologie. Ich habe als Naturwissenschaftler weder die Kompetenz noch die Absicht, „den Geist der klassischen Sprachen wiederzuerwecken“, sondern analysiere das moderne sprachliche Material zum praktischen Zweck. Zu diesem Material haben auch viele andere Sprachen Beiträge geliefert, z. B. die malayischen Sprachen (Lit. 1957, 1959). Geographische und aus mythologischen Namen gebildete Bezeichnungen habe ich nur ausnahmsweise berücksichtigt. Ferner lehne ich es ab, über strittige Etymologien zu diskutieren, über die sich sogar die Philologen nicht einig sind.

Was die international festgelegten Namen in der Anatomie, Botanik und Zoologie anlangt, so habe ich versucht, die gegenwärtig gültigen Regeln zu befolgen. Die nicht mehr gültigen Jenenser Nomina Anatomica (JNA), die in der ersten Auflage benutzt wurden, mußten durch die in Paris beschlossenen Namen ersetzt werden. Jedoch kann ich mich nicht auf diese beschränken, denn in der vergleichenden Anatomie und Zoologie und sogar in medizinischen Fachgebieten sind zum Teil auch andere Namen gebräuchlich. Und auch der Beschluß einer internationalen Kommission berechtigt nicht dazu, die bisherige Literatur durch ausschließliche Verwendung neuer und ungewohnter Bezeichnungen unlesbar zu machen.

Leipzig, Frühjahr 1960 FRITZ CL. WERNER

Vorwort zur 3. Auflage

Mit der rapiden Entwicklung der Wissenschaften erweitert und verändert sich auch deren Terminologie. Für die dritte Auflage war es nötig, veraltete und heute weniger wichtige Stichwörter und Angaben zu streichen und dafür neue aufzunehmen. Vor allem wurde der botanische Anteil erweitert. Doch kann in dem abgesteckten Umfange Vollständigkeit nicht einmal angenähert erreicht werden; und es kam nur darauf an, aus weiteren biologischen Fachgebieten möglichst aktuelle und zweckmäßige Beispiele auszuwählen. An die Stelle von 85 gestrichenen Stichwortartikeln sind 140 neue getreten.

Erstmalig ist am Ende des Buches ein alphabetisches Sachregister angefügt worden. Es ermöglicht das flüchtige Nachschlagen, aber es soll auch flinken Benutzern die Anregung geben, sich mit der Zusammensetzung des gesuchten Fachausdruckes näher zu beschäftigen.

Der besondere Wert des Buches gegenüber den gebräuchlichen Fachwörterbüchern beruht darauf, daß es als Lehrbuch das tiefere Verständnis für den sprachlichen Aufbau der Fachterminologien vermittelt. Das ist in Referaten der beiden ersten Auflagen anerkannt worden. Es ist daher selbstverständlich, daß die neue Auflage noch mehr dieser Aufgabe angepaßt wurde.

Die Kenntnis des griechischen Alphabetes darf heute als Bestandteil der Allgemeinbildung aufgefaßt werden, zumal die Buchstaben in der Mathematik, Physik und Chemie als Symbole und Zeichen benutzt werden. Wir schreiben daher die altgriechischen Wörter anstelle der bisherigen Transkription im griechischen Alphabet und verzichten auf die zusätzliche Transkription, da sie aus den Wortelementen und Fachausdrücken leicht zu entnehmen ist. Wenn ich darauf hinweise, daß der Titel nicht von lateinischen und griechischen *Wortelementen*, sondern von lateinisch-griechischen *Fachausdrücken* spricht, so meine ich damit nicht nur die Herkunft aus den beiden antiken Sprachen, sondern vor allem ihre aktuelle Form. Für die „lateinischen Namen" ist diese Form durch internationale Beschlüsse vorgeschrieben. Aber ich gebe der lateinischen oder latinisierten Form auch in anderen Fällen den Vorzug und trenne sie scharf von der verdeutschten Form, die heute immer gebräuchlicher wird. In vielen Fällen ist die Angabe beider Formen erwünscht, z. B. Biocoenosis = Biozönose und Cyclus = Zyklus.

Ein Lehrbuch ohne entsprechenden Unterricht in den Oberschulen und Universitäten bleibt natürlich isoliert und nur begrenzt wirksam. Der Autor erstrebt einen besonderen terminologischen Unterricht, um der Jugend anstelle der antiken Sprachen eine neue Grundlage für die Spezialausbildung ebenso wir für eine umfassende Allgemeinbildung zu geben. Mit der Anwendung wissenschaftlicher Methoden auf die Fachterminologien erfülle ich Anforderungen, wie sie für das künftige Bildungssystem gefordert werden. Die „Wortelemente" bieten also sehr viel mehr als einzelne Auskünfte. Zur Zeit müssen wir uns damit begnügen, den Benutzer zum Selbstunterricht aufzufordern. Er kann sich schnell einarbeiten, wenn er mit irgendeinem Stichwort beginnt und die Beziehung zu anderen und auch zu alltäglich benutzten Fremdwörtern entdeckt. Dann wird er vom Nachschlagen zum Studium des Buches übergehen, so hoffe ich.

Die Fülle und Vielseitigkeit des Materials verlangt in Zukunft die Zusammenarbeit mehrerer Autoren aus verschiedenen Fachgebieten. Sie beschränkte sich einstweilen noch auf kritische Bemerkungen in Referaten und briefliche Mitteilungen. Dank gebührt besonders Herrn Dr. MAX RICHTER (Dresden), dessen kritische Hinweise zur zweiten Auflage, wie schon zur ersten, wertvolle Anregungen gaben. Ferner bin ich Herrn Diplombiologen EBERHARD KOCH (Zwickau) für Kritik und Anregungen zu Dank verpflichtet.

701 Leipzig, Kreuzstraße 4
3. Juni 1967

FRITZ CLEMENS WERNER
Dr. phil., Prof. em. mit
Lehrauftrag für Zoologie
an der
Karl-Marx-Universität

1. Einleitung

1.1. Die Fachausdrücke (Termini technici)

An die wissenschaftliche Terminologie, d. h. die Gesamtheit der Fachausdrücke einschließlich der Namen, sind andersartige Anforderungen zu stellen als an die allgemeine Umgangssprache.

Man muß erstens verlangen, daß jeder Fachausdruck einem eindeutig umschriebenen und klar erfaßbaren Begriff entspricht und daß jeder Name ein bestimmtes Objekt oder eine bestimmte, durch festgelegte Merkmale charakterisierte Gruppe von Objekten bezeichnet. Es ist daher zweitens klar, daß der Anzahl an unterscheidbaren Objekten und abstrakten Begriffen eine ebenso große Anzahl verschiedener Wörter oder Wortkombinationen entsprechen muß, wenn das Prinzip der eindeutigen Bezeichnung durchgeführt werden und gewahrt bleiben soll. Die Anzahl der Gegenstände, Vorgänge und Begriffe wächst täglich und stündlich mit der Entwicklung der Wissenschaft in die Breite und Tiefe, mit der Entwicklung der menschlichen Gesellschaft und der Veränderung der Natur durch die praktische Tätigkeit der menschlichen Gesellschaft. An dieser Tätigkeit nehmen immer mehr Völker mit verschiedenen nationalen Sprachen teil. Aus diesem Grunde ist es wichtig, daß die wissenschaftlichen Fachausdrücke und Namen noch eine dritte Anforderung erfüllen, nämlich die der internationalen Verständlichkeit.

Die drei genannten Anforderungen der *Eindeutigkeit*, *großen Anzahl und internationalen Verwendbarkeit* werden in hohem Maße dadurch erfüllt, daß man für die naturwissenschaftlichen und medizinischen Fachausdrücke zum großen Teil das Wortmaterial der antiken Sprachen Griechisch und Lateinisch verwendet. Diese Sprachen unterliegen als solche nicht mehr der natürlichen und lebendigen Veränderung. Ihr Wortmaterial ist sozusagen ein gegebener Vorrat, den man mehr oder weniger frei für heutige Zwecke verwendet hat und weiter verwendet. Daraus folgt auch, daß man den antiken Wörtern und Wortelementen – mehr oder weniger willkürlich – bestimmte neue Bedeutungen zuerteilt hat. Eine solche Abgrenzung und Festlegung innerhalb der lebendigen und durch mancherlei Einflüsse veränderlichen Umgangssprache würde zu Schwierigkeiten und Mißverständnissen führen. Z. B. bezeichnet in der wissenschaftlichen Nomenklatur das Wort Rana eine bestimmte Gattung der Tiere und der Name Rana esculenta = Wasserfrosch eine bestimmte Art (Species), während mit dem Wort „Frosch" ein Individuum von sehr verschiedener Gattungszugehörigkeit (Hyla, Nototrema, Rhinoderma, Rana usw.) gemeint sein kann.

Vor allem gestattet die Benutzung des antiken Wortmaterials die Benennung der vielen neuen und ständig an Zahl zunehmenden Objekte und Begriffe, für die in den nationalen Sprachen kein entsprechendes Wort vorhanden ist. Auch Umschreibungen und die Zusammensetzung von Wörtern sind hierfür schwerlich ausreichend. Das Lateinische und vor allem das Griechische bieten eine Fülle von Wortelementen und Wortbildungsweisen, aus der man „aus dem vollen schöpfen“ konnte und auch noch in Zukunft kann; denn das Material ist noch keineswegs restlos ausgewertet. Anderseits ist man nicht immer rücksichtsvoll und zweckmäßig damit umgegangen. Durch Mischung griechischer und lateinischer Bestandteile, durch Silbenschwund, z. B. sarco-coptes → Sarcoptes, Umstellungen von Buchstaben, z. B. Ptinus → Niptus (Anagramme), Zusammenziehungen und willkürliche Bildungen ist das antike Sprachgut teilweise recht stark abgeändert worden. Ferner haben viele andere Sprachen Wortmaterial beigesteuert, z. B. zur Benennung außereuropäischer Tiere und Pflanzen (Lit. WERNER u. KAHLO 1957, 1959; WERNER u. TILAK 1966). Schließlich wurden auch Eigennamen von Forschern und anderen Personen „latinisiert“ (Babesia, Bilharzia, Bonellia, Eimeria stiedae, Forskalia, Redie). Das auf diese Weise angehäufte Sprachgut ist folglich mit keiner der beiden antiken Sprachen, vor allem nicht in ihrer klassischen Form, identisch, sondern stellt etwas Neues dar, das sich historisch entwickelt hat und besonderen Sprachgesetzen folgt.

Ungeachet der Herkunft gewinnen die Wörter, sobald sie in einer wissenschaftlichen Abhandlung verwendet und damit dem internationalen Forum der Fachleute mitgeteilt wurden, einen *internationalen Charakter*. Mit der neuentdeckten Sache, etwa einer neu beschriebenen Tierart, einer neuentdeckten innersekretorischen Drüse oder der neuen Besonderheit eines physiologischen Vorganges, findet zugleich der Name oder die Bezeichnung, die der Autor prägte, eine allgemeine Verbreitung und somit Eingang in alle Sprachen, in denen das wissenschaftliche Ergebnis durch Lehre verbreitet und auf Grund weiterer Forschungen mitgeteilt wird. In den meisten Fällen haben die wissenschaftlichen Namen und Fachausdrücke für die nationalen Sprachen den Charakter von Fremdwörtern, zum mindesten bezüglich ihrer Orthographie und der lateinischen bzw. griechischen Endungen.

Die geschilderte Entwicklung hat sich anfangs für größere Gebiete der Naturwissenschaft und Medizin im Zusammenhang vollzogen. Als die einzelnen Wissenszweige sich spezialisierten, bildeten sich auch verschiedene Gebräuche in der Auswahl, Verwendung und Abänderung des Wortmaterials heraus. Einige Fachgebiete haben für ihren Wortbestand Normen festgesetzt und Reformen durchgeführt, ohne auf Nachbargebiete Rücksicht zu nehmen, z. B. die medizinische Anatomie ohne Rücksicht auf die Zoologie und vergleichende Anatomie. Es ist deshalb nötig, daran zu erinnern, daß die gemeinsame Quelle beider antiken Sprachen und die mannigfachen sachlichen Beziehungen Grund genug sind, die Terminologie aller naturwissenschaftlichen Disziplinen und der Medizin, ja darüber hinaus die *aller Wissenschaften als einheitlich zu behandeln und einheitlich weiterzuentwickeln.*

Es scheint mir für alle Zweige der Wissenschaft von praktischem Interesse zu sein, das Wortmaterial der Fachausdrücke und Namen möglichst zweckmäßig zu verwenden und klare Richtlinien für seine zukünftige sachgemäße und sprachlich richtige Verwendung auszuarbeiten. Die Grundlage dafûr kann nur eine *wissenschaftliche Untersuchung des gesamten Wortmaterials* liefern. Eine solche Untersuchung verlangt die engste Zusammenarbeit aller Fachwissenschaftler miteinander und mit den Sprachforschern.

In der vorliegenden Arbeit wird versucht, für eine solche umfassende und viele Gebiete verknüpfende Wissenschaft gewisse allgemeine Grundgedanken zu entwickeln, die für ihren zukünftigen Ausbau Anregungen geben mögen.

1.2. Die Wortbestandteile, ihre Herkunft und Bedeutung

Die Erfahrung lehrt, daß es vielen Studierenden nicht allzu schwer fällt, zugleich mit der Sache auch das Wort dafür im Gedächtnis zu behalten, ohne seine sprachliche Herkunft und die Gesetze seiner Bildung zu kennen. Das Wort erscheint als „Signal“, ohne zur Sache in einem inneren Zusammenhang zu stehen; und der sprachliche Ausdruck ist anscheinend nicht schwieriger zu merken als die Sache, der er zugeteilt ist. Die Anzahl der wissenschaftlichen Fremdwörter ist nur daher so groß, weil die Objekte, Vorgänge und Begriffe so zahlreich sind, mit denen der Lernende und der Wissenschaftler sich beschäftigen müssen.

Mit solchen Erfahrungen und Überlegungen kann man sich trotzdem nicht zufrieden geben. Die Fachausdrücke und Namen sind nicht lediglich eine Summe unabhängiger Buchstabenreihen, von denen jede einzelne nur eine unmittelbare Beziehung zum jeweiligen Gegenstand, Vorgang oder Begriff besitzt. Sondern sie entstammen in ihrer Mehrheit zwei ehemals lebendigen, miteinander verwandten Sprachen und bilden ein *sprachliches System*, das auch Teile der Grammatik dieser Sprachen, die Regeln der Wortbildung, die Deklinationen, Konjugationen usw. in sich schließt. Vor allem ist die ungeheuer große Anzahl von Namen und Bezeichnungen nur dadurch möglich, daß man aus einer geringeren Anzahl von Wortstämmen, Vor- und Nachsilben neue, zusammengesetzte Wörter bilden kann. Es ist klar, daß die dazu verwendeten Wortelemente nicht an einen einzigen Gegenstand, Vorgang oder Begriff gekoppelt sind und lediglich zusammen mit diesem in Erinnerung bleiben. Aus diesen und anderen Gründen ist es notwendig, die Fachausdrücke und Namen griechischer, lateinischer und sonstiger Herkunft auch *sprachlich zu erläutern.* Dies wird um so nötiger, je weniger die Kenntnis des Lateinischen, vor allem aber des Griechischen, vorausgesetzt werden kann.

Die gebräuchlichen Fachwörterbücher der Botanik, der Zoologie, der Anatomie usw. kommen dem Bedürfnis nach einer sprachlichen Erläuterung dadurch entgegen, daß sie für das Wort bzw. seine Bestandteile das altgriechische oder lateinische Wort und seine Übersetzung angeben. Manche bringen auch Angaben und Diskussionen über die Etymologie im Sinne einer Vorgeschichte, die dem Eintritt der lateinischen und griechischen Wörter in die wissenschaftliche Terminologie vorangeht. Die wichtigsten dieser Fachwörterbücher, die benutzt wurden, sind für die

Anatomie: De Terra 1913, Donath 1960, Triepel, 27. Auflage, bearbeitet von Herrlinger 1965;

Botanik: Gerke 1909, Laven 1949, Börner 1951, Wehrhahn 1952, Zander 1964, Schubert-Wagner 1965 sowie die Synopsis der Pflanzenkunde von Leunis in der Bearbeitung von Frank 1883/86;

Zoologie: Hirsch-Schweigger 1925, Ziegler-Bresslau 1927 sowie die Synopsis der Tierkunde von Leunis in der Bearbeitung von Ludwig 1883/86; für Käfer Schenkling 1922, Schmetterlinge Hering 1941, Insekten allgemein v. Kéler 1963.

Man kann sich weitgehend auf die genannten Autoren berufen. Viele Termini waren in gleicher oder ähnlicher Form schon in der Antike vorhanden und lassen sich in den Sprachwörterbüchern auffinden. Andere mit häufiger vorkommenden Bestandteilen sind leicht zerlegbar. Im übrigen darf angenommen werden, daß die neueren Werke sich auf ältere, z. B. die genannten von Leunis, stützen, die auf Autoren zurückgehen konnten, von denen die Termini, vor allem die Namen der Pflanzen und Tiere, geprägt worden sind. In manchen Fällen war für das vorliegende Material jedoch eine kritische Nachforschung nötig.

Dennoch genügt die Angabe der Ursprungswörter keineswegs für die sprachliche Erklärung, wie sie der moderne Naturwissenschaftler, der Lehrer und Lernende brauchen. Das vorliegende Werk über die „Wortelemente" beschränkt sich einerseits auf den Bereich der wissenschaftlichen Terminologie und verzichtet grundsätzlich auf den Anspruch der historischen Etymologie. Andererseits geht es in der Analyse sehr viel weiter als die genannten Fachwörterbücher. Es betreibt eine Semantik oder Bedeutungsanalyse des modernen Fachwortes und seiner Bestandteile. Für diesen Zweck werden die Ursprungssprachen nur insoweit berücksichtigt, als sie Hinweise auf die formale Zusammensetzung und Abwandlung der Wörter und auf die Möglichkeit verschiedener Bedeutungen gaben. Unterschiedliche Drucktypen in den einzelnen Stichwortartikeln sollen diese Trennung zum Ausdruck bringen.

1.2.1. Formale Analyse

Der Bedeutungsanalyse muß zunächst eine *Analyse der Form* vorausgehen. Gehen wir vom gegenwärtigen Zustand aus, der sich uns als Naturwissenschaftlern bietet, so ergibt sich zunächst folgendes: Viele Wortbestandteile kommen so häufig vor, daß man sie in verschiedenen Fachausdrücken und Namen leicht wiedererkennt, z. B. die Wortelemente acanth, anth, centr, crypt, cyst, echin, desm, gon, gnath, gastr, neur, odont, trich und viele andere. Manche davon kommen in allgemein gebräuchlichen Fremdwörtern vor und sind daher auch dem Laien nicht ganz fremd. Wenn man nun eine Buchstabenfolge in vielen Wörtern kennt, wie etwa das Wort ptera in den Namen der Insektenordnungen Aptera, Archiptera, Coleoptera, Hemiptera, Lepidoptera, Strepsiptera, Trichoptera usw., so darf man vermuten, daß auch die anderen Anteile, also in diesen Fällen a, archi, coleo, hemi, lepido, strepsi, tricho usw., bestimmte, faßbare Wortelemente darstellen. In einigen anderen Fällen erweisen sich diese Wortteile ihrerseits als zusammengesetzt, z. B. in den Wörtern An iso ptera, A phani ptera, Ep hemero ptera. Aber auch ptera erweist sich als uneinheitlich. Denn ziehen wir Namen aus anderen Tiergruppen heran, z. B. Cyclopterus, Polypterus, Protopterus, ferner Pteropoda, Pterotrachea u. a., so führt die Analyse zu dem Schluß, daß diesen Wörtern nur die Silbe pter gemeinsam ist und daß verschiedene Buchstaben oder Silben (a, o, us), offenbar wiederum bestimmte Wortelemente, an sie angehängt sein können.

Betreibt man diese formale Zerlegung in größerem Umfang weiter, so gelangt man zu fünf verschiedenen Arten von Wortelementen, die auch in den antiken Sprachen und in modernen Sprachen von ähnlicher Struktur (so im Deutschen) unterschieden werden: 1. die immer am Anfang zusammengesetzter Wörter stehenden Vorsilben (Präfixe), 2. die nur am Ende einfacher oder zusammengesetzter Wörter stehenden Beugungssilben (Flexionsendungen), 3. die immer nur an einen Wortstamm angehängten und meist von einer Flexionsendung gefolgten Nachsilben (Suffixe) und 4. die Wortstämme oder Grundwörter, die mit entsprechenden Beugungssilben den Charakter eines Adjektivs, Substantivs, Verbs oder Zahlwortes haben können, und 5. die Bindevokale, die eine ziemlich selbständige und sehr wichtige Rolle spielen. Im vorliegenden Wörterbuch werden diese fünf Arten von Wortbestandteilen in gesonderten Listen aufgeführt und jeweils zu Anfang näher erläutert, so daß dieser Hinweis genügen mag. Schließlich bedarf auch das Alphabet einer gesonderten Darstellung, da es mit dem des klassischen Latein nicht völlig übereinstimmt. Auf diese Weise wird der *formale Aufbau* der Terminologie und Nomenklatur, so wie sie *heute tatsächlich gegeben* ist, so weit erfaßt, wie es möglich und zweckmäßig ist.

Es ist schon mehrfach der Versuch gemacht worden, einige der Wortelemente zusammenzustellen. Für die anatomische Nomenklatur hat De Terra schon 1913 Verzeichnisse lateinischer und griechischer Prä- und Suffixe gegeben, jedoch ohne sie gründlich zu analysieren. Neuerdings veröffentlichte Steiner (1949, 3. Aufl. 1962) eine Liste von Präfixen und Wortstämmen zoologischer Fachausdrücke, während G. Krüger (1951, 8. Aufl. 1964) seinem veterinärmedizinischen „Wortschatz" tabellarische Übersichten von Flexionsendungen und Suffixen voranstellt. Das Saftenbergsche Wörterbuch der Botanik bringt im Anhang Listen häufig wiederkehrender Endungen und Vorsilben ohne genauere Analyse. In einem sehr umfassenden „Quellenbuch der biologischen Namen und Termini" bietet E. C. JAEGER (3. Aufl. 1955) zahlreiche Wortelemente (Stämme, Präfixe, Suffixe), daneben aber auch unzerlegte oder nur zum Teil zerlegte Wörter ohne prinzipielle Analyse und vor allem ohne Aussage über die tatsächliche Bedeutung innerhalb des gesamten Fachausdruckes. Das Wörterbuch von KREINER (1960) ist nach dem Vorbild von JAEGER zusammengestellt und bringt im einzelnen manche Verbesserung, ohne seine grundsätzlichen Mängel zu überwinden. Die vorliegenden „Wortelemente" machen, sicherlich erstmalig, den Versuch einer konsequenten Zerlegung und bringen eine nahezu vollständige Aufstellung der Suffixe und Präfixe sowie viele Wortstämme der erfaßten Fachgebiete.

1.2.2. Analyse der Bedeutungen

Die geschilderte formale Zerlegung hat für den Fachwissenschaftler nur soweit einen praktischen Wert, als die erhaltenen Bestandteile *bestimmte Bedeutungen* haben. Die formale Zergliederung der zusammengesetzten Wörter muß also mit einer *Bedeutungsanalyse* Hand in Hand gehen. Ein Fachausdruck ist nur dann befriedigend „erklärt", wenn die Bedeutung des ganzen Wortes sich aus der Bedeutung seiner Bestandteile ergibt. Dem praktischen Zweck dieser Erklärung muß auch die formale Abgrenzung der einzelnen Bestandteile, soweit sie nicht zweifelsfrei feststeht, untergeordnet werden. Dies soll selbstverständlich unter schonender Behandlung des antiken Wortmaterials und weitgehender Berücksichtigung seiner grammatischen Gesetze geschehen, soweit ihnen nicht schon von den Schöpfern der Wörter Gewalt angetan wurde.

Bei der Bedeutungsanalyse stellt sich heraus, daß sich hinter einer bestimmten Buchstabenfolge manchmal zwei oder mehr Wortelemente von völlig verschiedener Bedeutung und Herkunft verstecken, d. h., daß mehrere *Homonyme* vorliegen. Diese können dadurch zustande kommen, daß bei Zusammensetzungen die unterscheidenden Flexionsendungen wegfallen (griech. ur = Schwanz und ur = Harn). Häufig entstehen sie durch die Latinisierung griechischer Wortstämme ohne Rücksicht auf den Unterschied von ēta und epsilon (mēr und mĕr, mēl und mĕl, hēl und hĕl) oder von ōmega und omikron (cōp und cŏp, nōt und nŏt). Diese Fälle sind leicht zu unterscheiden, wenn die Unterschiede der Bedeutung auch im Fachausdruck erkennbar sind oder in den Fachwörterbüchern zuverlässig angegeben werden. In vielen Fällen ist die Entscheidung aber schwierig, besonders wenn drei oder mehr Homonyme in Frage kommen (ligul-, mel-, or-). Zur Überprüfung dienten etymologische Wörterbücher: außer älteren Werken die neueren von TUCKER (1931) sowie ERNOUT et MEILLET (1939) für die lateinische Sprache und von HOFMANN (1941), BOISACQ (1950) und FRISK (seit 1954) für die griechische Sprache. Für die anatomischen Namen bringt HERRLINGER 1965 (in der Neubearbeitung von TRIEPEL) etymologische Analysen, z. T. unter Berufung auf HYRTL (1880), der ein guter Kenner der antiken Sprachen war und vor allem auch zeigte, wie weit sich der Fachausdruck der modernen Wissenschaft von der Tradition der alten Sprachen gelöst hat.

Die meisten Wortelemente erscheinen einheitlichen Ursprungs, jedoch kann ihr *Bedeutungsumfang* sehr verschieden sein. In einigen Fällen ist die Bedeutung eng umschrieben und festgelegt, wie z. B. die des Wortes Aorta für die Hauptschlagader des Wirbeltierkörpers. Für gewöhnlich sind in der antiken Sprache mehrere und bisweilen sehr viele Bedeutungen zu unterscheiden. Diese werden innerhalb eines wissenschaftlichen Faches, wie z. B. aus dem zoologischen Wortmaterial erkennbar ist, nicht sämtlich verwertet. Aber statt dessen können durch Übertragungen (Metaphern) neue Bedeutungen hinzukommen, vor allem durch Bezeichnung neu entdeckter Objekte mit ihren Eigentümlichkeiten, die im Altertum gar nicht bekannt waren. Aus diesen Gründen unterscheiden sich der klassische und der moderne Bedeutungsumfang mehr oder minder stark.

Ein Beispiel mag diesen Unterschied näher erläutern. In einem Schulwörterbuch der altgriechischen Sprache (H. MENGE) werden für das Wort stoma, stomatos die folgenden Bedeutungen aufgeführt:

1. *Mund*, *Maul*, Rachen des Menschen und der Tiere (beim Krebs = Schere, beim Vogel = Schnabel); insbes. der Mund:
   a) als Werkzeug des Essens und Trinkens,
   b) als Sprachorgan: Sprache, *Rede*, *Worte*, Äußerung, Gerede, Ausdruck, Zunge, Beredsamkeit.
2. Überhaupt: *Gesicht*, Antlitz, Miene (insofern sie in dem Munde und dessen nächster Umgebung liegt).
3. Übertragen:
   a) *Rachen*, *Schlund* (z. B. des Krieges, der Schlacht als eines verschlingenden Ungeheuers).
   b) (Von Waffen) *Schärfe*, Schneide, Spitze.
   c) *Öffnung*, Spalt (bes. Erdspalt), *Mündung*, Eingang, Zugang, Einfahrt, Ausgang (eines Flusses, Hafens, Ufers, einer Straße u. ä.); überhaupt Bucht, Hafen.
   d) Das Vorderste, Vorderseite, Rand, Spitze. Insbes. *Front* oder Tete des Heeres.

Betrachten wir nun eine Reihe von *zoologischen Namen und Fachausdrükken*, in denen stoma enthalten ist, so kann uns die Aufstellung des griechischen Wörterbuches in den meisten Fällen nichts nützen. Wir sind daher genötigt, von der zoologischen Bedeutung des ganzen Wortes auszugehen und die Bedeutung des Bestandteils stoma daraus zu erschließen. Dafür einige Beispiele:

1. Plagio-stomata sind die Haifische und Rochen, deren Mund auf der Unterseite des Kopfes als Querspalte liegt. Hier ist also die *Mundöffnung* durch Form und Lage besonders charakterisiert. Im Unterschied dazu haben die Cyclo-stomata = Rund-mäuler eine runde und am Vorderende des Kopfes gelegene Mundöffnung. – 2. Phyllo-stoma ist eine Gattung der Fledermäuse mit blattförmigem Aufsatz (phyll-), der auf der Nase bzw. Schnauze sitzt und mit der Mundöffnung gar nichts zu tun hat; stoma bezeichnet in diesem Falle offenbar die vorspringende, den Mund tragende Gesichtspartie, die *Schnauze.* – 3. Die Unterzungendrüse ist eine Speicheldrüse, die ihr Erzeugnis in die Mundhöhle abgibt. Bei manchen Säugetieren ist sie in zwei Drüsen geteilt, eine mono-stomatische mit einem Ausführgang und eine poly-stomatische mit mehreren Ausführgängen. Stoma ist in diesen Ausdrücken eine *Röhre bzw. Öffnung dieser Röhre*, durch die ein Sekret ausgeschieden wird. Mit der Mundhöhle, in die die Röhren „münden", hat die Bezeichnung gar nichts zu tun. – 4. Cyclo-stoma ist eine Gattung der Landschnecken. Der Name betrifft die runde *Öffnung der Schneckenschale*, aber nicht etwa den zur Nahrungsaufnahme dienenden Mund wie bei den oben genannten Rundmäulern. – 5. Di-stomeen mit der Gattung Di-stomum sind Saugwürmer, deren zur Nahrungsaufnahme dienender Mund innerhalb eines Saugnapfes gelegen ist, und die noch einen zweiten, nur zum Anheften dienenden Bauchsaugnapf besitzen. Ein After fehlt diesen Würmern. „Zweimündig" heißt: mit zwei *Saugnäpfen* versehen. Noch deutlicher geht diese Bedeutung von stoma aus den Gattungsnamen Mono-stomum, Tri-stomum und Poly-stomum hervor.

Aus diesen Beispielen ist ersichtlich, daß mit der oberflächlichen Angabe „griech. stoma = Mund" in den meisten Fällen nichts anzufangen ist; aber auch die Aufstellung sämtlicher antiker Bedeutungen kann uns heute nicht viel nützen. Es ist statt dessen notwendig, *auf Grund von Analysen der modernen Fachausdrücke und Namen neue Aufstellungen zu machen, die dem aktuellen, realen Zustand des Wortmaterials entsprechen.*

1.2.3. Die aktuelle Beziehung zwischen Wortform und Bedeutung

Unterschiede der Bedeutungen eines Wortstammes, Präfixes oder Suffixes lassen sich um so klarer herausarbeiten und besser demonstrieren, je umfangreicher und vielseitiger das ausgewertete Wortmaterial ist. Der Bereich und Zweck des vorliegenden Wörterbuches zwingt leider zu weitgehender Beschränkung. Nur in manchen Fällen wurden zur besseren Übersicht der Bedeutungen auch seltenere und weniger wichtige Wörter herangezogen, so daß eine gewisse Ungleichmäßigkeit in der Auswahl nicht zu vermeiden war. Berücksichtigung eines größeren Wortmaterials wird sicherlich dazu zwingen, manche der hier veröffentlichten Bedeutungsrubriken zu modifizieren.

Das Ziel der Analyse ist die Erfassung von ganz bestimmten Wortelementen mit einer oder mehreren wohl definierbaren Bedeutungen, die man in zunächst unbekannten Wörtern wiederfinden und zur Schaffung neuer Wörter verwenden kann. Diesem Wunsch sind natürlich Grenzen gesetzt. Die Sprache ist kein Mosaik aus starren Elementen, die sich beliebig kombinieren und aneinanderfügen ließen. Im großen ganzen bestimmt die Herkunft aus dem Griechischen oder aus dem Lateinischen die Zusammengehörigkeit der Bestandteile. Sie bedingt auch, vor allem aus Gründen des Wohlklanges, die Abänderung von Bestandteilen beim Zusammentreffen mit anderen. Durch Suffixe kann das Ende eines Wortstammes modifiziert werden (S. 37). Präfixe werden angeglichen oder auf andere Weise abgeändert, wenn das folgende Stammwort mit bestimmten Konsonanten oder mit Vokalen beginnt (S. 57). Ähnliches gilt für Suffixe im Anschluß an bestimmte Stammwörter. Durch diese Gesetze der Wortbildung wird das Prinzip der Bedeutungsanalyse als solches jedoch nicht betroffen.

Nun aber bestehen in vielen Fällen zwischen zwei oder mehr Wörtern ganz offensichtliche Zusammenhänge der Herkunft und Bedeutung, ohne daß die Ableitung durch gebräuchliche Silben von greifbarer Bedeutung möglich ist. Stagnum = 'stehendes Gewässer' hängt mit stare = 'stehen', cadaver = 'Leichnam' (das Gefallene) mit cadere = 'fallen', aculeus = 'Stachel' mit acuere = 'schärfen' und acutus = 'spitz' zusammen. Ferner haben pter- und pteryg- die gleiche Bedeutung, ebenso conch- und conchyl-, und die Silben yg und yl sind für die Bedeutung belanglos und überflüssig. Der Naturwissenschaftler muß sich damit bescheiden, das Wortmaterial als solches hinzunehmen. Doch drängt sich z. B. im Falle pter- und pteryg- die Tatsache, daß beide Wörter miteinander verwandt sind, ohne weiteres auf, und das *Bedürfnis nach der etymologischen Erklärung bleibt bestehen.* Aber hier beginnt der Zuständigkeitsbereich des Sprachhistorikers, und es muß im vorliegenden Buche einstweilen genügen, anhand der aus Wörterbüchern und Grammatiken zu entnehmenden Tatsachen darauf hinzuweisen.

Zu den Fragen der Priorität von Gattungs- und Artnamen wird in der vorliegenden Untersuchung keine Stellung genommen. Das Wortmaterial liegt in der älteren und neuesten Literatur vor, und es ist für seine Analyse gleichgültig, ob ein Name zur Zeit nach den internationalen Regeln anerkannt oder noch umstritten ist. Es ist indessen selbstverständlich, daß ich soweit möglich die aktuellen, gegenwärtig nomenklatorisch gültigen Namen wähle. Was die Anatomie anlangt, so können die zur Zeit in der medizinischen Anatomie gültigen Pariser Nomina anatomica nicht für die vergleichende Anatomie und Zoologie verpflichtend sein, weil die Organe verschieden und seit jeher auch andere Namen gebräuchlich sind. Allgemein sei gesagt: Beschlüsse internationaler Kongresse und Kommissionen dürften nicht dazu führen, daß die bisherige Literatur entwertet wird, wenn plötzlich ohne Nennung von Synonymen ausschließlich neue und ungewohnte Benennungen benutzt werden. Wenn ich auch ältere Synonyme erwähne, so geschieht dies im Interesse der Kontinuität der wissenschaftlichen Forschung und Lehre.

1.3. Die Benutzung des Buches

Die vorliegende Arbeit soll zu einem Studium der internationalen Fachausdrücke, insbesondere ihres sprachlichen Aufbaues anregen und Grundlagen hierzu geben. Aus diesem Grunde werden die verschiedenen Arten von Wortelementen in getrennten Listen aufgeführt. Es wurde erstrebt, die vorkommenden Suffixe und Präfixe möglichst vollständig zu bringen, während dies bei den Stämmen nicht im entferntesten in Frage kommt und einem umfassenderen Wörterbuch vorbehalten bleibt. Viele Hinweise, vor allem auf Synonyme von Wortelementen, sollen das tiefergehende Studium erleichtern. Sie sollen demonstrieren, daß die Fachausdrücke und Namen ungeachtet mancher Sonderfälle ein *zusammenhängendes System von Wortformen und Bedeutungen* bilden.

Wer ein Wort schnell zu finden wünscht, wird sicherlich zuerst im alphabetischen Register am Ende des Buches nachschlagen. Findet er das Wort hier nicht, so steht ihm das alphabetisch geordnete Verzeichnis der Wortstämme (S. 79) zur Verfügung, wo alle diejenigen Fachausdrücke und Namen, die mit dem betreffenden Wortstamm beginnen, unmittelbar zugänglich sind; die anderen wurden in das Register aufgenommen. Zum Beispiel sind von den unter dem Stamm gon- I. erwähnten Fachausdrücken Gono-zyten unmittelbar, Schizo-gonie unter schiz- und Peri-gon (mit dem Präfix peri+) im allgemeinen Register nachzusuchen. Der Leser wird die Unbequemlichkeit, in zwei Registern nachzusuchen, zugunsten eines größeren Materials gern in Kauf nehmen.

Die einzelnen Arten von Wortelementen sind mit Zeichen versehen, die zugleich als Hinweis auf die besondere Liste gelten:

Präfixe mit einem folgenden Pluszeichen, also z. B. *a*+, dis+, per+,

Flexionsendungen mit vorangehendem Punkt, z. B. ·a, ·is, ·on,

Suffixe mit einem vorangehenden Wellenstrich, in der Spezialliste mit der zugehörigen Flexionsendung, z. B. ~at·us, ~id·es; die Endung fehlt jedoch bei manchen Nominativendungen (~io, ~or), vor allem bei verdeutschten Fremdwörtern (~in, ~on),

Bindevokale sind, soweit sie überhaupt besonders hervorgehoben werden, durch vorangehenden Punkt und folgenden Strich gekennzeichnet z. B. ·o- (Anth·o-zoa, heter·o-zygot, Rhiz·o-poda).

Wortstämme werden durch folgenden Strich gekennzeichnet, der besagen soll, daß sich entweder ein zweites Stammwort (meist durch Vermittlung eines Bindevokals), ein Suffix oder direkt eine Flexionsendung anschließen kann; z. B. gibt es für centr- folgende Möglichkeiten: Centr- ·o-som(a), Centr- ·i- -ol und Centrum = centr- ·um. Bei gekürzten Nominativen endet das Grundwort ohne Flexionsendung, also ohne Zeichen, z. B. apex, bufo, cerumen, corax, corpus, crus, imago. Wenn ferner ein Stammwort nach einem Präfix seine Form ändert, so kann diese Form nicht am Anfang eines Wortes stehen; dies wird durch einen vorangestellten Strich ausgedrückt, z. B. -aem(at)-, -ceps, -cept-, -cis-. In Fällen, in denen der Nominativ mit dem Stamm gleich ist, wird der auf ihn folgende Strich in Klammern gesetzt, z. B. castor(-), cornu(-), hymen(-), sol(-), vas(-), vesper(-).

Die Betonung ergibt sich bei lateinischen Wörtern aus bestimmten, relativ einfachen Regeln, so daß besondere Zeichen meist entbehrlich sind. Zweisilbige lateinische Wörter werden immer auf der vorletzten Silbe betont, auch wenn die letzte lang ist, z. B. cạlix, pụlmo, tụmor. Wörter von drei oder mehr Silben Umfang werden ebenfalls auf der vorletzten betont, wenn sie einen langen Vokal enthält. Dieser wird in den kursiv gedruckten Teilen des Textes durch ein Längenzeichen gekennzeichnet, das zugleich auch die Betonung ausdrückt, z. B. haben cadāver, duodēnum und vagīna die Betonung cadạver, duodẹnum und vagīna. Träger der Betonung sind auch Silben mit solchen Doppelvokalen (Diphthongen), die im Deutschen einheitlich ausgesprochen werden, wie ae = ä, oe = ö und au = au. Als lang gilt im Lateinischen ferner jede Silbe, auf deren Vokal zwei oder mehr Konsonanten folgen. In der vorletzten Silbe wird ein solcher Vokal zwar betont, aber nicht lang gesprochen, z. B. in cerebẹllum, maxịlla und progrẹssus. Als Doppelkonsonanten gelten auch die Buchstaben x und z, da sie aus zwei Lauten entstanden sind (c + s und d + s); sie bedingen daher ebenfalls die Betonung des vorangehenden Vokals (bzw. der zugehörigen Silbe). Dagegen gelten ch, ph und th, da sie einem einzigen Laut entsprechen, auch als einfache Konsonanten, so daß der Ton auf die drittletzte Silbe zurückverlegt wird, so bei dem latinisierten ẹlephas im Gegensatz zum griechischen elẹphas. Es gibt ferner bei anderen Silben mit zwei Konsonanten einige Ausnahmen; sie werden im Text durch einen Punkt unter dem betonten Vokal wie bei den griechischen Wörtern besonders gekennzeichnet, z. B. bei cẹrebrum und vọlucris. Schließlich werden alle anderen, bisher nicht genannten Wörter von mehr als zwei Silben auf der drittletzten betont, z. B. cạmera und hụmerus.

Die skizzierten Betonungsregeln gelten für das antike Latein. Da die „Internationalen Regeln“ der botanischen und zoologischen Taxionomie die „lateinische Sprachform“ peinlichst aufrechterhalten wollen, möchte man auch die Betonungsregeln auf alle internationalen Namen anwenden. Durch die formalen Regeln erhalten viele Wörter eine unzweckmäßige Betonung auf dem Bindevokal, d. h. dem unwichtigsten Element, z. B. Cladócera, Cyclórrhapha und Sarcóphaga; und es ist kaum vermeidbar, daß der kurze Bindevokal dadurch eine unrichtige Dehnung erhält (z. B. „kladō-zera“).

Die häufig vorkommenden Irrtümer (z. B. in der von STRESEMANN herausgegebenen Exkursionsfauna) beruhen meist darauf, daß transkribierte griechische Wörter nicht erkennen lassen, ob der Vokal der vorletzten Silbe ein Epsilon oder Eta, ein Omikron oder Omega war, d. h. als kurz oder lang zu behandeln ist. Die Erfahrung beweist, daß die Betonung wandelbar ist: lat. élephas = griech. eléphas = deutsch Elefánt, aber englisch élephant. Und die konservative Starrheit der taxionomischen Regeln ist keineswegs berechtigt.

Aus der Tendenz des vorliegenden Buches, Inhalt und Form in Einklang zu bringen, ergibt sich auch der Wunsch nach einer Betonung, die der Bedeutung der Elemente und des ganzen Fachwortes gerecht wird: Clado-céra, Cyclo-rrhápha und Sarco-phága oder Ton auf der ersten Silbe. Wer sich an die lateinische Betonung hält, findet genug Hinweise in den einzelnen Stichwortartikeln. Aber der Autor kann weder dieses System durchführen noch ein neues anwenden, das er andernorts vorschlagen wird.

Die *heutigen Bedeutungen* der Wortbestandteile können in einem alphabetisch angeordneten Wörterbuch nur in linearer Folge und nur soweit in ihren Beziehungen dargestellt werden, als es die Reihenfolge ermöglicht. So wird bei Verbalstämmen gewöhnlich die verbale Bedeutung des Vorganges vorangestellt und der morphologische Zustand als abgeleitet behandelt. Die verschiedenen Bedeutungen eines Wortbestandteils zeigen verschiedene Grade der Verwandtschaft miteinander und werden durch die folgenden Rubriken unterschieden:

Römische Zahlen für Homonyme, z. B. crin- I. von lat. crinis = Haar, crin- II. von griech. krinon = Lilie, crin- III. von griech. krino = scheiden, sondern.

Große Buchstaben für sehr weit abliegende Bedeutungen eines genetisch einheitlichen Wortelementes, z. B. carcin- A. Krebstier, B. Krebsgeschwulst, centr- A. Stachel, B. Mittelpunkt.

Arabische Zahlen für deutliche Bedeutungsunterschiede, deren Beziehung zueinander verständlich ist, z. B. 1. Zustand, 2. Vorgang; oder: 1. ursprüngliche und 2. übertragene Bedeutung auf Grund der Ähnlichkeit (z. B. 1. Baum, 2. baumartige Verzweigung).

Kleine Buchstaben für geringere Bedeutungsunterschiede, z. B. eine Lage im Organismus betreffend: a) in der Orientierung vorn – hinten, b) seitlich – Mitte, c) proximal – distal; ferner für die Anwendung einer bestimmten Bedeutung auf verschiedene Objekte, z. B. Tierstämme usw.

Für jede Bedeutung werden eine oder mehrere der wichtigsten Fachausdrücke und Namen ausgewählt und soweit erklärt, als es sich aus dem Namen ergibt bzw. zum Verständnis des Namens nötig ist. Eine vollständige Auskunft über den Gegenstand eines Wortes ist im vorliegenden Rahmen nicht möglich, aber m. E. auch nicht nötig, denn diesem Zwecke dienen ja die einschlägigen Lehrbücher.

Entsprechend den Grundsätzen, die auf den voranstehenden Seiten entwickelt wurden, werden bei jedem Stichwort die lateinischen oder griechischen Wörter mit ihrer Übersetzung (die sogenannte Etymologie) von der Aufstellung der modernen Bedeutungen auch formal durch *kursive Typen* und Bindestrich oder Absatz voneinander getrennt.

1.4. Zeichen und Abkürzungen

1.4.1. Zeichen

- \- Kurzer Bindestrich: 1. am Ende eines Wortstammes, 2. am Anfang eines unselbständigen Wortstammes, 3. zur Verbindung zweier Wortstämme
- – Gedankenstrich zwischen verschiedenen Bedeutungen (anstelle von Absätzen und Einrückungen)
- = Gleichheitszeichen: 1. Übersetzung ins Deutsche, 2. das gleiche Wort in anderer Schreibweise
- → Sprachliche Ableitung: 1. griech. → lat., 2. von einer Wortart zur anderen (Verb → Adj.) oder gleiche Wortart in anderer Form (Subst. → Subst.)
- · Mittepunkt, vor Bindevokal oder Flexionsendung, daher auch Verbindung zwischen Stamm oder Suffix mit Bindevokal oder Flexionsendung
- + Pluszeichen, hinter einem Präfix, daher auch Verbindung zwischen Präfix und Wortstamm
- ~ Tilde, vor einem Suffix, daher auch Verbindung zwischen Wortstamm und Suffix
- ā Strich über einem Vokal: Längenzeichen
- ă Halbkreis über einem Vokal: kurze Aussprache
- () in runden Klammern: 1. Übersetzungen ins Deutsche, 2. Kurze Erläuterungen, 3. Hinweise
- [] in eckigen Klammern: Synonyme
- ♂ Männchen
- ♀ Weibchen

1.4.2. Abkürzungen

Abk.	= Abkürzung	anat.	= anatomisch
Abl.	= Ableitung	Beisp.	= Beispiel
Abt.	= Abteilung	bes.	= besonders
Adj.	= Adjektiv	betr.	= betrifft
adj.	= adjektivisch	Bez.	= Bezeichnung
Adv.	= Adverb(ium)	bzw.	= beziehungsweise
Akk.	= Akkusativ	biol.	= biologisch
allg.	= allgemein	bot.	= botanisch
altlat.	= altlateinisch	chem.	= chemisch

Comp. = Comparativ(us)
Dekl. = Deklination
Demin. = Deminutiv(um)
dergl. = dergleichen
desgl. = desgleichen
eig. = eigentlich
engl. = englisch
f. = feminin (gramm.)
Fam. = Familie
Fem. = Femininum
Flex. = Flexion
franz. = französisch
Frequ. = Frequentativ(um)
gem. = gemein
Gen. = Genetiv(us)
Ggs. = Gegensatz
gramm. = grammatisch
griech. = griechisch
Gttg. = Gattung
histol. = histologisch
Incoh. = Incohativ(um)
insbes. = insbesondere
Intens. = Intensiv(um)
Intrans. = Intransitiv(um)
ital. = italienisch
JNA = Jenaer Nomina anatomica
Kl. = Klasse
klass. = klassisch
Konj. = Konjugation
lat. = lateinisch
latin. = latinisiert
Lig. = Ligamentum
M. = Muskel, Musculus
m. = maskulin (gramm.)
Masc. = Masculinum
math. = mathematisch
med. = medizinisch
morph. = morphologisch
myth. = mythologisch
N. = Nervus
n., Neutr. = Neutrum
Nom. = Nominativ(us)
Num. = Numerale, Zahlwort
Ord. = Ordnung
Part. = Particip(ium)
pass. = passiv
Pass. = Passiv(um)
path. = pathologisch
Perf. = Perfekt
physik. = physikalisch
Plur. = Plural(is)
PNA = Pariser Nomina Anatomica
Präp. = Präposition
Präs. = Präsens
S. = Seite
s. = siehe
s. d. = siehe dies
selbstg. = selbständig
Sing. = Singular(is)
Spec. = Species, Art
Subst. = Substantiv(us)
substt. = substantiviert
Sup. = Superlativ
svw. = soviel wie
Syn. = Synonym
syst. = systematisch
techn. = technisch
Trans. = Transitiv(um)
übertr. = übertragen
Ufam. = Unterfamilie
Ugttg. = Untergattung
Ukl. = Unterklasse
Uord. = Unterordnung
urspr. = ursprünglich
usw. = und so weiter
Verbaladj. = Verbaladjektiv
versch. = verschieden
verw. = verwandt
vgl. = vergleiche
wiss. = wissenschaftlich
wörtl. = wörtlich
zool. = zoologisch
z. B. = zum Beispiel
z. T. = zum Teil
zus. = zusammengesetzt
Zus. = Zusammensetzung

2. Die kleineren Wortbestandteile

2.1. Alphabet

Die biologischen Fachausdrücke und Namen sind zwar zum großen Teil lateinischer Herkunft, und die Namen der Tiere und Pflanzen sollen nach den internationalen Regeln grundsätzlich die „lateinische Sprachform" haben und mit lateinischen Buchstaben geschrieben werden.

Aber schon das Alphabet unterscheidet sich von dem des klassischen Latein nicht unwesentlich. Dies erklärt sich durch die ständig zunehmende Einführung griechischer Wörter bei häufig unvollständiger Latinisierung sowie die Verwendung moderner Eigennamen und geographischer Namen, bei denen die Schreibweise entweder unverändert blieb oder in das Alphabet moderner Sprachen, z. B. des Englischen und Französischen, umschrieben wurde.

Es sei kurz auf einige der Besonderheiten hingewiesen. Die Buchstaben j und w waren im klassischen Latein nicht vorhanden. Das k war im Altlatein ursprünglich vorhanden und wurde bis auf unbedeutende Reste durch das c verdrängt. In die wissenschaftliche Nomenklatur ist es aber auf verschiedenen Wegen eingedrungen: durch Beibehaltung des griechischen kappa in einigen Fällen (Kallima, Kamptozoa, Karyolysus, Ookinet), durch Übernahme von Wörtern aus den verschiedensten Sprachen (akamushi, bankiva, Katsuwonus, Okapia) und schließlich durch moderne Personennamen (Brookesia, Forskalia, kühniella). Aus denselben Quellen sind verschiedene Verbindungen von Buchstaben, die das klassische Latein entweder gar nicht kannte (sh, sch) oder durch Umschreibung griechischer Wörter annahm (ch, ph, th), zum festen Bestand der Fachausdrücke und Namen geworden.

Diese Entwicklung hat sich in der Geschichte der Wissenschaft vollzogen. Es ist unumgänglich, sie als Tatsache anzuerkennen und auch das Alphabet so darzustellen, wie es heute wirklich aussieht. Die folgende Aufstellung bezweckt nicht mehr als dies und bringt zwecks besserer Übersicht die einfachen Buchstaben und die Verbindungen von Vokalen und von Konsonanten mit Beispielen in getrennten Verzeichnissen.

2.1.1. Einfache Buchstaben

a, A. Lat. a, A: Abies, Mammalia, Nasale. – Griech. *α, Α* = alpha, Beisp. Acrania, Anaphase, Ascaris. Aussprache lat. und griech. kurz oder lang. In zus. lat. Wörtern Umlaut zu e oder i, z. B. facere → in-ficere → In-fektion.

b, B. Lat. b, B: Bulbus, Labium, Tuba. – Griech. *β*, *B* = bēta: Biologie, Blastula, Embryo. Ferner in Autorennamen: Bonellia, (Trypanosoma) brucei.

c, C. Lat. c, C; Griech. nicht vorhanden, aber aus *κ*, *K* = kappa latin., z. B. *κράνιον* → cranium, *κοιλός* → Coelom, *κύτος* → Cyto(logie). Aussprache vor den Vokalen e, i, y, ae und oe wie z (Cerebrum, Cimex, Cyste, Caecum, Coelom), vor den Vokalen a, o, u und Konsonanten wie k (Canalis, Corium, Cutis; Crustacea, Ctenophora). Daher Schreibweise in verdeutschten Wörtern entweder z (zellulär, Zilie, Zyste) oder k (Kanal, Reaktion, Mollusken).

d, D. Lat. d, D: candidus, Dentin, Mandibula. – Griech. *δ*, *Δ* = delta: Dendrit, Drosera, Hydra.

e, E. Lat, e. E, lang oder kurz gesprochen: Exkret, Ferment, Reflex. – Griech. entweder *ε*, *E* = epsilon mit kurzer Aussprache (Ectodĕrm, Gĕnĕsis, Encĕphalon) oder *η*, *H* = ēta mit langer Aussprache (Gamēt, Hēliozoa, Nēmatodes); ferner aus *ηι* latin. und daher ebenfalls lang gesprochen (Platyparēa, s. pare-II.). Durch Transkription von *ε* und *η* zu e ist die Unterscheidung homonymer Stämme erschwert (S. 16 u. 22).

f, F. Lat. f, F: Facies, Fagus, Fundus. Im Griechischen ist der f-Laut durch den Buchstaben *φ*, *Φ* = phi vertreten, dem in wenigen Fällen das altlat. f entspricht (*φύλλον* = folium, *φηγός* = fagus, *φυγή* = fuga), der aber im übrigen durch ph, Ph umschrieben wird, s. S. 29.

g, G. Lat. g, G: Gemmula, Glomerulus, Region. – Griech. *γ*, *Γ* = gamma: giganteus, Glykogen, Organ. – Aussprache meist wie das deutsche g, selten in Wörtern franz. oder ital. Ursprungs vor den Vokalen e, i und y erweicht wie bei Gelatine, z. B. in Autorennamen: Golgi (sprich goldschi).

h, H. Lat. h, H: Hirudo, Homo, Humerus. – Im Griechischen nicht als bes. Buchstabe vorhanden, sondern durch den Spiritus asper über dem zugehörigen Vokal ausgedrückt, der aber bei der Latinisierung als h, H geschrieben wird: *ἕτερος* → heter(odont), *ὕδρα* → Hydra, *ἵππος* → (Meso)-hippus. Wenn das Wort in Zusammensetzungen nicht am Anfang steht, wird das h manchmal weggelassen, z. B. Leukämie statt Leuko-hämie, Synapsis statt Syn-hapsis.

i, I. Lat. i, I: Instinkt, Insulin, (Os) incisivum. – Griech. *ι*, *I* = iōta: Iris, Mikrobiologie, Philodina. Aussprache kurz oder lang. – Aus dem griech. *ει* latin., daher mit langer Aussprache: Chīroptera, Dinosauria, Līolepis.

j, J. Lat. nicht als bes. Buchstabe, sondern i konsonantisch, d. h. wie j gesprochen, aber nur vor Vokalen: Jaculus, Jejūnum, major. – Griech. nur i ohne konsonantische Aussprache, in j umgewandelt: Jod.

k, K. Im klass. Latein nur äußerst selten; k-Laut in Wörtern mit lat. Endung (Art-, Gattungsnamen usw.) durch c ausgedrückt, s. d. – Griech. *κ*, *K* = kappa, bei der Latinisierung meist in c umgewandelt, seltener beibehalten, vor allem in verdeutschten Wörtern: Bakterien, Ektoderm, Leukozyt. – Aus Personennamen stammend: Kerria, Brookesia, Forskalia.

l, L. Lat. l, L: Lamellibranchiata, lateral, Planula. – Griech. *λ*, *Λ* = lambda: Lipoide, Paläozoologie. – In Autorennamen: Leishmania, Malpighische Gefäße.

m, M. Lat. m, M: Membran, Segment, Simia. – Griech. *μ*, *M* = my: Macromeren, Metamorphose, Plasma.

n, N. Lat. n, N: Nucleus, Nervus, Tunica. – Griech. *ν*, *N* = ny: Encephalon, Neuroneme, Tonus.

o, O. Lat. o, O, kurz oder lang gesprochen: Os, Ordo, Ovarium. – Griech. entweder *o*, *O* = ŏmikron mit kurzer Aussprache (Ontŏgenese, Oncŏsphaera, Onychŏphŏra oder *ω*, *Ω* = ōmega mit langer Aussprache (Ocean, Phōsphor, Prōtozōa); dadurch homonyme Stämme schwer zu unterscheiden, s. cop- I. und II., not- I. und II.

p, P. Lat. p, P: Papille, Pedipalpen, Populus. – Griech. *π*, *Π* = pi: Peptone, Peripatus, Polypodium.

q, Q. Lat. q, Q mit nachfolgendem u, kommt nur vor Vokalen vor und wird wie im Deutschen ausgesprochen (wie kw): Equus, Quadrātum, Quercus. — Griech. nicht vorhanden.

r, R. Lat. r, R: Radius, rostral, Rotatoria. – Griech. *ϱ*, *P* = rho, in der Mitte eines Wortes immer wie r geschrieben (Pleura, Mikromere, Pronephros), am Anfang eines Wortes oder Wortbestandteiles griech. mit dem Spiritus asper, daher als rh umschrieben (siehe rh), selten ohne h (Raphē).

s, S. Lat. s, S: sensibel, Species, Stapes. – Griech. *σ* (am Wortende *ς*), *Σ* = sigma: Genesis, Kosmos, System. – Aussprache stimmhaft oder stimmlos.

t, T. Lat. t, T: latent, Mutation, Tentākel. – Griech. *τ*, *T* = tau: Gametophyt, Tetrade, Typus.

u, U. Lat. u, U: Ductus, Subregnum, Ungulāta, Aussprache kurz oder lang. – Griech. kein einfacher Buchstabe, latin. aus *ου* = omikron + ypsilon, z. B. *ἀκουστικός* → akustisch, *χειϱουϱγέω* → Chirurg, *οὐϱέω* → Ureter. Aussprache in diesen Fällen lang. – Bei franz. Eigennamen Aussprache wie ü, z. B. (Ductus) Cuviēri.

v, V. Lat. v, V: Vena, vivipar, Volvox, in manchen Verbalstämmen vor Konsonanten gleichwertig mit ū, z. B. solvere – solūtus, volvere – volūtus. – Griech. nicht vorhanden.

w, W. Lat. und griech. nicht vorhanden. Aus Autorennamen: Boswellia, Welwitschia.

x, X. Lat. x, X: Dextrose, Exkretion, Maxilla. – Griech. *ξ*, *Ξ* = xi: Axopodien, Oxybiose, Xiphosūra. – Am Wortende aus c·s oder g·s entstanden zu denken: lat. Apex, Matrix, Reflex; griech. Calyx → Calycanthus, Meninx, Pharynx (Stamm pharyng-).

y, Y. Lat. aus griech. Lehnwörtern, selten. – Griech. *υ*, *Y* = ypsilon: Hypophyse, Lymphe, Typha; Aussprache wie ü.

z, Z. Lat. aus griech. Lehnwörtern, selten (Zona). – Griech. *ζ*, *Z* = zēta: Enzym, Zoologie, Zygote. – In verdeutschten Wörtern auch durch Umwandlung von c, s. d. Selten aus anderen Sprachen (zebra, zimocca, zokor) oder Autorennamen (Bilharzia, Kurzia).

2.1.2. Vereinigung zweier Vokale

(als einfacher Laut oder als Doppellaut gesprochen)

ae. Meist wie ä gesprochen und zu ä verdeutscht. Lat.: aequus (Äquator), Aquaeductus (Aquädukt), Praemolar (Prämolar); in den PNA nach dem Beisp. der engl- und franz. Sprache häufig zu e abgeändert, z. B. Aequator → Equator. – Aus griech. *αι* latin.: Haemoglobin (Hämoglobin), Paedogenesis (Pädogenese), Spirochaeta (Spirochäte). – Selten getrennt zu sprechen (ae also = a-e), z. B. Aërobier von griech. *ἀήρ*, *ἀέρος* = Luft.

ai. Aus griech. *αι*: Ailurus, Aira; meist zu ae latin. – Bei Herkunft aus engl. oder franz. Eigennamen mit entsprechender Aussprache (Saintpaulia).

au. Meist wie das deutsche au gesprochen. Lat.: Aurelia aurita, auditivus. – Griech. *αυ* = alpha + ypsilon: autonom, Nauplius, Sauropsida.

ei. Griech. *ει*, selten in dieser Form (Cheimatobia, Sternocleidomastoideus), meist zu i, seltener zu e latin. – Aus deutschen Eigennamen mit entsprechender Aussprache (z. B. Eimeria). – Selten bei Zusammensetzungen entstanden und daher getrennt zu sprechen (z. B. Re-in-fektion).

eu. Griech. *ευ*, wie das deutsche eu-, also ähnlich wie oi auszusprechen: Euglena, Pleura, Neuron; wird vor Vokalen zu ev: Evonymus.

ie. In verdeutschten Wörtern und deutschen Eigennamen als gedehntes i zu sprechen: Zoologie, (Eimeria) stiedae. In manchen Fällen getrennt zu sprechen: hiërarchisch.

oe. Meist wie das deutsche ö zu sprechen und oft zu ö verdeutscht: im Lateinischen in manchen Fällen gleichwertig mit ae gebraucht: coecum = caecum, coeruleus = caeruleus. – Aus griech. *οι* durch Latinisierung entstanden: Amoeba (Amöbe), Coelom (Zölom), Oekologie (Ökologie); in manchen Fällen getrennt zu sprechen: Diploē, Lympho-poēse, Poēphagus.

oi. Griech. *οι*, selten in dieser Form (Oicopleura, poikilotherm), meist zu oe latin. – Bisweilen durch Zus. entstanden und daher getrennt zu sprechen: Co-itus, Spheno-id.

oo. Griech. *ω* mit anschließendem *o*, daher getrennt zu sprechen: Oogenese (= ōo-genese), Zōologie.

ou. Griech. *ου*, sehr selten zu ou latin. (Gttg. Nemoura), meist in einfaches u verwandelt, s. d.

2.1.3. Vereinigung von verschiedenen Konsonanten

ch. Durch Latinisierung aus dem einheitlichen griech. Buchstaben *χ*, *X* = chi entstanden; Chamaecyparis, Chromatin, Polychaeta; Aussprache wie im Deutschen entweder weich (ich) oder hart (ach).

nc. Aus griech. *γκ* latin.: Ancylostoma, Oncosphaera.

nch. Aus griech. *γχ* latin.: Branchiopoda, Concha, Orobanche.

ng. Lat.: Anguilla, longus, Ungulata. – Aus griech. Doppelgamma *γγ* durch Latinisierung entstanden: Ganglion, Phalangen (Sing. Phalanx). – Aussprache nasal wie das deutsche ng.

ph. Griech. *φ*, *Φ* = phi, einheitlicher Buchstabe mit f-Laut, zu ph latinisiert: Amphibia, Philosophie, Phytophagen; doch gelegentlich aus zwei getrennten Lauten entstanden: *ἐπί* und *ἵππος* → *ἔφιππος* s. ephippi-; Aphodius s. apo+.

ps. Durch Latinisierung aus dem einheitlichen griech. Buchstaben *ψ*, *Ψ* = psi entstanden: (M.) psoas, Pseudopodien, Psyche.

rh. Griech. *ρ*, *P* = rho, am Anfang eines Wortstammes mit dem Spiritus asper geschrieben (*ῥ*), der bei der Latinisierung durch ein h hinter dem r ausgedrückt wird; Rhabdom, Rhizopoda, Rhynchōta. Bildet das Wort mit rh in Zusammensetzungen den zweiten Bestandteil, so wird das r in manchen Fällen verdoppelt (Haemorrhagie, Euproctis chrysorrhoea, Katarrh), in anderen nicht (Ornithorhynchus).

sch. In deutschen u. a. Eigennamen, z. B. Pflanzengattungen Scheuchzeria, Schomburgkia, Schrebera; einheitlicher Zischlaut. Griech. *σχ*, latin. sch, ist getrennt auszusprechen, wird aber in der Verdeutschung gewöhnlich zum einheitlichen Zischlaut zusammengezogen, z. B. schizophren.

sh. In den klass. Sprachen nicht vorhanden, kommt in engl. Eigennamen vor: Leishmania, Sherardia; Aussprache wie deutsch sch.

th. Griech. einheitlicher Buchstabe ϑ, Θ = thēta, bei der Latinisierung als th geschrieben: Anthropologie, Parthenogenese, Thyreoidea; in einigen Wörtern bei der Flex. durch t ersetzt, z. B. thrix Nom. des Stammes trich- (Lagothrix, aber Trichine). – Aus engl. Eigennamen: Forsythia, Haworthia.

2.1.4. Vereinigung oder Aufeinanderfolge von zwei gleichen Konsonanten

cc. Lat. im Wortstamm (saccus) oder durch Angleichung bei Zus. entstanden (ob+ caput → Occiput). Aus griech. $\varkappa\varkappa$ latin.: Coccidien, Flocculus, Streptococcus. – Aussprache vor i, e, y wie kz (Kokzidien) und vor a, o, u wie kk (Streptokokkus).

ff. Lat. meist durch Angleichung bei Zusammensetzungen entstanden, vor allem bei Präfixen: aus ad+ (Vasa afferentia), aus dis+ (Differenz, diffus), aus ex+ (effektorisch), aus sub+ (Suffix).

gg. Lat. durch Angleichung bei Zusammensetzungen entstanden, besonders beim Präfix ad+ (Aggregat, Agglutination).

ll. Lat. entweder Doppelkonsonant im Wortstamm (Cellula, Follikel, Mollusken) bzw. Suffix (Flagellum, Maxilla) oder durch Angleichung bei Zusammensetzungen entstanden, bei Präfixen: aus ad+ (Alluvium), aus con+ (collateral), aus in+ (Illusion), aus per + (pellucidus).

mm. Lat. entweder Doppelkonsonant im Stamm (z. B. Mammalia) oder durch Angleichung von Präpositionen entstanden: aus con+ (Commissur, Commensalismus, communis), aus in+ (immanent, Immersion, Immunität). – In griech. Wörtern im Stamm (Ammophila) oder durch Angleichung von Präfixen an den Stamm (Symmetrie) oder des Stammes an das Suffix ~ma (Agrostemma, Engramm, Ommatidium).

nn. Meist durch Zusammentreffen von Präfixen und Stamm: Con+ nectiv, In+ nervation. – Selten im Stamm: lat. annus (perennierend), griech. Nannoplankton.

pp. Meist durch Zusammentreffen und Angleichung von Präfixen an den Stamm: aus ad+ (Apposition), aus ob+ (Opposition). – Selten im Stamm: lat. lappa, griech. Hippocampus.

rr. In lat. Wörtern entweder als Doppelkonsonant im Stamm (Cirripedia, recurrens, terrestrisch) oder durch Zus. entstanden: ohne Angleichung (Interrenalorgan), mit Angleichung aus ad+ (Arrectores pilorum), aus con+ (Correlation, Corrodentia), aus in+ (irregulär, irrational, irreal).

ss. Lat. entweder im Stamm (Brassica, fossil, Ossifikation) oder durch Zus. entstehend: einfaches Zusammentreffen (Dissimilation, Dissepiment) bzw. Angleichung des Präfixes, aus ad + (Assimilation, Assoziation). – Griech. Doppelsigma: Crossopterygia, Perissodactyla, bisweilen gleichwertig mit tt (s. gloss- u. glott-).

tt. Lat. entweder Doppelkonsonant im Stamm (Blatta, sagittal) oder in Zusammensetzungen durch Angleichung des Präfixes entstanden, aus ad + (Attraktion).

2.2. Flexionsendungen

Die Flexionsendungen (Beugungssilben) werden an den Wortstamm oder das ihm folgende Suffix angehängt, geben dem ganzen Wort damit einen Abschluß und bestimmen seine Rolle im Einzelfalle.

Da die Namen der Pflanzen, Tiere und Organe im wesentlichen aus Substantiven und Adjektiven einschließlich der Verbaladjektive bestehen, beschränkt sich die folgende Liste fast ganz auf diese Wortarten. Bei ihnen bezeichnet die Flexionsendung den Numerus (Singular oder Plural), das grammatische Geschlecht (Masculinum, Femininum, Neutrum) und den im Casus ausgedrückten sachlichen Zusammenhang. Praktisch kommen von den Casūs nur der Nominativ und Genitiv, beide im Singular und Plural in Frage.

Über die Abgrenzung mancher Flexionsendungen, bes. bei den auf Vokale auslautenden Stämmen, können Zweifel bestehen. Die vorliegende Liste ergibt sich jedoch aus der in der Fachnomenklatur geläufigen Handhabung und aus dem auf S. 15 dargestellten Prinzip der Wortzerlegung, das bei den Wortstämmen (S. 79) eingehender erläutert wird. Mehrere der Flexionsvokale oder -silben haben verschiedene Bedeutungen, nicht nur durch das Zusammentreffen von Latein und Griechisch, sondern auch von jeder der beiden Sprachen her. In der folgenden Liste wird die Einteilung in erster Linie nach den sachlichen Bestimmungen Casus und Numerus durchgeführt. Die Herkunft aus einer der beiden antiken Sprachen wird, da bei der Bildung neuer Worte (bes. systematischer Namen) häufig keine Rücksicht auf sie genommen wurde, erst in zweiter Linie herangezogen. Das grammatische Geschlecht ist zwar sachlich bedeutungslos, aber muß aus formalen Gründen beachtet werden.

·a I., Nom. Sing., bei Verdeutschung meist zu ·e oder ausfallend: 1. Subst. Fem. lat. (I. Dekl.), an Gattungsnamen (Arcella, Tipula, Vorticella) und anat. Bez. (Actinula, Bursa, Mandibula = Mandibel). – 2. Adj. Fem. lat. (I. Dekl.), an Artnamen, z. B. (Daphnia) magna, (Muscicapa) parva, (Salamandra) atra, und anat. Bez., z. B. (Macula) lutea, (Substantia) grisea, (Tunica) mucosa. – 3. Subst. Fem., latin. aus griech. alpha oder ēta (I. Dekl.), aus alpha: Amoeba = Amöbe, Cecidomyia, Muraena = Muräne; aus ēta: Chela, Chorda, Euglena.

·a II., Nom. Sing. Subst. Neutr. griech. bei Wörtern auf ma (III. Dekl.) mit kurzer Stammform als selbständige Endung zu betrachten, in Einzelfällen durch eine andere Flexionsendung ersetzt (Ancylostomum, Platystomus), bei verdeutschten Fachausdrücken gewöhnlich weggelassen: Karzinom, Zölom, Chromosom.

·a III., Nom. Plur. Subst. Neutr.: 1. Als Plur. zu lat. ·um (II. Dekl.) zu denken (Ciliata, Insecta, Reptilia) und dem griech. ·a als Plur. zu ·on entsprechend (Acrania, Coleoptera, Metazoa), aber auch an andere griech. Wörter angehängt, z. B. an Fem. der I. Dekl. (Acanthocephala, Anura, Polychaeta). Zur Bez. höherer syst. Einheiten (Stämme, Klassen, Ordnungen) entweder unmittelbar am Wortstamm (Insecta, Myriapoda, Spongia) oder an einem Suffix (Amniota, Arachnoidea, Tunicata). In der Verdeutschung wird das ·a meist zu ·en (Ziliaten, Reptilien, Protozoen), jedoch nach i gewöhnlich zu ·er (Akranier, Anamnier, Plazentalier). – 2. An griech. Stämmen auf mat-, selten, bes. bei anat. Bez. (Stemmata, Stigmata, Stomata), Verdeutschung ·en am verkürzten Stamm (s. ·a II): Stigmen.

·ae I., Nom. Plur. Fem. lat. (I. Dekl.): 1. Subst., vor allem für Ufam. (Arvicolinae), seltener für andere syst. Gruppen (Simiae), ferner für anat. Bez. (Arteriae, Gemmulae, Suturae); Verdeutschung ·en (Arterien, Venen). – 2. Adj. in anat. Bez. zu entsprechenden Subst., z. B. (Arteriae) subclaviae, (Foveolae) gastricae, (Trabeculae) carneae.

·ae II., Gen. Sing. Fem. lat. (I. Dekl.): 1. Subst. mit der allg. Bedeutung der Zugehörigkeit zu dem im Nom. genannten Objekt: bei Artnamen, z. B. (Pieris) brassicae, (Plasmodium) malariae, (Psila) rosae, und in anat. Bez., z. B. (Arcus) aortae, (Ostium) tubae, (Vestibulum) vaginae. – 2. Adj. zu einem im Gen. stehenden Subst., z. B. Ossa extremitatis pelvinae liberae (JNA).

·ae III., Nom. Plur. Masc. oder Fem. griech. (I. Dekl.) auf *αι*, latin. ae vor allem im Suffix ~id·ae zur Bez. der Familien.

·ārum, Gen. Plur. Subst. Fem. lat. (I. Dekl.), eig. a·rum bezeichnet in Artnamen vor allem die Zugehörigkeit des Parasiten zum Wirt, z. B. (Opalina) ranarum, (Spirochaeta) gallinarum, (Pteromalus) puparum.

·ās, Nom. Sing. Subst. griech.: 1. An einigen Gattungsnamen mit Suffix i s. ~i·as. – 2. In anderen Fällen nicht Flexionsendung, sondern Bestandteil des Stammes: Elephas (elephant-), Pancreas (creat-).

·e I., Nom. Sing. Subst. Fem griech.. (I. Dekl.) ēta, also lang zu sprechen, selten beibehalten (Cytopygē), meist latin. zu ·a (s. ·a I. 3.).

·e II., Nom. Sing. Adj. Neutr. lat. (III. Dekl. zum Masc. und Fem. auf ·is), zu einem Subst. Neutr. gehörig in syst. Namen, z. B. (Ancylostoma) duodenale, (Cardium) edule, (Trypanosoma) gambiense, und in anat.

Bez.: (Foramen) occipitale, (Pudendum) muliebre, (Stratum) papillare, häufig auch substt., bes. zur Bez. von Knochen: Nasale, Frontale, Parietale statt Os nasale, Os frontale, Os parietale.

·**e** III., Adverbialendung der meisten lat. Adj. der II. Dekl., selten in Artnamen, z. B. male-olens; vgl. Bindevokale, S. 36.

·**ei,** Gen. Sing. Subst. lat. (V. Dekl.) zum Nom. ·es I. 1., sehr selten: (Sarcoptes) scabiei.

·**eōs**, Gen. Sing. Subst. griech. εως (III. Dekl.), zur Nom.-Endung ·is gehörig, seltene veraltete Anwendung, z. B. Symphysis → (Facies) symphyseos des Schambeins.

·**es** I., Nom. Sing.: 1. Subst. lat. (V. Dekl.), meist Fem.: Facies, Scabies, Species. – 2. Subst. Masc., griech. (I. Dekl.), vor allem in Gattungsnamen: Ammocoetes, Pelobates, Pleuronectes. – 3. Adj. griech. (III. Dekl.), Masc., Fem. oder Neutr., häufig am Suffix ~id·es und ~od·es, anat. Bez., z. B. (Os)hyoides, (Processus) mastoides und Artnamen, z. B. (Ascaris) lumbricoides, (Spirochaeta) icterogenes, ferner substt. in Gattungsnamen: Anopheles, Ixodes.

·**es** II., Nom. Plur.: 1. Subst. Masc. und Fem., lat. (III. Dekl.) für syst. Gruppen (Aves, Oscines, Pisces) und anat. Bez. (Dentes, Testes, Ungues). – 2. Adj. lat. (III. Dekl., vgl. Nom. ·is), Masc. z. B. (Gyri) breves, (Nervi) spinales, oder Fem. z. B. (Plicae) semilunares, (Venae) pulmonales. – 3. Subst. Masc. und Fem. griech. (III. Dekl.) für syst. Gruppen (Annelides, Nematodes, Plathelminthes) und anat. Bez. (Carotides, Meninges), verdeutscht zu ·en (Zestoden).

·**eus**, Nom. Sing. Subst. Masc. griech. (III. Vokalstamm), wie das deutsche eu gesprochen (oi), Gen. ëi, selten: Epistropheus → Dens epistrophëi., Gttg. Proteus → Uord. Proteïda.

·**i** I., Nom.. Plur. Masc. lat. (II. Dekl.): 1. Subst., verdeutscht zu ·er oder ·en, an lat. Stämmen, z. B. Acini, Bulbilli = Bulbillen, Nervi = Nerven; an griech. Stämmen versch. Dekl., z. B. Condyli = Kondylen, Dipnoi = Dipnoer, Nemertini = Nemertinen. – 2. Adj. z. B. (Dentes) canini; substt. Gemini.

·**i** II., Gen. Sing. Subst. lat. (II. Dekl.): 1. Masc. (Nom. ·us), in Artnamen häufig die Beziehung zur Wirtspflanze oder zum Wirtstier ausdrückend: (Dendrolimus) pini, (Lepidosaphes) ulmi, (Haematopinus) asini. – 2. Neutr. zum Nom. ·um oder griech. ·on, in anat. Bez.: (Scala) vestibuli, (Crista) sterni, (Cavum) cranii, und Artnamen, häufig mit ähnlicher Bedeutung wie 1., z. B. (Entamoeba) coli, (Pediculus) vestimenti. – 3. Masc. an Eigennamen bei älteren anat. Bez., z. B. (Tuba) Eustachii, und Artnamen, z. B. (Filaria) bancrofti, (Leishmania) donovani, (Trypanosoma) brucei.

·**ia**, Nom. Plur. Adj., Neutr. lat. (III. Dekl.): (Ligamenta) cruciformia, (Vasa) aberrantia; auch substt.: Ambulacralia, Carpalia, Nasalia.

·**is** I., Nom. Sing. lat. (III. Dekl.): 1. Subst. Masc. (Penis) oder Fem. (Cutis), bei Gattungsnamen (Canis, Felis, Planorbis) und anat. Bez. (Canalis, Cutis, Pelvis). – 2. Adj. Masc. und Fem., bes. in zus. Wörtern an manchen Stämmen (-collis, -cornis, -formis, -rostris) und an gewissen Suffixen ~al·, ~ar·, ~ens·, ~estr·is), bei Artnamen, z. B. (Glossina) palpalis, (Gryllotalpa) vulgaris, (Trichinella) spiralis, und anat. Bez.: (Chorda) dorsalis, (Nervus) facialis, (Squama) temporalis.

·**is** II., Nom. Sing. griech. (III. Dekl.), meist Fem. bei Gattungsnamen (Agrotis, Oxyuris, Rhagoletis) und allg. Ausdrücken (Epidermis, Genesis, Trichinosis), im letzteren Falle Verdeutschung zu ·e, z. B. Mitosis = Mitose. In manchen Wörtern ist die Endung is Bestandteil des Stammes oder des Suffixes ~is, ~id·is; es wird daher bei Ableitungen unter Umwandlung beibehalten, z. B. bei Epiglottis → Gen. Epiglottid·is.

·**is** III., Gen. Sing. mit der allg. Bedeutung der Zugehörigkeit: 1. Subst. lat., zu versch. Nominativen der III. Dekl. gehörig bei anat. Bez., z. B. (Os) pubis, (Receptaculum) seminis, (Vestibulum) oris, und bei Artnamen, hier häufig bei Parasiten die Beziehung zum Wirt ausdrückend, z. B. (Cysticercus) bovis, (Pediculus) capitis. – 2. Adj. lat. (III. Dekl.) entweder in Abhängigkeit vom zugehörigen Subst. (im Gen.) oder bei Substantivierung selbständig: (Spirochaeta) recurrentis (eig. febris recurrentis). – 3. Subst. latin. statt griech. ·os, z. B. (Aditus) laryngis, (Porta) hepatis. – 4. Subst. griech. (III. Dekl.) in einigen anat. Bez.: (Ductus epididymidis, (Sphincter) iridis.

·**ium**, Gen. Plur. Subst. lat. (III. Dekl.) in Artnamen: (Balaninus) glandium, (Treponema) dentium, (Potamobius) torrentium, und anat. Bez.: (Juncturae) ossium, (Os) ilium, (Isthmus) faucium.

·**on**, Nom. Sing. Subst. Neutr. griech. ·*ov* (II. Dekl.), selten in der allg. Biologie und Anatomie beibehalten (das Amnion, Colon, Oophoron), meist zu ·um latin., in manchen Fällen bei Ableitungen in den Stamm einbezogen (Ganglion → ganglionär, Plankton → planktonisch) oder zum Suffix geworden (s. ~on I.).

·**ōrum**, Gen. Plur. Masc. oder Neutr., lat. (II. Dekl.), eig. o·rum.: 1. Subst. bei anat. Bez., z. B. (Descensus) testiculorum, (Vasa) vasorum, und Artnamen z. B. (Anthonomus) pomorum, (Anthrenus) museorum, (Demodex) folliculorum. – 2. Adj. in Abhängigkeit von Subst. im Gen., z. B. (Systema nervorum) sympathicorum.

·**os**, Nom. Sing. Subst. und Adj., Masc., seltener Fem. oder Neutr., griech. ·*ος* (II. Dekl., selten III. Dekl.), z. B. der Pro-, Meso- und Metanephros, wegen des deutschen Wortes Niere meist als Fem. behandelt; das Benthos. Meist latin. zu ·us (Bronchus, Gastrophilus, Oesophagus); aber in manchen Artnamen beibehalten: (Mimus) polyglottos, (Turdus) philomelos, (Euphorbia) platyphyllos; auch anstelle des Bindevokals: Xiphos-ura.

·**rum**, Gen. Plur. Masc., Fem. oder Neutr., lat., gemeinsam mit dem Stammausgang in den Formen ·arum und ·orum.

·**s**, Nom. Sing. Subst.: 1. Lat. IV. Dekl., auch Gen. Sing. und Nom. Plur., Masc. an Stämmen auf u oder am Suffix ∼u·s, z. B. Aditus, Ductus, Sinus; bei Ableitungen wird nur das ·s ersetzt, z. B. Sexus→ sexuell, Sinus→ sinuosus. – 2. Griech. III. Dekl. an Stämmen auf y, z. B. Actinophrys, Didelphys (→ Fam. Didelphy-idae) oder am Suffix ∼y·s. – 3. An lat. und griech. Stämmen nach c, g oder k mit diesen zu x verschmolzen, z. B. Apex, Cortex, Thorax, aber bei Ableitungen verschwindend: ápikal, Cortico-steron, Thorac-ostraca.

·**um** I., Nom. Sing. Neutr. lat. (II. Dekl.): 1. Subst. an lat. Wortstämmen bei allg. Begriffen (Diluvium, Regnum, Stadium), anat. Bez. (Atrium, Corium, Velum) und in Gattungsnamen (Hordeum, Panicum, Trifolium). – 2. Subst. an griech. Stämmen: a) aus ·on latin. (Centrum, Cranium, Sternum), bes. in Gattungsnamen (Ceratophyllum, Fagopyrum); – b) in neuen Wortbildungen (Nephridium, Mesenterium, Paramaecium). – 3. Adj. bei Artnamen: (Arum) maculatum, (Dicrocoelium) lanceolatum, (Eriosoma) lanigerum, und anat. Bez., z. B. (Corpus) luteum, (Os) petrosum, (Stratum) corneum, hier auch substt., insbes. bei Bez. von Knochen, z. B. das Quadratum, Squamosum, Zygomaticum.

·**um** II., Gen. Plur. Subst. lat. (III Dekl.); in einigen Artnamen, z. B. (Agrotis) segetum, (Tetramorium) caespitum, (Limax) arborum.

·**us**, Nom. Sing. lat. (II. Dekl.), meist Masc.: 1. Subst. an lat. Stämmen bei Gattungsnamen, z. B. Equus, Lumbricus, Pediculus, und anat. Bez., z. B. Bulbus, Nucleus, Uterus. – 2. Subst. an griech. Stämmen auf ·os latin. in allg. Ausdrücken (Organismus, Tonus, Typus), Gattungsnamen (Eohippus, Ornithorhynchus, Pithecanthropus) und anat. Bez. (Condylus, Porus, Thymus). – 3. Subst. frei verwendet an griech. Stämmen der I. Dekl. auf a (Coenurus), auf ē (Dibothriocephalus) und der III. Dekl. auf ma (Selatosomus). – 4. Adj. an lat. Stämmen und Suffixen bei Artnamen, z. B. (Aspidiotus) perniciosus, (Lupinus) albus, (Strongylus) equinus, und anat. Bez., z. B. (Bulbus) arteriosus, (Nervus) accessorius, (Processus) transversus. – 5. Adj. an griech. Stämmen entsprechend dem gramm. Geschlecht des zugehörigen Subst., bei Artnamen, z. B. (Hippopotamus) amphibius, (Scardinius) erythrophthalmus, (Pongo) pygmaeus, und anat. Bez., z. B. (Canalis) neurentericus, (M.) glutaeus, (Plexus) coeliacus.

·**x**, Verschmelzung des Stammendes mit der Flexionsendung ·s (3.).

2.3. Bindevokale

Wenn mehrere Wortelemente zu einem zusammengesetzten Wort (Compositum) verbunden werden, so können an der Verbindungsstelle, der Fuge, sehr verschiedene Bedingungen vorliegen. Entweder fügt man die beiden Elemente ohne weiteres aneinander (zu einem Juxta-positum), oder eins von beiden wird durch Ausfall oder Umwandlung eines Buchstabens an das andere angepaßt (was häufig bei Präfixen der Fall ist, s. S. 58). Drittens können aber auch einzelne, zu keinem der beiden Elemente gehörige Laute bzw. Buchstaben als Bindemittel dazwischen gesetzt werden, z. B. ein Konsonant zwischen zwei Vokale oder ein Vokal zwischen zwei Konsonanten.

Die folgende kurze Aufstellung beschränkt sich auf die Verbindung zweier Wortstämme, also zusammengesetzte Wörter im engeren Sinne (Composita und Juxtaposita). Der zwischen beiden Stämmen befindliche Vokal ist in vielen Fällen nichts anderes als der Endvokal des ersten Stammes im Sinne der Grammatik des klassischen Latein und Griechisch. Ich werde bei den Wortstämmen (S. 79) begründen, daß diese Ausgangsvokale in der Terminologie der biologischen Fächer sehr willkürlich behandelt wurden und einen selbständigen Charakter gewonnen haben. Sie verdienen daher eine selbständige Behandlung und Zusammenstellung in einer besonderen Liste, obwohl ihre Anzahl gering ist. Auch Flexionsendungen des Nominativs und Genitivs sowie die Endung des Adverbs treten praktisch als Bindevokale auf, obwohl sie keine echten Fugen- oder Kompositionsvokale sind. Man mag das vom Standpunkt der Altphilologie bedauern, aber die Schöpfer von Tier -und Pflanzennamen haben die Regeln der klassischen Sprachen häufig nicht beachtet und damit teilweise andere Regeln geschaffen.

·**a-**, weder Stammende noch Bindevokal, sondern die Nominativendung: a) griech. I. Dekl. Nom. Fem.: Aira-philus, Atta-philus, Cala-mintha; – b) lat. I. Dekl. Nom. Fem.: Serra-salmo, cornea-gene Zellen (vom substt. Adj. Cornea); – c) griech. III. Dekl. Nom. Neutr. auf a(t): Nema-chilus (statt Nemo- oder Nematochilus), Sperma-karyon.

·**ae-**, Genitivendung lat. Fem., selten: Oryzae-philus = „Freund des Reises", bot. Artnamen: calthae-florus, punicae-folius, tubae-formis.

·**e-** I., Griech. Nom. Fem. (wie lat. und griech. a): Acte-philus, Cope-poda, Lyme-xylon, Ochthe-bius.

·**e-** II., lat. Adv. von Adjektiven der I. und II. Dekl. (ē) und in Analogie auch von der III. Dekl. (ĕ), in Artnamen in Zus. mit Verbaladj. bei urspr. getrennter Schreibweise, dann mit Bindevokal und völlige Vereinigung: a) vor Part. Praes.: gravĕ olens → grave-olens → graveolens, ähnlich altescandens, laetevirens; – b) vor Part. Perf. Pass.: densestriatus, obliquetruncatus, tenuĕpunctatus.

·**i-**, Bindevokal in zus. Wörtern am Ende des ersten Wortstammes, wenn der zweite mit einem Konsonanten beginnt. Die Beziehung zum ersten Wortstamm ist versch. eng: 1. Bestandteil der auf i auslautenden Stämme, insbes. lat.: Anseriformes, Calci-spongia, Pisci-vora. – 2. Anstelle anderer (zu vokalischen Stämmen gehöriger) Endvokale: a) lat. a (I. Dekl.), z. B. Arenicola, Herbi-vora, Squami-pennes; – b) lat. o (II. Dekl.), z. B. Clivi-cola, Globi-gerina, Tubi-nares; – c) bei lat. Adj. (I. u. II. Dekl.) anstelle von a oder o, z. B. curvi-rostris, recti-lineus, Inaequi-tela; – d) griech. ē der I. Dekl., z. B. Chelicerata.

·**o-**, Bindevokal, in zus. Wörtern am Ende des ersten Wortstammes, wenn der zweite mit einem Konsonanten beginnt. Die Beziehungen zum ersten Wortstamm sind versch. eng: 1. Bestandteil der auf o auslautenden Stämme: a) griech. II. Dekl., z. B. Cerco-pithecus, Hippo-spongia, Ptero-dactylus (dagegen Ausfall vor Vokalen: Cerc-ophis, Hipp-uris, Pter-alopex); – b) lat. II. Dekl. selten (da meist durch i ersetzt, ·i- 2. b.): Nukleo-bionten, Atrioventrikular-klappen, dorso-ventral (auch dorsi-ventral). – 2. Anstelle anderer (zum Stamm gehöriger) Endvokale: a) lat. a der I. Dekl.: Fibroblasten; – b) griech. a der I. Dekl., z. B. Acanthopterygia, Bdello-stoma, Collo-zoum; – c) griech. ē der I. Dekl., z. B. Campo-notus, Cephalopoda, Cnido-cil. – 3. Als zusätzlicher Bindevokal an griech. Stämmen der III. Dekl.: a) an konsonantischen Stämmen, z. B. Astro-sphäre, Cynocephalus; – b) an vokalischen Stämmen: Ophio-cephalus, aber neben Ophiosaurus auch Ophi-saurus; ferner Ausfall vor Vokalen: Ophiurus, Strepsiptera, Taxidermie (neben Taxo- oder Taxio-nomie).

·**u-**, Bindevokal in einigen lat. Wörtern statt und neben ·i-, z. B. Quadrupeden, aber Quadri-ceps; Integument (ohne Bindevokal: Tegmen).

·**y-**, Griech. adj. Suffix, in vielen Fällen vom Charakter eines Bindevokals, s. ~y·s. (S. 56).

2.4. Suffixe

Die Suffixe werden an einen Wortstamm oder an ein anderes, diesem folgendes Suffix angehängt und werden in der Regel von einer Flexionssilbe gefolgt. Das Stammwort kann verschiedenen Charakter haben (Subst., Adj., Verb., Num.). Es kann durch das Suffix seinen Wortcharakter behalten oder in eine andere Wortart übergehen. Dieser Vorgang ist in der folgenden Tabelle durch einen Pfeil ausgedrückt; z. B. bedeutet Subst. → Adj., daß aus dem Substantiv (nach Wegnahme seiner Flexionsendung) durch das Suffix ein Adjektiv wird, mit anderen Worten: daß das Suffix adjektivisch ist.

Die Suffixe sind in jeder der klassischen Sprachen nicht beliebig verwendbar oder austauschbar, sondern meist zu bestimmten Wortstämmen gehörig und von bestimmten Flexionsendungen gefolgt. Ich gebe daher in der Liste die Nominativendung am Stichwort und mache im Text weitere Angaben über die Flexion.

Beim Zusammentreffen von Stamm und Suffix können beide modifiziert werden. Nach Stämmen mit verschiedenem Stammausgang kann ein Suffix verschiedene Formen annehmen, z. B. die Formen ~al·is und ~ar·is oder die Formen ~ul·us und ~ol·us. Andererseits kann der Wortstamm durch Anhängen eines Suffixes verändert werden, vor allem wenn er mit zwei oder drei Konsonanten oder mit der Silbe ul endet (s. ~ell·us).

Folgen mehrere Ableitungen von verschiedenem Charakter aufeinander, so können zusammengesetzte und in ihrem Wesen veränderte Suffixe entstehen. Wenn z. B. von einem Substantiv ein Verbum abgeleitet und von diesem wieder ein Adjektiv (Verbaladj.) gebildet wird, so kann eine einheitliche Silbe entstehen, die das Adjektiv unmittelbar zum Substantiv in Beziehung setzt: Subst. macul·a = Fleck → Verb macul-a·re = beflecken → Verbaladj. macul-a-t·us = befleckt, das letztere gleichbedeutend mit macul ~at·us = mit Flecken versehen. Neben der verbalen Bildung wird die Silbe at als selbständiges Suffix gehandhabt, zunächst in der Bedeutung „versehen mit etwas", dann aber auch in anderen Bedeutungen, die in keiner Weise durch ein zwischengeschobenes Verbum erklärt werden können. Ähnlich liegt der Fall beim verbalen Suffix ~sce·re an Verben der 1. Konj. (also asce·re), der 2. Konj. (also esce·re) oder der 4. Konj. (also isce·re). Es wird damit ein Verb in ein anderes übergeführt, das das Werden oder den Beginn einer Handlung bedeutet (Incohativum), z. B. labāre → labascere; nitēre → nitescere, turgēre → turgescere, valēre → valescere; dormire → obdormiscere. In der Nomenklatur wird das Participium praesentis verwendet, entweder um einen Vorgang auszudrücken (z. B. senescens = alt werdend) oder um eine Eigenschaft als Zustand zu bezeichnen. Wenn im letzteren Falle ebenfalls ein Adjektiv den Ursprung aller genannten Ableitungen bildet, so scheint ein einheitliches adjektivisches Suffix ~escens vorzuliegen, das eine Ähnlichkeit oder einen geringen Grad der im ersten Adjektiv genannten Eigenschaft ausdrückt (z. B. albus → albescens). Es wäre für die biologische Nomenklatur überflüssig und lästig, die zwischengeschalteten verbalen Ableitungen in der Praxis zu berücksichtigen (also ~e~sce~ns). Bei der Erklärung solcher Wortelemente muß man sich von der antiken Entwicklung lösen und den heutigen Zustand als gegeben anerkennen.

In der naturwissenschaftlichen und medizinischen Nomenklatur ist ferner durch willkürliche Verwendung von Suffixen und Mischung von lateinischen und griechischen Wortelementen ein recht schwieriger Zustand entstanden, und es ist oft schwer, ein Suffix formal richtig abzugrenzen. Linné hat die Suffixe ~an·us, ~ari·us, ~at·us und ~ell·us auf die Arten verschiedener Familien von Schmetterlingen schematisch angewendet und dadurch verworrene Verhältnisse heraufbeschworen, da spätere Autoren sich nicht danach richteten. Die vorliegende Liste führt manche Wortelemente unter mehreren Stichwörtern auf und gibt entsprechende Hinweise.

~ăce·us, Subst. → Adj., lat., I. und II. Dekl. Sing. ·us, ·a, ·um, Plur. ·i, ·ae, ·a, im Plur. verdeutscht zu ·en: 1. Ähnlichkeit: a) Farbe, z. B. Artnamen rosaceus, testaceus, violaceus; – b) Form und Beschaffenheit, z. B. Artnamen coriaceus, foliaceus, membranaceus, papyraceus; Crustacea = Krustazeen (Krebse). – 2. Zusammenfassung verw. Arten in syst. Gruppen: a) bot. Bez. der Familien ~aceae, z. B. Aceraceae, Fagaceae, Ranunculaceae; heute auch Brassicaceae statt Cruciferae, Asteraceae statt Compositae u. a.: – b) Zoologie selten: Ord. Cetacea = Cetaceen (Wale). – 3. Vorkommen: a) Wohnbereich: Acrocephalus arundinaceus im Schilf (ein Rohrsänger); – b) Lebensbereich und Nahrung: Eurydema oleracea auf Gemüsepflanzen, Lernaeocera cyprinaceum auf Karpfenfischen (schmarotzend).

~ac·is, Gen. zu ~ax.

~ăcul·um, Verb. → Subst., lat., II. Dekl., Neutr., Plur. ·a. Bedeutung: „dienend zu, Mittel zu“, z. B. Retinaculum = zum Festhalten (retinēre) dienendes Band; vgl. ~cul·um.

~ac·us, Subst. → Adj., griech., an Stämmen oder Suffixen auf i, lat. Flex. ·us, ·a, ·um: Selten, insbes. in der Anatomie für Lagebeziehungen von Organen: Plexus cardiacus und Ganglion cardiacum der sympathischen Herznerven; pericardiacus = zum Pericardium (Perikard) in Beziehung; iliacus = ilicus = zum Darmbein in Beziehung.

~ad, Subst. → Adj., neue Wortbildung ohne Flexionsendung, bezeichnet eine Richtung im Körper bilateraler Tiere: dorsad – ventrad, rostrad – kaudad, ähnlich wie -al (·is) 2.

~ad·, Subst. oder Num. → Subst., griech., III. Dekl., *ας ἀδ·ος*, verdeutscht ·e, Plur. ·en. Bedeutet Zusammenfassung zu einer Einheit, z. B. Tetrade, Gonade. – Kategorie mit willkürlicher Pluralendung: Gastraeadae = Gastraeatiere.

~ae·us, Subst. → Adj. (häufig substt.), von griech. *αῖ·ος*, lat. I. und II. Dekl. Sing. ·us, ·a, ·um. Bedeutungen: 1. Ähnlichkeit: Gastraea = ähnlich der Gastrula; pygmaeus s. pygmae-. – 2. Lokalisierung im Organismus, „gehörend zu etwas“, z. B. (M.) peronaeus = zum Wadenbein gehörend; Peritonaeum s. ton-. – 3. Vorkommen, Lebensbereich, z. B. Gttg. Limnaea [Lymnaea] = Schlammschnecke.

~ago, **~agin**·is, Subst. → Subst., lat. Fem. (ähnlich igo und ugo), bedeutet meist Ähnlichkeit mit Merkmalen des Stammwortes, z. B. für Farben von

Schmetterlingen: Xanthia citrago, fulvago, sulphurago u. a.; Gttg. Plumbago s. plumb-.

∼āl·is, Subst. → Adj., lat., III. Dekl. Nom. Sing. ·is, ·e, Plur. ·es, ·ia, verdeutscht ∼al oder ∼ell (s. d.), nach Stämmen und Suffixen auf l und einigen anderen Endungen in ∼ar·is umgewandelt. Bedeutungen: Beziehungen versch. Art, etwa den deutschen Silben lich oder ig entsprechend: 1. Allg. Beziehungen: „gehörig zu etwas", „einer Sache entsprechend", z. B. embryonal, letal, vital; in Zus.: Individualität, Parentalgeneration, Primordialkranium, Sexualhormone. – 2. Örtliche Beziehungen im Organismus: a) allg.: basal, lateral, lokal, superficialis = superfiziell, centralis = zentral; – b) Richtung auf Körperachsen: dorsal – ventral; cranial (oder rostral) – caudal, vgl. ∼ad); ferner longitudinal, radial, transversal; – c) an, in oder bei einem Körperteil gelegen, z. B. Fazialisnerv, Porus abdominalis, Peribranchialraum; bes. bei Schädelknochen gebräuchlich (Neutr. substt.): Sing. z. B. Jugale, Occipitale; Plur. z. B. Nasalia, Frontalia, Parietalia. – 3. Vorkommen: a) Wohnbereich: (Asterias) glacialis; – b) Lebensbereich bei Parasiten, z. B. (Gastrophilus) intestinalis; – c) geographischer Bereich, substt. ∼al, an lat. Wortstämmen (Continental, Litoral, Profundal), an griech. Stämmen (Abyssal, Benthal, Pelagial); – d) zeitlich: (Colchicum) autumnale, (Convallaria) majalis. – 4. Ähnlichkeit der Form, allg. (diskoidal, oval, rhomboidal) und speziell bei anat. Bez., z. B. (Corpus) pineale, (Ossa) turbinalia, Tympanalorgane, sowie in Artnamen: (Ajuga) pyramidalis. – 5. „versehen mit etwas"; a) oligolezithale Eizelle, (Geryonia) proboscidalis mit rüsselartigem Mundstiel; – b) syst. Gruppen im Neutr. Plur. mit Endung ∼al·ia, z. B. Mammalia, Marsupialia. – 6. Verwendung: (Hirudo) medicinalis und officinalis.

∼an·, Verb → Subst., griech., meist II. Dekl., Neutr. auf ·on, latin. zu ·um, Plur. ·a (Organum, Organa), verdeutscht im Nom. Sing. ohne Flexionsendung (Organ, Plur. Organe). Bedeutung: Mittel oder Werkzeug zu der im Verbalstamm ausgedrückten Tätigkeit oder Handlung, Beispiele s. choan-, drepan-, organ-, stegan-, stephan-, tympan- und tryp- I.

∼ans, **∼ant-**, Verb. (lat. 1. Konj.) → Adj., s. ∼ns, ∼nt·is.

∼ān·us, Subst. → Adj., lat., I. und II. Dekl., Sing. ·us, ·a, ·um, verdeutscht ohne Flexionsendung (∼an) oder mit Endung isch. Bedeutungen: 1. Örtliche Beziehung im Organismus, z. B. (N.) medianus. – 2. Lebensbereich bei Artnamen, a) landschaftlich, z. B. montanus; – b) geographisch, z. B. africanus, americanus = amerikanisch. – 3. Beziehung zur Ordnungszahl, z. B. tertianus = zum dritten Tage gehörig: Malaria tertiana, substt. Tertiana. – 4. An Artnamen von Wicklern (Tortricidae) ohne Rücksicht auf die sonstige Bedeutung des Suffixes angehängt, z. B. Polychrosis botrana, Laspeyresia funebrana (s. fune-).

~ari·ŏn, Subst. → Subst., griech. ἀρι·ον, II. Dekl., Demin. bei Gattungsnamen, z. B. Hipparion; jedoch ~ari·us an griech. Stamm: Otaria, Peltaria.

~ār·is, Subst. → Adj., häufig anstelle von ~al·is an Wortstämmen oder Suffixen, die auf l endigen, z. B. in der Verbindung ~ul~ar·is, lat., III. Dekl., Sing. ·is, ·e; Plur. ·es, ·ia, verdeutscht ~ar oder ~är. Bedeutungen ähnlich wie ~al·is: 1. Örtliche Beziehungen von Organen und Körperteilen bei anat. Bez., z. B. articularis, auricularis, axillaris, cerebellaris, jugularis, mandibularis, muscularis, ulnaris, volaris; verdeutschte Form, z. B. extrazellulär, interlobulär. – 2. Physiologische Beziehungen, z. B. Pupillar-reflex. – 3. Lebensbereich von Tierarten, a) örtlich, z. B. (Bufo) vulgaris; – b) zeitlich, z. B. (Fannia) canicularis, s. can(i)-. – 4. Ähnlichkeit der Form usw. bei anat. Bez., z. B. capillaris → Kapillare. (Corpus) mamillare, (Ganglion) stellare, und Artnamen, z. B. (Oxyuris) vermicularis, (Phyteuma) orbiculare. – 5. „Versehen mit etwas", z. B. uni-, bi- oder multipolar.

~ari·um, Subst. → Subst., lat., als substt. Neutr. von ~ari·us zu betrachten, verdeutscht im Plur. zu ·en. Bedeutet einen Ort oder Behälter zur Aufbewahrung und seinen Inhalt, z. B. Aquarium, Herbarium, Ovarium.

~ari·us, Subst. oder Num. → Adj., lat., I. und II. Dekl., Sing. ·us, ·a. ·um, Plur. ·i, ·ae, ·a, verdeutscht ~är; vgl. ~ari·um. Bedeutungen: 1. Allg. Beziehung. Abl. von Ordnungszahlen: primär, sekundär, Tertiär(-zeit), Quartär(-zeit). – 2. Ähnlichkeit der Form: a) anat. Bez.: Placenta zonaria = gürtelförmige Plazenta; – b) Gattungsnamen: Cucumaria, Planaria, Sagittaria; – c) Artnamen: (Strongylus) filaria = „fadenförmiger Wurm". – 3. Besitz, bes. bei höheren syst. Gruppen (Plur. Neutr.): Appendicularia, Cnidaria, Radiolaria (= mit kleinen Strahlen versehen); in etwas abweichendem Sinne Turbellaria = kleine Wirbel (turb-) im Wasser erzeugend. – 4. Lebensbereich, bei Artnamen: (Calandra) granaria, (Carex) arenaria, (Mus) agrarius. – 5. Bei Artnamen von Spannern (Geometridae) ohne Rücksicht auf die urspr. Bedeutung benutzt: (Biston) pomonarius, (Hibernia) defoliaria.

~ascens = a ~sce ~ns, ähnlich wie ~escens, jedoch seltener, bezeichnet z. B. in Artnamen den geringeren Grad einer Färbung, z. B. ciner ~ascens = aschgrau, purpur ~ascens = purpurfarbig.

~as·**e**, Subst. (oder Verb.) → Subst., griech. Ursprungs (?) mit deutscher Flexionsendung (Plur. ~asen), Bez. für Fermente (Enzyme): a) im Stammwort der Stoff, der gespalten wird (das Substrat): Amylase, Protease, Saccharase; – b) im Stammwort der Vorgang oder sein Ergebnis: Dehydrogenase, Invertase, Thrombokinase.

at-, am Sup. der lat. Verben auf are (1. Konj.), vgl. ~at·us I.

-at·a, Bestandteil eines griech. Wortstammes auf ~ma(t), z. B. bei Cyclostomata, Echinodermata, oder eines entsprechenden Suffixes s. ~ma, ~mat-.

~āt·us I. = ~a-t·us, d. h. Part. Pass. Perf. (Sup.) der lat. Verben auf ~a·re (soweit Abl. von einem Subst. oder Adj. erkennbar). S. einleitende Bemerkungen (S. 38) mit dem Beisp. macula. – a) Abl. des Verbs von einem Subst., z. B. Derivat = „das Abgeleitete", Ex-plantat = „das Ausgepflanzte"; quadra oder quadrum = Viereck → quadra·re = zu einem Viereck machen → quadratus = viereckig gemacht, d. h. viereckig; – b) Abl. von einem Adj. seltener, bei Artnamen, z. B. fuscatus. – Weitere Ableitungen vom Sup. ~atio, ~ativ, ~ator, ~atorius, ~atorium, ~atura s. ~io (~ion·is), ~iv·us, ~or (~or·is) ~ori·us, ~ori·um, ~ur·a.

~āt·us II., Subst. → Adj. (oft substt.), lat., I. und II. Dekl., Sing. ·us, ·a, ·um, Plur. ·i, ·ae, ·a, verdeutscht ·en. Bedeutungen: 1. „Versehen mit etwas" (mit einem Merkmal, Organ usw.): a) adj. bei Artnamen, z. B. cauda → caudatus, macula → maculatus, punctum → punctatus; – b) substt. bei höheren syst. Gruppen (Plur. Neutr.), an lat. Stämmen (z. B. Flagellata, Tunicata, Vertebrata), an griech. Stämmen (z. B. Chordata, Coelenterata, Tracheata). – 2. Ähnlichkeit der Form (selten), z. B. (Facies) lunata, (Papillae) foliatae. – 3. Bei Artnamen von Spannern (Geometridae), soweit sie ungekämmte Fühler haben, ohne Rücksicht auf die urspr. Bedeutung benutzt, z. B. (Cheimatobia) brumata, Frostspanner = zur Winterszeit (brum-) lebend.

~atic·us, Subst. → Adj., lat., I. und II. Dekl., Sing. ·us, ·a, ·um, bedeutet bei Artnamen Vorkommen oder Lebensbereich: silvaticus = im Walde lebend, aquaticus = im Wasser lebend.

~atil·is, Subst. → Adj., lat., III. Dekl., Sing. ·is, ·e, Plur. ·es, verdeutscht ohne Flexionsendung, bedeutet (bei Artnamen oder allg.) Vorkommen und Lebensbereich, z. B. aquatilis = aquatil.

~ax, **~āc**·is, Verb. → Adj., lat., Bedeutung wie bei den deutschen Silben lich, isch, ig; in Artnamen (selten), z. B. (Aspius) rapax, (Eristalis) tenax, (Plasmodium) vivax. – Die Silbe ac· ist in anderen Fällen Bestandteil des Wortstammes, z. B. bei Corax, Thorax.

~bil·is Verb. → Adj., lat. an Verbalstämmen auf -ā·re (-abilis), -e·re und -ī·re (-ibilis), III. Dekl., Sing. ·is, ·e, Plur. ·es, ·ia; verdeutscht ~bel oder ~bl mit der Bedeutung der deutschen Silben bar (sichtbar), ig (durchgängig), lich (ansehnlich) oder sam (empfindsam): 1. Passive Möglichkeit: a) als solche: audire → audibilis = hörbar, d. h. was gehört werden kann; permeabel = durchgängig, durchlässig, z. B. semipermeable Membran → Subst. Permeabilität; flexibilis = flexilis (s. ~il·is II.); – b) mit der Nebenbedeutung einer Bewertung: spectabilis = ansehnlich; Gttg. Mirabilis

= Wunderblume; – c) mit übertragener Bedeutung: sentire (= fühlen) → sensibilis = sensibel = reizbar, empfindsam, Sensibilität = Fähigkeit, Reize zu empfangen. – 2. Möglichkeit bei intransitiven Verben: variabel = veränderlich, d. h. was sich verändern kann (aber auch: was verändert werden kann), Variabilität = Veränderlichkeit. – 3. Aktive Möglichkeit, selten: terribilis = furchtbar, schrecklich, d. h. was Schrecken erregen kann.

~br·, Verb → Subst., lat., Fem. auf ·a oder Neutr. auf ·um, selten. Bedeutung: Mittel, Werkzeug, s. cribr-, vertebr-.

~bul·, Verb → Subst., lat. I. Dekl. Fem. auf ·a oder II. Dekl. Neutr. auf ·um, bedeutet Mittel oder Werkzeug, ähnlich wie ~cul·um, auch den Ort für eine Tätigkeit: a) am Verb der 1. Konj. stare → stabulum = Stall (Standort für Tiere); – b) an Verben der 3. Konj.: Infundibulum = Trichter zum Hineingießen (vgl. choan-), Mandibula = Organ zum Kauen.

~cr·um, Verb → Subst. lat. II. Dekl. Neutr. statt ~cul·um an Stämmen, in denen ein l enthalten ist, selten, z. B. Ambulacrum.

~cul·um, Verb → Subst., lat., II. Dekl., Neutr., Plur. ·a, verdeutscht zu ~kel, bedeutet Organ bzw. Werkzeug für eine Tätigkeit oder Funktion, z. B. bei anat. Bez. Gubernaculum, Spiraculum, Tentaculum = Tentakel.

~cul·us, Subst. → Subst., lat., I. und II. Dekl., Sing. ·us, ·a, ·um, verdeutscht -kel, Bedeutung: Demin. mit dem Ausdruck der Ähnlichkeit (sofern dieser nicht im Stamm liegt). Nach konsonantischem Ausgang des Stammes wird in manchen Fällen das Suffix an den Nom. angehängt, nach s (Mus → Musculus, Os → Osculum, Vas → vasculum, dies z. B. im Gastrovaskularsystem), nach r bei Tuber → Tuberculum (dagegen Venter → Ventriculus). In anderen Fällen mit der Flexionsendung ·is im Gen. (auch Nom.) ist für das Suffix die Form ~icul·us anzunehmen, s. d.

~ecul·us, Subst. → Subst., bes. an Substantiven, der III. Dekl. statt ~icul·us: 1. mit Nom. auf es: moles → molecul·a, ·ae, nubes (Wolke) → nubecul·a, ·ae, valles (Tal) → vallecul·a, ·ae; – 2. mit Nom. auf s: trabs, trab·is (Balken) → trabecul·a, ·ae (s. trab-).

~ell, verdeutschte Adjektivendung bei vielen Fremdwörtern: a) statt ~al·is nach i (partiell, potentiell, prinzipiell, speziell, superfiziell), nach e (reell), nach u (individuell, sexuell, visuell) und nach Konsonanten (akzidentell, experimentell, formell neben formal); – b) statt ~ell·us s. d.

~ell·us, Subst. → Subst., lat., I. und II. Dekl. Sing. ·us, ·a, ·um, verdeutscht ~ell(e), Plur. ~elle(n). Bedeutungen: 1. Verkleinerung mit übertragener Bedeutung: a) ohne Veränderung des Stammausganges: bei Gattungsnamen, z. B. Arcella, Trichinella, Vorticella, und anat. Bez., z. B. Organell (Neutr.), dies nicht schlechthin „kleines Organ“, sondern Zell„organ“; deutscher Plur.: die Organelle; – b) mit Veränderung des Stammausganges bes. nach zwei oder drei Konsonanten, z. B. nach mn (Columna → Columella, Lamina → Lamelle), nach br (Cerebrum → Cerebellum), nach str (Rostrum → Rostellum) oder nach -ul (ocul- → ocell-, sabul- → sabell-). – 2. Bei vielen Kleinschmetterlingen, bes. Motten, Zünslern und Wicklern ohne Rücksicht auf die eig. Bedeutung verwendet, z. B. (Carpocapsa) pomonella, (Ephestia) kühniella, (Tinea) granella.

~ens, ~ent-, Verb. → Adj., s. ~ns, ~nt·is.

~ens·is, Subst. → Adj., lat. III. Dekl. Sing. ·is, ·e, bedeutet bei Artnamen den Lebensbereich: a) geographisch: (Orycteropus) capensis, (Trypanosoma) gambiense; – b) landschaftlich: (Helix) hortensis; (Phleum) pratense.

~eol·us, Subst. → Adj. oder Subst., lat., ganz selten als einheitliche Silbe zu betrachten; das e ist in vielen Fällen Bestandteil des Stammes, z. B. bei Areola, Foveola, lanceolatus, oder es ist ein selbstg. Suffix, z. B. bei aureolus = aur~e~ol·us, so daß auf die beiden Suffixe ~e·us und ~ol·us zu verweisen ist.

~er, griech. Silbe: 1. an Verben s. ~ter; – 2. Adj. oder Num., gewöhnlich in Zusammensetzungen ohne bes. Bedeutung, z. B. etwa „die im Stammwort genannte Eigenschaft besitzend“: Glyzerin, Monere.

~ern·a, ·ae, Subst. (oder Adj.) → Subst., lat., selten, Bez. für Räume und Höhlungen: cavus → caverna, cista → cisterna.

~escens, ~escent·is, eig. e~sce~ns, Verb → Verb, meist als Verbaladj. (Part. Präs.) verwendet; vgl. ~ns, ~nt·is. Bedeutungen: 1. Werden oder Anfang eines Vorganges (Incoh.) bes. bei Bez. der Lebensalter: adolescens, pubescens, senescens → Seneszenz. – 2. In Artnamen meist nur eine Ähnlichkeit oder einen geringen Grad einer Eigenschaft ausdrückend, z. B. Färbungen: albescens, brunnescens, coerulescens.

~est·is, Subst. → Adj., lat. III. Dekl., sehr selten, bezeichnet in Artnamen den Lebensbereich: (Arvicola) agrestis.

~ester, ~estr·is, Subst. → Adj., lat. III. Dekl., Sing. ·is, ·is, ·e, bedeutet Vorkommen und Lebensbereich in Artnamen, z. B. alpestris, campestris, terrestris (verdeutscht: terrestrisch); nach u ohne e in lacustris und palustris.

~ēt·es, Verb → Subst., griech. eig. ~e~t·es, da von Verben auf έω abzuleiten, bei Verdeutschung Sing. ohne Flexionsendung, Plur. auf ·en; vgl. ~ter. – Bedeutung: „die im Verb genannte Tätigkeit ausübend“: a) Verhalten von Tieren, z. B. Gttg. Colymbētes = „Taucher“ (Käfer) und

Pedētes = „Springer" (Nagetier); – b) Funktion von Organen: Synerget, synergetisch, Ggs. Antagonist; – c) Lebenstätigkeit von Zellen: Gamet, Plur. „Gameten"; Ookinet, s. o- und kin-.

~et·um, Subst. → Subst., lat. II. Dekl. Neutr., Gen. ·i. – Bezeichnet eine Pflanzengemeinschaft, z. B. betuletum = Birkenwald; diese als Lebensbereich von Tieren: Alphis saliceti = Weidenblattlaus.

~ett·, aus dem Französischen oder Italienischen stammendes Demin., z. B. facies → Facettenauge, lancea → Lanzettfischchen, rosa → Rosettenstadium; Egretta garzetta, (Recurvirostra) avosetta.

~eu-, Subst. → Verb, griech. auf *εύω*, in Tier- und Pflanzennamen nur in Ableitungen, in denen weitere Suffixe angeschlossen sind, z. B. in den Gattungsnamen Ichneumon, Melichneutes, Hyponomeuta und in den Berufsbezeichnungen Pharmazeut, Therapeut.

~e·us, Subst. → Adj., lat. II. Dekl., Sing. ·us, ·a, ·um, von der Bedeutung der deutschen Silben ig (blutig, wollig) oder n (gläsern, hölzern). Häufig in Artnamen und anat. Bez.: 1. Ähnlichkeit: a) vor allem in der Farbe, z. B. argenteus = silberweiß oder -glänzend, lacteus = milchweiß, sanguineus = blutrot; – b) Beschaffenheit oder Konsistenz: Corpus vitreum = Glaskörper, Humor aqueus = wässerige Flüssigkeit in den Augenkammern; substt. Cornea = Hornhaut des Auges (nicht etwa aus Hornsubstanz bestehend); – c) seltener Form und Habitus, z. B. in Artnamen: Juncus (Binse) → (Agropyrum) junceum und (Chondrilla) juncea. – 2. Bestehend aus, reich an etwas: Stratum corneum = die verhornte Schicht der Epidermis. – 3. Örtliche Beziehung von Organen, in den JNA vor allem in Beziehung zu einem Gebilde, das mit dem griech. Suffix ~id·es bezeichnet ist, d. h. ~id~e·us, z. B. Sinus sphenoidei = die Höhlen im Os sphenoides (Keilbein), ähnlich deltoideus, rhomboideus, pterygoideus. In anderen Fällen muß ~ide·us jedoch als einheitlich gelten (s. d.).

~**i**·a I., Adj. und Subst. → Subst., griech. und lat., Fem. Sing. (vgl. ~i·us) verdeutscht ie; sehr versch. Bedeutungen: 1. Gattungsnamen: a) versehen mit etwas: Actinia, Gymnadenia, Stylonychia; – b) zu Ehren eines Autors benannt, z. B. Babesia, Eimeria, Leishmania; bei Eigennamen auf i fällt ein i aus, z. B. Bonelli → Bonellia. – 2. Vorgänge: a) normale Entwicklungsvorgänge: Autogamie, Gametogonie, Neotenie; – b) insbes. krankhafte oder abnorme Vorgänge und Zustände: Dysenterie, Gynäkomastie, Leukämie. – 3. Zustand, räumliche Anordnung von Organen, die in ihren Beziehungen zusammenfassend betrachtet werden: a) allg.: Homonomie und Heteronomie von Segmenten, Metamerie = Aufeinanderfolge der Segmente, Symmetrie; – b) besondere Beziehungen: Auto- oder Hyostylie des Unterkiefers, Chiastoneurie von Nervensträngen. – 4. Begriffliche

Zusammenfassung, Wissenschaften: Anatomie, Biologie, Geographie, Philosophie.

~i·a II., Neutr. Plur. s. ~i·us.

~ial·is, in manchen Fällen statt ~al·is mit dem Bindevokal ·i-, also nicht einheitlich. Beisp. aequatorial, Pelagial.

~i·as, Subst. → Subst. griech. *ίας*, I. Dekl. Masc., in einigen Gattungsnamen: 1. Ähnlichkeit der Form: Asterias, Gttg. der Seesterne. – 2. Zugehörig, „versehen mit", insbes. bei Fischen: Acanthias = Stachelhai; Carcharias, ein Hai mit spitzen Zähnen; Stomias, ein Tiefseefisch mit bes. großem Maul; Xiphias = Schwertfisch (s. xiph-).

~ias·is, Subst. → Subst., griech. *ίασ·ις*, III. Dekl., verdeutscht ~ias·e. – Bez. von Krankheiten: a) im Stammwort der Erreger, z. B. Amoebiasis, Helminthiasis, Trypanosomiasis; – b) im Stammwort die kennzeichnende Krankheitserscheinung, z. B. Cholelithiasis, Elephantiasis.

~icul·us, auch als ·i~cul·us aufzufassen (s. d.), Subst. → Subst., lat. I. und II. Dekl., Sing. ·us, ·a, ·um, an Stämmen, die im Gen. (viele auch im Nom.) auf is enden, in manchen Fällen zu ~kel verdeutscht. – Meist als Demin., jedoch häufig mit Nebenbedeutungen: a) anat. Bez., nach Nom. auf ·is bzw. Stamm auf i: fascis → Fasciculus, pellis → Pellicula; Testis → Testiculus → Testikel = Hoden; Cutis → Cuticula (mit wesentlichem Unterschied der Bedeutung); – b) anat. Bez., an Wörtern mit anderem Nom., z. B. Os, ossis → Ossicula (Knöchelchen), Rete → Reticulum, venter → Ventriculus = Ventrikel; – c) von einem adjektivierenden Suffix gefolgt bei Artnamen: (Enterobius) vermicularis, (Phyteuma) orbiculare.

~ic·us, Subst. → Adj., griech. u. lat., lat. I. u. II. Dekl., Sing. ·us, ·a, ·um, verdeutscht zu ~isch (oder →ik s. d.).
1. Örtliche Beziehungen im Organismus bei anat. Bez., z. B. (Canalis) neurentericus, (Ductus) thoracicus, (Vena) hepatica. – 2. Verhalten, Tätigkeit, Funktion: a) Funktion von Organen, z. B. (N.) acusticus, (Tractus) opticus; – b) Verhalten von Tieren, z. B. (Entamoeba) histolytica, (Sagartia) parasitica; bei allg. Anwendung Verdeutschung: histolytisch, parasitisch. – 3. Ähnlichkeit der Form, bes. bei allg. angewendeten griech. Wörtern: conicus = konisch, cyclicus = zyklisch, sphaericus = sphärisch. – 4. Vorkommen, Lebensbereich, bei Artnamen: a) bei Parasiten: (Fasciola) hepatica in der Leber; – b) Landschaft: (Chelidon) rustica auf dem Lande, (Delichon) urbica in der Stadt (Hausschwalbe); – c) in geographischen Artnamen auch an nichtantiken Wortstämmen, z. B. ceylonicus, japonicus, norwegicus, pennsylvanicus, suecicus.

~id·ae, Subst. → Subst., griech., zool. zur Abl. der Fam. von der Gttg.: an griech. Stämmen (Aphididae, Daphnidae, Psyllidae) oder an lat. Stämmen

(Equidae, Hominidae, Leporidae). – Verdeutschung in allen Fällen gleich: Anneliden, Araneiden, Daphniden, Equiden. Nach einigen Autoren ist das i kurz (Betonung also auf der drittletzten Silbe, z. B. Homínidae), nach anderen im Anklang an ~id·es lang und zu betonen (z. B. Hominīdae).

~id·es, Subst. → Adj., auch substt., griech. mit versch., z. T. willkürlichen Flexionsendungen, Latinisierung zu ~ide·us s. d., verdeutscht ~ide, Subst. ~id, ~iden. Bedeutung: Ähnlichkeit, bes. der Form (nach griech. τὸ εἶδ·ος, also eig. Stammwort): 1. Als Adj. verwendet, Flex. im Nom. griech·ēs, ·ĕs, im Gen. lat. ·is (III. Dekl.) bei anat. Bez., z. B. (Os) sphenoides, chordoides (Stützgewebe), Placoidschuppen; Substantivierung Hyoid, Plerocercoid; bei Artnamen: [Ascaris] lumbricoides; vgl. ~e·us. – 2. Als Subst. im Plur. bei syst. Gruppen mit versch. Flexionsendung: a) Klassen, z. B. Annelides; – b) Ordnungen, z. B. Araneida.

~ide·us, Subst. → Adj. und Subst., aus dem griech. ~id·es (s. d.) durch Latinisierung entstanden und daher als einheitlich betrachtet, Flex. Sing. ·us, ·a, ·um, Plur. ·i, ·ae, ·a. Dies Suffix wurde schon von Hyrtl kritisiert und wird in der JNA nur als Kombination zweier Suffixe, d. h. als ~id~e·us (s. ~id·es und ~e·us) verwendet. In der Zoologie ist es aber allg. gebräuchlich; Bedeutung: Ähnlichkeit: 1. Im Sing. für Organe, z. B. (Cartilago) thyreoidea, (Processus) coracoideus, (Tunica) chorioidea, (Placenta) discoidea = discoidalis; Substantivierung: die Chorioidea. – 2. Im Plur. für höhere Einheiten des zool. Systems (Ord., Kl.), meist als Neutr. (Arachnoidea, Echinoidea, Moruloidea), seltener als Masc. (Batoidei, Ganoidei, Selachoidei).

~idi·um, Subst. → Subst., griech. Neutr. ἴδι·ον, Flex. lat. II. Dekl. Plur. ·a, verdeutscht ·en, häufig als Demin., a) für kleine Organe (Nephridium, Ommatidium); – b) für Gattungsnamen kleiner Tiere (Coccidium, Balantidium).

~id·us, Verb (2. und 3. Konj.) → Adj., lat. Flex. Sing. ·us, ·a, ·um (verdeutscht ~id): 1. Bedeutung häufig die des Part. Präs. des Stammverbs, also deutsche Silben end oder auch lich, vielfach einem Subst. auf ~or, ~or·is II zugehörig. Beispiele: lucēre → lucidus = leuchtend; horrēre → horridus = schreckend, schrecklich (horror = Schrecken). – 2. In manchen Fällen Verb nicht vorhanden und Abl. anscheinend unmittelbar von einem Adj. ohne Änderung der Bedeutung, z. B. albus → albidus, flavus → flavidus.

~igo, igin·is, lat., Fem., wie ~ugo Subst. → Subst., meist in adj. Abl.: lens (= Linse) → lentiginosus (= mit Linsenflecken); rubēre = rot sein (s. rub- I.) → rubigo → rubiginosus.

~ik, verdeutschte Form des griech. ·ικ·α (lat. ~ic·a), substt. Adj. (s. ~ic·us), Fem. Sing. oder Neutr. Plur. in der Bedeutung von Wissensgebieten (Botanik, Physik, Systematik) oder Einrichtungen (Klinik).

~il·is I., Subst. → Adj., lat., III. Dekl. Sing. ·is, ·e, verdeutscht ~il, bezeichnet Eigentümlichkeiten des Lebensalters oder Geschlechts; infantil, juvenil, senil.

~il·is II., Verb. → Adj., lat., III. Dekl. Sing. ·is, ·e, Plur. ·es, ·ia, verdeutscht ~il (Plur. Neutr. ~ilien). Bedeutung: passive oder aktive Möglichkeit, Fähigkeit; Abl. von Verben der 3. Konj. (auf ~ĕ·re) vom Präsensstamm (agilis, mobilis) oder vom Sup. (flexilis, fossilis, contractilis = kontraktil). – Substt. für syst. Kategorie: Reptilia = Reptilien = „Tiere, die kriechen können".

~ill·us, Subst. → Subst., lat., Sing. ·us, ·a, ·um, verdeutscht Fem. ~ille (Plur. ~illen), Bedeutung: Demin. wie ~ell·us und ~ul·us: 1. Allg. anat. Bez.: Bulbilli (Plur.), Lapillus, Mamilla; verdeutschte Formen: Fibrille, Pupille, Sensille. – 2. Gattungsnamen: zool.: Anguilla, Spongilla; bot.: Coronilla, Myrtillus.

~in, abgeleitet (substt.) von -in·us, als deutsches Fremdwort ohne Flexionsendung, Subst. oder Verb → Subst., zur Bez. von Stoffen oder Substanzen. Das Stammwort bezeichnet: 1. Herkunft oder Vorkommen (Stammwort ein Subst.): a) aus organischen Materialien oder Flüssigkeiten (Cholin, Lezithin, Spermin); – b) aus Organen gewonnen oder in ihnen enthalten (Adrenalin, Dentin, Insulin); – c) aus Tieren (Hirudinin) oder Pflanzen (Carotin). – 2. Beschaffenheit und Eigenschaften, z. B. Adamantin, Elastin, Hämozyanin. – 3. Wirkung (Stammwort ein Verb.), z. B. Verdauungsfermente (Erepsin, Steapsin, Trypsin) oder Abwehrstoffe (Agglutinine, Bakterio-lysine, Präzipitine).

~**īn**·ae, zool. zur Abl. der Ufam. von der Gttg., s. ~in·us 5.

~in·us, Subst. → Adj., griech. (~īn·os) oder lat. (~īn·us), Flex. Sing. ·us, ·a, ·um, Plur. ·i, ·ae, ·a, verdeutscht ~in (Plur. ~in·en): 1. Ähnlichkeit der Form, der Beschaffenheit, z. B. hyalinus = glasartig durchsichtig, Dentes canini = Zähne, die den Eckzähnen des Hundes (canis) ähnlich sind, Trichine = haardünner Wurm. Bei zool. Artnamen häufig zum Vergleich mit anderen Tieren, z. B. lacertinus, leoninus, tigrinus. – 2. Örtliche Beziehung bei anat. Bez., z. B. (Extremitas) pelvina, (Membrana) vitellina, (Os) palatinum, substt. das Palatinum. – 3. Vorkommen oder Lebensbereich bei Artnamen: a) Landschaft: alpinus, marinus, salinus; – b) andere Tiere bei Parasiten, z. B. (Melophagus) ovinus, (Strongylus) equinus, (Tabanus) bovinus. – 4. Zugehörigkeit, selten, z. B. Glossina = „mit einem Rüssel versehen". – 5. Von einer Gttg. abgeleitete zool. Kategorien, die allg. Ähnlichkeit der Form zum Ausdruck bringend: a) für alle Unterfamilien: ~in·ae (Murinae, Arvicolinae); – b) vereinzelt für andere Gruppen mit versch. Flexionsendung: Acarina = Akarinen (Ord.), Nemertini = Nemertinen (Kl.).

~io, ~iōn·is, Verb. → Subst., lat., III. Dekl., Fem. Plur. ·es, verdeutscht ~ion. Das Suffix bezeichnet den im Stammwort ausgedrückten Vorgang (Handlung, Tätigkeit) entweder allg. abstrakt oder auch das konkrete Ergebnis, evtl. auch dazu dienende Einrichtung und handelnde Personen; es entspricht etwa der deutschen Silbe ung: a) an Verben der 1. Konj. (Sup. auf at), z. B. Äquationsteilung, Assimilation, Gastrulation, Lokalisation, Isolation, Determination, Modifikation, Regulation;. – b) an Verben der 3. Konj. (Sup. mit versch. Ausgang), z. B. Apposition, Evolution, Induktion, Kontraktion, Reduktion, Selektion, Sekretion.

~i·ŏn, Subst. → Subst., griech. Neutr. II. Dekl., selten in dieser Form (unter Beibehaltung der griech. Flexionsendung): 1. Bez. eines räumlichen Bereiches, gemeinsam mit einem Präfix: Epi+ und Hypo+ limnion als Schichten des freien Wassers in Süßgewässern. – 2. In anderen Fällen Latinisierung zu ~·ium, s. ~i·us I.

~ior, Adj. → Adj., lat., Sing. Masc. und Fem. ~ior, Gen. ~iōr·is, Neutr. ~ius (s. d. II), Plur. Masc. und Fem. ~iōr·es, Neutr. ~iōr·a. 1. Komparativ, als Artname: gracilior, longior, major. – 2. Lagebeziehung, insbes. von Organen: anterior – posterior; superior – inferior; Silbe „-er-" in diesen Fällen von versch. Herkunft.

~is, ~id ·is, Subst. → Subst., Griech. (*ις*, *ἰδ·ος*), latin. III. Dekl., dient entweder als Demin. (s. blephar-, glott-) oder zur Bez. des weiblichen Geschlechts (s. alector).

~isā·re, Subst. oder Adj. → Verb, lat., verdeutscht ~isieren, häufig das abgeleitete Subst. auf ~ion, also ~isation: 1. Mit etwas versehen: vaskularisieren = mit Blutgefäßen versehen → Vaskularisation = die Versorgung eines Organs mit Blutgefäßen; lokalisieren = an einen Ort bringen oder den tatsächlichen Ort ermitteln → Lokalisation. – 2. Zu etwas machen: realisieren = real machen, verwirklichen. – 3. Mit beiden Bedeutungen: Organ → organisieren = zu Organen machen oder mit Organen versehen → Organisation und Organisator.

~isc·us, Subst. → Subst., griech. *ἰσκ·ος*, latin. II. Dekl. Masc., seltenes Demin. in Gattungsnamen (Leuciscus, Spheniscus) und anat. Bez. (Asteriscus, Meniscus).

~ism·us, Subst. → Subst., griech. *ισμ·ος*, latin. Masc., verdeutschter Plur. ~ism·en. – Bez. für eine Gesamtheit von Erscheinungen, entweder als konkrete Einheit (Organismus) oder abstrakte Zusammenfassung und Kennzeichnung (Kommensalismus, Parasitismus, Polymorphismus), häufig auch für Abweichungen von der Norm (Albinismus, Hyperthyreoidismus), insbes. für Vergiftungserscheinungen (Ursache im Stammwort, z. B. Muscarinismus durch Amanita muscaria).

~issim·us, Adj. → Adj., lat. Sing. ·us, ·a, ·um, bezeichnet den Superl. oder wenigstens einen bes. hohen Grad einer Eigenschaft a) der Größe: (M.) latissimus (dorsi); – b) der Form: (Ligula) simplicissima, ein Bandwurm; – c) der Farbe: (Chlorohydra) viridissima.

~ist·, Adj. → Adj., griech. *ιστ·ος*, Superl.: megas (= groß) s. mega(l), z. B. Gttg. der Käfer Megista und Art der Wanzen Conorhinus megistus.

~ist·ēs, griech., verdeutscht ~ist, selten: 1. Verb → Subst., Bedeutung: die im Verb genannte Tätigkeit ausführend, z. B. Antagonist = „Entgegenkämpfender“ (vom Verb *ἀντ-αγωνίζομαι*, also eig. ~is~tes), analog gebildet Synergist = Synerget. – 2. Übertr. Subst. → Subst.: Fauna → Faunist, Flora → Florist.

~it, Subst. → Subst., griech. Herkunft (s. ~it·), als deutsches Fremdwort im Sing. ohne Flexionsendung, im Plur. ~it·en, bezeichnet selbständige kleine Gebilde oder Bestandteile größerer Körper: a) im Stammwort das Gebilde als solches, z. B. Endopodit, Neurit, Somit; – b) im Stammwort die Form, Beschaffenheit oder Bedeutung des Gebildes, z. B. Dendrit, Sklerit („kleines Hartgebilde“), Sporozoït („Sporentierchen“).

~it· mit versch. Flexionsendungen, Subst. → Adj., auch substt., griech. ~it·es (Fem. ~it·is) und lat. ~it·us (Fem. ·a, Neutr. ·um; Plur. ·i, ·ae, ·a), wegen freier Verwendung der Flexionsendungen nicht immer voneinander zu trennen (verdeutscht ~it, ~it·en: 1. Häufigste Bedeutung: „versehen mit etwas“ (vgl. ~at·us und ~ot·us): a) Artnamen: [Aurelia] aurita, hier lat. Fem. Sing.; – b) Gattungsnamen, z. B. Porites, hier griech. Masc. Sing.; – c) höhere syst. Einheiten, z. B. Trilobita, hier lat. Plur. Neutr. – 2. Ähnlichkeit: Gttg. Ammonites, Sphaerites. – 3. Lebensbereich, selten: (Bufo) calamita. – 4. Entzündliche Erkrankung, substt. griech. Adj. Fem., im Stammwort das erkrankte Organ, z. B. Nephritis, Neuritis, Peritonitis.

~ita·re, Verb → Verb, lat., bedeutet die Verstärkung oder häufige Wiederholung der im Stammwort genannten Tätigkeit (Iterativ): a) allg., z. B. agere → agitare (Subst.: Agitation), palpare → palpitare (Subst. Palpitation); – b) in Artnamen abgeleitetes Verbaladj. (Part.), z. B. (Glossina) morsitans, (Exocoetus) volitans.

~itas, ~itat·is, verdeutscht ität, s. ~tas, ~tat·is.

~iti·us, Verb → Adj., lat., Flex. Sing. ·us, ·a, ·um, bedeutet die aktive Möglichkeit: am Präsensstamm: pungitius = stechend; am Sup.: adventitius, substt. die Adventitia (s. vent- I.).

~i·um, latin. von griech. ~i·on oder Neutr. von lat. ~i·us (I.).

~i·us I., Subst. → Adj. und Subst., griech. und lat., Flex. Sing. ·us, ·a, ·um, Plur. ·i, ·ae, ·a, als Adj. häufig in der Verbindung ~or~i·us (s. ~ori·us);

über das substt. Fem. Sing. s. ~i·a. – Verwendung sehr vielseitig: 1. Lagebeziehungen von Organen und Geweben: a) allg. Kennzeichnung mit entsprechendem Präfix: Epithelium, Hypogastrium, Mesenterium, Metapterygium, Perineurium; – b) bes. Beziehungen, z. B. (M.) gastrocnemius und (M.) stapedius. – 2. Besitz eines Organs mit bes. Merkmalen („versehen mit etwas"), insbes. als lat. Plur. Neutr. für höhere syst. Einheiten: Cirri-, Fissi- und Pinni-pedia; ferner Proto- und Deuterostomia. – 3. Ähnlichkeit der Form, z. B. (M.) trapezius. – 4. Demin., in manchen Fällen vermutlich durch Latinisierung des griech. ~i·on entstanden, bes. für Gattungsnamen relativ kleiner Tiere: a) Protozoen: Actinosphaerium, Ceratium, Zoothamnium; – b) Insekten: Acridium, Scaphium; – c) Muscheln: Sphaerium.

~i·us II., Neutr. zu ~ior, z. B. Velum medullare anterius und posterius des Kleinhirns, Chelidonium majus (s. maj- II.).

~īv·us, Verb → Adj., auch substt., lat. Flex. Sing. ·us, ·a, ·um, Plur., ·i, ·ae, ·a. – Bedeutung: aktive oder pass. Möglichkeit, Fähigkeit oder Bestimmung, z. B. agere → aktiv = fähig zu handeln, tätig; a) an Verben auf ~a·re (1. Konj., Sup. auf at), z. B. alternativ, generativ, vegetativ; – b) an Verben auf ~ĕ·re (3. Konj.), z. B. (Dentes) incisivi; progressiv = fortschreitend, dem Fortschritt dienend; prospektiv = vorausschauend, künftige Vorgänge betreffend (s. spect-); – c) an Verben auf ~i·re (4. Konj.), z. B. auditivus = dem Hören dienend, zum Gehör in Beziehung.

~ix, Subst. → Subst., lat. Fem. III. Dekl. ~ix, ~ic·is. – Vor allem zur Kennzeichnung des weiblichen Geschlechts im Anschluß an ~or unter Verlust des o, z. B. in Artnamen: (Costia) necatrix, (Phylloxera) vastatrix; abgeleitetes Verbaladj.: (Alytes) obstetricans = „Geburtshilfe treibend" (Geburtshelferkröte).

~l·us, lat. Demin. in den bes. Formen ~eol·us, ~ol·us und ~ul·us.

~ma, ~mat·, Verb → Subst., griech. ~*μα*, ~*ματ·ος*, III. Dekl., Plur. ~*ματ·α*, verdeutscht ~men; nach Verben auf *όω* → ~oma, s. Suffix ~om(at), nach Verben auf *έω* und *ημι* → ~ēma (z. B. Thema). Ein konsonantischer Ausgang wird beim Anfügen von ~ma häufig abgeändert, s. Wortstämme gramm(at)-, omm(at)-, stigm(at)- und schiz- (→ schis-ma). In vielen Fällen ist das urspr. Verb unwesentlich oder fehlt ganz, so daß die Silbe kein Suffix ist, sondern den Ausgang eines Wortstammes darstellt, z. B. bei stoma und trema. – Bedeutung: Ergebnis des im Stammverb ausgedrückten Vorganges, z. B. Dogma → dogmatisch, Plasma → plasmatisch, Diaphragma, Chiasma (s. chi-).

~men, Nom. zu ~min·.

~ment·um, Verb → Subst., lat. Neutr. II. Dekl., Plur. ·a, verdeutscht Sing. ohne Flexionsendung, Plur. ·e. – Bedeutung: Mittel oder Ergebnis des im Stammwort ausgedrückten Vorganges: 1. Ergebnis eines wirklichen

Vorganges: Exkrement; vgl. caement-. – 2. Zustand, als Ergebnis eines Vorganges gedacht, z. B. bei anat. Bez.: Dissepiment, Integument, Ligament, Segment. – 3. Mittel zu einer Tätigkeit, z. B. Alimentum → Adj. alimentär = zur Ernährung dienend; vestimentum = Kleidung → (Pediculus) vestimenti = Kleiderlaus; Pigment s. pig-.

~min·, Verb → Subst., lat. Neutr. III. Dekl. ~men, Gen. ~min·is, Plur. ~min·a, bedeutet Mittel oder Ergebnis des im Verb ausgedrückten Vorganges ähnlich wie ~ment·um. Selten: Foramen = Loch, eig. Bohrloch (s. fora-) → Foraminifera. – Das Suffix ist auch in den Wörtern acumen (s. acu- I.), flumen, lumen und nomen, die als einheitlich behandelt werden müssen, enthalten.

~ns, ~nt·is, Verb → Adj., lat. an Verben der 1. Konj. ans, ant·is, an Verben der 2. und 3. Konj. ens, ent·is, an Verben der 4. Konj. iens, ient·is; bes. häufig in der Verbindung ~escens, vgl. ~nt·ia. – Bedeutung: Möglichkeit, Fähigkeit oder auch der im Stammwort ausgedrückte Vorgang als aktuell gedacht: 1. Vorgang, Tätigkeit: a) Verhalten von Tieren: Ord. Rodentia = Nagetiere (nagende Säugetiere), (Pulex) irritans, (Poephagus) grunniens, (Culex) pipiens; – b) Funktion von Organen: (Vas) deferens; – c) andere Vorgänge: Febris recurrens = Rückfallfieber, verursacht durch Spirochaeta recurrentis. – 2. Morph. Zustand, als Ergebnis eines Vorganges ausgedrückt: (Vertebra) prominens, (Nervus) recurrens.

~nti·a, zus. aus ~nt und ~i·a, lat. Fem. Sing. I. Dekl., verdeutscht ~nz, Verben wie bei ~ns, ~nt·is, also Formen antia = anz, entia = enz und ientia = ienz. Nicht zu verwechseln mit dem gleichlautenden Plur. Neutr. ~nt·ia. 1. Allg. Bez. von Entwicklungen u. a. Vorgängen: Deszendenz, Konvergenz, Seneszenz, Lumineszenz, Phosphoreszenz. – 2. Morph. Gebilde, als Ergebnis eines Vorganges gedacht, z. B. Eminentia, Intumescentia, Protuberantia.

~n·us, Subst. → Adj., lat., Sing. ·us, ·a, ·um, Plur. ·i, ·ae, ·a, meist nach r, Bez. der Herkunft und der Zugehörigkeit: frater → fraternus, mater → maternus, pater → paternus, ver → vernus; mit Änderung des Stammausganges: salix → salignus s. salic-.

~ōd·ēs, griech. *ωδης*, etymologisch selbstg. oder zusammengezogen aus ·o ~id·es. Wie ~id·es und ~ide·us Subst. → Adj. oder Subst. mit Bedeutung der Ähnlichkeit und syst. Zusammenfassung: 1. Gattungsnamen: Aleurodes, Ixodes; Omphalodes. – 2. Höhere syst. Einheiten (Plur. ·es, verdeutscht ·en): Cestodes, Nematodes, Trematodes = Trematoden.

~ol·us, Subst. oder Adj. → Subst. oder Adj., lat. Sing. ·us, ·a, ·um, anstelle von ~ul als Demin. nach den Vokalen e (Nucleolus, lanceolatus), nach i (Fasciola, Radiolarien) und u (Vakuole), in den gleichen Anwendungen wie ~ul·us I.

~ōm (at-), Adj. oder Subst. → Subst., griech. ωματ·, Plur. ~omat·a (verdeutscht ~om·e), zusammenfassende Bez. für Gebilde oder Erscheinungen: 1. Gesamtheit kleiner Gebilde: Mitom, Myzetom, Rhabdom. – 2. Einheit oder Verbindung von Organen, z. B. Coelom (ein Hohlraumsystem!), Os zygomaticum = Jochbein (= Zyg~omat~ic·um). – 3. Spezielle Bez. von Geschwülsten, wobei das Stammwort den Charakter der Geschwulst (Carcinoma = Karzinom) oder seinen Hauptbestandteil (Fibrom) kennzeichnet.

~on I., in den Stamm einbezogene Flexionsendung, griech. *ον* (Sing. Neutr.) mit der Bedeutung einer Einheit oder Zusammenfassung: 1. In der Histologie eine Gewebseinheit: Neuron → Neuronentheorie, ferner Chondron, Osteon u. a. (Subst. → Subst.). – 2. In der Ökologie: Gesamtheit von Lebewesen mit gleichem Lebensbereich und gleicher Lebensweise, z. B. von einem Verb abgeleitet: Plankton → planktonisch, Nekton.

~on II. = ~ōn, Silbe von versch. Herkunft und Bedeutung, griech., bezeichnet in der Biologie u. a. Stoffe von bestimmter, im Stammwort ausgedrückter Wirkung (Hormon, Gamon, Termon).

~ont, Verb. → Adj., meist substt., griech. *οντ*·, Plur. beim deutschen Fremdwort ~ont·en, bedeutet ein Lebewesen, das die im Stammwort ausgedrückte Funktion ausübt, z. B. Gamont, Nucleobiont, Schizont, Symbiont. Vgl. Wortstamm ont-.

~ops oder **~ops**·is, ein zum Suffix abgewertetes Subst., s. ops(-) II.2.

~or, ~ōr·is I., Verb → Subst., lat. III. Dekl., Plur. ·es (verdeutscht ·en), an Verben der 1. Konj. in der Verbindung ~ator und an Verben der 3. Konj. mit versch. Ausgang in der Verbindung ~tor; häufig ist das abgeleitete Adj. ~ori·us, s. d. – Das Suffix bezeichnet Stoffe oder Organe, die einen Vorgang bewirken, bzw. Tiere oder Personen, die die im Stammwort genannte Tätigkeit ausüben: 1. Tätigkeit des Menschen, z. B. Experimentator, Initiator, Rektor. – 2. Verhalten und Tätigkeit von Tieren: a) (Boa) constrictor, (Cecidomyia) destructor, (Phylloscopus) sibilator, (Pinicola) enucleator; – b) bei Schlupfwespen vielfach schematisch ohne sachliche Bedeutung verwendet, z. B. Artnamen cyanator, luteolator, sulcator. – 3. Funktion von Organen: M. dilatator, levator, retractor; Effektoren und Rezeptoren = Wirk- und Merkorgane. – 4. Chem. Wirkungen: Katalysator. – 5. Zweck und Wirkungsweise von Geräten: Exsikkator, Manipulator, Reaktor.

~or, ~ōr·is II., Verb. → Subst., lat. am Präsensstamm, meist von Verben der 2. Konj. (auf ē·re), von denen auch Adj. auf ~id·us (s. d.) abgeleitet werden, Bez. für versch. Zustände, relativ selten, Beisp. Fluor, Humor, Turgor.

~ori·us, zus. aus ~or und ~i·us, Verb. → Adj. und Subst., lat. Sing. ·us, ·a, ·um, Plur. ·i, ·ae, ·a, verdeutscht ~orisch (Subst. Plur. ~orien), bezeichnet die aktive oder pass. Möglichkeit oder Leistung bzw. den aktuellen, im Stammwort ausgedrückten Vorgang: 1. Physiologische Begriffe, z. B. exkretorisch, kompensatorisch, motorisch. – 2. Anat. Gebilde, nach ihrer Funktion bezeichnet, z. B. (Membrana) tectoria, (N.) oculomotorius, (Tractus) olfactorius. Das substt. Neutr. Sing. ~ori·um bezeichnet eine Einrichtung, Organteil oder Organsystem zur Ausübung der im Verb genannten Funktion, z. B. Perforatorium, Sensorium, Suspensorium. – 3. Syst. Namen, z. B. Art (Locusta) migratoria, und höhere Kategorien (Neutr. Plur.): Infusorien, Rotatoria.

~ōs·is, Verb → Subst., griech. *ωσις*, bei Abl. von Verben auf *όω* (das seinerseits von einem Subst. oder Adj. durch o gebildet sein kann, z. B. *βί·ος* → *βιόω* = leben) auf die Silbe ~s·is beschränkt, bei Abl. ~t, z. B. biotisch. Bedeutung: der im Stammwort genannte Vorgang oder sein Ergebnis, entsprechend der deutschen Silbe ung: 1. Vorgänge als solche, z. B. Mitosis = Mitose, Oxybiose, Phagozytose. – 2. Zusammenfassung, Vereinigung von Lebewesen, z. B. Biocoenosis = Biozönose, Symbiose. – 3. Speziell: path. Vorgänge und Zustände mit unmittelbarer Abl. von einem Subst.: a) im Stammwort der Erreger, der die Krankheit verursacht, z. B. Coccidiosis, Leishmaniosis, Trichinosis; – b) im Stammwort der Charakter des abnormen Zustandes, z. B. Athyreose, Sklerose; – c) im Stammwort das betroffene Organ, z. B. Neurose, Nephrose.

~ōs·us, Subst. → Adj., lat., Sing. ·us, ·a, ·um. Plur. ·i, ·ae, ·a, verdeutscht ~ös, den deutschen Silben ig und lich entsprechend, bedeutet urspr. „reich an etwas“, wird aber auch in anderen Bedeutungen verwendet: 1. Besitz von Merkmalen: a) einfaches Merkmal („versehen mit“): Laphria gibbosa mit Buckel; – b) Merkmale in unbestimmter Mehrzahl („reich an“): Amoeba verrucosa mit warziger Oberfläche, Rana rugosa = Runzelfrosch, Corpus cavernosum mit Höhlungen; – c) unbestimmte Menge („voll von“): (Tunica) mucosa, (Myxine) glutinosa. – 2. Verhalten von Tieren, Besitz einer biol. Eigentümlichkeit: (Aspidiotus) perniciosus, eine schädliche Schildlaus; (Stegophilus) insidiosus = Schmarotzerwels. – 3. Ähnlichkeit: a) Beschaffenheit und Konsistenz: (Os) petrosum = Felsenbein (hart wie Stein); (Substantia) gelatinosa, (Nucleus) pulposus; – b) Form: (Processus) spinosus = Dornfortsatz der Wirbel, (Lamina) cribrosa des Siebbeins; tubulöse und acinöse Drüsen; – c) allg. Aussehen, Habitus: (Chimaera) monstrosa, (Cladocora) caespitosa = Rasenkoralle (in größerer Menge rasenbildend). – 4. Lagebeziehungen, Zugehörigkeit von Organen: Bulbus arteriosus und Sinus venosus des Herzens von Fischen. – 5. Vorkommen, Lebensbereich (seltenere Bedeutung): (Trichodectes) pilosus, Art der Haarlinge (an Haaren lebend); (Trox) sabulosus, Art der Käfer auf sandigen Ebenen.

~ōt·us, Subst. → Subst., griech. und nur an griech. Stämmen, aber mit lat. Flex. (Plur. Neutr. ·a), vergleichbar mit lat. ~at·us, Bedeutung: „versehen mit etwas"; a) Gattungsnamen, z. B. Aspidiotus, Strongylocentrotus; – b) höhere syst. Einheiten (Plur. Neutr.), z. B. Amniota, Craniota, Pterygota = Pterygoten.

~sce·re, Verb → Verb, Incohativum, bezeichnet also den Beginn eines Vorganges oder einer Tätigkeit; an Verben der 1. Konj.: ~ascere, vgl. ~ascens, an Verben der 2. Konj. s. ~esce·re, sehr selten an Verben der 4. Konj., also ~iscere, vgl. Einführung S. 38.

~s·is, Verb → Subst., griech. III. Dekl., verdeutscht ~se; bei weiteren Ableitungen, bes. Bildung von Adjektiven, wird das s zu ~t oder ~st; nach Verben auf o erhält das Suffix die (zus.) Form ~os·is (s. d.): Analysis = Analyse → analytisch; Genesis = Genese → genetisch und Genetik; (Par+) akusis → akustisch.

~tās, ~tāt·is, Adj. → Subst., lat. Fem. III. Dekl., Plur. ~tat·es, verdeutscht ~tät; meist geht der Bindevokal i voran (~itas = ~ität), häufig auch ein adj. Suffix (~al·is, ~ar·is, ~bil·is). – Bedeutung: Gegenstand, Einrichtung oder Begriff mit der im Stammwort genannten Eigenschaft: 1. Morphologisches Merkmal: a) Oberflächenstruktur: Tuberositas an Knochen; – b) Körperteil: Extremitäten (Extremitates). – 2. Abstrakter Begriff, z. B. Individualität, Kontinuität, Sexualität, Uniformität, Vitalität.

~ter, eig. **~t~er**, Verb →Subst., griech. *τηρ*, nur an griech. Stämmen, vergleichbar dem lat. ~t~or; bei Abl. bleibt die Silbe er als Suffix erhalten. – Bedeutet die Ausübung der im Stammwort ausgedrückten Tätigkeit oder Funktion: 1. Verhalten von Tieren: Gttg. der Wale Physeter → Fam. Physeteridae (s. phys- II. 2.), Gttg. der Käfer Elater s. elat- I. – 2. Funktion von Organen: a) insbes. Muskeln, z. B. (M.) masseter = Masseter = „Kaumuskel"; (M.) sphincter = Schließmuskel, verdeutschter Plur. Sphinkteren; (M.) cremaster siehe crem(a)-; – b) Ausführgang: Ureter = Harnleiter.

~t·ēs, Verb → Subst., griech. *της*, verdeutscht im Nom. ohne Flexionsendung, bezeichnet die Tierart oder Person, die die im Stammwort genannte Tätigkeit ausübt. Endet der Verbalstamm mit einem vokalischen Suffix, so entsteht eine ähnliche Silbe wie das lat. at·us an Verben auf are: ~tes wird nach *άω* zu ~etes (Colymbetes, Mycetes) oder ~astes (Gelastes), nach *έω* zu ~etes (Gamétes = Gamet) oder ~estes (Orchestes), nach *εύω* zu ~eutes s. ~eu, nach *ίζω* zu ~istes (Antagonist s. ~ist·es).

~ugo, **ugin**·is, Subst. oder Adj. → Subst., lat. Fem. – Bedeutet Substanz oder Masse, die aus dem Objekt des Stammwortes entsteht oder besteht (aerugo, ferrugo, lanugo) oder seine Eigenschaften besitzt (albus → albugo), meist als abgeleitetes Adj. verwendet, z. B. in den Artnamen aeruginosus, albugineus und ferrugineus. Vgl. ~ago und ~igo.

∼ul·us I., Subst. → Subst., lat. Sing. ·us, ·a, ·um, Plur. ·i, ·ae, ·a; nach Stämmen auf is, r oder s manchmal statt dessen ∼cul·us (s. d.), nach e, i oder u zu ∼ol·us abgeändert. – Bedeutung Demin.: 1. Versch. Gebilde mit versch. gramm. Geschlecht: Masc. z. B. Lobulus, Sacculus, Tubulus; Fem. z. B. Cellula, Gemmulae, Zonula; Neutr. Capitulum, Ovulum, Septulum (Plur. z. B. Septula testis). – 2. Frühe Entwicklungsstadien als Fem. an lat. oder griech. Wortstämmen: a) Embryonalstadien: Morula, Blastula, Gastrula, Neurula; – b) Larvenformen: Planula, Dipleurula, Protrochula.

∼ul·us II., Verb → Adj. oder Subst., lat., Flex. wie ∼ul·us I., bedeutet die Ausübung einer Tätigkeit oder Funktion oder die Fähigkeit hierzu: a) an Verben der 2. Konj.: patēre → Artname patulus, pendēre → Filipendula; – b) an Verben der 3. Konj.: volvĕre → Convolvulus = Winde (Gttg. der Pflanzen), radĕre → Radula der Mollusken = „ein kleines, zum Reiben dienendes Organ"; – c) an Verben der 4. Konj.: vincīre → vinculum = Band, Fessel.

∼uncul·us, Subst. → Subst., lat., in seltenen Fällen anstelle von ∼ul· oder ∼cul·, d. h. Demin., z. B. Pedunculus = „kleiner Fuß".

∼ūr·a, Verb. → Subst., lat. Fem. I. Dekl., Gen. Sing. und Nom. Plur. ·ae, verdeutscht ∼ur. Bedeutung: als Ergebnis des im Stammwort genannten Vorganges gedacht oder tatsächlich herbeigeführt, am Sup. von Verben der 1. Konj., z. B. Ligatur, Temperatur, oder der 3. Konj., z. B. Flexura, Incisura, Sutura.

∼u·s, Verb (Sup.) → Subst., lat. Masc., IV. Dekl., Gen. Sing. und Nom. Plur. auf ūs. Bedeutung: entweder die abstrakte Kennzeichnung des im Verb genannten Vorganges oder (bes. in der Anatomie) die konkrete Voraussetzung oder Folge, auch Zustand ohne diesen Vorgang, z. B. adire → Aditus, plectĕre → Plexus, procedĕre → Processus (Vorgang = Prozeß), trahĕre → Tractus (z. B. Darmtrakt).

∼ūt·us, Subst. → Adj., lat. Sing. ·us, ·a, ·um, in derselben Bedeutung wie ∼at·us II. an einigen Wortstämmen, bes. in Artnamen: cornū → cornutus, nasus, ·i → nasutus.

∼u·us, Verb → Adj. oder Subst., lat. Sing. ·us, ·a, ·um, bedeutet Möglichkeit oder Ergebnis des im Stammwort ausgedrückten Vorganges, z. B. Decidua, Individuum = Unteiłbares, Residuum = Rückstand (re+ sid-).

∼y·s, Subst. → Adj., griech. *υς*, meist an Neutr. der III. Dekl. auf *ος* (*βάρ·ος*, *ὄξ·ος*, *πλάτ·ος*, *τάχ·ος*), III. Dekl.; häufig steht das Wort auf y am Anfang zus. Wörter, wobei die Bedeutung des Adj. nicht zur Geltung kommt und das y die Rolle eines Bindevokales spielt. Beisp. bathypelagisch, Brachycera, Platyparea. Wo der Ausgangsstamm fehlt oder nicht verwendet wird, erscheint das Wort mit y als selbständiger Stamm (z. B. aepy-).

2.5. Präfixe

Präfixe sind Wortbestandteile, die nur am Anfang zusammengesetzter Wörter vor Wortstämmen stehen (Vorsilben). Nur ausnahmsweise kommt es vor, daß ein Präfix bei mehrfach zusammengesetzten Wörtern am Anfang des zweiten Wortbestandteils steht und dadurch in der Mitte des ganzen Wortes Platz findet (z. B. Siphon- a+ ptera, Hemi+ epi+ phyta).

Die Präfixe sind entweder unselbständige Partikel (dis+, dys+, eu+, re+, semi+ u. a.), oder sie kommen in der antiken Sprache und daher gelegentlich auch in der wissenschaftlichen Nomenklatur selbständig als Adverbien, als Präpositionen oder als beides vor. Sie haben aber keine selbständige Existenz als Adjektive, Substantive oder Verben und bilden daher eine besondere Gruppe von Wortelementen.

Nun haben allerdings manche Wörter, vor allem Adjektive, in der wissenschaftlichen Terminologie und Nomenklatur den Charakter von Präfixen angenommen, weil sie hier nicht selbständig verwendet werden und überwiegend am Beginn zusammengesetzter Wörter stehen (z. B. auto-, hetero-, iso-, meso-, pseudo-). Aber die Beschränkung auf Zusammensetzungen gilt für viele andere Wortstämme ebenfalls. Ich behandele daher die genannten und ähnliche Wortelemente unter den Stämmen und mache nur für meso+ eine Ausnahme, da es mit den sicheren Präfixen pro+ und meta+ eine natürliche Bedeutungsgruppe ergibt.

In seinem Wesen kann ein Präfix einem Adverb oder einer Präposition entsprechen. Im ersten Falle steht es vor Verbalstämmen, von denen jedoch meist durch Suffixe Adjektive oder Substantive abgeleitet werden (z. B. Ad+ duct~ores, De+ cid~ua, Re+ age~ns, pro+ gress~iv). Im zweiten Falle folgt dem Präfix ein Substantiv (z. B. Ento+ derm, En+ cephalon, Meso+ phyll), doch können von einem solchen natürlich auch Adjektive abgeleitet werden (z. B. infra+ orbit~al, sub+ kut~an, inter+ zellul~är).

Die meisten Präfixe setzen den Gegenstand des zugehörigen Stammwortes in eine räumliche oder zeitliche Beziehung zu einem anderen Gegenstand. Eine andere Gruppe von Präfixen, z. T. auch dieselben, drücken einen Grad aus, in dem das Objekt des Stammwortes vorhanden oder ausgebildet ist, und zwar von der Negation (a+, e+, in+, non+) über einen relativ geringen oder mittleren Grad (hypo+, infra+, meso+, hemi+, semi+) bis zu einem besonders hohen Grad (eu+, hyper+, super+, per+), wozu noch pan+ als Bezeichnung des höchsten Grades hinzukommt.

Im Unterschied zu der ziemlich willkürlichen Verwendung der Suffixe wird bei den Präfixen der Unterschied zwischen den beiden antiken Sprachen weitgehend respektiert, d. h. lateinische Präfixe werden vor lateinischen Stämmen und griechische Präfixe vor griechischen Stämmen verwendet. Doch gibt es auch hierbei Ausnahmen, z. B. A+ deciduata statt In+ deciduata, peri+ statt circum+ vaskulär.

Dadurch, daß der Endbuchstabe des Präfixes mit dem Anfangsbuchstaben des Stammwortes zusammentrifft, ergeben sich eine Anzahl formaler Abänderungen. Bei griechischen Präfixen, die auf a enden (ana+, dia+, cata+, meta+, para+), wird dieses vor einem Vokal weggelassen; dies gilt auch für das i von anti+ und epi+ sowie das o (omikron) von apo+, ecto+, endo+, ento+ und hypo+. Einen anderen Charakter hat das a der lateinischen Präfixe contra+, extra+, infra+, intra+, supra+ und ultra+; es bleibt erhalten, auch wenn das anschließende Stammwort mit einem Vokal beginnt. Auch das i der griechischen Präfixe amphi+ und peri+ geht meist nicht verloren. Erhalten bleibt auch das o der beiden lateinischen Präfixe intro+ und retro+ und das aus dem omega hervorgegangene ō von catō+, eisō+, exō+ und prosō+. Verschieden ist auch das Verhalten der Konsonanten am Ende von Präfixen. Es treten vor allem bei den lateinischen Vorsilben ad+, con+, dis+, ex+, in+, ob+, per+, sub+ und dem griechischen syn+ Angleichungen an den Anfangskonsonanten des Stammwortes und andere Veränderungen ein. Die besonderen Formen werden in der folgenden Liste erläutert.

a+ I., vor Vokalen an+ (s. d.) *griech. α = „alpha privativum“*. – Nur in Zus., meist vor Subst., seltener Adj., allg. Bedeutung Negation, vergleichbar mit lat. in+, deutsch un+ oder ~los. 1. Zustand: Organe gering entwickelt oder fehlend: a) ohne nachfolgendes Suffix in der Bedeutung „ohne“, z. B. A+crania, A+ glossa, A+ mera; der den Besitz der betr. Körperteile betonende Gegensatz wird sehr versch. ausgedrückt: Crani~ota Phanero-glossa, Oligo- bzw. Polymera; amorph = ohne bestimmte Form, unförmig; – b) mit besitzanzeigendem Suffix (z. B. ~at·us, ~ot·us, ~os·us), das verneint wird, Bedeutung als „nicht“, z. B. A+ placentalia, A+ pterygota; der Ggs. beschränkt sich auf die positive Aussage: Placentalia, Pterygota. Vor lat. Stamm A+ deciduata fälschlich statt In+ deciduata (Ggs. Deciduata). – 2. Vorgänge: a) Entwicklungsvorgänge, z. B. a+ game Fortpflanzung, A+ metabola = a+ metabole Insekten (die sich ohne Metamorphose entwickeln), A+ mitose; – b) path. Veränderungen: A+ vitaminose = die Folgen des Fehlens von Vitaminen.

a+ II., verkürzte Form des lat. ad+ vor einigen Stämmen: A+ scendenz.

ab+, in einigen Fällen zu a+ verkürzt oder zu abs+ verlängert, *lat. auch selbstg. als Präp. (mit Abl.) in der Bedeutung „von . . . aus, von . . . weg“*. Meist vor Verben, selten vor Subst. (ab+ norm), entspricht dem griech. apo+ und der deutschen Silbe ab; Ggs. ad+. 1. Räumlich „von . . . weg“ als Vorgang oder Zustand: a) allg. z. B. ab+ oral im Ggs. zu ad+ oral; – b) bei bilateralsymmetrischen Tieren: „von der Medianebene weg“, z. B. Abduktion, (N.) abducens. – 2. Begrifflich, z. B. ab+ errant, ab+ norm.

abs+, Form von ab+ vor t (abs+ trakt = abgezogen), s. ab+.

ac+, statt ad+ vor c, verdeutscht ak+, z. B. ac+ commodatio = Akkommodation, s. ad+.

ad+, vor den Konsonanten c, f, g, l, p, r, t angeglichen zu ac+, af+, ag+, al+, ap+, ar+ und at+, *lat. auch selbst. als Präp. (mit Abl.) in der Bedeutung „an, zu, heran“*. Vor Verben und davon abgeleiteten Subst. oder Adj.: 1. a) Zustand: „nahe befindlich, neben“, z. B. ad+ oral (Ggs. ab+ oral), Ad+ renalorgan (Ggs. Inter+ renalorgane), Ad+ ambulacralia; – b) im Sinne von zusätzlich: Adventitia, (N.) accessorius. – 2. Vorgang in der Richtung „heran –, hinzu –“, a) einseitig gerichtet: z. B. (Musculi) ad+ ductores im Ggs. zu den ab+ ductores; – b) Gebilde im Sinne eines Vorgangs aufgefaßt: Aditus = Zugang, Eintrittsöffnung; – c) an- oder zueinander: Agglutination, Aggregat. – 3. Übertr.: Angleichung, Anpassung, z. B. Akkommodation, Adaptation, adäquat, Affinität.

af+, statt ad- vor f, z. B. Af+ finität, af+ ferens, s. ad+.

ag+, statt ad- vor g, z. B. Ag+ gregat, s. ad+.

al+, statt ad- vor l, z. B. Al+ luvium, (Corpora) al+ lata, s. ad+.

amphi+, *griech. ἀμφί, auch selbstg. als Adv. und Präp. (mit Gen. oder Akk.) in den Bedeutungen „um, um . . . herum, beidseits“*. – Präfix vor Adj., Subst. und Verben mit sehr versch. Bedeutungen: 1. Anordnung im Tierkörper: a) beidseits (bilateral), paarig, z. B. Amphineura, Amphi+ rhina Ggs. Mono+ rhina); – b) vorn und hinten, z. B. Amphioxus, amphicoele Wirbel (Ggs. pro+ und opistho-coel), Amphistomum. – 2. Zweierlei Bestandteile, Individuen oder Verhältnisse: a) zwei versch. Dinge beteiligt, z. B. Amphi+ blastula aus zwei Regionen von versch. Zellbeschaffenheit, Amphipoda = Krebse mit zweierlei Beinen; – b) beiderlei Geschlechter, z. B. Amphigonie, Amphikaryon, Amphimixis; – c) Verhalten in zwei versch. Lebensbereichen: Amphibia, Amphibiotica, Polygonum amphibium.

amphis+, *griech. ἀμφίς, auch selbstg. als Adv. und Präp. in den Bedeutungen „beidseits, ringsum, fern, verschieden“*. – Selten, vor Verbalstamm: Amphisbaena s. baen-.

an+ I., griech. ἀν, statt a+ (*alpha privativum*) vor Vokalen und h mit den gleichen Bedeutungen (vgl. a+ I.): 1. Zustand, vor allem in syst. Namen: a) ohne folgendes Suffix, z. B. An+ amnia Ggs. Amniota) An+ ura (Ggs. Uro-dela), ferner An+ oplura, An+ odonta; – b) mit Suffix, z. B. An+ acanthini = Fische, die keine Flossenstacheln besitzen, an+ organisch = eig.: „nicht mit Organen versehen“. – 2. Negation bei Vorgängen, z. B. an+ aerob = ohne Sauerstoff lebend, an+ osmotische Säugetiere, An+ aesthesie. – 3. In der Verbindung an+ iso- häufig im Sinne von Zustand (Aniso-trop, Aniso-myarier) oder Vorgang (Aniso-gamie).

an+ II., statt ana+ vor Vokalen, z. B. An+ eurysma, s. ana+.

an+ III., statt ad+ vor n, z. B. (Protopterus) an+ nectens.

ana+, vor Vokalen an+, *griech. ἀνά, auch selbstg. als Adv. und als Präp. (mit Gen., Dat. oder Akk.) in den Bedeutungen „auf hinan, über ... hin, während"*. Vor allem vor Verben in sehr versch. Bedeutungen angewendet: 1. Räumlich empor, auseinander oder zusammen: a) „hinauf, aufwärts", z. B. Anabas scandens, ein Fisch, der aufwärts (aufs Land) klettert; Anorthura, ein Vogel, der den Schwanz emporrichtet; Ana+ bleps s. blep-; – b) auseinander, voneinander," z. B. Anatomie = „Auseinanderschneiden", Ana+ phase = Auseinanderweichen der Chromosomen bei der mitotischen Kernteilung; – c) Vereinigung: Ana+ stomose, Einmündung bei Blutgefäßen, übertr. auch bei Nerven, sowie Verbindung zwischen Pilzhyphen. – 2. Vorgänge des Lebensablaufes: a) Aufwärtsentwicklung, z. B. Ana+merie = Zunahme der Segmentzahl, Anabolismus ≙ „aufbauender" Stoffwechsel, (vgl. cata+); – b) „wieder, erneut": Ana+ biose = Wiederaufleben nach Scheintod. – 3. Begriffliche Beziehungen: analog = gemäß, entsprechend (s. log-).

anchi+, *griech. ἀγχί, auch selbstg. als Adv. in der Bedeutung „nahe, nahebei, dicht an"*. – Als Präfix vor Subst., selten: 1. Räumlich nahe: a) Körperteile: Anchicera, Gttg. der Käfer, deren Fühler zwischen den Augen einander genähert sind; – b) landschaftlich: Anchialus (Gttg.), Schwimmkäfer, eig. „nahe dem Meere". – 2. Nahe verw., ähnlich: Anchitherium, Gttg. fossiler Pferde, dem Palaeotherium ähnlich.

ant+, statt anti+ vor Vokalen, z. B. Ant+ arktis, Ant+ agonismus.

ante+, *lat., auch selbstg. als Adv. und als Präp. (mit Akk.) in der Bedeutung „vor"*. – Vor Verben und Subst.: 1. Räumlich vor: Ante+ brachium = Vorderarm (Unterarm). – 2. Zeitlich vor (= früher), selten: antediluvianisch.

anti+, vor Vokalen und h ant+ (z. B. Ant+ helix), *griech. ἀντί, auch selbstg. als Präp. (mit Gen.) in den Bedeutungen „gegenüber, anstatt"*. – Vor Subst. und Verben: 1. Entgegengesetzte Lage von Körperteilen: a) ohne bestimmte Orientierung, z. B. Ant+ helix und Anti+ tragus an der Ohrmuschel im Ggs. zu Helix und Tragus; – b) bilateral entgegengesetzt und damit paarig zusammengehörend: die Anti+ meren im Unterschied zu den Meta+ meren. – 2. Bei Vorgängen entgegengerichtet: a) Vorgang als solcher, z. B. Ant+ agonismus von Muskeln, Anti+ peristaltik des Darmes (in umgekehrter Richtung wie die Peristaltik); – b) entgegengesetzte Wirkung, z. B. Anti+ gene, Anti+ körper, anti+ rhachitisches Vitamin.

ap+ I., statt ad+ vor p, z. B. Ap+ position, Ap+ pendix, s. ad+.

ap+ II., statt apo+ vor Vokalen und h, selten: Aphodius s. apo+ 2.

apo+, vor Vokalen und h zu ap verkürzt, *griech. ἀπό, auch selbstg. als Adv. und als Präp. (mit Gen.) in den Bedeutungen „von ... weg, von ... herab, seit, durch, wegen"*. – Vor Verben und Subst., entspricht dem lat. ab+, dem deutschen ab und aus: 1. Zustand: a) von einem Gebilde ausgehend, z. B. Apo+ physe = Knochenfortsatz („Aus-wuchs"), bei den Wirbeln Neur-apophyse, Haem-apophyse und Zyg-apophysen (s. zyg- 2b); – b) mehrere Gebilde voneinander entfernt: Apo+ crita sind Hymenopteren, bei denen das Abdomen vom Thorax durch ein Stielchen abgegliedert ist; apo+ karp nennt man getrennte Fruchtblätter (carp- I.) in einer Blüte. – 2. Vorgang „von ... weg" gerichtet: Apo+ pyle = Ausführöffnung der Geißelkammern bei Schwämmen; Apo+ strophe = Abwendung (stroph-) der Chlorophyllkörner vom Licht weg; Gttg. Aphodius = Dungkäfer von *ἡ ἄφοδος* = Weggang, Abtritt, Unrat (*ἀπό* und *ἡ ὁδός*). – 3. Verlust, Ausfall eines normalen Vorganges: Apo+ gamie oder Apomixis bei Pflanzen.

ar+, statt ad+ vor r, z. B. Ar+ rectores, Ar+ rosion, s. ad+.

cat+, statt cata+ vor Vokalen und h, z. B. Cat+ odon; mit h zu griech. theta = th zusammengezogen, z. B. Kathode (aber auch Katode).

cata+, vor Vokalen und h cat+, verdeutscht kata-, *griech. κατά, auch selbstg. als Adv. und als Präp. (mit Gen. oder Akk.) in den Bedeutungen „von ... herab, gegen, entlang, während, um ... Willen, gemäß"*. Vor Subst. und Verben, Ggs. ana+: 1. Lage von Organen: Cat+ odon Gttg. der Zahnwale mit Zähnen nur im Unterkiefer (cat+); Cata+rrhina Affen mit „abwärts" gerichteten Nasenlöchern im Ggs. zu den Platyrrhina. – 2. Vorgänge: Kathode im Ggs. zur Anode, Katastrophen- oder Kataklysmentheorie, Katalyse, Katabolismus. – 3. Begriffliche Einordnung: Kategorie.

catō+, *griech. κάτω, auch selbstg. als Adv. mit der Bedeutung „abwärts, hinab, unten, unterhalb"*. – Selten: Cato+ cala („unten-schön"), Gttg. der Schmetterlinge (Eulen), deren schön gefärbte Hinterflügel in Ruhe von den vorderen überdeckt sind.

circum+, *auch selbstg. als Adv. und als Präp. (mit Akk.) in der Bedeutung „um ... herum, in der Nähe von, bei-"*, verw. mit dem Wortstamm circ-. Präfix vor Verben und Verbaladjektiven, vergleichbar mit griech. amphi+ und peri+ und dem deutschen um. Beisp. Circum+ ferentia, (Papillae) circum+ vallatae.

cis+ *auch selbstg. als Präp. in der Bedeutung „diesseits"*. – Als Präfix selten: cisalpin im Ggs. zu transalpin (dies- und jenseits der Alpen); Cis-trans-test, zur Kennzeichnung von Zuständen in der Genetik.

co+, statt con+ vor Vokalen (Co+ agulation, Co+ itus, Koexistenz) und h (Co+ härenz), s. con+.

col+, statt con+ durch Angleichung vor l (col+ lateral), s. con+.

com+ statt con+ vor b, m und p (Com+ bination, Com+ missur, com+ plex), s. con+.

con+, vor Vokalen und h zu co, vor l zu col, vor b, m und p zu com-, vor r zu cor+ verändert, *lat., urspr. com, nur in Zus., jedoch verw. mit cum, der entsprechenden selbstg. Präp. (mit Abl.) in der Bedeutung „zusammen, mit“.* – Vor Verben und den abgeleiteten Subst. und Adj., entspricht dem griech. syn+; verdeutscht zu kon: 1. Räumlicher Zustand: a) verbindende Gebilde, z. B. Con+ junctiva (Bindehaut), Kommissuren und Konnektive (Nervenstränge); – b) unmittelbar zusammenhängend: Continuum, → Kontinuität; Kontinent (Erdteil); – c) in sich gleichartig, z. B. (Felis) con+ color, ein Raubtier mit gleichmäßiger Färbung ohne Flecken oder Streifen; – d) Lagebeziehung: con+ centricus = konzentrisch = mit gemeinsamem Mittelpunkt (Kreise, Kugeln); kollaterale Blutgefäße verlaufen einander parallel. – 2. Bedeutung „gemeinsam, zusammen, in Beziehung zueinander“, z. B. Kom+ mensalen, Ko+ ordination, Kor+ relation. – 3. Vorgänge, die eine Annäherung oder Vereinigung herbeiführen: a) Verschmelzung zweier Gebilde bzw. Lebewesen: Con+ crescenz = Konkreszenz, Con+ jugatio, = Konjugation; – b) Annäherung der Teile eines Gebildes: kondensieren, komprimieren, kontrahieren → kontraktil, Kontraktion; – c) Entwicklungsvorgänge, Annäherung im Sinne von Ähnlichwerden: Konvergenz. – 4. Übertragene Bedeutungen: communis; kompliziert s. plic-.

contra+, *lat. Präp. (mit Akk.) = gegen.* – In Zus. sehr selten, z. B. contra+ lateral = die andere Seite („Gegenseite“) betreffend. – Nebenform contrō+, vor Verbaladj.: controversus = strittig („dagegen gewendet“).

cor+, statt con+ vor r, z. B. Cor+ relatio, s. con+.

de+, *lat., auch selbstg. als Präp. (mit Abl.) in sehr vielseitiger Bedeutung („von ... weg, von ... herab, zufolge, in bezug auf“ usw.).* – In erster Linie vor Verben, entspricht dem griech. cata+ und den deutschen Silben ab, herab und ent: 1. Räumlich: a) Zustand: „abwärts, nach unten“, z. B. (Aorta) descendens, im Ggs. zur (A.) ascendens, der beim Menschen nach unten, bei den Tieren nach hinten gerichtete Teil der Aorta; – b) Vorgang: „von ... weg, fort, hinaus“, z. B. De+ faecation = die Entleerung der Faeces, De+ tritus = das Abreiben, übertr. das Abgeriebene, Delamination = Abspaltung einer Fläche; (Hibernia) defoliaria s. foli-; (Dentes) decidui, die „ausfallenden“ Milchzähne, s. -cid- I. – 2. Entwicklungsvorgang: Deszendenz = Abstammung, auf den Begriff der räumlichen Trennung zwischen Nachkommen und Eltern zurückzuführen; Descensus testiculorum. – 3. Begrifflich, z. B. de+ terminieren, wörtlich: abgrenzen, und damit auch bestimmen (Determination); de+ skriptiv = beschreibend (eig von etwas abschreibend); De+ rivat = „das Abgeleitete" (eig. von einen Bach = riv- ableiten).

dēs+, statt de+ vor Vokalen verwendet, wie im Französischen, auch als Kombination de+ ex+ gedeutet, *im klass. Latein nicht vorhanden.* Als Präfix vor allem vor Verben, entspricht dem deutschen ent, z. B. des+ infizieren, des+ orientieren, Des+ organisation; in der Chemie: des+ aminieren, Des+ oxy-corticosteron, Desoxyribonukleinsäure.

di+, statt dia+ vor Vokalen (Di+ arthrose) oder statt dis+ vor manchen Konsonanten (dispers, Distanz), ferner gleichlautend dem Zahlwort di-, s. Stämme.

dia+, vor Vokalen zu di+ verkürzt, *griech. διά, auch selbstg. als Adv. und als Präp. (mit Gen. oder Akk.) in den Bedeutungen „durch, hindurch, während, infolge, wegen".* In erster Linie vor Verben, entspricht den lat. Präfixen dis+, inter+, per+ und den deutschen Silben zer, ver, durch oder zwischen: 1. Lage von Organen: a) anat. Gebilde zwischen anderen: Dia+ physe = das Mittelstück der Röhrenknochen zwischen den Epi+ physen; Di+ arthrosis, Gelenk zwischen zwei Knochen; – b) Gebilde zwischen zwei Hohlräumen: Diaphragma = Zwerchfell, die Scheidewand zwischen Brust- und Bauchhöhle; – c) Zwischenraum: Dia+ stema, die (normale) Lücke in der Zahnreihe mancher Säugetiere. – 2. Vorgang „hindurch" oder „auseinander": a) in einer Richtung durch etwas hindurch: Dia+ pedese, das Hindurchtreten weißer Blutkörperchen durch die Gefäßwand; Durchtritt des Lichtes, z. B. bei Artnamen dia+ phanus = durchsichtig, durchscheinend: Gttg. Dia+ phanosoma, Wasserfloh mit durchsichtigem Körper; Dioptrie s. optr-; – b) auseinandergehen: Dia+ stole, die Erweiterung des Herzens im Ggs. zur Sy+ stole; Dia+ stase, ein Ferment, das (Kohlehydrate) „zersetzt". – 3. Zeitlicher Abstand oder Zwischenraum: Diapause s. paus-. – 4. Begrifflich: Dia+ gnose, wörtl.: etwas genau („durch und durch") kennenlernen, s. gno-.

dif+, statt dis+ vor f (dif+ ferent), s. dis+.

dis+, *lat., nur in Zus.*, vor einigen Konsonanten, vor allem vor s, zu di+ verkürzt (Diluvium, Distanz, divergent), vor f zu dif+ angeglichen (Diffusion), verw. mit griech. dia+, entspricht den deutschen Silben aus(einander), un, ver, zer, zwischen: 1. Räumlich auseinander: a) im Sinne von „zwischen": Dis+ sepiment = trennende Scheidewand; Distanz, der „Abstand" zweier Objekte; – b) im Sinne von „ver, zer, auseinander": Dis+ soziation von Molekülen, disperse Phase, verteilt im Dispersionsmittel, Differenz, Disjunktion; – c) im Sinne von „hinweg": Dislokation = Verlagerung (vom Ort weg). – 2. Versch.: dis+ color = verschiedenfarbig, bunt (Ggs. con+ color), auch: sich verfärbend. – 3. Im Sinne einer Negation: Dis+ kontinuität, Dis+ similation (hier zugleich in der Bedeutung der Zersetzung); bei Artnamen dis+ similis = unähnlich, dis+ par = ungleich.

dys+, *griech.* δυσ-, nur in Zus., Ggs. zu eu+, bezeichnet Abweichungen von der Norm oder vom Typus (Dysteleologie), vor allem auch krankhafte Störungen, z. B. Dysenterie, Dyspepsie (s. peps-), Dyspnoë, Dys+ trophie.

ē+, vor vielen Konsonanten an Stelle von ex-, *lat., verw. mit griech. ec+ (ex+), selbstg. als Präp. (mit Ablativ) in den Bedeutungen „aus, aus ... heraus, seit, infolge, wegen, gemäß usw.“*. Präfix vor Verben, Subst. und Adj., entspricht dem griech. alpha privativum, den Präfixen ex+ (ex+), den deutschen Silben aus, ent, los, un: 1. Negation: Fehlen eines bei anderen Sippen vorhandenen Merkmals: E+ caudata = An+ ura, E+ placentalia = A+ placentalia, E+ vertebrata = In+ vertebrata, ferner E+ dentata, E+ cardines, E+ porosa. – 2. Außerhalb von, über etwas hinaus: a) Zustand: Eminentia, ein Vorsprung (vgl. min- I.); – b) Vorgang: Erektion = Aufrichtung, Eruption = Ausbruch; – c) Grad: enormis = enorm, die Norm übersteigend. – 3. Wegnahme, Entfernung, z. B. E+ pilation = Enthaarung, (Pinicola) e+ nucleator, e+ liminieren.

ec+, vor Vokalen ex+, verdeutscht ek+, *griech.* ἐκ, *auch selbstg. als Adv. und als Präp. (mit Gen.) in den Bedeutungen „aus, außerhalb von –, seit, von seiten, durch, infolge, gemäß“*. – Präfix vor Verbalstämmen, kommt selten vor; Ek+ chondrose, Ek+ tasie, Ek+ zem.

ecto+, vor Vokalen ect+ (selten), *griech., in der Form* ἐκτός *selbstg. als Adv. und als Präp. (mit Gen.) in den Bedeutungen „außer, außerhalb, fern von, ohne“*. Als Präfix vor Subst.: 1. Anat. Zustand: a) oberflächliche Teile des Organismus, z. B. Ecto+ derm, Ecto+ plasma; – b) außerhalb eines anderen Gebildes liegend: Ecto+ procta, Moostierchen, deren After außerhalb des Tentakelkranzes mündet (Ggs. ento+). – 2. Lebensbereich: a) auf der Oberfläche anderer Organismen leben Ecto+ parasiten; – b) im Freien: Ecto+bia, Gttg. der Schaben, die außerhalb menschlicher Behausungen leben.

ef+, statt ex+ vor f, z. B. efferens, Effekt, s. ex+.

eis+, griech. εἴσω, *selbstg. Adv. und Präp. (mit Akk.) in sehr versch. Bedeutungen*; in der zool. Nomenklatur nicht verwendet.

eisō+, *griech. nur selbstg. als Adv. mit den Bedeutungen „hinein, einwärts, drinnen, innerhalb, zwischen usw.“* – Vor Verbalstämmen, selten, z. B. eiso+ trope Zellvermehrung bei Keimepithelien (nach innen, nicht nach der Epitheloberfläche gerichtet).

ekto+, verdeutschte Form von ecto-.

em+, statt en+ vor b, m, p, ph, z. B. Em-bolie, s. en+.

en+, vor Lippenkonsonanten in em+ umgewandelt, *griech. ἐν-, auch selbstg. als Adv. und als Präp. (mit Dat.) in den Bedeutungen „in, an, auf, bei, inmitten von, während, vermittels" usw.* – Präfix vor Subst. und Verben, verw. mit lat. in+: 1. Lage im Körperinneren: En+ cephalon = Gehirn „innerhalb des Kopfes gelegen"; Gewebe s. -enchym(at)-; Ependym s. dy-. – 2. Umweltbereich: En+ chytraeus Gttg. der Würmer, die oft in Blumentöpfen (chytr-) gefunden werden; endemische Krankheit s. dem- I. – 3. Vorgang („hinein-", „ein-"): Enzystierung = Einschließung in eine Zyste, Embolie s. bol- 2a.

endŏ+, *griech., in der Form ἔνδον selbstg. als Adv. in der Bedeutung „innen, innerhalb".* – Präfix vor Subst., seltener Adj., gleichbedeutend mit ento+; Ggs. epi+ und ecto+: 1. Lage im Organismus: a) Körperinneres im Unterschied zur Oberfläche oder umgebenden Teilen: Endo+ plasma (Ento+), Endo+ thel als Auskleidung innerer Räume im Ggs. zum Epi+ thel, Endo+ lymphe, (Ggs. zur Peri+ lymphe), Endo+ kard; – b) der Medianebene näher als andere Teile, z. B. Endo+ podit. – 2. Vorgang: a) nach innen gerichtet: endo+ krine Drüsen sezernieren nach innen (Ggs. exo+ krin); – b) von innen heraus: endogen, z. B. endogenes Ekzem.

entŏ+, *griech. in der Form ἔντος selbstg. als Adv. und als Präp. (mit Gen.) in der Bedeutung „innerhalb".* Präfix vor Subst. gleichbedeutend mit endo+, Ggs. ecto+, epi+, exo+: 1. Zustand, bes. Lage im Organismus: a) Körperinneres im Ggs. zur Oberfläche: Ento+ derm; – b) innerhalb anderer Gebilde gelegen: Ento+ procta im Ggs. zu den Ecto+ procta s. ecto+ 1b; – c) bei bilateralsymmetrischen Tieren nahe der Mittellinie, z. B. Ento+ plastron (unpaares Knochenschild bei Schildkröten), Ento+ podit = Endo+ podit. – 2. Lebensraum im Körper anderer Tiere: Ento+ parasiten (Ento+ zoen und Endo+ phyten), Ent+ helminthen, Ent+ amoeba coli.

ep+, statt epi+ vor Vokalen und h (in diesem Falle zu griech. φ = lat. ph verschmolzen, z. B. Ephestia, Ephippium).

epi+, vor Vokalen und h fällt das i weg, *griech. ἐπί, auch selbstg. als Adv. und als Präp. (mit Gen., Dat. oder Akk.) mit sehr vielen Bedeutungen.* – Präfix vor Subst., seltener vor Verben (bes. bei zeitlichen Beziehungen): 1. Lage von Organen: a) Oberflächen bedeckend: Epi+ dermis, Epi+ thel, Epi+ trichium; – b) auf oder neben einem Gebilde: Epi+ glottis über dem Kehlkopfeingang; Epi+ physen, s. dia+ 1a; – c) dorsal (bei Tieren oben, darüber), z. B. Epi+ branchialrinne, epi+ chordal, Epi+ physe (Ggs. Hypo+ physe); – d) rostral (beim Menschen oben, kopfwärts): Epi+ didymis, Epi+ coracoid, Epi+ sternum. – 2. Umweltbereich: Epi+ zoen, die außen auf dem Körper lebenden Ektoparasiten (Ggs. Ento+ zoen); Epidemie s. dem- I. – 3. Vorgang: „über, darüber hin“: Epi+ bolie = Umwachsung im Ggs. zur Em+ bolie. – 4. Zeitlich „darauf, nach“: a) zeitliche Folge: epi+ game Geschlechtsbestimmung; – b) bei Entwicklungsvorgängen mit der Nebenbedeutung „aufwärts“: Epi+ genesis mit fortschreitenden Neubildungen.

eu+, *griech. εὐ, auch selbstg. als Adv., jedoch überwiegend in Zus.*, vor Vokalen ev-. – Als Präfix vor Subst., seltener vor Verben, Ggs. a+, an+ und dys+. Bedeutung: normal, typisch, daher auch gut und schön: 1. Normale Lebensvorgänge im Unterschied zu krankhaften Vorgängen, z. B. Eu+ pnoe (Atmung), Eu+ rhythmie (Puls). – 2. Typische Merkmale einer Sippe gut ausgeprägt, z. B. Eu+ flagellata (= Autoflagellata), Eu+ ganoidei, Eu+ phyllopoda, Eu+ tracheata. – 3. Besondere Ausbildung von Merkmalen (z. T. mit Bewertung „schön“), z. B. Gttg. Eu+ dendrium, Eu+ glena, Eu+ proctis; eu+ kone Augen, bei Insekten (s. con-).

ev+, statt eu+ vor Vokalen: Evonymus, Evotomys (eig. Eu-oto-mys).

ex+ I., vor vielen Konsonanten zu e+ verkürzt (s. d.), vor f zu ef+ angeglichen, *lat., auch selbstg. als Präp. (mit Ablativ)*; als Präfix vor Subst. und Verbalstämmen, entspricht den deutschen Vorsilben aus, hinaus, ab; 1. Lage von Organen außen: a) nach außen gerichtet: Ex+ umbrella der Medusen (Ggs. sub+); – b) lateral gelegen (vgl. exo+) im Ggs. zu medialen, unpaaren Teilen, z. B. Ex+ occipitalia, Ex+ ethmoid. – 2. Vorgänge (Bedeutung „hinaus, von ... weg“): a) Ausscheidung aus dem Körper: feste Stoffe (Ex-kremente), Flüssigkeiten (Ex+ kretion, Ex+ sudat), Gase (Ex+ spiration); – b) Entfernung, Wegnahme, z. B. Ex+ plantation, Ex+ stirpation; – c) Ausdehnung bei einer Bewegung: Ex+ tensoren, die Streckmuskeln („ausstrecken“); – d) Ausgang, Ende: Ex+ itus (letalis). – 3. Übertr. Bedeutung: Ex+ periment, der Versuch, etwas „herauszubekommen“.

ex+ II., griech. ἐξ, vor Vokalen ec+ Anwendung wie ex+ I., s. d.

exō+, *griech. ἔξω, auch selbstg. als Adv. und als Präp. (mit Gen.) in den Bedeutungen „außerhalb, jenseits, fern von, ohne“*. Das ō bleibt vor Vokalen erhalten (nicht mit ex- und einem folgenden ŏ zu verwechseln). Präfix vor Subst. und Verben: 1. Lage im Körper: a) lateral (Exo+ podit, vgl. endo+ 1b); – b) oberflächlich (Exo+ theca der Korallen). – 2. Nach außen gerichteter Vorgang: exo+ krine Sekretion. – 3. Lebensbereich: Exo+ coetus s. Stamm coet-.

extrā+, *lat., vor allem selbstg. als Adv. und als Präp. (mit Akk.) mit den Bedeutungen „außer(halb), darüber hinaus“*. – Präfix vor Subst., Ggs. zu intra+ verw. mit e+, ec+, ex+, exo-: 1. Räumlich, z. B. extra+ embryonale Leibeshöhle, extra+ kapsulär = außerhalb der Zentralkapsel bei Radiolarien, außerhalb der Gelenkkapsel bei Wirbeltieren. – 2. Zeitlich: Extra+ systole, außerhalb der Reihe, durch abnormen Reiz auftretende Systole. – 3. Begrifflich: a) außer und über der Norm: extraordinär = außerordentlich; – b) im Sinne von abwegig: extravagant.

hēmi+, *griech.* *ἡμί, nur in Zus.* – Präfix vor Adj. und Subst., verw. mit semi-: 1. Zustand: a) gleiche Hälften: Hemi+ sphären; – b) im Sinn von „teilweise" bzw. „halb und halb": Hemi+ pteren, Insekten mit Hemi+ elytren, d. h. teilweise verfestigten Vorderflügeln; Hemiparasiten = Halbparasiten; Hemizellulose. – 2. Entwicklungsvorgang: hemi+ metabole Insekten zeigen keine „vollständige", keine voll ausgeprägte Verwandlung (es ist also nicht etwa gemeint, daß die Entwicklung „auf halbem Wege" abgebrochen wird). – 3. Zeitlich: Hemi+ epiphyten, Epiphyten, die später Wurzeln treiben.

hyper+, *griech. ὑπέρ, auch selbstg. als Präp. (mit Gen. oder Akk.) mit den Bedeutungen „über, über ... hinaus, anstatt, gegen"*. – Präfix vor Subst. Adj. und Verben, verw. mit lat. super+, Ggs. hypo+. 1. Lage im Körper, in dieser Bedeutung sehr selten, s. Stamm hypero. – 2. Norm, Grad oder Anzahl überschreitend: a) Anzahl von Organteilen, z. B. Hyper+ daktylie, Hyper+ phalangie, Hyper+ thelie; auch betr. des Bereiches: Hyper+ trichosis; – b) normaler Entwicklungsvorgang: Hyper+ metamorphose, noch über die vollständige Verwandlung der Insekten hinausgehend; – c) Vorgänge, die das normale Ausmaß überschreiten, z. B. Hyper+ plasie, Hyper+ trophie, Hyper+ tonie.

hypo+, griech. *ὑπό*, vor Vokalen zu hyp- verkürzt, vor dem Spiritus asper zu *ὑφ* = hyph zusammengezogen (z. B. Hyphidrosis); *auch selbstg. als Adv. und als Präp. (mit Gen., Dat. oder Akk.) in den Bedeutungen „unter(halb), infolge, während"*. – Präfix vor Subst. und Adj., entspricht dem lat. sub+; Ggs. epi+ oder hyper+: 1. Lage im Organismus: a) Unterseite: Hypo+ tricha; Muscicapa hypoleuca (s. leuc-); – b) Organe unter anderen Organen befindlich, vor allem im Sinne von ventral, z. B. Hypo+ branchialrinne, Hypo+ glossus, Hypo+ physe (auf der Unterseite des Gehirns), Hypokotyl unter den Keimblättern; – c) unter einer Oberfläche, z. B. Hypo+ dermis = Epidermis unter der Chitincuticula, Hyp+ ostracum der Schneckenschale unter dem Ostracum. – 2. Lebensbereich: Hypo+ derma bovis = Rinderbremse, deren Larven unter der Rückenhaut von Rindern schmarotzen, Hypo+ nomium, von Insekten erzeugte Blattmine (Stamm nom-B). – 3. Norm oder Grad, in Ggs. zu hyper- darunter: a) path. geringere Anzahl von Gebilden, z. B. Hypo+ daktylie, Hypo+ phalangie, Hypo+ trichosis; – b) Unterfunktion, z. B. Hyp+ aesthesie, Hypo+ thyreose, Hypo+ tonie.

il+, statt in+ (I. oder II.) vor l, z. B. il+ legal, s. in+.

im+, statt in+ (I. und II.) vor den Konsonanten b, m, p (Beisp. im+ berbis, Im+ mersion, Im+ plantation), s. in+ I. und II.

in+ I., vor Lippenkonsonanten (b, p) in im+ umgewandelt, vor einigen anderen Konsonanten angeglichen (vor r zu ir+, vor l zu li+), *lat., auch selbstg. als Präp. (mit Ablativ oder Akk.), Bedeutungen „in, hinein, für, gemäß, gegen"*. – Vor Subst. und Verben, entspricht dem griech. en+; Ggs. ec+, ex+: 1. Zustand: a) anat. Besonderheiten durch einen Vorgang bezeichnet, ohne daß dieser stattgefunden hat: In+ sekt = Kerbtier, nach den Einschnitten zwischen den Segmenten benannt; ferner anat. Bez., z. B. Incisura, Impressio; – b) mit der Nebenbedeutung der Funktion, z. B. Innervation, Insertion (von Muskeln und Bändern), Integument. – 2. Nach innen gerichtete Vorgänge: a) allg. Im+ bibition, Im+ mersion, In+ fusion (Infusorien); – b) Verlagerung äußerer Teile des Organismus nach innen, bei der Keimblätterbildung: In+vagination, Im+ migration; – c) Vorgänge im Ggs. zu entsprechenden nach außen gerichteten: innere Sekretion: In+ kret (Ggs. Ex+ kret), In+ spiration = Einatmung (Ggs. Ex+ spiration); – d) Eindringen von außen (In+ fektion, In+ toxikation) oder Zuführung von außen (Im+ plantation, In+ jektion). – 3. In übertragenem Sinne: a) Einwirkung: in+ duzieren → In+ duktion; – b) Rückbildung im Ggs. zur Entfaltung: In+ volution; – c) Umkehrung ungeachtet der Richtung innerhalb des Organismus: inverse Lage, Inversion.

in+ II., Abwandlungen vor Konsonanten wie in+ I., *lat., nur in Zus. vor Adj. und Subst.* – Das Präfix entspricht dem alpha privativum (a+, an+) und dem deutschen un: 1. Zustand, vor allem in syst. Namen: a) in der Bedeutung „ohne" (das im Stammwort genannte Merkmal oder Organ), ohne folgendes Suffix; bei einigen Artnamen mit Vokaländerung im Wortstamm: arm- I. → in+ ermis, barb- → im+ berbis; – b) mit besitzanzeigendem Suffix (~at·us, ~ari·us u. a.), das negiert wird, z. B. In+deciduata (s. a+1 b), Il+ loricata (ungepanzerte Rädertiere, Ggs. Loricata), Ir+ regularia (unregelmäßige Seeigel, Ggs. Regularia); – c) einfache Negation vor einem Adj.: in+ äquale Furchung. – 2. Negation von Eigenschaften oder Möglichkeiten, die durch Verbalstämme ausgedrückt sind, bei Verbaladj. (z. B. in+ aktiv, im+ mobil, im+ potent) und davon abgeleiteten Subst. (z. B. In+ differenz, In+ konstanz, Im+ permeabilität).

infrā+, *lat., auch selbstg. als Adv. und als Präp. (mit Akk.) in den Bedeutungen „unter(halb), zeitlich nach"*. Präfix vor Subst. und Adj. (Ggs. supra+) – 1. bei anat. Bez. für räumliche Beziehungen von Organen oder Organteilen: als Präfix verwendet, z. B. Foramen infra+ orbitale; als Präp. verwendet: Fossa infra spinam (JNA). – 2. Übertr.: Infrarot, Infraschall (Ggs. Ultraschall s. ultra+).

inter+, *lat., auch selbstg. als Präp. (mit Akk.) in den Bedeutungen „zwischen, inmitten, während"*. – Präfix vor Subst. (häufig mit den adj. Suffixen

~al·is, ~ar·is, ~ic·us, ~os·us kombiniert), auch vor Verben, deutsch „zwischen"; selten Angleichung an folgendes l, z. B. Intellekt. 1. Räumlich, zwischen zwei Gebilden gelegen: a) zwischen paarigen Gebilden, z. B. Inter+ maxillare, Inter+ parietale, Inter+ renalorgane; – b) zwischen rostro-kaudal aufeinanderfolgenden Gebilden, z. B. (Musculi) inter+ costales, (Disci) inter+ vertebrales = Zwischenwirbelscheiben, Interkalarstücke = Schaltstücke der Wirbelbögen; – c) zwischen radial angeordneten Gebilden: Inter+ radien; – d) bei anderen räumlichen Verhältnissen: Inter+ medium, ein Knochen der Hand- und Fußwurzel; Internodium, Abschnitt am Pflanzenstengel zwischen zwei Knoten (s. nod-). – 2. Räumlich, verteilt zwischen anderen Gebilden oder Substanzen, z. B. interstitielles Bindegewebe, Inter+ globularräume im Knochen, inter+ zellulär (Ggs. intra+). – 3. Zeitlich: a) Vorgang zwischen zwei anderen Vorgängen, z. B. Inter+ kinese zwischen zwei Reifungsteilungen, inter+ mediärer Stoffwechsel zwischen Stoffaufnahme und -ausscheidung, Interglazialzeit; – b) zeitliche Unterbrechung von Vorgängen: Inter+ vall, (Febris) inter+ mittens = intermittierend. – 4. Zwischenform: Inter+ sexe; intermediärer Bastard.

intra+, *lat., auch selbstg. als Adv. und als Präp. (mit Akk.) in der Bedeutung „innerhalb" (räumlich und zeitlich).* – Präfix vor Adj. (meist abgeleitet von Subst.); Ggs. extra+ oder inter+. – 1. Räumlich: innerhalb eines Organs usw., z. B. intra+ zellulär, intra+ epitheliale Nervenendungen, intra+ uterine Entwicklung, intra+ venöse Injektion (hier mit der Bedeutung: in die Vene hinein). – 2. Zeitlich während: intra+ vital (Ggs. supra+ vital).

intro+, *lat., auch selbstg. als Adv.*; als Präfix nur vor Verben in der Bedeutung „hinein", selten, z. B. Intro+ itus vaginae = Ostium vaginae (JNA, PNA); Introgression von Genen.

intus+, *lat. verw. mit griech. ἔντος, (s. ento+), selbstg. als Adv.* – Nur ausnahmsweise als Präfix verwendet: Intus+ suszeption, das Wachstum durch Einlagerung von Teilen, Ggs. Ap+ position (s. ad+ 2).

juxtā+, *lat., auch selbstg. als Adv. und als Präp. (mit Akk.) in der Bedeutung „neben, bei, nächst".* – Präfix vor Subst., selten; juxta+ nukleär = nahe am Zellkern gelegen.

kata+, verdeutsche Form von cata+, z. B. Katastrophe.

ko+, verdeutschte Form von co+, z. B. Koexistenz, Koferment.

kon+, verdeutschte Form von con+, z. B. Konferenz, kontraktil.

kontra+, verdeutschte Form von contra+, z. B. Kontradiktion.

mes+, statt meso+ vor Vokalen, z. B. Mes+ enchym, Mes+ ovarium.

meso+, vor Vokalen mes+, *griech., selbstg. als Adj. (μέσ·ος) und Subst.*, s. Wortstamm mes-; als Präfix vor Subst. und Adj. in den Bedeutungen „in der Mitte zwischen" (vorn und hinten, außen und innen, links und rechts, alt und neu usw.): 1. Räumlich, bes. Lage von Organen und Körperteilen: a) zwischen vorn und hinten, z. B. Mes+ encephalon = Mittelhirn; bei anderen anat. Bez. im Unterschied zu pro+ und meta+, z. B. Meso+ nephros der Wirbeltiere, Meso+ thorax der Insekten; – b) zwischen außen und innen: Meso+derm (Ggs. ecto+ oder ento+), Mes+ enchym, Meso+ karp = mittlere Schicht der Fruchtwand; – c) medial zwischen lateralen Teilen: Mes+ ethmoid (Geg. ex+ I. 1b); – d) Aufhängeband von Eingeweiden in der Leibeshöhle (aus der Bedeutung „inmitten, zwischen" abzuleiten): beim Darmkanal Mes+ enterium und im einzelnen: Meso+ stenium, Meso+ colon, Meso+ rectum; bei Geschlechtsorganen: Meso+metrium, Mes+ ovarium. – 2. Zeitlich, bes. mit Bezug auf die Entwicklung, z. B. Meso+ zoicum (Ggs. palae- und caen-), Meso+ hippus, Meso+ nephros (neben der morph. Bedeutung 1a). – 3. Graduell, Mittelwert: mesozephale Kopfform zwischen der dolicho- und brachyzephalen; mesohalin = mittleren Salzgehalt bevorzugend.

met+, statt meta+ vor Vokalen, z. B. Met+ encephalon.

meta+, *griech. μετά, auch selbstg. als Adv. und als Präp. (mit Gen. oder Akk.) in den Bedeutungen „inmitten, samt, gemäß, nach, nächst"*. – Vor Subst. und Verben, Ggs. pro+, proto-, entspricht dem lat. post+, den deutschen Vorsilben nach, hinter, um und ver: 1. Lage von Organen und Körperteilen: a) in Richtung der Körperlängsachse hintereinander: Meta+ merie = Aufeinanderfolge der Segmente (vgl. anti+ 1b); hinterer Teil: Meta+ thorax der Insekten (Ggs. pro+ und meso+); – b) in Richtung eines Körperfortsatzes distal gelegen: Meta+ carpus und Meta+ tarsus, die auf Carpus und Tarsus folgenden Abschnitte der Extremitäten. – 2. Zeitliche Folge, Bedeutung „nachher, später": a) rein zeitlich, z. B. meta+ game Geschlechtsbestimmung, Meta+ phase nach der Pro+ phase der Kernteilung; – b) bei Entwicklungsvorgängen: ontogenetisch spätere Larvenformen (z. B. Meta+ nauplius); phylogenetisch höherstehend: Meta+ zoen, Meta+ nephridien = Nephridien (Ggs. s. Wortstamm proto-). – 3. Bei Vorgängen im Sinne von Abänderung, Umwandlung, Wechsel: a) einmalige starke Veränderung, „Verwandlung": Meta+ morphose, Meta+ bolie (z. B. Holo-meta+ bola, vgl. auch hemi+ 2); – b) rhythmische Wandlung von Form und Fortpflanzung: Meta+ genesis, der echte Generationswechsel (s. gen- 4a).

non+, *lat., selbstg. als Adv.* – Nur selten als Präfix verwendet, bedeutet Verneinung (wie in+ II): Non+ ruminantia.

ob+, vor c zu oc+, vor f zu of+, vor p zu op+ angeglichen, *lat., auch selbstg. als Präp. (mit Akk.) in den Bedeutungen „gegen, um ... Willen,* *für"*). – Vor allem vor Verben und Verbaladjektiven: 1. Räumlich: a) gegenüber: Ob+ jekt = „das Gegenübergestellte", Op+ ponierbarkeit des Daumens; – b) entgegengesetzt im Sinne von hinten: Oc+ ciput → Oc+ cipitale = Hinterhauptsknochen, s. caput-; – c) Zustand als Folge einer Veränderung gedacht (ob+ = ver): ob+ longatus = verlängert, ob+ tusus = abgestumpft (obtundere = auf etwas schlagen).

oc+, statt ob+ vor c (Oc+ cipitale), s. ob+.

of+, statt ob+ vor f, z. B. offensiv, offerieren.

palin+, *griech. πάλιν selbstg. als Adv. in der Bedeutung „zurück, entgegen, wieder"*. – Als Präfix selten: Palingenesis, die Wiederholung von stammesgeschichtlich älteren Zuständen in der Keimesentwicklung entsprechend dem biogenetischen „Grundgesetz" im Sinne von HAECKEL, Ggs. Caenogenese.

pan+, *griech., selbstg. als Neutr. Sing. von πᾶς, παντ·ός (= ganz, alles)*. – Als Präfix selten, vor Subst., z. B. Pangamie oder Panmixis ist die wahllose Paarung innerhalb einer ganzen Population; Pan+ psychismus, die idealistische Vorstellung, daß allem Geschehen in der Natur psychische Vorgänge zugrunde liegen; vgl. pan- I.

par+, statt para+ vor Vokalen (par+ enteral), s. para+.

para+, vor Vokalen par+, *griech. παρά, auch selbstg. als Adv. und als Präp. (mit Gen., Dat. oder Akk.) in den Bedeutungen „neben, bei, entlang, während, über ... hinaus"*. Präfix vor Subst. und Verben: 1. Räumlich neben, bes. Lage. von Organen: a) seitlich neben im Sinne von bilateral für paarige Gebilde, z. B. Para+ meren im Unterschied zu Meta+ meren (s. meta- 1 a), Para+ podien; beiderseits von einem unpaaren Organ: Para+ chordalknorpel, (Glandulae) para+ thyreoideae; – b) einseitig neben, aber ohne bes. Orientierung, z. B. Para+ didymis, Par+ oophoron; bes. im Sinne eines Belegknochens: Para+ quadratum, Para+ sphenoid (ventral vom Keilbein!); – c) zwischen, inmitten, z. B. Par +enchym, s. -enchym(at)-. – 2. Lebensvorgänge, neben im Sinne von „gemeinsam, miteinander": Para+ biose, Para+ sit. – 3. Nahestehend im Sinne von verw.: a) bei syst. Namen, vor allem Gttg., z. B. Par+ amphioxus; – b) bei Substanzen, z. B. Par+ amylum. – 4. Im Sinn von „daneben, abseitig, abweichend": a) para+dox, eig. gegen die Erwartung oder Vorstellung, daher seltsam, wunderbar, für abweichende Formen: Paradoxides, Gttg. der Trilobiten; (Diplozoon) paradoxum, Art der Saugwürmer, s. dipl-; (Metoecus) paradoxus, der „Wespen-Fächerkäfer"; – b) pathologische Vorgänge und Zustände: Par+ akusis = Ohrenklingen (eig. „falsches Hören").

pel+, statt per+ vor l (z. B. pel+ lucidus), s. per+.

per+, vor l zu pel+ angeglichen, *lat., auch selbstg. als Präp. (mit Akk.) mit den Bedeutungen „durch, hindurch, während, vermittels, zufolge“.* – In erster Linie vor Verben, dann auch vor Adj. und Subst.: 1. Räumlich, Vorgang und Zustand: a) Vorgänge: per+ meabel = für Stoffe durchgängig, pel+ lucidus für Licht durchgängig, d. h. durchsichtig; – b) Vorgang im Sinne einer Funktion: Per+ foratorium, das zum Durchbohren der Eihülle dienende Spitzenstück der Spermien; – c) Zustand ohne den im Stammwort ausgedrückten Vorgang: Per+ forata, Foraminiferen mit feinen Poren in der Schale. – 2. Zeitlich, d. h. durch einen Zeitraum hindurch: per+ ennieren (z. B. Kiemen der Perennibranchiata, vgl. ann-); per+ manent; per+ sistieren → Persistenz; perpetuell = fortwährend, unaufhörlich (Perpetuum mobile). – 3. Begrifflich: einen hohen Grad ausdrückend („durch und durch“), z. B. per+ fect (per+ und facere, also gänzlich gemacht) = vollkommen, per+ zipieren (Per+ zeption), eig. „völlig erfassen“, Sinnesreiz empfinden (nicht nur re+ zipieren); per+ vers, eig. „ganz umgewendet“, verkehrt, abnorm.

peri+, *griech. περί, auch selbstg. als Adv. und als Präp. (mit Gen., Dat. oder Akk.) in den Bedeutungen „um ... herum, über ... hinaus, in betreff, ungefähr“.* – Präfix vor Subst. und Verben; vgl. circum+, ecto+, epi+. – 1. Lage von Organen: a) allg.: Umfang oder äußere Regionen im Unterschied zum Körperinneren: peri+ pher → Peripherie; bei Nervensystem im Unterschied zu zentral; – b) ein dreidimensionales Gebilde allseits umgebend, z. B. Hülle von Organen (Peri+ cardium, Peri+ karp, Peri+ ostium); ferner: Peri+ branchialraum, Peri+ lymphe (Gegensatz endo+); – c) im Kreis umgebend, z. B. Peri+ stom, Peri+ trichen, Peri+ proct = Peri+ pygium, Afterfeld bei Seeigeln; Perigon (s. gon- I.). – 2. Vorgänge: a) allg.: Periode (von *περί* u. *ἡ ὅδος*) = das Herumgehen, die regelmäßige Wiederholung; – b) Bewegung von Tieren und Pflanzen („umher“), z. B. Peripatus, Periplaneta; Peridineae (Kl. der Algen); – c) Darmbewegung: Peristaltik, s. Wortstamm peristaltic-.

post+, *lat., auch selbstg. als Adv. und als Präp. (mit Akk.) in der Bedeutung „hinter, nach“.* – Präfix vor Subst. und Adj. mit den Suffixen ~al·is, ~ar·is. – Bedeutung: hinter, nach, nachfolgend: 1. Lage von Organen (Ggs. prae+): a) kaudal von einem anderen Organ, hinter ihm gelegen, z. B. post+ analer Darm bei Wirbeltierembryonen, Post+ frontale, Schädelknochen vieler Reptilien hinter dem Frontale; – b) hinterer Abschnitt eines Körperteils: Post+ abdomen der Skorpione; – c) das hintere von mehreren entsprechenden Gebilden: Post+ zygapophysen. – 2. Zeitlich, z. B. post+ embryonal = nach der Embryonalzeit, post+ mortal = nach dem Tode.

prae+, *lat., auch selbstg. als Adv. und als Präp. (mit Abl.) in der Bedeutung „vor“.* – Präfix vor Subst. und vor Adj. mit den Suffixen ~al·is, ~ar·is;

verdeutscht prä+; Ggs. post+. – Bedeutung: vor, vorher: 1. Lage von Organen: a) in Richtung der Körperlängsachse vor anderen Teilen gelegen, z. B. Prae+ maxillare (= Inter+ maxillare), Prae+ molares = Prämolaren, Prae+ chordalia (vgl. para- 1a); – b) in Richtung vom Zentrum zur Peripherie, z. B. prä+ ganglionär, bzw. von einem Körperfortsatz, z. B. Prae+ tarsus bei Insekten (hier svw. distal gelegen!). – 2. Zeitlich, bes. in der Erdgeschichte und Entwicklung: a) Zeitraum von einem anderen, z. B. Prae+ cambrium, prähistorisch; – b) Vorgang vor einem anderen, bes. Entwicklungsphase, z. B. prä+ lakteale Dentition = Zahnbildung vor den Milchzähnen, Prä+ spermatiden = Spermatocyten II. Ord.; – c) Entwicklung vorbereitend oder vorausbestimmend: Prä+ formationstheorie, prä+ sumptiv.

prō+, *lat., auch selbstg. als Adv. und als Präp. (mit Ablativ), Bedeutung „vor" (räumlich), ferner „für, anstatt"; griech. auch selbstg. als Adv. und als Präp. (mit Gen.) in den Bedeutungen „räumlich und zeitlich vor, anstatt"*. – Präfix vor Subst. und Verben in sehr versch. Bedeutungen: 1. Lage von Organen: a) in Richtung der Körperlängsachse rostral (wie prae+) im Ggs. zu kaudal (meta+, post+), z. B. pro+ coele Wirbel; bes. vor einem anderen, im Stammwort genannten Organ, z. B. Pro+ coracoid, Pro+ stomium, oder vorderer Teil eines Organs bzw. Körperteils: Pro+ nephros, Pro+ thorax (Ggs. meta+ 1a); – b) im Sinne von „hervor, heraus" (vgl. e+ 2) an lat. Stämmen bei anat. Bez., z. B. Pro+ cessus = Fortsatz, bes. an Knochen: Processus mastoideus; (Vertebra) pro+ minens, s. min- II.; Pro+ tuberantia mentalis. – 2. Zeitlich vor, vorhergehend: a) Vorgang vor einem anderen, z. B. pro+ game Geschlechtsbestimmung, oder erste Phase eines Vorganges: Pro+ phase der Zellkernteilung, Proenzym = Vorstufe eines Enzyms; – b) Vorstufe bei biochemischen Vorgängen, z. B. Pro+ thrombin als Vorstufe des Thrombins; – c) in der ontogenetischen Entwicklung vorangehend, z. B. Pro+ stoma = Urmund; Pro+ nephros auch in diesem Sinne (vgl. 1a); – d) in der Phylogenese vorausgehend, daher auch im Sinne primitiver Formen als Vorstadien (vgl. Stamm prot-), z. B. Pro+ trochulalarven; häufig zur Bez. fossiler Tiergruppen, z. B. Pro+ carnivora, Pro+ didelphier, Pro+ selachier = Urhaifische. – 3. Im Sinne einfacherer Zustände in der Annahme ihres entwicklungsgeschichtlichen Vorangehens: a) abgeleitet von 2d: übertragen auf lebende, primitivere Tiergruppen, z. B. Pro+ saurier, Pro+ simiae, Pro+ tracheata; – b) im Sinne von abstrakten Grundformen: Pro+ morphologie. – 4. Zeitlich voran, vorwärts (in die Zukunft weisend im Ggs. zu zeitlich vorher), z. B. pro+ gressiv, pro+ spektiv, Propagation (Stamm pag- nur in dieser Zus. gebräuchlich) = Fortpflanzung, s. propaga-, Prognose = Voraussage (s. gno-).

pros+, von pro+ und proso+ zu unterscheiden, *griech. πρός, auch selbstg. als Adv. und als Präp. (mit Gen., Dat. oder Akk.) in den Bedeutungen „von ...*

her, nach ... zu, vor, neben, außer" usw. – Präfix vor Subst. und Verben, selten, z. B. Pros+ encephalon, Prosōpis (Maskenbiene, s. op-).

prosō+, *griech. πρόσω, auch selbstg. als Adv. und als Präp. (mit Gen.) in den Bedeutungen „vorwärts, weiter, weit hinaus über" usw.* – Präfix vor Subst. und Verben, z. B. in der Bedeutung „nach vorn verlagert" (im Unterschied zur gewöhnlichen Lage von Organen), z. B. After bei Proso+ ʼpygiern, Kiemen bei Proso+ branchiern.

re+, *lat. nur in Zus.* – Als Präfix vor Verbalstämmen in den Bedeutungen rück, zurück, wieder: 1. Räumlich, bes. Vorgänge in räumlicher Beziehung: a) sich nicht weiterbewegend, also zurückbleibend, z. B. Re+ likte (s. relict-), Re+ sidualluft, Re+ tention (z. B. von Sekreten, s. tent-); – b) Bewegung in umgekehrter Richtung bei physik. Vorgängen (Re+ flex, Re+ sonanz) und bei physiologischen Vorgängen: Re+ traktoren = Rückziehmuskeln führen vorgestreckte Organe wieder in die Ausgangsstellung zurück; – c) Zustand als Folge eines Vorgangs gedacht: (N.) re+ currens zum Stamm des (N.) vagus, von dem er abzweigt, rückläufig, also kopfwärts, zum Kehlkopf ziehender Nerv, vgl. curr-. – 2. Zeitlich: a) Wiederholung eines Vorgangs („wieder-"), z. B. Re+ kapitulation (der Phylogenese in der Ontogenese), Re+ generation, Re+ produktion (= Fortpflanzung als Wiedererzeugung); Febris re+ currens = Rückfallfieber); Rezidiv = Rückfall (Krankheit); – b) rückschreitende Entwicklung (auf der Grundlage eines progressiven Vorganges), z. B. re+ gressive Metamorphose eines Organs in der Stammesgeschichte, re+ gressive Phase (Phase des Alterns im Fortschreiten des individuellen Lebenslaufs). – 3. Graduell: Re+ duktion der Chromosomenanzahl; Reduktionsteilung im Ggs. zur Äquationsteilung (s. aequ-).

red+, statt re+ vor Vokalen, z. B. Redaktion, redolens, reduncus.

retrō+, *lat. auch selbstg. als Adv.* – Als Präfix in erster Linie vor Verbalstämmen und ihren Ableitungen, dann auch vor Adj. mit den Suffixen ~al·is, ~ar·is; 1. Zustand: „hinter, rück" in versch. Orientierung, z. B. retro+ bulbär (hinter dem Augapfel), retro+ peritoneal. – 2. Vorgang: a) räumliche Verlagerung „rückwärts": retro+ grad (z. B. Umkehr des Blutstromes), Retro+ flexio, Retro+ versio; – b) Entwicklung: retro+ grad, retro+ gressiv = re+ gressiv.

sē+, *lat., auch selbstg. als Adv. in der Bedeutung „beiseite, weg" und veraltete Präp. („ohne").* – Als Präfix im Sinne von „aus – heraus, von – weg" vor Verbalstämmen, z. B. Se+ cretion, Se+ lection, Se+ paration.

sēmi+, *lat., verw. mit* hemi+. – Nur in Zus. als Präfix vor Adj. und Subst. in der Bedeutung „halb-": 1. Form von Organen, z. B. (Canales) semi+ circulares im Labyrinth, Valvulae semi + lunares = Semilunarklappen im Herzen. – 2. Grad, z. B. semi+ permeable Membran, Semi+ plantigrada.

sub+, vor c, f, g und p angeglichen (suc-cedaneus suf-ficient, Sug-gestion und Sup-plement), *lat., auch selbstg. als Präp. (mit Ablativ oder Akk.), Bedeutungen „unter(halb), unter ... hin, während, gleich nach"*. – Als Präfix vor Subst. und Adj. (mit Suffixen ~al·is, ~an·us u.a.): 1. Räumlich unter, unterhalb von: a) allg.; z. B. sub+ marin, sub+ mers, sub+ terraneus; – b) Organe unter, bes. ventral von anderen gelegen, z. B. (Glandula) sub+ lingualis und sub+ mandibularis, Sub+ operculum; – c) unter einer Oberfläche bzw. im Inneren des Organismus gelegen, z. B. sub+ kortical, sub+ dural, sub+ kutan. – 2. Graduell: geringer Grad: a) Ausbildung eines Merkmals („fast, nahezu"): Sub+ ungulata, (Falco) sub+ buteo, ferner betr. Form oder Farbe bei Artnamen; – b) Vorstadium der ontogenetischen Entwicklung („noch nicht ganz"): Sub+ imago der Eintagsfliegen. – 3. Als kleinere Einheit untergeordnet: a) räumlicher Bereich: tiergeographische Sub+ region; – b) taxionomische Einheit: Sub+ regnum = Unterreich, Sub+ ordo = Unterordnung, Sub+ species = Unterart.

sup+, statt sub+ vor p, z. B. Supplement, Suppuration.

super+, *lat., auch selbstg. als Adv. und als Präp. (mit Ablativ oder Akk.), Bedeutungen „über, über ... hinaus, während, wegen"*. – Als Präfix vor Subst. und Verben, verw. mit hyper+, Ggs. sub+, deutsch über, ober: 1. Lage im Organismus: a) dorsal über, z. B. Super+ cilia = Augenbrauen; – b) über einer Fläche, Oberfläche: superfizielle Furchung. – 2. Graduell: höherer Grad („darüber hinaus"), z. B. bei Entwicklungsvorgängen: Super+ foecundatio, Super+ regeneration (dabei entstehen überzählige Teile).

suprā+, *lat., auch selbstg. als Adv. und als Präp. (mit Akk.) in der Bedeutung „über, oberhalb, außer"*. – Als Präfix vor Subst. und Adj., verw. mit super (eig. super·a), bezeichnet – 1. die Lage von Organen über anderen, z. B. dorsal (Supra+ occipitale, Supra+ scapula) oder kranial (Supra+ renalorgan = Nebenniere). – 2. Überschreiten, über etwas hinausgehen: a) Zeitabschnitt: supravital (vgl. intra+); – b) graduell: Supra-Leitung ist die sprunghaft erhöhte elektrische Leitfähigkeit bei tiefen Temperaturen.

sy+, statt syn+ vor Zischlauten, z. B. Sy-stem, Sy-stole, Sy-zygie.

sym+, statt syn+ vor labialen Konsonanten (b, m, p), s. syn+.

syn+, vor einigen Konsonanten zu sy+ verkürzt, vor m, l und r zu syl+, sym+ oder syr+ angeglichen, vor b und p (auch ph, ps) in sym+ umgeändert, *griech. σύν, auch selbstg. als Adv. und als Präp. (mit Dat.) in den Bedeutungen „mit, samt, gleichzeitig, mit, gemäß"*. – Als Präfix vor Subst., seltener vor Verben; deutsch: mit, gleich, zusammen: 1. Zustand: zwei oder mehr Gebilde in versch. Grade verbunden oder vereinigt: a) bei Verbindung zweier Knochen die Art der Verbindung (Syn+ arthrose, Ggs. s. dia+)

oder das verbindende Gewebe (Syn+ chrondrose, Syn+ desmose, Syn+ ostose); – b) zur Verbindung anderer Teile dienende Gebilde, z. B. Sym+ plecticum (Schädelknochen bei Fischen, s. plect- 2b); – c) völlige Verschmelzung der im Stammwort genannten Gebilde: Syn+ caryon, Syn+ cytium, Sym+ plasma; – d) Verwachsung von Teilen, die bei anderen Arten getrennt sind, z. B. der Finger bei Syn+ daktylie, der Kiefer bei Gttg. Syn+ gnathus. – 2. Ökologische Beziehungen von Lebewesen der gleichen oder versch. Arten: a) im Stammwort die Art der Beziehungen: Sym+ biose; bes. bei Ameisengästen: Sym+ philie, Syn+ ökie, Syn+ echthrie; – b) Kolonien oder Stöcke von Tieren gleicher Art, Namen von Gttg. (Syn+ coryne) und höheren syst. Gruppen (Syn+ ascidiae); – c) Vereinigung der Geschlechter: Gttg. Syn+ gamus; – d) allg. Begriffe mit selbständigerer Bedeutung von syn+ (Gemeinschaft, Gesellschaft): Syn+ genetik, Syn+ ökologie. – 3. Physiologische Vorgänge (syn+ mit Verbalstamm): a) gleichgerichtet: Syn+ erget, Syn+ ergist (s. erg- 2.); – b) Vereinigung mehrerer Gebilde herbeiführend: Syn+ apsis, Syn+ desis der Chromosomen; – c) Annäherung der Teile eines Gebildes (Zusammenziehung, Verdichtung): Sy+ stole des Herzens (Ggs. dia+ 2c); – d) beeinflußt, in Mitleidenschaft gezogen: Syn+aesthesie, Syn+ algie, sym+ pathisch (= „mit-leidend"); – e) gleichzeitig stattfindend: Syn+game Geschlechtsbestimmung (vgl. pro+ 2a und meta+ 2a), syn+ chron. – 4. Begrifflich: gleichartig oder gleichsinnig, z. B. Sym+ metrie = Gleichmaß, Syn+ onym = „Mit-name", d. h. ein anderer Name für die gleiche Art, Gttg. usw. (s. onym-).

trans+, nur selten zu tra- verkürzt (Tra+ jekt), *lat. auch selbstg. als Adj. und als Präp. (mit Akk.) in den Bedeutungen „hindurch, über ... hin, jenseits von".* – Meist vor Verbalstämmen, vgl. dia+, per+, ultra+: 1. Räumlich, Vorgänge an gegebenem körperlichem Gebilde und davon abgeleitete Zustände: a) durch eine Oberfläche hindurch und über sie hinaus, z. B. Trans+ spiration (Transpiration), Trans+ sudation; – b) durch den Körper hindurchgehend: Vorgang in beliebiger Richtung: trans+ lucidus = pel+ lucidus, trans+ parent (vgl. pare- I); – c) räumliche Anordnung bei bilateralen Tieren: Transversalebene quer durch den Körper gelegt (gedacht); Gebilde, die in dieser Ebene, also quer liegen, z. B. die Processūs trans+ versi der Wirbel; – d) von einem Objekt auf ein anderes übergehend: Trans+ plantation von Geweben oder Organen, Trans+ fusion von Blut; Transferasen sind Fermente, die Molekülbestandteile übertragen; – e) jenseits gelegen (Ggs. zu cis+): jenseits von Gebirgen (transmontan, bes. transalpin), von Meeren (transmarin, z. B. transatlantisch), von Planeten (transplutonisch). – 2. Zeitlich: a) entwicklungsgeschichtlicher Übergang von einer Form zur anderen: Trans+ formation oder Trans+ mutation als Artänderung; – b) im Sinne von vorübergehend: trans+ itorisch (Stamm ~it-). – 3. Begrifflich „jenseits": von chemischen Elementen (Transurane jenseits des Urans im Periodensystem).

ultrā+, *lat., auch selbstg. als Adv. und als Präp. (mit Akk.) in der Bedeutung „jenseits von, über … hinaus"*. – Als Präfix vor Subst., selten: 1. Außerhalb eines Bereiches von Schwingungen nach beiden Seiten (Ultrarot und -violett) oder nur nach hohen Frequenzen (Ultraschall). – 2. Größenordnung nach unten überschritten: Ultrafilter, Ultramikroskop.

zirkum+, verdeutschte Form von circum+, z. B. zirkumpolar.

3. Die Wortstämme

Die Wortstämme bilden den wesentlichen Bestandteil, den Grundstock der Substantive, Adjektive, Zahlwörter (Numeralia) und Verben. Sie kommen nur selten selbständig, sondern meist mit angefügten Flexionsendungen vor, durch die sie ihre lebendige Bedeutung im Einzelfalle erhalten.

Die genannten Wortarten können durch Suffixe ineinander übergeführt werden. Das geht schon aus der Liste der Suffixe (S. 37) hervor, aber soll noch einmal kurz zusammengefaßt werden: Adjektive werden durch die Nachsilben ~i·a und ~tas oder auch unmittelbar (medius → das Medium) substantiviert. Substantive können durch die Suffixe ~al·is, ~ar·is, ~e·us, ~id·es u. a. in Adjektive übergeführt werden und andererseits auch Verben bilden, z. B. rivus → derivare, macula → maculare. Doch werden von den Verben meist erst weitere Ableitungen verwendet (Derivat, maculatus), denn die Verben geben ihrerseits die Möglichkeit zur Bildung von Substantiven (Antagonist, Flexura, Masseter) und von Adjektiven (agilis, irritans, progressiv). Infolgedessen kann aus einem Wortstamm durch Nachsilben eine ganze Kette von Wortarten entstehen, z. B. aus dem griechischen Verbalstamm erg- das Substantiv Organ, daraus das Verb organisieren, daraus das Substantiv Organisator und schließlich das Adjektiv organisatorisch. In der antiken Sprachentwicklung ist in einigen Fällen das einfachere Wort später aufgetreten als das zusammengesetzte. Für den systematischen Aufbau der Fachnomenklatur ist es aber zweckmäßig, davon abzusehen und in allen Fällen das jeweils kompliziertere Wort als Derivat des einfacheren zu behandeln.

Wenn man nun umgekehrt ein gegebenes Wort zerlegt, so gelangt man nach Wegnahme aller Nachsilben (und gegebenenfalls auch eines Präfixes) zu einem relativ einfachen „Wortstamm“. In diesem Sinne wurde in der Einleitung S. 15 aus einer Anzahl von Wörtern die Silbe pter herausgeschält. Der Wortstamm läßt sich nach dieser Auffassung als das definieren, was nach Wegnahme der Präfixe, Suffixe und Flexionsendungen übrigbleibt, oder was einer größeren Anzahl zusammengehöriger Wörter (einer Wortfamilie) gemeinsam ist. In der Philologie wird unter einem Wortstamm etwas anderes verstanden. Die für die biologische Terminologie notwendige Zerlegung der Wörter führt jedoch zwangsläufig zu Wortelementen in der eben genannten Bestimmung und Abgrenzung, und ich fühle mich nicht berechtigt, dafür irgendeinen neuen Fachausdruck (etwa Wortstock oder Wortstumpf) zu erfinden. Um weitere Beispiele zu nennen: In der

Gruppe sol, solaris, Solaster, Solifuga, solstitialis ist ohne Zweifel sol = Sonne das gemeinsame Element, und die Wörter Epimys, Dendromyinae, Myocastor und Myotis lassen sich auf den gemeinsamen einfachen Stamm my = Maus zurückführen.

Manchmal erweist sich der aufgefundene Stamm als weiter zerlegbar. So kann das genannte pter in pt und er geteilt werden, und der erste Bestandteil ist als gekürzter Verbalstamm pet = fliegen auch in den Stämmen ptil- und pten- enthalten. Das ist etymologisch sehr interessant und erlaubt die Aufstellung einer größeren Wortfamilie. Für den Naturwissenschaftler ist es zweckmäßiger, mit der Analyse bei solchen Wortteilen haltzumachen, die nicht nur selbst von einfacher und greifbarer Bedeutung sind, sondern auch keine allzu komplizierten und weitreichenden Ableitungen nötig machen. Ich bringe daher pter-, pten- und ptil- (sowie pteryg- s. S. 19) als gesonderte Stichwörter. Auch abyss-, adamant-, choan-, cotyledon-, derma, omma, orifici-, pedicul-, profund- u. a. werden, obwohl sie zusammengesetzt sind, aus verschiedenen Gründen wie einheitliche Stämme behandelt. Die praktische Frage, welche Wahl im Einzelfall zu treffen sei, läßt sich nicht immer sicher beantworten. Ich bringe in einigen Fällen als Stichwort auch die Wurzel, die mehreren Wortstämmen zugrunde liegt, z. B. ac-, ba- und pet-. Jedoch muß ein einfacher Verweis auf die zugehörigen Stichwörter genügen, da keine zusätzlichen Wortelemente mit bestimmter Bedeutung anzugeben sind, aus denen sich die Bedeutung der Stämme ergeben würde.

Wir müssen nun berücksichtigen, daß viele Wortstämme bei konstanter Bedeutung in mehreren Formen erscheinen. Formale Unterschiede sind bei der Schaffung von Namen und Fachausdrücken durch verschiedengradige Latinisierung griechischer Wörter entstanden; z. B. bestehen nebeneinander cheir- und chir-, dein- und din-, kin- und cin-, oic- und oec-, phain- und phaen-, poikil- und poecil usw. Aber natürlich waren die Wortelemente auch in der lebendigen antiken Sprache, deren Material wir heute verwerten, keine unveränderlichen Mosaiksteinchen. Wir müssen daher nebeneinander column·a und colum-ell·a (s. ~ell·us), streph- und stroph-, bei den griechischen Neutra auf ma die kurze und lange Stammform, z. B. stom- und stomat- verwenden, ohne darin Unterschiede der Bedeutung zu suchen. Vor allem sind die Nominative oft abgewandelt und nicht durch einfache Addition von Stamm und Casusendung zu verstehen, z. B. bei den lateinischen Wörtern apic- → apex, capit- → caput, corpor- → corpus, bov- → bos, imagin- → imago usw. und den griechischen Wörtern bo- → bous, pod- → pous, trich- → thrix usw. In solchen Fällen kann man nicht nach einem starren Prinzip vorgehen. Ich bringe die Worterklärung bei derjenigen Form, die in der Nomenklatur häufiger ist, in zweifelhaften Fällen unter beiden Formen, zum mindesten mit Beispielen und Hinweisen.

Wortstämme können vor allem am Ende modifiziert werden, wenn ein zweiter Wortstamm oder ein Suffix angeschlossen wird. Das gilt vor allem für die mit einem Vokal endenden Stämme. Der Endvokal wird weggelassen, wenn das folgende Stammwort oder Suffix mit einem Vokal beginnt (Crypto-branchus, aber Crypt-urus; Cteno-phora, aber Cten-idium). In griechischen Wörtern der I. Deklination wird das auslautende a oder ē durch das o der II. Deklination ersetzt (Glia → Glio-blasten, dinē → Dinoflagellata); in entsprechender Weise wird das Ausgangs-a der lateinischen I. Deklination durch i vertreten (Musca → Musci-capa). So gewinnt man den Eindruck, daß die Endvokale in vielen Fällen schon in der antiken Sprache nicht mehr als integrierende Bestandteile des Stammes galten. In der wissenschaftlichen Nomenklatur werden sie immer mehr als Binde- oder Kompositionsvokale empfunden, und zwar auch diejenigen Stammausgänge auf i oder o, die in Zusammensetzungen beibehalten werden. Die Bindevokale werden als unabhängige Elemente betrachtet und manchmal ziemlich willkürlich angewendet (z. B. calli- und callo-). Diese Entwicklung muß auch derjenige als Tatsache anerkennen, der sie vom Standpunkt der sprachlichen Korrektheit aus beklagt.

Aus diesen Gründen wird in der folgenden Liste der gekürzte Stamm gebracht, wie dies schon in der Liste von Steiner 1947 geschehen ist, und nur in einigen Fällen lateinischer Stämme der III. Deklination auf i dieser Vokal in Klammer angefügt, weil das Sprachgefühl ihn zum Stamm rechnen könnte: z. B. aur(i), brev(i), coll(i) u. a. Im übrigen läßt sich auch der Standpunkt vertreten, daß ein charakteristischer Bindevokal ebenso wie bestimmte Suffixe zu den Eigentümlichkeiten jedes Stammes gehören. Im Sinne dieser Auffassungen wurden schon auf S. 37 die Bindevokale ·i- und ·o- behandelt und das Suffix ~icul·us (S. 46) abgegrenzt.

Im etymologischen Abschnitt werden die griechischen und lateinischen Wörter jeweils ausführlicher als in den bekannten Fachwörterbüchern und mit besonderer Betonung der Zusammenhänge gebracht.

Das grammatische Geschlecht ist zwar sachlich bedeutungslos, aber seine Beachtung ist wichtig, weil sich der Artname in dieser Hinsicht nach dem Gattungsnamen richten soll (Rhodeus amarus, Musca domestica, Dendrocoelum lacteum), was selbstverständlich auch für entsprechende anatomische Namen gilt (Nervus trigeminus, Arteria subclavia, Intestinum crassum). Doch ergibt sich das grammatische Geschlecht häufig nicht aus der Flexionsendung; so sind die Bäume im Latein Feminina (Alnus glutinosa, Fagus silvatica, Quercus rubra) mit Ausnahme des Neutrums Acer = Ahorn (Acer campestre).

A

abdomen, *Subst. abdōmen, min·is n. (= Bauch, Wanst).* – 1. Bei Wirbeltieren der ventrale Bezirk der hinteren Rumpfregion, a) bei Säugetieren u. Mensch der weich gedeckte Teil hinter dem Brustkorb: Abdomen, Adj.

abdominalis; – b) bei niederen Wirbeltieren die nicht scharf abgegrenzte entsprechende Region: Pinnae abdominales (= ventrales) = Bauchflossen der Fische. – 2. Bei Arthropoden der ganze Körperabschnitt hinter dem Thorax (Hinterleib), z. B. Abdominalsegmente, -füße (bei Krebsen).

abiet-, *Subst. abiēs, abiet·is f. (=Tanne, übertr. Schiff, Lanze).* – 1. Nadelbaum, als Lebensbereich u. Nahrungsquelle für Tiere: Hylobius abietis = Fichtenrüsselkäfer; bes. Gttg. Abies = Tanne. – 2. Mit Nadelbaum verglichen: Kolonie von Abietinaria abietina (Hydroidpolyp).

abyss-, *Adj. ἄβυσσ·ος (eig. a-byss·os = bodenlos) → substt. Fem. (= Abgrund, Tiefe).* – Speziell im Sinne von Tiefsee: Abyssalfauna = Tierwelt der Tiefsee; Adj. abyssal = zur Tiefe gehörig.

ac-, griech. u. lat. Wurzel zu acanth-, acer(-), acet-, acid-, acm-, acr- und acu-.

acanth-, *Subst. ἡ ἄκανθ·α (= Stachel, Dorn, Borste, Rückgrat) und ὁ ἄκανθ·ος (Bärenklau), davon Adj. ἀκανθώδης (=stachelig, dornig).* – Acanth- bezeichnet die verschiedensten Stacheln, Dornen, Haken, zahnartigen Fortsätze usw.: 1. Flossenstacheln der Fische: Acanthias Gttg. der Knorpelfische, Dornhai, mit einem Stachel in jeder der beiden Rückenflossen; Acanthopterygier, Acanthoptera = Stachelflosser, Knochenfische, deren Flossenstrahlen z. T. zu harten Knochenstacheln umgewandelt sind. – 2. Chitinbildungen bei Würmern u. Insekten: Der Rüssel der Acanthocephala = Hakenwürmer, Kratzer, ist mit Haken bewaffnet, z. B. Gttg. Macracantho-rhynchus; Acantholyda Gttg. der Blattwespen mit zusätzlichem Dorn an den Vorderschienen; Acanthoderes, Gttg. der Bockkäfer mit Warzenhöckern am Halsschild (der-). – 3. Stacheln u. Dornen an Pflanzen: Acanthus, Carduus acanthoides, Onopordon acanthium, Crataegus oxyacantha (Sproßdornen). – 4. Strahlen von Radiolarien: Gattungen Acanthometra, Aulacantha, Ord. Acantharia.

acar-, *Subst. τὸ ἄκαρι oder ἀκαρί (= Milbe) → latin. acar·us, ·i m.* – Acarina = Milben, insbes. Gttg. Acarus; Acaro-cecidien = durch Milben verursachte Pflanzengallen.

acer(-), *Subst. acer, acer·is n. (= Ahornbaum).* 1. Ahorn: a) Gttg. Acer, Benennung nach den spitzen Blättern, s. acr- I; – b) zum Ahorn in Beziehung: Rhytisma acerina = Ahorn-Schorfpilz; Acronycta aceris = Ahorneule, ein Schmetterling, dessen Raupe auf Ahorn oder anderen Laubbäumen lebt. – 2. Dem Ahorn ähnlich: die Blätter von Platanus acerifolia erinnern an die von Ahornarten.

acer, *Adj., Nom. zu Stamm acr-*, s. acr- II.

acerv-, *Subst. acerv·us, ·i m. (= Getreidehaufen, Haufe).* – 1. Haufen, der sich über die Erdoberfläche erhebt, z. B. Ameisenhaufen: Myrmecophila acervorum, eine Grille, die bei Ameisen lebt. – 2. Anhäufung: Koazervat, Verbindung von Kolloiden.

acet-, *Verb acēre (= sauer sein) → Part. Pass. acēt·*us, *·a, ·um → substt. acēt·um, ·i n. (= Weinessig, Essig) → Subst. acetabul·um, ·i n. (= Essiggefäß, Schälchen).* – 1. Essig: a) als solcher: Acidum aceticum = Essigsäure, deren Salze: Acetate (Azetate); – b) Essig als Nahrungsbereich: Anguillula aceti = Essigälchen (ein Nematode) kommt u. a. in gärendem Essig vor. – 2. Dem Essig ähnlich: von saurem Geschmack, bes. Pflanzen: Oxalis acetosella = Wald-Sauerklee (s. ox(y)-), Rumex acetosa und acetosella = der Große u. der Kleine Sauerampfer. – 3. Form eines Essigschälchens oder becherartigen Gefäßes: der Hut der Alge Acetabularia; die Gelenkpfanne des Hüftgelenkes: Acetabulum mit Fossa u. Incisura acetabuli.

acid-, *Adj. acid·us, ·a, ·um (= sauer) vom Verb acēre (= sauer, scharf sein).* – 1. Benennung von Säuren, z. B. Acidum aceticum, A. lacticum, A. salicylicum usw. – 2. Saure Stoffe: acidophil nennt man in der Histologie Strukturen, z. B. Granula in Zellen, die sich bes. mit sauren Farbstoffen anfärben.

acin-, *Subst. acin·us, ·i m. (= Weinbeere).* – Bildungen von der äußeren Form von Beeren, bzw. Trauben, bes. bei Drüsen: Acinus (= Alveolus), der kugelige Endteil einfacher oder verzweigter Drüsen (= azinöser Drüsen) im Ggs. zu Tubulus.

acm-, *Subst. ἡ ἀκμή (= Spitze, Schneide, Gipfel; Höhepunkt, Reife).* – Acme (HAECKEL), in der stammesgeschichtlichen Entwicklung die höchste Entfaltung (Blütezeit) einer Sippe.

acr- I., *Adj. ἄκρ·ος (= spitz, äußerst, höchst) → Subst. τὸ ἄκρ·ον (= Spitze, Gipfel, Ende).* – 1. Lage von Organen u. Körperteilen an der Spitze, dem Anfang oder Ende: a) vorn, z. B. Acron, das vorderste, extremitätenlose Kopfsegment der Insekten; Acrosom, das Spitzenstück der Samenfäden; – b) oben: Acromion (eig. Schulterhöhe om-), Fortsatz am menschlichen Schulterblatt; acrodont, Zähne auf der oberen Kieferkante (Ggs. pleur- und thec-); – c) distal: Acropodium, Endteil der Wirbeltierextremität: Skelett der Finger und Zehen; – d) bei Pflanzen die Stellung von Organen am Ende bzw. an der Spitze von Sproß u. Seitenzweigen: bei den Acrocarpae (Ord. der Laubmoose) die Sporenkapseln, bei den Acrogynae (Gruppe der Lebermoose) die weiblichen Fortpflanzungsorgane; bei Acrostichum (Gttg. der Farne) die Sporangienreihen oft auf die Endgebiete der Wedel beschränkt. – 2. Form spitz, zugespitzt, z. B. Acroptera, Dipteren mit auffallend spitzen Flügeln (pter-); Artnamen von Pflanzen: acracanthus, acrobotrys, acropetalus. – 3. Zeitlich: Acronycta, Gttg. der Schmetterlinge, zu Anfang der Nacht (nyct-), also abends fliegend.

acr- II., *Adj. ăcer, ăcr·is, ăcr·e (= spitz, scharf; scharfsinnig).* – Scharfer Geschmack von Pflanzen oder ihren Teilen: Ranunculus acer = Scharfer Hahnenfuß (giftig), Sedum acre = Scharfer Mauerpfeffer (Blätter schmecken pfefferig).

acrid-, *Subst. ἡ ἀκρίς, ίδ·ος (= Heuschrecke), Demin. τὸ ἀκρίδι·ον (= kleine Heuschrecke).* – Acridium = Sprengsel, Gttg. der Heuschrecken; Gttg. Acris = Heuschreckenfrosch.

act-, *Sup. von agĕre (= handeln usw.),* vgl. ag-. – 1. Allg. von Vorgängen u. Handlungen: Aktion — Reaktion (Rückwirkung); aktiv → aktivieren. – 2. Tätigkeit, Arbeit, Funktion von Organen: Aktionsstrom.

actin-, *Subst. ἡ ἀκτίς, ῖν·ος (= Strahl, bes. Sonnenstrahl; Licht, Glanz).* – Bedeutung: Strahlung, strahlige Anordnung: 1. Radiärsymmetrische Tiere (Anordnung von Organen um eine Achse): a) Hohltiere: Actinia, Heliactis, Gttg. der Seerosen; Hex- und Oct-actinaria, Actinozoa = Anthozoa; – b) Stachelhäuter: Actinopoda, Ord. der Seegurken mit der Art Cucumaria pentactes. – 2. Kugelig-symmetrische Tiere: a) Sonnentierchen, z. B. Gttg. Actinosphaerium, Actinophrys; – b) Radiolarien, strahlig gebaut und mit strahlig angeordneten Kieselstacheln: Gttg. Actinella, Actinomma. – 3. Skelettnadeln von Schwämmen: Hex-actinellida = Sechsstrahlschwämme.

acu- I., *Verb. acuĕre (= schärfen, wetzen; anspornen) → Adj. acut·us, ·a, ·um (= eig. geschärft, dann: spitz, scharf, durchdringend), ferner Subst. acūmen, min·is n. (= Spitze, Scharfsinn); verw. Subst. acus, acūs f. (= Nadel) und aculeus s.* acule-. – 1. Zustand: a) spitz, zugespitzte Körperfortsätze bei Tieren: Aelia acuminata, Wanze mit kegelförmig zugespitztem Kopf; – b) dünner u. langer, mit Nadel verglichener Körper bei Fischen: Syngnathus acus = Seenadel; – c) Pflanzen: Juncus acutiflorus. – 2. Vorgang schnell ablaufend: akute Krankheit, Ggs. chronisch.

acu- II., *Verb. ἀκούω (= hören, erfahren, anhören) → Part. Pass. bzw. Adj. ἀκουστ·ός (= hörbar, anzuhören); vgl.* ~s·is. – 1. Das Gehör u. seine physik. Voraussetzungen: Akustik, akustisch; Hyper-akusis = krankhaft gesteigerte Feinhörigkeit, Ggs. Hyp- und An-akusis. – 2. Das Gehörorgan u. seine Teile: Organon stato-acusticum, N. stato-acusticus, Meatus acusticus externus u. internus.

acule-, *Subst. acule·us, ·i m. (= Stachel, Spitze) verw. mit acus, acut-; s.* acu- I. – Namen für Tiere mit Stacheln oder spitzen Borsten: a) Säugetier Echidna aculeata = Tachyglossus aculeatus, der mit Stacheln versehene Ameisenigel; – b) Polychaet: Aphrodite aculeata, ein mit zahlreichen langen Chitinborsten versehener Meereswurm.

acut-, *Adj., urspr. Part. von acūere; s.* acu- I.

adamant-, *Subst. ὁ ἀδάμας, αντ·ος (= Stahl), eig. α-δάμας (= unbezwingbar) vom Verb δαμάω.* – Hartsubstanzen des Tierkörpers, insbes. Adamantin = Substantia adamantina dentis = Zahnschmelz (eig. stahlharter Stoff); Adamantoblasten = Ameloblasten, schmelzbildende Zellen.

adelph-, *Adj. ἀδελφ·ός (= brüderlich, geschwisterlich, ähnlich), abzuleiten von δελφύς, also eig. „aus dem gleichen Mutterschoß geboren“);* vgl. delphy-. – 1. Verwachsung von Staubgefäßen bei Blütenpflanzen in zwei oder drei Gruppen: Di- oder Tri-adelphia sind di- oder tri-adelphe Pflanzen als Klassen nach dem Linnéschen System. – 2. Adelphogamie = Geschwisterehe, eine Form der Inzucht bei manchen Ameisen- u. Termitenarten.

aden-, *Subst. ὁ ἀδήν (=Drüse).* – Drüse, d. h. Organ, das Sekrete erzeugt; a) Tiere, bes. Drüsen epithelialer Herkunft: Adeno-hypophyse, Vorderlappen der Hypophyse als drüsiger Anteil im Ggs. zur Neurohypophyse; – b) Pflanzen: Gttg. Adenostyles, Gymnadenia.

adip-, *Subst. adeps, adip·is m. u. f. (= Schmalz, Fett).* – Fetthaltige Gewebe u. Organe: a) Fettgewebe der Wirbeltiere: Panniculus adiposus, Fettpolter der Haut; Tela adiposa = Fettgewebe; Corpus adiposum buccae in der Wange; – b) bei Insekten: Corpus adiposum, der Fettkörper, ein Stoffwechselorgan mit fetthaltigen Zellen.

adolesc-, *Verb. adolescĕre (= heranwachsen, erstarken), → Part. Praes. adolescens, ent·is (= heranwachsend, jung) → Subst. adulescenti ·a, ·ae f. (= Jünglingsalter, Jugend);* s. adult-, vgl. al- II.

adult-, *Adj. adult·us, ·a, ·um (= erwachsen) von Verb adolescĕre,* abzuleiten von ad+ u. al- II. – Adultus = adult, erwachsen, geschlechtsreif.

aeg-, *Subst. ὁ, ἡ αἴξ, αἰγ·ός (= Ziege, Bock).* 1. Ziegen: a) als solche: Aegoceros = Steinbock, Gttg. der Wiederkäuer; Capra aegagrus = hircus, s. agr- 4a); – b) zu Ziegen in Beziehung: die jungen Zweige des südamerikanischen Ziegenstrauches Aegiphila (Gttg.) werden gern von Ziegen gefressen. – 2. Mit Organen der Ziege verglichen: a) mit dem Horn die gewundene Schale des Ammoniten Aegoceras capricornus; – b) mit dem Fuß die ihm ähnlichen Blütenblätter des Doldenblütlers Gttg. Aegopodium = Geißfuß, Giersch.

aelur-, *Subst. ὁ αἴλουρ·ος → aelur·us, ·i m. (= Katze).* – 1. Katzenartige Raubtiere: Uord. Aeluroidea, Gttg. Cynailurus. – 2. Der Katze ähnlich: Gttg. der Kleinbären Ailurus = Katzenbär.

-aem- statt haem(at)- nach Konsonanten, z. B. An+ aemie = Anämie.

aen-, *Adj. aēne·us, ·a, ·um (= ehern, bronzen, kupfern) von Subst. aes, aer·is n. (= Erz, Bronze, Kupfer); s. auch* aer- II. – Erzfarbig oder -glänzend bei Artnamen, bes. von Insekten: aeneus, aeneiceps, -collis, -pennis usw.

aepy-, *Adj. αἰπύς (= schroff, steil, hoch).* – Namen von Tieren mit auffällig hohem Körper: Aepyornis, fossiler straußartiger Vogel.

aequ-, *Adj. aequ·us, ·a, ·um (= gleich, eben) → Verb aequāre (= ebenen, gleichmachen, ausgleichen) → Subst. aequatio, on·is f. (= das Gleichmachen).* – 1. Morphologisch: a) gleichgroße u. gleichartige Teile: Aequator = Äquator, eig. „Gleichteiler"; – b) Äquationsteilung, Zellteilung, bei der die Anzahl der Chromosomen gleichbleibt (Ggs. Reduktion); – c) regelmäßig, in allen Teilen gleich: Inaequitela, Webespinnen mit unregelmäßigen Geweben (Ggs. Orbitela). – 2. Rang, Wert: aequivalent = gleichwertig, Subst. Äquivalenz.

aequor(-), *Subst. aequor, oris n. (= Fläche, Meeresfläche, Meer) → Adj. aequore·us, ·a, ·um (= Meer-, See-).* – Meerestiere: Aequorea, eine Gttg. der Hydromedusen; Entelurus aequoreus = „Große Schlangennadel" (ein Fisch).

aer- I. (aër-), *Subst. griech. ὁ ἀήρ, ἀέρ·ος u. lat. aēr, āer·is m. (= Luft).* – 1. Atmosphärische Luft: a) der natürliche Luftraum: Aëroplankton, die in der Luft schwebenden Teilchen; Aerophyten = Luftpflanzen, die nicht im Boden wurzeln, sondern sich auf anderen Gewächsen u. daher ganz im Luftraum befinden; – b) Luft als Substanz: Aerenchym ist lufthaltiges Gewebe bei untergetauchten u. bei schwimmenden Wasserpflanzen. – 2. Sauerstoff der Luft: aërobe Organismen benötigen zum Leben Sauerstoff aus der Umwelt (Aëro-biose), anaërobe nicht; Aërotaxis = Bewegung in Richtung auf eine Sauerstoffquelle, z. B. Luftblase im Wasser; Aërotropismus = Wachstum von Pflanzenteilen in Richtung auf sauerstoffreiche Luft oder von ihr hinweg.

aer- II., *Subst. aes, aer·is n. (= Erz, Bronze, Kupfer) → Adj. aere·us, ·a, ·um (= ehern) und Subst. aer-ugo, aerugin·is f. (= Kupferrost, Grünspan).* – Farben von Tieren in Artnamen, bes. von Insekten und Vögeln: 1. Erz- oder kupferfarbig, z. B. aereus, aericeps, aeripennis usw. – 2. Spangrün, wie Grünspan gefärbt: aerugineus, aeruginosus.

aest-, *Subst. aestus, ūs m. = 1. Hitze, Glut, Sommer; 2. Brandung, Flut), Subst. aestās, āt·is f. (= Sommer, Sommerhitze, Jahr) u. Adj. aestīv·us, ·a, ·um (= sommerlich).* – Sommer als Fortpflanzungszeit von Pflanzen: a) im Sommer blühend: Adonis aestivalis = Sommer-Adonisröschen (Ggs. A. vernalis), Triticum aestivum (Saatweizen); – b) im Spätsommer erscheinend: die Fruchtkörper der Sommertrüffel Tuber aestivum (Ggs. brumale).

aesthe-, *Verb. αἰσθάνομαι (= fühlen, wahrnehmen, empfinden) → Subst. ἡ αἴσθησις (= Gefühl, Sinn usw.) und Adj. αἰσθητ·ός (= wahrnehmbar, sinnlich).* – 1. Reizaufnahme (Rezeption) durch Nervenendigung oder Sinneszelle: Aesthozyten, allg. Bez. für Sinneszellen. – 2. Subjektive Empfindung: Anaesthesie, Synaesthesie, ästhetisch.

aestu-, *Subst. aestus, ūs m. → Verb. aestuāre (= kochen, glühen, wogen, schäumen) u. Subst. aestuāri·um, ·i (= Seelache, Bucht, Flußmündung),* s. aest-. – Flußmündung, die durch Gezeitenströmung trichterförmig erweitert ist: Aestuarium, z. B. das Elbeästuar; im Brackwasser der Nord- u. Ostsee der polychäte Wurm Manayunkia aestuaria.

aët-, *Subst. ὁ ἀετ·ος = αἰετ·ός (= Adler).* – Namen von Raubvögeln; z. B. Hali-aetus [Haliaeetus] = Seeadler; Aquila chrysaetus (Steinadler).

aether(-), *Subst. ὁ, ἡ αἰθήρ, έρ·ος (= die obere, reinere Luft im Ggs. zu āēr, daher auch Himmel, Wohnsitz der Götter) → Adj. αἰθέρι·ος (= luftig, himmlisch), verw. mit Verb. αἴθω* (= brennen). – 1. Atmosphärische Luft: Phaëton aethereus = Tropikvogel, fliegt in hohen Lüften. – 2. Flüchtige Gase: a) leicht brennend: Äther = Sammelbezeichnung für chem. Verbindungen von zwei Alkoholresten, durch Sauerstoff verbunden; – b) ätherische Öle = stark riechende, leicht flüchtige Pflanzenöle, z. B. Nelken-, Pfefferminz-, Zitronenöl, vgl. ole-.

ag-, *Verb. agĕre (= in Bewegung setzen, antreiben, betreiben), davon Adj. agil·is, ·e (= beweglich, behend, rasch) und Verb agitāre (= antreiben, aufregen, verhandeln); vgl.* act-. – 1. Ortsveränderung von Tieren: agilis bei Artnamen = beweglich, behend: Lacerta agilis, die Zauneidechse. – 2. Wirkung von Substanzen: Reagens, Plur. deutsch: die Reagenzien.

agaric-, *Subst. τὸ ἀγαρικ·όν (= Baumschwamm) → agaric·um, ·i (= Lärchenschwamm* PLINIUS*).* – Name versch. Pilze: a) Agaricus, Gttg. der Blätterpilze; – b) Parasiten an Fruchtkörpern versch. Pilze: Gttg. der Käfer Agarico- -chara, -phagus, -philus.

agon-, *Subst. ὁ ἀγών, ἀγῶν·ος (= Wettkampf, Streit) → Subst. ὁ ἀγωνίστης (= Wettkämpfer, Krieger).* – Funktion von Muskeln: Antagonisten sind Muskeln, deren Wirkung einander entgegengesetzt ist, z. B. Beuger u. Strekker eines Gliedes, Ggs. Synergisten (erg-).

agr-, *Subst. ὁ ἀγρ·ός u. lat. ager, agr·i m. (Acker, Feld, Flur, Land) → Adj. agrest·is, ·e (= auf dem Lande lebend; ländlich, wild, roh), Subst. agricol·a, ·ae m. (= Landmann, Bauer) u. Subst. agricultur·a ·ae f. (= Ackerbau).*
1. Land im Sinne von landwirtschaftlich genutzter Bodenfläche: a) der Erdboden u. sein Flächenbereich: Agrobiologie, Agrarbiologie; – b) Landwirtschaft (allg.): Agronom, Agrikultur, Agrotechnik.

2. Das bebaute Feld als Lebensbereich a) von Tieren: Mus (Apodemus) agrarius = Brandmaus, Arvicola agrestis = Erdmaus, Bombus agrorum = Ackerhummel, Agrotis segetum = Saateule; – b) von Pflanzen: Agrostemma (Kornrade), Veronica agrestis.
3. Erdreich: Agroeca (agr-oec-), Gttg. der Spinnen, so genannt (?), weil sie ihre Eikokons mit einer Erdkruste umgeben.
4. Wild: a) im Ggs. zum Haustier: Capra aegagrus (altes Syn. für C. hircus) = „Wildziege" (aeg-agr-); Equus onager = „Wildesel" (on-ager), – b) im Sinne von heftiger Bewegung: Agrion, Gttg. der Libellen, wegen des schnellen Fluges; – c) wild wachsend, wuchernd: Agropyrum, Quecke, eig. „wilder Weizen" (pyr- III.).

agrost(id)-, *Subst. ἡ ἄγρωστις, ιδ·ος (= ein Kraut oder Gras)*; verw. mit agr-. – Gräser: a) versch. Gattungen, insbes. Agrostis = Straußgras, ferner Calamagrostis = Schilfgras (Reitgras), Eragrostis = Liebesgras; – b) allg.: Agrostologie = Gräserkunde.

al- I., *Subst. āl·a, ·ae f. (= Achselhöhle, Flügel eines Vogels, eines Heeres) → alāt·us (= geflügelt)*; vgl. axill-. – 1. Flugorgan: a) bei Vögeln: Alula der Eckflügel, der am ersten Finger ansitzende Federschopf; – b) bei Insekten: Alula der äußere Flügellappen der Dipteren. – 2. Flügelartige Fortsätze, paarig: a) freie Fortsätze an Knochen: Ala magna u. parva am Keilbein des Menschen; – b) übertr. auf flügelförmige Oberflächenteile, d. h. nur Bild von Flügeln: Ala cinerea im hinteren Teil der Rautengrube des Menschen. – 3. Flügelartige Fortsätze, die nicht bilateral sind: bei Pflanzen häutige Verbreiterungen von Blattstielen u. kantigen Stengeln: Scrophularia alata = Geflügelte Braunwurz.

al- II., *Verb alĕre (= ernähren, pflegen, fördern), davon Subst. aliment·um ·i n. (= Nahrungsmittel, Nahrung)*. – Alimentär = die Ernährung betreffend: a) alimentäre Eibildung = Ernährung der wachsenden Eizelle durch Hilfszellen (Ggs. solitär); – b) Canalis alimentarius (PNA) = Verdauungskanal.

alb-, *Adj. alb·us, ·a, ·um (= weiß), Subst. alb·um, ·i n. (= das Weiße, weiße Farbe), davon die Verben albēre (= weiß sein), albescĕre (= weiß werden) und albicāre (= weißlich sein, schimmern)*. – Weiße Färbung, bes. in Gattungs- u. Artnamen: a) Gefieder von Vögeln: Motacilla alba, weiße Bachstelze; Mergus albellus, weißer Sägetaucher, Haliaetus albicilla, Seeadler; – b) weißer Glanz bei Fischen: Gttg. Alburnus u. Albula; – c) Albinismus, bei einigen Individuen (Albinos) von Säugetieren u. Mensch vorkommende Weißfärbung auf Grund von Pigmentmangel; – d) bei Pflanzen weiße Blüten (Lupinus albus, Lamium album), Beeren (Viscum album), Blätter (Salix alba).

albumen, *Subst. albūmen, min·is n. (= das Weiße), von Adj. albus (=weiß);* s. alb-. – Eiweiße als Gruppe organischer Stoffe (Albumine, Albumosen), bezeichnet nach Album, dem Eiweiß des Hühnereies im Ggs. zum Eigelb (Dotter).

alector, alectr-, *Subst. ὁ ἀλέκτωρ, ορ·ος = ἀλεκτρυών, όν·ος (= Hahn), davon ἡ ἀλεκτορίς, ίδ·ος (= Huhn, Henne).* – Namen von Hühnervögeln (Alectorornithes, Alectoropodes, Alectoris) u. a. damit verglichenen Vögeln (Alectroenas, Gttg. der Tauben).

aleur-, *Subst. τὸ ἄλευρ·ον (= Mehl) vom Verb. ἀλέω (= mahlen).* – 1. Mehl oder mehlartige Stoffe: a) als solche: Aleuron, der Kleber der Pflanzensamen; – b) im Mehl lebend: Aleurobius, Gttg. der Milben. – 2. Wie verstäubtes Mehl aussehend, bestäubt, z. B. Aleurodes [Aleyrodes], Gttg. der Pflanzenläuse.

all-, *Adj., auch Subst. ἄλλ·ος (=anders, verschieden)*; davon abzuleiten allax-, allel-, alloi-. – Bedeutung: „anders beschaffen als“: Alloplasma = nichtprotoplasmatische Zellbestandteile; Allolobophora, Gttg. der Regenwürmer, Träger (phor-) eines andersartigen Kopflappens (lob-) als andere Regenwürmer.

allant-, *Subst. ὁ ἀλλᾶς, ᾶντ·ος (= Wurst, wurstförmiger Sack).* – Insbes. die Allantois (Gen. allantoid·is), sackförmiges Organ der Embryonen von Reptilien, Vögeln u. Säugetieren (Amnioten), nach der Gestalt bei Huftieren so benannt.

allax-, *Verb. ἀλάσσω = ἀλάττω (=verändern, vertauschen) → Subst. ἡ ἄλλαξ·ις (= Veränderung, Tausch), ἡ παράλλαξις (= das Hin- und Herbewegen).* – 1. Abweichung im Raum: Parallaxe. – 2. Formveränderung: Morphallaxie, Umbildung nach Verletzungen ohne erhebliche Neubildung.

allel-, *reziprokes Pronomen ἀλλήλων (= einander, gegenseitig, wechselseitig), durch Verdoppelung von ἄλλ·ος entstanden zu denken*; *s.* all-. – 1. Allele, die voneinander versch. Merkmale, die bei Kreuzung nach den Mendelschen Regeln einander entsprechen bzw. sich gegenüberstehen, auch alternative Merkmale genannt, z. B. das bekannte Beispiel der Schnecke Tachea nemoralis mit gelber oder roter Färbung der Schale. – 2. Parallelen = zwei gerade Linien nebeneinander (para + l).

alli-, *Subst. alli·um, ·i n. (= Knoblauch).* – 1. Allium = Lauch, Gttg. der Liliaceae. – 2. Mit dem Lauch verglichen: a) Farbe Parapleurus alliaceus = Lauchschrecke; – b) Geruch: Oxychilus alliarius = Knoblauch-Glanzschnecke; Marasmius alliaceus = Saitenstieliger Knoblauchpilz; Alliaria officinalis = Knoblauchsrauke.

alloe-, alloi-, *Adj. ἀλλοῖ·ος (= andersartig, verschieden, anderweitig), von all·os abzuleiten; latin. alloe-.* – 1. Zwei voneinander verschiedene Dinge, die zur gleichen Einheit gehören, treten nacheinander auf (abwechselnd): Alloiogenesis, ein Generationswechsel, bei dem zweigeschlechtliche u. parthenogenetische Generationen miteinander abwechseln (= Heterogonie). – 2. Ein organisches Gebilde ist von anderen verschieden: der Darm bei den Alloeocoela, Ord. der Turbellarien.

aln-, *Subst. aln·us, ·i f. (= Erle).* – Erle: a) Alnus, Gttg. der Birkengewächse; – b) als Lebens- u. Nahrungsbereich für Tiere: Aphrophora alni = Erlenzikade, Psylla alni = Erlenblattfloh.

alopec-, *Subst. ἡ ἀλώπηξ εκ·ος (= Fuchs).* – 1. Namen von Tieren, die dem Fuchs verwandt (Alopex lagopus) oder in der Färbung (Pteralopex, Gttg. der Großfledermäuse), als listiges Raubtier (Alopecias, Gttg. Fuchshai) oder anderswie ähnlich sind. – 2. Übertr.: Mit dem Schwanz des Fuchses verglichen die walzige Blütenähre von Alopecurus = Fuchsschwanz(gras).

alt-, *Adj. alt·us, ·a, ·um (= hoch oder tief) → Subst. altitūdo, udin·is f. (=Höhe oder Tiefe).* – 1. Höhe über dem Meeresspiegel: Altitude; Altimeter = Höhenmesser, – 2. Höhe über dem Erdboden, bes. bei Pflanzen von hohem Wuchs: Melilotus altissimus = Hoher Steinklee, Festuca altissima [= silvatica, Waldschwingel], Sisymbrium altissimum = Hohe Rauke.

altern-, *Adj. altern·us, ·a, ·um (= abwechselnd) von alter, ·a, ·um (= der andere, einer von beiden), Verb. alternāre (= abwechseln).* – 1. Zustand: alternieren, in Reihen miteinander abwechseln: a) Blätter von Pflanzen wechselständig, z. B. von Chrysosplenium alternifolium (Ggs. oppositifolium); – b) Tiere: Lachesis alternatus, Halbmondviper mit rechts u. links abwechselnd stehenden halbmondförmigen Flecken. – 2. Zeitliche Folge, bes. Generationsfolge: alternierende Merkmale = Allele.

alve-, *Subst. alve·us, ·i m. (= bauchige Höhlung), urspr. als Adj. vom Subst. alv·us, ·i (= Bauch, Magen).* – Kleine Höhlungen in versch. Organen: a) Zahnhöhlen der Kieferknochen: Alveoli dentales, zugehörige Nervenzweige Rami alveolares (usw.) des N. trigeminus; – b) Lungenbläschen: Alveoli pulmonales, kurz Alveolen, voneinander getrennt durch die Septa inter-alveolaria; – c) alveoläre Drüsen, Drüsenalveolus Syn. für Acinus s. acin-.

amar-, *Adj. amăr·us, ·a, ·um (= herb, bitter).* – Bitterer Geschmack von Pflanzen oder Teilen von ihnen: Iberis amara, Gentiana amarella, Solanum dulcamara = Bittersüßer Nachtschatten (dulc-).

ambigu-, *Adj. ambigu·us, ·a, ·um (= nach beiden Seiten neigend, veränderlich; ungewiß, zweideutig) vom Verb ambigĕre (eig. amb-agĕre).* – 1. Nach zwei Seiten gerichtet: a) Form u. funktionelle Beziehung: der Nucleus ambiguus (Gruppe motorischer Ganglienzellen) im verlängerten Mark gehört vorn zum IX. u. hinten zum X. Gehirnnerven u. ist an beiden Enden zugespitzt; – b) Bewegung: Spirostomum ambiguum ist ein Infusor, das vor- u. rückwärts schwimmen kann. – 2. Übertr. im Sinne von zweifelhaft oder zweideutig: bei nicht sicher bestimmten Arten; z. B. wurde Digitalis ambigua für einen Bastard zweier anderer Digitalisarten gehalten.

ambly-, *Adj. ἀμβλύς (= kraftlos, schlaff, stumpf).* – 1. Zustand: stumpf, z. B. Amblystoma, Gttg. der geschwänzten Amphibien mit breiter stumpfer Schnauze. – 2. Funktionell schwach, insbes. bei Sinnesleistungen: Amblyopie.

ambula-, *Verb. ambulāre (= gehen, lustwandeln, reisen), davon ambulacr·um n. (= Ort zum Spazierengehen); s. ~cr·um.* – Ortsveränderung, Fortbewegung: a) Ambulacrum, das zur Fortbewegung dienende Organsystem bei den Stachelhäutern, Ambulakralsystem mit A.-füßchen; – b) med.: ambulante Behandlung, Ambulatorium.

ament-, *Subst. am(m)ent·um, ·i n. (= Schwungriemen).* – Amentum = Kätzchen, ein hängender Blütenstand, bei dem in der Achsel der Deckblätter Einzelblüten oder dreiblütige Dichasien stehen.

amm-, *Subst. ἡ ἄμμ·ος (= Sand, Staub).* – 1. Sand als Lebensbereich: a) von Wassertieren: Ammocoetes, früherer Name für die Larve von Petromyzon, die sich in den Sand am Boden der Gewässer einwühlt; Ammodytes, Gttg. Sandaale; – b) von Landtieren: Ammophila, Gttg. Sandwespe, Vipera ammodytes Sandotter; – c) von Pflanzen: Gttg. Ammophila = Sandgras. – 2. Sand als Substanz oder Material: Ammodiscus, Gttg. der Foraminiferen mit Schale aus Sandkörnchen.

ammon-, *Ἄμμων, ων·ος, libysch-ägyptischer Gott, von den Römern als Jupiter Ammon verehrt, widderköpfig mit gewundenen Hörnern dargestellt.* – Gewundene, mit Widderhörnern vergleichbare Gebilde: 1. Schalen fossiler Cephalopoden, bzw. diese selbst: Ammoniten = Ammonshörner. – 2. Ammonshorn, Cornu ammōnis = Hippocampus, eine gekrümmte Bildung im Großhirn des Menschen u. der Säugetiere.

amni-, *Subst. ὁ, ἡ ἀμν·ός (= Lamm) → Adj. ἀμνεῖ·ος (= vom Lamm, Lamm-).* – 1. Embryonalhülle der danach benannten Amniota (Reptilien, Vögel u. Säugetiere) im Ggs. zu den An-amnia (Cyclostomen, Fische, Amphibien), als Schafhaut benannt, weil sie im Altertum zuerst beim Opfern trächtiger Schafe beobachtet worden war. – 2. Übertr. auf eine Embryonalhülle bei Insekten.

amoeb-, *Subst. ἡ ἀμοιβ·ή (= Wechsel, Tausch) und Adj. ἀμοιβ·ός (= abwechselnd).* – Amoeba, Gttg. der Protozoen, nach der wechselnden Gestalt benannt; danach allg. amöboide Bewegung auch bei Zellen vielzelliger Tiere, z. B. der weißen Blutkörperchen; Gttg. Entamoeba s. ento+ 2.

ampel-, *Subst. ἡ ἄμπελ·ος (= Ranke, Weinrebe, Weinstock) → Subst. ἡ ἀμπελίς, ίδ·ος.* – 1. Weinrebengewächse: a) Ampelidaceae (Vitaceae) mit den – Gttgn. Ampelocissus, Ampelopsis (Parthenocissus) u. Ampelovitis; – b) Schädlinge des Weinstockes: Haltica ampelophaga = Reben-Erdfloh. – 2. Wein (Getränk): Tiere, die Wein u. gärende Obstsäfte lieben: Drosophila ampelophila.

ampull-, *Subst. ampull·a, ·ae f. (= Salbenfläschchen).* – Gebilde, die flaschenförmig oder blasig angeschwollen sind: a) an Organen, insbes. die Erweiterungen an den Bogengängen des Ohrlabyrinthes der Wirbeltiere; – b) Schnecken mit bauchig aufgetriebener letzter Schalenwindung: Gttg. Ampullaria.

amyl-, *Subst. τὸ ἄμυλ·ον (= Stärkemehl) verw. mit Subst. ἡ μύλ·η (= Mühle)*; s. myl. – Amylum = Stärke, Polysaccharid der höheren Pflanzen; Amylase (= Diastase), ein Ferment, das die Stärke in Maltose zerlegt, vor allem im Speichel.

an-, *Subst. ān·us, ·i m. (eig. Ring; übertr. After) → Demin. ānul·us, ·i m. (= kleiner Ring, Ring überhaupt).* – 1. Ring s. annul-. – 2. Anus = After, Adj. anal = zum After in Beziehung, z. B. Analsegment bei Arthropoden, Analdrüsen bei Insekten u. manchen Wirbeltieren; postanal s. post+; Pinna analis = Afterflosse bei Fischen.

anas, anat-, *Subst. anas, anat·is f. (= Ente).* – 1. Ente: Anas boschas, die Stockente. – 2. Der Ente ähnlich: Ornithorhynchus anatinus (= paradoxus), Schnabeltier, ein Kloakentier, dessen Schnauze einem Entenschnabel ähnelt.

ancestr-, *vom Subst. ante-cessor, or·is m. (= Vorfahr) → altfranz. ancestre, engl. ancestor.* – Altertümliche, den Vorfahren zukommende stammesgeschichtliche Merkmale werden anzestral genannt.

anch-, *Verb. ἄγχω (= zusammenpressen, würgen, erdrosseln, quälen) → Subst. ἡ ἀγχόν·η (= Erdrosselung, Strang), verw. mit angĕre*; s. anchi+ und angust-. – 1. Vorgang: erwürgen, töten: a) Schmarotzerpflanze Gttg. Orobanche (Sommerwurz) auf der Erve (orob·us); – b) Namen giftiger Pflanzen: Cynanchium, Hyaenanche, Doronicum pardalianches. – 2. Zustand: Übertr. auf Kiemenspalten der Haifische, weil sie wie Einschnürungen des Halses aussehen können: pentanche Haie, Gttg. Hexanchus [Notidanus] und Gttg. Heptanchus mit fünf, sechs oder sieben Spalten.

ancyl-, *Adj ἀγκύλ·ος (= krumm, gerundet, gebogen).* – Gekrümmte Gebilde: gekrümmte Zähnchen in der Mundkapsel des Hakenwurms Ancylostoma, Gttg. der Nematoden; Ancyloceras, Gttg. der Ammoniten, bei der die letzte Windung erst gerade, dann hakig umgebogen ist.

andr-, *Subst. Masc. ὁ ἀνήρ, ἀνδρ·ος (= Mann, Ehemann, Krieger).* – 1. Mann im allg. Sinne von Mensch: Andrias, fossiler Salamander, dessen

Skelett der Entdecker (SCHEUCHZER 1726) für die Reste eines Menschen hielt. – 2. Das männliche Geschlecht: a) Individuum männlichen Geschlechts: Polyandrie, Zusammenleben eines weiblichen Individuums mit mehreren männlichen; – b) Geschlechtsfunktion: Proter-andrie, die Erscheinung, daß die männlichen Geschlechtsprodukte früher reifen als die weiblichen, z. B. bei den Bandwürmern, Androgamone sind Stoffe, die die Befruchtung herbeiführen; – c) Geschlechtsmerkmale: Gynander, s. gyn-; Hormone, die die Geschlechtseigentümlichkeiten bestimmen: Androsteron u. verw. Stoffe (z. B. Androsteran); – d) bei Pflanzen die Staubfäden: Androeceum (andr-oec-) ist ihre Gesamtheit in der Blüte; nach ihrer Anzahl Benennung der Klassen in LINNÉS künstlichem System (Diandria, Triandria) sowie einzelner Arten: Elatine triandra und hexandra, Spergula pentandra.

anem-, *Subst. ὁ ἄνεμ·ος (= Wind).* – Wind, Bewegung der atmosphärischen Luft: Anemotaxis u. -tropismus, Orientierung oder Einstellung von Tieren, bes. Insekten in oder gegen die Windrichtung; Gttg. Anemone = Windröschen.

angi-, *Subst. τὸ ἄγγ·ος → ἀγγεῖ·ον (= Gefäß, Urne, Behälter).* – 1. Behälter, Kapsel für feste Teilchen bei Pflanzen: a) für Sporen: Sporangium, bei Gttg. Angiopteris kapselartig; – b) für Geschlechtszellen: Gametangium; – c) für Samen bei den danach benannten Bedecktsamern = Angiospermatophytina, kurz Angiospermen (Ggs. Gymnospermen). – 2. Röhren für Transport von Flüssigkeiten im Organismus: Angiologie = Lehre von den Blut- u. Lymphgefäßen; anangisch (an+ I.) = gefäßlos sind einige Gewebe: Knorpel u. größtenteils die Hornhaut des Wirbeltierauges.

angu(i)-, *Subst. anguis, is m. u. f. (= Schlange).* – Namen von schlangenähnlichen Tieren ganz versch. syst. Stellung: a) Anguis, Blindschleichen, Gttg. fußloser Eidechsen; – b) Proteus anguinus, Grottenolm, Art der geschwänzten Amphibien mit langgestrecktem Körper; – c) Anguilla, Aal, Gttg. der Fische mit schlangenförmigem u. sich schlängelnd bewegendem Körper; – d) Anguina und Anguillula, Älchen, Gttg. der Fadenwürmer (Nematoden).

angul-, *Subst. angul·us, ·i m. (= Ecke, Winkel).* – 1. Winkel am Innenrand einer Öffnung: Anguli oris, die Mundwinkel an der Mundspalte des Menschen u. der gnathostomen Wirbeltiere. – 2. Ecke eines körperlichen Gebildes von außen gesehen: a) flächiges Gebilde: das dreieckige Schulterblatt des Menschen mit Angulus cranialis, caudalis und articularis; – b) räumliches Gebilde: Multangulum majus und minus, Knochen der Handwurzel. – 3. Kante langgestreckter Gebilde: Stengel von Allium angulosum.

angust-, *Adj. angust·us, ·a, ·um (= schmal, eng, knapp) → Subst. Plur. angusti·ae, ·ārum f. (= Enge, Engpaß; Knappheit) u. Verb angustāre (= ein-*

engen). – 1. Schmale Gebilde: a) Blätter, z. B. von Epilobium angustifolium; – b) Körperteile von Insekten, danach Artnamen, bes. von Käfern: angusti-ceps, -collis, -frons, -pennis, -tarsis. – 2. Aufenthalt an versteckten, engen Orten: die Trichterspinne Cybaeus angustiarum.

anim-, *Subst. anim·a, ·ae f. (= Lufthauch, Atem, Leben) und anim·us ·i m. (= Seele, Geist, Bewußtsein).* – 1. Tier im Unterschied zu anderen Lebewesen u. ihren Eigentümlichkeiten: a) allg.: Regnum animale = Tierreich; – b) die dem höheren Tier im Unterschied zur Pflanze eigentümlichen animalen Organe u. Funktionen, danach der animale Eipol benannt, an dem sich die Anlagen dieser Organe entwickeln (bes. Nervensystem u. Sinnesorgane), Ggs. veget-. – 2. Seele: Animismus, Glaube an die Beseelung der Natur.

ann-, *Subst. ann·us, ·i m. (= Jahr, Lebensjahr, Jahreszeit) → Adj. annāl·is, ·e (= das Jahr betreffend), annu·us, ·a, ·um (= 1. ein Jahr dauernd, 2. alle Jahre wiederkehrend); in Zus. Ablaut zu -enn-, z. B. Adj. perenn·is, ·e (= das ganze Jahr dauernd; beständig) → Verb. perennāre (= lange dauern).* – 1. Bei Pflanzen die Dauer der Vegetation u. Blüte: a) annuell = einjährig, d. h. im Verlauf eines Jahres keimend, blühend, fruchtend u. absterbend, in Artnamen: Helianthus annuus, Lunaria annua, Capsicum annuum; – b) das ganze Jahr hindurch blühend: Bellis perennis; – c) trotz wiederholten Abweidens oder Mähens gut durchhaltend: Lolium perenne = Ausdauernder Lolch (ein Gras). – 2. In der ontogenetischen Entwicklung erhalten bleibend, ohne Bezug auf den Zeitraum eines Jahres „perennierend": Perennibranchiata sind geschwänzte Amphibien, die ihre Kiemen auch im erwachsenen Zustand behalten, z. B. der Grottenolm. – 3. Annalen = Jahrbücher, Name einiger wiss. Zeitschriften.

annel-, *Demin. von annul- (das seinerseits Demin. von ān·us ist), sprachlich inkorrekt statt anell-.* – Annelida, Ringelwürmer, Kl. der Würmer, nach der äußeren Segmentierung benannt.

annul-, Nebenform von anul-, Demin. von *ān·us m. (= Ring)*, richtiger anulus; die Form mit nn ist in anat. Namen beseitigt, s. an-, jedoch in der zool. Nomenklatur gebräuchlich, s. annel-. – 1. Ring um eine Öffnung, z. B. Anulus tympanicus, Knochenring, der das Trommelfell umgibt. – 2. Gürtel oder Binde um ein kompaktes Gebilde: a) Ringfurche um den Körper der Annulata = Ringelechsen, Uord. der Eidechsen; Annulata auch bisweilen als Syn. für Arthropoda gebraucht; – b) farbige Ringe um Extremitäten: Culex annulatus = geringelte Stechmücke.

anser(-), *Subst. anser, ·is m. u. f. (= Gans).* – 1. Namen von Gänsen (Anser anser = Wildgans) u. Gänsevögeln (Anseriformes, Mergus merganser). – 2. Nahrung für Gänse: Potentilla anserina.

antenn-, *Subst. antenn·a, ·ae f. (= Segelstange, Rahe).* – Körperfortsätze, bes. soweit sie dem Tastsinn (als Fühler) oder anderen Sinnen dienen, insbes. die Antennen der Arthropoden: Krebse mit zwei Paaren (also Di-antennata), Myriapoden u. Insekten nur mit einem Paar (der Name Antennata für diese ist unzweckmäßig, da auch die Krebse „mit Antennen versehen" sind).

anter-, *Adj. anter·ior, Neutr. ·ius (= vorder, vorig) von ante, Ggs. poster-;* vgl. antie+ u. antiqu-. – Lage im Körper: anterior = vorn, bzw. weiter vorn als andere Teile: Facies anterior = Vorderfläche bei versch. Organen u. Körperteilen; Arteria cerebri anterior (Ggs. A. c. media u. posterior); Vena cardinalis anterior, die vordere Kardinalvene; Crus anterius u. posterius des Stapes.

anth-, *Subst. τὸ ἄνϑ·ος (= Blume, Blüte, Schmuck usw.). → Verb ἀνϑέω (= blühen, sprossen, strahlen) → ἐξανϑέω (= auf-, verblühen) sowie Adj. ἀνϑηρ·ός; ferner Subst. τὸ ἄνϑεμ·ον*; s. anthem- und anther-.

1. Blüte der Blütenpflanzen = Anthophyten: a) Einzelblüte als Ganzes: Benennung von Pflanzen nach ihrer Farbe (Chrysanthemum, Silene chlorantha), nach der Beschaffenheit (Scleranthus) oder dem Geruch (Oenanthe); – b) die „Blütenblätter" = Kronblätter (Petalen): in ihnen enthaltene Farbstoffe: Antho-cyan u. -xanthin; Benennung von Pflanzen nach Besonderheiten der Blütenkrone: bei Gttg. Loranthus sind die Kronzipfel riemenförmig; bei Gttg. Calycanthus sind die Kelchblätter blumenkronartig.
2. Blütenstand: a) bei Spiranthes (Drehwurz), Gttg. der Orchideen, mit spiralig gedrehter Achse; – b) insbes. die Körbchen der Compositen: Gattungen Helianthus = Sonnenblume, Prenanthes = Nickwurz (πρηνής übergeneigt).
3. Blumen u. Blüten als Lebensbereich u. Nahrungsquelle von Tieren: a) Vögel: Gttgen. Anthus, Anthoscopus; – b) Insekten: Gattungen Anthophora (Bienen), Anthonomus (Käfer), Anthomyia (Fliegen), Anthocoris (Wanzen).
4. Tiere einer Blüte ähnlich geformt, insbes. radialsymmetrische Tiere: a) Hohltiere (Coelenterata): Kl. Anthozoa, Blumen- oder Korallentiere mit 2 Ukl. Octanthida und Hexanthida, zu den letzteren gehörig die Gttg. der Riffkorallen Zoanthus (danach Fam. Zoanthidae u. Ord. Zoantharia), ferner Anthomedusae, Ord. der Hydromedusen; – b) Stachelhäuter: Heliaster helianthus, ein Seestern.
5. Übertr.: Ausblühung, med.: Ausschlag: Exanthēm auf der Haut, Enanthēm, auf Schleimhäuten.

anthem-, *Subst. τὸ ἄνϑεμον und ἀνϑέμι·ον (= Blume) → Adj. ἀνϑεμώδης (= blumenartig, blumig).* – Blume, d. h. Blütenpflanze, in gleicher Bedeutung wie anth- gebraucht: Gttg. Chrysanthemum = Blume mit goldgelber Korbblüte (Ch. leucanthemum mit weißen Strahlblüten.)

anther-, *Adj. ἀνθηρ·ός (= blühend, blumenreich; bunt, glänzend) vom Verb ἀνθέω (= blühen); lat. Subst. anthēr·a, ·ae f. (= 1. aus Blüten zus. Arznei, 2. Staubbeutel der Blüte); vgl anth-.* – 1. Bunt, blumig: Antheraea, Gttg. der Schmetterlinge (Seidenspinner). – 2. Staubgefäß: a) allg.: die Anthere; ihr ähnlich das Antheridium mancher Sporenpflanzen; – b) Benennung einzelner Arten nach Besonderheiten der Antheren: Cephalanthera, Gttg. der Orchideen.

anthrac-, *Subst. ὁ ἄνθραξ, ακ·ος (= glühende Kohle).* – Sehr versch. übertr. Bedeutungen: 1. Stoffe, aus Kohle gewonnen: Anthracen aus Steinkohlenteer. – 2. Fossile Tiere aus Kohleschichten: a) aus der Steinkohlenformation (Carbon): Anthracosia, Gttg. der Muscheln; Anthracoceras, Gttg. der Ammoniten; – b) aus der Braunkohle: Anthracotheria, primitive Paarhufer aus dem Mitteltertiär. – 3. Schwarz wie Kohle: Anthrax, Gttg. der Hummelfliegen, „Trauerschweber".

anthrop-, *Subst. ὁ, ἡ ἄνθρωπ·ος (= Mensch, Einwohner; Mann, Frau).* – 1. Mensch: a) als solcher: Anthropologie u. -genie, Anthropomorphismus (Vermenschlichung); – b) zum Menschen in Beziehung Cordylobia anthropophaga „Menschenfresserfliege" in Afrika, so benannt, weil ihre Larven in der Haut Geschwüre hervorrufen können; Anthropophagie = Kannibalismus. – 2. Dem Menschen nahestehende höhere Affen: a) Rezent: Anthropoidea = Anthropomorphae (Menschenaffen); – b) fossil: Pithecanthropus = „Menschenaffe". – 3. Mit Mensch verglichen: Anthropoides, Gttg. der Kraniche.

antiqu-, *Adj. antīqu·us, ·a, ·um (= vorder, früher, alt).* – 1. Im Sinne von antik, d. h. für Tiere, die schon den alten Griechen u. Römern bekannt waren: Hippocampus antiquorum (Seepferdchen), Pristis antiquorum (Sägefisch). – 2. Ältlich aussehend: Name von Schnecken (Magilus antiquus) u. Muscheln (Arca antiquata).

antr-, *Subst. τὸ ἄντρ·ον und antr·um, ·i n. (= Höhle, Grotte).* – Antrum, Bez. für Höhlungen im Körper: A. mastoideum im Warzenfortsatz.

aort-, Aorta, ·ae, die große Körperarterie, Hauptschlagader der Wirbeltiere u. des Menschen, *schon von Aristoteles nach dem Verb ἀείρω (= aufhängen) so benannt, weil das Herz daran aufgehängt sei*, eine heute nicht mehr brauchbare Ableitung.

apert-, *Verb aperire (= öffnen) → Subst. apertūr·a, ·ae f. (= Öffnung).* – In der Anatomie: Apertura = Name für Öffnungen versch. Art, z. B. am Brustkorb (A. thoracis superior u. inferior), am Becken, an feinen Knochenkanälen usw.

apex, *Subst. apex, apic·is m. (= Spitze; hohe Mütze, Krone).* – Äußeres Ende, bes. das oberste Ende (Scheitel, Spitze) eines Tierkörpers oder Organs:

1. Oben: apikale Zellregion (freie Oberfläche) bei Epithelien im Unterschied zur Basis; Apex bei Seeigeln die obere Körperregion in der Umgebung des Afters (dort das Apikalskelett). – 2. Ende, Spitze: Apex bei kegelförmigen Schneckenschalen.

aph(id)-, neue Wortbildung nach griech. Art, aber von fraglicher Herkunft. – Aphis, Gttg. der Pflanzenläuse, Blattlaus; danach Fam. Aphidae oder Aphid-idae gebildet.

aphr-, *Subst. ὁ ἀφρ·ός (= Schaum).* – Schaum versch. Art u. Herkunft bei Tieren: a) von Larven der Schaumzikaden Gttg. Aphrophora an versch. Pflanzen erzeugt (vgl. spum-); – b) das Ectoplasma der Aphrothoraca, einer Gruppe der Heliozoa, ist schaumartig.

aphrodit-, *Subst. Ἀφροδίτη (= Göttin der Liebe und Schönheit; übertr. geschlechtliche Liebe).* – 1. Das weibliche Geschlecht: Hermaphroditismus = Zwittertum, hermaphroditisch = zwitterig. – 2. Auf Grund der bes. Schönheit der Färbung wurde eine Gttg. der marinen Borstenwürmer Aphrodite genannt.

ap(i)-, *Subst. apis, is f. (= Biene).* – 1. Biene: a) Apis mellifica, die Honigbiene, Fam. Apidae; – b) Tiere, die sich bevorzugt von Bienen (u. a. Insekten) ernähren: Pernis apivorus der Wespenbussard, Merops apiaster der Bienenfresser. – 2. Einer Biene (oder anderen Hymenoptere) ähnlich: Trochilium apiforme, der Hornissenschwärmer; die Blüten von Ophrys apifera = Bienen-Ragwurz.

api- I., *ἡ ἄπι·ος oder τὸ ἄπι·ον (= Birne).* – Vergleich mit der Form einer Birne: Apio-crinus, fossile Gttg. von Crinoideen; Apion, Gttg. der Rüsselkäfer mit birnenförmigen Körper.

api- II., *Subst. api·um, ·i n. (= Eppich).* – Namen von Doldenblütlern: Gttg. Apium = Sellerie, Aethusa cyn-apium = Gem. Hunds-Petersilie.

apic-, Stamm zu Nom. apex, s. d.

-aps-, -apt- = haps-, hapt-.

apt-, *Adj. apt·us, ·a, ·um (= passend, geeignet).* – Adaption oder Adaptation, die physiologische, ontogenetische oder phylogenetische Anpassung eines Lebewesens oder des Zustands eines Organs an Umweltveränderungen; adaptiv = durch Anpassung erworben, auf Anpassung beruhend.

aqu-, *Subst. aqu·a, ·ae f. (= Wasser, Gewässer) → Adj. aquaticus (= wässerig, feucht) und aquatil·is, ·e (= im Wasser lebend); vgl.* Suffixe ~atic·us, ~atil·is. – 1. Wasser als Substanz: Aqua destillata. – 2. Wasser als Lebensbereich: a) für Tiere: an oder in Gewässern lebend: Argyroneta aquatica

= Wasserspinne (vgl. net-), Rallus aquaticus = Wasserralle; – b) für Pflanzen: Ranunculus aquatilis = Gem. Wasser-Hahnenfuß, Rumex aquaticus = Wasserampfer, Mentha aquatica = Wasserminze, Malachium aquaticum = „Wasserdarm" (an feuchten Waldstellen); – c) künstlicher Behälter für Wassertiere und -pflanzen: Aquarium. – 3. Körperflüssigkeiten: a) Aquaeductus (Aquädukt), anat. Bez. für röhrige Verbindungen zwischen Räumen im Gehirn (A. Sylvii = mesencephali) und vom Labyrinth zur Schädelhöhle (A. vestibuli u. cochleae); – b) Humor aqueus s. hum- II., 2.

aquil-, *Adj. aquil·us, ·a, ·um (= schwärzlich, dunkelfarbig) → Subst. aquil·a, ·ae f. (= Adler) eig. avis aquila (= dunkelfarbiger Vogel).* – Aquila, Adler, Gttg. der Raubvögel (vgl. aet-); ihm vergleichbar: Myliobatis aquila, Adlerroche mit großen flügelartigen Flossen; Fregata aquila = Großer Fregattvogel; Bild auf dem Querschnitt der Blattstiele von Pteridium aquilinum = Adlerfarn.

arachn-, *Subst. ἡ ἀράχν·η (= Spinne) → Subst. τὸ ἀράχνι·ον (= Spinnwebe, -faden).* – 1. Spinnentiere: Arachnoidea (auch Arachnidea); Gattungen Myrmarachne, Coriarachne. – 2. Andere, den Spinnen vergleichbare Tiere: Brachyteles arachnoides, Spinnenaffe, so genannt wegen seiner langen Arme und Beine. – 3. Mit dem Spinnengewebe verglichen: Arachnoidea encephali, äußere Lage der weichen Hirnhaut (Leptomeninx), von der inneren Lage (Pia mater) z. T. durch subarachnoidale Räume getrennt.

arane-, *Subst. arāne·a, ·ae f. (= Spinne).* – Aranea, Gttg. der Webespinnen (Ord. Araneina); mit einer Spinne verglichen: Hyas aranea = „Seespinne", Art der Krabben.

arbor(-), *Subst. arbor, arbor·is f. (= Baum), ältere Form arbōs, davon Subst. arbust·um, ·i n. (= Baumpflanzung), Verb arborescĕre (= zu einem Baum werden).* – 1. Baum: a) Arboretum, eine Gehölzsammlung im Park oder bot. Garten; baumartiger Wuchs im Unterschied zu verw. Pflanzen bemerkenswert: Caragana arborescens = Gem. Erbsenstrauch; – b) als Lebensbereich für Tiere: Hyla arborea = Laubfrosch; Eristalis arbustorum = Gartenschlammfliege; in Baumpflanzungen vorkommend. – 2. Verzweigung von Organen, mit Baum verglichen: die verzweigten Kiemen am Rücken der Bäumchenschnecke Dendronotus arborescens (ein Nacktkiemer).

arc-, *Subst. arc·a, ·ae f. (= Kiste, Kasten).* – Tiere, nach der Schale benannt: a) Muscheln: Arca, Gttg. mit der Art A. noae, Archemuschel; – b) Protozoen: Arcella, Gttg. der beschalten Amöben mit chitiniger Schale von der Form eines Napfes oder Uhrglases.

arch- I., *Verb. ἄρχω (= anfangen, vorangehen, herrschen) und Subst. ἡ ἀρχ·ή (= Beginn, Ursprung; Herrschaft), davon Adj. ἀρχαῖ·ος (= ursprünglich, alter-*

tümlich, ehemalig); am Wortanfang nimmt arch- (vor Konsonanten mit Bindevokal e oder i) in der Bedeutung vor-, erz-, ober- usw. den Charakter eines Präfixes an.

1. Ontogenetisch frühe Stadien, die noch nicht differenziert sind: Archencephalon, das vorderste der primitiven Hirnbläschen der Wirbeltiere; Archenteron = Urdarm; Archaeocyten bei Schwämmen vorkommende Zellen, aus denen Geschlechts- oder Wanderzellen hervorgehen.
2. Stammesgeschichtlich frühe Zeiten: a) Archaeozoikum = das früheste Erdzeitalter mit tierischen Resten vor dem Palaeozoikum; – b) Vorgang: Archigonie = Urzeugung; – c) fossile Tiere: Archaeopteryx, Archaeornithes; – d) fossile Pflanzen: Archaeopteris.
3. Primitive Formen, als phylogenetische Urformen gedacht: a) Organe: Archipterygium, Urflosse nach der Theorie von GEGENBAUR, der Brustflosse des Lurchfisches Ceratodus entsprechend; – b) Tiergruppen: Arch(i)annelida, Archipodiata, Archiptera; – c) Pflanzen: Archichlamydeae.
4. Frühe Zeiten der menschlichen Geschichte u. Vorgeschichte: Archaeolithicum = früheste Steinzeit, Archaeologie = Altertumskunde.

arch- II., *Subst. ὁ ἀρχ·ός (= After).* – 1. Hintere Öffnung des Darmkanals: a) Sternarchus („Brustafter"), Gttg. der Fische, bei der der After weit nach vorn verlagert ist; – b) Crossarchus („Quastenafter"), Gttg. der Schleichkatzen, wegen der Drüsensäcke am After. – 2. Umgebung des Afters, d. h. hinterer Körperteil: Gymnarchus („Nacktafter"), Gttg. der Fische (Mormyridae), der die Bauch- u. Afterflosse fehlen.

arct-, *Subst.*, ἡ (ὁ) ἄρκτ·ος *(= Bär, Bärin); da das Wort auch das Sternbild des Bären bezeichnet, hat es die Bedeutung Norden gewonnen: Adj. ἀρκτικ·ός (= nördlich).* – 1. Bären: a) Ursus arctos, der braune Bär; – b) zum Bären in Beziehung: Arctostaphylos = Bärentraube, Gttg. der Ericaceae, vgl. urs-. – 2. Mit dem Bären verglichen: a) Säugetiere: Halbaffen (Arctocebus) u. Robben (Arctocephalus = Bärenrobbe); – b) niedere Tiere: Arctia, Bärenspinner, Gttg. der Schmetterlinge, wegen der langen Behaarung der Raupe; – c) Pflanzen: Gttg. Arctium = Klette (Filzbedeckung mit Bärenfell verglichen?). – 3. Sternbild des Bären u. daher nördliche Halbkugel der Erde, insbes. tiergeographische Regionen: Arctogaea, palae- u. nearktische Region; bes. die Zirkumpolarregionen: arktisch u. antarktisch (anti+); Vertigo arctica, eine nordische Schnecke.

arcu-, *Subst. arcus, ūs m. (= Bogen, Krümmung), danach arcuāt·us = arquat·us, ·a, ·um (= bogenförmig gekrümmt) von einem nicht gebrauchten Verb arcuāre = krümmen.* – Bez. für bogenförmige Organe oder Organteile, a) allg. z. B. Arcus aortae, der Aortenbogen; – b) als Wölbung über einen Raum: Arcus vertebrae, die knöchernen Wirbelbögen über dem Wirbelkanal; – c) gekrümmter Schnabel des Brachvogels Numenius arquata.

are-, *Subst. are·a, ·ae f. (= freier Platz, Fläche).* – Bereich auf der Fläche eines Organs (Hof, Feld): a) Zonen, d. h. kreisförmige Flächen; z. B. Fruchthöfe in der Umgebung eines Wirbeltierkeimes (Area pellucida, opaca, vasculosa usw.); Areola mammae, pigmentierter Hof der Haut um die Brustwarze des Menschen; – b) Gehirn: Areae = Rindenfelder (BROCA) mit besonderer Schichtung u. versch. Zellenbestand; – c) kleine Flächenbezirke mit Mündungen feiner Kanäle: Areae gastricae der Magenschleimhaut, Areae cribriformes auf den Nierenpapillen mit Öffnungen der Nierenkanälchen.

aren-, *Subst. arēn·a, ·ae f. (= Sand, sandiger Ort, Küste) → Adj. arenōs·us, ·a, ·um (= sandig) u. Subst. arenāri·a, ·ae f. (= Sandgrube);* vgl. amm- und psamm-. – 1. Sand als Lebensbereich: a) Tiere, die sich in den Sandboden eingraben: Arenicola, Gttg. der Meeresanneliden; – b) Tiere in sandigen Gegenden (Steppe, Wüste, Strand): Vögel (Calidris arenaria, Sanderling am Meeresstrand), Spinnen (Thanatus arenarius); – c) Pflanzen, die in sandigem Boden wachsen: Dianthus arenarius = Sandnelke, Ammophila arenaria = Gem. Strandhafer, Helichrysum arenarium (Strohblume). – 2. Dem Sand ähnlich, sandfarbig in Artnamen: arenaceus, arenatus.

argent-, *Subst. argent·um, ·i n. (= Silber, silberner Gegenstand) → Adj. argente·us, ·a, ·um u. argentat·us, ·a, ·um (= silbern).* – 1. Silber, Metall u. Element: Argentum (Ag); Argentum nitricum = Silbernitrat. – 2. Färbung silberweiß, -glänzend: a) Organe: Argentea, silbern oder grüngoldig glänzende Membran im Auge vieler Fische; – b) Artnamen von Tieren: Larus argentatus, die Silbermöve; – c) Pflanzen: Potentilla argentea mit unterseits weißfilzigen Blättchen, Bryum argenteum = Silberweißes Knotenmoos.

argyr-, *Subst. ὁ ἄργυρ·ος, auch τὸ ἀργύρι·ον (= Silber, Geld) von Adj. ἀργής (= strahlend, glänzend-weiß).* – 1. Silber: histol. Darstellung durch Imprägnation mit Silber: argyrophile Fasern, die Gitterfasern des Bindegewebes, die bes. gut durch Silberbehandlung dargestellt werden können. – 2. Silberglanz: a) Färbung von Tieren, z. B. Argyropelecus, Gttg. der Tiefseefische; – b) Gespinst der Wasserspinne Argyroneta aquatica erscheint infolge der Erfüllung mit Luft silbern glänzend.

arid-, *Adj. ārid·us, ·a, ·um (= dürr, trocken) → Subst. āriditas, āt·is f. (= Dürre, Trockenheit) vom Verb arēre (= dürr sein), verw. mit ardēre (= brennen, glühen).* – Landschaft, Klima: Adj. arid = trocken, arides Klima, insbes. = Wüsten- u. Steppenklima; Aridität = Trockenheit, Dürre.

aries, *Subst. ariēs, ariēt·is m. (= Widder, Schafbock) → Adj. arietīn·us, ·a, ·um (= zum Widder gehörig).* – 1. Schaf: Artname Ovis aries L. für das Hausschaf (das männliche: Widder). – 2. Mit dem Widder verglichen: a) der

Bockkäfer Clytus arietis = Widderkäfer wegen seiner Antennen; – b) dem Gehörn ähnlich die Schale der Widdermuschel Diceras arietinum u. der Gttg. der Ammoniten Arietites.

arist- I., *Adj. ἄριστ·ος (der beste, tüchtigste, edelste), Superl. zu ἄρι (= gut, sehr).* – 1. Höherentwicklung in der Stammesgeschichte: „Aristogenese" ist Ausdruck für die idealistische Annahme autonomer Entwicklungskräfte. – 2. Wirksamkeit als Heilmittel: Aristolochia (Osterluzei), angeblich die Geburt (ἡ λοχεί·α) fördernd.

arist- II., *Subst. arist·a, ·ae f. (= Granne; übertr. Ähre).* – 1. Granne, die in eine Borste ausgezogene Spitze von Grasspelzen, danach Artnamen aristatus, aristosus, aristifolius, breviaristatus. – 2. Borste von Tieren: Arista = Fühlerborste fliegenartiger Insekten.

arm- I., *Subst. Plur. arm·a, ·ōrum n. (= Geräte, Waffen), davon armāre (= ausrüsten, bewaffnen) → Part. Pass. armāt·us (= gerüstet, bewaffnet), nach Präfix Umlaut: in-erm·is (= unbewaffnet).* – 1. Ausrüstung: techn.: Armaturen, Armierung. – 2. Stacheln, Dornen u. dgl. als „Waffen" a) von Tieren: Agriotypus armatus, eine Schlupfwespe; Echimys armatus, eine Art der Lanzenratten; – b) von Pflanzen: Artnamen armatus, armiger, armipotens; Bromus inermis = Unbegrannte oder „Wehrlose" Trespe.

arm- II., *Subst. arm·us, ·i m. (= Schulter, Vorderarm) → Subst, armill·a, ·ae f. (= Armband, Armspange).* – Ringförmige Gebilde: der Ring am Stiel des Fruchtkörpers von Armillaria, Ugttg. von Agaricus, Hallimasch (vgl. mell(i)-).

arn-, *Subst. ὁ ἀρήν, ἀρν·ός (= Schaf, Lamm).* – 1. Dem Schaf vergleichbar: a) Hylarnus = Waldschaf, Ugttg. von Neotragus (Zwergböckchen); – b) Arnoglossus = Lammzunge, ein nach seiner Körperform bezeichneter Plattfisch. – 2. Dem Schaf zur Nahrung dienend: Arnoseris = Lämmersalat, Gttg. der Korbblütler (ἡ σέρις = Salatpflanze).

arrhen-, *Adj. u. Subst. (ὁ) ἄρρην, ἄρρεν·ος (= männlich, Mann; kraftvoll, stark).* – Das männliche Geschlecht: 1. Individuum: Arrhenotokie, Erzeugung männlicher Individuen (Drohnen) aus unbefruchteten Eiern bei staatenbildenden Hymenopteren. – 2. Sekundäre Geschlechtsmerkmale: a) Arrhenoidie = Ausbildung männlicher Merkmale bei alternden Weibchen, bes. Hahnenfedrigkeit bei Hennen; – b) die männlichen Blüten von Arrhenatherum (Gttg. der Gräser) mit langer Granne (ather-).

arteri-, *Subst. ἡ ἀρτηρί·α → lat. artēri·a, ·ae f. (= Schlagader, Luftröhre).* – Arterien, die Blutgefäße, die vom Herzen aus in den Körper bzw. in die Lunge (Arteria pulmonalis) führen; da die Körperarterien bei Mensch u. höheren Wirbeltieren sauerstoffreiches Blut führen, wird solches Blut allg. als arteriell bezeichnet.

arthr-, *Subst. τὸ ἄρθρ·ον (= Gelenk, Glied) vom Verb ἀραρίσκω (= zusammenfügen, bauen).* – 1. Gegliederte Körperfortsätze, insbes. Extremitäten: Arthropoda, Tiere, deren Extremitäten aus gelenkig verbundenen Gliedern bestehen. – 2. Körpersegment bei Arthropoden: Arthropleona sind Springschwänze (Collembola) mit deutlicher äußerer Segmentierung (Ggs. Symphypleona s. pleon-). – 3. Verbindungen zwischen Skelettstücken, bes. zwischen Knochen (Juncturae ossium): entweder Syn-arthrosis (Verbindung durch Bindegewebe, Knorpel oder Knochen, s. syn+ 1a) oder Di-arthrosis = Articulus, echtes Gelenk mit Gelenkhöhle.

arti-, *Adj. ἄρτι·ος (= passend, fehlerfrei; geradzahlig).* – 1. Unversehrt: Hyperoartia (Petromyzontes), Ord. der Cyclostomata mit blindgeschlossenem Nasensack, s. hypero-. – 2. Gerade Anzahl: Artiodactyla, Huftiere mit 2 oder 4 Zehen (Ggs. periss-).

articul-, *Subst. articul·us, ·i m. (= Gelenk, Fingerglied; Satzteil), Demin. von artus, ūs (klass. nur Plur. = Gelenke, Gliedmaßen).* – 1. Gliederung (Segmentierung): Articulata, Zusammenfassung der Anneliden u. Arthropoden. – 2. Bei Wirbeltieren die bewegliche Verbindung zwischen zwei (oder auch mehr) Knochen, insbes. das echte Gelenk mit Gelenkhöhle: Articulatio (Articulus JNA) = Junctura synovialis oder Diarthrose; nach der Form werden unterschieden: Articulatio plana, sellaris, sphaeroidea usw., nach der Zahl der beteiligten Knochen A. simplex u. composita. – 3. Articulare, ein am Unterkiefergelenk der Wirbeltiere durch Verknöcherung des Mandibularknorpels entstehender Knochen, also „Gelenkknochen".

arundin-, *Stamm vom Subst. arundo, in·is f. (= Rohr, Schilfrohr) → Adj. arundinace·us, ·a, ·um.* – a) rohr- oder schilfähnliche Gräser: Alopecurus arundinaceus, Festuca arundinacea; – b) Gattungen besonderer Grasarten: Arundo = Pfahlrohr, Arundinaria = Bambus (früher Bambusa arundinacea); – c) Schilf als Lebensbereich: Acrocephalus arundinaceus = Drossel-Rohrsänger; Redunca arundinum = Großer Riedbock; Dictyna arundinacea, eine Spinne.

arv-, *Subst. arv·um, ·i n. (= Acker, Feld, Flur) vom Verb arāre (= pflügen).* – Bebautes Feld als Lebensbereich: a) von Tieren: Alauda arvensis = Feldlerche, Arvicola arvalis = die Gem. Feldmaus; – b) von Pflanzen: Convolvulus arvensis = Ackerwinde, Veronica arvensis = Feld-Ehrenpreis, Trifolium arvense (Hasenklee).

arytaen-, *Subst., ἡ ἀρύταιν·α (= Schöpfgefäß, vom Verb ἀρύω = schöpfen) → arytaen·a, ·ae.* – Cartilago arytaenoidea, paariger Knorpel des Kehlkopfes, wegen seiner Form beim Menschen als Gießbeckenknorpel bezeichnet; abgekürzte Sprechweise „Aryknorpel".

asc-, *Subst. ὁ ἀσκ·ός (= abgezogene Haut, lederner Sack).* – Sack- oder schlauchförmige Organismen u. Organe: 1. Kalkschwämme: Askontyp mit einfachem zentralem Hohlraum im Ggs. zum Sykon- u. Leukontyp, z. B. bei Gttg. Ascon, Ascandra u. a. – 2. Seescheiden: Ascidiacea, Kl. der Tunicata mit Ord. Ascidiae simplices = Monascidiae u. compositae = Synascidiae. – 3. Sporenbehälter von Pilzen: der Ascus der Ascomycetes.

ascar*(***id***)***-**, *Subst. ἡ ἀσκαρίς, ίδ·ος (= Eingeweidewurm, Spulwurm).* – Ascaris, Spulwurm, Gttg. der Nematodes; Ascaridiasis, Erkrankung durch Spulwürmer.

asin-, *Subst. asin·us, ·i m. (= Esel) → Demin. asell·us, ·i m.* – 1. Equus asinus, der Hausesel; Haematopinus asini, ein Parasit des Esels (Pferdelaus). – 2. Mit dem Esel wegen der grauen Farbe verglichen: die Asseln, Isopoda mit Uord. Asellota und Gttg. Asellus, vgl. on-.

asparag-, *Subst. ὁ ἀσπάραγ·ος = asparag·us, ·i (= Spargel).* – 1. Spargel: Asparagus, Gttg. der Liliengewächse; an seinen Blättern u. Stengeln das Spargelkäferchen Crioceris asparagi. – 2. Zuerst aus dem Spargel gewonnener, später in vielen anderen Pflanzen gefundener Stoff: Asparagin, ihm nahe verw. die Asparaginsäure, eine Aminosäure.

asper(-), *Adj. asper, ·a, ·um (= rauh, scharf, herb).* – Rauhe Oberfläche: a) durch hornige Warzen bei Amphibien: Bufo asper, Molge aspera; – b) durch Knochenschilder bei Fischen: Callichthys asper, Panzerwels; – c) durch Behaarung der Blätter bei Pflanzen: Asperugo, Gttg. der Borretschgewächse; Asperula, Gttg. der Rötegewächse; Grasart Bromus asper [ramosus] im Ggs. zu B. mollis [hordaceus].

aspid-, **aspis**, *Subst. ἡ ἀσπίς, ίδ·ος (= 1. Schild, 2. Schildviper, Natter), latin. aspis, aspid·is f. (= Natter).* – 1. Einem Schild ähnlich: scheibenförmige Gebilde ohne Schutzfunktion: Aspidochirotae, Fam. der Seegurken mit schildförmigen Fühlern; Aspidocotylea, Trematoden mit großem, bauchständigem Saugnapf von Schildform. – 2. Schale, Schutz: a) Chitin bei Arthropoden, z. B. Panzer von Krebsen: Anaspides, Gttg., der die Schalenduplikatur fehlt; Diaspidinae, Ufam. der Schildläuse, bei der ♂ u. ♀ unter einem gemeinsamen Wachsschild sitzen: Gttg. Epidiaspis, Leucaspis u. a.; – b) Knochenplatten fossiler Fische: Cephalaspides, Pteraspidae u. a. – 3. Vipera aspis, Viper im engeren Sinne, eine Giftschlange; Benennung nach „einer giftigen Schlange der Alten“ (Leunis), die ihren Namen vielleicht nach dem schildförmigen Kopfe erhalten hatte.

astac-, *Subst. ὁ ἀστακ·ός, lat. astac·us, ·i m. (= eine Art von Meereskrebsen).* – Astacus [Potamobius] astacus, Flußkrebs; Parasiten: Astacotrema, Gttg. der Trematoden, und Branchiobdella astaci (= parasitica), s. branchi- 2c.

aster-, *Subst. ὁ ἀστήρ, ἀστέρ·ος (= Stern, Gestirn) und τὸ ἄστρ·ον → astr·um, ·i n. (= Stern, Sternbild).* – 1. Stern als Himmelskörper: a) Astronomie, Astrophysik; – b) allg. Himmel, „oben“: Astroscopus, Gttg. der Knochenfische mit aufwärts gerichteten Augen („Sterngucker"). – 2. Räumlich sternförmig: Astrozyten, sternförmig verzweigte Gliazellen im Zentralnervensystem der Wirbeltiere; Astrosphaere, die bei der mitotischen Kernteilung um den Zentralkörper entstehende Protoplasmastrahlung. – 3. Flächenhaft sternförmig: a) radialsymmetrische Tiere, insbes. Stachelhäuter: Asteroidea = Seesterne (Gttg. Asterias, Asterina, Astropecten); Gttg. der Schlangensterne Astrophyton; – b) Blütenstände der Gttg. Aster (Asteraceae = Compositae); Dolde der Gttg. Astrantia (nach dem einheimischen Namen Ostranz im Anklang an astr- gebildet); – c) Form des Sternkaktus Astrophytum asterias.

asthen-, *Adj. ἀσθενής (= kraftlos, krank, gering), aus alpha priv. u. τὸ σθέν·ος (= Stärke, Kraft, Macht).* – 1. Zart gebaut, schwach entwickelt, z. B. (?) Asthenosoma, Gttg. der Seeigel. – 2. Physiologische Leistung: Asthenie (med.), allg. Kraftlosigkeit; Asthenopie, Ermüdung des Auges bei langem Sehen in der Nähe.

astr-, Form von aster-.

atav-, *Subst. atav·us, ·i m. (= Ahnherr, Vorfahre), verw. mit avus, s. av.* – Phylogenetische Vorstufen: a) Artnamen fossiler Formen als Vorfahren rezenter Arten, z. B. Protocetus atavus als Urform der Wale; – b) allg.: Atavismus, Rückschlag, d. h. Wiederauftreten von Merkmalen, die bei Vorfahren vorhanden waren.

ather-, *Subst. ὁ ἀθήρ, ἀθέρ·ος (= Granne, Streu; allg. Spitze).* – 1. Granne: Arrhenatherum, s. arrhen-. – 2. Übertr. Ähre: Atherura = Quastenstachler, Gttg. der Stachelschweine.

atm-, *Subst. ὁ ἀτμ·ός (= Dampf, Dunst, Rauch).* – Gas (allg.), Luft oder Wasserdampf der Luft; insbes. die atmosphärische Luft: a) allg.: Atmosphäre = Lufthülle der Erde; übertr. auf den durch sie ausgeübten Druck als Druckeinheit (Kurzzeichen atm. u. at.); – b) die freie Atmosphäre über der Oberfläche des Bodens: Atmobios im Ggs. zu Edaphon.

atr-, *Adj. āter, ātr·a, ·um (= dunkelfarbig, schwarz, finster), Superl. aterrim·us ·a, ·um; Subst. atrament·um, ·i n. (= Tinte).* – a) Tiere mit schwarzer bzw. dunkler Färbung; Gefiederfarben von Vögeln: Fulica atra = Bläßhuhn, Sylvia atricapilla = Schwarzkäppel; Insekten: Xylophagus ater, Trineura aterrima; – b) Pflanzen: Blütenhülle von Juncus atratus; Sporenmasse des Tintlings Coprinus atramentarius, die zu einer tintenähnlichen Flüssigkeit zerfließt.

atri-, *Subst. ātri·um, ·i n. (= Saal, Halle).* – Atrium cordis, der Vorhof des Herzens der Wirbeltiere, von dem aus das Blut durch das Ostium atrioventriculare in die Herzkammer (Ventrikel) gelangt, bei Amphibien u. höheren Wirbeltieren geteilt.

auchen-, *Subst. ὁ αὐχήν, αὐχέν·ος (= Nacken, Hals).* – 1. Hals von Wirbeltieren: Auchenia, Gttg. der Kamele, nach dem langen Hals benannt. – 2. Kehle, d. h. Unterseite des Halses: Auchenorhyncha (Homoptera), Insekten, deren Rüssel an der Kehle entspringt.

audi-, *Verb audīre, Sup. audīt- (= hören, erfahren).* – 1. Gehör als Funktion: Audiometer, Auditorium. – 2. Mit der Gehörfunktion zusammenhängend, dem Gehör dienend: Organon auditus = Gehörorgan, ältere Bez. für Organum statoacusticum; Ossicula auditus = Gehörknöchel; Meatus auditorius (= acusticus) externus, der äußere Gehörgang.

aul-, *Subst. ὁ αὐλ·ός (= Röhre, Hülse, Flöte).* – Röhrenförmige Gebilde am Tierkörper: röhrenförmig verlängerte Schnauze bei Knochenfischen (Aulostoma, Aulorhynchidae); – b) hohle Kieselnadeln von Radiolarien (Aulacantha, Aulosphaera).

aur-, *Subst. aur·um, ·i n. (= Gold), davon adj. aurāt·us, ·a, ·um (= vergoldet), ferner aureus, aureolus, aurifer, auriger (Bindevokal i).* – Goldig glänzende Färbung von Tieren, bes. bei Vögeln (Colaptes auratus = Goldspecht) u. Insekten (Carabus auratus = Goldlaufkäfer).

aur(i)-, *Subst. auris, is f. (= Ohr, Gehör), Ableitungen nur mit Bindevokal i oder mit i beginnenden Suffixen: auricul·a, ·ae f. (= Ohrläppchen), aurīt·us, ·a, ·um (= langohrig).* – 1. Gehörorgan der Wirbeltiere u. des Menschen: a) als ganzes: Auris (externa, media, interna); – b) die Ohrmuschel: Concha auris = Auricula; zur Ohrmuschel gehörig: Cartilago auriculae, M. transversus auriculae; – c) Beziehung von Tieren zum Ohr: Forficula auricularia, Ohrwurm, benannt nach der Zange am Hinterleibsende, die mit der Zange der Goldschmiede verglichen wurde, mit der diese die Ohrläppchen der Mädchen zum Einhängen der Ohrringe durchstachen. – 2. Ähnlichkeit mit der Ohrmuschel des Menschen u. der Säugetiere: a) paarige bilaterale Fortsätze am Kopf: Federbüschel bei Vögeln (Crossoptilum auritum = Ohrfasan); – b) paarige Fortsätze andernorts: lappige Fortsätze der Auricularia, Larve der Seegurken; Auriculae cordis (dextra et sinistra), die Herzohren an den Vorhöfen des Wirbeltierherzens; – c) unpaare Gebilde, deren Form entfernt an eine Ohrmuschel erinnert: Auricula, Gttg. der Schnecken wegen der Schalenmündung; Aurelia aurita wegen der hufeisenförmigen Keimdrüsen so benannt.

austr-, *Subst. auster, austr·i m. (= Südwind; Süden), davon Adj. austrālis (= südlich).* – In Art- u. Gattungsnamen bedeutet australis: a) allg. „in südlichen Gegenden vorkommend", z. B. von Südamerika (Ibicter australis, ein Raubvogel), von Südafrika (Australopithecus, ein fossiler Menschenaffe; Struthio australis, Straußenart), von der australischen Region (Apteryx australis, Kiwi); – b) Australien: australische Region der Tiergeographie (Notogaea s. not- II.).

aut-, *Pronomen αὐτ·ός (= selbst, persönlich, unmittelbar, eigen), am Wortanfang αὐτο- vor Vokalen αὐτ- wie ein Präfix verwendet, z. B. αὐτοδίδακτος αὐτοκρατής αὐτόματος.* –

1. Selbst, unmittelbar, ohne Einwirkung oder Vermittlung von etwas anderem: a) anat.: Autostylie, die Befestigung des Unterkiefers unmittelbar am Hirnschädel (z. B. Holocephalen); bei autodontem Gebiß haben die Zähne noch keine Verbindung mit dem Kieferskelett; – b) physiologisch u. biol.: Autogonie, Urzeugung, die hypothetische Entstehung von Lebewesen ohne Eltern aus anorganischen Stoffen; Autophagen, Nestflüchter mit selbständiger Ernährung (ohne Fütterung); automatisch = selbsttätig, insbes. ohne äußere Reize; autonomes Nervensystem s. nom-A. 3; – c) insbes. reflexiv („sich selbst"): Autogamie = Selbstbefruchtung; Autotomie = Selbstverstümmelung niederer Tiere (auf Reize hin!); Autolytus Gttg. der Borstenwürmer, bei der das Ammentier am Hinterende Geschlechtstiere ablöst (lyt-); Autolyse s. ly-; autotroph s. heter- 2a.
2. Eigentlich, wesentlich: a) wichtigster Teil des im Stammwort genannten Objekts, z. B. Autopodium der Wirbeltierextremität (Hand und Fuß); – b) typisch im Unterschied zu abweichenden Merkmalen: Autoflagellaten, gleichbedeutend mit eu+ 2.
3. Identität, „ein und derselbe": autochthon, s. chthon-.

autumn-, *Subst. autumn·us, ·i m. (= Herbst, Zeit der Fruchtreife) → Adj. autumnāl·is, ·e (herbstlich).* – Im Herbst auftretend: a) Tiere: Leptus autumnalis (Grasmilbe), befällt den Menschen bes. in der Erntezeit; – b) Pflanzen im Herbst blühend: Leontodon autumnalis = Herbst-Löwenzahn, Colchicum autumnale = Herbstzeitlose.

aux-, *Verb αὔξω = αὐξάνω (= 1. vermehren, vergrößern, steigern; 2. wachsen, zunehmen) → Subst. ἡ αὔξ·η (= Wachstum, Zunahme, Gedeihen).* – 1. Zunahme an Zahl (Vermehrung): Auxonten, vielkernige, zu Gameten oder Agameten zerfallende Zustände im Entwicklungsgang von Sporozoa. – 2. Zunahme der Größe (Wachstum), a) allg.: Auxine sind pflanzliche Wirkstoffe, die das Streckungswachstum regulieren (Wuchsstoffe); Auxanometer = Wachstumsmesser, ein Apparat, der die Größenzunahme einer Pflanze aufzeichnet; – b) Auxosporen der Diatomeen führen zur Wiederherstellung der ursprünglichen, durch fortgesetzte Teilungen verringerten Größe.

auxili-, *Subst. auxili·um, ·i n. (= Hilfe, Unterstützung) vom Verb augēre, also eig. „Zuwachs".* – Auxiliär = zusätzlich zu einem anderen Gebilde, dessen Funktion oder Entwicklung unterstützend, z. B. auxiliäre Einrichtungen bei der Entwicklung der Eizellen.

av-, *Subst. av·us, ·i m. (= Großvater, Vorfahr).* – Namen fossiler Tiere, z. B. Gttg. Lemuravus als vermuteter Vorfahr von Halbaffen. Vgl. atav-.

av(i)-, *Subst. av·is, ·is, Plur. av·ēs f. (= Vogel).* – 1. Aves = Vögel: a) als solche: Avifauna, die Vogelwelt eines geographischen Bereiches; – b) Feinde von Vögeln: Dermanyssus avium = Vogelmilbe; Avicularia avicularia = Vogelspinne, ernährt sich zwar vorwiegend von Insekten, kann aber auch kleine Vögel überwältigen; – c) Nahrung für Vögel: die Früchte von Prunus avium = Vogelkirsche, Süßkirsche. – 2. Ähnlichkeit mit einem Vogel: a) Kopf: Avikularien, Individuen in Kolonien von Moostierchen; – b) Flügel: Gttg. Avicula = „Vogelmuscheln", mit flügelartigen Fortsätzen am Schloßrande der Schalen; – c) Sporn: Calcar avis im menschlichen Großhirn (s. calcar-).

ax-, *verkürzte Form des Subst. ὁ ἄξων, ἄξον·ος, lat. axis, is m. (= Achse, Wagenachse, Pol, Himmel), verw. mit Verb ἄγω = agĕre (ag-)* s. axon(-).

axill-, *Subst. axill·a, ·ae f. (= Achselhöhle), Demin. von ala,* s. al- I. – Axilla = Achselhöhle bei Menschen u. höheren Wirbeltieren; hier verlaufende Nerven (N. axillaris) u. Blutgefäße (Arteria axillaris).

axon(-) *Subst. ἄξων,* s. ax-. – 1. Gedachte Gerade als Symmetrieachse, Unterscheidung von Grundformen des Tierkörpers als an-axon (irregulär, ganz unregelmäßig), homaxon mit zahlreichen gleichwertigen Achsen (z. B. Kugel), monaxon (einachsig bzw. radialsymmetrisch), heteraxon mit mehreren unter sich ungleichen Achsen (zweistrahlig- oder bilateralsymmetrisch). – 2. Reales Gebilde: a) zentral in einem langgestreckten Gebilde: Axopodien sind Pseudopodien mit einem festeren Achsenfaden; Axon der Achsenzylinder einer markhaltigen Nervenfaser; – b) Strahlen der Skelettnadeln von Schwämmen: Tri- und Tetraxonier; vgl. actin-.

B

ba-, *griech. Wurzel,* s. baen-, -bant-, bas-, bat-.

bacc-, *Subst. bacc·a, ·ae, auch bac·a f. (= Beere, Perle), Gen. Plur. bacc·ārum.* – Beere bzw. beerenartige Frucht: a) als solche: Cucubalus baccifer = Beeren-Taubenkropf (Nelkengewächs), Taxus baccata = Beereneibe; – b) als Lebensbereich von Tieren: Dolycoris baccarum, eine Wanze, die auf Beerensträuchern u. a. Pflanzen lebt.

bacill-, *Subst. bacill·um, ·i n. (= Stab, Stock), Demin. von bacul·um, verw. mit griech. βακτηρί·α.* – Namen von stabförmigen Lebewesen: 1. Bazillen, Stäbchenbakterien im Ggs. zu Kugel- und Schraubenbakterien. – 2. Bacillus, Gttg. der Gespenstheuschrecken, Stabschrecken.

bacteri-, *Subst. ἡ βακτηρία = τὸ βάκτρ·ον (= Stab, Stock).* – 1. Bakterien (Sing. die Bakterie), niedere Organismen ohne Zellkern, nach der Form als

Sphaero-, Spiro- u. Rhabdobakterien unterschieden (die letzteren = Bazillen); Arten z. B. Bacterium radicicola in den Wurzelknöllchen von Leguminosen. – 2. In Beziehung zu Bakterien: Bakteriophagen, virusähnliche kleine Gebilde, die Bakterien zu zerstören vermögen; bakterizid = Bakterien abtötend (cid-) oder auflösend → substt. Plur.: die Bakterizide.

badi-, *Adj. badi·us, ·a, ·um (= braun, kastanienbraun).* – Braune Färbung: Xerocomus badius, ein Röhrenpilz mit braunem Fruchtkörper; Trifolium badium = Brauner Klee (Blütenköpfe nach der Blütezeit kastanienbraun verfärbt).

baen-, *Verb βαίνω (= gehen, schreiten; feststehen, sich befinden) → Subst. ἡ ἀμφίσβαιν·α (= Schlange, die vor- und rückwärtskriechen kann);* vgl. bas- u. bat-. – 1. Bewegungsweise: Amphisbaena, Gttg. fußloser Eidechsen, die sich vor- u. rückwärtsbewegen können. – 2. Aufenthalt und Wohnbereich: Acrocephalus schoenobaenus = Schilfrohrsänger; Dendrobaena, Gttg. der Regenwürmer an Baumstümpfen; Thinobaena, Gttg. der Käfer auf Sandhügeln; Thermobaena s. therm-.

balaen-, *Subst. balaen·a, ·ae f. (= Wal) von ἡ φάλαιν·α.* – 1. Wale, a) als solche: Balaena, Balaenoptera Gattungen der Bartenwale; – b) in Beziehung zu Walen: Coronula balaenaris, Art der Seepocken, die sich auf der Haut von Walen festsetzt. – 2. Mit Walen verglichen: Form des Schnabels bei Vögeln: Balaeniceps Gttg. der Reihervögel, „Schuhschnabel, Kahnschnabel".

balan-, *Subst. ἡ βάλαν·ος (= Eichel, Nuß) → lat. balan·us, ·i f. (Nuß).* – 1. Eichel, a) als solche in bot. Artnamen: balanocarpus = eichelfrüchtig; – b) als Lebensbereich und Nahrung von Tieren: Balaninus, Gttg. der Rüsselkäfer, deren Larve in Eicheln oder Nüssen bohrt. – 2. Der Eichel ähnlich: a) Rüssel der Eichelwürmer (Enteropneusta): Gattungen Balanoglossus, Glossobalanus; – b) Balanus, Gttg. der Seepocken (fragliche Erklärung: weil der Körper in der Schale wie die Eichel in ihrem Becher sitzt).

balant-, *Subst. τὸ βαλάντι·ον (= Geldbeutel).* – Von der äußeren Form eines Beutels: Balantidium, Gttg. der Wimperinfusorien, die Art B. coli im Dickdarm.

-bant-, griech. Stamm zu bas-.

barb-, *Subst. barb·a, ·ae f. (= Bart), nach Präfix Umlaut: imberbis (= bartlos).* – Bart oder einem Bart vergleichbare Gebilde bei Tieren: 1. Haarbüschel bei Säugetieren: Sus barbatus = Bartschwein; Strepsiceros imberbis, Kleiner Kudu, ohne Brustmähne. – 2. Federbüschel bei Vögeln: Gypaetus barbatus = Lämmergeier. – 3. Bartel, Bartfäden bei Fischen: Nemachilus [Noemacheilus] barbatula = Bartgrundel; insbes. Gttg. Barbus = Barbe. – 4. Behaarung bei Insekten in Artnamen, z. B. barbifer, barbipes.

bar(y)-, *Subst. τὸ βάρ·ος (= Schwere, Gewicht, Druck) → Adj. βαρύς (= schwer, stark, intensiv).* – 1. Bar = Einheit des Druckes; Luftdruck: Barometer. – 2. Schwerer Körperbau: Barytheria, große fossile Säugetiere. – 3. Starker Geruch: Baryodma, Gttg. der Käfer, häufig an Aas.

bas-, *Subst. ἡ βάσις, εως (= Schritt, Fuß, Grundlage) u. lat. basis, is f. (= Sockel) vom griech. Verb βαίνω (= gehen, schreiten, feststehen);* in Zus. Stamm -bant-, vgl. ba-. – 1. Zustand: a) Grundlage, Sockel, unten befindlich, z. B. Schädelbasis mit den Knochen Basi-occipitale u. Basi-sphenoid; – b) als unten befindlich gedacht: Basalmembran eines Epithels, Zellbasis im Ggs. zum Apex; – c) bei Körperfortsätzen proximal: Basipodium als Basis von Hand u. Fuß; Basommatophora sind Lungenschnecken, deren Augen (ommat-) an der Basis der Fühler stehen. – 2. Bewegung (vgl. bat-): Anabas Gttg. der Knochenfische, deren Vertreter aufs Land steigen können, Fam. Anabantidae. – 3. Chem.: Base (Ggs. zur Säure), daher basophil = mit basischen Farbstoffen färbbar (vgl. acid-), insbes. Basichromatin.

bastard, *vom mittellat. Subst. bast·um, ·i n. (= Packsattel), also „das auf dem Packsattel erzeugte“ = uneheliche Kind.* – Bastard = Ergebnis einer Kreuzung (Bastardierung) zwischen Individuen versch. Arten, z. B. Pferd u. Esel, oder Rassen, vgl. hybrid.

bat-, *Verbaladj. βατ·ός (= gangbar, zugänglich), von βαίνω (= schreite usw.);* vgl. bas-. – Fortbewegung u. Aufenthaltsort von Tieren, bes. in Gattungsnamen: Dendrobates auf Bäumen (ein Frosch), Hydrobates auf dem Meere (ein Sturmvogel), Pelobates im Schlamm (Krötenfrosch); Hylobates, Gttg. der Affen s. hyl-.

bath-, *Subst. τὸ βάθ·ος (= Tiefe, Höhe, Breite) → Adj. βαθύς (= tief, hoch, weit),* in Zus. Stamm bathy- ohne bes. Bindevokal. – Lebensraum von Tieren: a) in der Tiefsee: bathypelagische Tiere; Bathynomus, Gttg. der Asseln; – b) unterirdisch grabend: Bathyergus, Gttg. der Nagetiere.

batrach-, *Subst. ὁ βατραχ·ός (= Frosch).* – 1. Amphibien (Lurche): a) Froschlurche = Batrachier; bes. Gttg. Ceratobatrachus = Zipfelfrosch; – b) Schwanzlurche: Megalobatrachus = Riesensalamander. – 2. Froschähnlich mit breitem Kopf und Maul: a) Fische: Gttg. Batrachus = Froschfisch; – b) Vögel: Batrachostomus, Gttg. der Schwalme.

bdell-, *Subst. ἡ βδέλλ·α (= Blutegel) vom Verb βδάλλω (= saugen).* – Namen versch. saugender Tiere: 1. Blutegel (Hirudineae): Ord. Rhynchobdellea = Rüsselegel, Fam. Gnathobdellidae = Kieferegel; Ichthyobdellidae, auf Fischen schmarotzende Egel. – 2. Übertr. auf versch. andere Tiere, die sich ebenfalls durch Saugen ernähren, z. B. Bdellostoma, Gttg. der Cyclostomata.

bel-, *Subst. τὸ βέλ·ος (= Geschoß, Pfeil) vom Verb βάλλω (= werfen) davon Subst. ἡ βελόν·η (= Nadel, Pfeilspitze) und τὸ βέλεμν·ον (= Geschoß).* – Tiere oder Körperteile von der Form eines Pfeiles oder Geschosses: a) Belone = Hornhecht (Gttg. der Knochenfische); – b) Belemniten, die kegelförmigen Schalenreste fossiler Tintenfische (Belemnoteuthis, Belemnitella, Rhabdobelus).

benth-, *Subst. τὸ βένθ·ος (= Tiefe)*, verw. mit bathy- und byth. – Lebensraum von Tieren: das Benthos = Benthal, die Bodenfauna des Meeres im Ggs. zum Plankton; Adj. benthonisch.

betul-, *Subst. betul·a, ·ae f. (= Birke) → Subst. betulēt·um, ·i n. (= Birkenwald).* – 1. Birke, a) Betula, Gttg. der Birkengewächse; – b) als Lebens- und Nahrungsbereich: Amphidasis betularia = Birkenspanner; Lycaena betulae, ein Schmetterling, dessen Raupe auf Birken lebt; – c) Birkenwald als Lebensbereich: Birkenpilz Boletus [Polyporus] betulinus. – 2. Mit der Birke verglichen: Carpinus betulus, die Hain- oder Weißbuche.

bi- I., *Num., nur in Zus. vor Adj. (bi-fidus), Subst. (bi-ennium) und Verben (bi-partītus) in der Bedeutung „zwei, zweifach, zweimal“.* – 1. Zwei Gebilde oder Merkmale, z. B. in Artnamen bicolor, bicornis, biguttatus, bipinnatus; Bidens = Zweizahn. – 2. Zweiteiliges Gebilde, bes. in anat. Bez: M. biceps (Ggs. zu den gewöhnlich einköpfigen Muskeln, aber auch tri- oder quadriceps); Uterus bicornis, der zweizipfelige Uterus (Unterschied zu duplex, simplex usw.); Bifurcation = Gabelung: B. tracheae, Gabelung der Luftröhre in die beiden Bronchien. – 3. Beidseits einer Symmetrieebene: allg. bilateral- = zweiseitig-symmetrisch. – 4. Beidseits von einem Gebilde oder zwei Seiten eines Gebildes: biplane Wirbel, bipolare Ganglienzellen (Ggs. uni-, multi-). – 5. Bezeichnung durch zwei Namen, d. h. bi-nominal, im Rahmen der binären Nomenklatur, s. bin- und nomen.

bi- II., *Subst. ὁ βί·ος (= Leben) → Verb βιόω*, vgl. ~os·is. – 1. Lebenserscheinungen im weitesten Sinne: Biologie = Lehre von den Lebewesen und Lebensvorgängen; die biogenetische Grundregel betrifft die ontogenetische und phylogenetische Entwicklung; Anabiose s. ana+ 2b. – 2. Lebensbedingungen im weiteren Sinne: a) Oxybiose, Anoxybiose Leben mit oder ohne Zufuhr von Sauerstoff (im Wort aerob ist der Wortstamm zu b reduziert); – b) Lebensmedium: Tiere, die auf dem Land (in der Luft) und im Wasser leben: Amphibien, Amphibiotica (Insekten), Arvicola amphibius (Wasserratte); Pflanzen: Polygonum amphibium = Sumpfknöterich; – c) räumlicher Lebensbereich: Biosphäre, Biotop (s. top-). – 3. Lebensbereich im einzelnen: a) räumlich: Enterobius, Hylobius, Potamobius, Schistosomum haematobium, Ectobia (ecto+); – b) zeitlich: Cheimatobia (im Winter), Nyctibius (nachts). – 4. Lebewesen: a) Bau des einzelnen Lebewesens: Nucleo- und Anucleobiont; – b) Vereinigungen von Lebewesen, Zusammenleben verschiedener Art: Biocoenose, Parabiose, Symbiose.

bil-, *Subst. bilis, is f. (= Galle).* – Galle: Ductus biliferi, Gallengänge in der Leber; Bilirubin und Biliverdin, in der Galle enthaltene Farbstoffe; med.: biliös (biliosus) = mit Icterus verbunden.

bin-, *Num. im Plur. bīn·ī m., ·ae f. (= je zwei, zwei; ein Paar), davon binari·us, ·a, ·um (= zwei Stück enthaltend) und Verb combināre (= je zwei zusammenbringen)*; verw. mit bi- I. – 1. Zwei gleiche Stücke, ein Paar: Binokular, Lupe oder Mikroskop mit zwei Okularen zum Sehen mit beiden Augen, also binokular statt nur monokular. – 2. Verbindung von Namen: binäre Nomenklatur ist die Benennung der Tiere und Pflanzen mit zwei Ausdrücken, dem Gattungsnamen und einem zusätzlichen Ausdruck für die Art; der letztere kann mehrgliedrig oder auf einen Namen (Epitheton s. the-) reduziert sein, s. nomen. – 3. Verallgemeinerung: Kombination als Verbindung von zwei oder mehr Bestandteilen, ferner als gedankliche Verknüpfung oder Vermutung.

blast-, *Subst. ὁ βλάστ·ος, ἡ βλάστ·η oder τὸ βλάστημα (= Keim, Sproß, Gewächs; Abkömmling).* – 1. Keim, Anlage im allgemeinsten Sinne: Blastophthorie = Keimschädigung, Schädigung der Nachkommenschaft durch Gifte. – 2. Frühes Embryonalstadium von Tieren: a) Furchungsvorgänge: Blastomeren = Furchungszellen (wörtl. „Keim-teile"); holoblastische Eier werden durch Furchung ganz in Blastomeren aufgeteilt; – b) Blastula = „kleiner Keim" (~ul·us I.), spezialisiert auf bestimmtes Stadium = Blasenkeim; Blastoderm = Zellschicht (Haut) der Blastula; – c) Gastrula und weitere Stadien: Blastoporus = Urmund, Epi-, Endo- und Mesoblast als Syn. für Ektoderm usw. – 3. Bildungszellen: Fibro-, Odonto-, Osteoblasten usw. – 4. Knospe einer Pflanze (auch junger Sproß): a) an Knospen lebende Tiere: Blastophagus; – b) einer Knospe ähnlich geformt: Blastoideen, fossile Stachelhäuter; – c) Knospung, eine Form der ungeschlechtlichen Fortpflanzung bei Tieren, wobei das junge Tier als knospenartiger Auswuchs am Muttertier entsteht: Blastogenese.

blatt-, *Subst. blatt ·a, ·ae f. (= Schabe) → Adj. blattārius (= zu Schaben gehörig).* – a) Schaben: Blatta orientalis = Küchenschabe, Blattella germanica = Deutsche Schabe; – b) Parasiten in Schaben: Gregarina blattarum; – c) gegen Schaben u. a. Insekten gebraucht: Verbascum blattaria = Schabenkraut.

blem(at)-, *Subst. τὸ βλῆμα, ματ·ος (= Wurf, Schuß, Wunde) vom Verb βάλλω (= werfen usw.), eig. „das Geworfene, Ergebnis des Werfens"*; vgl. bol-. – 1. Zustand ohne Vorgang des Werfens: Periblem = Hüllgewebe, umgibt das Plerom am Vegetationspunkt der Phanerogamen. – 2. Übertr.: Problem, eig. Vor-wurf oder Entwurf, Fragestellung, z. B. das Kopfproblem der Wirbeltiere als Frage nach der segmentalen Zus.; Adj. problematisch = fragwürdig, ungewiß → Subst. Problematik.

blenn-, *Subst. ἡ βλέvv·α (= Schleim).* – Schleim: Blennius Gttg. der Schleimfische mit nackter, nicht beschuppter Haut; Lactarius blennius, ein Pilz mit schmieriger Oberfläche; med.: Blennorrhoe = eitrige Schleimhautabsonderung.

blep-, *Verb βλέπω (= blicken, sehen, erkennen), davon Subst. ἡ βλέψις (= das Sehen).* – In syst. Namen von Tieren svw. sehen, blicken, z. B. Anableps tetrophthalmus, Knochenfisch mit horizontal geteilten Augen, deren obere Hälfte aus dem Wasser ragt und Eindrücke aus der Luft aufnimmt (s. ana + 1a).

blephar-, *Subst. τὸ βλέφαρ·ον (= Augenlid) → ἡ βλεφαρίς, ίδ·ος (= Augenwimper);* verw. mit blep-. – 1. Augenlid: a) beim Menschen, med. z. B. Blepharospasmus; – b) bei Tieren: Ablepharus, Gttg. der Eidechsen (Skinke), deren Augenlider wie bei Schlangen (daher „Natternauge") verwachsen sind und zu fehlen scheinen (a+); Eublepharidae, Fam. der Eidechsen mit dicken, wohlentwickelten Augenlidern. – 2. Wimper, Zilie, Geißel bei einzelligen Tieren und Pflanzen: Blepharoplast, bei Flagellaten ein Gebilde, das mit dem Basalkorn der Geißel in Verbindung steht.

bo-, *Subst. ὁ, ἡ βοῦς, βο·ός (= Rind, Stier, Kuh); auch Form von bov- in Zus. (boarius = zum Rind gehörig).* – 1. Meist im Sinne irgendeiner Ähnlichkeit mit dem Rinde: Botaurus Gttg. der Reiher, Rohrdommel, wegen des brüllenden Paarungsrufes der Männchen; – b) Box boops, Knochenfisch mit sehr großen Augen („ochsen-äugig"). – 2. Beziehung zum Rind: Parasiten: Boophilus Gttg. Rinderzecke.

bol-, *Form des Verbs βάλλω (= werfen, schleudern, stellen, treiben) und Subst. ὁ βόλ·ος = ἡ βολ·ή (= Wurf, Schuß); Zus.: ἀναβάλλω (darüberwerfen, angreifen), καταβάλλω (= herab-, wegwerfen, zerstören), μεταβάλλω (= herumwerfen, verändern, wechseln);* vgl. blem(at). – 1. Stoffumsetzung, Stoffwechsel, allg. Metabolismus, insbes. Ana- u. Catabolismus als Auf- und Abbau, Syn. für As- und Dissimilation. – 2. Entwicklungsvorgänge: a) Verlagerung von Teilen bei der Gastrulation: Embolie = Invagination, Einstülpung nach innen: embolische Gastrula, im Ggs. zur Epibolie und epibolischen Gastrula, Überwachsung (s. epi+); – b) ontogenetische Abänderung: Metabolie = Metamorphose, insbes. bei Insekten: A-metabola und Metabola (Hemi- und Holometabola) ohne oder mit Metamorphose (unvollständiger oder vollständiger).

bolet-, bolit-, *Subst. ὁ βωλήτης = βωλίτης → lat. bolēt·us, ·i (= Pilz).* – Pilz (Hutpilz) allg. und Gttg. Boletus; als Lebensraum und Nahrungsquelle für Tiere, z. B. Käfer und ihre Larven (Gttg. Boletophagus, Bolitobius).

bombyx, *Subst. ὁ βόμβυξ, υκ·ος → lat. bombyx, bombȳc·is (= Seidenwurm, Seide).* – 1. Seidenspinner: a) Bombyx mori, Seiden- oder Maulbeerspinner (Schmetterlinge); – b) Parasit des Seidenspinners: Nosema bombycis, Erreger der Pebrinekrankheit, ein Sporozoon (vgl. nos-). – 2. Der Seide vergleichbar: Bombycilla, Gttg. der Singvögel mit seidigem Gefieder („Seidenschwänze"); Volvaria bombycina, ein Pilz mit seidenfaserigem Hut.

bor-, *Adj. βορ·ός (= gefräßig) und Subst. ἡ βορ·ά (= Fraß, Futter, Speise)*, verw. mit lat. Stamm vor-. – Nahrung oder Ernährung von Tieren: Polyborus, südamerikanische Gttg. der Raubvögel, in der Ernährung vielseitig und gefräßig; Xyloborus (Gttg.), Käfer im Holz.

bore-, *Subst. ὁ βορέ·ας → lat. bore·as, ·ae m. (= Nordwind, Norden) u. Adj. βόρει·ος → borē·us (= nördlich).* – 1. In nördlichen Gegenden vorkommend: Chen hyperboreus = Schneegans; in nördlichen Meeren Laemargus borealis = Eishai. – 2. Winter, auch in südlicheren Gegenden: Boreus Gttg. der Schnabelfliegen (Mecoptera), B. hiemalis im Winter auf schmelzendem Schnee zu finden („Schneefloh").

bos, Nom. zu bov-,

bosc-, *Verb βόσκω (= weiden, fressen, sich ernähren).* – Nahrung oder Ernährung von Tieren: Hippobosca equina, parasitisch auf Pferden.

botan-, *Subst. ἡ βοτάν·η (= Gras, Futter; dann allg. Pflanze), verw. mit βόσκω*, s. bosc-. – Pflanze im allgemeinsten Sinn: Botanik (~ik), Adj. botanisch, Verb botanisieren = Pflanzen sammeln.

bothr-, *Subst. ὁ βόθρ·ος (= Grube, Loch).* – Bez. für kleine grubige Bildungen auf der Oberfläche des Tierkörpers: a) allg. Bothrops („Grubengesicht"), Grubenotter, Gttg. der Viperidae mit tiefer Grube beidseits zwischen Nase und Auge; – b) Sauggrube oder Saugnapf bei Trematoden (z. B. Gttg. Octobothrium) und Bandwürmern: Bothriocephalus latus = Diphyllobothrium latum mit zwei schlitzartigen Sauggruben beidseits am Kopf.

botry-, *Subst. ὁ βότρυς (= Traube, bes. Weintraube), davon Adj. βοτρυώδης (= traubig, traubenreich).* – 1. Form des Blütenstandes: a) Botrys = Traube, Chenopodium botrys; Muscari botryoides = Kleine Traubenhyazinthe; – b) insbes. Weintraube und daher Weinrebe: Polychrosis botrana, der bekreuzte Traubenwickler, Schädling der Weinrebe (Wortstamm zu botr- verkürzt). – 2. Traubige Anordnung bei Tieren: Botryllus, Gttg. der Seescheiden in Kolonien, in denen die Einzeltiere in traubenförmigen Rosetten angeordnet sind.

bov-, *Subst. bōs, bov·is m. u. f. (= Rind, Ochse, Kuh), verw. mit βοῦς; s. bo-.* – Syst. Namen: a) Rind als solches: Bos und verw. Gttg. Ovibos („Schafochse", Moschusochse); – b) Parasiten der Rinder: Hypoderma bovis =

Dasselfliege, Tabanus bovinus = Gem. Rinderbremse (~in·us 3b), Cysticercus bovis, die im Rind lebende Finne des Rinderbandwurmes (Taenia saginata).

brachi-, *Subst. ὁ βραχίων, ον·ος → bracchi·um, ·i n. (= Unterarm, Arm; Krebsschere, Zweig usw.).* – 1. Arm, d. h. Vorderextremität des Menschen und der Wirbeltiere: a) als ganzes, z. B. in den anat. Bez. Venae brachiales; Antebrachium = Vorder- oder Unterarm des Menschen (der vordere Abschnitt des ganzen Armes!); – b) Oberarm, daher Os brachii = Humerus, Oberarmknochen; ferner die Muskeln M. biceps brachii, triceps brachii und M. brachialis. – 2. Körperfortsätze versch. Wirbelloser: a) paarig: Brachiopoda = Armfüßer, festsitzende beschalte Meerestiere mit zwei spiralig eingerollten Kiemenarmen (Brachia), meist mit kalkigen Armgerüsten (Brachidia); – b) unpaar: Brachiolaria, Larvenform vieler Seesterne mit drei Armen mit Saugwarzen zum Festsetzen. – 3. Faserstränge im Gehirn des Menschen und der Säugetiere: Brachium conjunctivum und B. pontis, in den JNA Crura cerebelli, s. crur-.

brachy-, *Adj. βραχύς (= kurz, klein, gering), in Zus. ohne bes. Bindevokal.* – Länge des Körpers oder einzelner Fortsätze geringer als bei verw. Sippen: Brachycera sind die Fliegen mit kurzen Antennen (Ggs. Nematocera); Brachyura = Krabben, zehnfüßige Krebse mit kurzem Abdomen (Ggs. Macrura); Blätter von Gentiana brachyphylla, Ährchenstiele von Brachypodium (Gttg. der Gräser).

brady-, *Adj. βραδύς (= langsam, träge), Adj. βραδύπους, -ποδ·ος (= langsam schreitend);* in Zus. ohne bes. Bindevokal. – 1. Langsame, träge Bewegung, bes. Ortsveränderung von Tieren: Bradypūs → Bradypodidae, Gttg. u. Fam. der Faultiere; Bradytheria = Xenarthra, die „Edentaten" der neuen Welt (Faultiere, Ameisenbären und Gürteltiere); Käfer Gttg. Bradybatus, Bradycellus. – 2. Frequenz: Bradykardie (med.): verlangsamter Herzschlag.

branchi-, *Subst. Plur. τὰ βράγχι·α (= Fischkiemen).* – 1. Kiemen von Wirbeltieren: a) als solche, z. B. Perennibranchiata, geschwänzte Amphibien, deren Kiemen auch im erwachsenen Zustand erhalten bleiben (Olme und Armmolche); – b) in der Umgebung der Kiemen befindlich, z. B. beim Lanzettfischchen Epi- und Hypobranchialrinne sowie der peribranchiale Raum; bei Knochenfischen Kiemendeckel und -membran mit den Radii branchiostegi, auch die Kiemendeckelspalte: Symbranchus = Kurzschwanzaal mit verwachsenen Spalten (syn + 1 d); – c) in Beziehung zur embryonalen Anlage der Kiemenspalten und -bögen: Branchialnerven; – d) Branchiostoma (= Amphioxus) so benannt, weil man die Mundzirren fälschlich für Kiemen gehalten hatte. – 2. Kiemen von Wirbellosen: a) Krebse als Arthropoden mit Kiemen: Branchiata als Ggs. zu den Tracheata; Sippen der Krebse nach Lage der Kiemen benannt: Branchiopoda (= Phyllopoda = Blattfüßer), Branchiura = Kiemenschwänze; – b) Mollusken: Lamellibranchiata = „Lamellenkiemer" (Muscheln); Schnecken nach Lage der Kiemen: Gttg. Pleuro-branchus u. -branchaea; – c) Beziehung zu Kiemen: Branchiobdella, Gttg. der oligochaeten Borstenwürmer; B. astaci schmarotzt auf den Kiemen oder der Körperoberfläche von Flußkrebsen.

brassic-, *Subst. brassic·a, ·ae f. (= Kraut, Kohl).* – a) Gttg. Brassica, Kohl, mit der Art B. oleracea = Kohl im engeren Sinne; – b) Kohlpflanze als Lebens- und Nahrungsbereich für Tiere: Aphis brassicae = Kohllaus, Pieris brassicae = Kohlweißling.

brev(i)-, *Adj. brevis, ·e (= kurz, klein, niedrig, gering).* – 1. Zustand: Namen für kurze Körper, Körperteile, Organe: Brevilinguia, Abt. der Eidechsen mit kurzer Zunge (Unterschied zu crass-, fiss-, vermi-); Ossa brevia, die kurzen Knochen (Unterschied zu long- u. plan-); Blütenstiele von Echinodorus brevipedicellatus. – 2. Vorgänge: Abbreviation = Abkürzung, bes. in der ontogenetischen Entwicklung, Beisp. Neotenie (s. ten- 1.).

bronch-, *Subst. ὁ βρόγχ·ος (= Luftröhre) → Plur. τὰ βρόγχι·α (= Luftröhrenäste).* – Bronchus, bei Mensch und höheren Wirbeltieren Hauptast der Trachea; Bronchiolen, seine feinen Verzweigungen.

brum-, *Subst. brum·a, ·ae f. (= Winter, Wintersonnenwende).* – Winter: Cheimatobia brumata, der Frostspanner, s. cheimat-.

bry-, *Verb βρύω (= sprossen, blühen, strotzen), Subst. τὸ βρύ·ον (= Moos) und τὸ ἔμβρυ·ον (= Leibesfrucht, Junges) → lat. Subst. embryo, ōn·is.* – 1. Allg. Wachsen: Embryo, der sich innerhalb der Eihüllen oder des mütterlichen Körpers entwickelnde Keim; Adj. embryonal; Polyembryonie = Entstehung zahlreicher Embryonen aus einer Eizelle. – 2. Moos: a) Pflanze als solche: Bryophyta; – b) der Pflanze vergleichbare Tiere: Kolonien der Bryozoa = Moostierchen erinnern an Moospolster.

bu-, *Form des Subst. βοῦς, βο·ός (Rind, Stier, Kuh);* auch bo- s. d. – 1. Rind: a) Buphagus Madenhacker, Gttg. der Stare, ernähren sich von parasitischen Insektenlarven, die sie auf Rindern finden; – b) als Nahrung für Rinder: Buchloe = Büffelgras. – 2. Ähnlichkeit mit dem Rind, Ochsen oder Büffel: a) auffällig groß: in Artnamen bucephalus = großköpfig, buphthalmus (statt bu-ophthalmus) = großäugig; Bukardie, path.: starke Herzvergrößerung; – b) Nashornvögel mit hornartigem Aufsatz: Gttg. Buceros, Bucorvus.

bucc-, *Subst. bucc·a, ·ae f. (= Backe).* – Backe, Wange, seitliche Gesichtsregion: a) bei Mensch und Wirbeltieren: Bucca; an dieser gelegen: Corpus adiposum buccae, Glandulae buccales; – b) bei Wirbellosen: Buccalganglion bei Schnecken.

buccin-, *Subst. buccin·a, ·ae = bucina f. (= Hirtenhorn) und buccin·um, ·i n. (= Posaunenschnecke), verw. mit bucca (= Backe),* s. bucc-. – 1. Dem Hirtenhorn oder einer Posaune ähnlich: a) Schale von Buccinum = Wellhornschnecke; – b) Blüten: Artname bucciniflorus. – 2. M. buccinator, der Wangenmuskel (vgl. bucc-), weil er beim Hornblasen in Tätigkeit tritt.

bulb-, *Subst. bulb·us, ·i m. von ὁ βολβ·ός (= Zwiebel, Knolle).* – 1. Pflanzlicher Sproßteil: a) Bulbus = Zwiebel, basaler Sproßteil verkürzt, von verdickten Blättern (mit Reservestoffen) umgeben; – b) Stengel am Grunde knollig verdickt: Raununculus bulbosus = knolliger Hahnenfuß; – c) Brutzwiebeln, -knospen in den Blattachseln: Lilium bulbiferum, Cardamine bulbifera. – 2. Anschwellungen am Beginn langgestreckter Organe: a) an Gefäßen: Bulbus aortae beim Menschen, B. arteriosus bei Fischen; Bulbillen, die kleinen herzähnlichen Anschwellungen an den Kiemenarterien der Acranier; – b) am Zentralnervensystem: Bulbus medullae = Medulla oblongata (daher med.: Bulbärsymptome), Bulbus olfactorius; – c) kugeliges Organ: Bulbus oculi, der Augapfel.

bull-, *Subst. bull·a, ·ae f. (= Wasserblase, Buckel).* – Blasige Gebilde: Bulla, Gttg. der Schnecken mit blasig geformter Schale; Bulla tympani = auditiva, die blasig aufgetriebene Wand des Mittelohres vieler Säugetiere (Nager, Raubtiere).

bun-, *Subst. ὁ βουν·ός (= Hügel, Anhöhe).* – 1. Auf Hügeln oder in höher gelegenen, offenen Gegenden wachsend: die schon in der Antike so benannten Pflanzen Bunias, Gttg. der Kreuzblütler, und Bunium, Gttg. der Doldenblütler. – 2. Hügel- oder höckerartige Gebilde auf Oberflächen: a) Zahnhöcker: bunodontes Gebiß mit mehreren Höckern (Ggs. selenodont usw.) → Neobunodontia (Bunodontia) = Tiere mit sekundär entstandenen Zahnhöckern: die Schweine und Flußpferde; – b) weiche Warzen auf der Oberfläche von Bunodes, Gttg. der Actinien.

burdo(n-), *Subst. burdo, ōn·is m. (= Maulesel, Saumtier).* – Burdonen bei Pflanzen sind Pfropfbastarde mit Zellverschmelzung im Ggs. zu Pfropfsymbionten (Chimären), als Bastarde nach dem Maulesel benannt.

burs-, *aus Subst. ἡ βύρσ·α (= Fell, Leder) im Mittelalter latin. zu burs·a, ·ae (= Beutel, Tasche).* – Beutel- oder taschenförmig: 1. Mit Hohlraum: a) mit Öffnung, z. B. Bursa copulatrix, die Begattungstasche bei Würmern, Weichtieren und Insekten zur Aufnahme des männlichen Gliedes; – b) ohne Öffnung: Bursae mucosae = synoviales, Schleimbeutel an Stellen, wo Muskel oder Sehne über einen Skeletteil laufen; – c) Kapsel, die sich später öffnet: Capsela bursa-pastoris s. past-. – 2. Ohne Hohlraum, nur äußere Beutelform: Bursaria, Gttg. der Ciliata.

byth-, *Subst. ὁ βυθ·ός (= Tiefe, Meerestiefe, Abgrund), auch in der Form βυσσ·ός*; s. abyss-, verw. mit bathy-. – Namen von Tieren: a) in der Tiefsee (Hypobythius, Gttg. der Seescheiden); – b) im Süßwasser: Bythinia, Gttg. der Schnecken; Bythotrephes, Gttg. der Cladoceren; – c) auf dem Lande: Bythius, Gttg. der Käfer unter Moos, Laub usw.

C

(vgl. auch K und Z)

cad-, *Verb. cadĕre (= fallen) → Adj. cadūc·us, ·a, ·um (= hinfällig) und Subst. cadāver, er·is n. (= Leichnam), Sup. cās-, nach Präfixen -cid-;* s. -cid- I. – 1. Caducus = zum Fallen geneigt, hinfällig, bes. im Lauf der Ontogenese verlorengehend: Dentes caduci, die „Milchzähne"; Caducibranchiata, Urodelen, die bei der Metamorphose die Kiemen verlieren (Salamander), Ggs. perenni-. – 2. Cadaver, ·is (eig. „das Gefallene"), Leichnam, Kadaver; Kadaverin, eine bei Fäulnis von Eiweißstoffen entstehende organische Verbindung.

caec-, *Adj. caec·us = coec·us, ·a, ·um (= blind, finster, unsichtbar, verborgen).* – 1. Blind = nicht sehend: a) Caecilia, Gttg. der Blindwühlen (Gymnophiona), blind infolge Rückbildung der Augen; – b) blind machend: der giftige Milchsaft des Blendbaumes Excoecaria. – 2. Blind endigend: Intestinum caecum = Caecum (Coecum), der Blinddarm; Caecum cupulare u. C. vestibulare des Schneckenganges im Ohr.

caed-, *Verb caedĕre (= schlagen, fällen; verwunden, töten), in Zus. Vokaländerung zu i;* vgl. caement-, cement-, -cid- II. und -cis-.

caement-, *Subst. caement·um, ·i n. (= Bruchstück, Baustein) vom Verb caedĕre, also eig. caedi∼ment·um; Adj. substt. caementāri·us, ·i m. (= Maurer);* moderne Form cement-s.d. – Bauten von Tieren: Cteniza [Nemesia] caementaria = Minierspinne, baut röhrige Stollen in die Erde.

caen-, *Adj. καιν·ός (= neu, unbekannt, überraschend);* auch in der Form cen- verwendet. – 1. Neuzeitlich im Sinne von Zeitabschnitten der Erdgeschichte: a) caenozoisches = känozoisches Zeitalter = Tertiär + Quartär im Ggs. zu paläo- und mesozoisch; – b) Abschnitte des Tertiär: Eo-, Oligocaen (-zän) usw. – 2. Neu im Sinne von „anders, bisher nicht dagewesen": Caenogenesis (= Cenogenesis), Zusammenfassung für die sekundären Abänderungen des ursprünglichen, durch das biogenetische Grundgesetz bestimmten Entwicklungsganges, in Ggs. zur Palingenese; caenogenetisch also = vom urspr. Entwicklungsverlauf abweichend.

caerul-, *Adj. caerul·us oder caerule·us,* s. coerule-.

caes-, *Sup. des Verbs caedĕre, in Zus. Vokaländerung zu i;* s. caed- und -cis-. – Skulpturen auf der Oberfläche von Käfern: Peltodytes caesus.

caesi-, *Adj. caesi·us, ·a, ·um (= blaugrau, hell).* – 1. Färbungen von Pflanzen: Rubus caesius (Kratzbeere) mit weißlich oder bläulich bereiften Beeren, Saxifraga caesia = Blaugrüner Steinbrech mit bläulichgrünen Blättern. – 2. Caesium, ein Alkalimetall, nach der Spektrallinie im blauen Bereich benannt.

caespit-, *Subst. caespes, caespit·is, Gen. Plur. caespit·um m. (= Rasenstück, Rasenplatz).* – Rasen = zusammenhängende dicht bewachsene Fläche: a) rasenbildende Gräser: Deschampsia caespitosa = Rasenschmiele; – b) rasenbildende Riedgrasgewächse (Cyperaceae): Scirpus caespitosus, Carex caespitosa, Trichophorum caespitosum; – c) Rasen als Lebensraum von Tieren: Tetramorium caespitum, die Rasenameise.

cal- I., *Adj. καλ·ός (= schön, zierlich; nützlich, günstig);* auch in den Formen call- und kall-; Bindevokal ·i- oder ·o- – Schön gefärbt oder geformt: Vögel (Calopsitta, Caloenas), Insekten (Calosoma, Calopteryx, Catocala s. catō+), Pflanzen (Calamintha, Calocedrus, Calothamnus).

cal- II., *Verb calēre (= warm sein, glühen) → Adj. calid·us, ·a, ·um und Subst. calor, ōr·is m. (Wärme).* – Calorie = Kalorie, physik. Wärmeeinheit.

cal- III., *Verb. calāre (= ausrufen) → intercalāre (= „dazwischenrufen", einschalten) → Adj. intercalār·is, ·e (= eingeschaltet, Schalt-).* – Interkalarstücke = Schaltstücke der Wirbelbögen bei Haifischen; interkalares Wachstum von pflanzlichen Zellmembranen und Organen; Ex- und Interkalation, die hypothetische Aus- oder Zwischenschaltung in der Wirbelreihe.

calam-, *Subst. ὁ κάλαμ·ος (= Halm, Rohr, Rohrflöte, Schreibrohr) und ἡ καλάμ·η (= Halm, Schilf, Stoppel).* – 1. Mit dem Schilf verw. Gräser: Calamagrostis s. agrost(id)-. – 2. Ähnlichkeit: a) dem Schilfrohr ähnlich: Calamus, die Spule der Konturfeder der Vögel; Calamoichthys Gttg. der Flösselhechte wegen der Körperform; – b) der früher aus Schilfrohr gefertigten Schreibfeder ähnlich: Calamus scriptorius (JNA), das beim Menschen spitz zulaufende hintere Ende der Rautengrube. – 3. Schilf, Röhricht als Lebensbereich für Tiere: Bufo calamita = Kreuz- oder Rohrkröte; Acrocephalus [Calamoherpe] = Rohrsänger, Gttg. der Singvögel.

calc-, *Subst. calx, calc·is f. (= Kalkstein, Kalk);* s. chalic-. – 1. Kalk, Kalziumkarbonat: a) Tiere mit Kalkskelett oder -schale: Calcispongia (Calcarea) = Kalkschwämme im Unterschied zu Kiesel- und Hornschwämmen; – b) Kalkgehalt im Gewebe, bes. Knochen: kalzinieren = Knochen durch Glühen von der organischen Substanz befreien, so daß nur der Kalk übrigbleibt; decalcificieren = dekalzifizieren = entkalken (für histol. Untersuchung). – 2. Stein, auch ohne Kalk: Calculus, path. Steinbildung: C. felleus = Gallenstein.

calcar(-), *Subst. calcar, ār·is n. (= Sporn).* – 1. Sporn oder spornartige Kralle: a) bei Vögeln: Calcarius, Gttg. Spornammer; – b) bei Amphibien: Xenopus calcaratus, gespornter Krallenfrosch. – 2. Mit einem Vogelsporn verglichene Bildung im Gehirn des Menschen: Calcar avis, ein Vorsprung im hinteren Horn des Seitenventrikels, ihm entspricht z. T. die von außen einschneidende Fissura calcarina.

calce-, *Subst. calce·us, ·i m. (= Schuh).* – Mit der Form eines Schuhes oder Pantoffels verglichen: 1. Blüten(blätter) von Gttg. Calceolaria = Pantoffelblume (Scrophulariaceae), von Cypripedium calceolus = Frauenschuh (Orchidaceae). – 2. Die fossile solitäre Deckelkoralle Calceola sandalina mit pantoffelförmigem Kelch.

calic-, *Subst. calix, calic·is m. (= Kelch, Becher, Topf).* – Becherförmige Gebilde: Calices renales, die Nierenkelche, in die die Nierenpapillen hineinragen.

call- I., *Subst. τὸ κάλλ·ος (= Schönheit, Zierde).* – Wie cal- I. in Namen schön gefärbter oder geformter Organismen, meist mit Bindevokal *·i-*, seltener ·o; Gttg. von Affen (Callicebus, Callithrix), Fischen (Callichthys), Insekten (Callimorpha, Calliphora), Krebsen (Callianassa), Rädertierchen (Callidina), Pflanzen (Hemerocallis, Callistephus, Callitriche).

call- II., *Subst. call·um, ·i n. (= harte Haut, Schwiele) → Adj. callōs·us, ·a, ·um (= dickhäutig, dickschalig).* – 1. Callus = Kallus: a) „Knochenschwiele", das nach Knochenbrüchen neugebildete Gewebe; – b) Wundgewebe bei Pflanzen; – c) Kallusplatte, dünne Haut aus dem Polysaccharid Kallose, die alternde Siebplatten verschließt. – 2. Gebilde im Gehirn des Menschen und höherer Säugetiere aus festerer, weißer Substanz: Corpus callosum = der Gehirnbalken, der die beiden Hemisphären verbindet.

calv-, *Adj. calv·us, ·a, ·um (= kahl, haarlos) und Subst. calv·a, ·ae f. (= Hirnschale), Subst. calviti·um, ·i n. (= Glatze) u. calviti·es, ·ei f. (= Kahlheit).* – 1. Knöcherne Hirnschale des Menschen: Calvaria. – 2. Mit Hirnschale verglichen: Fruchtkörper von Gttg. Calvatia = Becherstäubling. – 3. Kahle Teile des Kopfes: a) Mensch, med.: Calvities = Glatze; – b) Säugetiere: Cacajao calvus, ein Neuweltaffe mit kahlem Gesicht und Vorderkopf; – c) Vögel: Otogyps calvus = Kahlkopfgeier.

calyc-, *Subst. ἡ κάλυξ, υκ·ος (= Fruchthülse, Becher, Knospe)*, verw. mit calic-. – 1. Einem Becher ähnlich: a) Tiere, bes. Medusen: Calycophorae (= Calyconectae), Uord. der Röhrenquallen wegen der kelchförmigen Schwimmglocken; – b) bei Blütenpflanzen der Kelch = Calyx (Kalyx); danach benannt: Calycanthus floridus = Kelchblume mit bunten Kelchblättern, Toffielda calyculata (Simsenlilie) mit dreilappigem Außenkelch. – 2. Kompakte, nur in der äußeren Gestalt an einen Becher erinnernde Gebilde: Calyculi gustatorii = die Geschmacksknospen der Zunge.

calypt-, *Verb καλύπτω (= verhüllen, bedecken, sich verhüllen) Adj. καλυπτ·ός (= umhüllend) u. Subst. ἡ καλύπτϱ·α (= Hülle, Decke, Deckel).* – 1. Im Verborgenen, in Schlupfwinkeln lebend: Calyptobium, Gttg. der Käfer. – 2. Organe bedeckend oder bedeckt: Kalyptra = Wurzelhaube der Pflanzen;

Calyptērus, Gttg. der Käfer (Halsschild kapuzenartig über den Kopf gezogen). – 3. Form einer Haube oder Mütze: Schale von Calyptraea (Gttg.) = Haubenschnecken.

cambi-, *spätlat. Verb. cambīre (= wechseln, vertauschen, eintauschen), davon das Subst. cambi·um, ·i n. als spätere Wortbildung.* – Cambium (Kambium), teilungsfähig bleibendes Bildungsgewebe, das als dünne Lage langgestreckte Gebilde umgibt und deren weiteres Wachstum ermöglicht: a) Pflanzen: Kambium zwischen Rinde und Holz bewirkt das sekundäre Dickenwachstum von Stamm und Zweigen; – b) an den Knochen von Mensch und Wirbeltieren die innere, embryonal bleibende Schicht des Periostes (Knochenhaut), die beim normalen Wachstum und der Regeneration (nach Knochenbruch) Knochen bildet.

camel-, *Subst. ὁ, ἡ κάμηλ·ος → camēl·us, ·i m. (= Kamel).* – 1. Namen von Kamelen (Camelus, Camelidae) und ihnen z. T. ähnlichen anderen Tieren: Gttg. Camelopardalis (Giraffe), Struthio camelus (Afrikanischer Strauß). – 2. Nahrung für Kamele: Alhagi camelorum, eine Steppenpflanze.

camer-, *Subst. camer·a, ·ae f. (= Wölbung, gewölbte Decke).* – In der Anatomie Bez. für einige Hohlräume, z. B. Camera oculi anterior und posterior, die vordere und hintere Augenkammer.

camp- I., *Subst. camp·us, ·i m. (= Feld, Ebene; Betätigungsfeld) → Adj. campester, estr·is, ·e (= zur Ebene gehörig).* – Feld, bes. der bebaute Acker als Lebensbereich: a) von Tieren: Gryllus campestris = Feldgrille; – b) Pflanzen: Ulmus campestris = Feldulme, Eryngium campestre = Feld-Mannstreu.

camp- II., *Subst. ἡ καμπ·ή (= Krümmung), ἡ κάμπ·η (= Raupe, eig. gekrümmt), Adj. καμπύλ·ος (gekrümmt, gebogen).* – 1. Gekrümmte Gebilde: a) Hippocampus = Seepferdchen („gekrümmtes Pferd"), Gttg. der Knochenfische, vgl. hipp- 2c; – b) kampylotrope Samenanlage, Ggs. zur ortho- u. anatropen Samenanlage. – 2. Raupe: a) als solche: Lasiocampa [Gastropacha], Gttg. der Schmetterlinge, deren Raupen meist behaart sind; Campophagidae = Raupenfresser, Fam. der Singvögel. – b) raupenähnlich: Hoplocampa Gttg. der Blattwespen mit raupenähnlichen Larven („Afterraupen"), Campodea Gttg. der Urinsekten.

campan-, *spätlat. Subst. campan·a, ·ae f. (= Glocke) → Demin. campanul·a, ae f.* – 1. Glockenform mit Höhlung: Gttg. Campanula = Glockenblume; Campanularia, Gttg. der Hydroidpolypen mit glockenförmiger Hydrotheca. – 2. Äußere Ähnlichkeit mit Glocke (ohne Höhlung): Campanula Halleri, Gebilde an der Augenlinse vieler Knochenfische.

can- I., *Adj. cān·us, ·a, ·um (= weiß, grau).* – Graue Farbe von Tieren, z. B. Gecinus canus = Grauspecht, und Pflanzen: Alnus incana = Grauerle, Carex canescens = Graugrüne Segge.

can- II., *Verb canĕre (= singen, besingen, weissagen) → Adj. canor·us, ·a, ·um (= wohlklingend, singend); vgl. canta-.* – Lauterzeugung von Tieren: Cuculus canorus = Gem. Kuckuck.

canal-, *Subst. canāl·is, ·is m. (= Wasserrohr, Wasserrinne, Kanal).* – 1. Gebilde von der Form einer Röhre: a) im Zentralnervensystem der Wirbeltiere: Canalis centralis im Rückenmark; Canalis neurentericus, die röhrige Verbindung zwischen Medullarrohr und hinterem Teil des Urdarmes bei Embryonen; – b) die knöchernen Bogengänge im Labyrinth der Wirbeltiere: Canales semicirculares; – c) Kanäle im Knochen: z. B. Canalis facialis, C. mandibulae, C. nutricius u. a. – 2. Halboffene Rinne: Canalis gynaecophorus durch Einrollung der Seitenränder bei der männlichen Bilharzia zur Aufnahme des Weibchens (gynaec-), Syn. Schistosomum.

cancell-, *Subst. Plur. cancell·i, ·ōrum m. (= Gitter, Schranke).* – In Artnamen für gitterähnliche Oberflächenstrukturen, z. B. Carabus cancellatus = Gitterlaufkäfer; Clathrus cancellatus = Roter Gitterschwamm.

cancr-, cancer, *Subst. cancer, cancr·i m. (= Krebs, Sternbild des Krebses).* – a) Namen von Krebsen, insbes. Cancer pagurus (Taschenkrebs), Fam. Cancridae. – b) zu Krebsen in Beziehung: der Krabbenwaschbär Procyon cancrivorus soll mit Vorliebe Krabben fressen.

cand-, *Verb candēre (= glänzen, weiß sein) → Adj. candid·us, ·a, ·um (= schneeweiß, strahlend, rein) u. Subst. candel·a, ·ae (= Wachslicht, Kerze).* – 1. Weiße Färbung: a) Schale der Schnecken Helicella candicans u. Gttg. Candidula; – b) Blütenfarbe von Lilium candidum; – c) Fruchtkörper von Leucopaxillus candidus. – 2. Licht: Candela (Cd.), physik. Einheit der Leuchtstärke; Kandelaber, eig. Leuchter (Ceropegia candelabrum s. cer-I). – 3. Kandidat (candidatus), in der Antike ein mit weißer Toga bekleideter Amtsbewerber.

can(i)-, *Subst. cānis, is m. (= Hund) → Demin. canicula ·ae f. (= Hundsstern, Sirius).* – 1. Hund (Raubtier) a) als solcher: Gttg. Canis; – b) Parasiten des Hundes und verw. Raubtiere: Ctenocephalus canis, Hundefloh (s. cten-); Dipylidium caninum, ein Bandwurm; Ixodes canisuga, eine Zecke, die „am Hunde saugt". – 2. Ähnlichkeit mit dem Hund: Dentes canini, die Eckzähne beim Menschen und vielen Säugetieren, s. ~in·us. – 3. Häufig vorkommend, oft mit der Nebenbedeutung „minderwertig", bes. bei Pflanzen: Agropyrum caninum = Hundsquecke, Viola canina = Hundsveilchen. – 4. Zum Hundsstern (Sirius) gehörig, insbes. in den Hundstagen (= Dies caniculares 23. Juli bis 23. August), in denen der Sirius aufgeht, auftretend: Homalomyia [Fannia] canicularis = Hundstagsfliege, Kleine Stubenfliege.

canta-, *Verb cantāre (= laut ertönen; singen), Intens. von canĕre* s. can- II. – Lauterzeugung von Tieren: Locusta cantans = Zwitscher-Heupferd.

cap-, *Verb capĕre (= fassen, ergreifen; empfangen; begreifen) → Adj. capax, āc·is (= vielfassend, geräumig, befähigt) → Subst. capacitas, āt·is f. (= Fassungsvermögen), ferner Subst. capulus, ·i m. (= Griff; Gefäß, Sarg); nach Präfixen Ablaut, z. B. concipio, conceptum,* s. -cept-. – 1. Ergreifen der Beute: Muscicapa = Fliegenschnäpper, Gttg. der Singvögel. – 2. Umfang, Aufnahme, Inhalt: a) einem Gefäß ähnlich die Schale von Capulus, Gttg. der Schnecken; – b) Kapazität = Capacität, Fassungskraft in versch. Hinsicht: Rauminhalt der Schädelhöhle, geistige Fassungskraft (danach auch: bedeutender Fachmann), Aufnahmefähigkeit eines Kondensators für elektrische Ladungen.

capill-, *Subst. capill·us, ·i m. (= Haar), verw. mit caput, also eig. Kopfhaar; Adj. capillāt·us, ·a, ·um (= behaart).* – 1. Kopfhaar, übertr. auf Kopfgefieder von Vögeln: Parus atricapillus (Weidenmeise), Regulus ignicapillus (Sommer-Goldhähnchen). – 2. Das einzelne Haar, übertr. auf haarfeine Gebilde: a) Kapillaren, die feinsten dünnwandigen Blutgefäße im Unterschied zu den dickwandigen Transportgefäßen (Arterien und Venen); – b) allg.: Kapillarität, Verhalten von Flüssigkeiten in sehr engen Röhren.

capit-, *Subst. caput, capit·is n. (= Kopf; übertr. Spitze, Quelle, ferner Mensch, Hauptsache), Demin. capitul·um, ·i n. (= Köpfchen).* – 1. Kopf als Körperteil des Menschen und der meisten bilateral-symmetrischen Tiere: a) als solcher: Caput = Kopf als Ganzes; Occiput, seine dorsale hintere Region; – b) Beziehung zum Kopf: Pediculus capitis = Kopflaus. – 2. Mit einem Kopf verglichen: a) kopfförmiger Fortsatz an knöchernem Skeletteil: Os capitatum in der Handwurzel, Capitulum humeri, C. ulnae usw.; – b) Caput musculi, das an die Ursprungsstelle geheftete Ende eines Muskels, sein „Kopf" im Ggs. zur Cauda; – c) Blütenstände: Juncus capitatus, Chenopodium capitatum.

capr- I., *Subst. caper, capr·i m. (= Ziegenbock) u. capr·a, ·ae m. (= Ziege), davon caprea,* s. capre-. – 1. Ziege, Ziegenbock: a) Capra, Gttg. der Bovidae; – b) von der Ziege stammend: in der Ziegenbutter vorkommende Fettsäuren: Caprin-, Capron- und Caprylsäure; – c) Beziehung zur Ziege: Blätter der Salweide Salix capraea gern von Ziegen gefressen. – 2. Mit der Ziege verglichen: a) verw. Huftiere: Antilocapra (Gabelgemse), Antilope cervicapra = Hirschziegenantilope, Rupicapra (Gemse); – b) nach Habitus und Verhalten: Caprella, Gttg. der Krebse; – c) dem Ziegenhorn ähnlich: die Schale von Aegoceras capricornus; – d) dem Fuß der Ziege (Geiß) formähnliche Blätter von Lonicera caprifolium = Geißblatt. – 3. Unzutreffende Bez.: Caprimulgus = Ziegenmelker, s. mulg- 1.

capr- II., *Subst. ὁ κάπρ·ος (= Eber, wildes Schwein) → καπρίσκ·ος (= ein Seefisch).* – Mit dem Eber oder Schwein verglichene Tiere: a) Säugetiere: Gttg. Capromys = Ferkelratten; – b) Fische: beim Eberfisch Capros aper kann die Schnauze wie ein Schweinsrüssel vorgestülpt werden; Balistes capriscus wird wohl wegen seiner Körperform mit dem Schwein verglichen (ital. pesce porco = Schweinsfisch).

capre-, *Subst. capre·a, ·ae f. (= Gemse, Reh) → Demin. capreol·us, ·i m. (= 1. Reh, 2. die gegabelte Ranke des Weinstockes);* s. capr- I. – 1. Reh: Capreolus, Gttg. der echten Hirsche, mit der Art C. capreolus. – 2. Dem Geweih des Rehbockes, insbes. des Gabelbockes vergleichbar: die verzweigten Ranken des Weinstockes; daher Artnamen: capreolatus = mit Ranken versehen, gabelrankig.

caps- *von Verb κάπτω (= schnappen, gierig fressen).* – Carpocapsa (wörtl. „Fruchtfresser"), Gttg. der Schmetterlinge (Wickler), deren Raupen in Früchten leben, z. B. C. pomonella = Apfelwickler.

caps(ul)-, *Subst. caps·a, ·ae f. (= Kasten, Kiste, bes. Bücherkapsel) → Demin. capsul·a, ·ae f. (= kleine Kapsel) → Demin. capsell·a, ·ae; verw. mit Verb capěre;* vgl. cap-. – 1. Einen Hohlraum umschließende Kapsel von untersch. Festigkeit: a) Capsula articularis, Gelenkkapsel; – b) Umhüllungen des Augapfels der Wirbeltiere: Capsula (Tunica) fibrosa oculi, die Faserhaut des Augapfels. – 2. Weiche Umhüllung kompakter Organe, z. B. der Augenlinse (Capsula lentis), der Niere (C. adiposa renis). – 3. Einer Tasche (Gebrauchsgegenstand) ähnlich: das Schötchen von Capsella = Täschelkraut, Gttg. der Kreuzblütler mit der Art C. bursapastoris (vgl. past-).

caput-, Nom. zu capit-.

carbo(n-), *Subst. carbo, carbon·is m. (= Kohle).* – In manchen Zus. zu carb- verkürzt. – 1. Kohle als Substanz und der darin enthaltene Kohlenstoff C: Carbo animalis = Tierkohle, durch Verkohlung von Blut gewonnen. – 2. Geologische Formation, durch die Steinkohle charakterisiert: Carbon(formation). – 3. Kohleähnlich, insbes. kohlschwarz: Phalacrocorax carbo (der Kormoran).

carchar-, *Adj. κάρχαρ·ος (= spitz, spitzzähnig), davon ὁ καρχαρίας (= ein Haifisch).* – Haifische: Gttg. Carcharodon, Carcharias (vgl. ~i·as S. 46).

carcin-, *Subst. ὁ καρκίν·ος (= Krebs als Tier, Gestirn und Geschwulst) → τὸ καρκίνωμα (= Krebsgeschwulst).* – A. Krebs als Tier, insbes. die Gttg. Carcinus = Strandkrabbe; Sacculina carcini, ein Parasit der Strandkrabbe (C. maenas). – B. Krebsgeschwulst: Carcinoma = Karzinom; karzinogene Stoffe.

cardi-, *Subst. ἡ καρδί·α (= Herz; Gemüt; Mageneingang, Magen) → Adj. καρδιακ·ός (= das Herz betreffend, herzkrank; magenkrank).* – 1. Herz, Antriebsorgane der Blutzirkulation (vgl. cord-): Schichten des Herzens der Wirbeltiere (Endo-, Myo-, Epi-cardium) und Hüllen (Peri-cardium = Perikard); die Leptocardia (= Acrania) besitzen statt eines einheitlichen Herzens pulsierende Abschnitte der zuführenden Kiemenarterien. – 2. Der Form des menschlichen Herzens ähnlich, z. B. Cardium, Gttg. der Muscheln mit herzförmiger Schale; Echinocardium cordatum, ein Seeigel („Herzigel"). – 3. Herzschlauch und Aorta der Insekten: Corpora cardiaca und Pericardialdrüsen, kleine Organe der inneren Sekretion beidseits vom Vorderende der Aorta. – 4. Magenmund: Cardia, die Einmündung der Speiseröhre in den Magen (beim Menschen in Höhe der Herzgrube gelegen). – 5. Leonurus cardiaca = Herzgespann, Art der Lippenblütler, früher arzneilich gegen Herz- und Magenbeschwerden verwendet.

cardin-, cardo, *Subst. cardo, cardin·is f. (= Türzapfen; Weltachse; Angelpunkt).* – 1. Morph. Gebilde: a) der Türangel vergleichbare Drehachse: Cardo, das „Schloß" der Muschelschalen; bei Brachiopoden die Verbindung der beiden Schalenklappen: Testi- und E-cardines, Ordnungen mit oder ohne „Schloß"; – b) Cardo = Angelglied am Unterkiefer der Insekten. – 2. Übertr.: Hauptsache, Haupt: a) Organe von bes. Bedeutung: Venae cardinales, die Hauptvenen niederer Wirbeltiere und Embryonen; – b) Hauptperson, so bes. Kollegium von Bischöfen, durch roten Hut ausgezeichnet (seit 1245), daher Cardinalis (Kardinal), Gttg. der Finken mit scharlachroter Kopfhaube.

carid-, *Subst. ἡ καρίς, ἴδ·ος oder ῖδ·ος (= kleines Krebstier).* – a) Krebse versch. syst. Stellung: Phyllo-, Syn-, Hoplo-, Eucarida; – b) „karidoider" Habitus der Eucarida: starrer Cephalothorax und gegliedertes Abdomen, Gttg. Troglocaris (Garneele in Höhlen).

carin-, *Subst. carīn·a, ·ae f. (= Schiffskiel, Schiff).* – 1. Gebilde, die einem Schiffskiel in der Form und Funktion ähneln: Carinaria Gttg. freischwimmender Schnecken mit kielförmig ausgebildetem Fuß. – 2. Gebilde, die in der Form an einen Schiffskiel erinnern: Carina (Crista sterni), die mediane Knochenplatte auf dem Brustbein der meisten Vögel (Carinata, Ggs. Ratites); Carina = Schiffchen, die beiden unteren (meist verwachsenen) Kronblätter der Schmetterlingsblüte; Blätter von Allium carinatum von einem schwachen Kiel durchzogen; Kiel der Schneckenschale von Planorbis carinatus.

carn-, *Subst. cāro, carn·is f. (= Fleisch), davon Subst. carnifex, -fic·is m. (= Henker, wörtl. „Fleischmacher") und Demin. caruncal·a, ·ae f. (= Stückchen Fleisch).* – 1. Fleisch, allg.: weiches Gewebe und Organe des Tierkörpers: Carnivora = Karnivoren = Fleischfresser, insbes. Raubtiere (Ord. der Säugetiere), desgl. karnivore Pflanzen. – 2. Muskelfleisch, durch seine bes. Gewebsstruktur und rote Farbe gekennzeichnet; fleischfarben sind die Fruchtkörper von Calocybe carneum, die Blüten von Erica carnea,

Orchis incarnata und Trifolium incarnatum. – 3. Beschaffenheit (Konsistenz) dem Fleisch vergleichbar: die fleischigen Blätter von Hoya carnosa = Wachsblume.

carot(id)-, *Subst.* *ἡ καρωτίς, ίδ·ος → lat. carotis, id·is (= Kopfschlagader).* – Arteria carotis (communis, externa, interna) = Carotis, Plur. Carotid·es = die Karotiden, aber abgeleitetes Adj. in der Anatomie carot-icus, z. B. Plexus caroticus.

carp- I., *Subst.* *ὁ καρπ·ός (= Frucht, Ernte; Wirkung, Nutzen).* – 1. Frucht höherer Pflanzen: a) als Ganzes: z. B. Fruchtbildung: ohne Befruchtung (Parthenocarpie), durch Fremdbestäubung (Allocarpie) oder durch Selbstbestäubung (Autocarpie); – b) die Fruchtblätter, die die Samenanlage tragen: Carpelle; sie sind synkarp, d. h. zum Fruchtknoten verwachsen, oder apokarp, d. h. bleiben getrennt; – c) die Fruchthülle, -wand, -schale: das Perikarp und seine Schichten Exo-, Meso- und Endokarp; – d) im Sinne des Samens nur selten: Gttg. Polycarpon (Nagelkraut) wegen der vielsamigen Fruchtkapsel. – 2. Namen von Tieren, die sich von Früchten ernähren: allg. Carpophagen = Fruchtfresser, bes. Gattungen von Insekten (Carpocapsa, s. caps-) und Vögeln (Carpodacus). – 3. Mooskapsel: Laubmoose werden als akro- und pleurokarp bezeichnet, je nachdem die Kapseln an der Spitze oder Seite der Stengel stehen.

carp- II., *Subst.* *ὁ καρπ·ός (= Handwurzel).* – Anat. Bez. für die Handwurzel, Abschnitt der vorderen Extremität der Wirbeltiere, bes. ihres Skelettes: Carpus; Carpalia = Ossa carpi, die Handwurzelknochen; Metacarpalia, die auf die Carpalia distal folgenden Knochen der Mittelhand.

cartilago, *Subst.* *cartilāgo, agin·is f. (= Knorpel).* – Anat. Bez. für einzelne knorpelige Skelettstücke, z. B. Cartilago thyreoidea, und für das Knorpelgewebe im allg., daher cartilagineus = knorpelig.

cary-, *Subst.* *τὸ κάρυ·ον (= Nuß, bes. Walnuß).* – 1. Nuß bzw. allg. pflanzliche Samen: Tiere, die sich davon ernähren, z. B. Nucifraga caryocatactes, Kirschkernbeißer, ein Singvogel (cata + ctes = erwerbend oder erlegend?). – 2. Übertr.: Zellkern, Caryoplasma, die Substanz des Zellkerns im Unterschied zum Cytoplasma; gewöhnlich verdeutschte Form, z. B. Karyokinese, Karyosomkern.

cas-, *Verb, Sup. zu cadĕre, davon Subst. cāsus, ūs m. (= Fall, Vorfall, Zufall)*, s. cad-. – Kasuistik, Beschreibung von Einzelfällen, z. B. Krankheitsfällen.

case-, *Subst.* *cāse·us, ·i m. (= Käse).* – a) Tiere, die sich von Käse ernähren: Tyroglyphus casei = Käsemilbe, Piophila casei = Käsefliege; – b) Kasein = Käsestoff, ein in der Milch vorkommender Eiweißkörper.

castan-, *Subst. τὸ κάσταν·ον → lat. Adj. castane·us, ·a, ·um → substt. castane·a, ·ae f. (= Kastanie).* – 1. Kastanienbaum: a) Gttg. Castanea = Edelkastanie, Echte Kastanie, zu den Buchengewächsen (Fam. Fagaceae) gehörig; – b) Roßkastanie: Aesculus hippocastanum → Fam. Hippocastanaceae. – 2. Dem Samen der Edelkastanie ähnlich: Geschmack der Knollen von Bunium bulbocastanum = Erdkastanie, Knollenkümmel. – 3. Dem Samen der Edel- und der Roßkastanie in der Farbe ähnlich, kastanienbraun: Pilz Gyroporus castaneus, Schnecke Natica castanea, Spinne Teutana castanea.

castra- s. kastra-.

caten-, *Subst. caten·a, ·ae f. (= Kette, Fessel) → Demin. catenula, ·ae, Adj. catenat·us, ·a, ·um (= gekettet, gefesselt).* – Kette im Sinne einer linearen Reihe: 1. Freies Gebilde: Strudelwürmer der Gttg. Catenula bilden Ketten durch Querteilung, Ord. Catenulida. – 2. Reihe von Erhebungen auf Oberflächen: auf Schale des Ammoniten Turrilites catenulatus.

cathar-, *Adj. καθαρ·ός (= rein, ungefleckt, echt).* – 1. Rein im Sinne von sauber, frei von Verschmutzung usw.: Catharobien = Bewohner reiner Gewässer; Cathartes Gttg. der Raubvögel, Geier der neuen Welt als „Reiniger", weil sie Aas vertilgen. – 2. Reinigend im Sinne von abführend (u. harntreibend): Rhamnus cathartica = Purgier-Kreuzdorn (Faulbaum), Linum catharticum = Purgier-Lein; allg.: Cathartica remedia = Abführmittel.

caud-, *Subst. caud·a, ·ae f. (= Schwanz).* – 1. Körperteil der Chordata, bes. der Wirbeltiere, hinter dem After: a) Ord. der Amphibien: Caudata = Urodela = geschwänzte Amphibien, Ecaudata = Anura = ungeschwänzte Amphibien; – b) allg.: kaudal = zum Schwanz gehörig oder übertr.: näher dem Schwanz gelegen als andere Körperteile = kaudad, Ggs. kranial oder rostral. – 2. Federschweif der Vögel: Aegithalus caudatus = Schwanzmeise mit auffallend langem Schweif. – 3. Dem Schwanz der Wirbeltiere ähnliche Gebilde: a) Nucleus caudatus, der sog. Schweifkern, der die Hauptmasse des Corpus striatum im Großhirn des Menschen bildet; – b) Cauda equina („Pferdeschweif"), am Ende des Rückenmarkes beim Menschen, s. equ-; – c) Blütenstand von Pflanzen: Amarantus caudatus = Garten-Fuchsschwanz.

caul-, *Subst. ὁ καυλ·ός (= Stengel, Schaft, Stamm), späte Latinisierung zu caulis, is m. (= Stengel, Kohl).* – 1. Sproßachse: a) Carlina acaulis und Cirsium acaule mit sehr kurzem Stengel (a+), Potentilla caulescens = Vielstengeliges Fingerkraut, Rubus villicaulis = Haarstengelige Brombeere; – b) Stamm von Holzgewächsen: Kauliflorie = Stammblütigkeit, d. h. Entstehen von Blüten an alten Teilen des Stammes. – 2. Einem Pflanzenstengel ähnlich: Hydrocaulus = Stammteil eines Hydrozoenstöckchens.

caus-, *Subst. caus·a, ·ae f. (= Ursache, Veranlassung).* – Adj. kausal = ursächlich → Subst. Kausalität, Causalnexus (s. nex- II.).

cav-, *Adj. cāv·us, ·a, ·um (= hohl, gewölbt) u. Subst. cav·um, ·i n. (= Loch), Verb. cavāre (= aushöhlen).* – 1. Höhle als Lebensbereich und Aufenthaltsort von Tieren: a) natürliche Höhle: Cavicola = Höhlenbewohner; – b) Tiere, die sich selbst Höhlungen bohren und vorhandene als Versteck benutzen: Saxicava, Gttg. der Muscheln. – 2. Hohlräume und Höhlungen: a) mit Luft gefüllt: Cavum tympani = Trommelhöhle (Mittelohr), der knollige Wurzelstock von Corydalis cava = Hohl-Lerchensporn (Ggs. C. solida); – b) mit Gewebe gefüllt: Cavum dentis = Pulpahöhle, die mit der Pulpa gefüllte Zahnhöhle; Cavum medullare, der Markraum im Knochen; Cavicornia = Bovidae, deren Hornscheiden nach dem Tode abgezogen werden können und als solche hohl sind (Ggs. Geweih der Hirsche); – c) nicht gefüllter, leerer Hohlraum: Vena cava (caudalis und cranialis), Hohladern oder -venen, an der Leiche meist blutleer gefunden. – 3. Oberflächliche Vertiefung: Cavum conchae, der untere Teil der Concha auriculae, s. conch-.

cavern-, *Subst. cavern·a, ·ae f. (= Höhlung, Höhle), abgeleitet von* cav-. – Höhlungen in Organen: Corpora cavernosa, an den Geschlechtsorganen von Säugetieren vorhandene Gebilde, deren weite Venenräume sich auf Nervenreiz hin mit Blut füllen und dadurch eine Anschwellung und Erektion hervorrufen (Schwellkörper).

ceb-, *Subst. ὁ κῆβ·ος = κῆπ·ος (= Affe).* – Namen von Affen und Halbaffen: 1. Im weiteren Sinne: a) Halbaffen: Gttg. Microcebus = Zwergmaki, Nycticebus (Plumplori); – b) Affen: Leontocebus = Löwenäffchen, Erythrocebus = Husarenaffe, Cercocebus (Mangabe). – 2. Im engeren Sinne: Gttg. Cebus = Kapuzineraffen.

cecid-, *Subst. ἡ κηκίς, κηκῖδ·ος (= eig. „das Hervorquellende", Saft; Gallapfel).* – Cecidien = Gallen an Pflanzen, je nach dem Erzeuger unterschieden als Phytocecidien, insbes. Mycocecidien (durch Pilze) und als Zoocecidien, z. B. Acarocecidien (durch Milben); ferner Namen von Tieren, die Gallen erzeugen, allg. Cecidiozoa, bes. Gttg. Cecidomyia, Gallmücke; Zezidiologie = Lehre von den Gallen und ihren Erzeugern.

ced-, *Verb. cēdere, Sup. cess-;* s. cess-.

cedr-, *Subst. ἡ κέδρ·ος = cedr·us, ·i f. (= Zeder, Zedernbaum).* – Zeder, a) Cedrus, Gttg. der Pinaceae; – b) zur Zeder in Beziehung: Bombycilla cedrorum = Zedernvogel, Art der Seidenschwänze.

celer(-), *Adj. celer, ·is, ·e (= schnell), davon Verb. celerāre oder accelerāre (= beschleunigen).* – 1. Schnelle Ortsveränderung von Tieren: a) laufen: fossiler Hirsch Protoceras celer; – b) fliegen: Deilephila [Choerocampa] celerio, Art der Schmetterlinge (Großer Weinschwärmer). – 2. Veränderung der Geschwindigkeit: Acceleratio = Beschleunigung betr. Strecke oder Anzahl in der Zeiteinheit: Nervi accelerantes beschleunigen Herzaktion (Anzahl der Kontraktionen in der Zeiteinheit).

celid-, celis, *Subst. ἡ κηλίς, κηλῖδ·ος (= Fleck, Blutfleck, Brandmal, Makel).* – Benennung von Tieren nach Flecken versch. Art: Gattungen der Strudelwürmer nach der Anzahl ihrer Augen(flecken) als Mono-, Tetra- und Polycelis benannt.

cell-, *Subst. cell·a, ·ae f. (= Kammer, Zelle) → Demin. cellul·a, ·ae. f.* – 1. Lufterfüllte Räume im Organismus: a) mit starrer Wandung: Cellulae mastoideae im Warzenfortsatz des Menschen, C. ethmoidales = Siebbeinhöhlen (vgl. sinu-); – b) mit weicher, veränderlicher Wandung: die Luftsäcke der Vogellunge Cellae (auch Cellulae) cervicales, thoracales, abdominales usw. – 2. In Namen von Bryozoen (Moostierchen) das in den Kolonien um das Einzeltier gebildete Gehäuse (Zōoecium): Gattungen Bicellaria, Cellularia, Paludicella u. a. – 3. Cellula = Zelle, Lebenseinheit aus Protoplasma und Kern, cellulär = zellulär, intra- und extrazellulär = innerhalb oder außerhalb der Zelle gelegen oder stattfindend (z. B. Verdauung), interzellulär = zwischen den Zellen. – 4. Wandung der Pflanzenzellen: Substanz, aus der diese besteht (Cellulose), u. a. davon abgeleitete Stoffe; Cellobiose, Celloidin.

cement, *von Subst. caement·um, ·i m. (= Bruchstein, Baustein.), dies vom Verb caedĕre,* s. caed- und caement-. – 1. Baumaterial: Zement, zementieren. – 2. Mit dem Baumaterial verglichen: Cement = Zement, Knochengewebe, das an der Wurzel des Wirbeltierzahnes das Dentin (manchmal auch z. T. den Schmelz) überdeckt; Cementoblasten, die den Cement bildenden Zellen.

cen- = caen-.

cent- I., *Num. cent·um (= 100; sehr viele).* – 1. Allg. Maß- und Zahlbegriff: centi- = $^{1}/_{100}$ (Centimeter, Centigramm). – 2. Selten für zahlreiche Elemente bei Tieren oder Pflanzen, z. B. centifolius = vielblätterig: Zentifolie, Gartenform von Rosa gallica.

cent- II., *Verb κεντέω (= stechen, stacheln, durchbohren),* davon centr-. – Gttg. Centētes = Borstenigel (Insectivora), mit Stacheln versehen.

centr-, *Subst. τὸ κέντϱ·ον (= Stachel, Mittelpunkt, Zirkel), latin. centr·um, ·i n. = Zentrum; vom Verb κεντέω, also eig. κέντ ~ϱ·ον (= Mittel zum Stechen),* s. cent- II. – 1. Spitze Gebilde versch. Art, bes. in Gattungsnamen: a) bei Stachelhäutern, bes. Seeigeln: Gttg. Strongylocentrotus (= mit runden Stacheln versehen); – b) Chitinstacheln oder -dornen bei Insekten: Centrotus, Gttg. der Buckelzirpen mit dornartigen Fortsätzen am

Prothorax; – c) Flossenstacheln bei Fischen: Centronotus, Gttg. der Blenniidae, bei der die Strahlen der Rückenflosse, die die ganze Rückenlänge einnimmt, nur aus Stacheln bestehen; – d) Kralle bei Vögeln: Centropus, Gttg. Sporenkuckuck mit spornartiger Kralle an der 1. Zehe; – e) Sporn von Blütenblättern: Gttg. Dicentra, s. di- 1. – 2. Mittelpunkt, Achse: a) urspr. Spitze des Zirkels, also Mittelpunkt des Kreises: Für Kreisbewegung: zentrifugal, zentripetal; Gebilde von kreisähnlicher Fläche: konzentrische Ringe, exzentrische Lage; – b) kugelige oder ähnlich geformte Gebilde: zentrolecithale Eizellen mit zentraler Dottermasse (Ggs. telolecithal); – c) Achse eines langgestreckten Gebildes: Canalis centralis, der Zentralkanal des Rückenmarkes der Wirbeltiere; bei den Centrospermales (Nelkenartige) Samen meist zahlreich an zentraler Säule. – 3. Übertr.: funktionelles Zentrum: a) Zentralkörperchen in der Zelle (Centrosoma, Centriol); – b) Zentralorgane, insbes. zentrales Nervensystem (Gehirn und Rückenmark) im Ggs. zur Peripherie (Leitung im Nerven zentrifugal oder -petal); – c) allg.: Zentralisation = Uord. der Teile eines Organismus unter ein funktionelles Zentrum.

cephal-, *Subst. ἡ κεφαλ·ή (= Kopf, Spitze, Quelle, Leben, Oberhaupt usw.) → Subst. ὁ ἐγκέφαλ·ος (= Gehirn).* – 1. Kopf bei Mensch und Wirbeltieren, entweder breit in den Rumpf übergehend (Fische) oder in versch. Grade durch Hals von ihm abgegliedert: a) allg.: Encephalon (en+), das Gehirn mit seinen versch. Teilen: Tel-, Di-, Mes-, Met- und Myel-encephalon; Cephalisation, die zunehmende Bedeutung des Kopfes, bes. des Gehirns als führenden Körperteils; Cephalogenese, die stammesgeschichtliche Ausbildung des Kopfes als bes. Problem; – b) Namen von Wirbeltieren mit bes. Merkmalen des Kopfes: Physeter macrocephalus = Pottwal, Squalius cephalus = Döbel, ein Karpfenfisch mit bes. großem Kopf. – 2. Kopfabschnitt wirbelloser Tiere: a) Arthropoden: Cephalothorax, das durch Verschmelzung entstandene Kopfbruststück bei Spinnentieren und manchen Krebsen, Ctenocephalus s. cten-; – b) Mollusken: Acephala, Name der Muscheln, weil bei ihnen kein Kopfabschnitt ausgebildet ist; Cephalopoda, Tintenfische, deren Kopfabschnitt in der Umgebung des Mundes Fangarme (pod-) trägt; – c) Würmer: Acanthocephala s. acanth-; Ascaris megalocephala mit großen, kopfähnlich abgesetzten Lippen; in der Bedeutung Scolex bei Bandwürmern: Acephalocysten = abnorme Blasenfinnen, bei denen die Bildung des Scolex unterbleibt. – 3. Kopfähnliche Organe von Pflanzen: Blütenstände von Gttg. Cephalaria (einer Kardendistel) = Schuppenkopf und Echinops sphaerocephalus = Blaue Kugeldistel; Staubbeutel von Cephalanthera, Gttg. der Orchidaceae.

-ceps *nur in Zus. am Ende, abgekürzte Form von caput,* s. capit-. – 1. Kopf von Tieren: Balaeniceps, Gttg. der Reihervögel; ferner zahlreiche Artnamen (Käfer: lati-, longi-, nigriceps). – 2. Übertr. Muskelkopf: Musculus bi-, tri- oder quadri-ceps.

-cept-, *Verb, Sup. von capĕre nach Präfixen*, z. B. Apperzeption, Rezeptoren, Receptaculum seminis, propriozeptiv.

cer- I., *Subst. ὁ κηρ·ός → cēr·a, ·ae f. (= Wachs).* – 1. Name wachserzeugender Organismen: a) Tiere: Ceroplastes ceriferus, die ostindische und Ericerus pela, die ostasiatische Wachs-Schildlaus; – b) Pflanzen: Gttg. Ceroxylon = Wachs- oder Andenpalme mit Wachsschicht auf dem Stamm, Corypha cerifera mit Wachsausscheidung auf den Blättern. – 2. Dem Wachs in der Farbe ähnlich: Ceroma = Wachshaut, die gelbe, nackte Haut, die bei vielen Vögeln die Wurzel oder einen größeren Teil des Oberschnabels bedeckt. – 3. Einer Wachskerze ähnlich: a) Cereus = Kerzenkaktus, Fackeldistel, so benannt, weil die trockenen, mit Öl getränkten Stengel in Amerika als Fackeln verwendet wurden; – b) die aufwärts gebogenen Blüten von Ceropegia candelabrum = Leuchterbaum erinnern an die Lichter eines Armleuchters.

cer- II., Kurzform des Stammes cer(at)-.

ceras I., Nom. zum Stamm cer(at)-.

ceras- II., *Subst. ceras·us, ·i f. (= Kirschbaum, Kirsche).* – 1. Kirschbaum: a) Prunus cerasus = Sauerkirsche oder Gttg. Cerasus; – b) in Beziehung zum Kirschbaum: Aphis cerasi, die Kirschbaumblattlaus. – 2. Kirsche: Rhagoletis cerasi, Kirschfliege, deren Larven sich im Fruchtfleisch reifender Kirschen ernähren.

cerast-, s. cer(at)-.

cer(at)-, *Subst. τὸ κέρας, κέρατ·ος (= Horn, Geweih, Bergspitze), davon Adj. κεράστης (= gehörnt)*, vgl. cornu(-).

1. Gehörn der Rinder, Schafe und Ziegen, d. h. paariger Kopffortsatz mit Hornsubstanz, z. B. Strepsiceros, Gttg. der Antilopen s. streph-. –
2. Kopffortsätze anderer Wirbeltiere: a) paarig ohne Hornsubstanz: Geweih von Megaloceros giganteus = Riesenhirsch; – b) unpaar aus Hornsubstanz bei Nashörnern (Rhinoceros); – c) kleine paarige Kopffortsätze bei Reptilien: Cerastes cornutus = Hornviper, Crotalus cerastes = die Gehörnte Klapperschlange. –
3. Antennen von Arthropoden: a) Insekten: Acerentomon, Gttg. der Urinsekten ohne Antennen (a+, cer-); Rhopalocera, Tagfalter, durch keulenförmige Fühler gekennzeichnet; Einteilung der Dipteren nach der Länge und Form der Antennen: Brachycera = Fliegen, Nematocera = Mükken; – b) Krebse: Cladocera s. clad-.
4. Gebilde, deren Form an Hörner erinnert: a) paarige Fortsätze knorpeliger oder knöcherner Skeletteile, insbes. am Zungenbein: aus dem Ceratohyale gehen die vorderen Zungenbeinhörner (Cornua minora beim Menschen) hervor; – b) große Zahnplatten am Gaumen von Ceratodus

(-odus), Gttg. der Lungenfische, erinnern grob an Hörner oder Geweihe; – c) Schalen von Ammoniten (amm(on)-): Zahlreiche Namen von Gattungen, z. B. Ancylo-, Choristo-, Phyllo-, Spiro- u. Trachyceras, und höherer Sippen: Fam. Psiloceratidae, Überfam. Pinacocerataceae, Uord. Lytoceratina; – d) Früchte von Ceratocephalus, Gttg. der Ranunculaceae; Cerastium = Hornkraut, Gttg. der Caryophyllaceae.

5. Hornsubstanz, urspr. die Substanz der Hornscheiden von Rindern usw. a) allg. bei Wirbeltieren: Ceratin = Keratin, ein Gerüsteiweiß, das durch den Vorgang der Verhornung in den oberen Schichten der Epidermis entsteht; – b) hornige, mit dem Keratin nicht identische Substanz im Skelett von Schwämmen (Spongien): Ceraospongia = Ceratosa = Hornschwämme.
6. Mit der Hornsubstanz verglichen: wegen ihrer Härte die Blätter von Ceratophyllum = Hornblatt, Gttg. der Ceratophyllaceae.

cerc-, *Subst. ἡ κέρκ·ος (= Schwanz eines Tieres).* – 1. Schwanz, d. h. Körperteil hinter dem After bei Chordaten bes. bei Wirbeltieren (vgl. caud-): a) als solcher, z. B. bei Säugetieren: Cercopithecus, Gttg. der Altweltaffen mit langem Schwanz (Meerkatzen); – b) Federschweif der Vögel: Platycercus, Gttg. der Papageien; – c) Schwanzflosse bei Fischen: nach der Form diphyzerk, heterozerk oder homozerk. – 2. Abdomen oder Abdominalanhänge bei Insekten: Cerci = Raife, borstenartige gegliederte Anhänge des zehnten oder elften Abdominalsegments bei Blatta (Schaben) u. a. Insekten. – 3. Anhänge am Hinterende anderer Wirbelloser: Cercarie = Zerkarie, geschwänztes Jugendstadium von Distomeen (Trematodes). – 4. Im Sinne von Wurm: Cysticercus = Blasenwurm und Cysticercoid (ohne Blasenbildung) sind Finnen von Bandwürmern.

cereal-, *Adj. cereāl·is, ·e (= zum Getreideanbau gehörig; nach Ceres, einer altitalischen Göttin der Feldfrucht), substt. Plur. cereal·ia, ·ium n. (= Getreide, Brot).* – Getreidepflanzen (Secale cereale = Roggen) und Insekten, die am Getreide leben, z. B. Limothrips cerealium.

cerebr-, *Subst. cẹrebr·um, ·i n. (= Gehirn) → Demin. cerebell·um, ·i n.* – 1. Gehirn allg.: a) bei Wirbeltieren und Mensch: zerebrospinal = zum Gehirn und Rückenmark gehörig, z. B. Zerebrospinalnerven und -liquor; Coenurus cerebralis, Name für die im Gehirn (bes. von Schafen) vorkommende Finne des Quesenbandwurmes (Taenia coenurus); – b) übertr. auf Wirbellose, z. B. Cerebralganglion bei Insekten gegliedert in Proto-, Deuto- und Trito-cerebrum. – 2. Teile des Gehirns bei Wirbeltier und Mensch: a) Cerebrum = Großhirn; dazu gehörig: Arteria cerebralis (anterior, media); – b) Cerebell·um, ·i = Kleinhirn (Demin. nur formal, denn es ist nicht ein kleines Cerebrum gemeint!); dazu gehörig z. B. die Arteria cerebellaris (superior usw.).

cern-, *Verb cernĕre*, vgl. cert- und -cret- I.

cert-, *Adj. cert·us, ·a, ·um (= entschieden, bestimmt, sicher, gewiß) → Verb certāre (= nach Entscheidung streben, wetteifern), verw. mit Verb cernĕre*, s. -cret- I. – Kennzeichnung von neugefundenen Arten, die noch nicht sicher eingeordnet werden können, durch den Zusatz „incertus", z. B. „incertae familiae", „incerti ordinis", allg.: „incertae sedis" bei unsicherer Klasse.

cerumen, *willkürlich aus cera aurium zusammengezogen* (Hyrtl), also eig. „Wachs der Ohren", vgl. cer- I. — Cerūmen = Ohrenschmalz; Glandulae ceruminosae, die das Ohrenschmalz erzeugenden Drüsen.

cerv-, *Subst. cerv·us, ·i m. (= Hirsch) und cerv·a, ·ae f. (= Hirschkuh). → Adj. cervīn·us, ·a, ·um (= Hirsch-, des Hirsches).* – 1. a) Namen von Hirschen: Gttg. Cervus; – b) auf Hirschen und Rehen schmarotzt die Hirschlausfliege Lipoptena cervi; – c) Hirschen als Nahrung dienend: Peucedanum cervaria = Hirschwurz(-haarstrang). – 2. Vergleich mit Merkmalen des Hirsches: a) mit dem Geweih: Lucanus cervus = Hirschkäfer; – b) mit der Farbe: Anthus cervinus [rufogularis] = Rotkehlpieper; Pluteus cervinus = Brauner Dachpilz.

cervic-, *Subst. cervix, cervīc·is f. (= Hals, Nacken).* – 1. Hals = Körperabschnitt zwischen Kopf und Rumpf: a) als ganzes: Wirbel: Vertebrae cervicales und Nerven: Nervi cervicales = Nervi colli; – b) nur die dorsale Region des Halses = Nacken, Genick: Cervicalregion = Nackengegend; Arteria cervicalis profunda, die tiefe Nackenarterie. – 2. Halsartige Verengerung oder Verschmälerung: Cervix, der verengte Teil der Gebärmutter vor Einmündung in die Scheide.

cess-, *Verb Sup. von cēdĕre, meist mit Präfixen ad+, con+, pro+, re+.* – 1. Vorgang: Prozeß; recessiv = rezessiv = zurücktretend, nicht in Erscheinung tretend, z. B. Erbanlagen; sukzessiv = aufeinanderfolgend. – 2. Zustand (als Ausdruck oder Folge eines Vorganges gedacht): a) Verlauf langer Gebilde: N. accessorius, der XI. Hirnnerv, zum N. vagus (X). hinzutretend; – b) Processus, ūs = Vorsprung, in der Anatomie bes. für Vorsprünge an Knochen, s. pro+1. b); – c) Recessus, ūs = Einbuchtung, Tasche, vor allem in größeren Hohlräumen, z. B. in Hirnventrikeln (R. infundibuli), im Mittelohr (R. epitympanicus) und in der Leibeshöhle (R. inferior u. superior omentalis).

cest-, *Adj. κεστ·ός (= gestickt) → Subst. cest·us, ·i m. (= Gürtel, Band).* – 1. Bandwürmer wegen ihres langgestreckten abgeplatteten Körpers: Cestodes (wörtl. „Bandförmige"); Cestodaria = Gruppe einfach gebauter Cestoden; Dioecocestus, Gttg. der Cestoden (vgl. oec-2.). – 2. Bandförmige Rippenquallen: Cestus veneris = Venusgürtel.

cet-, *Subst. τὸ κῆτ·ος → cet·us, ·i (= großer Seefisch, Hai, Wal).* – 1. a) Namen von Walen (Cetacea, Odontoceti, Mystacoceti); – b) Tiere, die zu Walen in Beziehung stehen (Cetochilus = „Walfutter"), Gttg. der Copepoda. – 2. Tiere, die Walen ähneln (Cetorhinus, Gttg. der Riesenhaie).

ch ..., s. Sonderliste S. 155.

cib-, *Subst. cib·us., ·i m. (= Speise, Nahrung, Futter) → Adj. cibari·us, ·a, ·um (= zur Speise gehörig; grob, gewöhnlich).* – Zur menschlichen Ernährung verwendet: Pilz Cantharellus cibarius (Pfifferling).

-cid- I., *Verb, Umlaut von cad- in Zus.* – Selten, z. B. Decidua.

-cid- II., *Verb, Umlaut von caed- und daher -cīd-; verdeutscht -zid (= töten, vernichten).* – Bez. für Stoffe, die Krankheitserreger und andere schädliche Lebewesen abtöten: bakterizid (Adj.), Insektizide (Subst. Plur.).

cili-, *Subst. cili·um, ·i n. (Augenwimper; Augenlid).* –
A. Wimper, feines Haar oder haarähnliches Gebilde: 1. Haar in der Umgebung des Auges bei Säugetier und Mensch: a) Cilium = Wimper; Glandulae ciliares = die in die Haarbälge der Wimpern mündenden Schweißdrüsen der Augenlider; – b) Supercilium = die Augenbraue (wörtl. über den Wimpern), davon superciliaris = zur Augenbraue gehörig. – 2. Übertr. auf Zellorganelle von Einzellern und Metazoenzellen: Flimmer, Wimpern: Ciliata = Wimperinfusorien, mit Zilien versehene Protozoen (vgl. trich-); Cnidocil = reizbare Borste an Nesselkapseln.
B. Der Aufhängeapparat der Linse im Auge der Wirbeltiere zeigt radiale Fältchen, die man grob mit den parallelen Augenwimpern verglichen und daher Processūs ciliares genannt hat; sie bilden den Ring der Corona ciliaris. Da der ganze Apparat Corpus ciliare heißt, wird das Adj. ciliar·is, ·e weiterhin auf zugehörige und benachbarte Gebilde übertragen.

cin-, *latin. Form von κιν-; s. kin-.* – In Gattungsnamen für die Beweglichkeit von Körperteilen: a) beweglich: Cinosternum, Schildkröten mit klappbarem Teil des Panzers; – b) unbeweglich z. B. Acinonyx, katzenartiges Raubtier, das die Krallen (onyx) nicht zurückziehen kann (a + cin-).

cinct-, *Verb. Sup. von cingĕre (s. cing-).* – In Artnamen cinct·us, ·a, ·um = mit Gürtel(n) versehen, z. B. Gürteltiere mit ringförmiger Gliederung des Hautskelettes: Euphractus sexcinctus, Dasypus novemcinctus.

ciner-, *Subst. cinis, ciner·is m. (= Asche).* – Graue (aschgraue) Färbung: a) von Tieren (Fell, Gefieder): Ardea cinerea = Fischreiher, Nepa cinerea = grauer Wasserskorpion; – b) von Pflanzen: Salix cinerea = Grauweide, Cantharellus cinereus = grauer Pfifferling.

cing-, *Verb cingĕre (= gürten, umgeben), Subst. cingul·um, ·i n. (= Gürtel, Gurt) u. cingul·us, ·i m. (= Erdgürtel, Zone).* – Ringförmige Gebilde: a) einen Körper außen umgebend, z. B. Hautskelett bei den Cingulata = Gürteltieren (s. cinct-), Reihen farbiger Flecken bei Fundulus cingulatus = Gürtelkärpfling; – b) im Inneren des Körpers: Schulter- u. Beckengürtel der Wirbeltiere: Cingulum membri superioris u. inferioris (PNA).

-cipit-, *Stamm zu lat. Nom. caput oder -ceps,* z. B. occipital und (Caput longum) bicipitis, der lange Kopf des Bicepsmuskels.

-ciput, *lat. in Zus. statt caput, Gen. -cipit·is,* z. B. Occiput.

circ- I., *Subst. ὁ κίρκ·ος = circ·us, ·i m. (= Kreis, Kreislauf, Rennbahn),* verw. mit Präfix circum+, vgl. cycl-. und cric-. – 1. Kreisförmige Gebilde, z. B. Circulus arteriosus Willisii, Gefäßring an der Basis des menschlichen Gehirns; Plicae circulares im Duodenum. – 2. Bewegung: in sich zurücklaufende Bewegung ohne Rücksicht auf Kreisform: Kreislauf, bes. die Zirkulation (Circulation) des Blutes; allg. zirkulieren.

circ- II., *Subst. ὁ κίρκ·ος → latin. circ·us, ·i (= Weihe oder Habicht).* – Circus = Feldweihe, Gttg. der Raubvögel; Benennung, weil sie im Fliegen Kreise beschreiben (circ- I.), ist unwahrscheinlich.

cirr-, *Subst. cirr·us, ·i m. (= Locke, Franse).* – In syst. Namen Bez. für die verschiedensten fadenförmigen Körperanhänge, bes. in Mehrzahl als Fransen oder Büschel: a) die rankenförmigen Extremitäten der Cirripedia = Rankenfüßer; – b) Barteln bei Fischen: Onos tricirratus = Dreibärtelige Seequappe.

cirrh- I., *Adj. κιρρ·ός (= gelb).* – Path. urspr. Cirrhose (Leberzirrhose) = Erkrankung der Leber mit gelber Verfärbung, dann allg.: Erkrankung der Leber u.a. Organe mit Wucherung des Bindegewebes.

cirrh- II., unrichtige Schreibweise für cirr-.

-cis-, *Verb Sup. zu -cīd, statt caed-, caes- in Zus., verdeutscht -zis-.* Beisp. Incisores, Os incisivum, Incisura = Inzisur (Einschnitt).

cist(ern)-, *Subst. ἡ κίστ·η = cist·a, ·ae f. (Kiste, Kasten, Körbchen) → cistern·a, ·ae f. (= unterirdischer Wasserbehälter, auch Weinzuber).* – 1. Nest des Singvogels Cisticola cisticola = Europäischer Zistensänger, durch Blätter überdacht. – 2. Mit Flüssigkeit gefüllte Räume innerhalb der Hirnhäute (Cisternae subarachnoideales), des Labyrinthes (Cisterna perilymphatica) und des Lymphsystems (Cisterna chyli). – 3. Säckchenförmige Gebilde innerhalb der Zelle: Golgi-Zisternen.

citr-, *Subst. citr·us, ·i f. (= afrik. Lebensbaum) u. citr·um, ·i n. (= Citrusholz).* – 1. Zitronenbaum: a) Citrus, Gttg. der Rutaceae; – b) zu Citruspflanzen in Beziehung: Aleurodes citri = Orangenfliege (eine Mottenlaus), Pseudococcus citri = Orangenlaus (eine Schildlaus). – 2. Der Zitrusfrucht ähnlich, bes. in der Farbe, also zitronengelb: Emberiza citrinella = Goldammer; Amanita citrina = Gelber Knollenblätterpilz.

clad-, *Subst. ὁ κλάδ·ος (= Zweig, Trieb).* – 1. Zweig, Verzweigung bei Pflanzen: Salix dasyclados = Filzästige Weide; Gttg. Cladophora = Zweig- oder Flußalge; Gttg. Cladonia, verzweigte Flechten; Acrocladium, Gttg. der Laubmoose. – 2. Verzweigung bei Tieren: a) Körperform: Cladocora, Gttg. der Korallen mit strauchig verästeltem Stock; – b) Körperfortsätze: Cladocera, Wasserflöhe wegen der verzweigten Ruderantennen; – c) Darm der Strudelwürmer, blind endigend mit drei oder viel Hauptästen: Tri- und Polycladida. – 3. Phylogenese als verzweigter Stammbaum aufgefaßt: Cladogenese ist die Entstehung dieser Verzweigung.

clama-, *Verb. clamāre (= schreien, rufen; deutlich zeigen).* – Lautäußerung von Tieren: Clamatores = Schreivögel, Uord. der Passeres.

clar-, *Adj. clar·us, ·a, ·um (= laut, hell, klar).* – Oxychilus clarus, eine Schnecke mit glasheller Schale.

clas-, *Verb κλάω (= brechen, zerbrechen) → ἡ κλάσις (= das Zerbrechen) u. τὸ κλάσμα, ατ·ος (= Bruchstück):* a) Abbau von Geweben durch Tätigkeit von Zellen, z. B. Osteoclasis durch Osteoklasten; – b) Deutung des Wortes Klasmatozyten (Form der Histiozyten?) als Zellen, die Bruchstücke abschnüren sollen, ist unklar.

class-, *Subst. class·is, ·is f. (Klasse, Abteilung; Heer, Kriegsflotte) → Adj. classic·us, ·a, ·um (= die Land- und Seemacht betreffend).* – 1. Gruppe mit gemeinsamen Merkmalen: a) allg.: klassifizieren, Klassifikation = Einteilung, Einordnung (in bestimmte Gruppen); – b) in der zool. und bot. Taxionomie: Classis = Klasse, Zusammenfassung mehrerer verw. Ordnungen, in manchen Fällen untergeteilt in Subclasses = Unterklassen. – 2. Gesellschaftliche Entwicklung: a) Klassik = Blütezeit der antiken Kultur, daher: Klass. Altertum, Klass. Latein (Ggs. Vulgärlatein usw.); – b) allg.: zeitlicher Abschnitt hoher kultureller oder wiss. Leistung: Klassiker, klassisch.

clathr-, *Subst. Plur. clathr·i = clatr·i, ·orum m. (= Gitter) → Adj. clathrat·us, ·a, ·um (= von Gitter umgeben).* – 1. Räumliches Gitter: Clathrulina, Gttg. der Heliozoa mit gitterförmiger Kieselschale; Clathrus s. cancell-. – 2. Flächiges Netz: Neuronia clathrata, eine Köcherfliege mit netzartiger Flügelzeichnung.

clav- I., *Subst. clāv·a, ·ae f. (= Keule).* – a) Tiere mit keulenförmigem Körper: Clava, Gttg. der Hydroidpolypen; Clavellina, Gttg. der stockbildenden Ascidien; – b) keulenförmige Körperfortsätze: Fühler von

Claviger, Gttg. der Käfer; – c) Pflanzen: keulenförmige Sporenähre von Lycopodium clavatum; Fruchtkörper von Pilzen: Gttg. Clavaria = Keulenschwamm, Cantharellus clavatus.

clav- II., *Subst. clāv·us, ·i m. (= Nagel).* – Gebilde, die einem Nagel ähnlich sehen: Raja clavata = Nagel- oder Dornroche, wegen der spitzigen Dornen auf der Körperoberfläche.

clav(i)-, *Subst. clāvis, ·is f. (= Schlüssel, Schloß), verw. mit ἡ κλείς, κλειδ·ός.* – Clavicula, Demin. von clavis = Schlüsselbein (vielleicht wegen der Ähnlichkeit mit einer Türklinke so genannt), in Zus. zu clavi- gekürzt (Arteria subclavia) oder durch cleid- vertreten: Musculus sterno-cleido-mastoideus (statt -clavio-).

clin-, *Verb κλίνω → clīnāre (= liegen, neigen).* – Häufig in der griech. bzw. verdeutschten Schreibweise klin- s. d., jedoch in (seltenen) Namen mit c, z. B. Polyclinum, Gttg. der Seescheiden.

clitell-, *Subst. Plur. clitell·ae, ·arum f. (Saumsattel der Lasttiere).* – Clitellum = Gürtel, bei den danach benannten Clitellata = Gürtelwürmern vorkommende ringförmige Hautverdickung, die im Dienst der Fortpflanzung steht; Clitellio, Gttg. der Oligochaeta.

clitor-, *Subst. ὁ κλείτωρ (= Hügel) → ἡ κλειτορίς, ίδ·ος → lat. clitŏris, ·id·is f.* – Clitoris, das dem Penis homologe Gebilde der weiblichen Genitalien; Teile durch Gen. bezeichnet: Glans clitoridis.

cliv-, *Subst. cliv·us, ·i m. (= Abhang, Halde).* – 1. Abhang in der Landschaft als Lebensbereich: Gttg. Riparia [Clivicola] = Uferschwalbe; Clivina, Gttg. der Käfer an Uferrändern. – 2. Anat. Gebilde: Clivus, die nach hinten abfallende Fläche der Schädelbasis zwischen der hinteren Fläche des Türkensattels (sell- 2.) und dem Hinterhauptsloch; prokliv nennt man Schneidezähne, die schräg nach vorn gerichtet sind.

cloac-, *Subst. cloāc·a, ·ae f. (= unterirdischer Abzugskanal für Unrat).* – Cloaca = Kloake, Bez. für Röhren, die Schlacken, Exkrete und Geschlechtsprodukte aus dem Körper herausführen: 1. Endabschnitt des Darmkanals, in den die Urogenitalorgane münden: a) unter den Säugetieren nur bei den Kloakentieren (Monotremata); – b) bei Wirbellosen in anderer Form, z. B. Männchen von Nematoden. – 2. Kloakal- oder Aftersipho bei Muscheln. – 3. Kloakalrohr = Kamin bei Schwämmen.

clus-, *Sup. von Verb clūdĕre oder claudĕre (= schließen), mit Präfix: occlūs ·us, ·a, ·um (= verschlossen).* – Occlusores sind Muskeln, die die Schalen der Brachiopoden zuklappen und verschlossen halten.

cnem-, *Subst. ἡ κνήμ·η (= Schienbein, Wade), davon ἡ κνημίς, ῖδ·ος (= Beinschiene, Gamasche).* – Extremitäten von Wirbeltieren und Arthropoden:

1. Unterschenkel von Wirbeltieren: M. gastrocnemius = Wadenmuskel. – 2. Lauf der Vögel: Oedicnemus, Gttg. der Regenpfeifervögel. – 3. Unterschenkel (Tibia) der Insekten in Gattungsnamen von Käfern (Acanthocnemus, Chaetocnema).

cnid-, *Subst. ἡ κνίδ·η (= Nessel).* – Cnidae (Plur.) = Nesselkapseln, also Cnidaria = mit Nesselkapseln versehene Coelenterata; Cnidocil s. cili-; Cnidosporidia, Ord. der Sporozoen, deren Sporen Nesselkapseln bilden.

cocc-, *Subst. ὁ κόκκ·ος (= Fruchtkern, Scharlachkorn).* – 1. Pflanzensame (Kern) oder Beere ohne Rücksicht auf Farbe: Coccothraustes = Kernbeißer, Gttg. der Singvögel; Triticum sativum mono- u. dicoccum. – 2. Kugelig (beerenförmig) ohne Rücksicht auf Farbe (und Größe), bes. kugelige Protozoen (Coccidium) und Bakterien (Streptococcus, Staphylococcus). – 3. Einer roten Beere in Form und Farbe ähnlich: Coccus cacti = Cochenillelaus, Coccinella, Gttg. der Käfer. – 4. Rot (wie Scharlachbeere) ohne Rücksicht auf die Form: coccineus = scharlachrot: Phaseolus coccineus = Feuerbohne.

coccyg-, *Subst. ὁ κόκκυξ, υγ·ος (= Kuckuck).* – 1. Kuckuck: Coccygomorphae = Cuculiformes; Geococcyx u. a. Gattungen. – 2. Dem Schnabel des Kuckucks vergleichbar (vielleicht jedoch etymologisch selbständig): Os coccygis = Steißbein des Menschen; zu diesem in Beziehung: Nervus coccygius.

cochl-, *Subst. ὁ κόχλ·ος (= Muschel, Schnecke) → cochle·a, ·ae f. (= Schnecke) → Subst. cochlear(e), ·is n. (= Löffel, urspr. zum Herausholen von Schnecken aus der Schale).* – 1. Gewundene Schneckenschale: a) Gattungen der Schnecken Cochlodina, Cochlicopa, Cochlostoma; – b) der spiralig gewundenen Schneckenschale ähnlich: die Cochlea = Gehörschnecke im Ohr der Säugetiere u. des Menschen, dazu gehörig der N. cochlearis, der Canaliculus cochleae usw. – 2. Einer Ohrmuschel grob vergleichbar: Fruchtkörper der Pilze Lentinellus cochleatus u. Otidea cochleata. – 3. Löffelförmig die unteren Blätter von Gttg. Cochlearia = Löffelkraut.

coec- = caec-.

coel-, *Adj. κοῖλ·ος (= hohl) → Subst. ἡ κοιλί·α (= Höhlung, Bauch).* – 1. Vertiefung an einer Oberfläche, Aushöhlung; z. B. am Wirbelkörper: amphi-, pro- und opistho-coele Wirbel; danach die Froschlurche eingeteilt in Amphi-, Opistho-, Procoela u. a. Uord. – 2. Hohlraum innerhalb des Tierkörpers: a) Darm: bei Turbellarien fehlend (Acoela), einfach stabförmig (Rhabdocoela), gegabelt (Dicrocoelium Gttg.) oder baumartig verzweigt (Dendrocoela); – b) Leibeshöhle: die Furchungshöhle der Blastula als primäre (Protocoel, Schizocoel), das Coelom = Deuterocoel als sekundäre und das Mixocoel (bei Insekten) als tertiäre Leibeshöhle; – c) coel- im Sinne von Coelom: Coelothel = Coelomepithel (= die epitheliale Auskleidung des Coeloms), Myocoel = Hohlraum im Myotom.

coen-, *Adj. κοιν·ός (= gemeinsam, allgemein), bei Verdeutschung -zön.* – Bezeichnet meist eine Gesamtheit: 1. Genetisch einheitlich: a) Tierstöcke, Kolonien usw.: Coenurus, Bandwurmfinne mit vielen Wurmanlagen (Scolices), daher Artname Taenia coenurus = Hundebandwurm; Coenobium = Zellkolonie; Coenoecium = Gesamtheit der Gehäuse (Zo-oecien) bei Moostieren; Coenosark, Coenenchym, die einem Polypenstock gemeinsame Grundmasse; – b) gleichartige Organe: coenocarp = zönokarp nennt man die verwachsenen Fruchtblätter einer Blüte (Ggs. apokarp s. apo+). – 2. Genetisch nicht einheitliche Vereinigungen: Biocoenosis = Biozönose = Lebensgemeinschaft, insbes. ein Bevölkerungssystem vieler Arten, das sich bei gegebenen ökologischen Verhältnissen im Gleichgewicht erhält; Kennzeichnung der einzelnen Arten nach ihrem Verhalten in der Biozönose als a-, tycho-, xenocoen usw.

coerule-, *Adj. coerule·us, ·a, ·um = caeruleus (= blau).* – Blaue Färbung: a) bei Tieren: Libelle Aeschna caerulea, Parus coeruleus = Blaumeise; – b) bei Pflanzen: Fruchtkörper der Pilze Phlegmacium caerulescens und Russula caerulea; Sesleria coerulea = Blaugras.

coet-, *Subst. ὁ κοῖτ·ος u. ἡ κοίτ·η (= Schlafstätte, Lager, Kiste).* – Wohn- und Aufenthaltsort von Tieren: Ammocoetes, die sich am Boden von Gewässern in den Sand (amm-) einwühlende Larve von Petromyzon; Exocoetus Gttg., der im Flug vorübergehend außerhalb des Wassers (exo+) befindliche Flughecht.

col- I., *Verb colĕre (= bewohnen; bearbeiten, pflegen, versorgen, verehren) → Subst. agricola, ·ae m. (= Landmann, Bauer);* vgl. cult-. – Lebensbereich und Aufenthaltsort von Tieren und Pflanzen: in der Form -col·a, seltener -col·us (nur in Zus). wird das Wort in zahlreichen Art- und Gattungsnamen verwendet: Arenicola marina = Fischersandwurm; Gattungen von Singvögeln: Monticola, Pratincola (= prat-in-cola), Saxicola; Artnamen, z. B. agricola, paludicola, terricola. Der Gattungsname auf -cola wird meist als männlich, seltener als weiblich behandelt und zieht den entsprechenden Artnamen nach sich (Monticola solitarius, aber Saxicola leucura); Artnamen auf -cola werden gewöhnlich als appositives Subst. behandelt und bleiben daher unverändert, aber es kommt auch vor, daß sie dem Geschlecht des Gattungsnamens angeglichen werden.

col- II., *Subst. τὸ κῶλ·ον (= Glied des Körpers, Stück).* – Cōlon = Grimmdarm, Abschnitt des Enddarms der Säugetiere und des Menschen; zu ihm in Beziehung: a) anat. Gebilde, z. B. Taenia mesocolica; – b) Parasiten: Bacterium coli, Entamoeba coli (Flexionsendung ·i im Gen., aber griech. ·on im Nom.!).

cole-, *Subst. ὁ κολε·ός (= Scheide des Schwertes).* – 1. Röhrenförmige Gebilde: a) am Keimling von Gräsern: die Koleoptile = Keimblattscheide schließt den Vegetationspunkt ein, die Koleorrhiza = Wurzelscheide umgibt die Wurzelanlage; – b) Gttg. Coleanthus = Scheidengras, hat bauchig aufgeblasene Blattscheiden. – 2. Bedeckung: Coleoptera = Koleopteren = Käfer, nach den Deckflügeln (Elytren) als „Scheidenflügler" bezeichnet.

coll- I., *Subst. coll·um, ·i n. (= Hals).* – 1. Hals zwischen Kopf und Rumpf: a) Collum = Hals, ihm zugehörig: M. longus colli, Fascia colli; – b) mit auffallend gefärbtem oder andersartig ausgezeichnetem Halse: Muscicapa albicollis = Halsbandfliegenfänger, Branta ruficollis = Rothalsgans, Podiceps nigricollis = Schwarzhalstaucher. – 2. Halsförmige Verengerung an Organen: a) an Knochen, z. B. Collum femoris zwischen Caput und Corpus femoris; – b) an Weichteilen: Collum vesicae urinariae, der in die Urethra übergehende „Hals" der Harnblase. – 3. Halsschild der Käfer, d. h. die dorsale Fläche des Prothorax, insbes. in Artnamen, z. B. atricollis, maculicollis, ruficollis.

coll- II., *Subst. ἡ κόλλ·α (= Leim),* s. koll-. – Gallerte in Kolonien von Radiolarien: Gttg. Collozoum.

coll(i)-, *Subst. collis, is m. (= Hügel, Anhöhe).* – 1. Hügel in der Landschaft als Lebensbereich: Potentilla collina, ein Fingerkraut; Epilobium collinum, ein Weidenröschen. – 2. Übertr. auf Organe: Colliculus = kleine Erhebung, Höcker, z. B. am Dach des Mittelhirns: C. rostralis und caudalis, die Vierhügel (-platte) bei Mensch und Säugetieren; C. seminalis = Samenhügel in der Urethra mit den Mündungen der beiden Ductūs ejaculatorii.

color-, *Subst. color, ōr·is m. (= Farbe) → Verb colorāre → Part. Pass. colorat·us, ·a, ·um (= farbig, gefärbt).* – 1. Färbung: a) bei Tieren: Felis concolor = Puma (con + 1c); – b) bei Pflanzen: Potamogeton coloratus, Salix bicolor, Viola tricolor. – 2. Physik: Kolorimeter, ein Apparat zur Messung mit Hilfe von Farbänderungen, z. B. H-Ionen-Konzentration.

columb-, *Subst. columb·a, ·ae f. (= Taube) und columb·us, ·i m. (= Tauber) → Adj. columbin·us, ·a, ·um (= zur Taube gehörig).* – 1. Taube: a) Gttg. Columba; – b) Parasiten der Taube: Pediculus columbae, Cimex columbarius = Taubenwanze. – 2. Der Taube ähnlich, bes. tauben- oder graublau: die Blüten der Taubenskabiose Scabiosa columbaria (oder weil die Tauben gern ihre Samen fressen?).

columell-, **column**, *Subst. column·a, ·ae f. (= Säule, Pfeiler) → Demin. columell·a, ·ae;* s. Suffix ~ell·us. – Gebilde, die in versch. Grade mit einer Säule (Stützpfeiler eines Gebäudes) verglichen werden können: 1. Columella, Bez. für sehr versch. kleine Gebilde aus Hartsubstanz, z. B. Gehörknöchel bei Amphibien, Reptilien und Vögeln und die Spindel bei Schneckenschalen. – 2. Wirbelsäule aus harten Gliedern, beim Menschen als senkrechte Stütze des Rumpfes: Columna vertebralis. – 3. Längswülste an der Wand von Organen aus weichem Gewebe: Columnae rectales auf der Innenwand des Enddarmes beim Menschen. – 4. Langgestreckte Gebilde aus weichem Gewebe: Columnae griseae = Säulen aus grauer Substanz im Rückenmark.

colymb-, *Verb κολυμβάω (= tauchen, schwimmen), davon ὁ κολυμβητής (= Taucher, Schwimmer).* – Gttg. der Wasserkäfer Colymbetes = Teichschwimmer.

com-, *Subst. ἡ κόμ·η → com·a, ·ae f. (= Haupthaar).* – 1. Haar von Säugetieren: Papio comatus (Bärenpavian). – 2. Kopffedern von Vögeln: Gttg. Opisthocomus, Schopfhuhn. – 3. Haar- oder fadenförmige Gebilde: a) bei Haarsternen (Crinoidea): Gttg. Comaster; – b) bei Pflanzen: Ranunculus auricomus = Goldhaariger Hahnenfuß, Coprinus comatus = Schopftintling (ein Pilz).

comit-, *Subst. comes, comit·is m. u. f. (Begleiter) → Verb comitāre (= begleiten) vom Verb ire (= gehen) und Präfix con+.* – 1. Begleitung, Zusammengehen: Komitee (franz. comité von lat. comitat·us, ūs). – 2. Paralleler Verlauf: Venae comitantes begleiten Arterien oder Nerven.

comm(at)-, *Subst. τὸ κόμμα, ατ·ος (das Abgeschlagene, Gepräge; Einschnitt, Abschnitt, Absatz) vom Verb κόπτω,* s. cop- I. – 1. Abschnitt eines Gebildes, Teilstück: Myocomma, Syn. für Myo-tom oder Myo-mer (Muskelsegment), Plur. -commata. – 2. Schriftzeichen (Interpunktion) für einen Satzabschnitt: a) das Komma, Plur. Kommata; – b) dem Kommazeichen ähnlich geformt: der Kommabazillus Vibrio comma (Choleravibrio); Flecken auf den Flügeln von Schmetterlingen, z. B. bei der Kommaeule Leucania comma.

commun-, *Adj. commūn·is, ·e (= gemeinschaftlich, allgemein) von munus, muner·is (= Pflicht, Amt), also eig. „mit gleichem Amt und gleicher Pflicht“.* – 1. Morphologisch gemeinsam: a) physik.: kommunizierende Röhren; – b) anat.: Arteria carotis communis = die Halsarterie, die sich in die A. c. externa und interna teilt, also beiden gemeinsam ist; Rami communicantes sind verbindende Nervenzweige. – 2. Allgemein, überall vorkommend, gewöhnlich (vgl. vulg-): a) Tiere: Scalaria communis, eine Meeresschnecke; Sylvia communis (Dorngrasmücke), ein Singvogel; – b) Pflanzen: Juniperus communis = Gem. Wacholder.

con-, *Subst. ὁ κῶν·ος = cōn·us, ·i m. (= Kegel).* – Gebilde der verschiedensten Art von der Form eines Kegels oder Kegelstumpfes: 1. Kompakte Gebilde: a) Kristallkegel der Komplexaugen bei Insekten: a- oder eu-cone Augen = ohne oder mit wohlentwickelten Kristallkegeln; – b) kegelförmige spitze Höcker auf Backenzähnen in Reihe hintereinander: trikonodonte Zähne fossiler Säugetiere (Triconodon, Triconodonta). – 2. Hohle Gebilde: a) aus harter Substanz: Schneckenschale der Gttg. Conus; – b) kegelförmiges Rohrstück (Conus arteriosus) zwischen Herzkammer und Aortenstiel bei Selachiern und den meisten „Ganoiden".

conch-, *Subst. ἡ κόγχ·η → conch·a, ·ae f. (= Muschel, Muschelschale); Demin. τὸ κογχύλι·ον → conchyli·um m. (Schaltier, Auster).* – 1. Schale von Weichtieren bzw. diese selbst (Conchylien): a) allg.: Concha, die Schale, daher Conchifera, Zusammenfassung der beschalten Mollusken; Conchiolin, organ. Substanz in der Schale; – b) Muscheln je nach Lage des Körpers ortho- oder pleurokonch. – 2. Andere beschalte Tiere, mit Mollusken verglichen: Conchonia Gttg. der Muschelkrebse. – 3. Der Molluskenschale ähnlich geformte Organteile: a) Concha auriculae, die tiefe Bucht der menschlichen Ohrmuschel (s. cav- u. cymb-); – b) Conchae nasales = Nasenmuscheln, gekrümmte flächige Einstülpungen der lateralen Wand der Nasenhöhle bei Säugetieren und Mensch.

condyl-, *Subst. ὁ κόνδυλ·ος (= geballte Faust, Faustschlag, Beule).* – Condylus = Gelenkhöcker, an der Gelenkbildung beteiligter Höcker an Knochen: C. occipitalis an den Ossa occipitalia zur Verbindung mit dem 1. Halswirbel; daher Di- oder Monocondylia, Wirbeltiere mit zwei oder einem Hinterhauptsgelenkhöcker.

coni-, *Subst. ἡ κονί·α (= Staub, Sand, Asche, Kalk).* – 1. Staub in der Luft: Koniose = Staubkrankheit der Lunge. – 2. Staubfeine Teilchen: a) Otoconia = Statoconia, die kleinen Otolithenkristalle im Ggs. zu den kompakten Otolithen der Knochenfische; – b) die Sporen mancher Pilze: Konidien (Exosporen).

cont-, *Subst. ὁ κοντ·ός (= Stange, Schifferstange, Speer), lat. cont·us, ·i in ähnlichen Bedeutungen.* – Geißel der Schwärmsporen von Algen: fehlend, gleichlang oder von versch. Länge, danach die Unterscheidung der Grünalgen als A-, Iso- und Heterocontae.

cop- I., *Subst. ἡ κοπ·ή (= Schlag, Gemetzel) u. ὁ κόπ·ος (= Schlagen, Ermüdung, Arbeit) → Verb κόπτω (= schlagen, stoßen; verwunden; ermüden) → Verbaladj. κοπτ·ός und Subst. τὸ κομμα, eig. κοπ~μα (= das Abgeschlagene);* vgl. komm(at)-. – 1. Verwunden, belästigen: a) Namen von Parasiten, bes. von stechenden und saugenden Milben: Gattungen Dermatocoptes u. Sarcoptes (eig. sarco-copt·es); – b) Beschädigung von Bäumen bzw. Holz: Gttg. Xylocopa = Holzbiene, baut in morschem Holz Gänge für die Eiablage; Gttg. der Spechte Dryocopus. – 2. Zustand (ohne den Vorgang): a) Einschnitt: Encope, Gttg. der irregulären Seeigel, deren flache Schale am Rande Einkerbungen oder Löcher besitzt; – b) wie abgehackt aussehend: gestutzt, z. B. in Namen von Käfern (Coptosia). – 3. Ermüdung, Schwäche: Kopiopie = Sehschwäche.

cop- II., *Subst. ἡ κώπ·η (= Griff, Stiel, Rudergriff oder das Ruder selbst) → Verb κωπηλατέω (= rudern).* – Schlag zur Fortbewegung im Wasser, Namen von Wassertieren: a) Ruderfüße: Copepoda, Ord. der niederen Krebse; – b) Ruderschwanz: Copelata, s. elat- I.

copr-, *Subst. ἡ κόπρ·ος (= Mist, Kot, Unrat).* – Kot (Faeces, Exkremente): a) Koprolithen = Kotsteine, fossile Tierexkremente; – b) Tiere, die sich im Kot aufhalten bzw. von ihm ernähren, bes. Käfer: Copris, Coprophilus; – c) Pflanzen: Coprinus und Coprinarius, Gattungen der Pilze, die bes. auf Mist, gedüngtem Boden usw. gedeihen.

copt-, *Verb κόπτω (= schlagen, verwunden, belästigen)*, s. cop- I.

copul-, *Subst. cōpul·a, ·ae f. (= Band, Strick, Fessel) → Verb copulāre (= zusammenbinden, verknüpfen, koppeln).* – 1. Verbindendes Gebilde: Copula ventralis, unpaares Skelettstück der Kiemenbögen und des Zungenbeinbogens. – 2. Verbindung als Vorgang: a) Copulation = Kopulation, dauernde Verschmelzung zweier Zellen vieler Protozoen im Ggs. zur Konjugation; – b) Copulatio, kurz Copula, Begattung als vorübergehende körperliche Vereinigung der Geschlechter vielzelliger Tiere, daher Kopulationsorgane = Begattungsorgane; Bursa copulatrix s. burs-.

cor, Nom. zu cord-.

corac-, *Subst. ὁ κόραξ, ακ·ος (= Rabe).* – 1. a) Namen von Raben: Kolkrabe = Corvus corax; – b) den Raben ähnliche Vögel von anderer Zugehörigkeit: Coracias = Blaurake (Rakenvögel); Nycticorax (Nachtreiher); Phalacrocorax (Scharbe, Kormoran) Gttg. der Ruderfüßer; – c) rabenschwarz der Käfer Meligethes coracinus. – 2. Knochen des Wirbeltierskelettes, zunächst der mit dem Schnabel des Raben verglichene Processus coracoideus am Schulterblatt des Menschen, danach die homologen und nahegelegenen Knochen (und Knorpelstücke) bei Tieren: Os coracoideum = Coracoid, Procoracoide (bes. bei Schwanzlurchen und Reptilien).

corall-, *Subst. τὸ κοράλλι· ον → lat. coralli·um n. (= Koralle).* – 1. Koralle selbst: Corallium rubrum = rote Koralle. – 2. Der roten Koralle nach Form oder Farbe ähnlich: a) korallenrot: Elaps corallinus = Korallenotter; – b) mit der Form einer Koralle verglichen: die Wurzel von Coralliorhiza = Korallenwurz, der Fruchtkörper des Korallenschwammes Dryodon coralloides.

corax, Nom. zu corac-.

cord-, *Subst. cor, cord·is n. (= Herz).* – 1. Cor, Cordis = Herz, Antriebsorgan des Blutkreislaufs: Regionen und Teile beim Menschen: Apex cordis, Atria cordis u. a. – 2. Dem Herzen des Menschen und der höheren Wirbeltiere formähnlich: a) Echinocardium cordatum, Gem. Herzigel, ein irregulärer Seeigel; – b) die Blätter von Pflanzen: Listera cordata, Pelargonium cordatum.

cordyl-, *Subst. ἡ κορδύλ·η (= Beule, Keule).* – 1. Keulige Bildungen: a) Wurzelstock von Cordyline = „Keulenlilie", Gttg. der Agaven; – b) Hydranthen und Gonophoren von Cordylophora, Gttg. der Hydroidpolypen. – 2. Geschwulst: Cordylobia s. anthrop-.

core-, in einigen Ableitungen verwendete Form des Stammes cori- II. = Wanze: Gttg. Coreus; Geocores oder -corisae (Gymnocerata) = Landwanzen und Hydrocores oder -corisae (Cryptocerata) = Wasserwanzen.

cori- I., *Subst. cori·um, ·i n. (= Fell, Haut, Leder);* vgl. chori-. – 1. Corium, die bindegewebige Lederhaut der Wirbeltiere im Unterschied zur epithelialen Epidermis, Syn. Cutis. – 2. Gegerbtes Leder: ihm in Farbe und Beschaffenheit ähnlich: das Chitin von Carabus coriaceus = Lederlaufkäfer und Prionus coriarius = Lederfarbiger Sägebock.

cori- II., *Subst. ἡ κόρις, ιος, Gen. auch εως (= Wanze)*, vgl. core-. – 1. Wanze, z. B. in den Gattungsnamen Antho-, Calo-, Doly-, Nau-, Pyrrhocoris und Corixa (vgl. ixal-). – 2. Ähnlichkeit mit Wanzen: a) Aussehen: Pflanzen, deren Samen eine an Wanzen erinnernde Form besitzen: Gttg. Corispermum = Wanzensame, Coriandrum = Koriander; – b) Geruch: Orchis coriophora, eine Orchidee, deren Blüten nach Wanzen riechen.

corm-, *Subst. ὁ κορμ·ός (= Baumstumpf).* – a) Cormus = Tierstock, d. h. auf Knospung oder unvollständiger Teilung beruhende Gemeinschaft von Individuen („Personen") in dauerndem körperlichen Zusammenhang, z. B. bei Korallen; Plur. verdeutscht Kormen; – b) Cormus, der in Wurzel, Stamm und Blätter gegliederte Körper der Kormophyten = Sproßpflanzen im Ggs. zu den Thallophyten, s. thall-.

corn-, in Zus. statt cornu-.

cornu(-), *Subst. cornu, ūs, Plur. cornu·a n. (= Horn der Rinder, Horn als Stoff, Blashorn).* – In vielen Zus. nur in der Form corn-, in einigen mit u, das auch als Bindevokal aufgefaßt werden kann, z. B. Cornuspira (Gttg. der Foraminiferen). – 1. Gehörn der Rinder, Schafe und Ziegen (Cavicornia = Hohlhörner, s. cav-) mit Hornscheide auf Knochenzapfen, der aus einem Fortsatz des Stirnbeins und dem Os cornu hervorgeht. – 2. Kopffortsätze anderer Wirbeltiere: a) Unpaar bei Nashörnern (Rhinoceros unicornis) und Reptilien (Bitis nasicornis = Nashornviper); – b) paarige Fortsätze: Cerastes cornutus = Hornviper s. cerat- 2c); Cottus quadricornis = Vierhörniger Seeskorpion (Fisch) mit zwei Paar knöchernen Auswüchsen auf dem Kopf. – 3. Antennen u. a. Kopffortsätze bei Arthropoden, bes. bei Insekten, z. B. Lamellicornia = Blatthornkäfer, deren Fühler mit Blätterkeule versehen sind, und Corethra plumicornis, eine Mücke (plum-). – 4. Organe, deren Form an Hörner erinnert: a) aus Skelettsubstanz, insbes. die Zungenbeinhörner Cornua minora und majora s. cer(at)-; – b) aus weichem Gewebe: Uterus bicornis; – c) Fortsätze von Hohlräumen: Cornu anterius, inferius und posterius der Großhirnventrikel; – c) Pflanzenorgane: Salicornia, Gttg. der Chenopodiaceae, Salzpflanzen (sal-) mit dicken und wie Hörner gekrümmten Seitensprossen; Glancium corniculatum = Hornmohn, nach der Form der Früchte benannt. – 5. Hornsubstanz: a) Keratin: Stratum corneum der verhornenden Epidermis von Wirbeltieren; – b) bei Schwämmen: Cornacuspongia = Kieselhornschwämme, vgl. cer(at)-. – 6. Der Hornsubstanz ähnlich: a) Farbe: Sphaerium corneum, Art der Kugelmuscheln mit hornfarbiger (gelblichbrauner) Schale; – b) Konsistenz: Cornea, die Hornhaut des Wirbeltierauges.

coron- I., *Subst. ἡ κορών·η (= Türring, Bogenring) → corōn·a, ·ae f. (= Kranz, Krone) → Verb. coronāre (= bekränzen, umringen).* – 1. Kranz oder Ring: a) einheitlicher Ring (geschlossen oder nicht): Sulcus coronarius (cordis) = Furche am menschlichen Herzen zwischen Vorhofs- und Kammerteil, darin verlaufende Gefäße Arteria coronaria dextra et sinistra = Kranzadern; Coronata, Ord. der Scyphomedusen mit Ringfurche; – b) Kranz aus Einzelteilen: in der Ebene die Corona ciliaris, der Falten- oder Strahlenkranz des Corpus ciliare (cili- B.); im Raum allseits: Corona radiata, im Umkreis des Säugetiereies radiär angeordnete Follikelzellen. – 2. Krone oder Kranz als Kopfaufsatz: a) Coronella austriaca, Glattnatter mit dunklem Fleck im Nacken; – b) Corona dentis = Zahnkrone, der obere, frei in die Mundhöhle ragende Teil des Zahnes (Ggs. Radix); – c) Coronilla = Kronwicke mit der Art C. coronata, nach der Blütendolde benannt, die kronenförmig aussieht.

coron- II., *Subst. ἡ κορών·η (= Krähe).* – 1. Krähe: Corvus corone = Rabenkrähe. – 2. Einer Krähe ähnlich: dem Fuß die Blätter von Coronopus = Krähenfuß (Gttg. der Kreuzblütler) und von Plantago coronopus (Art des Wegerichs).

corpor-, corpus(-), *Subst. corpus, corpor·is, Plur. ·a n. (= Körper, Rumpf, Person, Körperschaft) → Demin. corpuscul·um, ·i n. (= Körperchen).* – 1. Allg.: körperliches (dreidimensionales) Gebilde: a) sehr kleine Gebilde: Corpusculum = Korpuskel, korpuskulär; – b) Organ oder Organteil als Ganzes betrachtet, gekennzeichnet durch bes. Form (Corpus restiforme, C. trapezoideum, C. pineale), Beschaffenheit (Corpus adiposum, C. callosum, Corpora cavernosa) oder Farbe (Corpus luteum, s. lut- I. 2.). – 2. Hauptteil eines Tierkörpers, Organs oder Organteiles: a) der individuelle Körper als Ganzes: Corpus humanum → Partes corporis humani, Regiones corporis; – b) dem Rumpf vergleichbarer Teil eines Organs im Unterschied zu einem „Kopf“ und „Schwanz“, z. B. Corpus epididymidis (Nebenhoden); –

c) Hauptteil im Unterschied zu Fortsätzen, z. B. Corpus vertebrae = Wirbelkörper im Unterschied zu Bögen und Fortsätzen, Corpus sterni im Ggs. zum Manubrium und Schwertfortsatz des Brustbeins beim Menschen.

cortex, cortic-, *Subst. cortex, cortic·is m. (= Baumrinde, Kork, Schale).* – 1. Baumrinde als Lebensbereich von Tieren: Clubiona corticalis, eine Spinne; Aphrophora corticea = Rinden-Schaumzikade. – 2. Rindenschicht von Zellen und Organen: a) Protoplasma: das Corticalplasma der Ciliata; – b) Organ: Substantia corticalis der Niere, der Nebenniere, der Knochen (= S. compacta), des Groß- und Kleinhirns; – c) insbes. die Rindensubstanz der Nebenniere: Cortin, Corticosteron; – d) die Großhirnrinde: kortikale und subkortikale Vorgänge; Archi- und Neocortex sind der in der Stammesgeschichte ursprüngliche und der neuentstandene Teil der Hirnrinde.

coryn-, *Subst. ἡ κορύν·η (= Keule, Streitkolben) → Subst. ὁ κορυνήτης* u. *κορυνηφόρ·ος (= Keulenträger, -schwinger).* – a) Keulenförmig erscheinen die Polypenköpfe von Coryne, Podocoryne u. Corymorpha (cory- statt coryne-); – b) Antennen von Korynetes [Corynetes], Gttg. der Buntkäfer, mit Endkeule; – c) die Grannen von Corynephorus, Gttg. der Gräser, an der Spitze keulig verdickt.

cost-, *Subst. cost·a, ·ae f. (= Rippe).* – 1. Skeletteil bei Wirbeltieren: Costae = Rippen; Teile der Rippe: z. B. Capitulum costae; in Beziehung zu den Rippen: Musculi intercostales = Zwischenrippenmuskeln. – 2. Versteifende Rippen flächiger Organe: a) Rippen oder Nerven von Pflanzenblättern, zwischen ihnen Interkostalfelder; – b) Insektenflügel: Costa, Kostalader. – 3. Oberflächliche Leisten oder Rippen: Schale von Cardium costatum = Gerippte Herzmuschel; Echioceras raricostatum, eine Art der Ammoniten.

cotyl-, *Subst. ἡ κοτύλ·η (= Höhlung, Napf), ὁ κότυλ·ος (= Näpfchen, Schälchen) und ὁ κοτυλεδών, όν·ος (= Näpfchen, Saugwarze).* – 1. Saugnäpfe in Namen versch. Tiergruppen, vor allem der Strudelwürmer (Uord. Cotylea u. Acotylea) und Trematoden (Ord. Malacocotylea), ferner bei Tintenfischen (Hectocotylus, s. hect-). – 2. Keimblatt höherer Pflanzen = Cotyledo: im Besitz von einem Keimblatt, d. h. monokotyl, sind die Monokotylen (oder Monocotyledonopsida), im Besitz von zwei Keimblättern, d. h. dikotyl, sind die Dikotylen (oder Dicotyledonopsida); Hypokotyl (Keimstengel) ist der kurze Abschnitt des Sprosses unter den Keimblättern. – 3. Cotyledonen nennt man in der danach benannten Placenta cotyledonaria der Wiederkäuer (Kotyledonenplazenta) die becherförmig eingesenkten Zottenfelder, in die entsprechende Vorwölbungen der Uteruswand (Carunculae) sich einfügen.

cox-, *Subst. cox·a, ·ae f. (= Hüfte).* – 1. Coxa = Hüfte bei Säugetieren und Mensch: Körperregion mit dem Os coxae = Hüft- oder Beckenbein. –

2. Coxa, das erste Beinglied der Insekten und entsprechender Teile der Extremitäten der Spinnentiere und Krebse; die Coxaldrüse mündet an der Basis der Coxa.

crani-, *Subst. τὸ κρανί·ον (= Schädel).* – Cranium, der Schädel der Wirbeltiere: a) als Ganzes, aus Neuro- und Viscerocranium entstehend, bei den Craniota vorhanden, den Hemicraniota (Cyclostomata) unvollkommen ausgebildet und den Acrania fehlend; bei vollständiger Verknöcherung (z. B. Mensch) besteht der Schädel aus den Ossa cranii; – b) insbes. der Hirnschädel (Neurocranium) im Unterschied zum Gesichtsschädel; – c) Richtung zum Schädel als vorderster Körperregion: kranial im Ggs. zu kaudal, z. B. Vena cava cranialis (= superior PNA).

crass-, *Adj. crass·us, ·a, ·um (= dicht, dick, fest).* – 1. Räumliche Ausdehnung in versch. Dimensionen: a) Crassilinguia = Eidechsen mit dicker fleischiger Zunge, die kaum vorgestreckt wird; – b) mit dicken Blättern: Crassula [Tillaea], Gttg. der Crassulaceae = Dickblattgewächse. – 2. Dick im Ggs. zu dünnflüssig: Crassamentum sanguinis, der nach Gerinnung aus dem Cruor entstehende „Blutkuchen" im Ggs. zur ausgepreßten Flüssigkeit.

crater(-), *Subst. ὁ κρατήρ, ῆρ·ος (= Mischkrug, Kessel, Krater).* – 1. Organismen: a) Craterellus, Gttg. der Pilze mit trichterförmigem Fruchtkörper; – b) Craterolophus, Gttg. der Becherquallen mit tief krugförmigem Körper und sehr kurzem Stiel. – 2. Krater der Vulkane trichter-, kessel- oder schachtförmig.

-cre- I., *Verb. cernĕre (= scheiden, sondern, erkennen), Sup. cret-*, s. cret-I. – Nur in manchen Zus.: Exkrement.

-cre- II., *Verb. crescĕre (= wachsen), Sup. cret-.* – Nur in manchen Zus., z. B. Konkrement, Dekrement.

cre- III., *Subst. τὸ κρέας, ως (= Fleisch, Stück Fleisch).* – Creodontia („Fleischzähner"), fossile Raubtiere.

crem(a)-, *Verb κρεμάω = κρεμάζω (= aufhängen, hängen) → κρεμαστ·ός (= aufgehängt) und Subst. Masc. ὁ κρεμαστήρ (= der Aufhängende).* – 1. Hangen, hängen (intrans.): Pflanzenorgane in den Artnamen cremastogyne (Griffel), cremocarpus, cremophyllus. – 2. Aufhängen: a) Cremaster, Häkchen am Hinterende von Schmetterlingspuppen zu deren Aufhängung; – b) M. cremaster, eine Muskelschicht, die bei Säugetieren und Mensch im Hodensack den Samenstrang umgibt, diesen hält, hebt und bei manchen Tieren nach der Brunst in die Bauchhöhle zurückzieht; der M. cremaster ist nach außen von der Fascia cremasterica bedeckt.

crepid-, crepis, *Subst. ἡ κρηπίς, ῖδ·ος (= Schuh, Sockel, Grundlage) → Subst. crepid·a, ·ae f. (= Halbschuh, Sandale).* – 1. Boden, Grundlage: Crepis =

„Grundfeste", Gttg. der Asteraceae, hat im ersten Jahr meist grundständige, am Boden liegende Blätter. – 2. Fuß: Brachycrepis, Gttg. der Käfer mit kurzem vierten Fußglied. – 3. Fußbekleidung, Schuh: Pantoffelschnecke Gttg. Crepidula nach der Form der Schale benannt; vgl. hipp- 3b.

cresc-, *Verb crescĕre (= wachsen, entstehen, zunehmen), eig. cre-scere, daher Grundstamm cre- und Sup. cret-*, s. -cre- II. und -cret- II. – Verwendung vor allem mit Präfixen: Dekreszenz = Abnahme; Exkreszenz = Auswuchs, kleine Wucherung an Oberflächen, z. B. Haut; Konkreszenz = Zusammenwachsen (Ergebnis in anderen Fällen als Konkrement bezeichnet).

-cret- I., *Sup. vom Verb. cernĕre (= scheiden, sondern, erkennen)*, s. crin- III. – Nur mit Präfixen, bezeichnet Abgabe und Ausscheidung von Stoffen: sezernieren → Sekret(ion); Excretion; Inkret = Produkt der inneren Sekretion.

cret- II., *Sup. des lat. Verbs crescĕre*, s. cre- II. und cresc-.

cri-, *Subst. ὁ κρι·ός (= Widder, Schaf)*. – 1. Name von Horntieren: Hemitragus hylocrius. – 2. Mit Antennen („Hörnern") versehen: Gttg. der Blattkäfer Crioceris, Gttg. der Bockkäfer Criocephalus. – 3. dem einzelnen Widderhorn ähnlich: Crioceratites; Gttg. der Ammoniten (vgl. cer(at)-).

cribr-, *Subst. crībr·um, ·i n. (= Sieb), eig. cri∼br·um*, s. ∼br·. – Flächenhafte Gebilde mit Öffnungen, einem Sieb vergleichbar: 1. Funktionell: Durchtritt von Sekreten: Cribellum, Drüsenfeld mancher Spinnen vor den Spinnwarzen (vgl. ∼ell·us 1. b). – 2. Zustand: Durchtritt von Nervenfasern, z. B. durch Knochenplatte (Lamina cribrosa des Siebbeins, s. ethm-) zur Nase, durch Bindegewebe (Area cribrosa sclerae, JNA) zur Netzhaut. – 3. Nur Bild des Siebes ohne Öffnungen: Zeichnung bei Mollusken und Insekten: Crabro cribrarius = Siebwespe mit gelben Punkten.

cric-, *Subst. ὁ κρίκ·ος (= Reifen, Ring, Armband)*. – Ringförmige Gebilde: Cartilago cricoidea, der Ringknorpel im Kehlkopf.

crin- I., *Subst. crīnis, ·is m. (= Haar, Haupthaar), Bindevokal immer ·i.* – Crines, die Haare der Säugetiere und des Menschen, auch übertr. auf Insekten: Sitona crinita = Behaarter Blattrandkäfer.

crin- II., *Subst. τὸ κρίν·ον oder ·ος (= Lilie)*. – Der Lilie ähnliche Tiere: Crinoidea = Seelilien, Haarsterne, mit den Gattungen Bathy-, Penta-, Rhizocrinus u. a.

-crin III., *Verb κρίνω (= scheiden, sondern, auswählen)*; vgl. kri-. – Sekretion von Drüsen und Drüsenzellen: a) Richtung der Ausscheidung: endo- oder exokrine Drüsen mit innerer oder äußerer Sekretion; – b) Art der Beanspruchung der einzelnen Zellen: holokrin, der ganze Zellkörper (hol-) wird in Anspruch genommen und geht bei einmaliger Sekretion zugrunde; merokrin, die Zelle wird nur zum Teil (mer-) von Sekret erfüllt und gibt dies unter Verlust oberer Zellteile (apokrin) oder ohne Verlust durch Ausscheidung (ekkrin) ab.

crisp-, *Adj. crisp·us, ·a, ·um (= gekräuselt, kraus) → Verb crispāre (= kräuseln; in zitternde Bewegung versetzen).* – Formbesonderheit von Tieren und Pflanzen: gerunzelt, gefaltet, kraus: die Blätter von Potamogeton crispus = Krausblättriges Laichkraut, der Fruchtkörper der Herbstlorchel Helvella crispa, die gerippte Oberfläche der Schneckenschale von Scissurella crispata, die Federn auf dem Kopf von Pelecanus crispus = Krauskopfpelikan.

crist-, *Subst. crist·a, ·ae f. (= Helmbusch; Kamm am Kopf von Tieren) → Adj. cristat·us, ·a, ·um (= mit Helmbusch oder Kamm).* – 1. Erhebung aus Einzelteilen (Büschel, Schopf, Mähne): a) aus Haaren oder Borsten: Hystrix cristata = Stachelschwein, mit aufrichtbarer Mähne aus starken Borsten; – b) Federbüschel: Pavo cristatus (Pfau), Galerida (Galerita cristata = Haubenlerche; – c) bei Moostierchen (Bryozoa) büschelartige Kolonie: Cristatella (Gttg.). – 2. Zusammenhängende langgestreckte Erhebung (Leiste, Kante, Grat): a) an Knochen: Crista sterni, Knochenplatte („Kamm“) des Brustbeins der flugfähigen Vögel, auch mit Bootskiel verglichen (carin- 2); – b) Hautfalte, z. B. Triturus cristatus = Kammolch mit hohem, gezacktem Hautkamm auf dem Rücken der Männchen zur Brunstzeit; – c) Cristae ampullares, bindegewebige Erhebungen mit Sinnesepithel in den Ampullen des Ohrlabyrinthes.

cristall- = crystall-.

croc-, *Subst. ὁ κρόκ·ος = croc·us, ·i m., auch croc·um, ·i n. (= Safran, Safranfarbe) → Adj. croce·us, ·a, ·um und crocin·us, ·a, ·um (= safranfarbig, gelb).* – 1. Pflanze: Crocus = Krokus, Gttg. der Iridaceae. – 2. Den Blüten von Crocusformen ähnlich: gelb, safrangelb: die Schale der Muschel Tridacna crocea, das Fell des Gelbrücken-Agutis Dasyprocta croconota (-nōt), das Gefieder des Klippenvogels Rupicola crocea; Mycena crocata, ein Pilz mit safran- bis orangerotem Milchsaft.

cross-, *ὁ κροσσ·ός (= Franse, Quaste).* – Quasten- oder fransenartige Bildungen bei Tieren: Crossopterygii, Fische mit quastenförmigem Skelett der Brustflosse, deren Rand wie ausgefranst erscheint.

cruc(i)-, *Subst. crux, cruc·is f. (= Kreuz, Marterholz).* – 1. Gebilde, die sich überkreuzen: Ligamenta cruciata am Knie; Pars cruciformis vaginae fibrosae = die Kreuzbänder der Finger u. Zehen beim Menschen. – 2. Form eines Kreuzes: a) Stellung der Blätter beim Kreuzlabkraut Galium cruciatum sowie der Blütenblätter bei den Cruciferae = Kreuzblütlern (Brassicaceae) und dem Kreuzenzian Gentiana cruciata; – b) Zeichnung eines Kreuzes bei Tieren: Corymbites cruciatus, ein Schnellkäfer; – c) kreuzförmige (viereckige) Schalenöffnung der Schnecke Clausilia cruciata.

cru(or)-, *Subst. cruor, cruōr·is (= Blut) m., Adj. cruent·us, ·a, ·um (= blutig, blutbespritzt).* – 1. Blut: a) frisch: cruentus = blutig, med.: Lochia cruenta; – b) geronnen: Cruor sanguinis, aus dem sich der Blutkuchen (crass-) absetzt. – 2. Blutrote Farbe: a) von Tieren, Artnamen cruentus, cruentatus; – b) von Pflanzen: Beta vulgaris rapa-cruenta = Rote Rübe.

crur-, crus-, *Subst. crus, crur·is n. (= Schenkel, Schienbein, Bein).* – 1. Extremität bei Wirbeltieren und Mensch: a) Fascia cruris, die Binde des Oberschenkels; – b) Articulatio talo-cruralis = Fußgelenk zwischen dem Sprungbein (Talus) und dem Unterschenkel (Schien- u. Wadenbein). – 2. Gebilde, die nach Form und Anordnung mit Schenkeln verglichen werden: paarig, bilateral: Crura cerebri und cerebelli (JNA), Faserstränge, die diese Gehirnteile mit der Medulla oblongata und untereinander verbinden; Crura penis, paarige Schwellkörper des Penis.

crust-, *Subst. crust·a, ·ae f. (= Rinde, Schale, Kruste).* – Harte Außenschicht, Kruste, Schale: Crustacea = Krebse, wegen des bei höheren Krebsen harten Chitinpanzers mit eingelagertem Kalk; Inkrustation (incrustatio) = Überzug, Krustenbildung insbes. Kalkeinlagerung, Verb: inkrustieren.

crux, *Nom. zu cruc(i)-*, z. B. Panagaeus cruxmajor, ein Käfer mit schwarzem Kreuz zwischen gelben Flecken.

crypt-, *Verb κρύπτω (= verbergen, verhüllen, schützen, begraben) u. Verbaladj. κρυπτ·ός (= verborgen, versteckt).* – 1. Zustand: a) Einsenkung, Vertiefung: Krypten der Darmschleimhaut, vor allem die Lieberkühnschen Krypten (Drüsen). – 2. Versteckt, überdeckt: Cryptochiton Gttg. der Käferschnecken, deren Schale vom Mantel überwachsen, also nicht sichtbar ist; Cryptocerata, Wasserwanzen mit verborgenen Fühlern. – 3. In versch. Grade rückgebildet: Cryptobranchus Gttg. der Schwanzlurche mit rückgebildeten Kiemen(spalten); Crypturidae (= Tinamidae), Vögel mit sehr kurzem Schwanz ohne Pygostyl. – 4. Vorgang des Verbergens: Cryptodira, Schildkröten, die den Hals unter s-förmiger Krümmung zurückziehen (Ggs. pleur-). – 5. Lebensbereich: an versteckten Orten lebend: Gttg. der Käfer Cryptobium und Crypturgus (im Holz und unter der Rinde von Nadelbäumen). – 6. Schwer erkennbar, (früher) unbekannt: die Fortpflanzung der Kryptogamen im Ggs. zu den auffälligen Blüten der Phanerogamen.

crystall-, *Subst. ὁ κρύσταλλ·ος (= Eis, Bergkristall, Glas) → crystall·us, ·i m. (= Bergkristall)* = Kristall. – 1. Kristall- oder glasartige Gebilde in Sehorganen: Lens crystallina = die Augenlinse der Wirbeltiere, Kristallkegel im Komplexauge der Insekten (vgl. con- 1a), von Kristallzellen gebildet. – 2. Durchsichtige Tiere oder Organe: Wasserfloh Sida crystallina, Schale der Schnecke Vitrea crystallina.

cten-, *Subst. ὁ κτείς, κτεν·ός (= Kamm).* – Kammähnliche Gebilde mit ein- oder zweireihiger (fiederiger) Anordnung: 1. Wimpern: Ctenophora =

Rippenquallen mit Flimmerplatten, Gttg. Ctenoplana, s. plan-. – 2. Kiemenblättchen oder -fäden bei Schnecken (Ktenidien = Kammkiemen) u. a. Wassertieren. – 3. Stacheln oder Borsten bei Arthropoden: Ctenocephalus, Gttg. der Flöhe mit Stachelkämmen am Kopf und Prothorax; Ctenizа Gttg. der Spinnen mit kammförmigen Klauen. – 4. Zacken oder Zähne an den Ktenoidschuppen vieler Fische.

cub- I., *Subst. cub·us, ·i m. (= Würfel), verw. mit kyb·os (= Wirbelknochen, Würfel).* – Form von Tieren oder Körperteilen grob an einen Würfel erinnernd: a) Cubomedusae = Würfelquallen mit vierseitigem beutelförmigem Schirm; – b) Os cuboideum = Würfelbein, einer der Fußwurzelknochen der distalen Reihe beim Menschen; – c) kubisch wird ein Epithel genannt, wenn im Schnittbild die Zellen ebenso breit wie hoch (äquidimensional) erscheinen; in der Fläche sind sie aber meist sechseckig.

cub- II., *Verb cubāre mit Sup. cubit- (= liegen, schlafen), mit Präfix entweder gleich (excubāre, incubāre) oder in der Form -cumbere,* s. -cumb- und cubit-. – 1. Wachsam sein, eig. im Freien = „außerhalb" liegen: Lanius excubitor (Raubwürger), ein Singvogel, der von hohem Sitz nach Beute ausblickt. – 2. Brüten, Ausbrüten: a) urspr. vom Vogel, der auf seinem Nest und den Eiern sitzt: Inkubation = Bebrütung, Brutzeit; – b) übertr.: Inkubationszeit von der Infektion durch einen Erreger bis zum Ausbruch der ersten Krankheitserscheinungen.

cubit-, *Subst. cubit·us, ·i m. (= Ellbogen, Elle), vom Verb cubāre (= liegen), weil die Römer beim Mahl auf den linken Ellenbogen gestützt lagen.* – Cubitus = Ellenbogen oder Ellbogen; Articulus cubiti = Ellbogengelenk zwischen Ober- und Unterarmknochen.

cucul-, *Subst. cucul·us, ·i m. (= Kuckuck).* – 1. Der Kuckuck: a) Cuculus canorus; – b) Parasiten des Kuckucks die Federlinge Gttg. Cuculoecus, Cuculicola u. a. – 2. Benennung der Kuckucks-Lichtnelke Lychnis floscuculi zweifelhaft (mit dem sog. Kuckucksspeichel der Schaumzikade in Verbindung gebracht).

cucull-, *Subst. cucull·us, ·i m. (= Kopfkappe, Kapuze).* – Kopfaufsatz: a) Federhaube von Vögeln: Lophodytes cucullatus, der Schopf- oder Kappensäger (ein Gänsevogel); – b) Helm bei Wasserflöhen: Daphnia cucullata.

cucum-, *Subst. cucum·is, ·is oder er·is m. (= Gurke).* – 1. Cucumis, Gttg. der Gurkenpflanzen. – 2. Der Gurkenfrucht ähnlich: a) Form: Beroe cucumis = Melonenqualle (eine Rippenqualle), Cucumaria, Gttg. der Seegurken (Holothurioidea); einem Kürbiskern ähnlich geformte Glieder hat der Bandwurm Taenia cucumerina; – b) Geruch: Naucoria cucumis, ein Pilz, der stark nach frischer Gurke riecht.

culin-, *Subst. culin·a, ·ae f. (= Küche; Kost, Bewirtung) → Adj. culinari·us, ·a, ·um (= zur Küche gehörig).* – Menschliche Ernährung: a) Gemüsepflanzen: Lens culinaris = Speiselinse; – b) für Feinschmecker: kulinarische Genüsse.

culmen, *Subst. culmen, min·is n. (= Gipfel, Höhepunkt).* – 1. Gipfel, Scheitel an Organen, Culmen: a) die Kante (Firste) des Oberschnabels bei Vögeln; – b) Region des Kleinhirnwurmes beim Menschen. – 2. Kulmination, der Höhepunkt, insbes. bei Gestirnen bei ihrer täglichen scheinbaren Bewegung; übertr.: höchste Entfaltung einer Sippe in der Phylogenese.

cult-, *Sup. von colĕre,* s. col- I. – Kultur, insbes. Agrikultur = Ackerbau sowie Gartenbau: Cultivar (kurz cv.) = Kulturvarietät oder Sorte einer Pflanze.

cultr-, *Subst. culter, cultr·i m. (= Messer) → Demin. cultell·us* (vgl. ~ell·us 1b). – Vergleich mit dem Messer: 1. Zum Schneiden dienend, aber ohne Messerform: Pelobates cultripes mit hornigen Grabschwielen (ein Krötenfrosch). – 2. Messerform, aber nicht zum Schneiden dienend: Pelecus cultratus, Sichling, ein Karpfenfisch mit scharfer Bauchkante.

-cumb-, *Form des Praesensstammes des Verbs cubāre, jedoch als Verb der 3. Konj.: ac-, de-, pro-cumbĕre;* vgl. cub- II. – Artnamen von Pflanzen mit liegendem Stengel: Asperugo procumbens, Sieglingia decumbens = Liegender Dreizahn, ein Gras.

cumul-, *Subst. cumul·us, ·i m. (= Haufe, Übermaß).* – 1. Gebilde von der Form eines Hügels: Cumulus oophorus, der die Eizelle enthaltende Vorsprung im Bläschenfollikel des Eierstockes. – 2. Anhäufung, Summierung: Kumulation, kumulative Anpassung durch Summierung geringer Veränderungen in der Stammesentwicklung.

cune-, *Subst. cune·us, ·i m. (= Keil).* – 1. Dreidimensionale Organe von Keilform: Cartilago cuneiformis im Kehlkopf; Ossa cuneiformia, die drei Keilbeine in der Fußwurzel. – 2. Keilförmige (dreieckige) Fläche: die Fiederchen von Asplenium cuneifolium; Saxifraga cuneifolia mit Rosette aus keilförmigen Blättern.

cunicul-, *Subst. cunicul·us, ·i m. (= 1. unterirdischer Gang, Mine; 2. Kaninchen).* – 1. Kaninchen: Oryctolagus cuniculus; – 2. mit ihm verglichen: der Fichtenbastkäfer Hylastes cunicularius, die Kanincheneule Speotyto cunicularia (lebt am Boden und brütet in Erdhöhlen).

cup-, *Subst. cūp·a, ·ae f. (= Kufe, Tonne) → Demin. cūpul·a, ·ae (= Pokal).* – Cupula: a) kuppel- oder gewölbeförmige Gebilde, z. B. im Ohrlabyrinth: Cupula terminalis = Deckgebilde in den Ampullen, Cupula = distale Wölbung der Cochlea; – b) Becherform: Cupula = Fruchthülle der Eichel.

cupr-, *Subst. cupr·um, ·i n. (= Kupfer) → Adj. cupre·us, ·a, ·um.* – Kupferfarbig, -rot, in vielen Artnamen: Callicebus cupreus = Roter Springaffe, Donacia semicuprea = Kupferiger Schildkäfer.

curr-, curs-, *Verb currĕre (= laufen, eilen), Sup. curs-; Part. Praes. currens, -ent·is; mit Präfixen: concurrere, excurrere, recurrere.* – 1. Lauf, d. h. schnelle Ortsveränderung von Tieren mit Extremitäten, bes. im Ggs. zu anderen Bewegungsarten: Cursoria = Schabenähnliche Insekten; Cursorius, Gttg. der Regenpfeifervögel (der Wüstenläufer). – 2. Zustand, der Verlauf eines Nerven: N. recurrens, s. re+. – 3. Zeitlicher Verlauf: interkurrent; Spirochaeta recurrentis, Erreger des Recurrensfiebers (s. re+). – 4. Begrifflich: Konkurrenzkampf; Exkursion.

curv-, *Adj. curv·us, ·a, ·um (= krumm, gerundet).* – a) gebogene Konturen von Organen: Curvatura major und minor, die untere und obere Begrenzung des menschlichen Magens; – b) gekrümmte Körperfortsätze: Loxia curvirostra = Fichtenkreuzschnabel.

cuspid-, *Subst. cuspis, cuspid·is f. (= Spitze, Stachel).* – Zipfel oder Spitze an Organen: a) Herzklappen zwischen Vorhöfen und Kammern (Cuspidalklappen): Valvula bi- und tricuspidalis aus zwei oder drei Zipfeln bestehend (Cuspis ventralis, dorsalis und septalis); – b) Blätter von Pflanzen: Acrocladium cuspidatum = Spitzblättriges Spießmoos; Parthenocissus tricuspidata hat dreilappig oder -zählig gefingerte Blätter.

cut-, *Subst. cutis, is f. → Demin. cuticul·a, ·ae f. (= Haut).* – 1. Cutis, Syn. für das Integument der Wirbeltiere aus Corium und Epidermis; Nervi cutanei = Hautnerven, überwiegend sensible Nervenzweige, die sich im Corium verzweigen und auch in die Epidermis eindringen. – 2. Cutis insbes. Syn. für Corium, z. B. Cutispapille. – 3. Cuticula, Bedeckung der Körperoberfläche: a) bei Wirbellosen von einschichtigen Epithelien und bei niederen Wirbeltieren von der obersten Lage des mehrschichtigen Epithels abgeschieden, meist aus Chitin; – b) bei Pflanzen der äußere Überzug der Epidermis.

cyan-, *Subst. ὁ κύαν·ος (= Lasurstein, dunkelblaue Farbe, Kornblume) → Adj. κυάνε·ος (= stahlblau, schwarzblau, schwärzlich).* – Blaue Färbung: a) Tiere: blaues Gefieder bei Vögeln (Cyanocitta, Cyanocorax, Cyanerpes cyaneus), Färbung von Käfern (Artnamen cyani-collis, -pennis, -pterus), von Medusen (Gttg. Cyanea); – b) Haemocyanin, blauer Blutfarbstoff bei einigen Weichtieren und Krebsen; – c) Pflanzen: Cyanophyceae, Anthozyan, Centaurea cyanus (Kornblume).

cyath-, *Subst. ὁ κύαθ·ος (= Schöpfgefäß, kleines Raummaß).* – 1. Becherförmiges Gebilde a) aus Teilen: Cyathium, der mit einer röhrigen Hülle aus Hochblättern versehene Blütenstand von Euphorbia (Wolfsmilch); –

b) einheitlich: Fruchtkörper von Pilzen: Gttg. Cyathus, Arten Lactarius cyathula und Calodon cyathiformis. – 2. Bild eines Trinkbechers: auf den Gliedern des Hinterleibes der Libelle Enallagma cyathigerum = Becher-Azurjungfer.

cyb-, *Subst. ὁ κύβ·ος (= Würfel) und ἡ κύβ·η (= Kopf), verw. mit cub·us, ·i m. (= Würfel).* – Kopf des Fruchtkörpers von Pilzen, Gttg. Agro-, Clito-, Dermo-, Hydro-, Ino- und Psilo-cybe.

cycl-, *Subst. ὁ κύκλ·ος (= Kreis, Bogen, Umkreis), cycl·us, ·i m.* – 1. Gebilde von kreisförmigem Umriß: Cycloidschuppen der Knochenfische, Radnetz von Cyclosa, Gttg. der Webespinnen; kreisförmige Öffnung: Cyclostomata = Zyklostomen, Rundmäuler, Kl. der Wirbeltiere mit kreisrundem Saugmund. – 2. Ring- oder gürtelförmige Gebilde: Cyclomyaria sind Salpen mit geschlossenen Muskelringen; bei den cyclorrhaphen Dipteren (Cyclorrhapha) öffnet sich die Puppenhülle unter Absprengen eines durch kreisförmige Naht vorgezeichneten Deckels (Ggs. orth-). – 3. Zeitliche Folge, in deren Verlauf der Vorgang oder Zustand des Anfangs wiederkehrt: Cyclus, cyclische (= zyklische) Fortpflanzung = der als Entwicklungskreis aufgefaßte und dargestellte Generationswechsel; Zyklomorphose = die jahreszeitliche Formänderung in der Generationenfolge mancher Tiere (z. B. Kladocerenarten).

cylindr-, *Subst. ὁ κύλινδρ·ος → cylindr·us ·i m. (= Walze)* = Zylinder. – Namen von Tieren mit walzenförmigem Körper: Cylindrophis, Gttg. der Schlangen, Borkenkäfer Platypus cylindrus, Schale von Lauria cylindracea u. a. Schnecken.

cym- I., Cymase, Encym s. zym-.

cym- II. *Subst. τὸ κύμα, ατ·ος = κύημα (= Leibesfrucht, Sproß) → cym·a, ·ae f. oder cyma, at·is n. (Keimchen oder zarter Sproß).* – Sproßachse der höheren Pflanzen: cymöse = zymöse Verzweigung, bes. beim Blütenstand: Hauptachse bleibt zurück und wird von kräftigeren Nebensprossen überholt (cymosus = reich an Nebensprossen), Syn.: chasiale Verzweigung, s. chas-; Hieracium cymosum = Trugdoldiges Habichtskraut.

cymb-, *Subst. ἡ κύμβη oder ὁ κύμβ·ος → cymb·a, ·ae f. (= Kahn, Nachen), ferner Demin. τὸ κυμβί·ον → cymbi·um, ·i n. (= Becken, Trinkschale).* – 1. Mit einem Kahn verglichene Gebilde: a) Blätter des Torfmooses Sphagnum cymbifolium [palustre]; – b) Schnecken(schalen): Gttg. Cymbium = Kahnschnecke. – 2. Vertiefung, insbes. an der Ohrmuschel des Menschen: Cymba conchae (conch- 3).

cyn-, *Subst. ὁ, ἡ κύων, κυν·ός (= Hund, Hündin; Hundsstern = Sirius);* vgl. can(i)-.

1. Der Hund a): Cynologie (Kynologie) = Lehre vom Hunde und der Hundezucht; – b) beim Hund aufgefunden: Kynurensäure. –
2. Namen von Tieren und Pflanzen, die mit dem Hund auf Grund sehr versch. Merkmale vergleichbar sind: a) Habitus: Cynailurus [Acinonyx], Gepard, Gttg. der Raubtiere, teils hunde-, teils katzenähnlich (ailur-); – b) Kopf bzw. Schnauze: Cynocephalus [Galeopithecus], Gttg. der Flattermakis, bisher Name von Altweltaffen (Pavianen); Thylacinus cynocephalus = Beutelwolf, Gttg. der Beuteltiere; Cynopterus, Gttg. der Großfledermäuse; – c) Gebell: Cynomys = Präriehund, Gttg. der Nagetiere, nach der bellenden Stimme benannt, ein friedlicher Pflanzenfresser; – d) räuberisches Tier: Hydrocyon, Gttg. der Knochenfische (Salmler); – e) zungenähnlicher Körper: Pleuronectes cynoglossus = Hunds-, Rotzunge, Gttg. der Plattfische, und zungenförmige Blätter von Cynoglossum = Hundszunge, Gttg. der Borretschgewächse; – f) Schwanz: Cynosurus (Kammgras), Gttg. der Gräser, deren Blütenstand einem Hundeschwanz ähneln soll. –
3. Häufig vorkommend, daher oft mit der Nebenbedeutung „minderwertig“ bes. bei Pflanzen: Aethusa cynapium = Hundspetersilie, Hundseppich, vgl. can(i)-.

cyph-, *Adj. κυφ·ός (= gebückt, krumm) vom Verb κύπτω (= sich bücken) u. Subst. τὸ κῦφ·ος (= Buckel, Höcker) → Verb κυφόομαι → Subst. ἡ κύφωσις (= Buckligkeit).* – 1. Buckelförmige Wölbungen: a) normal bei Tieren: Körper oder Halsschild bei Käfern gewölbt, Gttg. Cyphon, Cyphus, Cyphosoma; Cyphonautes (naut-), Larve mariner Moostierchen; – b) path. beim Menschen; Cyphosis = Kyphose, Verkrümmung der Wirbelsäule nach hinten („Buckel“). – 2. Bewegung: Käfer der Fam. Staphylinidae krümmen das Hinterende nach oben, so daß der Rücken konkav wird (Ggs. zum Buckel!), danach Gttg. Cypha u. Cyphea.

cyprin-, *Subst. ὁ κυπρίν·ος (= Karpfenart bei Aristoteles, nach Κύπρις,* **,** *Beiname der Göttin Aphrodite, Göttin der Liebe, wegen der großen Fruchtbarkeit dieser Fische).* – a) Cyprinus = Karpfen, Gttg. der Knochenfische ohne Kieferzähne; – b) danach Knochenfische anderer syst. Stellung benannt: Gttg. Cyprinodon → Cyprinodontidae = Zahnkarpfen (mit Kieferzähnen).

cyst-, *Subst. ἡ κύστις, εως oder ίδ·ος (= Blase, insbes. Harnblase).* – 1. Gebilde mit veränderlichem Füllungsgrad und flüssigem Inhalt: a) Vesica (auch Cystis) fellea = Gallenblase, daher Ductus cysticus, der von der Gallenblase kommende Teil der ausführenden Gallenwege; – b) Cysticercus = Blasenfinne, blasiges Entwicklungsstadium der Bandwürmer. – 2. Lufterfüllte Hohlräume bei Wassertieren: Cystonectae, Name für Siphonophoren mit großem Pneumatophor, vgl. nect- I. – 3. Kapsel mit fester Wand: Cyste, eine feste, gegen Eintrocknung schützende Kapsel, in der manche niederen Tiere, bes. Protozoen, im Ruhezustand verharren bzw. sich fortpflanzen können; Vorgang der Encystierung vgl. en+; Oocyste, bei Sporozoen die mit Hülle umgebene Zygote, in der die Sporen entstehen; Sporocyste bei Coccidien: Spore mit fester Kapsel und zwei Sporozoiten. – 4. Protozoenzelle bes. Bauart: Cystoflagellata Ord. der Geißeltiere mit Membran um den gallertigen Körper. – 5. Bedeckende Hülle: Schleier der Sporenhaufen von Gttg. Cystopteris = Blasenfarn.

cyt-, *Subst. τὸ κύτ·ος (= Höhlung, Bauch, Gefäß).* – Zelle als Lebenseinheit (= Cellula): a) allg. Begriff: Cytologie (Zytologie), Cytula, die Eizelle als erstes ontogenetisches Stadium (s. ~ul·us II.); – b) Teile und Organelle der Zelle: Cytoplasma: das Protoplasma der Zelle im Unterschied zum Karyoplasma = Kern; ferner: Cytocentrum = Centrosoma, Cyto-pharynx, -pyge, -stoma; – c) Zellarten, z. B. Blutzellen (Erythro-, Leuco-, Granulo-, Lympho-, Thrombozyten) und Fortpflanzungszellen (Gametozyten, Oo- und Spermiozyte).

Ch

cha-, *griech. Wurzel „klaffen, gähnen"*; s. chaen- und chas-.

chaen-, *Verb χαίνω (= klaffen, gähnen) von der Wurzel cha-*; s. chas-. – Öffnung oder Spalten versch. Art: a) vorn offen oder klaffend sind die Schalenklappen der Gießkannenmuscheln Gttg. Gastrochaena; – b) das Kernhaus der Scheinquitte Gttg. Chaenomeles ist aufgespalten; – c) Verhalten von Früchten: Achaene (Achäne) ist eine bes. bei Korbblütlern vorkommende Form der Schließfrüchte (die sich nicht öffnen, also a-chaen sind).

chaer-, *Verb χαίρω (= sich freuen)*, verw. mit char-. – 1. Sich an ewas freuen: Käfer der Gttg. Chaerodrys leben auf Bäumen. – 2. Freude bereiten: Chaerophyllum, Gttg. der Doldengewächse, durch schöne große Blätter ein erfreulicher Anblick.

chaet-, *Subst. ἡ χαίτ·η (= langes Haar, Mähne);* selten chait-. – 1. Borsten oder ihnen ähnliche Körperanhänge bei vielen Tiergruppen: a) bei Ringelwürmern: Chaetopoda = Borstenwürmer, diese nach Menge und Ausbildung der Borsten eingeteilt in Polychaeta mit viel, Oligochaeta mit wenig Borsten; Nectochaeta s. nect- I.; – b) bei anderen „Würmern": Chaetognatha = Pfeilwürmer, mit kräftigen Borsten jederseits der Mundöffnung (gnath-); – c) Pflanzen: Gttg. Chaiturus = Borstenschweif, nach dem Blütenstand benannt. – 2. Borsten- oder haarförmig: Gttg. Spirochaeta = Spirochäten.

chalaz-, *Subst. ἡ χάλαζ·α (= Hagel).* – Chalazae = Chalazen, die „Hagelschnüre" im Vogelei, deren Glieder an Hagelkörner erinnern.

chalc-, *Subst. ὁ χαλκ·ός (= Erz, Kupfer) → Adj. χάλκε·ος.* – Erzfarbe oder metallischer Glanz: bei Säugern (Chalcochloris = Goldmull), bei Vögeln (Chalcomitra), Eidechsen (Chalcides = Erzschleiche), Fischen (Tetragonopterus chalceus) und Käfern (Artnamen chalceus, chalcopterus usw.).

chalic-, *Subst. ὁ, ἡ χάλιξ, χάλικ·ος (= Mörtel, Kalk).* – 1. Baumaterial: Chalicodoma = Mörtelbiene (Gttg.), baut an Felsen oder Mauern ein Nest aus Sand usw. – 2. Chalikose = path. Einlagerung von Kalkstaub in die Lunge.

chamae-, *Adv. χαμαί (= auf der Erde, am Boden).* – Syst. Namen: 1. Bodentiere oder kleine Tiere, auch wenn sie nicht am Boden leben: Chamae-leon = Chamäleon, wörtl. „Erdlöwe"; – b) Pflanzen von niedrigem Wuchs (dem Boden nahe!): Gttg. Chamaecyparis (Weißzeder) und Arten Helianthemum chamaecistus, Sorbus chamaemespilus, Veronica chamaedrys (eig. „kleine Eiche", vgl. dry-).

char(i)-, *Subst. ἡ χάρις, χάριτ·ος (Freude; Anmut, Schönheit; Gunst);* vgl. chaer-. – 1. Sich an etwas freuen, bes. im Sinne der bevorzugten Umwelt: Käfer nach dem Milieu benannt: Gttg. Actocharis (an Ufern), Agarico- u. Mycetochara (an oder in Pilzen), Hydrocharis (im Wasser). – 2. Erfreulicher Anblick: Hydrocharis (Froschbiß), Gttg. der Hydrocharitaceae.

chas-, *von der griech. Wurzel cha bzw. dem Verb χαίνω stammende Wortbildungen, z. B. Subst. τὸ χάσμα, ατ·ος (= Spalte, Kluft, Schlund).* – 1. Aufspaltung im Sinne der Verzweigung bei den Sproßachsen, insbes. im Bereiche des Blütenstandes: bei chasialer = zymöser Verzweigung (s. cym- II.) können sich ein, zwei oder mehr Seitenzweige stärker als die Hauptachse ausbilden: Mono-, Di- und Pleiochasium. – 2. Blütenhülle: öffnet sich gewöhnlich, d. h. die Blätter klaffen auseinander, so daß Fremdbestäubung stattfinden kann: Chasmogamie, chasmogame Blüten (Ggs. Cleistogamie).

cheimat-, *Subst. τὸ χεῖμα, ατ·ος (= Winter).* – Cheimatobia brumata = Kleiner Frostspanner, als Imago im Winter fliegend.

cheir- = chir-.

chel-, *Subst. ἡ χηλ·ή (= Klaue, Kralle, Krebsschere).* – Endglied von Extremitäten bei Arthropoden: Chelizeren (wörtl. „Klauenhörner"), das erste Paar Mundextremitäten bei Spinnentieren = Chelicerata; – b) bei Krebsen: Chela = Schere.

chelidon-, *Subst. ἡ χελιδών, όν·ος (= Schwalbe).* – 1. Schwalben (Gttg. Chelidon) o. a., den Schwalben ähnliche Vögel, z. B. Seeschwalben (Gttg.

Hydrochelidon). – 2. Zu den Schwalben in Beziehung: Chelidonium = Schwalben- oder Schöllkraut, Gttg. der Mohngewächse, blüht, wenn die Schwalbe bei uns eintrifft, und welkt bei ihrem Abzuge (GERKE).

chen-, *Subst. ὁ, ἡ χήν, χην·ός (= Gans).* – 1. Gänsevögel: Alopochen aegyptiacus = Nilgans, Chen hyperboreus = Schneegans, Chenopsis atrata = Schwarzschwan. – 2. Mit dem Fuß der Gans verglichen: Blätter von Chenopodium = Gänsefuß (Gttg.).

chi, *Buchstabe χ, X, mit gekreuzten Strichen geschrieben;* s. S. 29. – Bezeichnet in abgeleiteter verbaler Bildung die Kreuzung langgestreckter Gebilde, insbes. von Nervenbahnen: a) Chiasma opticum die totale oder partielle Kreuzung der „Sehnerven“ bei Wirbeltieren und Mensch; – b) Chiastoneurie bei Schnecken, bes. den meisten Vorderkiemern: die durch Drehung des Eingeweidesackes verursachte Überkreuzung der urspr. etwa parallelen Konnektive, die die Pleural- und Parietalganglien verbinden, Ggs. orth-.

chil-, *Subst. τὸ χεῖλ·ος (= Lippe, Saum, Ufer).* – 1. Lippe als Begrenzung der Mundöffnung: a) bei Arthropoden, insbes. den Myriapoden: bei den Chilopoda sind die Kieferfüße (Maxillipeden) basal verwachsen und an der hinteren Begrenzung der Mundöffnung beteiligt; bei den Chilognatha (Diplopoda) wird die Mundöffnung hinten durch das sog. Gnathochilarium (aus Verwachsung der 1. Maxillen entstanden) abgeschlossen; – b) übertr.: bei Chilodon, Gttg. der Wimperinfusorien, ist der Zellmund mit lippenartigem Deckel und stabförmigen Zähnchen (odon) versehen. – 2. Begrenzung anderer Öffnungen: Chilostomata, Uord. der Moostierchen mit beweglichem lippenähnlichem Deckel für die Öffnung des Polypīdes.

chimaer-, *Subst. ἡ χίμαιρ·α (= Ziege) und Χίμαιρ·α (= myth. Ungeheuer).* – 1. Seltsam geformt: Chimaera, Gttg. der Knorpelfische. – 2. Pfropfbastarde von Pflanzen, vgl. burdo(n)-.

chion-, *Subst. ἡ χιών, χιόν·ος (= Schnee).* – Namen von Tieren, die 1. auf dem Schnee vorkommen: Chionea, Gttg. der Dipteren, oder 2. weiß wie Schnee aussehen: Chionis = Scheidenschnabel, Gttg. der Vögel.

chir-, *Subst. ἡ χείρ, χειρ·ός (= Hand, Faust, Arm) → χειριδωτ·ός (= mit langen Ärmeln versehen).* – 1. Extremität der Wirbeltiere, bes. der fünffingerige Endabschnitt (Hand oder Fuß): a) beide Extremitätenpaare: Chiropterygium = die fünffingerige Extremität, im Sinne der Archipterygiumtheorie von GEGENBAUR gedeutet; Chiromys, Gttg. der Halbaffen mit langbekrallten Zehen an Vorder- und Hinterfüßen (daher „Fingertier“); – b) insbes. die vordere Extremität: Chiroptera, die Fledermäuse, deren Flughaut durch die stark verlängerten Finger gestützt wird; Chirotes,

Gttg. der Ringelwühlen, bei der kleine Vorderbeine erhalten sind; – c) übertr. auf Vorderflosse von Fischen: Microchirus, Monochirus, Gattungen von Plattfischen; Cheirodon, Gttg. der Salmler mit Häkchen (odon) an einzelnen Strahlen der Brustflosse; – d) insbes. die hinteren Extremitäten: Chironectes, Gttg. der Beutelratten mit Schwimmhäuten an den Hinterfüßen. – 2. Der menschlichen Hand ähnlich geformt, mit fingerartigen Fortsätzen versehen: Chiridota, Gttg. der Seegurken mit gefingerten Tentakeln, Dendrochirotae s. dendr- 3.

chit(on)-, *Subst. ὁ χιτών, ῶν·ος (= Unterkleid, Gewand, Waffenrock);* die Abk. chit- ist nicht klassisch – 1. Chiton, Gttg. der Käferschnecken, deren Schale aus acht sich dachziegelartig überdeckenden Platten besteht. – 2. Chitin, Substanz des Hautpanzers der Gliederfüßer, die Hautbedeckung von Würmern u. a. niederen Tieren; Adj. chitinös (~ os·us) = chitinartig, aus Chitin bestehend.

chlamyd-, *Subst. ἡ χλαμύς ύδ·ος (= Oberkleid, Mantel).* – 1. Umhüllung des Körpers in versch. Ausmaß: a) krausenartige Hautfalten am Halse bei der Kragenechse Chlamydosaurus und beim Krausenhai Chlamydoselachus anguineus; – b) allseitige Umwachsung der Muschelschale auf der Außenfläche durch die Mantellappen bei Gttg. Chlamydoconcha. – 2. Hüllen oder Schalen, die den Körper einzelliger Gebilde ganz oder teilweise umgeben: a) Schale von Thekamöben: Gttg. Chlamydophrys und Pseudochlamys; – b) Schleim- oder Gallerthülle von Bakterien: Chlamydococcus; – c) verdickte Wand der Chlamydosporen von Rost- und Brandpilzen. – 3. Blütenhüllen (Perianth) der Blütenpflanzen aus einem oder mehr Ringen von Blättern, die die Frucht- und Staubblätter umgeben: die Blüten der Monochlamydeae sind haplochlamydisch, d. h. nur mit einer einfachen Hülle umgeben; diplochlamydisch sind Blüten mit doppelter Hülle, und zwar heterochlamydisch, wenn diese in Krone und Kelch differenziert ist, homoichlamydisch, wenn sie gleich sind; allg. auch -chlamydeïsch.

chlo-, *Subst. ἡ χλό·η (= junges Grün; Gras, Laub; Trieb, Keim) → Adj. χλοερ·ός, χλοηρ·ός = χλωρ·ός*, s. chlor-. – 1. Gräser: a) Wortform chloa: Bothriochloa (Bartgras), Echinochloa (Hühnerhirse), Sclerochloa = Hartgras, Scolochloa (Schwingelschilf); – b) Wortform chloe: Buchloe = Büffelgras, Hierochloe = Mariengras. – 2. Tiere von grüner Färbung: metallisch grün oder blau der Körper der Käfergattung Chrysochloa, lichtgrün die Raupe des Tagfalters Euchloe cardamines (Aurorafalter).

chlor-, *Adj. χλωρ·ός (= grünend, hellgrün, bleich, frisch).* – 1. Pflanzen: a) Chlorophyll, das in den danach benannten Chloroplasten befindliche Blattgrün; – b) Chlorophyceae = Grünalgen; Chlorellen sind kleine Grünalgen, die bei niederen Tieren Grünfärbung hervorrufen: Chlorohydra; – c) grünliche Blüten bei Gttg. Chloranthus und bei Platanthera chlorantha = Grünliche Waldhyazinthe. – 2. Grüne Färbung von Tieren: a) Fell von Säugetieren: Chrysochloris = Goldmull (ein Insektenfresser); – b) Gefieder von Vögeln: Chloris chloris = Grünling (ein Finkenvogel), Ara chloroptera = Grünflügelara (ein Papagei); – c) Chitin von Insekten: Chrysochlora, Gttg. der Blattkäfer; Chlorops, Gttg. der Fliegen; Somatochlora, Gttg. der Libellen. – 3. Bleich, fahl: Chlorose (Adj. chlorotisch), das Bleichen grüner Pflanzenteile durch mangelnde Ausbildung des Chlorophylls; übertr. med. Chlorose = Bleichsucht.

choan-, *Subst. ὁ χόαν·ος (= Schmelztiegel, Trichter) und ἡ χοάν·η (= Trichter), vom Verb χέω (= gießen).* – Gebilde von der Form eines Trichters: 1. Choana, Plur. Choanae = Choanen, die hinteren Nasenöffnungen, so benannt, weil Schleim durch sie in den Rachen fließt (Hyrtl). – 2. Plasmatischer Aufsatz von der Form eines Trichters oder Kragens bei einigen Flagellaten (Choanoflagellata) und den Kragengeißelzellen der Schwämme (Choanozyten).

choer-, *Subst. ὁ χοῖρ·ος (= Ferkel, Schwein).* – 1. Schweine: Phacochoerus africanus = Warzenschwein, Potamochoerus choeropotamus = Flußschwein. – 2. Mit dem Schwein verglichene Säugetiere: Choeropus liberiensis = Zwergflußpferd, Hydrochoerus = Wasserschwein, Gttg. der Nagetiere; Halichoerus, Gttg. der Seehunde (Kegelrobbe). – 3. Zum Schwein, bes. Hausschwein in Beziehung: Hypochoeris = Ferkelkraut, soll gern von Ferkeln gefressen werden.

chol-, *Subst. ἡ χολ·ή u. ὁ χόλ·ος (= Galle, Gift).* – Galle, Sekret der Leber: Ductus choledochus (ἡ δοχ·ή = Gefäß): der die Galle aus der Leber und der Gallenblase in den Darm weiterleitende Gang; aus der Galle isolierte Substanzen: Cholin, Cholesterin.

chondr-, *Subst. ὁ χόνδρ·ος (= Stückchen, Korn, Körnchen, Knorpel) → Demin. τὸ χόνδρι·ον.* –

A 1. Knorpel, Syn. Cartilago: a) als Substanz: Chondrin = Knorpelleim, Chondroproteide sind Eiweißstoffe in der Knorpelgrundsubstanz; – b) als Gewebe: enchondrale Verknöcherung, Chondroklasten, Synchondrosis = Verbindung zweier Knochen durch Knorpel (vgl. desm-); – c) als Skeletteil: Chondrocranium; – d) Knorpelskelett als Merkmal von Tiergruppen: Chondrichthyes = Knorpelfische; Chondroganoidea = Chondrostei = Knorpelganoiden mit überwiegend knorpeligem Skelett (Störe).

2. Von knorpelähnlicher Beschaffenheit: Chondrilla und Chondrosia, Gattungen der Lederschwämme.

B Kleine Zellorganelle: a) Mitochondrien, Chondriosomen, in Form von Fäden (mit-) oder Körnchen auftretend; ihre Gesamtheit: Chondrioma = das Chondriom; Bestandteile: Membranae mitochondriales u.a.; – b) Lipochondrien s. lip-.

chor-, *Subst.* *ἡ χώρ·α und Masc. ὁ χῶρ·ος (= Raum, Ort, Gegend, Land) → Demin. τὸ χωρί·ον in derselben Bedeutung; ferner Verb χωρίζω (= aufstellen, absondern) → Subst. ὁ χωρισμ·ός (= Trennung).* – 1. Räumlicher Bereich, Lebensraum: a) insbes. die geographische Verbreitung: Chorologie = Verbreitungslehre, Areal- oder Florenkunde (floristische Pflanzengeographie); – b) im engeren Sinne: Biochorion, ein Bezirk innerhalb eines Biotopes mit seiner Choriocoenose (Lebensgemeinschaft des Biochorions); – c) Verbreitung von Pflanzensamen und -früchten: Anemo-, Hydro-, Zoochorie. – 2. Räumliche und körperliche Trennung: a) Gonochorismus (Geschlechtstrennung), die Verteilung der Geschlechtsorgane auf ♂♂ und ♀♀ (Ggs. Hermaphroditismus), Adj. gonochoristisch; – b) Blütenblätter nicht verwachsen: choripetale und -sepale Blüten; – c) Trennung der Windungen von Ammonitenschalen: Gttg. Choristoceras.

chord-, *Subst.* *ἡ χορδ·ή (= Darm, Darmsaite, Saite) → chord·a, ·ae f. (= Saite).* – 1. Langgestreckte Gebilde im Tierkörper: a) Chorda (dorsalis), Rückensaite unter dem Medullarrohr, das urspr. Achsenskelett der danach benannten Chordata = Chordatiere; – b) Sehnen: Chordae tendineae, die dünnen sehnigen Fäden, die im Herzen der Wirbeltiere und des Menschen die Papillarmuskeln mit den Atrioventricularklappen verbinden; – c) Nerven: Chorda tympani = Paukensaite, Ast des siebenten Hirnnerven (N. facialis). – 2. Tiere mit fadenförmigem, mit einer Darmsaite verglichenem Körper: Chordeuma, Gttg. der Tausendfüßer; Chordodes, Gttg. der Gordiidae (Nematoden). – 3. Mit der Saite eines Musikinstrumentes verglichen: die Chordotonalorgane der Insekten als Sinnesorgane für Schall oder Erschütterung.

chori-, *Subst.* *τὸ χόρι·ον (= Leder, Riemen), verw. mit lat. corium,* s. cori-; nicht mit chor~ion (vgl. chor-) verwechseln! – 1. Strukturloses Häutchen: Chorion, harte kutikuläre Schale der Eier vieler Insekten, vom Follikelepithel des Eierstockes ausgeschieden. – 2. Gefäßreiche Haut oder Gewebsschicht: a) Chorion, die äußere Embyonalhülle der Säugetiere, meist mit Zotten versehen (Zottenhaut), die in die Uterusschleimhaut eingesenkt werden und mit ihr gemeinsam die Placenta bilden, vgl. frond- und laev- I.; – b) Chorioidea = Aderhaut, Hauptschicht der zwischen Retina und Sclera gelegenen Tunica vasculosa bulbi (Gefäßhaut), bezüglich ihres Gefäßreichtums mit dem Chorion vergleichbar; – c) Tela chorioidea, verdünnte Teile der Gehirnwandung bei Wirbeltieren, mit dichten Adergeflechten (Plexus chorioidei) versehen.

chort-, *Subst.* *ὁ χόρτ·ος (= Weideplatz, Futter, Gras, Heu).* – Tiere, die zum Gras u. a. Pflanzen in Beziehung stehen: Chorthippus („Heu-pferd"), Gttg. der Feldheuschrecken; Chortophila brassicae = kleine Kohlfliege.

chro-, *Subst.* *ἡ χρό·α, ὁ χρώς, χρωτ·ός (= Körper, Haut, Hautfarbe).* – Im selben Sinne wie chroma = Farbe verwendet: Pyrochroa, Gttg. der Käfer

(„feuerfarbig“); Euchroes, Gttg. der Goldwespen; Chrosomus, Gttg. der Fische.

chrom(at)-, *Subst. τὸ χρῶμα, ατ·ος (= Farbe, Hautfarbe, Schminke).* – 1. Natürliche Farbe von Tieren, Organen oder Zellbestandteilen: a) Namen auffällig gefärbter Tiere: Chromodoris, Gttg. der Schnecken; Euchroma, Gttg. Prachtkäfer; – b) Pigment, Farbstoff: Chromatophoren = Pigmentzellen, Zellen des vielzelligen Tierkörpers, die Farbstoffe in Form feiner Körnchen oder kristalloider Plättchen enthalten; Chromogen = farblose Pigmentvorstufe. – 2. Künstliche Färbung von Zellen und Geweben in der Histologie: a) allg.: chromatophil oder -phob = leicht oder schwer bzw. nicht färbbar; – b) Chromatin, der mit basischen Farbstoffen (bes. Haematoxylin) intensiv färbbare Bestandteil des Zellkerns; danach: Chromosomen, die im Kern enthaltenen bzw. bei seiner Teilung in Erscheinung tretenden Gebilde, die das Chromatin enthalten; – c) „Chromaffine“ = phaeochrome Zellen, bes. im Nebennierenmark, werden durch Oxydation des Adrenalins, bes. bei Einwirkung von Chromsalzen, rotbraun gefärbt.

chron-, *Subst. ὁ χρόν·ος (= Zeit, Zeitraum, Leben, Alter) → Adj. χρονικ·ός (= zeitlich).* – a) Zeitlicher Ablauf im allg.: synchron s. syn+ 3; – b) langer Zeitraum: chronisch = langsam verlaufend, sich langsam entwickelnd, z. B. Krankheit, Ggs. akut-, s. acu- I.

chrys-, *Subst. ὁ χρυσ·ός (= Gold, Goldgerät).* – Goldig glänzende oder gelbe Färbung: a) von Tieren, z. B. Säugetieren (Chrysochloris = Goldmull), Vögeln (Chrysolophus = Goldfasan), Fischen (Chrysophrys = Goldbrassen), Käfern (Chrysomela), Schmetterlingen (Euproctis chrysorrhoea = Goldafter s. proct-) u. a. Insekten (Chrysopa perla, Chrysis = Goldwespe); – b) von Pflanzen: Blütenfarbe von Gttg. Chrysanthemum und Helichrysum; beim Pilz Xerocomus chrysenteron ist das Fleisch (enter-) gelb.

chthon-, *Subst. ἡ χθών, χθον·ός (= Erde, Erdboden, Land).* – Selten in Bedeutungen wie ge- (oder gae-) und terr-: autochthon = im selben Gebiet, an Ort und Stelle entstanden (Ggs. allochthon).

chyl-, *Subst. ὁ χυλ·ός (= Saft, Brühe) verw. mit Verb χέω (= gießen).* – Chylus, die zur Zeit der Verdauung durch Fettkügelchen milchig aussehende Lymphe in den Lymphgefäßen („Chylusgefäßen“) des Darmes und Gekröses; der resorbierende Mitteldarm, von dem der Chylus herstammt, wird daher auch Chylusdarm genannt.

chym-, *Subst. ὁ χυμ·ός = χυλ·ός*, s. chyl-. –
A. Chymus, der vom Magen in den Darm tretende und hier der weiteren Verdauung unterliegende Speisebrei. –
B. Histol. in der Zus. -en+chym s. -enchym(at)-.

D

dac-, *Subst. τὸ δάκ·ος = δάκετ·ον (= beißendes oder stechendes Tier, Gewürm), verw. mit Verb δάκνω (= beißen, stechen, verletzen);* vgl. dect-. – In einigen Gattungsnamen heißt dac- svw. Fresser: Carpodacus (Karmingimpel), ein Vogel, der sich bes. von Sämereien ernährt; Sarcodacus, ein fleischfressender, räuberischer Fisch.

dactyl-, *Subst. ὁ δάκτυλ·ος (= Finger, Zehe; Fingerbreite), verw. mit digitus,* s. digit-. – 1. Finger und Zehen, d. h. Endglieder der Extremitäten von Landwirbeltieren: a) an Vorder- und Hinterextremitäten: pentadaktyle (= fünffingerige) Extremität, allg. Bez. für die Grundform mit fünf Strahlen: Artiodactyla und Perissodactyla = Huftiere mit gerader (vier oder zwei) oder ungerader (drei oder eins) Anzahl von Strahlen; Syndaktylie s. syn + 1d; – b) insbes. die Finger der vorderen Extremität, z. B. Anzahl bei Arten von Ameisenfressern (Myrmecophagidae): Cyclops didactylus, Myrmecophaga tridactyla, Tamandua tetradactyla; – c) insbes. die Zehen der hinteren Extremitäten, z. B. bei Vögeln: Rissa tridactyla = Dreizehenmöve. – 2. Übertr. auf die Brustflossen von Fischen: Dactylopterus volitans = Flughahn. – 3. Extremitäten von Arthropoden, bes. die Endglieder: Potamobius leptodactylus, ein Krebs mit schmalen Scheren. – 4. Übertr. Bedeutung: Dattel (aus daktyl), Frucht der Dattelpalme Phoenix dactylifera; dem Kern der Frucht ähnlich in Form und Größe die Muschel Lithodomus dactylus (Syn. von L. lithophagus). – 5. Pflanzenorgane wie die Finger einer Hand angeordnet: die Ährchen von Dactylis glomerata, die dreilappigen oder -spaltigen Blätter von Saxifraga tri-dactylites.

-dae-, *nach* Ziegler-Breslau *vielleicht vom Verb δαίω (= einteilen, zuteilen).* – Abschnitt röhrenförmiger Organe nahe ihrer Öffnungen, bes. die ektodermalen Abschnitte des Darmrohres: Stomodaeum nahe der Mundöffnung, Proctodaeum nahe dem After; ferner Rhynchodaeum im Rüssel der Nemertini, s. rhynch- 4a).

dasy-, *Adj. δασύς (= dicht, dichtbehaart).* – 1. Behaarung: a) bei Säugetieren: Gttg. Dasyurus = Beutelmarder, mit dicht behaartem Schwanz; Myotis dasycneme (Teichfledermaus), nach der dichten Behaarung der Haut zwischen den Schenkeln (cnem-) benannt; – b) Insekten: Körper von Dasytes, Gttg. der Käfer, abstehend behaart; Dasypoda = Rauhfuß- oder Hosenbiene mit langbehaarten Schienen u. Tarsen; – c) Pflanzen: Zweige von Salix dasyclados, vgl. clad-. – 2. Rauhe Oberfläche durch Schuppen bei Reptilien: Dasypeltis, Gttg. der Schlangen.

deca-, *Num. δέκα (= zehn), in Zus. vor Vokalen δεκ-, Subst. ἡ δεκάς, άδ·ος (= Anzahl von 10, Dekade);* vgl. decem. – Anzahl von zehn Körperfortsätzen oder anderen Merkmalen, meist bei bilateralen Tieren, gewöhnlich zehn = fünf Paar: Decapoda = Dekapoden (Tintenfische mit zehn statt acht Armen; Krebse mit nur fünf Paar Gangbeinen).

decem-, *Num. decem (= zehn), in Zus. -decim, z. B. un-, duo- und tre-decim (= 11, 12, 13); vgl.* deca. – In Artnamen Anzahl von Flecken, Streifen usw., z. B. bei Käfern: Doryphora [Leptinotarsa] decemlineata (Kartoffelkäfer); Coccinella decem-, duodecim-, octodecim-guttata; Coccinella undecim-punctata mit elf Punkten u. a. Arten.

dect-, *Verbaladj. δηκτικ·ός (= beißend, ätzend, scharf) von δάκνω;* vgl. dac-. – In Gattungsnamen bezeichnet dect- mit Flexionsendung ·es, ·us oder ·a die Art der Nahrungsaufnahme: a) bei Spinnen: Latrodectus (Biß auch für Menschen gefährlich); – b) Insekten mit beißenden Mundwerkzeugen: Gttg. Decticus (Heuschrecke), Phyllodecta (Blattkäfer), Trichodectes (Mallophage); – c) Diadectes, Gttg. fossiler Reptilien mit starker differenzierter Bezahnung.

decuss-, *Subst. decuss·is, ·is m. (= die Anzahl 10 und das römische Zahlzeichen X), daher Verb. 1. Konj. decussāre (= als Kreuz darstellen).* – Überkreuzung von Nervenbahnen: Decussatio pyramidum am Ende der Medulla oblongata.

del-, *Adj. δῆλ·ος (= offenbar, sichtbar, deutlich).* – 1. Vorhanden, gut entwickelt: der Schwanz bei den Urodela = Caudata im Ggs. zu den Anura = Ecaudata. – 2. Deutlich, d. h. nach außen sichtbar hervortretend: die Rippen beim Rippenmolch Pleurodeles (Gttg.).

delic-, *Adj. delicat·us, ·a, ·um (= fein, reizend, üppig) und Subst. Plur. delici·ae, ·arum f. (= Lust, Genuß, Prunk) → Adj. delicios·us, ·a, ·um.* – Fruchtkörper von Pilzen: a) nach dem Aussehen Gttg. Delicatula; – b) nach Geschmack und Speisewert: Lactarius deliciosus = Edelreizker.

delphin-, *Subst. ὁ, ἡ δελφίς, ῖν·ος = delphin, ·is und delphīn·us, ·i (= Delphin).* – 1. Namen der Delphine und anderer Zahnwale: Gttg. Delphis = Delphin; Delphinapterus (a-pter·us = ohne Rückenflosse), der Weißwal. – 2. Einem Delphin ähnlich: Blütenknospe von Delphinium (Rittersporn), Schneckenschale der Gttg. Delphinula.

delphy-, *Subst. ἡ δελφύς, ύ·ος (= Gebärmutter, Leibesfrucht), eig. delph ~y·s;* daher Formen delph- und delphy- benutzt. – 1. Zusammenfassende Bez. für Uterus und Vagina der Säugetiere: a) allg. (in der Form delph-): Monodelphia, Säuger mit einer, d. h. unpaarer Scheide; Didelphia = Beuteltiere, Säuger, bei denen Scheide und Uterus paarig sind; – b) Gattungen der Beuteltiere: Didelphys → Fam. Didelphyidae = Beutelratten. – 2. Sekundärer Brutraum (mit Uterus verglichen), z. B. bei Copepoden: Gttg. Notodelphys.

delt-, *Subst. τὸ δέλτ·α (= 1. Flußdelta, 2. Buchstabe δ).* – Deltaförmig, also dreieckig: a) M. deltoideus, der vom Schulterblatt zum Oberarmknochen gehende Deltamuskel; – b) Blütenkronblätter der Heidenelke Dianthus deltoides oft mit deltaförmigem Fleck.

dem- I., *Subst. ὁ δῆμ·ος (= Land, Gebiet, Bezirk, Volk) → ἡ δημοκρατί·α (= Volksherrschaft, Demokratie).* – 1. Verbreitung, Häufigkeit: a) geographischer Bereich von Tierarten: Apodemus, Ugttg. von Mus, wahrscheinlich wegen der weiten Verbreitung der Zwergmaus A. minutus; – b) große Masse: Demospongia = „Gemeinschwämme", Kl. der Schwämme mit den häufigsten, durch alle Zonen und Tiefen der Meere verbreiteten Arten; – c) med.: Krankheiten en+ oder epidemisch. – 2. Sozial, gemeinschaftlich lebend: Salpa democratica-mucronata in freischwimmenden Kolonien.

dem- II., *Subst. ohne Dekl. τὸ δέμας (= Körperbau, Gestalt, Leib) vom Verb δέμω (= bauen, erbauen).* – Körperform, bes. in Gattungsnamen von Arthropoden: Milben (Demodex s. dex), Wanzen (Eurydema) und Käfern (Platydema).

dendr-, *Subst. τὸ δένδρ·ον, ·ος (= Baum).* – 1. Baum oder baumförmige Pflanze: Rhododendron. – 2. Tiere, die zu Bäumen in Beziehung stehen: a) Säugetiere: Dendrolagus = Baumkänguruh, Dendrohyrax = Baumschliefer; – b) Vögel: Dendrocitta = Baumelster; Dendrocopus, Gttg. der Spechte; – c) Reptilien: Gttg. Dendrophis = Baumschlange; – d) Amphibien: Gttg. Dendrobates (s. bat-); – e) Insekten: Dendrolimus pini, der Kiefernspinner (lim-II.); Gattungen der Käfer: Dendrobium, -ctonus, -phagus. – 3. Baumartige Verzweigung bei Tieren und ihren Organen: a) freie Verzweigung: Eudendrium, Gttg. der Hydroidpolypen mit fein verzweigten Stöcken; Dendrochirotae, Fam. der Seegurken mit verästelten Tentakeln (vgl. chir-); Kiemen der Bäumchenschnecke Dendronotus; – b) Verzweigung im Inneren des Körpers: Dendrocoela, Strudelwürmer mit verzweigtem Darm; Dendrit und Telodendrien sind verzweigte Fortsätze von Nervenfasern; Oligodendroglia = Gliazellen mit einer nur geringen Anzahl von Zweigen.

dens I., Nom. zum Stamm dent-.

dens- II., *Adj. dens·us, ·a, ·um (= dicht, erfüllt, gehäuft) → Verb densāre (= dicht machen, verdichten); mit Präfix: condens·us, ·a, ·um (= dicht gedrängt).* – 1. Gleichartige Gebilde in geringem Abstand, dicht stehend: Blätter am Pflanzenstengel: Potamogeton densus = Dichtes Laichkraut, Elodea densa = Dichtblättrige Wasserpest. – 2. Kondensor am Mikroskop und am Projektionsapparat ist ein Linsensystem, das die Lichtstrahlen vereinigt.

dent-, *Subst. dens, dent·is m. (= Zahn, Zacken, Spitze) → Adj. dentāt·us, ·a, ·um (= mit Zacken oder Zähnen versehen), Verb dentīre (= zahnen);* vgl. odont-. – 1. Zahn in der Mundhöhle der Wirbeltiere, Gebilde aus Hartsubstanz zur Erfassung und Zerkleinerung der Nahrung: a) allg. Kennzeichnung: Dentin als wichtigste Substanz, daher „Dentinzahn" (Ggs. zu Hornzähnen der Rundmäuler); Dentition = Zahnbildung, insbes. die aufeinanderfolgenden Gebißbildungen; – b) Arten von Zähnen nach Zeit des Auftretens und Dauer des Bestandes (Dentes lacteales, permanentes, serotini = sapientiae), nach der Funktion (Dentes incisivi, molares), nach Form und Beschaffenheit (Dentes canini, compositi); – c) Organ in Beziehung zum Zahn: Dentale = der Zähne tragende Unterkieferknochen; – d) Tiergruppe durch die Zähne gekennzeichnet: Säugetiere: Edentata, Simplici- u. Duplicidentata; Fische: Gttg. Dentex = Zahnbrassen, mit mächtigen Fangzähnen. – 2. Zahnartige Gebilde mit ähnlichen Funktionen bei anderen Tieren: Strongylus edentatus, ein Nematode ohne Zahnbildung in der Mundkapsel. – 3. Versch. Gebilde, deren Form an einen Zahn erinnert: a) Dentalium elephantinum, Art der Mollusken (Scaphopoda), deren Schale einem Elefantenstoßzahn ähnelt; – b) Dens epistrophei (axis), vorderer Fortsatz des zweiten Halswirbels; – c) Pflanzen: Gttg. Bidens = Zweizahn (Kelch aus zwei Grannen), Dentaria = Zahnwurz (Wurzelstock mit zahnartigen Schuppen), Melilotus dentatus = Zahn-Steinklee (Nebenblätter gezähnt).

der-, *Subst. ἡ δέϱ·α, δέϱ·η oder δεἰϱ·η (= Hals, Nacken, Kehle);* vgl. dir-. – 1. Schlund: Heterodera, Gttg. der Fadenwürmer mit Stachel im Mundrohr. – 2. Hals: bei Käfern (Flexionsendigung ·a, ·e oder willkürlich ·es, ·us): a) Hals zwischen Kopf und Rumpf: Gttg. Apoderus mit deutlich abgeschnürtem Kopf; – b) Halsschild, z. B. Gttg. Brachyderes, Leptoderus, Liparoderus.

derm(at)-, *Subst. τὸ δέϱμα,ατ·ος (= 1. Haut, 2. abgezogene Haut, Fell, Leder) vom Verb δέϱω (= abhäuten, gerben).* – 1. Haut (Integument) von Wirbeltieren und Mensch: a) Haut als Körperbedeckung: Dermatologie; – b) als Flughaut dienende Hautfalte (Patagium) bei den Pelzflatterern (Dermoptera) und Fledermäusen (Gattungen Hemi- u. Stenoderma); – c) Namen von Hautschmarotzern (Dermatozoen): Hypoderma = Dasselfliege, deren Larven unter der Haut von Rindern leben; Dermanyssus = Vogelmilbe. – 2. Körperbeckung bei anderen Tieren: Echinodermata = Stachelhäuter; Sklerodermiten, Kalkgebilde mancher Polypen. – 3. Epitheliale Zellschicht: a) Embryonalstadien: die Keimblätter Ectoderm, Entoderm, Mesoderm, auch wenn sie nicht flächenhaft ausgebreitet sind, durch ihre relative Lage und Bedeutung bestimmt (= blast- 2); – b) obere Hautschicht bei Wirbeltieren: Epidermis, s. cori- I.; – c) Pflanzen: Epidermis = Oberhaut, deren Vorstufe Protoderm oder Dermatogen; an der Wurzel Rhizodermis und Exoderm.

desm-, *Subst. ὁ δεσμ·ός (= Band, Strick; Fessel) und ἡ δέσμ·η (= Bündel) vom Verb δέω (= binden, anbinden).* – 1. Form des Bandes ohne Funktion des Bindens oder Verbindens: Desmomyaria, Ord. der Salpen mit bandförmigen Muskeln; Nemachilus desmotes, ein Fisch mit dunklen Querstreifen (-binden). – 2. Verbindung bzw. verbindendes Gebilde ohne Rücksicht auf die bes. Form: a) Plasmodesmen = Protoplasmabrücken zwischen Zellen, bes. im mehrschichtigen Epithel der Wirbeltiere; – b) Bindegewebe: desmogene Schädelknochen = Deck- oder Belegknochen, durch Verknöcherung des Bindegewebes entstehend; Syndesmosis = Verbindung zweier Knochen durch Bindegewebe (vgl. chondr-). – 3. Ergebnis des Verbindens, der Verband: Spermiodesmen = -zeugmen sind Bündel von Spermien (bes. bei Insekten). – 4. Chem. Bindung: Desmolasen sind Fermente, die die Desmolyse = Auflösung der Kohlenstoffkette verursachen.

deut(er)-, *Adj. δεύτερ·ος (= zweiter, nächster, später, geringer);* in manchen Wörtern zu deut- verkürzt, vielleicht in Analogie zu pro- im Vergleich zu proter-. – 1. Räumliche Anordnung: das zweite von mehreren Gebilden oder Teilen: Deutomerit der Gregarinen, das Deutocerebrum des Insektengehirns, das Deuterencephalon der frühesten Gehirnanlage der Wirbeltiere. – 2. In der ontogenetischen und phylogenetischen Entwicklung zeitlich folgend, also sekundär: Deuterocoel = Coelom, s. coel- 2; Deuterostomia, diejenigen Tiere, deren Mundöffnung nicht aus dem Urmund entsteht, sondern später ventral vom Vorderende durchbricht. – 3. Rang oder Bedeutung betreffend: Deuto- oder Deuteroplasma, Name für Sekret- und Reservestoffe in der Zelle, die am aktiven Leben weniger als das Protoplasma teilnehmen.

dex-, *Subst. ὁ δήξ, δηκ·ός (= Holzwurm) vom Verb δάκνω;* vgl. dac- und dect-. – Demodex, Gttg. der Milben in Haarbälgen und Talgdrüsen („von der Gestalt eines Wurmes", dem- II) → Fam. Demodecidae (Demodicidae ist falsch).

dexi-, *Adj. δεξι·ός (= rechts; geschickt, günstig).* – Dexiotrop = rechtsgewunden nennt man spiralige Schneckenschalen, wenn sie (von der Spitze her betrachtet) sich nach rechts im Sinne des Uhrzeigers winden (Ggs. laevotrop); Dexiospira, Gttg. der Serpulidae (Röhrenwürmer) mit rechtsgewundener Röhre.

dextr-, *Adj. dexter, dext(e)r·a, ·um (= rechts; passend, günstig), verw. mit δεξι·ός;* s. dexi-. – Rechte Körperseite bzw. rechter Teil eines symmetrischen Gebildes: Atrium dextrum und Ventriculus dexter des Herzens.

di-, *Num. δύο (= zwei) in Zus. di- wie ein Präfix gebraucht, z. B. δίκραν·ος (= zwei-spitzig); διπλό·ος* s. dipl-, vgl. dis- und diss-. – 1. Räumlicher Zustand: a) bei bilateralsymmetrischen Tieren im Sinne von einem Paar: Diptera mit zwei statt vier Flügeln, Didelphia mit zwei Scheiden statt nur einer (s. delphy-); – b) zwei Gebilde hintereinander: Distomum, Gttg. der Trematoden mit zwei Saugnäpfen, Dicerorhinus, Gttg. der Nashörner; – c) bei disymmetrischen (bilateralen) Blüten: zwei gegenständige Blütenblätter von Dicentra tragen Sporne; – d) die beiden Geschlechter auf versch. Individuen verteilt: dioicus, diözisch s. oec-. – 2. Zwei Gebilde oder Faktoren an einem Vorgang beteiligt: Dipnoi = Doppelatmer (Kiemen und Lunge); Dispermie = Eindringen zweier Spermatozoen in die Eizelle; dihybride Kreuzung.

dicho-, *Adv. δίχα (= auseinander, zweifach, getrennt), in Zus. δίχο-, z. B. Verb διχοτομέω (= in zwei Teile spalten) → διχότομ·ος (= halbiert, geteilt).* – Dichotomie = dichotome Teilung, die Gabelung eines gestreckten Gebildes jeweils in zwei gleichstarke und in gleichem Winkel abstehende Zweige, z. B. beim Flagellat Polyoeca dichotoma.

dicr-, *versch. gedeutet, wohl vom Adj. δίκραν·ος (= zweispitzig).* – Dicrocoelium, Gttg. der Trematoden mit gegabeltem Darm.

dicty-, *Subst. τὸ δίκτυ·ον (= Netz, Fangnetz).* – Netzförmige Anordnung in der Fläche: a) Netz im eig. Sinne, d. h. mit Öffnungen: Dictyobranchia = netzkiemige Seescheiden; – b) Bild des Netzes, Anordnung der Flügeläderung bei Insekten: Palaeodictyoptera.

didym-, *Adj. δίδυμ·ος (= zweifach, doppelt), subst. οἱ δίδυμοι Plur. (= Zwillinge), verw. mit δύο (= zwei), in Zus. di-.* – 1. Hoden bei Wirbeltieren, als Zwillinge benannt, weil sie bei vielen Säugetieren im Hodensack beieinanderliegen (vgl. orch- und test-); nur mit Präfix: Epididymis = Nebenhoden, Anhangsorgan des Hodens; Paradidymis, ein rudimentäres Anhangsgebilde am Vas deferens. – 2. Bei Pflanzen doppelte Gebilde: Schötchen von Coronopus didymus sind „zweiknotig" (Zwillingsschote); Staubgefäße von Monarda didyma verdoppelt.

digit-, *Subst. digit·us, ·i m. (= Finger, Zehe).* – 1. Finger und Zehen der pentadaktylen Extremität (s. dactyl-): Digiti manus u. pedis: Digitigrada = Zehengänger, z. B. Raubtiere, die den Boden nur mit den Zehen berühren (Ggs. plant- II.). – 2. Den Fingern ähnliche Körperfortsätze: Alcyonium digitatum, die „Totemannshand" der Nordseefischer, gelappte, oft handförmige Kolonie achtstrahliger Polypen; Kiemen am Hinterende des Wurmes Dero digitata (Fam. Naididae); die Ährchen der Fingerhirse Digitaria. – 3. Einem Fingerhut ähnlich die Blüten von Digitalis, die Glocke der Meduse Aglantha digitale (oder ·is).

din- I., *Adj. δειν·ός (= furchtbar, schrecklich; außerordentlich, sonderbar).* – Ungewöhnliche Körpergröße, bes. zur Bez. fossiler Tiere: Dinosaurier, Ord. der Reptilien; Dinornis, Gttg. ausgerotteter Straußenvögel in Neuseeland; Dinichthys, Gttg. palaeozoischer Fische.

din- II., *Subst. ἡ δίνη (= Wirbel, Strudel) → Adj. δινήεις (= strudelreich).* – Durch Bewegung von Zilien oder Geißeln Wasserwirbel erzeugend, d. h.

auch: mit Zilien oder Geißeln versehen; insbes. Namen von Protozoen: Dinoflagellata, Entodinium (Gttg. der Ziliaten im Magen von Wiederkäuern) und Rädertieren: Philodina.

dipl-, *Adj. διπλό·ος oder διπλοῦς (= zweifach, doppelt; wechselseitig), eig. „zwei-gefaltet", aus di- und Silbe, die mit dem Verb πλέκω (= flechten) verw. ist;* vgl. plex, dupl- und -ploid. – 1. Zustand ohne Bezug auf Entstehung: a) bilateralsymmetrisches Paar von Gebilden: Diplura = apterygote Insekten mit einem Paar Anhängen (Cerci) am Hinterende (ur-); – b) radiale Symmetrie: Blüten mit zwei Kreisen von Hüllblättern heißen diplochlamydeïsch, mit zwei Kreisen von Staubblättern diplostemon. – 2. Mit Bezug auf die Entstehung: a) Diplopoda (Chilopoda), Ord. der Tausendfüßer, infolge Verschmelzung von je zwei Segmentanlagen mit zwei Beinpaaren im „Segment"; – b) Zusammentreten zweier Gebilde: Diplozoon paradoxum = Art der Saugwürmer, bei der zur Zeit der Geschlechtsreife je zwei Individuen über Kreuz miteinander verwachsen; – c) Verdoppelung durch Teilung eines Gebildes, bes. bei Zellbestandteilen: Diplosom = das verdoppelte Zentriol; diploider Chromosomensatz aus zwei haploiden (die Silbe -ploid wird zur Bez. weiterer Vervielfachung benutzt).

dir-, *Subst. ἡ δειρ·ή (= Hals, Nacken, Kehle), auch in der Form ἡ δέρ·η* s. der-. – Hals zwischen Kopf und Rumpf: Crypto- und Pleurodira, Schildkröten, die den Kopf in der Mittelebene zurückziehen (crypt-) oder zur Seite legen (pleur-).

dis-, *Adv. δίς (= zweimal, doppelt), in Zus. wie ein Präfix gebraucht, z. B. δισ-χίλιοι = 2000.* – Im Sinne von zweifach oder doppelt in einigen Pflanzennamen: Gttg. Disanthus = Doppelblüte.

disc-, *Subst. ὁ δίσκ·ος = disc·us, ·i m. (= Wurfscheibe, Diskus).* – Scheibenförmige, d. h. flache Gebilde von rundlichem Umriß: 1. Körper: a) strahligsymmetrische Tiere: Discomedusae = Scheibenquallen; Disconectae, Fam.-reihe der Siphonophora; – b) bilaterale Tiere: Schalen fossiler Mollusken: Discoclymenia, Gttg. der Ammoniten. – 2. Organe versch. Art, z. B. Zunge bei manchen Fröschen (Gttg. Discoglossus), Saugnäpfe bei Würmern (Discodrilidae), Placenta beim Menschen und einigen Säugetieren: Placenta discoidalis = Scheibenplazenta, bei einigen Affen P. bidiscoidalis aus zwei Scheiben; Disci intervertebrales = Zwischenwirbelscheiben. – 3. Keimscheibe: diskoidale Furchung; dadurch Discoblastula.

diss-, *Adj. δισσ·ός (= zweimal, doppelt).* – Zweimal nacheinander: Dissogonie = zweimalige Geschlechtsreife bei einem Individuum, kommt bes. bei Rippenquallen vor.

dist(a)-, *Verb stare (= stehen) → distare, eig. dis+ stare (= auseinanderstehen, entfernt sein) → Part. Praes. distans, ant·is → Subst. distanti·a, ·ae f.*

(= Abstand, Distanz); vgl. sta-. – Adj. distal, eig. dist∼al·is, eine neue Wortbildung, bedeutet im Ggs. zu proximal (s. proxim-) „weiter vom Körper entfernt", bes. bei Körperfortsätzen.

divers-, *Adj. divers·us, ·a, ·um (= abgekehrt, entgegengesetzt; abweichend, verschieden) → Subst. diversitas f. (= Verschiedenheit, Unterschied), eig. di-vers = auseinander-gewendet;* s. dis+ u. vers-.

divid-, divis-, *Verb dividĕre (= trennen, spalten, teilen, verteilen), Sup. divis- → Subst. divisio, ōn·is f. (= Teilung, Einteilung) und Adj. dividu·us (= teilbar; geteilt), individu·us (= unteilbar).* – 1. Vorgang: Divisio = Teilung, Form der ungeschlechtlichen Fortpflanzung, bes. Zellteilung. – 2. Zustand: a) Individuum = der einzelne, innerhalb seiner Umwelt abgegrenzte und sich behauptende Organismus als „Ganzheit" oder Qualität (d. h. nicht als teilbare Summe von Zellen, Organen usw.); Individualität ist die Tatsache oder der allg. Begriff dieser Qualität, Adj.: individuell; – b) Verzweigung als Aufteilung: Tubularia indivisa, ein Hydroidpolyp mit unverzweigtem Stamm.

doli-, *Subst. doli·um, ·i n. (= großes Faß).* – Namen von Tieren, deren Form an ein Faß erinnert: Doliolum = Gttg. der Salpen mit Ringmuskeln, die an Faßreifen erinnern; Doliolaria = tonnenförmige Larve der Haarsterne (Crinoidea) mit Wimperringen; Orcula dolium u. O. doliolum, Arten von Landschnecken mit walziger Schale.

dolich-, *Adj. δολιχ·ός (= lang, weit).* – Lange Gebilde: a) Tiere: Gttg. Dolichotis = Nagetier mit langen Ohren, Dolichopus = Fliege mit langen Beinen, Dolichosoma = Käfer mit langgestrecktem Körper; – b) Pflanzen: Dolichothele, Gttg. der Kakteen mit langen Warzen; – c) Mensch: dolichocephal = langköpfig (Ggs. zu brachycephal).

dom-, *Subst. ὁ δόμ·ος (verw. mit Verb δομέω = bauen) und domus, ·ūs m. (= Haus, Heimat) → Adj. domestic·us, ·a, ·um (= häuslich, zum Hause gehörig).* – 1. Vom Menschen erbautes Haus und seine Bewohner (Familie usw.): a) Artnamen von „Haustieren"; Gryllus domesticus, Musca domestica, Passer domesticus; – b) danach allg.: Domestikation = Haustierwerdung, Zähmung, Züchtung; – c) Artnamen von Nutzpflanzen: Malus domestica, Prunus domestica, Sorbus domestica. – 2. Gehäuse oder Nester von Tieren: Gttg. Chalicodoma (s. chalic-); der Korkschwamm Suberites domuncula wächst häufig auf Schneckenschalen, die von einem Einsiedlerkrebs bewohnt sind; Phacelodomus = Bündelnister, Gttg. der Vögel.

domin-, *Subst. domin·us, ·i m. (= Hausherr, Herr, Gebieter) u. domin·a, ·ae f. (= Hausfrau, Herrin) von dom·us (= Haus), Verb domināri (= herrschen) → dominans (= herrschend);* vgl. dom-. – Dominieren = überwiegen, herrschen; insbes. werden Erbanlagen als dominant bezeichnet, die sich in der äußeren Erscheinung (beim „Phänotyp") im Ggs. zur parallelen regressiven Anlage auswirken (Dominanz).

dorat-, s. dory-.

dors-, *Subst. dors·um, ·i n. und dors·us, ·i m. (= Rücken).* – Der Rücken bilateralsymmetrischer Tiere im Ggs. zur Bauchseite (s. ventr-): dorsal = dem Rücken zugekehrt oder auf der Rückenseite gelegen, z. B. Chorda dorsalis = Rückensaite.

dory-, *Subst. τὸ δόρυ, δόρατ·ος (= Balken, Stange, Lanze).* – a) Stange, Spieß: Doryceras, Gttg. der Hirsche mit spießförmigem, unverzweigtem Geweih; Dorypterus, Gttg. der Fische mit sehr langer Rückenflosse. – b) Streifen auf Oberflächen: Doryphora [Leptinotarsa], Kartoffelkäfer, wegen der Längsstreifen der Flügeldecken.

dox-, *Subst. ἡ δόξα (= Meinung, Vorstellung) → Adj. ἄδοξ·ος und παράδοξ·ος, verw. mit Verb δοκέω (= glauben, meinen).* – Gttg. Adoxa, ein Pflänzchen mit unauffälligen Blüten; paradox s. para+ 4a.

draco(n-), *Subst. ὁ δράκων, δράκοντ·ος, lat. draco, dracōn·is m. (= Drache, Schlange).* – Namen einiger drachen- oder schlangenähnlicher Tiere: a) an Drachen erinnernd: der giftige Fisch Trachinus draco (Petermännchen); der „fliegende Drache" Draco volans mit Hautfalte, die als Fallschirm dient, eine Eidechse; – b) schlangenähnlich: Dracunculus (eig. dracon∼cul·us, wörtl. „kleine Schlange"), Syn. für Filaria, Gttg. der Fadenwürmer, daher Drakontiasis = Erkrankung durch D. [Filaria] medinensis, den Medinawurm.

drepan-, *Verb δρέπω (= abpflücken, schneiden) → Subst. ἡ δρεπάν·η (= Sichel, Sense) → ἡ δρεπανίς, ίδ·ος (= Schwalbe mit sichelförmigen Flügeln);* vgl. tryp-, ∼an·. – 1. Fressen, sich ernähren: Phyllodrepa, Gttg. der Käfer, die Blätter zerfressen („abschneiden"). – 2. Sichelform von Organen: Drepanis → Drepanididae = Gttg. und Fam. der Kleidervögel, wegen des gekrümmten, sichelförmigen Schnabels; Drepana → Drepanidae = Gttg. und Fam. der Schmetterlinge mit sichelförmiger Verlängerung der Vorderflügel.

dril-, *Subst. ὁ δρῖλ·ος (= Regenwurm).* – Namen von Ringelwürmern, in erster Linie von Oligochaeten, z. B. Gattungen Limnodrilus und Helodrilus; aber auch auf Polychaeten (Uord. Drilomorpha) und Ur-anneliden (Gttg. Protodrilus) angewendet.

drom-, *Subst. ὁ δρόμ·ος (= Lauf, Laufen, Wettrennen) → Adj. δρομαῖ·ος u. δρομάς, άδ·ος (= laufend, rollend) sowie δρομικ·ός (= zum Laufen tüchtig).* – Bewegung (Ortväsrenderung) von Tieren: a) Säugetiere: Camelus dromedarius = Dromedar, das einhöckerige Kamel; – b) Vögel: Dromaeus = der Emu, Gttg. straußartiger Vögel in Australien; Ocydromus australis, die Weka-Ralle; Gttg. Tichodroma = Mauerläufer; – c) Arthropoda: Gttg. Philodromus = Laufspinne, Gttg. Dromia (Wollkrabbe), Gttg. Phyllodromia (eine Schabe).

dros-, *Subst. ἡ δρόσ·ος (= Tautropfen, Feuchtigkeit) → Adj. δροσερ·ός (= tauig, betaut, feucht).* – 1. Insekten, die sich von Säften ernähren: Drosophila = Taufliege, Gttg. der Dipteren, die Larven mancher Arten in gärenden Stoffen. – 2. Wie betaut: Blätter von Drosera; Käfer Polydrosus mit Schüppchen besetzt.

dry-, *Subst. ἡ δρῦς, δρυ·ός (= Waldbaum, bes. Eiche, Holz).* – 1. Zu Bäumen in Beziehung stehend: a) Tiere: Dryophis (Peitschenschlange); – b) Pflanzen: Dryopteris (Wurmfarn), Agaricus dryophilus (ein Pilz). – 2. Mit Baum verglichen: chamaedrys s. chamae.

dubi-, *Adj. dubi·us, ·a, ·um (= zweifelhaft, ungewiß), verw. mit duo = zwei.* – Epitheton für variable und schwer bestimmbare Arten: die Schnecke Clausilia dubia, den Großen Bocksbart Tragopogon dubius (eine Asteracee).

duc(t)-, *Verb ducĕre mit Sup. duct- (= führen, leiten).* – 1. Gerichtete Bewegung von Körperteilen und die dabei tätigen Muskeln und Nerven: a) Ad- und Abduction = die Bewegung von Gliedmaßen zueinander hin (ad+) oder voneinander weg (ab+) bzw. zur Körperachse hin oder von ihr weg; Adduktoren und Abduktoren = die dabei tätigen Muskeln, z. B. M. abductor pollicis longus und brevis spreizen den Daumen; – b) N. abducens, der VI. Hirnnerv, steht in Beziehung zum äußeren geraden Augenmuskel, der das Auge nach außen und hinten, d. h. von der Mitte wegzieht. – 2. Leitung von Flüssigkeiten (mit und ohne Zellen) oder Gasen in einem röhrigen Gebilde: a) in einem geschlossenen System innerhalb des Körpers: Gefäßröhren für Blut (Ductus Cuvieri, Ductus venosus) oder Lymphe (Ductus thoracicus); – b) ausführende Kanäle von Drüsen (Ductus cysticus, hepaticus, choledochus) und Geschlechtsorganen (Ductus epididymidis, Ductuli efferentes, Ovidukt); – c) Leitung von Luft durch den Ductus pneumaticus, der bei vielen Knochenfischen (Physostomen) die Schwimmblase mit dem Darm verbindet, in beiden Richtungen; – d) röhrige Gebilde ohne ausgesprochene Leitung oder Strömung: im Ohrlabyrinth Ductus cochlearis, Ductus utriculosaccularis, Ductūs semicirculares. – 3. Im Sinne von bringen, veranlassen, hervorbringen, beeinflussen: produzieren → Produkt; reduzieren → Reduktion (Reduktionsteilung führt Chromosomenzahl auf den einfachen Satz zurück); induzieren → Induktion und deduzieren → Deduktion (Denkmethoden).

dulc(i)-, *Adj. dulc·is, ·e (= süß, lieblich).* – Süßer oder milder Geschmack von Pflanzenteilen: a) Milchsaft von Euphorbia dulcis = Süße Wolfsmilch und Lactarius subdulcis = Süßlicher Milchling; – b) junge Triebe von Solanum dulc-amara schmecken erst süß, dann bitter (amar-).

dum-, *Subst. dūm·us, ·i m. (= Strauch, Gestrüpp) → Subst. dūmēt·um, ·i n. (= Hecke, Dickicht, Gestrüpp).* – 1. Gebüsche, Gesträuche oder Hecken: a) Sträucher, die selbst Gebüsche bilden: Rosa dumetorum

= Heckenrose; – b) kleinere Pflanzen, die in Gebüschen wachsen: Polygonum dumetorum = Heckenknöterich; – c) Tiere, die in Gebüschen, an Waldrändern usw. leben: die Spinne Aranea dumetorum. – 2. Einem Strauch ähnlich geformt: Lafoea dumosa, eine verzweigte Kolonie von Hydroidpolypen.

duoden-, *lat. Num. distributivum (Plur.) duodēn·i, ·ae, ·a (= je zwölf), verw. mit duodecim (= zwölf).* – a) Duodēnum, ·i (Intestinum duodenum) = Zwölffingerdarm, so benannt, weil seine Länge beim Menschen zwölf Fingerbreiten entsprechen soll (auf Tiere übertragen, obwohl dies hier nicht zutrifft); – b) Schmarotzer im Duodenum: Ancylostoma duodenale.

duplic-, *Adj. duplex, duplic·is (= doppelt) → Verb duplicāre (= verdoppeln, vermehren); eig. du-plex = zweigefaltet*; Ggs. simplic-, vgl. plic-, plex- und dipl-. – 1. Zustand: Doppelte Anzahl von Gebilden: Duplicidentata, die lagomorphen Nagetiere, bei denen hinter den großen Nagezähnen des Zwischenkiefers noch zwei kleine Schneidezähne sitzen; Uterus duplex bei manchen Säugetieren. – 2. Vorgänge: a) zwei Vorgänge verglichen: die Funktion der Stäbchen und Zapfen in der Netzhaut des Auges als Duplizitätstheorie des Sehens; – b) Verdoppelung eines Gebildes: Duplikanten nennt man Gebilde, die sich durch Teilung selbst verdoppeln, z.B. Centrosom → Diplosom.

dur-, *Adj. dūr·us, ·a, ·um (= hart, stark, roh, beschwerlich).* – Hart im Unterschied zu relativ weichen Gebilden: a) Palatum durum = der harte, d. h. mit knöcherner Grundlage (Gaumenbein) versehene Teil des Gaumens bei Mensch und Säugetieren; – b) Dura mater = Pachymeninx, die harte Hirnhaut, kurz „die Dura“, daher das Stammwort auch in diesem bes. Sinn gebraucht: epi- oder intradural = auf oder innerhalb der Dura; – c) Pflanzen: Sclerochloa dura = Gem. Hartgras.

dy-, *Verb δύω (= versenken) → ἐνδύω (= einhüllen, bekleiden) → Subst. τὸ ἐπένδυμα· (= Oberkleid), ferner ἐκδύω (= entkleiden) → Subst. ἡ ἔκδυσις (= Herauskriechen, Entkommen)*; vgl. dyt-. – 1. Überzug: Ependym, die Zellschicht, die den Zentralkanal des Rückenmarkes und die Hirnventrikel innen auskleidet. – 2. Ausschlüpfen: Ecdysis (Ekdysis)= Häutung der Insekten, daher Ekdyson = Häutungs- und Metamorphosehormon.

dynam-, *Subst. ἡ δύναμις, εως (= Kraft, Stärke, Fähigkeit, Macht), Adj. δυναμικ·ός.* – Dynamisch heißt in der Physik: auf eine Kraft oder auch (im Ggs. zu stabil) auf eine Beweglichkeit bezüglich; in der Biologie wird von einer dynamischen, d. h. beweglichen, veränderlichen Struktur (z. B. des Protoplasmas oder Zellkerns) gesprochen.

dyt-, *Subst. ὁ δύτης (= Taucher) vom Verb δύω*, s. dy-. – 1. Namen von Tieren (bes. Gattungen), die im Wasser tauchen, z. B. Tauchvögel versch.

syst. Zugehörigkeit (Aptenodytes, ein Pinguin; Lophodytes, ein Säger, d. h. Gänsevogel), Amphibien (Pelodytes, Krötenfrosch in schlammigen Gewässern) und Wasserkäfer (Macrodytes, Dytiscus). – 2. Tiere in Höhlen u. a. Verstecken: troglodytes s. trogl-.

E

ebur(-), *Subst. ebur, ebor·is n. (Elfenbein) → Adj. eburne·us, ·a, ·um (= aus Elfenbein; weiß wie Elfenbein).* – Mit dem Elfenbein verglichen: 1. Beschaffenheit: Substantia eburnea = Zahnstein (Dentin). – 2. Farbe: Pagophila eburnea = Elfenbeinmöve, Hygrophorus eburneus = Elfenbeinschneckling (ein Pilz).

echi-, *Subst. ὁ ἔχις, ἔχεως = ἡ ἔχιδν·α (= Schlange, Natter, Otter) → ἡ Ἔχιδν·α (= fabelhaftes Ungeheuer).* – 1. Schlange: Gttg. Echis u. a. – 2. Mit Schlange verglichen: Echium = Natternkopf, Gttg. der Boraginaceae (Blumenkrone einem Schlangenkopf ähnlich). – 3. Echidna = Ameisenigel, Gttg. der Kloakentiere, Abl. unklar, vielleicht nach dem Fabelwesen oder Beziehung zu echin- (wegen der Stacheln). – 4. Abk. von echin- (Echiurus, Echimys).

echin-, *Subst. ὁ ἐχῖν·ος (= Igel).* – Organismen, die wie der Igel Stacheln tragen, so daß der Wortstamm die Bedeutung „Stachel" annimmt, ferner Bez. für andere spitze Gebilde wie Dornen, Haken usw.: 1. Echinodermata = Echinodermen, Stachelhäuter, Stamm der Tiere mit verkalktem, häufig Stacheln tragendem Hautskelett (s. derm-); bes. gut entwickelt sind die Stacheln bei den danach benannten Seeigeln: Echinoidea (wörtl. „Igelähnliche") mit den Gattungen Echinus, Psammechinus, Sphaerechinus, Echinocardium u. a. – 2. Würmer mit Haken am Skolex bzw. Rüssel: Echinobothrium, Gttg. der Bandwürmer mit Hakenkranz am Rostellum usw.; Taenia echinococcus (Hundebandwurm) mit 20 bis 40 kleinen Haken auf dem Rostellum; Echinorhynchus, Gttg. der Acanthocephala mit vorstülpbarem Rüssel, der mit Haken besetzt ist. – 3. Pflanzen: a) Disteln: Gttg. Echinops; – b) Kakteen: Gttg. Echinopsis = Seeigelkaktus; – c) Spelzen von Gräsern: Cynosurus echinatus = Stacheliges Kammgras.

echthr-, *Adj. ἐχθρ·ός (= verhaßt; feindselig) → substt. Masc. (= Feind).* – Synechthrie ist feindliche Einquartierung von Ameisengästen im Ggs. zur Symphilie und Synökie (s. syn+ 2., oec-, phil-).

edaph-, *Subst. τὸ ἔδαφ·ος (= Boden, Erdboden).* – Das Edaphon = Gesamtheit der im Acker-, Wald- und anderen Böden lebenden Mikroorganismen, Pflanzen und Tiere, d. h. der „edaphischen" = endogeischen (ge-4a) Organismen.

edul-, *vom Verb edo (ēdi, ēsum, esse) abgeleitetes Adj. edūl·is, ·e verw. mit esculent-.* – a) Eßbare Tiere: Holothuria edulis = Eßbare Seegurke, Ostrea edulis = Auster, Cardium edule = Eßbare Herzmuschel; – b) Pflanzen: Boletus edulis = Steinpilz.

el- = hel- I. – In Sümpfen oder stehenden Gewässern wachsende Pflanzen: Eleocharis = Sumpfried, Elodea [Helodea] canadensis = Wasserpest, Hypericum elodes = Sumpf-Johanniskraut.

elae-, *Subst. ἡ ἐλά·α = ἐλαί·α (= Ölbaum; Olive); Subst. τὸ ἔλαι·ον (= Olivenöl, Baumöl; allg. Öl), Subst. ὁ ἔλαι·ος (= wilder Ölbaum).* – 1. Pflanzen, aus deren Früchten Öl gewonnen wird: Elaeïs = Ölpalme, Gttg. der Palmen. – 2. Pflanzen, die dem Ölbaum (Olea europaea) vergleichbar sind: a) wegen der Blätter: Gttg. Elaeagnus = „Ölweide“; – b) wegen der olivenähnlichen Früchte: Gttg. Thymelaea (Seidelbast); Elaeocarpus copaliferus (Ostindische Kopalpalme).

elaph-, *Subst. ἡ (ὁ) ἔλαφ·ος (= Hirschkuh, Hirsch).* – 1. Namen: a) von Hirschen: Cervus elaphus = Edelhirsch, ferner Dorcelaphus, Elaphodus; – b) von anderen, hirschähnlichen Wiederkäuern: Boselaphus (Nilgau), Gttg. der Bovidae. – 2. Beziehung zum Hirsch: Elaphoglossum = Zungenfarn, Gttg. der Polypodiaceae.

elasm-, *Subst. τὸ ἔλασμα (Platte, Wandung).* – Scheidewand, Gewebsplatte: bei den Elasmobranchiern (Haien und Rochen) sind die Kiemenspalten durch die verbreiterten Kiemenbögen völlig getrennt.

elast-, *neuere Wortbildung nach dem Verb ἐλαύνω (= treiben, in Bewegung setzen) als Adj. ἐλαστικ·ός, latin. elastic·us, ·a, ·um (= Antrieb oder Bewegung betreffend).* – Elastisch heißen Bindegewebsfasern, die sich von den kollagenen Fasern durch ihre Substanz (Elastin) und Eigenschaften unterscheiden; elastisches Bindegewebe besteht ausschließlich oder überwiegend aus solchen Fasern. Elastizität im physik. Sinne besitzen aber auch die kollagenen Fasern.

elat- I., *Verb ἐλάω = ἐλαύνω (= antreiben, stoßen, schlagen) → Subst. ὁ ἐλατήρ, ῆρ·ος (= Treiber, Wagenlenker).* – 1. Aktive Ortsveränderung von Tieren: a) Copelata, Kl. der Manteltiere (Tunicata), die sich im Wasser mit Hilfe eines Ruderschwanzes bewegen (cop- II.); – b) Elater, Gttg. der Käfer, können sich bei Rückenlage in die Höhe schnellen (s. ~ter), daher: Schnellkäfer. – 2. Schleudermechanismen von Pflanzen: Elateren sind Zellen an den Sporen der Schachtelhalme, die sich in der Trockenheit strecken und die Sporen fortschleudern.

elat- II., *Subst. ἡ ἐλάτη (= Tanne, Fichte) → Adj. ἐλάτιν·ος (= von Tannen- oder Fichtenholz).* – Mit Tanne verglichen: Elatine (Gttg.) = Tännel, kleine Uferkräuter.

elat- III., *Adj. elāt·us, ·a, ·um (= erhaben, stolz), Part. Pass. des Verbs effere (= heraustragen, hervorbringen), also eig. e+ lat-; Comp. elāti·or, ·us.* – Hoher Wuchs von Pflanzen: Carex elata [stricta] = Steife Segge; Festuca elatior vgl. alt-; Primula elatior (Waldprimel) mit Blüten auf langem Schaft; Arrhenatherum elatius = Hoher Glatthafer, größer als andere Arten; Morchella elata = Hohe Morchel.

electr-, *Subst. ὁ, ἡ ἤλεκτρ·ος oder τὸ ἤλεκτρ·ον = electr ·um,·i n. (= Silber-Gold-Legierung; Bernstein).*

A. Bernstein, ein fossiles Harz: 1. Im Bernstein gefunden: das Insekt Electroembia antiqua. – 2. Dem Bernstein ähnlich, von gelber Farbe: Anonia electrica = Bernsteinmuschel.

B. Elektrizität (urspr. durch Reiben von Bernstein erzeugt): 1. Physik.: Elektrik, Elektrotechnik, Elektron usw. – 2. Im Organismus entstehend: a) allg.: Bioelektrizität; Aktionsströme versch. Organe, z. B. Elektrokardiogramm; – b) in bes. elektrischen Organen erzeugt, bei den Fischen Electrophorus [Gymnotus] electricus = Zitteraal und Malapterurus electricus = Zitterwels.

elegant-, *Adj. elegans, ant·is (= wählerisch, geschmackvoll; eig. ausgelesen, auserlesen)*; s. leg- I. – 1. Aktive Bedeutung: auswählend, wählerisch: elegant, Eleganz. – 2. Pass. Bedeutung in Namen von Tieren und Pflanzen: fein, zierlich: Cyclostoma elegans, eine Kreismundschnecke mit zierlich gegitterter Schale; Zinnia elegans = Schmucke Zinnie (ein Korbblütler), Phlegmacium elegantius (ein Pilz).

element-, *Subst. element·um, ·i n., meist als Plur. element·a, ōrum (= Grundstoffe, Anfangsgründe; Buchstaben, Alphabet) → Adj. elementāri·us, ·a, ·um (= zu den Anfangsgründen gehörig).* – 1. Allg. Bedeutung: Elemente als Naturkräfte (früher für: Feuer, Wasser, Erde, Luft); elementar = grundlegend, naturhaft. – 2. Chem. Element, kurz Element; Elementaranalyse eines Stoffes = Feststellung der in ihm enthaltenen Elemente. – 3. Anfangsgründe des Lernens: Elementar-schule, -mathematik. – 4. Einfache Bestandteile: Wortelemente nach dem Titel dieses Buches.

elephant-, *Subst. ὁ ἐλέφας, ἐλέφαντ·ος → lat. elephas, elephant·is und elephant·us, ·i m. u. f. (= Elefant; übertr. Elfenbein).* – 1. Elephas → Elephantidae, Gttg. und Fam. der Rüsseltiere (Proboscidea) = Elefanten. – 2. Mit Elephanten verglichen: a) Haut: Elephantiasis (~ias·is), an den Elefanten erinnernde krankhafte lokale Dickhäutigkeit beim Menschen, z. B. durch Lymphstauung infolge Infektion mit Filaria sanguinis; – b) Beine: Elefanten-Schildkröte Testudo elephantopus; – c) Substanz des Stoßzahnes (Elfenbein): die Samen der Elfenbeinpalme Phytelephas (Elephantusia) macrocarpa; – d) dem Stoßzahn der Elefanten ähnlich s. dent- 3.

eleuther-, *Adj. ἐλεύθερ·ος (= frei, ungehindert).* – 1. Frei bewegliche, d. h. nicht festsitzende Tiere: Eleutherozoa = ungestielte Stachelhäuter im Ggs. zu den Crinoidea. s. pelm(at)-. – 2. Frei, d. h. nicht miteinander verwachsen: Eleutherodaktylie im Ggs. zur Syndaktylie (s. syn+ 1 d); eleutheropetal (choripetal) sind Blüten mit freien Kronblättern (Ggs. sympetal).

ellips-, *Subst. ἡ ἔλλειψις, εως (= Ellipse, nicht antike Bedeutung) → latin. Adj. elliptic·us, ·a, ·um (= elliptisch).* – 1. Fläche: Rosa elliptica mit elliptischen Blättchen. – 2. Räumlich: ein Ellipsoidgelenk (Articulus ellipsoideus JNA) hat z. T. eine ellipsoidisch gekrümmte Fläche, z. B. das Handgelenk.

elytr-, *Subst. τὸ ἔλυτρ·ον (= Hülle, Futteral, Behälter) vom Verb ἐλύω (= wälzen, umhüllen, bedecken).* – 1. Feste Deckflügel bei Insekten: a) in ganzer Ausdehnung verfestigt: die Elytren der Käfer; – b) nur teilweise, und zwar an der Basis verfestigt: die Hemielytren der Wanzen, die daher als Hemipteren bezeichnet werden (s. hemi+ 1 b). – 2. Elytren heißen auch die schuppenförmigen Zirren polychäter Meereswürmer.

emet-, *Verb ἐμέω (= sich erbrechen, ausspeien) → Subst. ἡ ἔμεσις, ὁ ἔμετ·ος (= das Erbrechen, der Erguß).* – Erbrechen: a) als solches: Emesis = Vomitus; – b) Erbrechen hervorrufend: Russula emetica = Speiteufel, ein giftiger Pilz.

empir-, *Adj. ἔμπειρ·ος (= erfahren, kundig) → Subst. ἡ ἐμπειρί·α (= Erfahrung, Kenntnis, Übung), von ἡ πεῖρ·α (= Versuch, Probe, Erfahrung).* – a) Empirie = Erfahrung, empirisch = aus der Erfahrung gewonnen; – b) im Sinne der ärztlichen Erfahrung und Praxis: Arion empiricorum, eine Nacktschnecke, die früher für Heilmittel verwendet wurde.

emunct-, *Sup. zum Verb emungĕre (= ausschneuzen) → Subst. emunctōri·um, ·i (= eine Art Lichtschneuze).* – Emunctorium, Plur. Emunktorien: Exkretionsorgane, bei denen die Exkrete durch ein zugehöriges Kanalsystem aus dem Körper hinausbefördert werden, bes. die Nieren.

enchely-, *Subst. ἡ ἔγχελυς, υ·ος (= Aal).* – Namen einiger Tiere mit langgestrecktem (grob mit dem Aal vergleichbarem) Körper, z. B. Ziliaten (Gttg. Enchelys → Fam. Enchelydidae) und Nematoden (Gttg. Enchelidium).

-enchym(at)-, *zus. aus en+ und chym-, griech. Verb ἐγχέω (= eingießen, einfüllen).* – Das Wort -enchym(at)- ist für Gewebe versch. Art gebräuchlich, etwa im Sinne von Füllgewebe oder Gewebsmasse: a) Mesenchym, Form des dritten Keimblattes ohne epitheliale Anordnung und die daraus hervorgehende Gewebsform; Adj.: mesenchymatisch oder mesenchymatös; – b) Parenchym, in der med. Histologie die epithelialen Anteile von Organen, in der Zoologie das Füllgewebe zwischen Darm und Körperwand, insbes. bei den Plattwürmern (parenchymatöse Würmer = Parenchymia).

-enn-, in Zus. (biennis, perennis) statt ann-.

enne(a)-, *Num. ἐννέα (= 9) ohne Dekl., entspricht dem lat. novem und deutsch neun.* – Neun gleichartige Gebilde: a) in strahliger Anordnung: Cardamine enneaphyllos [Dentaria enneaphylla] mit quirlig stehenden, dreizählig gefingerten Blättern; Enneandria, nach LINNÉs System Pflanzen mit neun Staubgefäßen; – b) in proximodistaler Folge: neun Fühlerglieder (tom-, arthr-) bei den Käfergattungen Enneatoma und Ennearthros; – c) rostrokaudal: Gttg. Enneacanthus (Diamantbarsch) mit neun harten Strahlen in der Rückenflosse.

ens(i)-, *Subst. ensis, ·is m. (= Schwert).* – Einem Schwert formähnlich: a) Gesamtform: die Schale der Muschel Ensis ensis; – b) unpaare Fortsätze: säbelförmige Legeröhre der Ensifera (Langfühlerschrecken), der Schnabel des Kolobris Docimastes ensifer = Schwertschnabel; der Schwertfortsatz des Brustbeins: Processus ensiformis (JNA) = xiphoideus (PNA); – c) Pflanzenblätter: Cephalanthera ensifolia [longifolia] = Schwertblättriges Waldvögelein (Orchidee).

enter-, *Subst. τὸ ἔντερ·ον (= Darm; Plur.: Eingeweide)*; eig. das Innere, verw. mit ento+ und intern-. – 1. Verdauungsraum, Darm(trakt): a) Gastralraum mit nur einer Aus- und Einfuhröffnung: Coelenterata; – b) Enteropneusta = Darmatmer, wurmartige Tiere, die im vordersten Abschnitt des Darmrohres Kiemenspalten besitzen. – 2. Embryonale Anlage des Mitteldarmes: Archenteron = Urdarm; Enteroderm = Entoderm als Anlage des Mitteldarmepithels; Enterocoel, das Coelom, soweit oder sofern es vom Urdarm aus (durch Divertikelbildung) entstanden ist; Canalis neurentericus s. neur- 1d. – 3. a) Darm als Teil des Darmtraktes der Wirbeltiere hinter dem Magen: Mesenterium s. mesot; – b) Parasiten des Darmes im engeren Sinne: Entamoeba dysenterica als Erreger der Amöbendysenterie; Enterobius [Oxyuris], Gttg. der Nematoden. – 4. Darmähnlich: Enteromorpha = Darmtang, Gttg. der Grünalgen.

eo(s)-, *Subst. ἡ ἕως, ἕω = ἠώς (= Morgen, Morgenröte, Osten).* – 1. Erdgeschichte und ihre Abschnitte: Eocaen = Eozän, der früheste Abschnitt der Tertiärzeit; Eolithen als früheste menschliche Erzeugnisse (?), daher: eolithische Zeit = Eolithicum (vgl. lith- 1. c). – 2. Entwicklungsgeschichtlich frühe oder primitive Organismen: a) fossile Tiere, allg. und insbes. solche, die dem Eocaen angehören, z. B. Eohippus = das vierzehige Urpferd des Eocaens; – b) heutige (rezente) Organismen, die primitiv sind und an Urformen erinnern: Eosentomon (vgl. tom- 4.). – 3. Vom Begriff der Morgenröte abgeleitet: Eosin = ein roter, in der histol. Technik verwendeter Farbstoff.

epeir-, *Subst. ἡ ἤπειρ·ος (= festes Land, Binnenland).* – Epeirologie = Festlandsbiologie im Ggs. zur Limnologie und Ozeanographie.

ephesti-, *Adj. ἐφέστι·ος (= auf dem Herde oder im Hause lebend) von Subst. ἡ ἑστί·α (= Herd, Haus), also eig. ep+ hesti.* – Ephestia kühniella, Mehlmotte, deren Raupe in Mühlen Schäden anrichtet, als Versuchstier bekannt.

ephippi-, *Adj. ἔφιππ·ος (= zu Pferde, beritten) und ἐφίππι·ος (= Pferde-) → subst. τὸ ἐφίππι·ον (= Pferdedecke, Sattel)*; s. hipp-. – Mit Pferdesattel verglichen: a) in Form und Lage (auf dem Rücken): Ephippium, eine verdickte Schalenbildung zum Bergen der Dauereier (Ephippialeier) bei Cladoceren; – b) nur bezüglich Form und Umriß: sattelförmig die Muschelschalen von Perna ephippium und Anomia ephippium.

equ-, *Subst. equ·us, ·i m. (= Pferd, Hengst) und Subst. equ·a, ·ae f. (= Stute) → Adj. equīn·us, ·a, ·um (= zum Pferde gehörig), ferner Subst. eques, equit·is m. u. f. (= Reiter, Kavallerist, Ritter) → Adj. equester, str·is, str·e (= zum Reiten oder zum Ritter gehörig)*; vgl. hipp-. – 1. Pferd: a) Gttg. Equus; – b) Parasiten: Hippobosca equina = Pferdelausfliege (bosc-); Trypanosoma equiperdum, der Erreger der Beschälseuche; Fadenwürmer Parascaris equorum und Oxyuris equi. – 2. Dem Pferd ähnlich: a) Habitus von Hippotragus equinus = Pferdeantilope; – b) an einzelne Merkmale des Pferdes erinnernd: Cauda equina = „Pferdeschweif", die am Hinterende des Rückenmarkes im Wirbelkanal ein Stück parallellaufenden Spinalnerven; betr. Hufeisen (ferrum equinum) s. ferr-; mit dem Roßhaar oder Pferdeschweif verglichen werden die Äste von Equisetum (Gttg.) = Schachtelhalm. – 3. Abfällige Bewertung: Hippospongia equina = Gem. Pferdeschwamm, als Badeschwamm von minderer Qualität („für Pferde geeignet"); Actinia equina = Gem. Seerose, Pferdeaktinie. – 4. Mit einem Ritter verglichen: Eques lanceolatus, Gttg. der Umberfische mit lanzenförmiger Verlängerung der ersten Stacheln der Rückenflosse; Phyllopteryx eques = Algenfisch, dem Seepferdchen verw.; Lygaeus equestris = Bunte Ritterwanze (wegen der Färbung?).

erem-, *Adj. ἔρημ·ος oder ἐρῆμ·ος (= einsam, öde, wüst) → Subst. ἡ ἐρημί·α (= Einsamkeit, Einöde, Wüste) → Subst. eremit·a, ·ae m. (= Einsiedler).* – Einsame, öde Landschaften als Lebensbereich: a) Wüsten und Steppen: Eremial = die darin lebende Tierwelt, z. B. Eremias, Gttg. der Eidechsen; Pflanzen: Eremophyten, bes. Gttg. Eremurus = Steppenlilie; – b) Hochgebirge: Eremophila, Gttg. der Singvögel (Alpenlerche).

ereps-, *vom Verb ἐρείπω (= zertrümmern, niederreißen, umstürzen) → Subst. ἡ ἔρειψις (= das Niederreißen, Zerstören).* – Erepsin, ein im Darm- und Pankreassaft enthaltendes Ferment, das die Abbauprodukte der Eiweiße in Aminosäuren zerlegt.

erg-, *Subst.* τὸ ἔργ·ον *(= Tat, Werk, Vorfall) → Verb* ἐργάζομαι *(= arbeiten) → Subst.* ἡ ἐργασί·α *(= Tätigkeit, Ackerbau, Bearbeitung), Adj. und Subst.* (ὁ) ἐργάτης *(= arbeitsam; Täter, Arbeiter).* – 1. Funktionelle Leistung von Zellen und Zellbestandteilen: a) Zelle als physiologische Einheit unter dem Einfluß des Zellkerns als Energide bezeichnet, daher Unterscheidung von mono- und polyenergiden Zellen mit einem oder mehreren Kernen; – b) Plasmadifferenzierung als Ausdruck der spezifischen Zelltätigkeit: Ergatom = Arbeitssubstanz. – 2. Tätigkeit von Organen: Synergisten = Muskeln, die „zusammenarbeiten", d. h. im gleichen Sinne wirken; Ggs. Antagonisten, s. agon- und ~ist·ēs; Ergometer, ein physiologischer Apparat zur Messung der Muskelarbeit. – 3. Lebenstätigkeit von Tieren, z. B. ergatoide oder ergatomorphe Ameisen = Übergangsformen zwischen Arbeitern (ergat-) und Geschlechtstieren; Chartergus, Gttg. der Wespen, baut Nest mit pappeartiger Hülle (chart-). – 4. Vom Menschen angebaut, bearbeitet: Ergasiophyten = Kulturpflanzen, Ergasiophygophyten s. phyg-. – 5. Wirksamer Stoff oder Bestandteil: Ergotin im Mutterkorn, enthält das Ergotoxin und verursacht den Ergotismus (Vergiftung). – 6. Allg. Reaktionsfähigkeit des Organismus: Allergie.

eri-, *Subst.* τὸ ἔρι·ον *(= Wolle)*; vgl. lan-. – Dichte Behaarung: a) Säugetiere: Gttg. Eriomys = Chinchilla, Wollmaus; – b) Insekten: Eriocampa, Gttg. der Blattwespen, deren Larven einen weißflockigen Überzug besitzen; Eriosoma = Blutlaus, s. lan-; – c) Pflanzen: Eriophorum = Wollgras (Ährchen bilden nach dem Blühen wollige Schöpfe), Cirsium eriophorum = Woll-Kratzdistel.

erodi-, *Subst.* ὁ ἐρωδι·ός *(= Reiher).* – 1. Reihervögel: Platalea leucorodia (eig. leuc-erodia) = Löffelreiher. – 2. Dem Reiher ähnlich: seinem Schnabel die Fruchtblätter von Erodium = Reiherschnabel, Gttg. der Storchschnabelgewächse, vgl. geran-.

err-, *Verb errāre (= umherirren, irren) → Subst. errātus, ūs m. und Adj. erratic·us, ·a, ·um (= umherirrend).* 1. Ortsveränderung von Tieren: umherirrend, freibeweglich; Errantia = freischwimmende polychaete Würmer im Ggs. zu den Sedentaria; Clubiona erratica, eine Spinnenart. – 2. Zustand als „Abirrung" von Entwicklungsvorgängen aufgefaßt: a) Aberration = abweichende Merkmale von Tierformen; – b) Verlauf von Gefäßen, Ausführgängen usw.: Ductuli aberrantes im Nebenhoden ohne Beziehung zum Nebenhodengang; Vasa aberrantia = Gallengänge außerhalb des Leberparenchyms.

erythr-, *Adj.* ἐρυθρ·ός *(= rot, rötlich).* – 1. Färbung von Tieren: Fell von Säugetieren (Erythrocebus = Husarenaffe, Gttg.); bei Vögeln Gefieder (Carpodacus erythrinus = Karmingimpel) oder Schnabel (Buphagus erythrorhynchus); bei Fischen Farbe der Augen (Scardinius erythrophthalmus = Rotauge) oder der Haut (Gttg. Erythrinus). – 2. Rote Blutkörperchen: Erythrozyten, in Zus. Abk. zu erythr-.: Erythropoese, also Bildung von Erythrozyten, desgl. Erythrolyse, ihre Auflösung.

esculent-, *Adj. esculent·us, ·a, ·um (= eßbar) vom Subst. esc·a, ·ae f. (= Speise, Futter), also eig. esc-ulent·us,* vgl. edul-. – Bei Artnamen; z. B. Echinus esculentus = eßbarer Seeigel; Rana esculenta, der Wasserfrosch; Lycopersicon esculentum, die Tomate.

esoc-, *Subst. esox, esoc·is m. (= ein großer Flußfisch).* – a) Hecht, Gttg. Esox; – b) dem Hecht nach Form und Verhalten ähnlich: Belonesox, Gttg. der Zahnkarpfen; – c) Parasit des Hechtes: Lernaea esocina.

eth-, *Subst. τὸ ἔθ·ος = ἦθ·ος (=Gewohnheit, Sitte, Herkommen).* – Ethologie = Lehre von der Lebensweise und dem Aufenthaltsort der Tiere, entspricht etwa der Synökologie.

ethm-, *Subst. ὁ ἠθμ·ός (= Sieb).* – Os ethmoides = ethmoidale, Siebbein des Schädels bei Wirbeltieren mit Siebplatte (s. cribr-), entstehend aus dem unpaaren Mesethmoid und den lateralen Exethmoidea (s. ex+ 1b).

etym-, *Adj. ἔτυμ·ος (= wirklich, wahr) → Subst. ἡ ἐτυμολογί·α (= Grundbedeutung eines Wortes, eig.: wahrer Sinn).* – Etymologie, Untersuchung des Ursprungs und der ursprünglichen Bedeutung der Wörter.

eury-, *Adj. εὐρύς (= breit, weit, geräumig) → Verb. εὐρύνω (= weitmachen) → Subst. τὸ ἀνευρύσμα, ματ·ος (= Erweiterung).* – 1. Breite Gebilde: a) Körperform: Eurydema, Gttg. der Wanzen mit abgeplattetem Körper; – b) Körperfortsätze oder Organe: Eurypterus Gttg. fossiler Riesenkrebse, deren letztes Beinpaar breite Ruderflossen (pter-) bildeten; Eurylaemus und Eurystomus, Gattungen von Vögeln mit breiter Schnabelspalte. – 2. Weiter Bereich von Umweltfaktoren, der für eine Art erträglich ist: a) allg.: euryöke, z. B. europäische Tiere und Pflanzen; – b) speziell: eurytherme Organismen ertragen große Temperaturunterschiede, euryhaline können in Gewässern von sehr versch. Salzgehalt leben usw. (Ggs. sten-). – 3. Vorgang der Erweiterung: Aneurysma = path. Gefäßerweiterung.

excels-, *Adj. excels·us, ·a, ·um (= hoch emporragend, erhaben, ausgezeichnet) → Comp. excels·ior, ·ius, vom Verb excellĕre (= hervorragen, sich auszeichnen).* – Hochragend, hochgewachsen, insbes. Namen von Bäumen: Picea abies [excelsa] = Gem. Fichte; Fraxinus excelsior = Hochesche, Gem. Esche.

exigu-, *Adj. exigu·us, ·a, ·um (= klein, gering).* – Euphorbia exigua = Kleine Wolfsmilch, Cardium exiguum, eine kleine Art der Herzmuscheln.

eximi-, *Verb eximĕre (= herausnehmen) → Adj. eximi·us, ·a, ·um (= aus-*

genommen; vortrefflich, ausgezeichnet). – Organismen mit bes. Merkmalen: Sarcosphaera eximia, ein Pilz; Dicentra eximia = Niedrige Herzblume; Platycercus eximius (Buntsittich).

exter(-), *Adj. exter, exter·a, ·um oder exter·us (= außen befindlich, auswärtig, ausländisch), hiervon Comp. exterior und Superl. extrēmus;* s. ex+, extrem-. – Exterozeptoren sind Sinnesendigungen oder -organe, die durch äußere Reize erregt werden im Ggs. zu den Propriozeptoren; vgl. propri- und -cept-.

extern-, *Adj. extern·us, ·a, ·um (= außerhalb befindlich, äußerlich), Ggs. intern·us; verw. mit* ex+, extra+ und extrem-. – Lage von Organen und Organteilen: a) bei einem kugeligen Gebilde vom Zentrum weg: Tunica externa oculi = die aus Hornhaut (Cornea) und Sclera bestehende äußere Lage des Augapfels; – b) lateral = weiter entfernt von der Medianebene: Auris externa = das äußere Ohr (Ohrmuschel und äußerer Gehörgang = Meatus externus) im Ggs. zum Mittel- und Innenohr, vgl. intern-.

extrem-, *Superl. des Adj. exter: extrem·us, ·a, ·um (also = äußerst, letzt, größt) → Subst. extremitas, at·is f. (= Grenze, Rand)*; vgl. exter(-). – 1. Morph. Zustand: a) äußerstes Ende eines langgestreckten Gebildes, z. B. Extremitas sternalis und acromialis, die beiden Enden des Schlüsselbeines am Brustbein und an der Schulterhöhe; – b) zur Lokomotion dienende paarige Körperfortsätze der Arthropoden und der Wirbeltiere: Extremitäten, insbes. Extremitas thoracica und E. pelvina, die vordere und hintere Extremität beim Menschen. – 2. Begrifflich: das Extrem = die äußerste Möglichkeit; insbes. Extremwert, der höchste oder tiefste Grad der Temperatur, des Luftdruckes usw.

F

fab-, *Subst. fab·a, ·ae f. (= Bohne).* – 1. Vicia faba = Saubohne. – 2. Nach der Form des Samens benannt: Angulus fabula, eine Muschel.

faber, *Adj. faber, br·a, br·um (= geschickt, kunstfertig) → substt. faber, bri (= Handwerker).* – Artnamen von Tieren, die zum Handwerk versch., z. T. zweifelhafte Beziehungen haben: Die Larve des Bockkäfers Ergates faber (Mulmbock, Zimmermann) „bearbeitet" das Holz, in dem sie lebt.

faci-, *Subst. faci·ēs, ·ēi f. (= Gestalt, Erscheinung, Gesicht, Antlitz), mit Präfix Umlaut: superfici·es, ·ēi (= Oberfläche) → Adj. superficiālis.* – 1. Oberfläche, Fläche: a) freie Oberfläche oder Ansicht, z. B. Facies anterior corneae = die vordere konvexe Fläche der Hornhaut; – b) Fläche eines Organs, die im Inneren des Körpers anderen Teilen zugewendet ist. z. B. Facies articularis = Gelenkfläche; – c) die oberflächliche Schicht: superfizielle Furchung, die Bildung von Zellwänden, nachdem die Zellkerne (durch Teilung im Inneren des zentrolezithalen Eies entstanden) in die oberflächliche Schicht gerückt sind; – d) Laubblätter heißen äquifazial, wenn die obere und untere Fläche gleich beschaffen sind. – 2. Schicht in tier- und pflanzengeographischer Hinsicht: Facies = Faziës als Flächeneinheit einer zusammengehörigen Fauna oder als kleinste Fläche in der Vegetationssystematik (durch Vorherrschen bestimmter Pflanzenarten gekennzeichnet). – 3. Gesicht, Anlitz, bes. bei Mensch und Wirbeltier: N. facialis = Gesichts- oder Anlitznerv, der VII. Gehirnnerv, der vorwiegend die Muskeln des Gesichts und der Schädeloberfläche versorgt.

fact-, *Sup. von Verb facĕre (= hervorbringen, bereiten, tun, bewirken, verursachen usw.) → Subst. factum, ·i n. (= Tat, Werk, Vorfall)*; vgl. -fect-, -fex und -fic-. – Fakt = einzelne Tatsache; Faktor = bewirkende Ursache, insbes. Erbfaktor = die vermutete und auf Grund von Kreuzungsexperimenten erschlossene Ursache eines bestimmten Merkmals.

faec-, *Subst. faex, faec·is f. (= Hefe, dicke Brühe, Reste)*. – Faeces = Fäkalien, die zur Ernährung unbrauchbaren und unverdauten Bestandteile der Nahrung, die aus dem Darmkanal ausgeschieden werden (= Kot, Exkremente), Defäkation = Kotentleerung (s. de+).

fag-, *Subst. fāg·us, ·i (= Buche), verw. mit pheg-*. – 1. Rotbuche: a) Gttg. Fagus; – b) als Lebensbereich von Tieren: Cecidomyia [Hormomyia] fagi = Buchengallmücke; Phyllaphis fagi = Buchenblattlaus. – 2. Ähnlichkeit mit den Samen: Fagopyrum s. pyr- III.

falc-, falx, *Subst. falx, falc·is f. (= Sichel, Sense), Subst. falco, on·is m. = Falke, d. h. Vogel mit gekrümmtem Schnabel)*. – 1. Freie sichelförmige Gebilde: Plasmodium falciparum [immaculatum], Erreger der Malaria tropica mit halbmond- oder wurstförmigen Geschlechtsformen („Halbmonde“). – 2. Frei hervorragende gekrümmte Fortsätze; a) Schnabel von Vögeln: Gttg. Falco = Falke; – b) Antenne von Insekten: Goniodes falciformis, ein Federling; – c) Hülsen von Medicago falcata = Sichelluzerne. – 3. Flächenförmiges gekrümmtes Gebilde, das in einen Körperhohlraum ragt und mit dem konvexen Rand an dessen Wand befestigt ist: Falx cerebri und cerebelli in der Schädelhöhle des Menschen und der Säugetiere; Processus falciformis im Auge von Knochenfischen.

famili-, *Subst. famili·a, ·ae (= Hausstand, Dienerschaft, Familie)*. – 1. Haus oder Familie des Menschen als Umwelt von Tieren: a) Haustiere, d. h. in enger Verbindung mit dem Menschen lebende Tiere (vgl. domesticus, s. dom-): Canis familiaris; – b) daher auch „gemein“ bzw. „vertraut“: Certhia familiaris, der Gem. Baumläufer (der kein Haustier ist). – 2. Familie als syst. Kategorie: Familia; Subfamilia = Unterfamilie.

far(in)-, *Subst. far, farris n. (= Mehl, Schrot, Brot) → farin·a, ·ae f. (= Mehl).* – 1. Mehl: a) als solches: Sagus farinifera = mehlreiche Sagopalme; – b) als Nahrung von Tieren: Aleurobius farinus = Mehlmilbe. – 2. Mehlähnlich, bes. wie mit Mehl bestäubt oder bepudert: a) die Unterseite der Blätter der Mehlprimel Primula farinosa und des Huflattichs Tussilago farfara (eig. far-fera = Mehlträger). – b) Russula farinipes, ein Pilz mit mehligem Stiel.

fasci- I., *Subst. fasci·a, ·ae f. (= Binde, Band)*; verw. mit fasci- II. – 1. Band als langgestrecktes flaches Gebilde: a) selbständig: Fasciola hepatica, der mit einem kleinen Band verglichene Leberegel; – b) Bandzeichnung, d. h. nur Bild eines Bandes: Myrmecobius fasciatus = Ameisenbeutler mit Querstreifen auf dem Rücken; Fische, z. B. Colisa fasciata = Gestreifter Fadenfisch, Epiplatys sexfasciatus = Sechsband-Hechtling; Insekten, z. B. Denops albofasciata (Käfer), Pilophorus bifasciatus (Wanze). – 2. Bindegewebige Haut (Membran) bei Wirbeltieren, die die Muskeln u. a. Organe bedeckt oder voneinander trennt: Fascia = Faszie.

fasci- II., *Subst. fasc·is, ·is m. (= Bündel, Rutenbündel, Last)*; verw. mit fasci- I., d. h. etwas durch ein Band Zusammengehaltenes (Bündel). – Bündel, Zusammenfassung langgestreckter Gebilde zu einer Einheit: a) Nervenfaserbündel, bes. im Zentralnervensystem der Wirbeltiere: Fasciculus longitudinalis dorsalis und medialis, F. solitarius; im Rückenmark Fasciculus dorsalis, lateralis und ventralis; – b) Muskelbündel: Fasciculus, Bez. für kleine Bündel von Muskelfasern, denen nicht der Rang eines individuellen Muskels zugesprochen werden kann: F. mentalis des M. bucinatorius (JNA).

fastigi-, *Subst. fastigi·um, ·i n. (= Spitze, Gipfel; schräge Richtung) → Verb fastig(i)āre → Verbaladj. fastig(i)at·us, ·a, ·um (= erhöht, erhaben; schräg zugespitzt).* – Erhebung, Spitze: Inocybe fastigiata, ein Pilz mit zugespitztem Hut; Gypsophila fastigiata, das „ebensträußige" Gipskraut mit doldigtraubigem Blütenstand.

fauc-, *Subst. faux, fauc·is, Plur. fauc·es, ·ium f. (= Schlund, Engpaß, Meerenge).* – 1. Fauces (Plur.) = Rachen, der vorderste Teil des Pharynx der Säugetiere, durch den Isthmus faucium = Rachenenge von der Mundhöhle geschieden. – 2. Mit dem Rachen verglichen: Faux = Schlund, die obere Region einer röhrenförmigen Blüte.

faun-, *Faun·us, ·i = sagenhafter König, der später als Feld- und Waldgott verehrt wurde; Fauna = Waldgöttin, Beschützerin der Tiere;* vgl. Flora. – Fauna = die Gesamtheit der Tiere eines Gebietes, Landes oder Erdteiles; Faunist = Kenner der Fauna; Faunistik = Wissenschaft, die sich mit der Fauna beschäftigt.

-fect-, *in Zus. Umlaut statt fact- vom Verb facĕre, mit Präfixen Präsensstamm -ficĕre (= tun, machen, hervorbringen).* – Beisp.: Effekt = Wirkung; Effektoren = Organe oder Körperteile, die auf die Umwelt wirken (Ggs. Rezeptoren); Defekt = Mangel; perfekt s. per + 3.

fel-, fell-, *Subst. fel, fell·is n. (= Galle).* – 1. Vesica fellea = Gallenblase. – 2. Gallebitter schmecken die Pilze Russula fellea u. Tylopilus felleus.

femin-, *Subst. fēmin·a, ·ae f. (= Weib, Frau; Weibchen von Tieren).* – 1. Individuum weiblichen Geschlechts: a) als Träger der Geschlechtsorgane = Organa genitalia feminina, z. B. Urethra feminina; – b) das gramm. Geschlecht: Feminin(um). – 2. Mit dem Weibe verglichen; der Frauenfarn Athyrium filix-femina ist zarter und kleiner als der ähnliche „männliche" Farn, s. mas.

femor-, femur, *Subst. femur, femor·is n. (= Oberschenkel).* – 1. Oberschenkel bei Landwirbeltieren und Mensch: a) Beziehung zum ganzen Oberschenkel, z. B. Arteria femoralis; – b) nur der Oberschenkelknochen = das Femur = Os femoris; die Teile: Caput, Collum und Corpus femoris. – 2. Abschnitt der Extremität bei Arthropoden, bes. Insekten: a) das Femur = der Schenkel; – b) Arten mit bes. Kennzeichnung, z. B. auffälliger Färbung der Schenkel: Cimbex femorata = Keulenblattwespe, Tiphia femorata = Rotschenkelige Rollwespe.

fenestr-, *Subst. fenestr·a, ·ae f. (= Luke, Fenster).* – 1. Fenster menschlicher Behausungen: Rhyphus fenestralis, die Pfriemenmücke, die nicht selten an Fensterscheiben in Wohnungen zu finden ist; Scenopinus fenestralis = Bucklige Fensterfliege; Drosophila fenestrarum = Kleine Essigfliege. – 2. Fensterähnliche Öffnung: an den keulenförmigen Blättern der Pflanzengattung Fenestraria befindet sich eine von Assimilationsgewebe freie Stelle, durch die das Licht ins Innere dringt. – 3. Ohne Beziehung zum Licht: a) Fenestra vestibuli u. F. cochleae, die beiden Fenster des Labyrinthes zum Mittelohr; – b) Membrana fenestrata für den Durchtritt der Nervenfasern am Komplexauge der Insekten.

fer- I., *Verb fero, ferre (= tragen, führen, treiben usw.) mit Sup. lat-, verw. mit φοϱ-*; s. phor-. – 1. Träger oder Besitzer eines Merkmals: a) Körperfortsätze, Borsten, Haare, z. B. Haematopinus piliferus s. pil- I.; – b) Zeichnungen oder Färbungen, z. B. Artnamen nebulifer, crucifer, furcifer; – c) Öffnungen: Porifera = Schwämme mit Poren (s. por-) und oscula (os II); Foraminifera mit feinen Löchern in der Kalkschale (fora-). – 2. Hervorbringen, Erzeugen: a) Nachkommen: Stolo prolifer, vgl. fertil-; – b) Sekrete usw.: Glandulae sudoriferae = Gl. sudoriparae, Margarita margaritifera = Flußperlmuschel. – 3. Führen, Leiten durch Ausführgänge oder Kanäle: Ductūs lactiferi der Milchdrüse, Vas deferens und Ductuli efferentes des Hodens bei Wirbeltieren. – 4. Allg. Bedeutungen: Circumferentia (= Umfang), Differenz.

fer- II., *Adj. fer·us, ·a, ·um (= wild, ungezähmt) und Subst. fer·a, ·ae f. (= wildes Tier; Tier) → Adj. ferox, ōc·is (= tapfer, wild).* – 1. Wild, räuberisch: Cryptoprocta ferox, Art der Schleichkatzen. – 2. Wild, Wildpret, d.h. eßbar: Aythya ferina = Tafelente.

ferment-, *Subst. ferment·um, ·i n. (= Sauerteig), aus fervimentum vom Verb fervēre (= kochen, brauen).* – Fermente, organische Stoffe, die die Zersetzung, insbes. Gärung anderer organischer Stoffe bewirken; Adj. fermentativ = durch Fermente bewirkt.

ferr-, *Subst. ferr·um, ·i n. (= Eisen, eisernes Werkzeug) → ferrugo, gin·is f. (= Rost) → Adj. ferrugine·us, ·a, ·um (= eisenfarbig, rostbraun).* – 1. Eisen als Element und als Metall: Ferrum. – 2. Mit Eisen oder eisernen Gegenständen vergleichbar: a) dem Hufeisen der Pferde formähnlich: der Nasenaufsatz von Rhinolophus ferrum-equinum = Große Hufeisennase, eine Fledermaus; – b) Farbe des Eisenrostes, rostrot oder -braun: Rhododendron ferrugineum = Rostblättrige Alpenrose; Tegenaria ferruginea, eine Spinne; Elasmucha ferrugata, eine braungefärbte Wanze; Casarca ferruginea = Rostgans.

fertil-, *Adj. fertil·is, ·e (= tragbar, fruchtbar, befruchtend), eig. fert·il·is von ferre (= tragen).* – Fertil = fruchtbar im bes. Sinne der geschlechtlichen Fruchtbarkeit (Fertilität) bzw. der Fähigkeit zur Fortpflanzung und der großen Anzahl von Nachkommen.

fest-, *Adj. fest·us, ·a, ·um (= glänzend, festlich) und Adj. festīv·us, ·a, ·um (= festlich, heiter, hübsch) → Subst. festivitas, tat·is f. (= Festgenuß, Laune, Prunk).* – 1. Menschliche Tätigkeit: Festival, Festivität. – 2. Organismen von buntem, hübschem Aussehen: Lumbricus festivus (ein Regenwurm), Chrysotis festiva (Papagei), Eurydema festivum (Wanze).

fet-, *Schreibweise für* foet- I.

-fex, Nom. zu -fic-.

fibr-, *Subst. fibr·a, ·ae f. (= Faser) → Demin. fibrilla, ·ae f. (nicht antik).* – 1. Fibrillen, feine Fasern im Gewebe des tierischen Körpers: a) Bindegewebe, insbes. fibrilläres Bindegewebe im Ggs. zum gallertigen Bindegewebe, Pigment- u. Fettgewebe; Fibrocyten, die ortsfesten Zellen des Bindegewebes; – b) Muskelfibrillen (Myofibrillen) als feine intrazelluläre Fäserchen im Ggs. zu den „Muskelfasern" (synzytialen Elementen der quergestreiften Muskulatur); – c) Neurofibrillen, Formelement in allen Teilen der nervösen Substanz; – d) Tonofibrillen in Epithelzellen, bes. zur Befestigung von Muskelfibrillen an der Epidermis oder der Cuticula. – 2. Faserige Ausfällungen, die bei der Gerinnung des Blutes entstehen: Fibrin = Blutfaserstoff.

fibul-, *Subst. fībul·a, ·ae f. (= Schnalle, Spange).* – Fibula = Wadenbein, daher Fibulare, ein Knochen der Fußwurzel an der dem Wadenbein entsprechenden Seite (bei Mensch u. Säugetieren = Fersenbein, Calcaneus).

-fic-, *in Zus. durch Umlaut aus dem Verb facĕre (= tun, machen, hervorbringen), z. B. Verb modificāre (= umformen); Subst. artifex, -fic·is m. u. f. (= Künstler, Schöpfer), carnifex, -fic·is m. (= Henker, Scharfrichter).* – 1. Im Sinne von hervorbringen, bauen: Artname nidificus s. nid-; in selbstgefertigten Röhren im Schlamm oder Sand von Süßgewässern leben die Ringelwürmer Gttg. Tubifex → Fam. Tubificidae; Ramifikation = Verzweigung („Bildung" von Zweigen). – 2. Bewirken: modifizieren = abwandeln, Subst. Modifikation.

fic-, *Subst. fīc·us, ·i oder ūs f. (= Feigenbaum, Feige; Feigwarze) → Demin. fīcul·a, ·ae f. (= kleine Feige);* vgl. syc-. – 1. Feigenbaum: a) Gttg. Ficus; – b) mit Blättern von Feigenbäumen verglichen: Blätter von Chenopodium ficifolium. – 2. Feige, Frucht von Feigenbäumen: ihr ähnlich: a) die Früchte des Feigenkaktus Opuntia ficus-indica; – b) die Schale der Schnecke Gttg. Ficula; der Pilz Hygrophorus ficoides. – 3. Med.: Feigwarzen (Condylomata acuminata) = epitheliale Wucherungen, bes. an den Geschlechtsorganen; Ranunculus ficaria = Scharbockskraut, Feigwurz, hat Wurzelknöllchen, die mit den Feigwarzen verglichen und als Heilmittel gegen sie verwendet wurden.

fict-, *Sup. vom Verb fingĕre (= bilden);* s. fing- und fig- I. – Fiktion = Einbildung, Erdichtung, eine der Wirklichkeit nicht entsprechende Annahme; Adj. fiktiv = erdacht, angenommen, auf einer Fiktion beruhend.

-fid-, *zum Verb findĕre (= spalten) gehörige adj. Bildung -fid·us, ·a, ·um (= -teilig, -spaltig);* vgl. fiss-. – a) verzweigte Thalluspflanze: Riccardia multifida = Vielteiliges Richardsmoos, ein stark verzweigtes Lebermoos; – b) gegliedertes Organ: Musculus multifidus, der „vielgespaltene" Rückenmuskel beim Menschen.

fig- I., *die dem Verb fingĕre zugrunde liegende Wurzel, aus der sich der Sup. fict- erklärt; danach → Subst. figūr·a, ·ae f. (= Bildung, Gestalt, Form) → Verb figurāre (= gestalten, sich einbilden) sowie Subst. figul·us, ·i m. (= Töpfer);* s. fing-. – 1. Gebilde im allg.: Figur, Konfiguration = Gestaltung; defigurieren = verunstalten. – 2. Spezielle Bildungen aus Schlamm, Lehm oder dergl.: die Wohnröhren des Ringelwurmes Amphitrite figulus, die Neströhren der Gemeinen Töpferwespe Trypoxylon figulus. – 3. Abbildung, Zeichnung: a) Figur (in der Literatur); – b) Zeichnung bei Tieren: Clytus figuratus = Gezeichneter Zierbock mit Linien und Punkten (ein Käfer).

fig- II., *Verb figĕre (= anheften, befestigen; durchstechen, durchbohren) mit Sup. fix-;* vgl. fix-.

fil-, *Subst. fīl·um, ·i n. (= Faden, Gespinst).* – 1. Freies Gebilde, als Ganzes einem Faden vergleichbar: Filaria, Gttg. der Fadenwürmer (vgl. nemat); Heteromastus filiformis, ein polychäter Wurm. – 2. Lange, mit Fäden verglichene Organe: a) innerhalb der Zelle: filamentöse Mitochondrien; – b) Büschel von Nervenfasern: Fila radicularia = Wurzelfasern der Spinalnerven, Filum terminale = Endfaden des Rückenmarkes; – c) pflanzliche Organe: Filament = Staubfaden, Stengel von Juncus filiformis = Fadenbinse, Blätter von Potamogeton filiformis; – d) Fortsätze bei Tieren: Filipodium, Form der Pseudopodien bei Amöben; Filoplumae = Fadenfedern (ohne Fahne); Kiemen der Filibranchiata, Ord. der Muscheln; Papillae filiformes der Zunge. – 3. Oberflächenbedeckung, Filz als Gesamtheit von Fäden: Gttg. Filago = Filzkraut.

fili-, *Subst. fīli·us, ·i (= Sohn, Plur. auch allg. Kinder) und fili·a, ·ae (= Tochter).* – Filialgeneration, bei der Fortpflanzung die jeweils nächste Generation, vgl. parent-.

fimbri-, *Subst. fimbri·a, ·ae (= Faser, Franse).* – Lappige oder fransenartige Randbildungen: a) an äußeren Oberflächen: Uroplatus fimbriatus, ein Gecko (Haftzeher) mit gezähnelten Hautsäumen; – b) an inneren Organen: z. B. Fransen am Rande des Trichters der Tuba uterina: Fimbria tubae uterinae.

fin-, *Subst. fīn·is, ·is m. (= Grenze, Ende, Ziel).* – 1. Grenze als Verbindung zweier Dinge: Affinität = Neigung zur Verbindung, Verwandtschaft. – 2. Ziel von Vorgängen: Causae finales = Zweckursachen, die Annahme, daß biol. Vorgänge zielstrebig verlaufen. – 3. Begriffliche Abgrenzung und Bestimmung: definieren, Subst. Definition.

fing-, *Verb fingĕre (= bilden, formen; ersinnen)*, vgl. fig- I. und fict-. – Zum Subst. Fiktion gehöriges Adj.: fingiert = erdichtet, vorgetäuscht.

fiss-, *Verb findĕre, Part. Pass. fiss·us (= gespalten), subst. fiss·um, ·i n. (= Spalt, Einschnitt);* vgl. -fid-. – 1. Furche, d. h. längliche Vertiefung in einer Oberfläche, insbes. am Zentralnervensystem: am Großhirn die Fissura longitudinalis cerebri (PNA) = interhemisphaerica (JNA); an der Ventralseite des Rückenmarkes die Fissura mediana. – 2. Spaltförmige Zwischenräume zwischen Knochen, insbes. Schädelknochen: Fissura orbitalis inferior und superior (sphenoidalis); Fissura petrosquamosa. – 3. Gabelung, Aufteilung am Ende eines Gebildes: Fissipedia (Landraubtiere), deren Zehen meist nicht durch Schwimmhäute verbunden sind (Ggs. Pinnipedia); Fissilinguia, Name für Eidechsen mit dünner, gegabelter Zunge.

fistul-, *Subst. fistul·a, ·ae f. (= Röhre, Flöte, Fistel).* — Fistularia = Röhrenmaul, Gttg. der Knochenfische mit röhrenförmig verlängerter Schnauze; Stengel und Blattstiele hohl bei Oenanthe fistulosa; Röhren am Fruchtkörper von Gttg. Fistulina können einzeln herausgelöst werden.

fix-, *Verb figĕre mit Part. Pass. fix·us, ·a, ·um (= fest, unabänderlich), davon Verb fixāre (= festigen, befestigen).* – 1. Ortsgebunden: a) festsitzende Tiere: Podophrya fixa, eine Suktorie, die meist mit Stiel festsitzt (Ggs. P. libera); – b) Körperteile: fixe Bindegewebezellen (= Fibrocyten); Partes affixae der Haut beim Frosch. – 2. Histol. Fixation oder Fixierung = Abtötung von Zellen, Geweben usw. und Erhaltung (Konservierung) ihres Zustandes zur Anfertigung mikroskopischer Präparate, gewöhnlich mit Hilfe von Chemikalien (Fixationslösungen).

flabell-, *Subst. flabell·um, ·i (= Fächer, Wedel), Demin. von flabr·um, eig. fla-brum (= das Blasende, zum Wehen Dienende)*, s. fla(t)- u. ~br·. – 1. Fächerartige Gebilde, flächenhaft ausgebreitet: a) Körper von Korallen (Gttg. Flabellum, Gorgonia flabellum = Venusfächer) und Moostierkolonien (Tubulipora flabellaris); – b) fächerförmige Körperanhänge: Flabellifera = Krebse mit Schwanzfächer; – c) fächerförmige Anordnung der Individuen bei der koloniebildenden Diatomee Licmophora flabellata. – 2. Wedel aus fädigen Gebilden: Flabelligera, Meereswurm (Polychaet) mit Tentakeln und Kiemenfäden.

flagell-, *Subst. flagell·um, ·i, Demin. von flagr·um (= Geißel, Peitsche);* s. ~ell·us. – Langgestreckte, geißelförmige Körperfortsätze: 1. Zellfortsätze: Flagellen bei Protozoen, insbes. den danach benannten Flagellata (= Mastigophora) mit versch. Untergruppen (Eu-, Choano-, Dino-, Cystoflagellata); ferner Geißeln an Schwärmern niederer Pilze: Ukl. Uni- u. Biflagellatae = Ein- u. Zweigeißler. – 2. Organ vielzelliger Tiere: Flagellum = fadenförmiger Anhang am Penis bei Schnecken.

flamm-, *Subst. flamm·a, ·ae f. (= Flamme, Feuer) → Verb. flammāre (= entflammen).* – Einer Flamme oder dem Feuer ähnlich: 1. Hitze: Inflammation = Entzündung, mit Rötung und Erhöhung der Körpertemperatur. – 2. Mit der Flamme verglichen, bes. mit ihrer Farbe: leuchtend gelb oder feuerrot: die Blüten von Ranunculus flammula = Brennender Hahnenfuß, Adonis flammea = Flammen-Adonisröschen, der Hut des Pilzes Hygrophorus flammans.

fla(t)-, *Verb flāre (= blasen) → Subst. flatus, ūs m. (= das Blasen, Wehen, der Hauch), Verb flatāre (= blasen);* vgl. flabell-. – 1. Vorgang des Blasens, insbes. Bildung von Gasen im Darm und ihr Entweichen: Flatus, Flatulenz = Blähungen, Winde. – 2. Laute erzeugen (auch ohne Blasinstrument): Flata, Gttg. der Zikaden. – 3. Gebilde wie aufgeblasen aussehend: Murex inflatus, eine Schnecke mit bauchiger Schale.

flav-, *Adj. flāv·us, ·a, ·um (= gelb, goldgelb, blond).* – Gelbe Färbung: a) von Tieren: Hoplocampa flava, ferner Artepitheta flavellus, flaveolus, flavidus, flavescens, flavicollis, flavipes, flavopunctatus; – b) Blütenfarbe von Pflanzen: Hemerocallis flava.

flect-, *Verb flectĕre (= beugen, krümmen, drehen, lenken) mit Sup. flex- → Adj. flexil·is, ·e (= biegsam) und flexuōs·us (gewunden); mit Präfixen: circum-, de-, reflectere.* – 1. Vorgang des Biegens oder Beugens: a) langgestrecktes Gebilde krümmt sich: biegsam ist der Stengel von Najas flexilis; – b) langgestreckte Gebilde werden gegeneinander abgewinkelt: Musculi flexores = Beugemuskeln (Ggs. extensores), z. B. M. flexor pollicis brevis u. longus krümmen den Daumen; – c) gerade sich fortpflanzender Vorgang wird abgelenkt: Reflexion des Lichtes. – 2. Übertr. vom Vorgang der Lichtreflexion: die Rückwirkung eines Organismus auf einen von außen kommenden Reiz: Reflex, Adj. reflektorisch. – 3. Zustand ohne aktuellen Vorgang: a) innere Organe: Krümmungen des Darmrohres, z. B. des Dickdarmes: Flexura coli dextra u. sinistra; Blutgefäße, die Organe oder Körperteile teilweise ringförmig umgeben: Arteria circumflexa femoris; – b) freie Pflanzenorgane: die Blütenstiele von Lappula deflexa sind nach dem Blühen herabgebogen.

flex-, *Sup. zum Verb flectĕre*, s. flect-.

flor-, *Subst. flos, flor·is m. (= Blume, Blüte) → Demin. floscul·us, ·i m. (= Blüte); Verb florēre → florescĕre (= aufblühen, erblühen).* – 1. Blume, Blüte: a) als solche: in der Pharmazeutik Blüte im Unterschied zu anderen Pflanzenteilen: Flores Arnicae, – Crataegi, – Tiliae; Inflorescentia = Infloreszenz = Blütenstand; Benennung von Arten nach den Blüten: Melica uniflora = Einblütiges Perlgras, Hieracium floribundum = Reichblühendes Habichtskraut; – b) Blüten als Lebensbereich: Chortophila floralis (Große Kohlfliege), eine Blumenfliege (Anthomyidae). – 2. Einer Blüte ähnlich: Floscularia, Gttg. der Rädertiere, bei der das Räderorgan in fünf Zipfel ausgezogen ist; Pentremites floralis, ein fossiler Knospenstrahler. – 3. Blume als Pflanze: Flora = Gesamtheit der Pflanzenwelt eines Landes oder Erdteils einschließlich der nicht blühenden Pflanzen, eingeteilt in Florenreiche, -regionen, -provinzen und -bezirke; Floristik = floristische Geobotanik, ein bot. Forschungsgebiet, das sich mit den Floren beschäftigt.

flos(-), *Nom. zu flor-*, s. flor-.

flu-, *Verb fluĕre (= fließen, strömen) → Verb Intens. fluitāre (= schwimmen, schwanken);* vgl. fluctu- und fluvi-. – 1. Auf der Oberfläche von Gewässern schwimmende Pflanzen: Ranunculus fluitans = Flutender Hahnenfuß. – 2. Zusammenfluß: Confluens sinuum, die Vereinigung intrakranieller Venenbahnen (Sinūs). – 3. Verschmelzung fester Körper: Pilz Polyporus confluens mit mehreren Stielen aus einem Strunk.

fluctu-, *Subst. fluctus, ūs m. (= Woge, Flut, Strömung) → Verb fluctuāri → Subst. fluctuatio, ōn·is f. (= unruhige Bewegung);* s. flu-. – 1. Vorgang: sich hin und her bewegend, verschiebbar: a) aktiv: fluktuierende, d. h. nicht seßhafte Bevölkerung; – b) passiv: Costa fluctuans (Fleischrippe), freie, mit der Wirbelsäule nicht fest verbundene und daher verschiebbare Rippe (gelegentlich bei Pferden). – 2. Zustand: Bereich mit „fließenden" Übergängen: Fluktuation = fluktuierende Variation: die unterschiedlichen Merkmale verschiedener Individuen zeigen zwischen den extremen Werten alle Übergänge.

fluvi-, *Subst. fluvi·us, ·i (= Fluß, Strom) von fluere*, s. flu-. – 1. Fluß als solcher: fluvial, fluviatil, z. B. Ablagerungen. – 2. Flüsse als Lebensbereich: a) von Tieren: Astacus fluviatilis = Potamobius astacus; Ancylus fluviatilis = Flußnapfschnecke; Perca fluviatilis = Flußbarsch; – b) von Pflanzen: Equisetum fluviatile, ein Schachtelhalm an feuchten Stellen, Gräben und Teichen, Senecio fluviatilis an Flußufern.

foc-, *Subst. foc·us, ·i m. (= Feuerstätte, Herd; Haus, Familie)*. – 1. Brennpunkt eines Linsensystems: Focus → fokussieren. – 2. Herd einer Erkrankung, bes. Entzündung: Fokalinfektion.

fodi-, *Verb fodio, fodĕre (= graben, ausgraben) mit Sup. foss-;* s. foss-. – Tiere, die in der Erde graben: Crossopus fodiens = Wasserspitzmaus.

foet- I. (auch fet-), *foetus, ūs m. (= Zeugen, Gebären; Frucht, Junges)*. – Foetus (Fetus), Embryo der Säugetiere, bes. im älteren Entwicklungszustand; daher Fötalorgane = Embryonalorgane (vgl. bry- 1.), Placenta foetalis = der embryonale Anteil an der Bildung der Placenta; Foetalisation, die hypothetische Verzögerung der Entwicklung, durch die der Mensch foetale Stadien seiner Vorfahren bewahrt haben soll (vgl. ~isa·).

foet- II., *Verb foetēre (= stinken) → Adj. foetid·us, ·a, ·um (= stinkend), Subst. foetor, ōr·is m. (= Gestank)*. – Foetor = übler Geruch; foetidus = übelriechend, z. B. bei der Fäulnis; Eisenia foetida = eine in Mist- und Komposthaufen lebende Art der Regenwürmer; Helleborus foetidus = Stinkende Nieswurz; Rosa foetida, die Gelbe Rose, deren Blüten nach Wanzen riechen; Russula foetens = Stink-Täubling.

foli-, *Subst. foli·um, ·i n. (= Blatt der Pflanzen)*, verw. mit phyll-. – 1. Blatt einer Pflanze: a) Benennung nach der Form (Sagittaria sagittifolia, Lonicera caprifolium), nach der Beschaffenheit und Oberfläche (asperi-, cori-, hirtifolius), nach der Anzahl der Teilblätter bei fingerförmig (Trifolium) und bei fiederig geteilten Blättern (Achillea millefolium) usw.; – b) als Lebensbereich und Nahrung von Tieren: Hibernia defoliaria = der Große Frostspanner, dessen Raupen Laubbäume „entblättern" (de+). – 2. Blattähnlich: a) nach Form und Farbe: Phyllium siccifolium = „wandelndes Blatt", eine Gespenstheuschrecke; – b) dünn, membranös: Argulus foliaceus = Gem. Karpfenlaus (niederer Krebs) mit plattem, scheibenförmigem Vorderkörper; Blätter der Lamellenpilze: Russula densifolia.

foll(i)-, *Subst. follis, is m. (= Blasebalg) → follicul·us, ·i m. (= lederner Sack, Schlauch)*. – Folliculus = Follikel, Gebilde von der Form eines

Balges, Schlauches oder Beutels: 1. Nach außen offen: Haarfollikel oder -bälge der Säugetiere, Borstenfollikel oder -taschen der Regenwürmer. – 2. Geschlossen, allseits von Geweben umgeben: a) Ei- oder Ovarialfollikel der Wirbeltiere, der Primärfollikel kompakt, der Bläschenfollikel (Graafscher F.) mit Hohlraum, der vom Liquor folliculi erfüllt ist; – b) Lymphfollikel oder -knötchen, kleine Ansammlungen und Vermehrungsstätten von Lymphozyten.

fom-, *Subst. fōmes, fomit·is m. (= Zunder, Brennstoff) und Subst. fōment·um, ·i n. (= Zündstoff, Zunder).* – Gttg. der Pilze Fomes mit der Art F. fomentarius = Feuer- oder Zunderschwamm, wurde früher zum Feuerschlagen verwendet.

fons-, font-, *Subst. fons, font·is m. (= Quelle, Quellwasser; Ursprung) → Adj. fontan·us, ·a, ·um (= Quell-) und Demin. fonticul·us, ·i m. (= kleine Quelle).* – 1. Quelle (eines Baches usw.) als Lebensbereich: a) für Tiere, Fisch Salmo fontinalis = Bachsaibling; Mollusken: Physa fontinalis; – b) für Pflanzen: Gttg. Fontinalis = Quellmoos, Montia fontana = Bach-Quellkraut an Gräben, Bächen usw. – 2. Übertr. auf Grund einer falschen med. Auffassung: Fonticulus = Fontanelle, bei Neugeborenen die noch bindegewebigen Flächenteile zwischen den Knochen des Schädeldaches.

fora-, *Verb forāre (= durchbohren) → Subst. forāmen, min·is n. (= Bohrloch, Öffnung, Loch) → Adj. foraminōs·us, ·a, ·um n. (= voller Löcher, löcherig), Verb perforāre (= durchbohren, durchlöchern).* – 1. Vorgang des Durchbohrens: Perforatorium = Spitze des Samenfadens, die die Oberfläche der Eizelle durchbohrt; Eimeria perforans, ein einzelliger Parasit des Kaninchens, der in die Darmwand eindringt (ein Sporozoon). – 2. Öffnung, Loch als Zustand (ohne Vorgang des Durchbohrens entstehend): a) Öffnungen in den Kalkschalen beschalter Amöben, der Foraminifera; – b) Öffnungen in Skeletteilen zum Durchtritt von Nerven und Blutgefäßen, bes. im Schädel: Foramen magnum (occipitale) = Hinterhauptsloch, F. jugulare, F. infraorbitale usw.; – c) Öffnungen innerhalb von Organen aus weichem Gewebe, z. B. im Herzen (F. ovale in der Scheidewand der beiden Vorhöfe) und im Gehirn (F. interventriculare). – 3. Bild von Löchern: die Blätter des Tüpfel-Johanniskrautes Hypericum perforatum haben durchscheinende Punkte.

forfic-, *Subst. forfex, ic·is f. (= Schere, scherenförmige Zange; Krebsschere).* – Gttg. Forficula, Insekten mit Zange am Hinterende; vgl. aur(i)-.

form-, *Subst. form·a, ·ae (= Form, Gestalt; Schönheit).* – 1. Form, Gestalt: a) Organe oder Körperteile, einem anderen Gebilde formähnlich, z. B. Knochen: Os cuneiforme = Keilbein, Os pisiforme = Erbsenbein; – b) Tierarten, die einer anderen Tierart ähnlich sehen: Aspidiotus ostreiformis = Austernförmige Schildlaus; Trochilium apiforme, der einer Biene ähnliche Hornissenschwärmer; – c) höhere Einheiten (Sippen), nach einem Vertreter benannt, ohne daß die anderen Mitglieder ihm in der Form gleichen müssen, z. B. im Gadowschen System der Vögel die meisten Ordnungen (Ciconiiformes, Anseriformes usw.), desgl. bei Knochenfischen (Cypriniformes, Gadiformes usw.). – 2. Schöne Form: Ramaria formosa = Schöne Koralle, ein Pilz. – 3. Bildung, Gestaltung im weiteren Sinne: a) geologische Formation: Gesteinsschicht, durch Beschaffenheit und Fossilien charakterisiert und damit ein bestimmter Abschnitt der Erdgeschichte; – b) Formation in der Pflanzensoziologie die Zusammenfassung mehrerer Assoziationen, z. B. des Eichen- und Buchenwaldes zum Laubwald; – c) unscharf begrenzter Bereich der Hirnsubstanz: Formatio reticularis.

formic-, *Subst. formīc·a, ·ae f. (= Ameise), verw. mit* myrmec-. – 1. Ameise: a) als solche: Formica, Gttg. der Hymenoptera; – b) Tiere, die sich von Ameisen ernähren: Melanerpes formicivorus, Art der Spechte, deren Nahrung allerdings zum geringsten Teil aus Ameisen besteht. – 2. Einer Ameise vergleichbar: Clerus formicarius, ein Buntkäfer, der sich an Baumstämmen wie eine Ameise bewegt; Körper ameisenähnlich bei Spinnen, z. B. Myrmarachne formicaria (eig. Myrmecarachne).

fornic-, *Subst. fornix, fornic·is (= Wölbung, Bogen, Gewölbe).* – Gewölbte Gebilde: a) Gewölbe über Hohlräumen innerer Organe: Fornix cranii = Schädelgewölbe oder -dach; Fornix pharyngis = Gewölbe oder obere Wand des Schlundes beim Menschen; – b) Fornix = „Gewölbe“, ein paariger, stark gekrümmter Faserzug, der in der Gehirnsubstanz verläuft.

foss-, *Sup. vom Verb fodĕre, bes. substt. foss·a, ·ae f. (= Graben, Grube) und Adj. fossil·is, ·e (= ausgegraben);* s. fodi-. – 1. Tätigkeit von Tieren: a) Landtiere, die im Boden graben: Aphodius fossor = Dungkäfer, Fossorien = Grabwespen (graben Nester für die Raupen); – b) Wassertiere, die sich in den Schlamm einwühlen: Misgurnus fossilis = Schlammbeißer (oder -peitzger). – 2. Das Ergebnis aktiven Grabens oder Ausgrabens, insbes. für Tier- und Pflanzenreste, die aus Erd-, Sand- oder Gesteinsschichten durch Ausgraben usw. gefunden wurden: Fossilien, fossil; daher auch im Sinne von ausgestorben (Ggs. rezent). – 3. Längliche Vertiefung (Grube, Graben): a) auf Körperoberflächen: Fossa axillaris = Achselhöhle, Fossa triangularis der Ohrmuschel; – b) an Knochen: Fossa cranii frontalis, media und occipitalis = vordere, mittlere und hintere Schädelgrube; – c) am Gehirn: Fossa rhomboidea = Rautengrube.

fove, *Subst. fove·a, ·ae f. (= Grube) → Demin. foveola, ·ae f. (nicht klassisch.)* – Grubige Vertiefungen an Organen: Fovea centralis retinae, die Netzhautgrube in der Mitte des gelben Fleckes; Foveolae gastricae der Magenschleimhaut.

fract-, *Sup. zum Verb frangĕre (= zerbrechen, beugen, bändigen), von der Wurzel frag- abzuleiten;* vgl. frag-. – 1. Zerbrechen: Fraktur = Knochenbruch. – 2. Brechen im Sinne einer plötzlichen Richtungsänderung: Refraktion = Brechung des Lichtes u. a. Strahlen beim Übergang in ein anderes Medium. – 3. Anteil, Abteilung (eig. „Bruchstück"): Fraktion, fraktionierte Destillation eines Gemisches von Flüssigkeiten.

frag- I., *Wurzel zum Verb frangĕre (= brechen usw.), davon Adj. fragil·is, ·e (= zerbrechlich, hinfällig) und Subst. fragment·um, ·i n. (= Bruchstück);* vgl. fract-. – Vorgang und Ergebnis des Brechens oder Zerbrechens: a) Fragment(um) = Bruchstück, z. B. Fragmentation des Zellkerns oder eines Chromosoms = ihr Zerfall in Bruch- oder Teilstücke; – b) Anguis fragilis = Blindschleiche, zerbrechlich genannt, weil sie durch Selbstverstümmelung (Autotomie) den Schwanz abwerfen kann; – c) Zerkleinern der Nahrung: Nucifraga, Gttg. der Singvögel, s. nuc-; – d) Saxifraga = Steinbrech, s. sax-.

frag- II., *Subst. frag·um, ·i n. (= Erdbeere).* – 1. Erdbeerpflanze: a) Gttg. Fragaria; – b) in Beziehung zur Erdbeerpflanze: an den Blättern die Erdbeer-Mottenlaus Aleurodes fragariae. – 2. Mit der Erdbeere (Frucht) verglichen: die Blütenköpfchen des Erdbeerklees Trifolium fragiferum.

fraxin-, *Subst. fraxin·us, ·i f. (= Esche).* – Die Esche: a) Gttg. Fraxinus; – b) als Lebens- und Nahrungsbereich für Tiere: an den Blättern die Raupe von Catocala fraxini (Blaues Ordensband), unter der Rinde der Kleine Eschenbastkäfer Hylesinus fraxini; – c) für Pilze: Erysiphe fraxini = Eschenmehltau.

fren-, *Subst. frēn·um, ·i n. (= Zaum, Zügel, Gebiß).* – 1. Bandförmige Zeichnung oder Struktur am Kopf, paarig nach hinten ziehend und an einen Zügel erinnernd: a) Band von anderer Färbung als die Umgebung: bei Onychogale frenata = Zügelkänguruh und Mustela frenata = Bandwiesel; – b) bei Reptilien: Frenulum oder Scutum frenale = Zügelschild (Hornschild). – 2. Zur Befestigung („Zügelung") dienende Vorrichtung am Hinterflügel von Schmetterlingen: Frenulum, daher Uord. Frenatae. – 3. Haut- oder Schleimhautfalten: Frenulum linguae = Zungenbändchen an der Unterseite der Zunge.

frequent-, *Verbaladj. frequens, ent·is (= zahlreich, häufig).* – 1. Anzahl der Wiederholungen eines Vorganges in der Zeiteinheit, z. B. Atem-, Puls-, Schallfrequenz. – 2. Häufigkeit (gleichzeitiges Vorkommen): Frequenz eines gemessenen Wertes in einer Variationsreihe; Häufigkeit von Individuen einer Art auf einem Flächenbereich.

frig-, *Verb frigĕre (= frieren, starr sein) → Adj. frigid·us, ·a, ·um (= kühl, frostig).* – 1. Kühl gehaltener Raum: Frigidarium für Pflanzen. – 2. Vorkommen in kalten Gegenden: Schnecke Valvata frigida lebt in Nordschweden.

frond-, frons-, *Subst. frons, frond·is f. (= Laub).* – 1. Laub von Pflanzen: Adenostyles albifrons = Graublättriger Alpendost, Rubus bifrons = Zweifarbige Brombeere. – 2. Mit Laub von Pflanzen verglichene Fortsätze oder Ausstülpungen von Oberflächen: a) Zotten des Chorions: die an der Bildung der Plazenta beteiligten zottenreichen Stellen als Chorion frondosum im Ggs. zum Ch. laeve bezeichnet; – b) baumförmig verzweigte Fühler: Pentacta frondosa, eine Art der Seegurken; – c) Äste des Pilzes Polyporus frondosus (Klapperschwamm) flach gedrückt.

frons-, front-, *Subst. frons, front·is (= Stirn; Vorderseite) → Adj. frontal·is, ·e (= zur Stirn gehörend).* – 1. Stirn, Region des Kopfes hinter bzw. zwischen den Augen bei Wirbeltieren und Mensch: a) allg.: Os frontale, Plur. Ossa frontalia (Frontalia), die Stirnbeine; Lobus frontalis = Stirnlappen des Großhirns; – b) Stirn bes. ausgeprägt: Bibos frontalis = Gayal, Rinderart mit auffällig breiter Stirn; – c) Stirn mit bes. Merkmalen, z. B. Farbe: Gazella rufifrons, Sterna albifrons. – 2. Bei Insekten: Frons = obere Region des Insektenkopfes, bei vielen Arten mit bes. Merkmalen: cavi-, lati-, plani-, viridifrons u. a. – 3. Stirn als Front, d. h. Vorderseite: Frontalebene (Ggs. Sagittal- und Transversalebene), vom Menschen auf alle Wirbeltiere und sogar alle bilateralsymmetrischen Tiere übertragen, auch ohne daß sie hier einer Stirnfläche entspricht.

fru-, *Verb fruor, fructus sum, frui (= genießen) → Subst. frument·um, ·i n. (= Getreide, eig. Nahrungsmittel);* s. frug-. – Pupa frumentum, einem Getreidekorn ähnliche Schnecke.

fruct-, *Subst. fruct·us, ·ūs m. (= Nutzung, Ertrag, Frucht), von frui, (Sup.) abzuleiten.* – Frucht höherer Pflanzen: a) allg.: Fruktifikation; – b) in der Pharmazeutik (vgl. flor-): Fructūs Carvi, Foeniculi, Vanillae u. a.; – c) in Früchten enthalten: Fruktose = Fruchtzucker.

frug-, *Subst. frux, frūg·is f. (= Frucht, Baum- oder Feldfrucht) → fructus, ūs m. (= Nutzung, Ertrag, Frucht, Gewinn).* – Frugivora, Name für die großen fruchtfressenden Fledermäuse (Macrochiroptera); Corvus frugilegus = Saatkrähe.

frutic-, *Subst. frutex, frutic·is m. (= Strauch, Gestrüpp) → Adj. fruticōs·us, ·a, ·um (= buschig) und Subst. fruticēt·um, ·i n. (= Gesträuch, Gebüsch).* – 1. Strauch- oder buschartig wachsende Pflanzen: a) Ggs. zu Bäumen: Prunus fruticosa = Zwergkirsche, Caragana frutescens = Buschiger Erbsenstrauch (Ggs. C. arborescens); – b) Ggs. zu kleineren krautigen Pflanzen: Potentilla fruticosa = Strauch-Fingerkraut, Plectranthus fruticosus (Zimmernessel). – 2. Im Gebüsch lebend: Bradybaena fruticum = Buschschnecke. – 3. Festsitzende Tiere von strauchartiger Verzweigung: Plumatella fruticosa, Moostierchen (Bryozoon) mit unregelmäßig verästeltem Stock.

fuc-, *Subst. fuc·us, ·i m. (= Algen, Tange u. a. Meerespflanzen)*, verw. mit phyc-. – 1. Fucus, Gttg. Braunalgen, in deren Chromatophoren der braune Farbstoff Fukoxanthin vorkommt. – 2. Beziehung zu Fucusarten: a) Strudelwurm Pentacoelum fucoideum lebt auf Fucus vesiculosus (Blasentang); – b) der Name der Salanganenart Collocalia fuciphaga („tangfressend") entspricht nicht den Tatsachen.

fug-, *Subst. fug·a, ·ae f. (= Flucht) → Verben fugāre (= fliehen machen, vertreiben) und fugio, fugĕre (= fliehen, verschwinden, meiden), Adj. fugax, fugāc·is (= flüchtig, vergänglich)*. – 1. Vorgang: zentrifugal = vom Zentrum weg (Ggs. s. pet- I.): a) Physik: eine Bewegung oder eine wirkende Kraft bei einer Drehung; – b) physiologisch: Leitung der Erregung vom Zentralnervensystem in Richtung zur Peripherie, d. h. den Erfolgsorganen, daher: zentrifugale = motorische oder sekretorische Nerven; – c) Entwicklung: imaginifugale Merkmale (s. pet- I.). – 2. Verhalten von Tieren: a) Aufenthalt im Dunkeln, also Licht vermeidend: Lucifuga subterraneus = ein Höhlenfisch, Gnaphosa lucifuga = eine unter Steinen lebende Spinne, Solifuga (Solpugida), Spinnentiere, die nach Sonnenuntergang auf Beute ausgehen (Walzenspinnen); – b) den Menschen fliehend: Bombylius fugax, der flüchtige Wollschweber (Diptere). – 3. Wirkung von Pflanzen auf Tiere: vertreiben (fugāre), Cimicifuga, Gttg. der Ranunculaceae, gegen Wanzen verwendet.

fulg-, *Verb fulgēre und fulgĕre (= blitzen, glänzen, leuchten)*: Tiere, deren Oberfläche das Licht widerstrahlt, also mit glatter, glänzender Oberfläche: Micaria fulgens, eine Spinne, deren Rücken goldig schimmert; Fell von Ailurus fulgens (Katzenbär).

fuligin-, *Subst. fulįgo, fuligin·is f. (= Ruß)*. – Schwarze Färbung von Tieren: Lasius fuliginosus = Glänzend-schwarze Holzameise.

fulv-, *Adj. fulv·us, ·a, ·um (= rötlichgelb, graugelb, blond, goldgelb)*. – Sehr versch. Färbungen: Blüten von Hemerocallis fulva = Rotgelbe Taglilie; braune Schale der Schnecke Euconulus fulvus; Flügeldecken des Käfers Oniticellus fulvus auf gelbem Grunde braun gesprenkelt; Gefieder des Gänsegeiers Gypus fulvus fahlbraun.

fum-, *Subst. fūm·us, ·i m. (= Rauch, Dampf, Duft) → Adj. fumōs·us, ·a, ·um (= voll Rauch, beräuchert) und Verb fumāre (= rauchen, dampfen)*. – Mit dem Aussehen von Rauch verglichen: a) Färbung oder Oberflächenbedekkung von Pflanzen: Fumaria = Erdrauch, Gttg. der Mohngewächse (Deutung zweifelhaft); Fumana (Heideröschen), Gttg. der Zistrosengewächse, soll durch filzigen Flaum wie angeräuchert aussehen; – b) rauchbraun oder -grau: Fell des Braunen Wollaffen Lagothrix infumata, Fruchtkörper des Rauchgrauen Büschel-Ritterlings Tricholoma fumosum.

funct-, *Sup. vom Verb fungor, fungi;* s. fung-I: – Funktion = die spezifische, eine bestimmte Rolle im Organismus spielende Tätigkeit von Zellen, Geweben und Organen; Adj. funktionell = zu dieser Tätigkeit in Beziehung stehend.

fund- I., *Subst. m. fund·us, ·i (= Boden, Grund) → Verb fundāre (= gründen, begründen, befestigen).* – 1. Begründung einer neuen Generation von Tieren: Fundatrix = Stammutter bei Blattläusen, die sich parthenogenetisch vermehrt. – 2. Grund oder Tiefe eines Hohlorgans: Fundus ventriculi des Wirbeltiermagens mit den Fundus- oder Labdrüsen.

fund- II., *Verb fundere (= gießen); mit Präfixen: confundere (= zusammengießen, vermengen), diffundere (= ausgießen, -breiten), infundere (= eingießen);* vgl. fus-. – 1. Bewegung von Flüssigkeiten und darin gelösten Teilchen: diffundieren → Diffusion. – 2. Trichter als Gegenstand zum Eingießen: a) einem Trichter in Form und Funktion ähnlich: Infundibulum = Chonium, der Trichter von Cephalopoden, durch den das Wasser aus der Mantelhöhle ausgetrieben wird; – b) nur in der Form an einen Trichter erinnernd: das Infundibulum des Zwischenhirns der Wirbeltiere; der Fruchtkörper des Trichterförmigen Pfifferlings Cantharellus infundibuliformis.

fune-, *Subst. fūnus, fūner·is n. (= Leichenbegängnis, Leiche, Tod, Untergang) → Adj. fūnebr·is, ·e (= Leichen-; todbringend) und fūnest·us, ·a, ·um (= Trauer-; verderblich).* – Artnamen von Insekten: funebris oder funestus, entweder wegen dunkler Färbung oder wegen ihrer schädlichen, verderblichen Wirkung in Beziehung zur Trauer gebracht, z. B. der Pflaumenwickler Laspeyresia [Graptolitha] funebrana, vgl. ~an·us 4.

fung- I., *Verb fungor, functus sum, fungi (= verrichten, vollbringen).* – Fungieren → Funktion, s. funct-.

fung- II., *Subst. fung·us, ·i m. (= Pilz, Schwamm).* – 1. Pilze, zu den Kryptogamen gehörige Pflanzen: a) als solche: Fungi, Syn. für Eumycophytina (mycet-I.) = Echte Pilze; – b) Tiere, die sich von Pilzen ernähren, bes. die in den Fruchtkörpern höherer Pilze leben: Fungicolae, z. B. Pilzmücken (Mycetophilidae). – 2. Dem Fruchtkörper eines Hutpilzes ähnlich geformt: a) Tiere: Gttg. Fungia = Pilzkoralle; – b) Organe: Papillae fungiformes der Zunge beim Menschen u. a. Wirbeltieren.

fun(i)-, *Subst. fūnis, is m. (= Seil, Strick).* – *Demin funicul·us, ·i m.* – Strick- oder strangförmige Gebilde: a) frei, z. B. der Stiel des Drehmooses Funaria, s. hygr-; – b) innerhalb eines Hohlraumes: Funiculus umbilicalis = Nabelstrang, Nabelschnur = die Verbindung des Embryos mit der Placenta; Funiculus = ein Gewebsstrang bei Moostierchen; – b) innerhalb von Geweben, insbes. Faserstränge im Zentralnervensystem: Funiculus cuneatus u. a.; im Pflanzensamen der Funiculus = Nabelstrang zwischen Samenanlage und Placenta.

furc-, *Subst. furc·a, ·ae f. (= zweizackige Gabel).* – Gabelförmige Gebilde: a) die Schwanzgabel niederer Krebse (Furca); – b) das aus den verschmolzenen Schlüsselbeinen entstandene Gabelbein der Vögel (Furcula); – c) die Bifurcatio tracheae = Gabelung der Trachea (Luftröhre) in die beiden Hauptbronchen; – d) die Raupe des Schmetterlings Cerura furcula = Buchengabelschwanz hat am Hinterende zwei gabelig auseinanderstehende Fortsätze.

fus- I., *Sup. des Verbs fundĕre (= ausgießen, vertreiben); mit Präfixen con+, dif+, in+;* vgl. fund- II. – 1. Gießen: Infusion → Infusorien = Aufgußtierchen. – 2. Räumliche Ausbreitung: a) gelöste Stoffe in einer Flüssigkeit: diffundieren → Diffusion; – b) Verteilung von Gebilden: diffus = ausgebreitet, nicht örtlich beschränkt (Ggs. lokalisiert), z. B. Placenta diffusa, die allseitige und gleichmäßige Verbindung der Zottenhaut (Chorion) mit der Uterusschleimhaut zur Placenta; – c) ausgebreitete Pflanzenteile: die lockeren Blütenstände von Juncus effusus = Flatterbinse und Milium effusum = Wald-Flattergras. – 3. Auf dem Boden liegende („hingegossene") Sproßachse von Hypericum humifusum = Niederliegendes Johanniskraut. – 4. Zusammenfließen, Verschmelzung: Zellfusion, dadurch z. B. Fusionsplasmodien.

fus- II., *Subst. fus·us, ·i m. (= Spindel).* – Spindelförmig: fusi-forme Bakterien; Gehäuse fossiler vielkammeriger Foraminiferen der Gttg. Fusulina u. a.; der Stiel des Pilzes Collybia fusipes = Spindelfüßiger Rübling.

fusc-, *Adj. fusc·us, ·a, ·um (= dunkelfarbig, schwärzlich).* – Braune oder bräunliche Färbung von Tieren: Hydra fusca, Pelobates fuscus, ferner Artepitheta fusculus, fuscicollis, fuscipes u. a.

G

gae-, *Subst. ἡ γαῖα (= Erde, Erdboden, Land usw.)*; s. ge-. – In dieser Schreibweise bes. für größere Gebiete der Erdoberfläche: in der Tiergeographie entweder Regionen (Neogaea, Notogaea) oder mehrere Regionen umfassend (Arctogaea).

galact-, *Subst. τὸ γάλα, γάλακτ·ος (= Milch)*; vgl. lact-. – a) Milch der Säugetiere: Galaktose, darin enthaltener Zucker; – b) Milchsaft von Galactodendron = Milchbaum; – c) milchweiß: Blüten von Galanthus nivalis; Milchstraße: Galaxis → galaktisch.

gale-, *Subst. ἡ γαλῆ = γαλέ·η (= Wiesel; Katze).* – Wegen versch. Merkmale (Größe, Bewegungs- oder Lebensweise) mit dem Wiesel verglichen: Beuteltiere (Phascologale, Peragale), Insektenfresser (Myogale, Potamogale); Haifische (Galeus, Galeorhinus); Spinnentiere (Galeodes = Walzenspinne).

gale-, **galer-**, *Subst. gale·a, ·ae f. (= Helm, bes. Lederhelm), galer·us, ·i m. = galer·um, ·i n. (= Pelzkappe).* – 1. Kopfbedeckung: a) Galea aponeurotica, die „Sehnenhaube", die das Schädeldach unter der Kopfhaut bedeckt; – b) Haarschopf von Cercocebus galeritus = Haubenmangabe; – c) Federschopf der Haubenlerche Galerida, der Mandarinenente Lampronessa galericulata. – 2. Mit einer Kappe verglichen: a) Schale der Schnecken Dolium galea und Gttg. Galerus; – b) Blüten von Scutellaria galericulata = Kappen-Helmkraut; – c) Kopf der Pilze Mycena galericulata (ein Helmling) und Gttg. Galera (Häubling).

gall- I., *Subst. gall·us, ·i (= Hahn) → gallin·a, ·ae (= Henne).* – 1. a) Namen von Hühnern (Gttg. Gallus) u. a. Vögeln: Meleagris gallopavo = Truthuhn, Tetrao urogallus = Auerhuhn; Gallinula chloropus = Teichhuhn; – b) Parasiten der Hühner: Spirochaeta gallinarum, Ceratopsyllus gallinae. – 2. Mit den Beinen des Huhnes verglichen: a) mit dem Sporn des Hahnes die Dornen von Crataegus crus-galli; – b) mit den Zehen die Ähren von Echinochloa crus-galli.

gall- II., *Subst. gall·a, ·ae f. (= Gallapfel).* – Gallicolae = Bewohner von Pflanzengallen; Cynips tinctoria [gallae-tinctoriae] = Färbergallwespe.

gam-, *Subst. ὁ γάμ·ος (= Hochzeit, Heirat, Ehe) → Verb γαμέω (= heiraten, sich verheiraten) → Subst. ὁ γαμέτ·ης (= Gatte, Ehemann).* – Vereinigung von Zellen oder Individuen verschiedenen Geschlechtes:

1. Befruchtung, d. h. Verschmelzung zweier Zellen: a) die Zellen allg. als Gameten bezeichnet, entweder als Isogameten gleich oder als Anisogameten verschieden (Makro- und Mikrogameten); Gametozyten (Makro- und Mikrogametozyten) sind Zellen, aus denen durch Teilung Gameten hervorgehen; Gametophyt ist im Generationswechsel diejenige Pflanze (Generation), die die Geschlechtsorgane trägt, also die geschlechtliche Generation; – b) Vorgang der Verschmelzung: Gamogonie = Gametogonie; Agamogonie = agame Fortpflanzung ist Fortpflanzung ohne Befruchtung, und zwar insbes. durch Einzelzellen (Agameten); die Entscheidung über das Geschlecht des aus der Befruchtung hervorgehenden Individuums (die Geschlechtsbestimmung) kann pro-, syn- oder epigam, d. h. vor, mit oder nach der Befruchtung erfolgen. –
2. Bestäubung von Pflanzen, d. h. Übertragung des Pollens auf die Narbe: a) nach Herkunft des Pollens unterscheidet man Allo- und Autogamie, d. h. Fremd- und Selbstbestäubung; – b) nach Art des Überträgers wird Bestäubung als anemo-, entomo-, chiroptero- oder ornithogam bezeichnet (Wind, Insekten, Fledermäuse, Vögel). –
3. Vereinigung der beiden Geschlechter (Paarung): a) Begattung: Syngamus trachealis, Art der Nematoden, bei der ♂ und ♀ meist in Begattung zusammenhängend gefunden werden; – b) Zusammenleben: Mono- oder Polygamie = Ein- oder Vielehe. –

4. Vereinigung ohne Beziehung zur Fortpflanzung: gamopetal und Gamopetalae sind Syn. für sympetal und Sympetalae; gamosepal = mit verwachsenen Kelchblättern.

gan-, *Subst. τὸ γάν·ος (= Glanz, Schmuck).* – Ganoidschuppen sind die mit einer bes. Substanz von perlmutterartigem Glanz (Ganoin) überzogenen Schuppen einer danach benannten Gruppe von Fischen: Ganoidea = Ganoiden, als „Schmelzschupper" bezeichnet, obwohl das Ganoin nicht mit dem Schmelz (der Plakoidschuppen und Zähne) identisch is .

gangli-, *Subst. τὸ γαγγλί·ον (= Anschwellung, Nervenknoten).* – 1. Ganglion, Plur. Ganglia = Ganglien, umschriebene, gewöhnlich rundliche Anhäufung von Nervenzellen (und -fasern): a) bei Wirbellosen allg.: oberes Schlundganglion = Cerebralganglion als Gehirn bezeichnet; bei Mollusken ferner: G. parietale, G. pedale, G. viscerale; – b) bei Wirbeltieren und Mensch nur soweit die Anhäufung im Verlauf eines peripheren Nerven liegt, z. B. Spinalganglion (G. spinale), G. semilunare usw.; Ganglien der Hirnnerven innerhalb der Hirnmasse werden als Nuclei bezeichnet (jedoch „Basalganglien"). – 2. Ganglienzellen, allg. Bez. für Nervenzellen ungeachtet ihrer Zugehörigkeit zu einem Ganglion usw., z. B. in der Netzhaut.

garr-, *Verb garrire (= schwatzen) → Adj. garrul·us (= geschwätzig).* – Namen einiger Tiere mit lebhaften Lautäußerungen: Eidechse Ptenopus garrulus (Sandgecko) mit laut zirpender Stimme; Vögel: Garrulus glandarius (Eichelhäher), Bombycilla garrulus (Europäischer Seidenschwanz).

gaster, gastr-, *Subst. ἡ γαστήρ, γαστρ·ός = γαστέρ·ος (= Bauch, Unterleib, Magen).*

1. Verdauungsorgane: a) Urdarm: Gastrula = Embryonalstadium mit Urdarm bzw. Entoderm; Gastrulation = Vorgang der Bildung der Gastrula, des Urdarmes oder Entoderms; Gastraea (Haeckel), die der Gastrula entsprechende hypothetische Urform; – b) Verdauungsraum allg.: Gastralraum, Gastrovascularsystem; – c) Magen als spezialisierter Teil des Verdauungsrohres: Gaster = Ventriculus, daher: Areolae und Glandulae gastricae, Arteria gastrica usw.; – d) zum Magen in Beziehung: Gastrophilus equi [intestinalis], die Magenbremse, deren Larven in der Magenwandung des Pferdes schmarotzen.
2. Bauchseite: a) Ggs. zum Rücken: Gttg. Gasterostomum, Trematoden mit Saugnapf auf der Bauchfläche; Sciurus aureogaster = Goldbauchhörnchen; – b) Gastropoda = Schnecken, Kl. der Weichtiere mit bauchständigem Fuß (Ggs. Cephalopoda).
3. Abdomen: a) der hintere der drei Körperabschnitte der Insekten: Gastropacha [Dendrolimus], Gttg. der Spinner mit auffällig dickem Abdomen (pachy-); – b) bei Spinnen: Sphaerogastres, Name für die Webespinnen.

4. Mit einem Bauch verglichen: a) bauchig der Fruchtkörper der Gasterales = Bauchpilze (Ord.); – b) der Muskelbauch: M. gastrocnemius = Wadenmuskel (vgl. cnem-).

ge(i)-, *Subst. ἡ γῆ (= Erde, Erdboden, Land), davon Adj. γεώδης (= erdartig, erdig), Verb γεωμετρέω (= Land vermessen, ausmessen);* s. gae-. – 1. Erde als Masse, Schwerkraftwirkung: Geotropismus, Geotaxis. – 2. Oberfläche der Erde, als Fläche betrachtet: a) Geometrie, wörtl. Erdmessung, dann: Zweig der Mathematik, der sich mit den räumlichen Gebilden befaßt; – b) Geometra, Gttg. der Schmetterlinge, deren Raupen in einer Weise sich fortbewegen, als ob sie Längen abmessen (Spannerraupen); ähnlich Piscicola geometra (Gem. Fischegel); – c) Geographie = Erdbeschreibung; Ceutorrhynchus geographicus, ein Rüsselkäfer, dessen Flügeldecken mit netzartigen Zeichnungen einer Landkarte ähneln. – 3. Erde = trockenes Land im Ggs. zum Gewässer: a) Tiere, die im Unterschied zu verw. Arten auf dem Lande leben: Gecarcinus (Landkrabbe), Geonemertes (Gttg. der Schnurwürmer), Geocoris (Gttg. der Wanzen); – b) Pflanzen: Calamogrostis epigeios = Land-, Reitgras (Ggs. zu einigen verw. Arten). – 4. Erdreich, -boden, -substanz: a) als Aufenthaltsort: Geotrupes stercorarius = Mistkäfer, gräbt Erdlöcher zur Eiablage; Geophilus, Gttg. der Tausendfüßler; Hypogeophis (= hypo+, ge-, ophis) = Erdwühle, Gttg. der Blindwühlen (Gymnophionen); endogeïsch, im Boden lebend s. edaph-; – b) erdig aussehend: Geodia, Gttg. der Schwämme; die Lamellen des Pilzes Inocybe geophylla.

geiton(-) = geton(-) *Adj und Subst. ὁ, ἡ γείτων, ον·ος (= Nachbar, Nachbarin)*; auch zu giton verändert. – 1. Benachbarte Blüten an der gleichen Pflanze können nach Nachbarbestäubung = Geitonogamie Früchte entwickeln (Geitonokarpie). – 2. Lebensbereich: Potamogeton, Gttg. der → Potamogetonaceae = Laichkrautgewächse, Wasserpflanzen (wörtl.: „Flußnachbarn“).

gel-, *Subst. gelu, ūs (= Eiskälte) → Verb gelāre, (= gefrieren machen; Pass. gefrieren), Sup. gelat-.* – Gallertartige Beschaffenheit von Stoffen und Geweben: 1. Allg. in der Kolloidchemie: Gel im Unterschied zum Sol. – 2. Speziell: Gelatine: a) als solche: durch Kochen von Knochen und Bindegewebe erhaltene Masse, gereinigtes Glutin; – b) der Gelatine ähnlich: Substantia gelatinosa, im Rückenmark vorhandenes Gebiet mit starker Anhäufung von Gliagewebe.

gemin-, *Adj. gemin·us, ·a, ·um (= zwillingsgeboren, doppelt, zweifach) → Demin. gemell·us, ·a, ·um.* – 1. Zwillinge, zwei von derselben Mutter zur gleichen Zeit geborene Junge: Gemini (Sing. Geminus), auch Demin. Gemelli. – 2. Gebilde in Zweizahl: Gemini = Paarlinge, Name für die Paare homologer Chromosomen. – 3. Zwei- oder mehrteilige Gebilde:

N. trigeminus (= Drillingsnerv), der V. Hirnnerv, so genannt wegen seiner drei starken Zweige; Corpora quadrigemina = Vierhügel, zwei Paar Wölbungen auf dem Dach des Mittelhirns.

gemm-, *Subst. gemm·a, ·ae f. (= Knospe, Edelstein, Perle).* – 1. Gemme als Schmuckstück: mit Gemmen verglichen: die Nesselknöpfe bei der Meduse Gemmaria (Gttg.); weiße Hüllreste auf dem Hut von Pilzarten: Amanita gemmata, Lycoperdon gemmatum. – 2. Ungeschlechtliche Fortpflanzungskörper bei Tieren: a) allg. Knospung: Gemmatio = gemmipare Fortpflanzung; – b) Keimkörper bei manchen Schwämmen, bes. unseren einheimischen Süßwasserschwämmen: Gemmulae.

gen- I., *Subst. τὸ γέν·ος (= Abstammung, Familie, Nachkommenschaft, Gattung, Klasse.), verw. mit Verb γίγνομαι (= entstehen, abstammen) und den Ableitungen ἡ γένεσις u. a.*; vgl. gon-, gener- und genit-.
Bildung, Entstehung, Entwicklung, Erzeugung in verschiedenem Sinn:

1. Allg. aktiv: erzeugen, verursachen: a) ein Gewebe oder Organ bildend: Chitinogenmembran = das chitinbildende Epithel; corneagene Zellen in den Komplexaugen der Arthropoden (sie bilden die chitinöse Cornea); – b) einen Stoff bildend, in ihn übergehend: kollagene Bindegewebsfasern liefern beim Kochen Leim (koll-), chromogen = pigmentbildend; – c) eine Krankheit verursachend: Spirochaeta icterogenes. –
2. Allg. passiv: a) aus oder durch etwas erzeugt: hämatogenes Pigment aus Blutfarbstoff entstanden; – b) Entstehungsweise und damit die Beschaffenheit: heterogen = versch. Herkunft und Natur, homogen = gleicher Herkunft und gleichartig oder gleichmäßig erscheinend. –
3. Allg. im aktiven und passiven Sinne: Umwandlung von Stoffen in beiderlei Richtung: Glykogen aus Traubenzucker (glyc-) aufgebaut und wieder zu Traubenzucker zerlegbar; ähnlich Phosphagen. –
4. Fortpflanzung, Erzeugung neuer Individuen (vgl. gon-): a) allg. Metagenesis = Wechsel zwischen geschlechtlicher und ungeschlechtlicher Fortpflanzung, d. h. echter Generationswechsel; – b) Geschlechter: Parthenogenesis = Fortpflanzung durch unbefruchtete Eizellen, also natürlich auch ohne Begattung (daher: „Jungfernzeugung"); Paedogenesis = parthenogenetische Fortpflanzung eines noch nicht voll entwickelten Tieres (paed- = Kind); – c) Zellen: Fortpflanzung durch eine Zelle (ungeschlechtlich oder Ei ohne Befruchtung) heißt monocytogen, durch Verschmelzung zweier Zellen (= Befruchtung) dicytogen. –
5. Entwicklungsvorgang: a) allg. Ontogenesis = die Entwicklung des Individuums, Phylogenesis = Stammesgeschichte, beides in Beziehung gesetzt durch die biogenetische Grundregel; nach HAECKELS Vorschlag (1866) sollte -genesis (-genese) den Vorgang als solchen, -genie (Ontogenie, Phylogenie) die Wissenschaft von diesem Vorgang bezeichnen; Caeno- und Palingenese s. palin+; – b) besondere Vorgänge: Ent-

wicklung der Geschlechtszellen: Gametogenese, speziell Spermio- (Spermato-) und Oogenese; gewebliche Entwicklung: Histo- oder Histiogenese. –

6. Entstehung der Arten und Rassen und die Vererbung ihrer Eigenschaften: Genetik; Gen = Erbanlage, Genom = die Gesamtheit der Gene in den Chromosomen des Zellkerns; Genotyp(us) = die Gesamtheit der Erbanlagen im Unterschied zur äußeren Erscheinung (Phaenotypus); Mutationen betreffen entweder ein einzelnes Gen (Genmutation) oder das Genom (Genommutation).

gen- II., *Subst. gen·a, ·ae f. (= Wange, Backe).* – Wangen, d. h. seitliche Gesichtsflächen von Tieren: a) Genae = seitliche Regionen der chitinösen Kopfkapsel bei Insekten; – b) Wangen mit bes. Kennzeichnung bei manchen Wirbeltierarten, z. B. Cercocebus albigena = Grauwangenmangabe (Affe); Podiceps griseigena, ein Lappentaucher.

gener-, *Subst. genus, gener·is (= Geschlecht, Sippe, Völkerschaft) → Adj. generāl·is, ·e (= zur Gattung gehörig, allgemein), ferner Verb generāre (= zeugen, erschaffen, hervorbringen) → Subst. generātor, ·is (= Erzeuger)*; verw. mit gen. I., gon- I und genit-. – 1. Generatio = Bildung, Erzeugung: a) Fortpflanzung: generative Zellen = Fortpflanzungszellen, Generationswechsel = Wechsel der Fortpflanzungsweise (geschlechtlich mit ungeschlechtlich oder Parthenogenese) in aufeinanderfolgenden Generationen; – b) Ergebnis der Fortpflanzung: das Individuum oder die Gesamtheit der Individuen in der Aufeinanderfolge der Fortpflanzungen (Generationsfolge), z. B. Parental- und Filialgeneration; – c) im Sinne der geschlechtlichen Fortpflanzung: generative Hybriden im Ggs. zu den vegetativen. – 2. Bildung, Erzeugung im allg.: Regeneration = Wiedererzeugung oder Neubildung verlorengegangener Teile des Organismus. – 3. Gattung als taxionomische Einheit: Genus, generis, daher Adj. generisch = die Gattung betreffend; Generotypus (in den Regeln der zool. Nomenklatur unrichtig „Genotyp") ist die für eine Gttg. als typisch festgesetzte Art. – 4. Allgemein = generell; Generallamellen des lamellären Knochens im Unterschied zu den Lamellen der Haversschen Systeme.

genes-, s. gen-.

geni-, *Subst. τὸ γένει·ον (= Kinn, Wange, Bart).* – Kinn = vorspringender Höcker am Unterkiefer des Menschen; hinter ihm entspringende Muskeln: M. genioglossus und M. geniohyoideus.

genicul-, *Demin. von genu, s.* genu-.

genit-, *Sup. des Verbs gignĕre (= zeugen, hervorbringen).* – 1. Geschlechtsorgane allg.: Urogenitalsystem, Genitalzellen. – 2. Die äußeren Geschlechtsorgane, die der Zeugung im engeren Sinne, der Begattung dienen: die Genitalien und ihre embryonalen Vorstadien, Genitalhöcker usw., bei Wirbeltieren und Mensch.

genu-, *Subst. genū, genūs n. (= Knie) → Demin. geniculus, ·i m. (= Knie; Knoten am Stengel).* – 1. Knie: a) zwischen Ober- und Unterschenkel bei höheren Wirbeltieren (Genu); – b) zwischen Femur und Tibia bei Insekten, daher: Subgenualorgan. – 2. Mit dem Knie verglichen, z. B. Corpus geniculatum, sog. Kniehöcker im Gehirn der Wirbeltiere; Laomedea geniculata, eine Kolonie von Hydroidpolypen mit geknicktem Stamm; Alopecurus geniculatus = Geknietes Fuchsschwanzgras.

geny-, *Subst. ἡ γένυς, γένυ·ος (= Kinnbacken, Kehle, Wange).* – 1. Wangen bes. gefärbt: Tapirus leucogenys = Weißbackentapir, Falco melanogenys = Schwarzbackenfalke. – 2. Backentaschen: Coelogenys, Gttg. der Nagetiere.

ger-, *Verb gerĕre (= tragen, hervorbringen, verrichten) mit Sup. gest-*; vgl. gest-. – Vom Charakter eines Suffixes in der Form -ger (auch -ger·us), -ger·a, -ger·um und in der Bedeutung „versehen mit etwas“ bezeichnet dieses Wortelement die Träger von Merkmalen (ähnlich wie -fer): Veliger-larve mit einem Velum versehen (bei Schnecken); Ephippigera = Sattelschrecke (Gattg. der Heuschrecken); Globigerina, Foraminiferen mit kugelförmigen Schalen; Artnamen: claviger = mit einer Keule versehen, laniger = Wolle tragend u. a.

geran-, *Subst. ἡ γέραν·ος (= Kranich).* – 1. Kranichvogel: Sarcogeranus leucogeranus = Mönchskranich. – 2. Dem Schnabel eines Kranichs ähnlich geformt: Griffel und Fruchtknoten der Pflanzengattung Geranium (Storchschnabel); Rüssel des Käfers Geranorrhinus (Gttg.).

germin-, *Subst. germen, germin·is n. (= Keim, Sproß, Knospe) → Verb germināre (= hervorsprossen).* – Zellen und Organe der Fortpflanzung, die die Keime neuer Lebewesen darstellen oder erzeugen: germinative Zellen, Germinaldrüsen; Macula germinativa = Keimfleck, der Nucleolus im Kern der Eizelle.

geront-, *Adj. γέρων, γέροντ·ος (= alt, bejahrt), substt. (= Greis).* – Gerontologie = die Wissenschaft von der Physiologie und Pathologie des Alters bzw. des Alterns („Alternsforschung“).

gest-, *Sup. vom Verb gerĕre (= tragen, hervorbringen usw.) → Verb gestāre (= tragen, Frequ.)*; s. ger-. – 1. Im allg. Sinne von tragen, führen: Ingestions- und Egestionsöffnung bei Aszidien = die Öffnungen, die das Atemwasser zuführen (Mund) und wegführen (Ausmündung der Kloake). –

2. Im Sinne von Trächtigkeit, Schwangerschaft: Gestatio; Progesteron, ein Hormon (vom Corpus luteum), das durch Umwandlung der Uterusschleimhaut die Schwangerschaft vorbereitet.

gibb-, *Adj. gibb·us, ·a, ·um, gibber, ·a, ·um und gibbos·us, ·a, ·um (= gewölbt, buckelig).* – Höcker versch. Art, insbes. a) gewölbter Rücken, Buckel: Holopedium gibberum, ein Wasserfloh mit gewölbter Schale; Laphria gibbosa, eine Raubfliege; – b) zentrale Wölbung: Lemna gibba = Buckelige Wasserlinse; Trametes gibbosa = Gebuckelte Tramete (ein Hutpilz).

gigas, gigant-, *Subst. ὁ Γίγας, Γίγαντ·ος, meist Plur. (= mythol. Riesenvolk) → versch. Adjektivformen, z. B. γιγάντει·ος → latin. gigantē·us, ·a, ·um; lat. Subst. gigas, gigant·is m. → Adj. gigantē·us, ·a, ·um (= riesig, riesengroß).* – Organismen von ungewöhnlicher Größe im Vergleich zu verw. Arten: a) Tiere: Dinotherium giganteum und D. gigantissimum, Rüsseltiere bis zur Höhe eines Mammuts; Arapaima gigas, ein Knochenfisch, der über 4 m lang wird; Echinorhynchus gigas, ein Wurm von 9 – 50 cm Länge; Sirex gigas = Riesenholzwespe, bis 4 cm lang; Dileptus gigas, ein Infusor, das 1,5 mm Länge erreicht; – b) Pflanzen, Höhe über dem Erdboden: Thuja gigantea = Riesen-Lebensbaum, bis 50 m; Solidago gigantea = Riesen-Goldrute, bis 2,5 m; Leucopaxillus giganteus (ein Pilz), bis 30 cm.

glaber, glabr-, *Adj. glaber, glabr·a, ·um (= glatt, unbehaart) → Superl. glaberrim·us, ·a, ·um, Demin. glabell·us, ·a, ·um, Verb glabrāre → glabrat·us, ·a, ·um (= kahlgemacht, geglättet).* – Glatte Oberflächen: a) Blätter und Stengel unbehaart bei Herniara glabra u. Atriplex glabriuscula; – b) Käfer Sphaerites glabratus schwarz-glänzend (ohne Unebenheiten u. Behaarung); – c) Glabella = Stirnglatze, die (unbehaarte) Stelle über der Nasenwurzel.

glaci-, *Subst. glaci·es, ēi f. (= Eis) → Adj. glacial·is, ·e (= eisig).* – 1. a) polare Region als Lebensbereich: Balaena glacialis, ein nordatlantischer Glattwal; Cucumaria glacialis, eine im nördlichen Eismeer lebende Seegurke; – b) Hochgebirge: Ranunculus glacialis = Gletscher-Hahnenfuß. – 2. Eiszeit: Diluvium mit Wechsel von Glazialperioden und Interglazialzeiten; Glazialrelikte sind Tiere, die nach Rückzug des Eises sich in umschriebenen Gebieten erhielten, z. B. der Schneehase in den Alpen.

gladi-, *Subst. gladi·us, ·i m. (= Schwert) → gladiātor, ōr·is m. (Fechter).* Schwertähnliche Körperteile: a) von Tieren: Xiphias gladius = Schwertfisch, mit schwertförmiger Verlängerung des Kopfes; Orcinus orca [gladiator] = Schwertwal, mit schwertförmiger Rückenflosse; – b) Blätter von Pflanzen: Gladiolus = Gladiole, Gttg. der Schwertliliengewächse.

gland-, *Subst. glans, gland·is f. (= Eichel) → Demin. Plur. glandul·ae (= Mandeln, Drüsen am Hals).*

A. Eichel, Frucht der Eiche: 1. Tiere, die sich (unter anderem) von Eicheln ernähren: Garrulus glandarius = Eichelhäher, Balaninus glandium, = Eichelbohrer (Eichelrüsselkäfer). – 2. Der Eichel ähnliche Gebilde: Glans („Eichel“) = kolbige Anschwellung des Geschlechtshöckers, beim Manne Glans penis, beim Weibe Glans clitoridis.
B. Drüse = Glandula: 1. Sekreterzeugendes Organ, Benennung: a) nach dem Produkt, z. B. Glandulae lacrymales, lactiferae, salivales, sudoriparae; – b) nach der Lage: Gl. sublinguales, submaxillares, Glandula parotis. – 2. Glandulae lymphaticae oder Lymphoglandulae = „Lymphdrüsen“ wurden auch die Lymphknoten trotz ihrer ganz anderen Funktion genannt (s. lymph-); richtiger Nodi lymphatici (PNA).

glauc-, *Adj. γλαυκ·ός (= leuchtend, helläugig, bläulich).* – 1. Blaugrün: a) Pflanzen: Gttg. Glaucium (Hornmohn), Gttg. Glaux (Milchkraut), Asperula glauca (Lab-Meister), Juncus glaucus = Blaugrüne Binse, Phlegmacium glaucopus (ein Pilz); – b) Tiere, bes. Fische: Carcharinus glaucus, Lichia glauca. – 2. Eule (eig. „mit leuchtenden Augen“): Glaucidium passerinum = Sperlingskauz.

glen-, *Subst. ἡ γλήν·η (= Augapfel).*
A. Auge: 1. Organ des Lichtsinnes: Augenfleck von Euglena, Gttg. der Flagellata; Pyriglena, Gttg. der Schreivögel mit feuerroter Iris; Augen rückgebildet bei Aglenus, Gttg. der Käfer. – 2. Mit Auge verglichen: Flecken bei Eriglena, Gttg. der Käfer. –
B. Gelenkgrube, wegen des glänzenden Knorpelüberzuges mit dem Augapfel verglichen: Labrum glenoidale am Rand der Gelenkpfanne des Schultergelenkes.

gli-, *Subst. ἡ γλί·α (= Leim).* – Glia = Neuroglia, das die Ganglienzellen und Nervenfasern in den nervösen Zentralorganen verbindende und die Räume zwischen ihnen ausfüllende Gewebe; Glioblasten = Bildungszellen der Neurogliazellen; gliös = zur Neuroglia gehörig, aus Gliagewebe bestehend.

glob-, *Subst. glob·us, ·i m. (= Kugel, Ball; Haufe) → Adj. globos·us, ·a, ·um (= kugelförmig, rund).* – 1. Kugelförmig: a) kugeliger Körper: Globigerina, Gttg. der gekammerten Foraminifera; Volvox globator = „Kugeltierchen“ (Flagellatenkolonie); – b) rundlich vorgewölbter Körperteil: Globicephalus globiceps = Grindwal, mit rundem, vorn stark abfallendem Kopf; – c) runder Blütenstand von Gttg. Globularia = Kugelblume und Gomphrena globosa = Gem. Kugelamarant. – 2. Rote Blutkörperchen: Hämoglobin, der in den roten Blutkörperchen enthaltene Blutfarbstoff, Globin = sein Eiweißanteil.

gloe-, *Subst. ὁ γλοι·ός (= klebrige Feuchtigkeit, bes. Harz).* – Gallertige Masse mit oder ohne Zellen: Mesogloea = das gallertige Gewebe zwischen Ekto- und Entoderm bei Coelenteraten.

glomer-, glomus, *Subst. glomus, glomer·is n. (= Knäuel) → Verb glomerāre (= zusammenballen, -rollen, -häufen).* – 1. Knäuel im eig. Sinne aus Windungen oder Schlingen eines fadenförmigen Gebildes bestehend: a) aus Blutgefäßen: Glomerulus renis = der arterielle Gefäßknäuel in den Malpighischen Körperchen der Niere von Wirbeltieren; – b) aus den Röhrchen einer tubulösen Drüse: Glandulae glomiformes = Knäueldrüsen (Schweiß- und Milchdrüsen). – 2. Einem Knäuel ähnlicher, gedrängter Blütenstand (Glomerulus) bei Juncus conglomeratus = Knäuelbinse, Dactylis glomerata = Knäuelgras, Cerastium glomeratum = Knäuel-Hornkraut. – 3. Vorgang: Glomeris, Gttg. der Tausendfüßer, können sich zusammenrollen.

gloss-, *Subst. ἡ γλῶσσ·α (= Zunge, Rede, Sprache),* vgl. glott-. – 1. Zunge in der Mundhöhle der Wirbeltiere (vgl. lingu-): a) Muskeln der Zunge, z. B. M. genioglossus; – b) Nerven: der motorische N. hypoglossus, der vorwiegend sensible N. glossopharyngeus; – c) Vorkommen und Formen der Zunge bei versch. Tieren, z. B. bei Froschlurchen: Aglossa ohne Zunge, Phaneroglossa mit gut entwickelter Zunge, davon Discoglossa mit scheibenförmiger Zunge. – 2. Der Zunge funktionell vergleichbare Gebilde bei Wirbellosen: a) Mundwerkzeuge von Insekten: Glossae = Innenladen der zweiten Maxillen; Glossina = Tsetsefliege, Gttg. der Fliegen mit Saugrüssel; – b) Radula der (meisten) Mollusken zum Zerreiben der Nahrung: Uord. der Schnecken nach deren Radula: Doco-, Rhipido-, Taenioglossa u. a. – 3. Einer Zunge formähnlich (ohne deren Funktion): a) Rüssel der Enteropneusten, zum Graben im Meeresboden dienend: Gttg. Balanoglossus; – b) Körperform von Plattfischen mit der Zunge großer Säugetiere verglichen: Hippoglossus = Heilbutt, Pleuronectes cynoglossus = Rotzunge; – c) Pflanzen: Lippe der Orchideenblüte riemenförmig verlängert bei Gttg. Himantoglossum; sporentragender Sproß des Farns Ophioglossum mit Natternzunge verglichen; Fruchtkörper von Trichoglossum = Erdzunge bildet flache, zungenähnliche Keule.

glott-, *Subst. ἡ γλῶττ·α seltenere Form von gloss-, meist in Ableitungen, bes. ἡ γλωττίς, ίδ·ος (= Mundstück einer Flöte)*; vgl. ~is, ~id·is. – 1. Glottis = der durch die Rima glottidis = Stimmritze zwischen den beiden Stimmbändern gebildete Stimmapparat im Kehlkopf von Säugetieren und Mensch; Epiglottis = Kehldeckel über der Glottis. – 2. Proglottis, das in seiner Form mit einer Zunge verglichene einzelne Glied eines Bandwurmes, Plur. verdeutscht: Proglottiden; Art Davainea proglottina mit wenigen Gliedern (vier bis neun).

glut-, *Subst. ὁ γλουτ·ός (= Hinterbacke, Keule).* – Hinterbacke der Säugetiere, Gesäß des Menschen: M. glutaeus (maximus, medius, minimus) = Gesäßmuskeln.

glutin-, *Subst. glūten, glutin·is f. und glūtin·um, ·i n. (= Leim) → Verb glutināre (= zusammenleimen).* – 1. Vorgang des Klebens, Zusammenklebens, Haftens: Glutinante = eine Form der Nesselkapseln; Agglutination (s. ad+) = Zusammenballung von Blutzellen, Bakterien usw. unter dem Einfluß gewisser Stoffe, die daher Agglutinine genannt werden. – 2. Leim oder Schleim: a) Glutin = durch Kochen gewonnene Substanz der kollagenen Fibrillen, Knochenleim, vgl. gel- 2a; – b) schleimige und daher klebrige Tiere: Myxine glutinosa (Art der Cyclostomata), Ichthyophis glutinosus (eine Blindwühle); – c) klebrige Ausscheidung bei Pflanzen: an Knospen von Alnus glutinosa (Schwarzerle), auf dem Hut des Pilzes Gomphidius glutinosus.

glyc(er)-, *Adj. γλυκύς = γλυκερ·ός (=* süß, *lieblich).* – 1. Süß schmeckend: a) Stoffe: Glykogen = Leberstärke, s. gen- I.3; Glykokoll, eine Aminosäure; Glycerin, ein dreiwertiger Alkohol, Glykose = Traubenzucker; – b) Pflanzen: Samen von Glyceria = Süßgras, Wurzeln von Glycirrhiza = Süßholz. – 2. Sich von süßen Stoffen ernährend: Glycophagus, Gttg. der Milben, auf trockenen Früchten usw.

glyph-, glypt-, *Verb γλύφω (= einschneiden, schnitzen), davon Verbaladj. γλυπτ·ός (= graviert, geschnitzt); Subst. ἡ γλυφ·ή (= Schnitzwerk, Gravüre).* – 1. Vorgang: aushöhlen: Tyroglyphus, Gttg. der Milben, sich an und innerhalb von Käse ernährend. – 2. Zustand: mit Vertiefungen, Einschnitten oder dergl. versehen: a) Furchen oder Röhren der Giftzähne von Schlangen, insbes. bei Nattern (Colubridae), die danach eingeteilt werden in Aglypha ohne Furchen („Glattzähner"), Opisthoglypha mit Furchen an hinteren Oberkieferzähnen und Proteroglypha mit gefurchten oder durchbohrten Vorderzähnen; die eig. Giftschlangen (Vipern) besitzen Giftzähne mit Röhren, daher: Solenoglypha; – b) andere Skulpturen: Glyptodermata = Ringelechsen; Glyptodon, ein fossiles Gürteltier; die Schale von Euglypha, Gttg. der Schalamöben.

gnath-, *Subst. ἡ γνάθ·ος (= Kinnbacken, Wange, Gebiß).* – 1. Kiefer der Wirbeltiere: a) allg.: Gnathostomata = gnathostome Wirbeltiere = Kiefermäuler, bei denen die Mundspalte durch Skelettspangen gestützt ist (Ggs. Cyclostomata); gnathodont heißen Wirbeltiere, deren Zähne auf den Kiefern (nicht auf anderen Knochen der Mundhöhle) sitzen; – b) Vogelschnabel: Henicognathus, Gttg. der Papageien, Langschnabelsittich; – c) Schlundknochen von Fischen: zu einem unpaaren Stück verwachsen bei den Pharyngognathi (zusammenfassende Bez. einiger Familien). – 2. Mundwerkzeuge von Arthropoden, bes. Insekten: Ento- und Ectognatha sind apterygote Insekten, deren Mundwerkzeuge innerhalb der Kopfkapsel (ento+) liegen oder frei hervorragen (ecto+). – 3. zahnartige Gebilde bzw. Kauwerkzeuge anderer Wirbelloser: Gnathobdellidae = Kieferegel mit drei Kieferplatten (z. B. Hirudo) im Ggs zu den Rüsselegeln.

gno-, *Verb γιγνώσκω (= erkennen, wahrnehmen, verstehen, urteilen, denken) mit der Wurzel γνω (also γι-γνω-σκω), davon Subst. ἡ γνῶσ·ις εως (Erkenntnis, Kenntnis, Urteil), Adj. γνωστικ·ός (= einsichtsvoll).* – 1. Philosophisch: Erkenntnis, Erkennbarkeit: Gnoseologie, Agnosticismus, Agnostiker. – 2. Feststellung von Merkmalen und Einordnung in bekannte Gruppen, Diagnose: a) med.: Feststellung einer Krankheit: Diagnostik, Diagnostiker; – b) in der Biologie: Artdiagnose: Beschreibung einer Art nach den wesentlichen unterscheidenden Merkmalen zur Bestimmung der Stellung im System. – 3. Urteil über zukünftige Vorgänge: Prognose (Krankheit, Wetter).

gon- I., *Subst. ἡ γον·ή = ὁ γόν·ος (= Erzeugung, Geburt, Nachkommenschaft, Familie usw.);* vgl. gen-.

1. Entwicklung, Werden, Bildung: a) Ontogenese allg.: Merogonie = Entwicklung aus einem Teil der Eizelle (ohne Kern); – b) Ausbildung der Fortpflanzungszellen: der Sporen = Sporogonie und der Gameten = Gametogonie; die Urgeschlechtszellen heißen Spermio- (Spermato-)gonien und Oogonien, weil aus ihnen die Geschlechtszellen durch wiederholte Teilung und Wachstum hervorgehen (der Begriff des Geschlechts liegt im ersten Wortbestandteil!).
2. Fortpflanzung und Entstehung neuer Lebewesen als Vorgang oder Funktion: a) allg.: Tokogonie = Entstehung aus vorhandenen Lebewesen (Eltern) im Ggs. zur Urzeugung = Archigonie (arch- I); – b) Versch. Weisen der Fortpflanzung: Schizogonie = Zerfallsteilung bei Einzellern; Heterogonie, eine Form des Generationswechsels (ein- und zweigeschlechtliche Fortpflanzung); Hormogonien s. horm- II.
3. Geschlecht: a) allg.: Gonochorismus s. chor-; Gonosomen = Geschlechtschromosomen; – b) Geschlechtszellen = Gonocyten; Gonomerie von Furchungskernen ist das Getrenntbleiben der Anteile des männlichen und weiblichen Vorkerns; – c) primäre Geschlechtsorgane, in denen die Geschlechtszellen gebildet werden: Gonaden = Keimdrüsen; ihre ontogenetischen Entwicklungsstufen: Gonoblast, Gonotom, Gonocoel; Mono- und Digononta sind Rädertiere mit einem oder zwei Eierstöcken; – d) äußere Geschlechtsorgane: Gonopodium ist ein als Begattungsorgan dienender Teil der Afterflosse bei Zahnkarpfen; Gonoporus = Öffnung zum Austritt der Geschlechtsprodukte; Klassen der Tausendfüßer Pro- u. Opisthogoneata mit Lage der Geschlechtsöffnung vorn oder hinten; – e) Geschlechtsorgane von Blütenpflanzen: Perigon („um die Geschlechtsorgane herum") = Blütenhülle aus gleichartigen Hüllblättern (Ggs. zum Perianth).

gon- II., Kurzform von goni- und gony-, s. gon(i)-.

gon(i)-, *Subst. τὸ γόνυ, γόνατ·ος (= Knie; auch Knoten im Halm) und Subst. ἡ γωνί·α (= Winkel, Ecke).* – 1. Winkel, Knick oder Knie eines mehr oder weniger langgestreckten Gebildes: a) Knie als Gelenk bei Arthropoden: Pycnogonum, Gttg. der Pantopoda (Asselspinnen) haben lange Beine mit dicken und kurzen, also dicht gedrängten Gliedern; – b) Kniegelenk beim Menschen: Gonitis = Gonarthritis = Kniegelenksentzündung. – 2. Vorspringende Ecke, bes. bei vorwiegend in der Fläche ausgedehnten Gebilden; versch. Anzahl von Ecken: Trigonia = Gttg. der Muscheln mit dreieckiger Schale, Tetragonopterus = Gttg. der Knochenfische mit viereckiger Rückenflosse, Pentagonaster = Gttg. der Seesterne (infolge Verkürzung der Arme wie fünfeckige Scheibe geformt); polygonal = vieleckig; die Gttg. der Grünalgen Gonium bildet flache eckige Kolonien.

gracil-, *Adj. gracil·is, ·e (=schmal, schmächtig).* – 1. Habitus von Pflanzen: Carex gracilis = Schlanke Segge, Eriophorum gracile = Schlankes Wollgras. – 2. Organe: Musculus gracilis = „Schlankmuskel"; Fasciculus gracilis (PNA), der GOLLsche Strang im Hinterstrang des Rückenmarkes im Querschnitt schmal.

grad-, *Verb gradior, gressus sum, gradi (= schreiten, Schritte machen) → Subst. gradus, ūs m. (= Schritt, Standpunkt, Stufe, Rang), nach Präfixen Umlaut zu -gred-, z. B. in regredior (zurückgehen)*, vgl. gress-. – 1. Fortbewegung, Ortsveränderung mit Hilfe von Extremitäten: a) allg.: Tardigrada = Bärtierchen (s. tard-); – b) Säugetiere nach dem Verhalten der Extremitäten zum Boden unterschieden als planti-, digiti- und unguligrad (Sohlen-, Zehen-, Zehenspitzengänger); – c) Schreiten = Fortbewegung Schritt für Schritt: Pedes gradarii = Gangbeine bei Vögeln (Sing-, Hühnervögel usw.). – 2. Vorgänge im Organismus: a) Physiologie, Erregung in der Nervenfaser: retrograde Erregung von höher gelegenen Zentren zu tieferen, z. B. von der Hirnrinde zum verlängerten Mark; – b) Pathologie: retrograde Metastasen durch Verschleppung von Geschwulstzellen entgegen dem Blutstrom. – 3. Grad oder Stufe und ihre Veränderung: Grad, graduell; Gradation = Massenwechsel, die Veränderung der Populationsdichte bei Insekten; Gradocoen (Gradozön) = Gesamtheit der die Gradation bedingenden Faktoren.

gramin-, *Subst. gramen, gramin·is n. (= Gras, Kraut, Pflanze).* – 1. Gras: a) als solches: Fam. Gramineae = Poaceae = Süßgräser; – b) Tiere, die sich im Gras bzw. an Gräsern aufhalten: Pediculopsis graminum = Grashalmmilbe, Chrysomela graminis, ein Blattkäfer; – c) Pflanzen in Beziehung zu Gräsern: Puccinia graminis = Getreiderost, erzeugt rostfarbene Flecken auf Getreideblättern. – 2. Grasähnlich: a) Farbe: Lachesis gramineus, die grasgrüne Baumotter (in Südostasien); – b) Form: Potamogeton gramineus = Grasartiges Laichkraut.

gramm(at)-, *Subst. τὸ γράμμα, ματ·ος (= Buchstabe, Schrift, Zeichnung) vom Verb γράφω* und *μα(τ);* s. graph- u. grapt-. – 1. Ergebnis des Schreibens und Zeichnens: Diagramm = schematisierte zeichnerische Darstellung, z. B.

Blütendiagramm; Kymogramm = Aufzeichnung eines Kymographen; ferner: Autogramm, Grammophon, Stenogramm. – 2. Geistiger Inhalt des Geschriebenen: Programm, Grammatik → Adj. grammatisch = grammatikalisch. – 3. Strich- oder Linienzeichnung: a) Farbe: Grammoptera, Gttg. der Bockkäfer; Grammesia trigrammica, ein Schmetterling mit drei Querlinien auf den Vorderflügeln; Scapteira grammica, eine Eidechse; – b) Struktur: Seitenlinie von Hemigrammus, Gttg. der Fische, unvollständig (hemi-); Stiel des Pilzes Melanoleuca grammopodia mit Rillen; Sporenhäufchen von Gymnogramme, Gttg. der Farne, in Linien längs der Fiedernerven angeordnet. – 4. Engramm = Sinneseindruck, der nach SEMONS Theorie (Mneme) eine dauernde Veränderung der organischen Substanz hinterläßt.

gran-, *Subst. gran·um, ·i m. (= Korn, Kern, Beere) → Demin. granul·um, ·i n.* – 1. Samenkorn: a) Getreide, Tiere, die sich davon ernähren: die Larven des Kornkäfers Calandra granaria u. der Kornmotte Tinea granella; – b) Samen anderer Pflanzen: Punica granatum = Granatapfel. – 2. Körniges, rundliches Gebilde: a) Brutzwiebeln am Wurzelstock von Saxifraga granulata = Knöllchen-Steinbrech; – b) auf Oberflächen: auf dem Hut des Pilzes Cystoderma granulosum = Rostroter Körnchen-Schirmling; Elaphomyces granulatus = Warzige Hirschtrüffel; Granulationen sind körnige oder warzige Bildungen von jungem Narbengewebe. – 3. Feine intrazelluläre Körnchen: a) Granula, z. B. in den polymorphkernigen weißen Blutzellen (Granulozyten), je nach Färbbarkeit mit eosinophilen, basophilen oder neutrophilen Granula; – b) die Keratohyalinkörner im danach benannten Stratum granulosum des mehrschichtigen verhornenden Epithels.

grand-, *Adj. grand·is, ·e (= groß, bedeutend, erhaben), Comp. grand~ior, ~ius.* – Auffällige Größe von Pflanzen, Tieren und Organen: 1. Tiere von bes. Körpergröße im Vergleich zu kleineren Verwandten: Aeschna grandis = Große Schlankjungfer (eine Libelle), Nyctibius grandis = Riesenschwalk (zu den Nachtschwalben gehöriger Vogel), Parnopes grandior, eine Goldwespe. – 2. Größe einzelner Organe: a) bei Tieren: bei Käfern Namen von Arten mit großem Kopf (grandiceps), großem Halsschild (grandicollis), großer Fühlerkeule (grandiclava); – b) bei Pflanzen: mit großen Blättern: Tilia grandifolia (Sommerlinde), Ggs. T. parvifolia; mit großen Blüten: Impatiens grandiflora, Pelargonium grandiflorum.

graph-, *Verb γράφω (= einritzen, schreiben, zeichnen), davon Subst. ἡ γραφίς, ίδ·ος (Griffel) und γράμμα;* s. gramm(at)- und grapt-. – 1. Menschliche Tätigkeit des Schreibens: a) im Sinne der Handschrift: Orthographie, Stenographie; – b) Mittel zum Schreiben: Graphit, Kymographion; – c) abbilden: Photographie; – d) beschreiben: Biographie, Geographie. – 2. Tätigkeit von Tieren: Ergebnis wie Schrift- oder Drucksatz aussehend: Larven der Borkenkäfer fressen Gänge in die Baumrinde, die eigenartige Fraßbilder ergeben, z. B. bei Tomicus (Ips) typographus = „Buchdrucker“,

Polygraphus polygraphus, Dryocoetes autographus, Xyleborus xylo- u. monographus. – 3. Mit Zeichnung versehen: a) farbige Streifen: rote und schwarze Längsstreifen bei Gttg. Graphosoma (Wanze); – b) schwarze schriftzugähnliche Apothecien (Sporenlager) auf der hellen Krustenflechte Graphis = Schriftflechte (vgl. script-); – c) an eine Landkarte erinnernde Zeichnung der Schnecke Conus geographus (vgl. ge-).

grapt-, *Adj. γραπτ·ός (= geschrieben, gemalt) vom Verb γράφω;* vgl. gramm(at)- und graph-. – Mit Schriftzeichen verglichen: a) Graptolithina (Graptolithen). Kl. der Hemichordata, mit der Ord. Graptoloidea, marine fossile Tiere, die langgestreckte Kolonien bilden; die Namen der Gattungen sind meist mit -graptus zus. und beruhen z. T. auf dem Vergleich mit pflanzlichen Formen: Dendro-, Petalo-, Phyllo-, Thallo-graptus; – b) Kennzeichen auf dem Halsschild von Käfern, Gttg. Graptodera, Graptodytes.

grav-, *Adj. grav·is, ·e (= schwer, gewichtig; mächtig) → gravid·us, ·a, ·um (= beladen, schwanger, trächtig).* – 1. Schwer, schwerfällig, massig: Gravigrada (fossile Xenarthra) = Riesenfaultiere, Syn. für Megalonychoidea, plumpe Pflanzenfresser. – 2. Tragend im Sinne von trächtig, insbes. bei Säugetieren und Mensch: gravid, Graviditas = Gravidität. – 3. Hoher Grad, schwer ins Gewicht fallend: a) Artname graveolens (grave-olens) = stark riechend, z. B. Apium graveolens (Küchensellerie); – b) Verschlimmerung einer Krankheit oder Übertreibung ihrer Erscheinungen: Aggravation.

-gred-, nach Präfixen statt grad- durch Umlaut, s. gress- und grad-.

greg-, *Subst. grex, greg·is m. (= Herde, Haufe, Schar) → Verben aggregāre (= zugesellen) und segregāre (= absondern, trennen).* – 1. Tiere, die in Herden oder Scharen zusammenleben: Gregarinen = Ord. der Sporozoen, kommen im Wirtskörper meist in großer Menge vor; Chaetusia [Vanellus] gregaria = der Steppen- oder Herdenkiebitz. – 2. Anhäufung oder Gesamtheit von Zellen, Geweben und Organen: a) Noduli lymphatici aggregati = gehäufte Lymphknötchen (Ggs. solitär, s. sol- II); – b) Fruchtkörper des Pilzes Lyophyllum aggregatum in dichten Knäueln.

gress-, *Sup. von Verb gradior, gressus sum (= schreiten, Schritte machen);* vgl. grad-. – 1. Bewegung, Ortsveränderung, insbes. mit Hilfe von Extremitäten: Gressores = Schreitvögel, d. h. die Storchvögel, Ibisse und Reiher. – 2. Entwicklungsvorgänge: progressive und regressive Phase im individuellen Lebenslauf (pro+ 4., re+ 2b); Regression von einem höheren zu einem niederen Zustand in der Stammesgeschichte.

gris-, *verw. mit Greis u. franz. Adj. gris (= grau), latin. zu grise·us, ·a, ·um.* – 1. Graue Färbung: a) von Tieren: Elasmucha grisea (eine Wanze), Puffinus griseus (ein Sturmtaucher), Hapalemur griseus (ein Halbaffe); – b) von Pflanzen: Clavaria grisea (ein Pilz). – 2. Substantia grisea = Graue Substanz des Gehirns und Rückenmarkes, vorwiegend aus Ganglienzellen und marklosen Nervenfasern im Ggs. zu der glänzend weiß erscheinenden Substanz aus markhaltigen Fasern, z. B. Columnae griseae im Rückenmark.

gross-, *Adj. gross·us, ·a, ·um (= geballt, dick) → Subst. grossus, ūs m. u. f, (= unreife Feige) und Demin. grossul·us, ·i (= kleine Feigenart).* – A. Groß und dick: a) Körper der Heuschrecke Mecostethus grossus; – b) lange Beine von Nymphon grossipes, Art der Pantopoda. – B. Mit einer kleinen Feigenart verglichen: a) die Frucht von Ribes grossularia (Syn. von R. uva-crispa) = Stachelbeere, an ihr die Raupen des Stachelbeerspanners Abraxas grossulariata; – b) der Körper der Aszidie Dendrodoa grossularia.

gul-, *Subst. gul·a, ·ae f. (Schlund, Speiseröhre, Kehle). → Subst. gulo, on·is m. (= Schlemmer, Feinschmecker).* – 1. Ventrale Hals- und Kehlfläche: weiß bei der Meerkatze Cercopithecus albigularis, gelb bei der Marderart Martes flavigula, rot bei dem Honigfresser (Vogel) Acanthogenys rufigularis, schwarz bei dem Schneidervogel Orthotomus atrigularis. – 2. Gefräßige Tiere: Gulo gulo = Vielfraß, ein marderartiges Raubtier.

gutt-, *Subst. gutt·a, ·ae f. (= Tropfen).* – 1. Tropfen: Guttation ist die Abgabe von Wassertropfen an Blatträndern u. -spitzen. – 2. Kleine tropfenähnliche Flecken: a) bei Tieren: Peripsocus alboguttatus (Corrodentia), Prostemma guttula (Wanze), Lathrodectes tredecimguttatus (Spinne); – b) bei Pflanzen: Blütenblätter von Mimulus guttatus und Tuberaria guttata.

gymn-, *Adj. γυμν·ός (= bloß, nackt, unbewaffnet).* – 1. Fehlen der Körperbedeckung: a) Haar: Gymnurus gymnura (Großer Rattenigel) hat langen, nur schwach behaarten Schwanz; – b) Schuppen: die Gymnophionen erscheinen nackt, weil ihre kleinen Knochenschuppen in der Haut versteckt liegen; – c) Schale von Schnecken rückgebildet: Gymnosomata, eine Gruppe von Flügelschnecken. – 2. Bei den Nacktsamigen Pflanzen = Gymnospermatophytina (kurz: Gymnospermen) sind die Samenanlagen nicht in einen Fruchtknoten eingeschlossen, Ggs. Bedecktsamer, s. angi-.

gyn(aec)-, *Subst. ἡ γυν·ή, γυναικ·ός (= Weib, Frau, Gattin).* – Stamm bisweilen in der verkürzten Form gyn- verwendet. – 1. Weibliche Geschlechtsmerkmale: a) Gynander = Individuum mit räumlichem Nebeneinander von Merkmalen beider Geschlechter (Gynandromorphismus), bes. bei Insekten; Gynäkomastie = abnorm starke Ausbildung der Milchdrüsen beim männlichen Individuum; – b) bei Blütenpflanzen die Griffel: Crataegus monogyna (eingriffelig); Gynostemium = Griffelsäule der Orchidaceae. – 2. Individuum weiblichen Geschlechts: a) als Träger bes. Organe und Merkmale: Gynäkologie; – b) als Partner des Männchens: Canalis gynaecophorus = ventrale Rinne beim ♂ von Schistosoma [Bilharzia], in der das ♀ getragen wird (Trematodes).

gyr-, *Adj. γυρ·ός (= rund, gerundet).* – 1. Gekrümmte Gebilde: a) Körperfortsätze: Gyrodactylus, Gttg. der Trematoden mit Hakenapparat; – b) Windungen des Groß- und Kleinhirns: Gyrus, Plur. Gyri, durch die Furchen (= Sulci) voneinander getrennt; mit Gehirnwindung verglichen die Falten des Fruchtkörpers von Gyromitra = Lorcheln (Gttg. der Pilze); – c) Windung von Schneckenschalen: Gttg. Gyraulus, Gttg. Homalogyra, Art Anisus septemgyratus mit etwa sieben Windungen. – 2. Kreisende Bewegung von Gyrinus = Taumelkäfer, auf der Wasseroberfläche.

H

habit-, *Sup. vom Verb habēre (= halten, tragen, besitzen) → Subst. habitus, ūs m. (= Haltung, Zustand, Kleidung), Verb habitāre (= wohnen).* – 1. Habitus = das äußere Aussehen, die körperliche Gesamterscheinung, Adj. habituell = auf den Habitus bezüglich und daher auch: gewohnheitsmäßig, oft wiederkehrend. – 2. Habitat, das = Wohngebiet einer Art oder Population, substt. Verbalform (wörtl. „sie wohnt").

habr-, *Adj. ἁβρ·ός (= üppig, weichlich, weich, zart).* – 1. Weiche Bedeckung: Federn von Stringops habroptilus = Eulenpapagei. – 2. Zart, dünn: a) Körper von Habronema, Gttg. der Fadenwürmer; – b) Körperfortsätze: Fühler von Habrocerus, Gttg. der Käfer.

hadr-, *Adj. ἁδρ·ός (= stark, groß, dick; erwachsen, reif).* – 1. Umfangreich, groß: a) der Körper von Tieren: Hadropithecus, eine fossile Gttg. der Halbaffen von ungewöhnlicher Größe; – b) einzelne Organe von Tieren bes. groß, z. B. bei Käfern die Oberkiefer (Gttg. Hadrognathus), der Oberkopf (Hadrobregma). – 2. Dickwandig, stark: bei den Holzpflanzen das Hadrom als Teil des Gefäßbündels mit verholzten, dickwandigen Röhren im Ggs. zum Leptom.

haem(at)-, *Subst. τὸ αἷμα, αἵματ·ος (= Blut, Leben, Abstammung), nach Konsonanten αιμ (ἄναιμ·ος = blutlos);* vgl. -aem-.

1. Blut, Körperflüssigkeit: a) als solche: Hämatologie, die Lehre vom Blut; Hämorrhagie = Blutung, Hämophilie = Bluterkrankheit, Haemotrophe s. troph; – b) Blutfarbstoffe: Hämoglobin, -zyanin, -erythrin; – c) Blutkörperchen: Haemolysis = Hämolyse = Auflösung der roten Blutkörperchen (nicht des Blutes!).
2. Blutparasiten: a) im Blut selbst lebend, allg. Hämatozoen, spez. Haemamoeba = Plasmodium, Gttg. der Haemosporodia (zu den Sporozoa gehörig); Schistosoma haematobium, ein Trematode, der beim Menschen hauptsächlich in der Pfortader und in den Nieren lebt; – b) von außen Blut saugend: Blutegel (Gattungen Haementaria, Haemodipsa, Haemopis) und Insekten (Gttg. Haematopinus).

3. Blutgefäßsystem, insbes. Körperteile in Beziehung zu Blutgefäßen: Haemalbögen der Wirbelsäule bzw. ihrer Anlage.
4. Blutrote Färbung: a) bei Tieren: Haematopus ostralegus = Austernfischer mit roten Beinen; bei Insekten wird die rote Farbe am Hinterende häufig durch den wenig passenden Vergleich mit Hämorrhoiden bezeichnet, z. B. beim Käfer Hoplocephala haemorrhoidalis; – b) Blütenfarbe: Haemanthus coccineus = Blutblume; – c) Farbstoff in der histol. Technik: Hämatoxylin aus Haemotoxylon (s. xyl-) gewonnen.

haer-, haes-, *Verb haerēre mit Sup. haes- (= haften, kleben, festhangen), meist mit Präfixen: ad+, co+, in+ haerēre.* – 1. Physik: Zusammenhalt durch molekulare Kräfte: Ad+ und Kohäsion. – 2. Haften von Tieren an Objekten der Umgebung: Synapta inhaerens = „Klettenholothurie", s. haps-, hapt-. – 3. Med.: Adhäsion (Adhäsivprozeß) = Verklebung und Verwachsung von Geweben nach Entzündungen oder Operation in Körperhöhlen.

hal- I., *Subst. ἅλς, ἁλ·ός Masc. (= Salzkorn, Salz), Fem. (= Meer, Salzflut) → Adj. ἅλι·ος (= Meeres-), ἅλιν·ος (= aus Salz).* – 1. Salz als solches (Mineral und chem. Verbindung): Halogene = Salzbildner, Bez. für Fluor, Chlor, Brom, Jod; Halotherme = warme Salzquelle. – 2. Salz in Beziehung zum Lebensbereich: a) allg.: euryhaline Tiere können große Schwankungen des Salzgehaltes (Meeres-, Brack- und Süßwasser) vertragen, stenohaline aber nicht; – b) Meerestiere versch. syst. Stellung: Radiolarien (Gttg. Haliomma), Schwämme (Halichondria), Schnecken (Haliotis), Seehunde (Halichoerus) usw.; – c) Tiere auf Salzböden: Haloporcellio, Gttg. der Landasseln.

hal- II., *Verb ἅλλομαι (= springen, hüpfen, zucken), davon ἁλτικ·ός (= zum Springen geschickt, behend) und τὸ ἅλμα, ματ·ος (= Sprung).* – 1. Tiere, die sich springend fortbewegen: Haltica = Erdfloh, Gttg. der Blattkäfer; Hallopus, Gttg. fossiler Reptilien mit langen, zum Sprung geeigneten Hinterbeinen. – 2. Gebilde, die an Hanteln oder Sprunggewichte erinnern: Halteren = die durch Umbildung der Hinterflügel entstandenen Schwingkolben der Dipteren.

halluc-, *Subst. hallex → hallux, halluc·is m. (= große Zehe); verw. mit Verb ἅλλομαι* (s. hal- II.). – Hallux = Große Zehe = Digitus pedis primus; Muskeln: M. abductor hallucis, M. flexor hallucis longus u. a.; Dasyurus hallucatus, ein Beutelmarder, im Besitz des bei anderen Arten rückgebildeten Hallux.

halt- s. hal- II.

ham-, *Subst. hām·us, ·i m. (= Haken).* – Hakig gekrümmte Gebilde: a) Knochenfortsätze: Os hamatum = Hakenbein mit dem Hamulus ossis hamati in der Handwurzel; – b) Schale von Hamites, Gttg. der Ammoniten; – c) Haken an der Spitze der Deckblätter von Callitriche hamulata = Haken-Wasserstern.

hapl-, *Adj. ἁπλό·ος = ἁπλοῦς (= einfach, schlicht, deutlich).* – 1. Einmalig vorhanden (Ggs. doppelt oder mehrfach vorhanden): haploid heißt der einfache, nach Reduktionsteilung vorhandene Satz von Chromosomen im Ggs. zur diploiden oder polyploiden Chromosomenzahl; haploid nennt man auch Zellkerne, Zellen, Individuen oder Generationen, die den haploiden Chromosomensatz enthalten. Da nach Befruchtung der doppelte Chromosomensatz normal ist, erscheint der haploide als die Hälfte davon, jedoch hat hapl- sprachlich nichts mit „halb" zu tun! – 2. Einfach gebaut im Ggs. zu kompliziert: haplodontes Gebiß aus einfachen Kegelzähnen (z. B. bei Reptilien); Haplodontia sind Nagetiere mit Backenzähnen ohne Schmelzfalten.

haps-, **hapt-**, *Verb ἅπτω (= heften, anknüpfen; berühren, ergreifen) → mit Präfix συνάπτω (= zusammenknüpfen, -fügen) → Subst. ἡ σύναψις (= Verbindung).* – 1. Verbindung eines Gebildes mit einem andersartigen: a) Pflanzenteile mit Umgebung: Haptotropismus = die durch Berührungsreize ausgelöste Wachstumskrümmung, z. B. bei Ranken; Hapteren = Haftorgane, z. B. zur Befestigung großer Meeresalgen am Boden; – b) Tier „klettend": Seegurke Leptosynapta durch Tentakel, klebriges Sekret und Widerhaken der Kalkkörperchen in der Haut (vgl. haer-, haes-). – 2. Koppelung mehrerer gleichartiger Gebilde: Synapsis (= Syndese), die Paarung der homologen Chromosomen; Synaptospermie = Vereinigung von Samen oder einsamigen Früchten zu einer Verbreitungseinheit.

harp-, *Subst. ἡ ἅρπ·ή (= Sichel; auch ein Raubvogel), davon (?) Verb ἁρπάω und Adj. ἁρπαλέ·ος (= reißend, gierig) sowie Verb ἁρπάζω (= ergreifen, packen) → Adj. ἅρπαξ, ακ·ος (= räuberisch, gierig), Subst. ἡ ἁρπαγ·ή (= das Rauben) u. ὁ ἁρπακτήρ (= τωρ) (= Räuber).* – 1. Räuberische Lebensweise: Gttg. der Käfer Harpalus („gefräßig"), Gttg. der Spinnen Harpactea, Gttg. der Raubwanzen Harpactor. – 2. Gekrümmte spitze Fortsätze: a) zum Festhalten geeignet: Früchte von Harpagophyton haben große, hornförmig gebogene Widerhaken; – b) ohne Funktion des Festhaltens: Gttg. der Käfer Harpium (Dornen am Halsschild).

hast-, *Subst. hast.a, ·ae f. (= Stange, Stab, Speer).* – Lanzen- oder spießförmig: a) Körperfortsätze: Fledermaus Phyllostoma hastatum, Meduse Carmarina hastata; – b) Blätter von Salix hastata und Scutellaria hastifolia.

haust-, *Sup. vom Verb haurīre (= schöpfen, ausleeren, verzehren) → exhaurīre (= ausschöpfen, erschöpfen).* – 1. Saugorgane: Haustellum an Mundwerkzeugen von Insekten; Haustorien (Sing. Haustorium) sind Saugeinrichtungen (Warzen, Wurzeln) parasitischer Pflanzen. – 2. Mit Schöpfgefäßen verglichen: die Haustra coli = Ausbuchtungen der Wand des Dickdarmes; Schale der Schnecke Murex haustellum.

hect-, *Num.* *ἑκατ·όν (= 100).* – Hectocotylus, Geschlechtstentakel der Tintenfische mit sehr viel Saugnäpfen, s. cotyl-.

hedy-, *Adj.* *ἡδύς (= angenehm, erfreulich, süß, heiter).* – Namen von Pflanzen, bes. nach dem angenehmen bzw. süßen Geruch: Hedyotis (Doldiges Ohrkraut), Hedysarum = Süßklee, Hedyosma vgl. osm- I.

hel- I., *Subst.* *τὸ ἕλ·ος (= Sumpf, Morast, Niederung).* – Sumpfiges Gewässer als Wohnraum von Lebewesen (Heloplancton), insbes. von Tieren: Helodrilus, Gttg. der Oligochaeta; bei Pflanzen meist in der Form el-, jedoch Gttg. Helosciadium (s. sci-) und Helonias (Sumpfnelke).

hel- II., *Subst.* *ὁ ἧλ·ος (= Nagel, Buckel).* – Warzenförmige Gebilde: Schuppen von Eidechsen: Gttg. Heloderma; Chitinbildungen bei Käfern: Helocerus, Helophorus.

heli-, *Subst.* *ὁ ἥλι·ος (= Sonne, Sonnenschein, Tag).* – 1. Die Sonne: a) als Himmelskörper, astronomische Bezeichnungen; – b) Sonnenlicht: Heliotropismus, Bez. für Krümmungsbewegungen von Pflanzen, Art des Phototropismus, insbes. bei Gttg. Heliotropium = „Sonnenwende" und Euphorbia helioscopa = Sonnen-Wolfsmilch; – c) Tiere als „Sonnengucker" (helioscopus) benannt, s. scop-; – d) Pflanzen, die sonnige Standorte bevorzugen: Helichrysum arenarium (auch zu 2.c). – 2. Strahlige, mit der Sonne verglichene Gebilde: a) allseitig ausstrahlende Körperfortsätze sphärisch-symmetrischer Tiere: Heliozoa = Sonnentierchen, Ord. der Rhizopoda; Heliosphaera = Gttg. der Radiolarien; – b) um eine Achse angeordnete Fortsätze radialsymmetrischer Tiere, bes. Coelenteraten (Gttg. Heliactis, Heliopora) und Echinodermen (Seesterne: Gttg. Heliaster); Blüten von Helianthemum = Sonnenröschen und Heliocereus = Sonnenkaktus; der Blütenstand (-korb) von Helianthus = Sonnenblume und Heliopsis = „Sonnenauge".

helic-, **helix**, *Subst.* *ἡ ἕλιξ, ἕλικ·ος (= Endung, Kreislauf, Spirale, Spange, Ranke) und Adj. gleicher Form (= gewunden); davon latin. Subst. helix, helic·is f. (= Schlingpflanze).* – 1. Die gewundene Schneckenschale und daher die Schnecke selbst, insbes. Gttg. Helix → Fam. Helicidae. – 2. Pflanze, die „sich windet": Hedera helix = Efeu, ein Kletterstrauch. – 3. Mit Muschelschale verglichene Gebilde: Teile der Ohrmuschel, bes. beim Menschen: Helix = der äußere gekrümmte Rand der Ohrmuschel und ihres Knorpels, ihm z. T. parallel die Anthelix (vgl. anti+ 1.).

helminth-, *Subst.* *ἡ ἕλμις, ἕλμινϑ·ος (= Eingeweidewurm).* – 1. Würmer allg.: Plat-helminthes (auch Platy-) = Plattwürmer; Nemat-helminthes = Rundwürmer (umfassen Nematoden und Acanthocephalen); Coel-helminthes = die Würmer mit sekundärer Leibeshöhle (Coelom). – 2. Helminthen im engeren Sinne die parasitischen, insbes. die Eingeweidewürmer: Helminthologie; Helminthiasis = Wurmkrankheit.

hemer- I., *Subst. ἡ ἡμέρ·α (= Tag, Tageslicht), mit Präfix ἐπί → Adj. ἐφήμερ·ος (= während eines Tages).* – 1. Tageszeit im Ggs. zur Nacht: am Tag fliegende Nachtschmetterlinge: Agrostis nycthemera, Gttg. Panhemeria. – 2. Tageslicht als Ggs. zur Dunkelheit: Gennaeus nycthemerus s. nyct-. – 3. Tag als kurzer Zeitraum: Gttg. Ephemera = Eintagsfliege; Blüten von Hemerocallis = Taglilie blühen nur einen Tag lang; Coprinus ephemerus = Morgen-Tintling mit rasch vergänglichem Fruchtkörper.

hemer- II., *Adj. ἥμερ·ος (= zahm, veredelt).* – Pflanzen kulturfeindlich (hemerophob), kulturfreundlich (hemerophil; Hemerophyten) oder indifferent: Hemerodiaphore.

hepar, hepat-, *Subst. τὸ ἧπαρ, ἥπατ·ος, latin.* Gen. *hēpat·is (= Leber).* – 1. Leber = Organ des intermediären Stoffwechsels und der Gallensekretion bei den Wirbeltieren: a) als solche: Hepar, in Lappen und Läppchen (Lobi und Lobuli hepatis) gegliedert; Leberpforte s. port-; – b) Leber als Lebensbereich von Parasiten: Fasciola hepatica = Distomum hepaticum = Leberegel. – 2. Der Leber ähnlich: der Umriß der lappigen Blätter von Hepatica (Gttg.) = Leberblümchen; braun und gelappt der Fruchtkörper des Leberpilzes Fistulina hepatica.

hept-, *Num. ἑπτά (= sieben) = lat. septem*; s. septem. – a) Sieben Gebilde, z. B. sieben Paar Kiemenspalten bei Haien der Gttg. Heptanchus; – b) siebenteilig die Blätter von Potentilla heptaphylla (Rötliches Fingerkraut).

herb-, *Subst. herb·a, ·ae (= Halm, Kraut, Gras).* – Pflanzen: a) allg.: Herbarium = Sammlung getrockneter Pflanzen; – b) grüne, krautige Pflanzen als Nahrung von Tieren: Herbivora = die pflanzenfressenden Tiere; – c) krautig: die Zwergweide Salix herbacea im Ggs. zu den größeren verwandten Holzgewächsen.

herm-, *der Gott Ἑρμ·ῆς als Symbol des männlichen Geschlechtes:* Hermaphroditismus = Zwittertum, vgl. aphrodit-.

herp-, *Verb ἕρπω (= kriechen, schleichen, gehen), davon Subst. τὸ ἑρπετ·όν (= kriechendes Tier, Gewürm);* vgl. serp-. – Namen kriechender oder schleichender Tiere: 1. Reptilien und Amphibien: a) allg. als „Herpetofauna" Gegenstand der Herpetologie; – b) Amphibien: Gttg. Spelerpes (erp-) = Höhlensalamander; – c) Schlangen: Gattungen Herpetodryas, Herpeton. – 2. Andere Tiere: a) Herpobdella [Nephelis], Gttg. der Kieferegel; – b) Schleichkatzen: Gttg. Herpestes (= Mungos).

hesper-, *Subst. ἡ ἑσπέρ·α (= Abend; Westen) u. Adj. ἕσπερ·ος = ἑσπέρι·ος (= abendlich; westlich), verw. mit vesper.* – 1. Abend, Zeit zwischen Tag und Nacht: Hesperis = Nachtviole. – 2. Westen: Hesperornis, Gttg. fossiler Vögel aus der Kreide von Nordamerika.

heter-, *Adj.* *ἕτερ·ος* (= *anderer, zweiter, anders beschaffen, abweichend*) → *Adj.* *ἑτεροῖ·ος* (= *anders, verschiedenartig*).

1. Räumliches Nebeneinander in einem oder in mehreren zusammengehörigen Gebilden: a) ein Gebilde (Substanz, Gewebe) für sich betrachtet: heterogen im Ggs. zu homogen (s. hom-); – b) Teile eines Organs versch. voneinander: heterozerke Schwanzflosse von Haien und Stören; Heteropoda, eine Gruppe von pelagischen Schnecken mit differenziertem Fuß; – c) Glieder eines Systems versch. voneinander: heteronome Segmentierung = Heteronomie, bes. bei Insekten ausgeprägt; Heteroptera = die Wanzen wegen der Verschiedenheit der beiden Flügelpaare; Heteromera sind Käfer, bei denen die Anzahl der Tarsenglieder an den versch. Beinen unterschiedlich ist; heterodontes Gebiß bei Wirbeltieren, bes. bei Säugetieren: Zähne zu Schneide-, Eck- und Mahlzähnen differenziert; heteraxone Grundform s. axon-; heterozygot = mit ungleichen Erbanlagen (Allelen) bezüglich der Geschlechtschromosomen; Unterschiede von Organen an ein und derselben Pflanze, z. B. der Blätter: Heterophyllie (z. B. Festuca heterophylla), der Früchte: Heterokarpie, der Samen: Heterospermie; insbes. innerhalb der Blüte Heterantherie (Staubfäden), Heterostylie (Griffel), heterochlamydeïsche Blüten mit Verschiedenheit der äußeren und inneren Blütenhüllblätter (Ggs. homoi-).
2. Kennzeichnung eines Gebildes als anders: a) Bezug auf andere Lebewesen: heterotrophe Ernährung im Ggs. zu autotroph, also nicht selbst anorganische Stoffe assimilierend, sondern auf andere Lebewesen als Nahrung (troph-) angewiesen; – b) verschiedenartig, abweichend: Heterochromosomen sind von der Mehrheit der Chromosomen (den „Autosomen“) in Form und Verhalten verschieden (insbes. die Gechlechtschromosomen); Heteropygier sind Knochenfische mit Lage des Afters an der Kehle.
3. Verschiedenheit in der zeitlichen Aufeinanderfolge: a) Abwechselung: heterophasischer Generationswechsel mit Wechsel der Kernphase, bes. bei Pflanzen (diploider Sporophyt, haploider Gametophyt); – b) einmaliger Vorgang: Heteromorphose = Entstehung andersartiger Gebilde bei der Regeneration, z. B. bei Krebsen Antenne statt des weggenommenen Stielauges; Heterosis ist die nach Kreuzung in der ersten Generation auftretende Steigerung des Wachstums und der Leistung bei Pflanzen (wörtl. „Anderswerden“).

hex(a)-, *Num.* *ἕξ* (= *sechs*), *in Zus. vor Konsonanten* *ἑξα-*; *lat. sex-*. – Anzahl von sechs Körperfortsätzen oder anderen Gebilden in versch. Anordnung: a) bei radialsymmetrischen Tieren um eine Achse: Hexactinia, Hexacorallia (Coelenterata); – b) bei bilateralsymmetrischen Tieren rostrokaudal hintereinander: entweder sechs Paar (Hexanchus = Gttg. der Haie mit sechs Paar Kiemenspalten) oder 6 = 3 Paar (Hexapoda = Insekten); – c) drei aufeinander senkrecht stehende Achsen: Skelettnadeln der Hexactinellida = Triaxonia, Gruppe der Kieselschwämme.

hibern-, *Adj. hibern·us, ·a, ·um (= winterlich, Winter-) → Subst. hibernacul·um, ·i n. (= Winterquartier), von hiems (= Sturm, Winter, Kälte).* – a) Lebenstätigkeit: Hibernia, Gttg. der Spanner mit der Art H. defoliaria = Frostspanner, Imagines fliegen im Herbst; – b) Ruhestadium: Hibernakeln sind Überwinterungsknospen vieler Wasserpflanzen.

hiem- (s. hibern-). In der kalten Jahreszeit: a) fliegt die Winterschnake Trichocera hiemalis; – b) blüht Eranthis hiemalis; – c) es überwintert Equisetum hiemale = Winter-Schachtelhalm.

hil-, *Subst. hīl·um n. oder hīl·us, ·i m., im klass. Latein = Fäserchen, allg. etwas sehr Geringes; Änderung der Bedeutung unklar, jedenfalls nicht klass.* – Hilus, an inneren Organen die vertiefte Stelle, an der Blutgefäße usw. ein- bzw. austreten, z. B. Hilus pulmonis.

himant-, *Subst. ὁ ἱμάς, ἱμαντ·ος (= lederner Riemen, Zügel).* – Langgestreckt: Lippenzipfel der Orchideengattung Himantoglossum = Riemenzunge; ungewöhnlich lang die Beine des Stelzenläufers Himantopūs himantopūs (Schnepfenvogel).

hipp-, *Subst. ὁ, ἡ ἵππ·ος (= Pferd, Roß, Stute) → Demin. (= Pferdchen), Adj. ἐφίππι·ος*; s. ephippi-, vgl. equ-. – 1. Pferd a) als solches: Hippologie, Hippotherien = Equidae; – b) stammesgeschichtliche Vorstufen und Verwandte: Gattungen Eo-, Oro-, Meso-, Mio-hippus, Hipparion; – c) Stoffe aus dem Harn von Pferden (und anderen Pflanzenfressern): Hippursäure. – 2. Beziehungen zum Pferd: a) Parasiten: Hippobosca s. equ; – b) Aesculus hippocastanum = Roß-Kastanie (die Samen sollen früher als Heilmittel für Pferde benutzt worden sein). – 3. Mit dem Pferd verglichen: a) Paarhufer: Gttg. Hippotragus, Hippopotamus; – b) an einzelne Merkmale des Pferdes erinnernd, insbes. die Form des Hufeisens, z. B. Früchte von Hippocrepis = Hufeisenklee, vgl. sider-, pod- (2b); – c) Hippocampus, Bildung im Großhirn des Menschen, von Arantius nach Fabelwesen benannt, die den Vorderleib eines Pferdes und statt des Hinterleibes einen Drachen- oder Fischschwanz haben (vgl. camp-). – 4. Abfällige Bewertung: Hippospongia = Pferdeschwamm, vgl. equ- 3.

hirc-, *Subst. hirc·us, ·i m. (= Bock, Ziegenbock) → Adj. hircin·us, ·a, ·um (= vom Bock, Bocks-).* – 1. Ziegenbock, Ziege: Capra hircus = Bezoarziege. – 2. Mit dem Ziegenbock verglichen, bes. wegen des Geruches: a) Pflanzen: die unangenehm riechende Orchidee Himantoglossum hircinum, der Moor-Steinbrech Saxifraga hirculus; – b) die Haare in der Achselhöhle des Menschen nach dem Achselschweiß als Hirci bezeichnet.

hirsut-, *Adj. hirsūt·us, ·a, ·um (= struppig, rauh).* – Starke, bes. lokalisierte Behaarung bei Säugetieren (Hystrix hirsutirostris mit behaarter Nase), Arthropoden (Heriaeus hirsutus, eine Krabbenspinne) und Pflanzen: Vicia hirsuta (Zitterwicke) mit behaarten Fruchthülsen, Rhododendron hirsutum = Bewimperte Alpenrose.

hirt-, *Adj. hirt·us, ·a, ·um (= struppig, borstig, rauh).* – 1. Auffällige Behaarung, a) bei Insekten: Käfer Trinodes hirtus; – b) bei Pflanzen: Rubus hirtus = Rauhhaarige Brombeere, Inula hirta = Rauher Alant. – 2. Rauh durch Beschuppung: Pleuronectes hirtus, Art der Schollen.

hirudin-, *Subst. hirūdo, hirudin·is f. (= Blutegel).* – Blutegel: 1. Gttg. Hirudo; Hirudin = ein die Blutgerinnung hemmender Stoff aus der Speicheldrüse von H. medicinalis. – 2. Mit dem Blutegel verglichen: Macracanthorhynchus hirudinaceus (Riesenkratzer).

hirundin-, *Subst. hirundo, hirundin·is f. (= Schwalbe).* – Schwalben: Hirundo, Gttg. der Singvögel; Parasiten: Cimex hirundinis, Stenopteryx hirundinis = Schwalben-Lausfliege.

hisp-, *Adj. hispid·us, ·a, ·um (= rauh, struppig).* – Rauhe Bedeckung von Oberflächen: a) Pflanzen: dicht rauhzottig der Stengel von Galinsoga hispida; mit derben Zotten bedeckt der Fruchtkörper von Inonotus hispidus; – b) Tiere: Stacheln auf dem Halsschild von Gttg. Hispa = Igelkäfer.

hist-, *Subst. ὁ ἱστ·ός (= Mastbaum, Webstuhl, Gewebe).* – 1. Gewebe des tierischen Körpers, d. h. Verbände gleichartig differenzierter und funktionierender Zellen samt Derivaten (Zwischensubstanzen usw.); Histologie = Gewebelehre, oft im weiteren Sinne die Zellenlehre und mikroskopische Anatomie der Organe einbeziehend; Histolyse = Auflösung des Gewebes: a) normal in der Metamorphose der Amphibien und Insekten durch Mitwirkung von Phagocyten; – b) path. durch Parasiten, z. B. durch Entamoeba histolytica; – c) nach dem Tode des Individuums (Autolyse). – 2. Einem Segel vergleichbar die Häute zwischen den Fangarmen des Segelkalmars Gttg. Histioteuthis, vgl. ist-.

hol-, *Adj. ὅλ·ος (= ganz, vollständig, unversehrt).* – 1. Den ganzen Organismus betreffend: a) Vorgang (Ggs. mĕr-): bei holokriner Sekretion die ganze Zelle (s. crin- III), bei totaler Furchung (holoblastische Eier) die ganze Eizelle betroffen; – b) Zustand: bei holotrichen Infusorien (Holotricha) ist die Oberfläche gleichmäßig bewimpert (Ggs. Hetero-, Oligo- usw.); holosericeus s. seric-. – 2. Ganzheitlich, zusammenhängend: Holocephala sind Knorpelfische, deren Oberkiefer mit dem Hirnschädel verwachsen ist (bei Haien und Rochen nur durch weiches Gewebe verbunden). – 3. Vollständigkeit eines Entwicklungsvorganges: Holometabolie = vollkommene Verwandlung bei Insekten (Ggs. hemi+); Holomerie = Vorhandensein der endgültigen Anzahl von Segmenten beim Schlüpfen von Insekten aus dem Ei (Ggs. ana+ 2a).

holothuri-, *Subst. τὸ ὁλοθούρι·ον (= ein Lebewesen des Meeres; Seegurke?).* – Holothuria, Gttg. der Seegurken = Holothurioidea, Kl. der Stachelhäuter.

hom-, *Adj ὁμ·ός (= gemeinsam, derselbe), verw. mit Adj. ὁμοῖ·ος* siehe homoi-, vgl. heter- und is-.

1. Räumliches Nebeneinander in zusammengehörigen Gebilden: a) ein Gebilde (Substanz, Gewebe) für sich betrachtet: homogen = von einheitlicher Herkunft oder Beschaffenheit; – b) Teile eines Organs einander gleich: homozerke Schwanzflosse der meisten Knochenfische, äußerlich symmetrisch; – c) Glieder eines Systems einander gleich: homonome Segmentierung = Homonomie = die überwiegende Gleichheit der Segmente, z. B. beim Regenwurm; Homoptera, die Pflanzenläuse und Zikaden mit gleichartigen Flügelpaaren im Ggs. zu den Wanzen (s. heter-); homodontes Gebiß mit gleichgeformten Zähnen, insbes. Kegelzähne bei Reptilien (vgl. hapl- 2); homaxone Grundform siehe axon-; homozygot = mit gleichen Erbanlagen (Allelen) bezüglich eines Merkmals.
2. Kennzeichnung einer Sache im Vergleich mit anderen: a) Organe: homolog nennt die vergleichende Anatomie Organe, die ohne Rücksicht auf die Funktion einander morphologisch entsprechen (Ggs. analog s. log-); – b) Begriffe: Homonym = ein Wort, z. B. Name eines Tieres, von gleicher Form, aber von versch. Herkunft und Bedeutung (s. onym)-.
3. Gleichartigkeit in der zeitlichen Aufeinanderfolge: homophasischer Generationswechsel mit gleichbleibender, diploider Kernphase; Homomorphose = gleiche Wiederherstellung eines verlorenen Körperteils bei der Regeneration.

homin-, *Subst. homo, homin·is m. (= Mensch, Mann).* – Mensch: a) Homo, Hominidae, Gttg. und Fam. der Primates, Art H. sapiens s. sap-; – b) Parasiten des Menschen: Gastrodiscus hominis (ein Trematode), Trichomonas hominis (ein Flagellat). Echinococcus hominis, bes. Benennung der beim Menschen vorkommenden Finne des Hundebandwurmes.

homoi-, *Adj. ὁμοῖ·ος = ὅμοι·ος (= gleichartig, ähnlich, gemeinsam) von ὁμ·ός*; s. hom-. – 1. Gleichartig: homoioplastische Transplantation (auch Homoioplastik), die Überpflanzung von Teilen auf ein anderes Individuum der gleichen Art; auf gleicher Grundlage entstanden: homoiolog s. log-; homoiochlamydeïsch = mit gleichartiger Blütenhülle (Ggs. heter-). – 2. Gleichbleibend, konstant: homoiotherm = homöotherm sind Tiere, deren Körpertemperatur weitgehend konstant gehalten (reguliert) wird, insbes. höher als die der Umwelt, daher „Warmblüter"; Syn. idiotherm.

hopl-, *Subst. τὸ ὅπλ·ον (= Gerät, Werkzeug, Waffen).* – Spitze Körperfortsätze bei Tieren; Hoplonemertini (= Enopla s. en+ 1b) = Schnurwürmer, deren Rüssel ein Stilett besitzt; Hoplopterus spinosus = Sporenkiebitz mit Sporn am Flügelbug, als Waffe benutzt; Hoplocarida, Gruppe der Krebse (mit Ord. Stomatopoda) mit einem Paar Raubfüßen (einlegbare Endklaue).

hor-, *Subst. ὁ ὅρ·ος (= Grenze, Ziel) → Verb ὁρίζω (= begrenzen, bestimmen) → Part. Präs. ὁρίζων, οντ·ος (= begrenzend).* – Zur Lagebezeichnung: horizontal (Ggs. vertikal), z. B. am Kleinhirn des Menschen der Sulcus horizontalis cerebelli.

horm- I., *Verb ὁρμάω und ὁρμέω (= antreiben, erregen).* – Hormone, die in Drüsen der inneren Sekretion erzeugten und an das Blut abgegebenen Stoffe, die in anderen Organen bestimmte Wirkungen auslösen; Wirkstoffe, die zwar im Stoffwechsel entstehen, aber nicht in bes. Drüsen gebildet werden, nennt Harms Parhormone.

horm- II., *Subst. ὁ ὁρμ·ός (= Schnur, Kette).* – Reihe gleichartiger Gebilde mit Kette verglichen: a) Hormogonien, aus Zellketten bestehende Teilstücke von Blaualgen als Ursprung neuer Individuen; – b) Tentakel mit Nebenfäden bei Hormiphora, Gttg. der Rippenquallen.

horr-, *Verb horrēre (= starren, emporstarren, schauern) → Adj. horrid·us, ·a, ·um (= stachelig, rauh, wild, schrecklich).* – Stachelige Tiere, z. B. die australische Eidechse (Agamide) Moloch horridus, die nach Berichten zwar „schrecklich" aussieht, aber völlig harmlos ist.

hort-, *Subst. hort·us, ·i m. (= Garten, Park) → Demin. hortul·us, ·i.* – 1. Garten oder Park: Horticultura = Gartenbau. – 2. Als Lebensbereich: a) Vögel: Emberiza hortulana = Gartenammer; – b) Insekten: Bibio hortulanus, Carabus hortensis; – c) Schnecken: Cepaea hortensis, Arion hortensis; – d) Pflanzen: Satureja hortensis, Hydrangea hortensis (veralteter Gattungsname Hortensia nach dem weiblichen Vornamen Hortense).

hum- I., *Subst. hūm·us, ·i f. (= Erdboden, Erdreich) → Adj. hūmil·is, ·e (= niedrig, klein, gering).* – 1. Erdreich und die Humussubstanz, die im Boden durch Zersetzung organischer Stoffe entsteht: Humus, Huminsäuren. – 2. Erdboden, Erdoberfläche als Lebensbereich: a) Humivaga = Erdagamen, Eidechsen, die auf dem Boden oder in Erdlöchern leben; – b) Pflanzen, die dem Erdboden aufliegen: Hypericum humifusum = Niederliegendes Johanniskraut; – c) kleine Pflanzen, die sich nur wenig über den Erdboden erheben: Betula humilis = Niedrige Birke, Melanoleuca humilis = Niedriger Weichritterling (ein Pilz).

hum- II., *Verb humēre (= feucht, naß sein) → Adj. humid·us, ·a, ·um (= feucht, naß) und Subst. hūmor, ·is m. (= Feuchtigkeit, Wasser).* – Körperflüssigkeiten: Humor aqueus = Augenwasser, die seröse Flüssigkeit in der vorderen und hinteren Augenkammer (bei Wirbeltieren).

humer-, *Subst. humer·us, ·i m. (= Schulter, Achsel).* – 1. Humerus = Os brachii, der Oberarmknochen bei Landwirbeltieren und Mensch; seine Teile: Caput, Corpus, Trochlea humeri; Ursprung von Muskeln am Caput humerale usw. – 2. Schulter von Insekten: Humerus, Humeralwinkel zwischen Flügel und Thorax.

hy- I., *griech. Buchstabe ῦ ψιλόν in der Abl. ὑοειδής (= dem Schriftzeichen des Ypsilon ähnlich geformt).* – 1. Os hyoideum = Zungenbein, besteht beim Menschen aus Mittelstück (Corpus ossis hyoidei) und paarigen Fortsätzen (Cornua minora und majora) und gibt grob die Form des griech. Ypsilon wieder: a) Wortform hyoid-, z. B. Ligamentum stylo-hyoideum; – b) verkürzte Wortform hy- in gleicher Bedeutung: M. hyo-glossus (vom Zungenbein zur Zunge). – 2. Hyoidbogen = der zweite Visceralbogen als embryonale Anlage und phylogenetische Vorstufe eines Teils des Os hyoides, bestehend oben aus dem (paarigen) Hyomandibulare, das zum Kieferbogen in Beziehung tritt (Hyostylie) und zum Gehörknöchel (Columella, Stapes) wird, unten aus dem (paarigen) Hyale, aus dem die vorderen Hörner (Cornua minora) hervorgehen (daher auch: Ceratohyale).

hy- II., *Subst. ὁ, ἡ ῦς, ὑ·ός (= Schwein, Sau, Eber) verw. mit sūs su·is.* – Mit dem Schwein verglichen: Hyelaphus porcinus = Schweinshirsch; Hyaena = Hyäne.

hyal-, *Subst. ὁ ὕαλ·ος (= Kristall, Glas) → Adj. ὑάλιν·ος (= gläsern).* – Glasähnliche, insbes. glasartig durchsichtige Gebilde: a) Zelle: Trichohyalin, als lichtbrechende Körner in den Markzellen des menschlichen Haares; Keratohyalinkörner als Vorstufe der Verhornung in der mehrschichtigen Epidermis; – b) Gewebe: hyaliner Knorpel mit homogen aussehender Grundsubstanz im Ggs. zum elastischen und Faserknorpel; – c) Organe: Hyalonema, Gttg. der Kieselschwämme mit Stiel aus langen glasartigen Nadeln; Glaskörper im Auge: danach Membrana hyaloidea (JNA) = vitrea (PNA); – d) Tiere: Hyalaea, Gttg. der Flügelschnecken; Hyalinella, Gttg. der Moostierchen.

hybrid-, *Subst. hịbrid·a, ·ae m. oder f. (= Mischling, Kind eines Römers und einer Ausländerin); die Abl. vom griech. Subst. ἡ ὕβρις (= Übermut, Unzucht) ist unzutreffend.* – Hybriden = Bastarde im allg. Sinne: Nachkommen von Eltern verschiedener Rassen, die sich in einem oder mehreren Merkmalen unterscheiden: mono-, di-, tri- oder polyhybride Bastarde; Hybridismus = die Erscheinung der Bastardierung; Hybridisation = die experimentelle Erzeugung von Hybriden, entweder durch geschlechtliche Fortpflanzung (Kreuzung, generative Hybriden) oder insbes. bei Pflanzen durch vegetative H. (Pfropfung).

hydat-, *Stammform zu ὕδωρ, → Adj. ὑδατώδης (= wasserreich) und ὑδάτιν·ος (= naß, wassereich)*; – s. hydr-. – 1. Ausscheidung von Wasser durch

Hydathoden bei der Guttation s. gutt-. – 2. Mit Flüssigkeit gefüllte Blase: Hydatiden sind rudimentäre Anhangsgebilde am Geschlechtsapparat von Säugetieren.

hydr-, *Subst. τὸ ὕδωρ, ὕδατ·ος (= Wasser, Gewässer; Regen; Schweiß), Subst. ἡ ὕδρ·α (= Wasserschlange, Hydra).*

1. Wasser als Substanz: Hydrolyse, Hydrodynamik, Hydrogenium (Wasserstoff), Hydratation, hydrophile und hydrophobe Kolloide.
2. Gewässer = lokale Ansammlung von Wasser, bes. als Lebensbereich: a) allg.: Hydrobiologie = Lehre von den Lebewesen und Lebensvorgängen im Meer und Süßwasser; – b) Tiere, die im Wasser leben: Fische (Hydrocyon), Wasserkäfer (Hydrophilus), Wassermilben (Hydrarachna, Hydracarinidae); – c) Landtiere in Beziehung zu Gewässern: Säugetiere (Hydrochoerus, Hydropotes) und Vögel (Hydrobates pelagicus); – d) Wasser- und Sumpfpflanzen: Hydromorphie = Gesamtheit der Formbesonderheiten an Stengeln und Blättern; Gattungen: Hydrodictyon (eine Grünalge), Hydrilla („Grundnessel“), Hydrocharis („Froschbiß“), Hydrocotyle = Wasser-Nabelkraut; Arten Elatine hydropiper = Wasserpfeffer-Tännel, Rumex hydrolapathum (Hoher Ampfer).
3. Polypen (Form der Coelenterata): a) Süßwasserpolypen, Gattungen Hydra, Chlorohydra; Kl. Hydrozoa; – b) andere Hydrozoen, insbes. die Hydroidpolypen und ihre Teile: Hydranth (= hydr-anth-), Hydrocaulus, -rhiza, -som, -theca.
4. Körperflüssigkeiten: a) bei Stachelhäutern im Ambulakral- = Wassergefäßsystem: Hydrocoel, -ductus, -podien; – b) path. Ansammlung beim Menschen: Hydrocephalus = Wasserkopf.

hygr-, *Adj. ὑγρ·ός (= feucht, naß, saftig).* – 1. Feuchtigkeit, Wassergehalt der Luft: a) physik.: Hygrometer, hygroskopische Stoffe; – b) als Lebensbedingung, bes. für Landpflanzen: Hygrophyten = hygrophile Pflanzen; beim wetteranzeigenden Drehmoos Funaria hygrometrica drehen sich die hygroskopischen Kapselstiele bei zunehmender Luftfeuchtigkeit strickförmig zusammen. – 2. Gewässer als Lebensbereich: a) Tiere an Gewässern und auf der Wasseroberfläche: Pirata hygrophilus, eine Spinne; – b) Tiere im Wasser, z. B. Schwimmkäfer Hygrobia tarda.

hyl-, *Subst. ἡ ὕλ·η (= Wald; Holz; Materie).* – 1. Wälder, Bäume und Holz als Lebensbereich und Nahrungsquelle: a) Wald: Hylobates = Gibbons, Gttg. der Menschenaffen in den Wäldern Indiens; – b) Baum (im Wald oder anderswo): Hylobius = Gttg. der Rüsselkäfer, Hylotoma = Gttg. der Blattwespen; – c) Holz des lebenden Baumes oder geschlagen: Käfer, deren Larven im Holz leben, Gattungen Hylesinus, Hylurgus, Hylotrupes. – 2. Urstoff, Materie in der antiken Philosophie: Hylozoismus, eine idealistische Auffassung, nach der die Materie allg. belebt (zo- 1.) sein soll.

hymen(-), *Subst. ὁ ὑμήν, ὑμέν·ος (= dünne Haut, Bändchen).* – Dünne Haut, Membran: a) Hymenoptera = Hautflügler, Ord. der Insekten mit zwei Paar häutigen Flügeln; – b) Hymenium, die dünne Schicht oder Haut, die von den Sporen, Ständern oder Schläuchen bei den danach benannten Hymenomycetes = Hautpilzen gebildet wird; – c) Hymen = Jungfernhäutchen, die Scheidenklappe an der Öffnung der Vagina.

hypero-, *Subst. ἡ ὑπερῴ·α (= Gaumen) von ὑπέρ, also eig. „über dem Munde“.* – Gaumen: bei den Cyclostomata ist eine innere Nasenöffnung, die das Mundhöhlendach durchbohrt, vorhanden (Hyperotreta = Myxinidae) oder nicht (Hyperoartia = Petromyzontidae, s. arti- 1); Hyperoodon (Entenwal), Gttg. der Zahnwale, besitzt am Gaumen zahnähnliche verhornte Hauthöcker.

hyph-, *Subst. ἡ ὑφ·ή (= Gewebe, Weben) und Verb ὑφάω, ὑφαίνω (= weben; verfertigen; ersinnen) → Subst. ὁ ὑφάντ·ης (Weber)*; in Zus. meist -yph- s. d. – 1. Fadenförmige Gebilde, die sich miteinander verflechten können, bes. die Hyphen = Zellfäden der Pilze; Gttg. Hypholoma hat Fasern am Hutrand (loma), Reste des Schleiers. – 2. Aktive Tätigkeit des Webens oder Zusammenfügens: a) kunstvolle Nester bauen die Webervögel der Gttg. Hyphantornis [Ploceus]; – b) Netze der Spinnen s. -yph-.

hypn- I., *Subst. ὁ ὕπν·ος (= Schlaf) → Verb ὑπνόω (= einschläfern) → Adj. ὑπνωτικ·ός (= einschläfernd).* – 1. Schlaf bei Mensch und Tier: Hypnose = Teilschlaf, durch bestimmte Reize herbeigeführt (Hypnotisieren); Hypnotica (remedia) = Schlafmittel. – 2. Ruhezustand: Hypnosporen von Grünalgen.

hypn- II., *Subst. τὸ ὕπν·ον (= ein auf Bäumen wachsendes Moos).* – 1. Moose: a) Hypnum = Astmoos, Gttg. der Laubmoose; – b) Tiere, die an oder unter Moosen vorkommen: die Blasenschnecke Aplexa hypnorum, die Assel Lygidium hypnorum, die Gttg. der Käfer Cryptohypnus u. a. – 2. Dem Astmoos ähnlich: Saxifraga hypnoides = Moos-Steinbrech.

hyps-, *Subst. τὸ ὕψ·ος (= Höhe, Gipfel, Scheitel), Adj. ὑψηλ·ός (= hoch, hochgelegen, steil), Adv. ὕψι (= in der Höhe, hoch, empor).* – 1. Höhe über dem Meere: Hypsimetrie. – 2. Hochgewachsene Tiere (Hypsiprymnus, Gttg. der Känguruhs) oder Organe: hypselodont sind langkronige Backenzähne, z. B. beim Pferd.

hystric-, *Subst. ὁ, ἡ ὕστριξ, ιχ·ός (= Igel, Stachelschwein), zus. aus ὗς (s. hy- II.) und θρίξ, τριχ·ός (= Haar)?* – 1. Stachelschwein: Gttg. Hystrix → Hystrichomorpha = stachelschweinähnliche Nagetiere. – 2. Mit dem Stachelschwein vergleichbar: Diodon hystrix = der Gem. Igelfisch; das Bürstengras Hystrix patula [Asperella hystrix].

I

ichn-, *Subst. τὸ ἴχν·ος (= Spur, Fußtapfe) → Verb ἰχνεύω (= aufspüren, aufsuchen) → Subst. ὁ ἰχνευτ·ής und ἰχνεύμων, ον·ος (= Späher).* – 1. Spur, Fußtapfe, Fuß: Gattungen von Käfern: Platichna, Stenichnus. – 2. Räuberische, die Beute aufspürende Tiere: a) Raubtier: Mungos ichneumon = Ichneumon, Art der Schleichkatzen; – b) Schlupfwespen: Gttg. Ichneumon → Ichneumonidae. – 3. Nahrung aufspürend: Gttg. der Vögel Melichneutes, zur Fam. der Indicatoridae = Honiganzeiger.

ichthy-, *Subst. ὁ ἰχθῦς, ύ·ος (= Fisch).* – 1. Fische: a) als solche: Chondrichthyes = Knorpelfische (Haie, Rochen, Holocephalen), Osteichthyes = Knochenfische im weiteren Sinne (Ganoidei, Dipnoi und Teleostei umfassend); Gattungen: Calamo-, Call-, Rhin-ichthys u. a.; – b) Parasiten von Fischen: Ichthyophthirius, Gttg. der Ciliata; – c) Fische fressend: Ichthyomys (Mäuse). – 2. Ähnlichkeit mit Fischen: a) Wassertiere von fischähnlichem Habitus: Ichthyosaurus (Gttg.) → Ord. Ichthyosauria (= Ichthyopterygia), fossile Amphibien, früher zu den Reptilien gerechnet; – b) Einzelmerkmale: Ichthyornis, Gttg. fossiler Vögel mit amphizölen Wirbeln wie die Fische.

icter-, *Subst. ὁ ἴκτερ·ος (= Gelbsucht).* – 1. Icterus = Gelbsucht, Stoffwechselerkrankung, bei der Gallenbestandteile ins Blut übertreten und eine gelbe Verfärbung der Haut hervorrufen; infektiöser Icterus durch Spirochaeta icterogenes. – 2. Gelbe Färbung: a) bei Singvögeln, Gttg. Icterus (Baltimorevogel), Hippolais icterina = Gelbspötter; – b) beim Regenwurm Allolobophora icterica Leibeshöhle mit gelbem Schleim.

idi-, *Adj. ἴδι·ος (= eigen, eigentümlich, -artig)*; vgl. propri-. – 1. Individuelle Einheit: Idiobotanik = Lehre von den Einzelpflanzen; Idiogamie = Selbstbestäubung mit Pollen von derselben Pflanze. – 2. Besonderheit als Verschiedenheit von der Umgebung: a) Idioblasten (bot.) sind Einzelzellen oder Zellgruppen mit bes. Merkmalen und Aufgaben innerhalb eines Gewebes; – b) Eigentemperatur von Tieren: Idiothermie = Homoiothermie. – 3. Vererbung und ererbte Eigenart: a) Idiotypus ist die Gesamtheit der im Idioplasma (Kern u. Protoplasma) enthaltenen Erbanlagen; – b) nur den Genotyp betreffend: Idiogramm als graphische Darstellung der im Zellkern enthaltenen Chromosomen (des Satzes).

ign-, *Subst. ign·is, ·is (= Feuer, Glanz, Flammenröte) → Adj. igne·us, ·a, ·um (= feurig).* – 1. Feuer; zum Erzeugen von Feuer benutzt wurde Phellinus igniarius = der falsche Feuerschwamm, vgl. fom-. – 2. Feuerrote Färbung, z. B. bei Regulus ignicapillus, dem Sommergoldhähnchen.

il-, *Subst. īl·e, ·is, Plur. īl·ia, ·ium (= Därme, Lenden, Unterleib).* – Aus der allg. Bedeutung „Unterleib, Weichen, Hüften" ergeben sich die Bez.

für Knochen, Blutgefäße und einen Darmabschnitt dieser Region: a) Os ilium = „Knochen der Hüfte“ (Darmbein), Plur. Ossa ilium; bei der Substantivierung Ilium vergißt man, daß hier ein Gen. Plur. und kein Nom. Sing. vorliegt, und bildet als Adj.: (Crista) ilica, (Fossa) ilica u. a.; – b) Gefäße: Arteria und Vena ilica oder iliaca (communis, interna, externa); die Adjektivbildung iliac·us, ·a, ·um (vgl. ~ac·us) wird von TRIEPEL kritisiert; – c) Intestinum ilicum s. ili- II.

ile- I., *Subst. εἰλε·ός (= Darmverschlingung) vom Verb εἰλέω (= drehen).* – In der Pathologie: Ileus = Darmverschluß.

ile- II., *willkürlich gebildetes Adj. ile·us, ·a, ·um, wahrscheinlich zu il-* (s. il- c), davon das Subst. Ileum, der dritte Abschnitt des Dünndarms des Menschen und der Säugetiere = Intestinum ilicum, d. h. der zu den ilia gehörige Darmabschnitt (die Beziehung zu ile- I. ist sachlich nicht begründet); Ableitungen: Valva ileocaecalis ist die Klappe zwischen Dünndarm (also ileum) und Blind- bzw. Dickdarm.

imagin-, *Subst. imāgo, imągin·is f. (= Bild, Ebenbild; Vorstellung, Gedanke) → Verb imaginārі (= sich einbilden).* – 1. Bild, Vorstellung, Einbildung: imaginär, Imagination. – 2. Das aus der Metamorphose hervorgehende fertige Insekt, die Imago, im Ggs. zur Larve als „Bild der Art“ gedacht; Adj. imaginal = die Imago betreffend.

imbric-, *Subst. imbrex, ic·is f. (= Hohlziegel) → Verb imbricāre (= mit Hohlziegeln decken).* – Schuppen versch. Art: a) bei Pilzen: Sarcodon imbricatus, Tricholoma imbricatum (Schuppiger Ritterling); – b) Elytren von polychäten Meereswürmern: Harmothoe imbricata; – c) Kalkschuppen der Seegurke Ocnus imbricatus.

immun-, *Adj. immun·is, ·e, eig. im+munis (= frei von Pflicht, steuerfrei);* s. commun-. – Immun = unempfänglich für Infektion.

impera-, *Verb imperāre (= befehlen, herrschen) → Subst. imperator, or·is m. (= Befehlshaber) u. a. Ableitungen.* – 1. Organismen bes. groß u. schön gefärbt: a) Tiere: Anax imperator = Große Königslibelle; Parnassius imperator, ein Tagfalter; – b) Pflanzen: Fritillaria imperialis = Kaiserkrone (Liliengewächs). – 2. Andere Vorzüge: Imperatoria = Meisterwurz (Gttg. der Doldengewächse) soll nach ihrer großen Heilkraft benannt sein.

in- *Subst. ἡ ἴς, ἰν·ός (= Sehne, Muskel, Nerv; Kraft).* – 1. Bindegewebe: Inoblasten = Fibroblasten, d. h. Bildungszellen von Bindegewebsfasern; Inozyten = Fibrozyten, d. h. fixe Bindegewebszellen. – 2. Nervenfasern: Amakrinen in der Netzhaut der Wirbeltiere = Nervenzellen ohne lange Fortsätze (a+macr-in-). – 3. Muskel: Stoffe im bzw. aus dem Muskel: Inosit, Inosinsäure.

incus, *Subst. incūs, incūd·is f. (= Amboß).* – Incus = Amboß, ein Gehörknöchel der Säugetiere und des Menschen, mit einem Amboß verglichen (vgl. malle-)

inerm-, s. in + II. und arm- I.

ingluvies, *Subst. inglūviēs, ēi f. (= Kehle, Kropf).* – Ingluvies = Kropf der Vögel, Ausstülpung der Speiseröhre zur Vorverdauung der Nahrung.

inguin-, *Subst. inguen, inguin·is n. (= Weichen, Leistengegend).* – Regio inguinalis = Leistengegend, der seitliche Teil des Unterleibes bei Säugetieren und Mensch; durch den Inguinalkanal (Canalis inguinalis) gelangt der Hoden in den Hodensack.

insect- = in+sect-, s. in+ I. 1. a) und sec(t)-.

insul-, *Subst. insul·a, ·ae f. (= Insel); vgl. isol-.* – 1. Geographisch: Inselbewohner: Insulaner, Adj. insularis. – 2. Insel als Bezirk innerhalb eines inneren Organs: a) räumlich gesonderte Region der Hirnrinde in der Tiefe der Sylvischen Furche beim Menschen: Insula mit den Gyri insulae; – b) isolierte Bezirke andersartigen Gewebes: Langerhanssche Inseln im Pankreas als innersekretorische Drüse, die das Insulin (wörtl. „Inselstoff") erzeugt.

integr-, *Adj. integer, integr·a, ·um (= unversehrt, frisch, rein),* verw. mit tang-, also eig. in+teger- = nicht berührt. – Vollständig, einheitlich: 1. Formbesonderheit: Mantellinie an Muschelschalen einfach: Integripalliata; Cotoneaster integerrimus (Zwergmispel) mit ganzrandigen Blättern; Lamellen von Russula integra nicht gabelteilig (wie R. furcata). – 2. Integration, Integrierung = die mit der Differenzierung verbundene, ihr entgegengesetzte Entwicklungstendenz, die den Organismus zu einem einheitlichen Ganzen macht.

intern-, *Adj. intern·us, ·a, ·um (= im Inneren befindlich, inner; einheimisch),* verw. mit in+ und inter+, Ggs. extern·us. – Lage von Organen oder Organteilen im Innern des Körpers oder eines Organes: a) allg. im Inneren: im Sinne von inneren Organen (Eingeweiden) und innerer Medizin: Internist; – b) bei einem kugeligen Gebilde näher dem Zentrum: Tunica interna oculi = Netzhaut und Pigmentepithel als innerste Schicht der Wand des Augapfels (Unterschied zu T. media und T. externa); – c) näher der Medianebene im Ggs. zu lateral: Auris interna = Innenohr im Unterschied zu Auris media und externa.

intestin-, *Adj. intestīn·us, ·a, ·um (= inwendig, innerlich) → substt. Sing. intestīn·um, ·i n. (= Darm).* – 1. Darm, Verdauungssystem: a) im weiteren Sinne: Tractus intestinalis = Darmtrakt; Verdauung außerhalb des Darmtrakts: extraintestinal (bei manchen Insekten); – b) im engeren Sinne der auf den Magen folgende Teil, der eigentliche Darm mit seinen Regionen: Intestinum tenue (Dünndarm), I. crassum (Dickdarm) usw.; Villi intestinales = Darmzotten. – 2. Parasiten: Gastrophilus intestinalis [equi] im Magen des Pferdes. – 3. Dem Darmschlauch ähnlich aussehend: Ciona intestinalis, eine Aszidie.

intim-, *Adj. (Superl. zu in) intim·us, ·a, ·um (= innerst, tiefst, vertrautest; Subst. der vertraute Freund).* – Lage von Geweben: Tunica intima, substt. Intima = die innerste Gewebsschicht der Blutgefäße im Unterschied zur Tunica media und externa.

ion-, *Subst. τὸ ἴ·ον (= Veilchen) → Adj. ἰοειδής (= veilchenfarbig).* – a) Blütenpflanzen: Gttg. Iochroma = Veilchenstrauch, Ionopsidium = Scheinveilchen (Kreuzblütler); – b) Farbe des Pilzes Calocybe ionodes = Veilchenblauer Schönkopf.

irid-, iris, *Subst. ἡ ἶρις, ἴριδ·ος (= Regenbogen) → lat. Iris, Irid·is (= Göttin des Regenbogens).* – Farben des Regenbogens und ihre Veränderung: 1. Farbenprächtig wie der Regenbogen: die Blüte der Schwertlilie Gttg. Iris → Iridaceae. – 2. a) Iris = Regenbogenhaut des Auges der Wirbeltiere, durch Pigment im Stratum pigmenti iridis braun, bei dessen Fehlen bläulich, verändert die Weite der Pupille durch Muskeln; – b) übertr.: Irisblende im Mikroskop. – 3. Farbwechsel: a) allg.: irisieren = in den Farben des Regenbogens spielen; – b) Iridozyten sind Zellen, die bei Tintenfischen gemeinsam mit Melanophoren den lebhaften Farbwechsel verursachen; – c) Salmo irideus (Syn. von S. gairdneri) = Regenbogenforelle.

irrita-, *Verb irrītāre (= reizen, erbittern; erregen) → Adj. irritabil·is, ·e (=reizbar).* – 1. Physiologisch: Irritabilität = Erregbarkeit, Reizbarkeit. – 2. In Erregung versetzen, belästigen: Pulex irritans = Menschenfloh; Lyperosia irritans, eine Stechfliege.

is-, *Adj. ἴσ·ος (= gleich nach Maß, Zahl, Geltung usw.)*; is(o)- = gleich und an+is(o)- = ungleich, fast nur am Anfang zusammengesetzter Wörter gebraucht; vgl. hom-, homoi- und heter-. – 1. Räumliches Nebeneinander zusammengehöriger Teile; a) ein Gebilde für sich betrachtet: isotrop = nach allen Seiten gleichartig, anisotrop = ungleichartig (z. B. telolezithale Eizelle); – b) Glieder eines Systems, z. B. Extremitäten bei Krebsen gleichartig (Isopoda = Asseln); bei manchen Libellen vorderes und hinteres Flügelpaar ungleich (Anisoptera); Isogamie oder Anisogamie = Verschmelzung von Isogameten oder Anisogameten, d. h. von gleichen oder ungleichen Gameten, s. gam-. – 2. Zeitliche Folge: a) isometrisch nennt man eine Muskelkontraktion bei gleichbleibender Länge; – b) Isoëtes (Brachsenkraut) bleibt im ganzen Jahr (*τὸ ἔτ·ος*) von gleichem Wuchs.

ischi- (sprich is-chi), *Subst. τὸ ἰσχί·ον (= Hüfte, Gesäß) → ἡ ἰσχιάς, άδ·ος (= Hüftweh) → Adj. ἰσχιαδικ·ός (= an der Hüfte leidend).* – Ischium

= Gesäß, daher Os ischii = Sitzbein, einer der drei paarigen Knochen des Beckengürtels; Adj. ischiadicus = zum Gesäß in Beziehung: Plexus und Nervus ischiadicus.

isol-, *ital. von Subst. insul·a (= Insel)*, s. insul-. – Allg.: abgetrennt von der Umgebung, gegen Einwirkung aus der Umgebung abgeschirmt: isoliert, Isolation; insbes.: Isolat nennt man ein operativ isoliertes Keim- oder Gewebsstück.

isthm-, *Subst. ὁ ἰσθμ·ός (= Landzunge, Landenge).* – a) verengte Region bei röhrenförmigen Organen: Isthmus faucium = Rachenenge, I. uteri = Enge der Gebärmutter zwischen Körper und Hals; – b) Einschnürung massiger Organe („Landenge“): I. glandulae thyreoideae (Schilddrüse).

-it-, *Sup. des Verbs eo, ii, itum, īre (= gehen usw.) → Subst. itus, ūs m. (= Gang, Gehen)*; nur in Zus. verwendet: 1. Zustand als Vorgang (verbal) gedacht: a) Öffnung einer Höhlung oder Röhre als Zugang: Aditus, Introitus (s. die Präfixe); – b) begleitend = parallel liegend s. comit-; – c) beginnend: Initialen am Anfang von Wörtern oder Abschnitten (in+ itium). – 2. Vorgang: Exitus = der (tödliche) Ausgang, d. h. das Ende des Lebens (vgl. ex+ I. 2. d); transitorisch = vorübergehend (z. B. Dotterentoderm); subitus = plötzlich, unerwartet (sub+) eintretend, s. subit-; Initiative als Vorgang, als Tat oder Tätigkeit.

ix-, *Subst. ὁ ἰξ·ός (= Mistel; übertr.: der daraus gewonnene Vogelleim)*; verw. mit visc-. – 1. Ixodes = Zecken, Gttg. der Milben mit Saugrüssel, als Parasiten zähe festhaltend (wie der Vogelleim), meist an Säugetieren, z. B. Ixodes ricinus = Hundszecke, Holzbock. – 2. Schleim auf dem Kopf von Ixocomus, Gttg. der Pilze.

ixal-, *Wort umstrittener Herkunft: Adj. ἴξαλ·ος (= schnell springend), danach(?) Subst. ὁ ἴξαλ·ος (Steinbock, Bock).* – Schnell beweglich: a) springende Landtiere: Gattungen von Fröschen Ixalus und Phrynixalus; – b) schnell und ruckartig schwimmende Wasserwanze: Gttg. Corixa (verkürzt aus cori- und ixal-) → Corixidae = Ruderwanzen.

J

jac-, *Verb iacĕre mit Sup. iact- (= werfen, schleudern) → Subst. iacul·um, ·i n. (= Wurfspieß), davon Verb iaculāri (= werfen, schleudern, schießen)*; nach Präfixen Umlaut zu -jic- und -ject-. – Schnelle Bewegungen: 1. Sich bewegend: a) springende Tiere: Jaculus = Wüstenspringmaus, Gttg. der Nagetiere; – b) schnell zupackend: Eryx jaculus = Sandschlange. – 2. In Bewegung versetzen, schleudern: a) Toxotes jaculator, der Schützenfisch, spritzt Wasser nach Beutetieren über der Wasseroberfläche; – b) Ejakulation = Entleerung des Samens durch den Ductus ejaculatorius (das Endstück des Ductus deferens).

-ject-, durch Umlaut aus jact-, *Sup. zum Verb iacĕre*; s. jac-, zum Präsensstamm -jic- gehörig.

jejun-, *Adj. ieiūn·us, ·a, ·um (= nüchtern, hungrig, leer).* – Intestinum jejunum (JNA) = Jejunum (PNA) = Leerdarm, zweiter Abschnitt des Dünndarms wird an der Leiche meist leer gefunden.

-jic-, nach Präfixen durch Umlaut aus jac- *vom lat. Verb iacĕre*, s. jac-. – Verwendung vor allem in allg. Ausdrücken: injizieren → Injektion, projizieren → Projektion.

jub-, *Subst. iub·a, ·ae f. (= Mähne, Kamm).* – a) Säugetiere mit Mähne: Chrysocyon jubatus = Mähnenhund; – b) Vögel mit Federschopf im Nacken: Rhinochetus jubatus; – c) Eidechsen mit Schuppenkamm: Calotes jubatus.

jug-, *Subst. iug·um, ·i n. (= Joch, Gespann, Waage an der Deichsel) → Verb iugāre (= verbinden, vermählen)*; vgl. junct-, jung- und zyg-. – 1. Zustand: a) Längsleiste, Kiel, Grat, z. B. an Knochen (Juga alveolaria an der Außenfläche des Ober- und Unterkiefers), auf dem Panzer von Schildkröten (Geoemyda trijuga = die indische Dreikielschildkröte); – b) verbindendes Gebilde: Jugum = Haftlappen am Vorderflügel zur Verbindung mit dem Hinterflügel bei Schmetterlingen (Jugatae im Ggs. zu den Frenatae, s. fren-); Jugale = Os zygomaticum = Jochbogen am Schädel der Wirbeltiere, verbindet den Oberkiefer mit der Schädelkapsel. – 2. Vorgang der Verbindung, Vereinigung: Conjugatio = Konjugation, bei Protozoen die vorübergehende Vereinigung zweier Individuen, Ggs. Copulatio.

jugul-, *Subst. iugul·um, ·i n. (= Schlüsselbein, Kehle), Demin. von iugum, urspr. im Sinne von Schlüsselbein, weil dieses die Schulter mit der Brust verbindet; die Bedeutung „Kehle" ist aber so weit abgeleitet, daß das Wort besser als selbständig behandelt wird.* – Jugulum = Kehle, d. h. ventrale Region des Halses; die hier verlaufenden Blutgefäße: Vena jugularis interna, Venae jugulares superficiales.

junc-, *Subst. iunc·us, ·i m. (= Binse) → Adj. iunce·us, ·a, ·um (aus Binsen, binsenartig).* – 1. Binse: a) Gttg. Juncus; – b) zu Binsen in Beziehung: Artnamen von Insekten iunci, iuncorum, iuncicola. – 2. Der Binse ähnlich: a) die Fiederkoralle Virgularia juncea; – b) der Strandweizen Agropyrum junceum (eine Queckenart); – c) die zu den Laichkrautgewächsen gehörige Fam. Juncaginaceae.

junct-, *Sup. zum Verb iungĕre (= vereinigen, verbinden, anknüpfen) → Subst. iunctūr·a, ·ae f. (= Verbindung, Fuge).* – In der Anatomie für verbindende Teile bzw. Organverbindungen: a) Tunica conjunctiva (Conjunctiva) = Bindehaut des Auges der Wirbeltiere, die äußere Haut oder Innenfläche der Lider mit dem Augapfel verbindend; – b) Juncturae ossium = die Verbindungen zweier oder mehrerer Knochen miteinander (Gelenke, Synchondrosen usw.).

jung-, *Verb iungĕre (= vereinigen, verbinden, anknüpfen);* meist als Sup. verwendet, s. junct-.

juven-, *Adj. juven·is, ·e (= jung) → substt. (= Jüngling, Jungfrau), Adj. iuvenīl·is, ·e (= jugendlich), Verb iuvenescĕre (= heranwachsen).* – Jugendstadien von Tieren: Juvenilstadien, Juvenilhormon = Larvalhormon von Insekten.

K

(s. auch C)

kallim- *Adj. κάλλιμ·ος (= schön), verw. mit καλλ·ός und καλ·ός.* – Selten statt der latin. Form call-: Kallima, Gttg. der Schmetterlinge, Beisp. die sog. Mimikry.

kastra-, *Verb castrāre (= entmannen, entkräften).* – Kastration, kastrieren = die operative Wegnahme der Hoden oder Eierstöcke, bes. bei Haustieren.

kin-, *Verb κινέω (= bewegen, vertreiben, anstoßen, erschüttern) → Subst. ἡ κίνησ·ις, τὸ κίνημα (= Bewegung) und Adj. κινητικ·ός (= zur Bewegung geeignet oder dienend).* – Im Sinne von Bewegungen in allg. Ausdrücken statt der latin. Form cin- (s. d.): 1. Physik.: kinetische Energie, Kinematik. – 2. Bewegungen von Organismen oder ihren Teilen: a) aktive Ortsveränderung: Ookinet, bei Haemosporidien, insbes. beim Malariaerreger, die bewegliche Zygote, die in die Darmwand der Mücke eindringt; – b) Bewegung von Körperfortsätzen: Kinozilien = die ständig schlagenden Zilien von Flimmerepithelien; – c) Bewegung von Bestandteilen des Zellkerns: Karyokinese = Mitose; Interkinese = Zeitraum zwischen den Reifeteilungen bei der Spermiogenese. – 3. Chem. Umsetzung in Gang bringend oder beschleunigend: Kinasen, z. B. Thrombokinase, Ferment der Blutgerinnung.

klin-, *Verb κλίνω (= neigen, biegen; sich neigen, sich niederlegen) und Subst. ἡ κλίν·η (= Bettstelle, Bahre, Krankenlager).* – 1. Räumliche Lage, Neigung: a) Stellung im Raum: Klinostat, Apparat zur Untersuchung des Wachstums von Pflanzen durch Drehung in horizontaler Lage des Sprosses unter Ausschaltung der Schwerkraft; – b) Richtung von Zellwänden im Vegetationskegel der Sproßpflanzen: periklin = parallel zur Oberfläche, antiklin = senkrecht zu ihr. – 2. Lager als Grundlage und Behälter: a) gemeinsames „Lager" beider Geschlechter, insbes. bei Pflanzen: mono- und dikline Blüten; – b) Krankenlager, Bett: Klinik. – 3. Zuneigung im Sinne von ähnlich werden: matrokline, d. h. der Mutter ähnliche Eigenschaften bei der Vererbung, z. B. bei der Kreuzung Pferd und Esel.

koll-, *Subst. ἡ κόλλ·α (= Leim).* – 1. Leim: a) Knochenleim: kollagen nennt man Bindegewebsfasern, die durch Kochen oder chem. Einwirkung Leim ergeben; daraus gewonnen: Glykokoll, eine Aminosäure; – b) bei Pflanzen: Kolleteren = Leim- oder Drüsenzotten. – 2. Verallgemeinert: Kolloide, wörtl.: leimgebende Substanzen, allg. als Gegenstand der Kolloidchemie; in der Histologie insbes. die homogene Masse in den Follikeln der Schilddrüse; Adj. kolloid oder kolloidal.

koloss-, *Subst. ὁ κολοσσ·ός (= Riesenbildsäule, Koloß).* – Allg.: „ungewöhnlich groß"; Kolossalfasern sind auffällig starke Nervenfasern im Bauchmark von Anneliden und Arthropoden.

kri-, *Verb κρίνω (= sichten, sondern; urteilen, entscheiden) → Subst. ἡ κρίσ·ις, εως (= Trennung, Entscheidung, Urteil), Adj. κριτικ·ός (= urteilsfähig, richterlich), τὸ κριτήρι·ον (= entscheidendes Kennzeichen; Gerichtshof)*; vgl. crin- III. – 1. Naturvorgang: Höhepunkt, entscheidender Vorgang: Krise, z. B. bei einer Krankheit; kritisches Alter. – 2. Vom Menschen ausgeübte Beurteilung und Entscheidung: a) allg.: kritisieren, Kritik, Kriterium; – b) philosophische Richtung: Kritizismus, Empiriokritizismus.

kybern-, *Verb κυβερνάω (= steuern, lenken) → Subst. ὁ κυβηρνήτ·ης (= Steuermann) → Adj. κυβερνητικ·ός → substt. ἡ κυβερνητικ·ή (τεχνη) (= Steuermannskunst).* – Kybernetik, Lehre von der automatischen Steuerung von Maschinen und von der ihr vergleichbaren Regelung von Lebensvorgängen.

kym-, *Subst. τὸ κῦμα, ματ·ος (= Welle, Woge, Flut, Brandung).* – Kurve als lineare Aufzeichnung (Kymogramm) eines Vorganges, z. B. einer Muskelkontraktion, des Pulsschlages usw., mit Hilfe eines Kymographions (wörtl. „Wellenschreibers").

L

lab-, *Verb labor, lapsus sum, labi (= gleiten, sinken) → labāre (= wanken, schwanken).* – Labil = leicht veränderlich im Ggs. zu stabil: a) Physik: labiles Gleichgewicht; – b) Entwicklungsvorgänge: labile Gene, labile Determination.

labi-, *Subst. labi·um, ·i (= Lippe).* – 1. Lippen, Rand der Mundöffnung: a) bei Wirbeltieren und Mensch: Labia oris = Labium superius u. inferius = Ober- u. Unterlippe; zugehörige Drüsen: Glandulae labiales; – b) bei

Insekten: Labium, die durch mediane Verschmelzung basaler Teile der zweiten Maxillen entstandene „Unterlippe“ mit Palpi labiales = Labialpalpen. – 2. Ränder anderer Öffnungen: a) weiche „Lippen“: Labia majora und minora = die großen und kleinen Schamlippen der weiblichen Geschlechtsteile; – b) Rand einer Knochenhöhlung: Labium articulare von Gelenkhöhlen; – c) hervorragender Teil einer Blütenkrone: obere und untere Lippe besitzen die Blüten der Labiatae = Lippenblütler.

labid-, *von λαβίς, ίδ·ος (= Zange) vom Verb λαμβάνω (= ergreifen, pakken).* – Einer Zange vergleichbar: 1. Zange mit breiter Schneide: Labidodontie = Zangenbiß mit Aufeinandertreffen der beiden Schneiden, bes. bei Raubtieren (Ggs. Scherenbiß: psalid-). – 2. Spitze Zange: a) am Hinterende von Labidura, Gttg. der Ohrwürmer, s. forfic-; – b) Labidognatha sind Spinnen, deren Cheljzeren gegeneinander wirken.

labor-, *Subst. labor, ōr·is m. (= Anstrengung, Arbeit) → Verb labōrāre (= arbeiten).* – Laboratorium (Kurzwort: Labor), Arbeitsraum für wiss. und techn. Untersuchung.

labr-, *Subst. labr·um, ·i n. (Lippe) → Demin. labell·um, ·i n.; verw. mit labium.* – Lippen, Rand der Mundöffnung: a) bei Wirbeltieren: Labrus = Lippfische, Gttg. der Knochenfische mit wulstig verdickten Kieferrändern (vielleicht aber Abl. von λαβρ·ός = gefräßig); – b) bei Insekten: Labrum = unpaare Chitinfalte, die die Mundöffnung von oben bzw. vorn bedeckt. – 2. Übertr. auf Ränder von Gelenkhöhlen: Labrum glenoidale u. acetabulare (PNA) = articulare.

labyrinth-, *Subst. ὁ λαβύρινθ·ος (= myth. Gebäude mit Irrgängen; allg.: verschlungene Irrgänge).* – Bez. für kompliziert gebaute Gebilde: 1. Hohlräume: a) Organ: Ohrlabyrinth der Wirbeltiere, das häutige Labyrinth aus dem embryonalen Labyrinthbläschen hervorgehend (Labyrinthus membranaceus), meist von einer Knorpel- oder Knochenkapsel (Labyrinthus osseus) umgeben; – b) Agalena labyrinthica = Labyrinthspinne, baut kunstvolles Gewebe mit langer Röhre. – 2. Gefaltete Organe: a) zusätzliches Atmungsorgan für Luftatmung bei den danach benannten Labyrinthfischen: Uord. Labyrinthici; – b) stark gefaltete Zahnsubstanz bei den Labyrinthodonta, einer Gruppe fossiler Amphibien.

lac-, Nom. zu lact- (= Milch).

lacer-, *Adj. lacer, ·a, ·um (= zerrissen, zerfetzt) → Verb lacerāre (= zerfetzen, zerfleischen).* – 1. Zustand: a) unregelmäßige Knochenränder des Foramen lacerum im Schädel der Wirbeltiere (für Nerven und Blutgefäße); – b) Oberflächen: Inocybe lacera = Gem. Wirrkopf, ein Pilz mit sparrigschuppigem Kopf. – 2. Vorgang des Zerreißens: zum Zerreißen von Nahrung dienend: Dens lacerans (= sectorius) = Reißzahn bei Raubtieren.

lacert-, *Subst. lacert·a, ·ae (= Eidechse).* – 1. Eidechsen: a) Gttg. Lacerta → Lacertilia (Sauria), Uord. der Schuppenechsen; – b) in Beziehung zu Eidechsen: Coelopeltis lacertina, eine Schlange, die Eidechsen u. a. kleine Tiere frißt; häufig im Darm von Eidechsen die Geißeltierchen Bodo lacertae u. Trichomonas lacertae; Karyolysus lacertae s. ly-. – 2. Ähnlichkeit anderer Tiere mit Eidechsen: Siren lacertina (Armmolch).

lachn-, *Subst. ἡ λάχν·η u. ὁ λάχν·ος (= Wolle, wolliges Haar, Flaum) → Adj. λαχνήεις (= wollig, haarig, zottig).* – Wollige Behaarung oder rauhe Oberfläche: a) bei Insekten: Gttg. Lachnus (Rindenlaus); Gattungen der Käfer Lachnaea (zottig behaart) und Epilachna; – b) bei Pflanzen: Artnamen lachnophyllus, lachnopodus, lachnosphaerus.

lacini-, *Subst. lacini·a, ·ae f. (= Zipfel), verw. mit Adj. lacer.* – Lappen- oder zipfelartige Anhänge: a) Lacinia, bei Insekten mit kauenden Mundwerkzeugen die innere der Kauladen der ersten Maxillen; – b) die Zipfel geteilter Blätter bei Dipsacus laciniatus, Rudbeckia laciniata und Arachnospermum laciniatum.

lacrim-, *Subst. lacrim·a, ·ae (= Träne).* – a) die zum Feuchthalten und Reinigen der Augenoberfläche und des Bindehautsackes dienende Tränenflüssigkeit (Lacrimae), die sie erzeugende Drüse (Glandula lacrimalis) und Hilfsorgane, als Organa lacrimalia = Tränenorgane bezeichnet; – b) nur in örtlicher Beziehung zu ihnen steht das Os lacrimale = Tränenbein am medialen oder vorderen Augenrand.

lacrym-, seltene Schreibweise für lacrim-.

lact-, *Subst. lac, lact·is n. (= Milch, milchartiger Saft) → Adj. lacte·us, ·a, ·um (= milchig, milchweiß)*; vgl. galact-. – 1. Milch der weiblichen Säugetiere und Menschen: a) ihre Bestandteile: Laktose, Laktalbumin, Laktoglobulin; – b) ihre Absonderung (Lactatio = Laktation) aus den Milchdrüsen = Glandulae lactiferae (= mammales); – c) der durch die Milch ernährte Säugling: Dentes lacteales sind die bei ihm vorhandenen Milchzähne, das Laktealgebiß; – d) Verdauung der Milch: Laktase = ein Ferment, das den Milchzucker spaltet. – 2. Der Milch ähnlich: a) Milchsaft von Pflanzen: Gattungen Lactuca (Lattich), Lactarius; – b) milchweiß: Dendrocoelum lacteum, eine Planarie; der Pilz Conocybe lactea.

lacu-, *Subst. lacus, ūs m. (= See, Teich, Gewässer), → Adj. lacustr·is, ·e* (s. Suffix ~ester). – 1. Seen als Lebensbereich: a) Tiere: Spongilla lacustris, ein Süßwasserschwamm; Salmo lacustris = Seeforelle, Muschel Sphaerium lacustre; – b) Pflanzen: Scirpus lacustris = See- oder Teichsimse. – 2. Raum für Körperflüssigkeiten: Lacus lacrimalis = Tränensee am inneren Augenwinkel, wo sich die Tränenflüssigkeit sammelt.

lacun-, *Subst. lacūn·a, ·ae f. (= Vertiefung, Lache, Lücke), verw. mit lacus,* siehe lacu-. – 1. Hohlräume im Körper, bes. innerhalb von Geweben: a) allg.: Lakunom = Gesamtheit der zwischen den beiden primären Keimblättern und den hier entstehenden Organen auftretenden Spalträume; – b) Blutlakunen, bes. das lakunäre oder „offene" Gefäßsystem der Insekten; c) Knochenhöhlen: die kleinen Höhlen der Grundsubstanz, in denen die Knochenzellen sitzen. – 2. Vertiefungen auf Oberflächen: a) Lacuna, Gttg. der Schnecken mit Grube auf dem Spindelrand; – b) Helvella lacunosa = Grubenlorchel mit rippigem u. gekammertem Stiel.

laem-, *Subst. ὁ λαιμ·ός (= Kehle, Gurgel, Hals)*, seltener in der Form laim-. – 1. Ventrale Halsgegend, Kehle: Laemodipoda = Kehlfüßer, parasitische Flohkrebse, bei denen die beiden ersten Beinpaare an der Kehle sitzen; Xantholaema, eine Gttg. der Vögel mit schwefelgelber Kehle. – 2. Mundöffnung: Eurylaemus, Gttg. der Vögel mit tiefgespaltenem Schnabel; Moostierchen in Gymno- u. Phylactolaemata eingeteilt, s. phylact-.

laes-, *Sup. des Verbs laedĕre (= verletzen, beschädigen, beeinträchtigen) → Subst. laesio, on·is f. (= Verletzung usw.).* – Läsion = Verletzung, Verwundung; functio laesa, ein Merkmal von Entzündungen und Verwundungen.

laev- I., *Adj. laev·is, ·e, seltenere und spätere Form für lēv·is, ·e (= glatt, zart) → Verben lēvāre und lēvigāre (glätten).* – Glatte Oberflächen: 1. Schuppen fehlend oder klein bei den Fischen Rhombus laevis = Glattbutt und Phoxinus laevis [phoxinus]. – 2. Unbehaart die Oberseite der Blätter von Ulmus laevis, die Schötchen von Biscutella laevigata. – 3. Ohne Rippen und Stacheln die Schale der Herzmuschel Cardium laevigatum. – 4. Zottenfreie Gebiete des Chorions: Chorion laeve im Ggs. zum Ch. frondosum, s. frond-.

laev- II., *Adj. laev·us, ·a, ·um, verw. mit λαι·ός (= links).* – Laevo-, laio- oder laeotrop = linksgewunden: spiralige Schneckenschalen von der Spitze betrachtet entgegen dem Sinn des Uhrzeigers, Ggs. dexiotrop, s. dexi-.

lag-, *Subst. ὁ λαγ·ός oder λαγῶς, ω·ός (= Hase).* – 1. Hasen: Lagomorpha (Duplicidentata), hasenartige Nagetiere, mit Fam. Lagomyidae und Gttg. Oryctolagus = Kaninchen. – 2. Dem Hasen im Habitus vergleichbar: a) Nagetiere: Lagidium, Lagostomidae; – b) Beuteltiere: Gttg. Lagorchestes, Dendrolagus. – 3. Mit einzelnen Merkmalen des Hasen vergleichbar: a) Behaarung des Körpers dicht und wollig beim Wollaffen Lagothrix lagotricha; – b) Behaarung der Füße beim Polarfuchs Canis lagopus; – c) Befiederung von Lauf und Füßen bei Schneehühnern, Gttg. Lagopus, und beim Rauhfußbussard Buteo lagopus; – d) lange Ohren: beim Ohren-Beuteldachs Peragale lagotis fast unbehaart.

lagen-, *Subst. lagoen·a, ·ae f. (= Flasche, Weinkrug).* – Flaschenförmige Gebilde: a) Lagena, Gttg. beschalter Amöben mit bauchiger Schale; – b) Lagena im Ohrlabyrinth der Wirbeltiere, bei Reptilien und Vögeln als langer Anhang des Sacculus ausgebildet, mit Macula lagenae; – c) Frucht von Lagenaria siceraria [Cucurbita lagenaria] = Flaschenkürbis.

lamin-, **lamell-**, *Subst. lāmin·a, ·ae oder lamn·a, ·ae f. (= Platte, Blech, Blatt), Demin. lamell·a, ·ae*; vgl. ~ell·us 1.b). – Blatt- oder plattenförmige Gebilde: 1. Flache Pflanzenteile: Lamina = Blattspreite der Sproßpflanzen; Laminaria, Gttg. der Braunalgen mit flächenhaftem Thallus. – 2. Freie blattförmige Körperanhänge: a) die Kiemenblätter der Lamellibranchia (oder -branchiata) = Muscheln, insbes. bei der Ord. Eulamellibranchiata aus je zwei aneinandergelagerten Lamellen bestehend; – b) Fühlerkeule der Lamellicornia = Blatthornkäfer mit einseitig verbreiterten Endgliedern (Blätterkeule). – 3. Plattenförmige Teile von Organen: a) Knochenplatten am Schädel, z. B. am Siebbein Lamina cribriformis [cribrosa], L. mediana [perpendicularis] und L. orbitalis [papyracea]; – b) am Gehirn: Laminae medullares = Markplatten des Kleinhirns. – 4. Schicht, Gewebsschicht (vgl. strat-, tunic-, membran-): a) in Schleimhäuten: Lamina muscularis mucosae; – b) im Sinne von Keimblatt (veralteter Name Laminae embryonales): Delamination = Bildung des Entoderms durch Abspaltung vom Blastoderm; – c) konzentrische Lamellen: Lamellae osseae im HAVERSschen Knochen um Gefäßkanäle sowie umfassende Generallamellen; an den Lamellenkörperchen (Corpuscula lamellosa) um eine zentrale sensible Nervenendigung.

lamp-, *Verb λάμπω, λάμπομαι (= leuchten, glänzen, strahlen) → Subst. ἡ λαμπάς, άδ·ος (= Leuchte, Fackel) und Adj. λαμπρ·ός (= leuchtend, glänzend; prächtig).* – 1. Selbstleuchtend: Lampris noctiluca = Glühwürmchen; Thaumatolampas, Gttg. der Cephalopoda mit Leuchtorganen. – 2. Licht zurückstrahlend, glänzend: Gattungen der Glanzstare Lamprocolius, Lamprotornis; der Käfer: Lampra, Lamprosoma. – 3. Glänzende Oberflächen, bes. zugleich mit prächtiger Färbung: Lampronessa, Gttg. der Enten; Lampris = Gotteslachs, Gttg. der Knochenfische (→ Fam. Lamprididae).

lan-, *Subst. lān·a, ·ae f. (= Wolle), davon lanūgo, lanugin·is f. (= Flaumhaare, Bartflaum).* – Dichte, weiche Behaarung: a) bei Säugetieren: Lichanotus laniger = Wollmaki (ein Halbaffe); – b) Lanugo = das feine Haar, das den menschlichen Embryo bedeckt; – c) bei Insekten: Eriosoma lanigerum (Blutlaus) u. Schizoneura lanuginosa (Birnen-Blutlaus); – d) Pflanzen: Alnus lanuginosa (Grauerle), Holcus lanatus = Wolliges Honiggras. – 2. Schuppen von Pilzen: Inocybe lanuginosa, Agaricus lanipes (mit braunschuppigem Stiel).

lance-, *Subst. lance·a, ·ae f. (= Lanze).* – Zugespitzte Tiere, Körperteile oder -fortsätze: a) Tiere mit langgestrecktem, vorn und hinten zugespitztem Körper: Amphioxus lanceolatus = Branchiostoma lanceolatum; Distomum [Dicrocoelium] lanceolatum (Trematode); Ammodytes lanceolatus = Sandaal, ein Knochenfisch; – b) Pflanzen mit zugespitzten lanzettlichen Blättern: Plantago lanceolata = Spitzwegerich, Epilobium lanceolatum = Lanzettblättriges Weidenröschen.

lani-, *Subst. lani·us, ·i m. (= Fleischer) und Verb laniāre (= zerfleischen, in Stücke reißen).* – Räuberische Tiere: a) Sarcophilus laniarius, ein Raubbeutler; – b) Lanius = Würger, Gttg. der Singvögel.

lapid-, **lapill-**, *Subst. lapis, lapid·is m. (= Stein, Grenzstein, Eckstein) → Demin. lapill·us, ·i m. (= Steinchen).* – 1. Steine oder Gestein als Lebensbereich von Tieren: Chiracanthium lapidicolens, eine Spinne; Helicigona lapicida, eine Schnecke an Mauern u. Felsen. – 2. Einem kleinen Stein ähnlich: a) die Schale der Purpurschnecke Nucella lapillus; – b) Lapillus im Utriculus des Labyrinthes von Knochenfischen, einer der Otolithen = Ohrsteine.

lapis, Nom. zu lapid-.

larv-, *Subst. larv·a, ·ae f. (= Gespenst, Maske).* – 1. Maske, Larve, die das Gesicht bedeckt (vgl. person-): maskenartige Färbungen oder Bildungen von Tieren: Potamochoerus larvatus = Larvenschwein, Nasalis larvatus = Nasenaffe. – 2. Jugendform, die dem erwachsenen Tier (der Imago) nicht gleicht, also dessen Gestalt gewissermaßen noch verhüllt und erst durch die Metamorphose gewinnt; larvale Organe sind bes., nur dem Larvenstadium zukommende Organe, z. B. der Schwanz der Froschlarven; Larviparie, bei Insekten Geburt bei Larven, eine Form der Viviparie.

laryng-, *Subst. ὁ λάρυγξ, λάρυγγ·ος (= Kehle, Schlund).* – Larynx, Gen. laryngis = Kehlkopf, Anfangsteil der Luftröhre bei Landwirbeltieren, von den Cartilagines laryngis umgeben und gestützt, die von den Musculi laryngis bewegt werden.

lasi-, *Adj. λάσι·ος (= zottig, dicht behaart).* – Starke, dichte oder lange Behaarung, ausgebreitet oder lokalisiert: a) bei Säugetieren: Lasiopyga, Syn. für Cercopithecus (Meerkatzen); – b) bei Insekten: Lasiocampa, Gttg. der Nachtschmetterlinge mit weichhaarigen Raupen; Lasius, Gttg. der Ameisen, teilweise beborstet; – c) Borsten der Regenwürmer: Gttg. Octolasium (acht Borsten pro Segment).

lat-, *Adj. lāt·us, ·a, ·um (= breit, weit, ausgedehnt), Comp. latior, Superl. latissim·us, ·a, ·um; Subst. latitūdo, din·is f. (= Breite).* – 1. In der Fläche ausgedehnt: M. latissimus dorsi = der breite Rückenmuskel der Säugetiere; Molliensia [Poecilia] latipinna, ein Zahnkarpfen mit großflächigen unpaaren

Flossen; Dibothriocephalus latus, der Breite Bandwurm des Menschen; Blätter von Pflanzen: Lathyrus latifolius, Typha latifolia, Eriophorum latifolium. – 2. Bei bilateralen Tieren die Breite = transversale Ausdehnung: bei Phascolomys latifrons = Breitstirnwombat (Beuteltier). – 3. Weite von Hohlräumen oder Öffnungen: a) Dilatation der Blutgefäße, d. h. Vergrößerung ihres Querschnittes; – b) Öffnung: der M. dilatator pupillae in der Iris erweitert die Pupille. – 4. Breitenkreise der Erde: Latitudo → Adj. latitudinal.

late-, *Verb latēre (= verborgen sein; sich versteckt halten) → Part. Präs. latens, latent·is (= unsichtbar, verborgen), Subst. lạtebr·a, ·ae f. (= Versteck, Verborgenheit).* – Adj. latent = nicht in Erscheinung tretend → Subst. Latenz: a) Lebenserscheinungen bei Ruhezuständen infolge Herabsetzung des Stoffwechsels, so Trockenstarre von Rotatorien und Tardigraden; – b) latente Erbfaktoren werden erst bei Hinzutreten eines zweiten Gens wirksam.

later- I., *Subst. latus, later·is n. (= Körperseite, Brust, Leib).* – 1. Seitlich an einem langgestreckten Gebilde ohne Berücksichtigung der Richtung: Kollateralen (con+ 1 d) sind Nervenfasern, die seitlich von einem Nerven abzweigen und ihm parallel laufen. – 2. In der Botanik bezeichnet die laterale Symmetrie (im Ggs. zur longitudinalen) alle regelmäßigen Anordnungen von Seitenzweigen, also auch die radiäre und die bilaterale mit zwei Symmetrieebenen (zool. zweistrahlig-symmetrisch = bisymmetrisch). – 3. Bei zweiseitig-symmetrischen Tieren die seitliche Seite: a) Tatsache dieser Symmetrie: bilateral, Bilateralität; – b) Betonung des Unterschiedes zur Mitte: lateral – medial.

later- II., *Subst. later, later·is, m. (= Ziegel, Ziegelstein) → Adj. laterici·us, ·a, ·um (= aus Ziegeln).* – 1. Laterit, eine durch Eisenoxyd rot gefärbte Bodenart. – 2. Ziegelrote Färbung: a) Notomastus latericius, ein polychäter Meereswurm; – b) Pilz Nematoloma sublateritium = Ziegelroter Schwefelkopf.

lathr-, *Adv. λάθρα (= heimlich, unbemerkt) und Adj. λαθραῖ·ος (= heimlich, verborgen).* – Versteckt oder verborgen lebend: a) Tiere unter Moos, Steinen, Rinde usw.: Gattungen der Käfer Lathrium, Lathridius, Lathrobium; – b) Pflanze im Erdboden parasitisch lebend und nur im Frühjahr mit Blütenähre in Erscheinung tretend: Lathraea (Schuppenwurz).

lax-, *Adj. lax·us, ·a, ·um (= schlaff, locker, lose) → Verb laxāre (= schlaff machen, lockern, lösen, erleichtern).* – 1. Zus. Gebilde durch größere Abstände seiner Teile lose, locker, geräumig: die Blütenstände von Orchis laxiflora und Myosotis laxa (= Lockerblütiges Vergißmeinnicht). – 2. Erleichterung des Darmes: Laxans, Plur. Laxantia (remedia) oder Laxativa = Abführmittel.

lecith-, *Subst. ἡ λέκιθ·ος (= Eidotter).* – Dotter, d. h. Nährsubstanz der Eizellen: nach seiner Menge werden a- und oligolezithale, nach seiner Lage iso-, centro- und telozithale Eizellen unterschieden; im Eidotter enthalten: Lecithin, Lecithalbumin.

lect- I., *Sup. vom Verb legĕre (= sammeln, lesen, auswählen) → Subst. lectio, lectiōn·is f. (= Auswahl, Lesen) → selectio f. (= Auslese).* – a) Selektion = Auswahl von Tieren zur Züchtung; nach DARWINS Selektionstheorie findet eine natürliche Zuchtwahl, d. h. Auslese durch den Kampf ums Dasein statt; – b) elektive Färbung eines mikroskopischen Präparates bringt einzelne Gewebsteile zur Anschauung („wählt sie aus"); – c) Kollektion = Sammlung, z. B. von Schmetterlingen.

lect- II., *Subst. lect·us, ·i m. (= Lager, Bett) → Demin. lectul·us, ·i m.* – 1. Bett als Möbelstück: Cimex lectularius = Bettwanze. – 2. Lager, Unterlage: Lectulus unguis = Nagelbett an Fingern und Zehen des Menschen (Matrix unguis PNA).

leg- I., = lĕg-, *Verb legĕre mit Sup. lect- (= sammeln, auslesen, auswählen; lesen), nach Präfixen -lig-, z. B. colligere(= sammeln); Subst. legio, ōn·is (= ausgehobene Mannschaft, Legion); Verb λέγω in ähnlicher Bedeutung wie das lat.*; vgl. lect- I. – 1. Einzelnes auslesen, sammeln: Tätigkeit von Tieren: a) Nahrung: Corvus frugilegus = Saatkrähe, Haematopus ostralegus = Austernfischer s. ostre-; – b) zum Bau von Wohnröhren verwendet der polychäte Meereswurm Lanice [Terebella] conchilega mit Vorliebe Stücke von Muschelschalen; – c) im Sinne von auslesen s. elegant-. – 2. Begriffliche Zusammenfassung: Legion als Gruppe des zool. Systems.

leg- II., = lēg-, *Subst. lex, lēg·is (= Vertrag, Gesetz, Beschluß, Regel) → Adj. legitim·us, ·a, ·um (= gesetzmäßig, regelmäßig, gebührend) und legāl·is, ·e (das Gesetz betreffend).* – Gesetz, Vorschrift: legal (Ggs. illegal), legitim (Ggs. illegitim); z. B. ist ein wiss. Tiername legitim = regelmäßig und gültig, wenn er unter Beachtung der internationalen Regeln aufgestellt wurde, illegitim = regelwidrig, wenn er den Regeln nicht entspricht.

legumin-, *Subst. legumen, min·is n. (= Hülsenfrucht), eig. das Auf- oder Ausgelesene;* vgl. leg- I. – a) Hülsenfrucht: Legumen; Legumin ist eine in Hülsenfrüchten enthaltene Eiweißsubstanz; – b) danach benannt: Leguminosales, deutsch: die Leguminosen.

lei-, **li**, *Adj. λεῖ·ος (= glatt, eben, flach).* – 1. Glatte Oberfläche: a) ohne Unebenheiten: Liolepis, Gttg. der Eidechsen mit glatten Schuppen; – b) ohne Körperfortsätze: die Gattungen der Leguane: Liocephalus und Liolaemus. – 2. Beschaffenheit und Struktur: Leiomyom = Geschwulst aus glatten (nicht quergestreiften) Muskelfasern.

lemm-, *Subst. τὸ λέμμα, ματ·ος (= Hülle) vom Verb λέπω (= abschälen, enthülsen), also eig. λεπ ∼ μα.* – Dünne umhüllende Häute von Zellen (Oolemma), Nervenfasern (Neurolemma), Muskelfasern (Sarcolemma = Sarkolemm) oder Drüsenalveolen (Glandilemm).

lens, lent-, *Subst. lens, lent·is f. (= Linse) → lentīgo, īgin·is f. (= linsenförmiger Fleck).* – 1. Die Pflanze: Lens, Gttg. der Leguminosen. – 2. Dem Samen ähnlich: a) Processus lenticularis incudis = Linsenfortsatz des Amboß (Incus, ein Gehörknöchel); – b) insbes. die Augenlinse Lens crystallina, von der Capsula lentis umgeben, aus Linsenfasern = Fibrae lentis zusammengesetzt; – c) Limnadia lenticularis, ein Wasserfloh mit linsenförmiger Schale. – 3. Mit rundlicher Fläche: a) einseitig räumlich: Lentizellen = Rindenporen; – b) Bild der Linse, Zeichnung: Bufo lentiginosus, Kröte mit rundlichen Flecken.

leo(n)-, leont-, *Subst. ὁ λέων, λέοντ·ος = leo, leon·is m. (= Löwe).* – 1. Löwe: Felis (Uncia) leo. – 2. Dem Löwen vergleichbar: a) Habitus oder Behaarung: Gttg. Leontocebus = Löwenäffchen; – b) räuberische Insektenlarven: Myrmeleon formicarius = Ameisenlöwe; – c) Teile von Pflanzen: die Blattränder von Leontodon = Löwenzahn dem Gebiß, der Blütenstand von Leonturus (Leonurus) dem Löwenschwanz, der Blütenstand von Leontopodium der Tatze eines Löwen ähnlich geformt; – d) Farbe gelbbraun: Pilz Pluteus leoninus = Löwengelber Dachpilz.

lep-, lepid-, *Verb λέπω (= abschälen, enthülsen) → Subst. τὸ λέπ·ος und ἡ λεπίς, ίδ·ος (= Schale, Rinde, Schuppe) → Adj. λεπιδωτ·ός (= geschuppt, schuppig; substt. Schuppenfisch);* vgl. lemm- u. lept-. – 1. Schuppen u. a. flache Deckgebilde von Oberflächen: a) Fische: Trichogaster microlepis mit relativ kleinen Schuppen; Lepidosteus, Gttg. der Ganoidfische; Lepidosiren = „Schuppenmolch", Gttg. der Lurchfische; – b) Reptilien: Lepidosauria, Zusammenfassung der Brücken- und der Schuppenechsen (Squamata); – c) Insekten: Lepidoptera (Schmetterlinge) mit Chitinschuppen auf den Flügeln, Lepisma saccharina (Silberfischchen); – d) polychäte Meereswürmer mit flachen Zirren (Elytren): Lepidonotus squamatus; – e) Pflanzen: Lepidodendron = Schuppenbaum (fossil), nach den Blattkissen der Stammoberfläche benannt, die wie Schuppen aussehen; Pilze: Lentinus lepideus und Gttg. Lepiota. – 2. Schuppen- oder schildförmige Gebilde: a) Körper der Weibchen der Schildläuse: Lepidosaphes ulmi = die Kommaschildlaus mit gestrecktem, schuppenförmigem Schild; – b) die Schötchen von Lepidium = Kresse, Gttg. der Kreuzblütler.

lepor-, *Subst. lepus, lĕpor·is (= Hase);* vgl. lag-. – 1. Hase: Gttg. Lepus; Leporiden auch Name für die seltenen Bastarde von Hasen und Kaninchen. – 2. Ähnlichkeit mit dem Hasen: a) Habitus: Lagorchestes leporoides = Hasenkänguruh; – b) Pfote: die Ährchen von Carex leporina = Hasenpfoten-Segge.

lept-, *Adj.* *λεπτ·ός (= enthülst; dünn, schmal, klein).* – Gebilde von geringer Ausdehnung in versch. Dimensionen: 1. In allen Dimensionen, d. h. klein (auch im Sinne von dürftig): Leptocardia, Syn. für Acrania wegen der kleinen pulsierenden Abschnitte der Kiemenarterien an Stelle eines einheitlichen Herzens. – 2. Langgestreckte Gebilde von geringem Querschnitt: a) Körper von Leptosynapta, Gttg. der Seegurken, dünn und lang; Leptidae (Schnepfenfliegen) mit schlankem Hinterleib und dünnen Beinen; – b) im Gewebe: Leptom, Teil der Leitbündel mit den dünnwandigen Siebröhren (vgl. hadr-2.); – c) in der Zelle: Leptotänstadium der Chromosomen. – 3. Geringe Ausdehnung in einer Dimension, insbes. bei flächigen Gebilden, d. h. flach, dünn: Leptodora hyalina, eine „dünnhäutige" und glasartig durchsichtige Cladocere; außerdem zart und weich: Leptomeninx = Pia mater, die weiche Hirnhaut, Ggs. Pachymeninx; Leptosporangium, Sporenbehälter mit einschichtiger Wand, insbes. bei den leptosporangiaten Farnpflanzen.

lepus, Nom. zu lepor-.

lest-, *Subst.* *ὁ ληστ·ής (= Räuber, Freibeuter) vom Verb ληΐζω (= Beute machen, rauben).* – Nahrungserwerb von Tieren: a) im Sinne von Raub: Syllestium = Synechthrie (echthr-) = Raubgastgemeinschaft bei Ameisen; b) verallgemeinert: Caenolestes, Gttg. pflanzenfressender Beuteltiere; Onthoiestes, Gttg. der Käfer (wörtl. „Misträuber").

let-, *Subst.* *lēt·um, ·i n. (= Tod) → Adj. letāl·is, ·e (= tödlich).* – Letal = tödlich, den Tod verursachend, z. B. letale Gene, oder auf ihn bezüglich: Exitus letalis.

leuc-, *Adj.* *λευκ·ός (= leuchtend, glänzend, weiß).* – 1. Weiße Färbung versch. Natur: a) bei Kalkschwämmen: Gattungen Leuconia, Leucandra, Leucetta u. a., Fam. Leuconidae; danach Leukontyp als kompliziert gebaute Form der Schwämme (Ggs. Ascon und Sycon); – b) bei Fischen mit der bes. Bedeutung „leuchtend, weißschimmernd": Gttg. Leuciscus, Leucaspius; – b) Gefieder von Vögeln: weiß am ganzen Körper bei Platalea leucorodia (s. erodi-), auf der Bauchseite bei Muscicapa hypoleuca (hypo+), die Flügel von Chlidonias leucoptera, die Wangen von Branta leucopsis. – 2. Farblos, ohne Farbstoff: a) Zellorganelle: Leukoplasten von Pflanzen (können später zu Chloroplasten werden); – b) Zellen: Weiße Blutkörperchen im Ggs. zu den roten, also keine Träger respiratorischer Farbstoffe: allg.: Leukozyten, im engeren Sinne die Granulozyten im Unterschied zu den Lymphozyten; Leucopoesis = Leukopoese, die Bildung von Leukozyten. – 3. Eiweiß (chem.) mit der Aminosäure Leucin; Zerfallsprodukte innerhalb des Organismus: Leucomaine.

lev- I., *Adj.* *lev·is, ·e (= leicht, unbedeutend) → Verb levāre (= leicht machen; heben).* – Levator (Musculus levator), ein Muskel, der etwas aufwärts zieht; M. levator scapulae (Heber des Schulterblattes beim Menschen) und der M. l. veli palatini (Heber des Gaumensegels).

lev- II. (lēv-) = laev I.

li-, latin. Form von lei-.

libell-, *Subst. libell·a, ·ae f. (= Waage, insbes. Wasserwaage zur Bestimmung der horizontalen Ebene), Demin. von libr·a, ·ae (= Waage; Pfund).* – Libellula = Libellen, Gttg. der Odonata, wegen der horizontalen Haltung der starren Flügel mit einer Wasserwaage verglichen.

liber, *Adj. liber, ·a, ·um (= frei).* – 1. Ortsveränderung im Ggs. zu festsitzenden Tieren: Podophrya libera (Ggs. fix-). – 2. Körperfortsätze frei hervorragend: a) bei Wirbeltieren: Knochen der Extremitas libera im Ggs. zum Gürtelskelett; Margo liber, der freie Rand des Finger- u. Zehennagels; b) bei Insekten: Gliedmaßen der Pupa libera (vgl. teg- I. c).

lien(-), *Subst. liēn, liēn·is m. (= Milz).* – Lien = Milz, Organ der Wirbeltiere; lienalis = in Beziehung zur Milz, z. B. Arteria lienalis; vgl. splen-.

liga-, *Verb ligāre (= binden, verbinden, umwickeln) → Subst. ligāmen und ligament·um, ·i n. (= Band, Binde).* – Ligamentum, Plur ·a = Bänder, Stränge oder Flächen aus straffem Bindegewebe zur Verbindung von Skelettteilen (Lig. nuchae = Nackenband) oder inneren Organen (Lig. teres hepatis = rundes Leberband).

lign-, *Subst. lign·um, ·i n. (= Holz, Baum) → Adj. ligne·us, ·a, ·um (= hölzern, aus Holz).* – a) Holz als Substanz: Lignin; – b) als Lebensbereich: Bohrassel Limnoria lignorum bohrt unter Wasser Gänge im Holz; Larve von Cossus cossus [ligniperda] = Weidenholzbohrer, einem Schmetterling, frißt Gänge ins Holz und schädigt Bäume (perd-). – 3. Gehölz: Spinne Acantholycosa lignaria lebt auf dem Waldboden und an Baumstümpfen.

ligul-, *Subst. ligul·a, ·ae f. von versch. Herkunft und Bedeutung: 1. Demin. von lingua (= kleine Zunge), 2. = Löffel, vom Verb lingĕre (?), 3. vom Verb ligare (= binden, daher = Schuhriemen).* – 1. Kleine Zunge nach Funktion und Bau: Ligula bei Insekten mit kauenden Mundwerkzeugen. – 2. Mit Schuhriemen oder Zunge verglichen: Ligula, Gttg. der Bandwürmer ohne Gliederung; Ligula, Häutchen an Grasblättern zwischen Spreite und Scheide.

lim- I., *Subst. līm·us, ·i m. (= Schlamm, Ton) → Adj. limōs·us, ·a, ·um (= schlammig).* – Schlammige Gewässer, Sümpfe als Lebensbereich: a) wirbellose Wassertiere: Limicolae = Uord. der im Süßwasser lebenden oligochäten Würmer; Limulus = Gttg. der Xiphosura (sicherlich in diesem Sinne zu deuten, nicht von limus = schielend); – b) Vögel an und auf Gewässern, insbes. Limicolae, mit den möwenartigen Vögeln zur Ord. Laro-Limicolae zusammengefaßt, dazu Limosa limosa = Uferschnepfe, Gttg. Limicola = Sumpfläufer; – c) Pflanzen: Carex limosa = Schlammsegge in Mooren.

lim- II., *Subst. ὁ λιμ·ός (= Hunger, Hungersnot, Gier nach etwas).* – Ernährung mit bes. Betonung der Gefräßigkeit: Gttg. der Käfer Dendrolimus (Raupe schädigt Kiefern durch Abfressen der Nadeln).

limac-, *Adj. limax, ăc·is (= schmierig) und Subst. limax, ăc·is m. u. f. (= Wegschnecke);* vgl. lim- I. – 1. Schnecken, deren Schale ganz oder teilweise zurückgebildet ist: a) Nacktschnecken im eig. Sinne, zu den Pulmonaten gehörige Gttg. Limax → Fam. Limacidae; – b) Flügelschnecken (Pteropoda) im Meere: Gttg. Limacina → Fam. Limacinidae. – 2. Einer Nacktschnecke in Form und Bewegungsweise ähnlich: die Amöbe Hyalodiscus limax, die Larven der Kirschblattwespe Eriocampoides limacina.

limb-, *Subst. limb·us, ·i m. (= Saum, Besatz am Kleide).* – Randregion, Saum: a) Freie Ränder der Augenlider: Limbi palpebrales; – b) Ansatzlinien: Limbus membranae tympani (JNA), der am Ring (Anulus tympanicus) ansitzende Rand des Trommelfelles; Ansatz der Hornhaut an der Bindehaut des Auges: Limbus corneae.

limen, limin-, *Subst. līmen, limin·is n. (= Schwelle, Eingang, Haus) → Verb elimināre (= über die Schwelle bringen).* – 1. Grenze oder Schwelle: Limen insulae, am menschlichen Großhirn die Grenze der Insula gegen die Area olfactoria. – 2. Verallgemeinert: Elimination, eliminieren = ausschalten, beseitigen (eig. ex+ limin- = aus dem Hause, über die Schwelle).

limes, limit-, *Subst. līmes, limit·is m. (= Grenzweg; freie Bahn) → Verb limitāre (= begrenzen, bestimmen).* – Membrana limitans = begrenzende bzw. abschließende Membran, z. B. auf der Oberfläche des Riechepithels (M. l. olfactoria) und auf beiden Flächen der Netzhaut (M. l. externa und interna).

limn-, *Subst. ἡ λίμν·η (= See, Teich, Sumpf) → Adj. λιμναῖ·ος = λιμνάς, άδ·ος (= in Sümpfen lebend, sumpfig).* – 1. Allg.: Süßwasser als Lebensraum im Ggs. zum Meer: Limnologie als Teilgebiet der Hydrobiologie; Limnoplankton im Ggs. zum Haloplankton; Limnium = Süßwasservegetation. – 2. Stagnierende Süßgewässer, Gattungsnamen: Limnaea [Lymnaea] = Sumpf- oder Schlammschnecke; Limnadia = ein Wasserfloh; Limnophilus = eine Köcherfliege, deren Larven in stehenden oder langsam fließenden Gewässern leben; – b) Pflanzen: Limnophyten bevorzugen stehendes Süßwasser; Gttg. Limnanthemum (Nymphoides) = „Seekanne", Limnanthes = Sumpfblume.

lin-, *Subst. τὸ λίν·ον und līn·um, ·i n. (= Lein, Flachs; Faden, Angelschnur, Fischernetz);* vgl. line-. – 1. Lein, Flachs: a) Pflanze: Gttg. Linum; – b) daraus gewonnen: Oleum lini = Leinöl, Linol- und Linolensäure; – c) dem Lein ähnlich: die Blätter von Thesium linophyllum. – 2. Faden oder Netz: Spinnennetz: Linyphia = Gttg. der Webespinnen (lin-yphia = „Netzweberin").

line-, *Subst. līne·a, ·ae f. (= Linie, Grenze, Ziel), urspr. svw. Leine, Faden aus Lein (lin·um);* s. lin-. – 1. Langgestreckte freie Gebilde: a) Körper von Tieren: Ranatra linearis = Stabwanze; Geophilus linearis, ein sehr schmaler Tausendfüßer; – b) linealische Laubblätter, bes. bei Gräsern. – 2. Lange Strukturen auf Oberflächen, z. B. Leisten auf Knochen, durch ansitzende Sehnen bzw. Muskeln (als Lineae musculares) hervorgerufen: drei Lineae nuchae auf dem Hinterhaupt, Lineae temporales auf den Schläfen, Linea aspera femoris auf dem Oberschenkelknochen. – 3. Reihe von seitlichen Öffnungen eines Kanals: Linea lateralis = Seitenlinie der Fische, bei Leucaspius delineatus unvollständig (de+). – 4. Farbige Zeichnungen: a) Streifen: Leptinotarsa decemlineata (Kartoffelkäfer) mit zehn Längsstreifen auf den Flügeldecken; – b) Reihe von verschmolzenen Flecken bei der Nacktschnecke Polycera quadrilineata. – 5. Gedachte Gerade: Linea visūs = Sehlinie des menschlichen Auges von der Fovea centralis (s. fove-) durch die Pupille zu einem entsprechenden Punkt der Außenwelt.

lingu-, *Subst. lingu·a, ·ae f. (= Zunge; Rede; Sprache) → Demin. lingula oder ligula* (?); vgl. ligul-, glott- und gloss-. – 1. Zunge in der Mundhöhle der Wirbeltiere: a) Formen der Zunge bei den Eidechsen: Brevi-, Crassi-, Fissi-linguia (als syst. Kategorien nicht mehr gebräuchlich); – b) Anatomie der Zunge: Apex, Radix und Corpus linguae, Frenulum linguae, Papillae linguales, Musculi linguales; – c) räumliche Beziehung zur Zunge: Glandulae sublinguales, Facies lingualis = die der Zunge zugewendete Fläche der Zähne. – 2. Der Zunge formähnliche Gebilde: a) Tiere: Lingula, Gttg. der Brachiopoda mit langer, flacher Schale; Linguatulidae = Zungenwürmer, parasitische Tiere von flacher Gestalt; – b) Pflanzen: der Zungen-Hahnenfuß Ranunculus lingua hat schmale lanzettliche Blätter.

lip- I., *Subst. τὸ λίπ·ος (= Fett, Öl) → Adj. λιπαρ·ός (= fett, glänzend, fruchtbar).* – Fette und fettähnliche Substanzen: a) Fette allg.: Lipase = zur Verdauung der Fette dienendes Ferment; – b) Lipoide, Bez. für Stoffe, die sich wie Fett verhalten (Lezithin, Cholesterin u. a.); – c) Zellstrukturen, die sich wie Fette oder Lipoide färben: Lipochondrien.

lip- II., *Verb λείπω (= lassen, verlassen, fehlen).* – Fehlen bzw. Rückbildung von Körperteilen oder Organen: Lipoptena, Gttg. der Lausfliegen ohne oder mit stark rückgebildeten Flügeln; Fehlen eines Antennengliedes bei Käfern: Gttg. Arthrolips u. Liparthrum.

liqu-, *Verb liquēre, nur als Part. Präs. liquens (= klar, flüssig) und mit Suffixen gebräuchlich: Adj. liquid·us, ·a, ·um (= flüssig, fließend, klar) und Subst. liquor, ōr·is m. (= Flüssigkeit).* – 1. Flüssigkeit: liquid = flüssig; liquidieren = flüssig machen, übertr.: in Bewegung setzen, erledigen. – 2. Körperflüssigkeiten: im Gehirn und Rückenmark der Wirbeltiere (Liquor cerebrospinalis), in der Amnionhöhle (L. amnii = Amnionwasser, Fruchtwasser), in den Graafschen Follikeln des Eierstockes der Wirbeltiere (L. folliculi).

liss-, *Adj. λισσ·ός (= glatt).* – 1. Glatte Oberflächen: a) lissencephal heißen Säugetiere, deren Großhirnrinde keine Furchen und Windungen aufweist; – b) Lissoceras, Gttg. der Ammoniten mit überwiegend glatter Schale. – 2. Rand: Lissochilus, Gttg. der Orchideen, mit glatter Lippe.

lith-, *Subst. ὁ λίϑ·ος (= Stein, Gestein, Fels).* – 1. Stein oder Gestein in Beziehung zu lebenden Wesen: a) Tiere, die sich unter Steinen aufhalten: Lithobius, Gttg. der Tausendfüßer; – b) Wassertiere, die sich in Steine einbohren bzw. in Steinen vorhandene Höhlungen benutzen („lithophage" Tiere): Lithodomus, Gttg. der Muscheln; – c) Stein vom Menschen als Werkzeug benutzt: Epochen der Steinzeit Palaeo-, Meso- und Neolithicum. – 2. Ähnlichkeit mit Gestein oder Steinen: a) Härte und Form: Oto- oder Statolithen in statischen Organen, bes. im Labyrinth der Knochenfische; Lithistidae = Steinschwämme, Fam. der Kieselschwämme; – b) Form (und Größe) eines Steines: path. Steinbildungen: Nephrolithen = Nierensteine, Lithiasis = Erkrankung an Steinen, z. B. Cholelithiasis = Gallensteinleiden; – c) Lithospermum = Steinsame, Gttg. der Boraginaceae, benannt nach den harten, weißen und glänzenden Samen.

litor-, littor-, *Subst. lītus, lītor·is n. (= Meeresufer, Strand, Küste).* – Uferregion der Gewässer, insbes. des Meeres, allg.: Litoral, litorale Region mit der Litoralfauna und -flora, darunter Littorina littorea, die Strandschnecke der Nord- u. Ostsee; Pycnogonum littorale = Ufer-Asselspinne; Atriplex littoralis = Strand- oder Ufermelde.

liv-, *Verb livēre (= bleifarbig oder bläulich sein), davon Adj. līvid·us, ·a, ·um (= bleifarbig, bläulich) und Subst. līvor, ōr·is m. (= blaugelber Fleck).* – Der durch Druck oder Stoß entstandene „blaue Fleck" auf der menschlichen Haut wird infolge Zersetzung des Blutergusses braun, grünlich und schließlich gelb. Nach seinem Vorbild sind die verschiedensten Färbungen mit dem gleichen Wort benannt: a) Seeigel Strongylocentrotus lividus dunkelviolett; – b) Pilz Gyrodon lividus läuft bei Verletzung blau an; – c) Amaranthus lividus = Grünlicher Amarant (Syn. viridis richtiger); – d) Ceraleptus lividus, eine gelbbraune Wanze; – e) Leptura livida, ein rotgelber Bockkäfer; – f) Schabe Ectobius livens [lividus] fahl bernsteingelb.

lob-, *Subst. ὁ λοβ·ός (= Lappen, bes. Ohrläppchen und Leberlappen) → Demin. τὸ λόβι·ον.* – 1. Freie lappenartige Anhänge oder Fortsätze: Lobopodien = lappenförmige breite Pseudopodien bei Amöben (Lobosa genannt); Lobomedusae = Lappenquallen (mit Randlappen); Lobus auriculae = Ohrläppchen; Pflanzenblätter: Ginkgo biloba (zweilappig). – 2. Schotenartige Früchte: a) Hülse der Fabaceae: vierkantig die Hülse der

Spargelerbse Gttg. Tetragonolobus; – b) Kapsel von Gttg. Epilobium = Weidenröschen mit oberständigen Blüten (epi+). – 3. Teile innerer Organe: Lobi und kleinere Lobuli, z. B. Leberlappen (Lobus dexter und sinister beim Menschen) und Leberläppchen (Lobuli hepatis); am Großhirn der Wirbeltiere: Lobus olfactorius = Riechlappen.

loc-, *Subst. loc·us, ·i m. (= Ort, Stelle, Gelände) → Demin. locul·us, ·i m. (= Plätzchen, Kapsel, Büchse), Verb locāre (= stellen, errichten; verpachten).* – 1. Ort im Raum, Stelle, Platz: Lokomotion = Ortsveränderung, insbes. die aktive Bewegung der Tiere; lokal = den Ort betreffend oder auf einen bestimmten Ort beschränkt = lokalisiert; Lokalisation = a) Beschränkung auf einen Ort, b) Ermittelung eines Ortes, z. B. die Bestimmung der Funktion in den Teilen des Großhirns; Dislokation = Verlagerung. – 2. Wohnort, Wohnraum, z. B. Kammer mehrkammeriger (polythalamer) Foraminiferen: Gattungen Bi-, Tri-, Spiro-loculina.

locust-, *Subst. locust·a, ·ae f. (= Heuschrecke).* – 1. Heuschrecke: Gttg. Locusta. – 2. Einer Heuschrecke vergleichbar: a) Bewegungsweise: Gammarus locusta = Art der Flohkrebse (Amphipoda); – b) Lautäußerung: Locustella, Gttg. der Singvögel (Fam. Sylviidae) = Heuschreckensänger.

log-, *Subst. ὁ λόγ·ος (= Rede, Wort, Ausdruck, Satz, wiss. Untersuchung), eig. das Zusammenlesen;* verw. mit leg- I. – 1. Vernunft, Begriff: analog (eig. „der Vernunft entsprechend"), allg. „übereinstimmend, entsprechend", in der Biologie beschränkt auf die Übereinstimmung von Organen in physiologischer Hinsicht (Analogie); homolog, urspr. ebenfalls allg. „übereinstimmend", in der Biologie im Ggs. zu analog auf die durch die phylogenetische Abstammung bedingte Wesensgleichheit (Homologie) beschränkt; homoiolog werden schließlich Organe genannt, die zwar analog sind, aber die gleiche stammesgeschichtliche Grundlage besitzen, z. B. Schnabel der Vögel und Hornkiefer der Schildkröten. – 2. Zweige der Wissenschaft im Sinne der Lehre und Forschung: im ersten Wortteil der Gegenstand der Wissenschaft: die Lebenserscheinungen (Biologie), die Form (Morphologie), die Funktion (Physiologie), die Umweltsbeziehungen (Ökologie), die Gewebe (Histologie) oder die Zelle (Cytologie).

lom(at)-, *Subst. τὸ λῶμα, ματ·ος (= Saum, Borde).* – Rand von Flächen, versch. Besonderheiten: a) bei Lomaria (Blechnum), Gttg. der Farne, laufen die Sporenhäufchen dem Rand der Blattfiedern parallel; – b) Hutrand von Pilzen mit Faserung: Hypholoma = Nematoloma.

lonch-, *Subst. ἡ λόγχ·η (= Lanze, Speer, Spieß).* – Spitze, lange Gebilde, mehr oder weniger einer Lanze ähnlich: die Stacheln von Amphilonche (Gttg. der Radiolarien), die Flügel von Lonchoptera (Gttg. der Fliegen), die Schnauze von Lonchorhynchus (Gttg. der Stegocephalia).

long-, *Adj. long·us, ·a, ·um (= lang, weit; langdauernd) → Superl. longissim·us, ·a, ·um; Subst. longitudo, din·is f. (= Länge).* – 1. Allg.: Länge = besondere Ausdehnung eines Gebildes in einer Dimension: Longitudo, Adj. longitudinalis, insbes. Longitudinalachse = Längsachse: Ligamenta longitudinalia der Wirbelsäule. – 2. Lange Gebilde: a) Körper von Tieren: Fadenwurm Metastrongylus elongatus, Äskulapschlange Elaphe longissima; b) Körperfortsätze: Schwanzfedern der Kleinen Raubmöwe Stercorarius longicaudus, Flossen der Longipinnati (Uord. der Ichthyosauria); – c) Pflanzenorgane: Blätter von Mentha longifolia, Blüten von Lilium longiflorum, Ährchen von Carex elongata, Stiel des Pilzes Xerula longipes; – d) innere Organe von Tier und Mensch; z. B. Muskeln: M. longus colli, M. longissimus dorsi (thoracis u. a.). – 3. Fortsetzung, „Verlängerung" eines langgestreckten Gebildes: Medulla oblongata, der hinterste Gehirnabschnitt der Wirbeltiere (Myelencephalon) als „Verlängerung" des Rückenmarkes betrachtet. – 4. Zeitlich: Longaevitas, Longävität = Langlebigkeit.

loph-, *Subst. ὁ λόφ·ος (= Nacken; Haarschopf; Bergspitze).* – 1. Erhebung aus langgestreckten Einzelteilen: Schopf, Büschel: a) am Hinterkopf oder Nacken gelegen, z. B. Federschopf bei Vögeln, Gattungen Lophortyx = Schopfwachtel, Chrysolophus = Goldfasan, Lophophorus = Glanzfasan; – b) Büschel andernorts, z. B. Lophocalyx [Polylophus], Gttg. der Glasschwämme, Lophopoda, Uord. der Moostierchen mit zweiarmigem Körperfortsatz, der die Tentakel trägt (Lophophor); Lophobranchia sind Knochenfische mit Kiemenbüscheln statt paralleler Kiemenblättchen (z. B. Seepferdchen); Lophyrus pini, Blattwespe mit behaarten Fühlern. – 2. Einheitliches Gebilde: Grat, Leiste, Anhöhe: a) am lophodonten Gebiß mancher Huftiere sind die Backenzahnhöcker durch quere Leisten verbunden; – b) Rhinolophus = Gttg. der Fledermäuse mit hufeisenförmigem Nasenaufsatz (vgl. ferr-); – c) dem Hahnenkamm verglichen: die Blütenknospen von Alectorolophus, Gttg. der Braunwurzgewächse.

lor-, *Subst. lōr·um, ·i n. (= Riemen, Zügel) → Adj. lōre·us, ·a, um und lorāt·us, ·a, ·um (= aus Riemen gefertigt).* – 1. Riemen- oder bandförmige Gebilde: die Zipfel der Blumenkrone von Loranthus = Riemenblume, Gttg. der Mistelgewächse. – 2. Einem Zügel nach der Lage vergleichbar: Lorum, bei Vögeln die nackte oder auffällig gefärbte Gegend zwischen Schnabelwurzel und Auge.

loric-, *Subst. lorīc·a, ·ae f. (= Panzer, Brustwehr) von lor·um (s. lor-*), *also urspr. lederner Riemenpanzer.* – Hautskelett oder -panzer, insbes. Knochenpanzerung von Wirbeltieren: Loricaria = Harnischwelse, mit Knochenschildern bedeckt; Loricata = gepanzerte Edentata.

lox-, *Adj. λοξ·ός (= seitlich gebogen, schief, schräg).* – Gebilde, die schief oder schräg gerichtet sind: der Schnabel des Kreuzschnabels Loxia curvirostris, die Schmelzfalten auf den Backenzähnen des afrikanischen Elefanten Loxodonta africana.

luc-, *Subst. lux, lūc·is f. (= Licht, Tag; Augenlicht, Klarheit) → Verb lucēre (= leuchten) → Adj. lūcid·us, ·a, ·um (= hell, leuchtend; deutlich), Adj. lucifugus (= lichtscheu)*; vgl. lumen. – 1. Verhalten von Tieren gegenüber dem Tageslicht: Syrnium aluco (a+luc-) = Waldkauz; Gnaphosa lucifuga, eine Spinne, die unter Steinen lebt, also Tageslicht meidet. – 2. Tiere mit Leuchtorganen: a) allg.: Stoffe, die bei der biol. Lichterzeugung eine Rolle spielen: Luziferin, Oxyluziferin, Luziferase; – b) Wassertiere: Noctiluca, Gttg. der Dinoflagellata; Pelagia nuctiluca = Leuchtqualle; – c) Landtiere: Käfer Pyrophorus noctilucens und Lampyris noctiluca. – 3. Auftreffendes Licht zurückwerfend: blendend weißes Gefieder von Bubulcus lucidus (Kuhreiher); glänzende Blätter von Geranium lucidum und Potamogeton lucens. – 4. Auftreffendes Licht hindurchlassend, d. h. durchsichtig: pellucidus (aus per+lucid·us) von Tieren, Organen oder Geweben: Zona pellucida des Säugetiereies; Körper des Fisches Aphya pellucida = Glaskühling und der Grille Oecanthus pellucens. – 5. Einer Leuchte oder Lampe ähnlich gestaltet (ohne zu leuchten): Lucernaria, Gttg. der Becherquallen.

luct-, *Subst. luctus, ūs m. (= Trauer) → Adj. luctuōs·us, ·a, ·um (= traurig, jammervoll), verw. mit Verb lugēre;* s. lug-. – Namen dunkelfarbiger Tiere; Melecta luctuosa = Trauerbiene, Wanze Gehirus luctuosus.

lug-, *Verb lugēre (= in Trauer sein; betrauern) → Adj. lugubr·is, ·e (= Trauer-; traurig, jammervoll);* vgl. luct-. – Düstere Färbung bei Tieren: Autodax lugubris = Düsterer Höhlensalamander, Strudelwurm Dugesia lugubris. – 2. Dunkel und zugleich gefährlich („Trauer verursachend"): die Spinne Latrodectes lugubris.

lumb-, *Subst. lumb·us, ·i m. (= Lende).* – Lende, Lendenregion (Regio lumbalis) = der untere oder hintere Teil des Rückens zwischen Rippenkorb und Darmbeinen; Vertebrae lumbales = Lendenwirbel; Musculus quadratus lumborum = der viereckige Lendenmuskel.

lumbric-, *Subst. lumbrīc·us, ·i m. (= Spulwurm, Regenwurm).* – 1. Regenwürmer: Gttg. Lumbricus u. Lumbriculus. – 2. Dem Regenwurm ähnlich: a) andere Tiere: polychäte Meereswürmer Gttg. Lumbrineris (Lumbriconereis), der Spulwurm Ascaris lumbricoides, die Schnecke Vermetus lumbricalis mit aufgelösten Windungen; – b) Organe: Musculi lumbricales sind kleine Muskeln von rundlichem Querschnitt in der Hand u. dem Fuß des Menschen.

lumen, *Subst. lūmen, lumin·is n. mit denselben Bedeutungen wie lux*; vgl. luc-. – 1. Licht: Lumineszenz = Leuchtprozesse, bei denen die Ausstrahlung nicht durch die Temperatur des ausstrahlenden Körpers bestimmt wird, bes. die Lichterzeugung von Organismen: Biolumineszenz. – 2. Lumen = lichte Weite, der freie Gang innerhalb eines röhrigen Gebildes, z. B. eines Blutgefäßes oder des Darmes.

lun-, *Subst. lūn·a, ·ae f. (= Mond; Monat).* – 1. Mond als Gestirn: Lunation, lunarisch. – 2. Der Form eines Halbmondes bzw. der Mondsichel ähnlich: a) selbständiges Gebilde: Os lunatum = Mondbein in der proximalen Reihe der Handwurzelknochen; – b) in der Fläche freies Gebilde, dessen konvexer Rand fest ist: im Herzen die einzelnen taschenförmigen Falten der dreiteiligen Aorten- und Pulmonalklappen: Valvulae semilunares; – c) freie Fläche am konkaven Rande ansitzend: die Fiederchen des Farnes Botrychium lunaria = Mondraute; – d) Bild der Mondsichel auf einer Fläche: Lunula unguis, das der Nagelwurzel angehörende hellere Möndchen vom Nagelfalz; gelbe Flecken auf den Flügeldecken des Käfers Callistus lunatus. – 3. Dem Bilde des Vollmondes vergleichbar: die Scheidewand der Schoten von Lunaria = Mondviole, Silberblatt, Gttg. der Kreuzblütler.

lup-, *Subst. lup·us, ·i m. (= Wolf).* – 1. Wolf: Canis lupus. – 2. Mit dem Wolf verglichen: Anarrhichas lupus = Seewolf, ein Knochenfisch mit furchtbar aussehendem Gebiß; Labrax lupus = Wolfsbarsch, ein gefräßiger Raubfisch.

lurid-, *Adj. lūrid·us, ·a, ·um (= blaßgelb, fahl).* – Blaßgelbe oder braune Färbung: a) Tiere: die Käfer Aphodius luridus, Oedemera lurida, Tetropium luridum; – b) Pflanzen: Boletus luridus, ein Hutpilz mit gelbem, an der Luft tiefblau werdendem Fleisch.

lut- I., *Subst. lūt·um, ·i n. (= Gelbkraut zum Färben) → Adj. lūte·us, ·a, ·um (= goldgelb).* – 1. Gelbe Färbung: a) Tiere, z. B. Ringelwurm Pristina lutea, Strudelwurm Castrada luteola, Wanze Camptobrochus lutescens; – b) Blütenfarbe von Lupinus luteus, Gagea lutea, Nuphar luteum; – c) Fruchtkörper der Pilze Leucocoprinus luteus und Russula lutea. – 2. Corpus luteum = Gelbkörper, Gewebsmasse, die nach Austritt des Eies aus dem Graafschen Follikel entsteht und in deren Zellen (Luteïnzellen) ein gelber Farbstoff (Luteïn, ein Lipochrom) gespeichert wird; Luteinisierung ist der Vorgang der Umwandlung des Follikels in den Gelbkörper. Als Corpus luteum bezeichnet man auch eine ähnliche Bildung am Ende der Eiröhren von Insekten.

lut- II., *Subst. lūt·um, ·i n. (= Kot, Lehm, Schmutz).* – Schlamm als Lebensbereich von Tieren, z. B. Emys orbicularis lutaria, Sumpfschildkröte.

-luv-, *Verb lavāre = lauāre sowie lauĕre und luĕre (= waschen, befeuchten, wegspülen), mit Präfixen: alluĕre (= bespülen) → Subst. alluvio, ōn·is f. (= Anschwemmung); Verb diluĕre (= zerwaschen, erweichen) → Subst.*

diluvi·um n. (= Überschwemmung). – Alluvium, die geologische Formation der Jetztzeit, in der sich Ablagerungen und Gesteinsbildung durch Wind, Wasser und Organismen auch gegenwärtig fortsetzen. Diluvium (= Pleistocaen), die dem Alluvium vorangehende, durch die Eiszeiten gekennzeichnete Formation und Epoche der Erdgeschichte, Adj. diluvial.

lux, Nom-. zu luc-.

ly-, *Verb λύω (= lösen, frei lassen, auflösen, trennen, zerstören), davon Subst. ἡ λύσ·ις, εως*; vgl. lys-. – 1. Zustand des Getrenntseins: dialypetal (dia+ly-petal) sind Blüten(pflanzen) mit getrennten Kronblättern → Dialypetalidae = Freikronblättrige (Ggs. Sympetalidae). – 2. Ab- oder Loslösung: a) Nachkommen bei vegetativer Fortpflanzung: Autolytus (s. aut-); – b) Zellteile voneinander: Plasmolyse = Loslösung des Protoplasmas einer Pflanzenzelle von der Zellmembran, z. B. infolge Wasserentzugs. – 3. Auflösung, Zersetzung: a) intrans.: Autolyse = postmortale Selbstauflösung der Gewebe durch gewebseigene Fermente; – b) aktiv: Parasiten, die die Auflösung von Geweben verursachen: Entamoeba histolytica (Erreger der tropischen Amöbenruhr); Karyolysus lacertae, zerstört die Zellkerne roter Blutkörperchen.

lyc-, *Subst. ὁ λύκ·ος (= Wolf; Wolfsgebiß) → Adj. λυκοκτόν·ος (= Wolfstöter)*; vgl. lup-. – 1. Dem Wolf verwandte Raubtiere: Lycalopex (alopec-) und Lyciscus. – 2. Mit dem Wolf verglichen: a) andere Tiere: Lycosa, Gttg. der Wolfsspinnen, die wie Raubtiere jagen; – b) Pflanzen giftig (Aconitum lycoctonum = Wolfswurz, Lycoperdon) oder der Wolfstatze ähnlich (Lycopūs, Lycopodium).

lychn-, *Subst. ὁ λύχν·ος (= Leuchte, Leuchter, Lampe), ἡ λύχνις, λυχνίδ·ος (= eine Pflanze mit feuerroter Blüte) und ἡ λυχνῖτ·ις (Name versch. Pflanzen).* – 1. Zum Erzeugen von Licht verwendet: die wolligen Blätter des Kerzen-Wollkrautes Verbascum lychnitis (früher als Lampendochte benutzt). – 2. Licht zurückstrahlend, von lebhafter heller Färbung: die Blüten der Lichtnelke Gttg. Lychnis.

lym-, *Subst. ἡ λύμ·η (= Beschmutzung, Schädigung, Verderben) und τὸ λῦμα, ματ·ος (= Schmutz, Schmach) → λυμαίνομαι (= schädigen, verderben) → Subst. ὁ λυμαντ·ής (= Verderber, Plagegeist).* – Namen schädlicher Tiere: Lymantria [Ocneria], Gttg. der Schmetterlinge (Spinner), Schädlinge von Wäldern und Obstgärten; Lymexylon navale = Werftkäfer, ein Käfer, dessen Larve in Eichenholz Gänge gräbt und damit auch Bauholz (xyl-) für Schiffe (nav-) unbrauchbar macht.

lymph-, *Subst. lymph·a, ·ae f. (= Quellnymphe; Quellwasser) → Adj. lymphace·us (= klar wie Wasser).* – Körperflüssigkeiten und damit zusammenhängende Organe: 1. Lymphe: a) bei Wirbeltieren Flüssigkeit, die sich in Gewebsspalten sammelt und durch ein eigenes Röhrensystem (Lymphbahnen, Lymphgefäßsystem) ins Blutgefäßsystem gelangt; sie enthält Lymphzellen (Lymphozyten), die im Blut zu den weißen Blutkörperchen gerechnet werden (Lympholeukozyten) und kann durch Fett getrübt sein (s. chyl-), – b) Hämolymphe, Körperflüssigkeit der Insekten ohne Trennung von Blut und Lymphe. – 2. Im erweiterten Sinne das ganze Lymphgefäßsystem und seine Teile: Lymphknötchen oder -follikel, solitär (sol- II) oder gehäuft (greg-) sind Ansammlungen und Vermehrungsstätten von Lymphozyten; sie sind auch in bes. Organen, Lymphknoten (Nodi lymphatici, s. gland- B.2.) zusammengefaßt. – 3. Flüssigkeit im Labyrinth (Innenohr): Endo- und Perilymphe, entsprechen dem Liquor des Gehirns und Rückenmarkes.

lys-, *Subst. ἡ λύσις, εως (= Lösung, Auflösung, Trennung) vom Verb λύω*; s. ly- und ∼s·is.

M

macer-, *Verb macerāre (= einweichen, aufreiben, entkräften)*. – Mazerieren, Mazeration = Herstellung eines Knochen- oder anderen Hartsubstanzpräparates durch Abfaulen der Weichteile im Wasser.

mach-, *Verb μάχομαι (= kämpfen, streiten, fechten) und Subst. ἡ μάχ·η (= Kampf, Streit, Schlacht) → Subst. ἡ μάχαιρ·α (= Schlachtmesser, Säbel, Dolch) → Demin. τὸ μαχαίρι·ον (= Messerchen), ferner Subst. ὁ μαχητ·ής (= Kämpfer, Krieger)*. – 1. Tiere, die aktiv kämpfen: a) die Männchen des Kampfläufers Philomachus [Machetes] pugnax; – b) mit bes. auffälligen Waffen ausgerüstet: der fossile Säbeltiger, Gttg. Machairodūs mit extrem vergrößerten oberen Eckzähnen (-odus). – 2. Form von Organen, die nicht dem Kampfe dienen, mit einem Säbel verglichen: die Blätter von Machairophyllum u. a. Pflanzen.

macr-, *Adj. μακρ·ός (= groß, lang, langdauernd), Superl.: μήκιστ·ος* s. mec- und micr-.

1. Körperliche Größe von Tieren, Körperteilen oder Organen, bes. bemerkenswert im Vergleich zu anderen Organen oder Arten: a) rein quantitativ: makroskopisch = mit bloßem Auge ohne Mikroskop sichtbar; – b) voluminös, d. h. groß in allen Dimensionen, meist im Sinne von wohlentwickelt und bes. ausgebildet: Macronucleus der Ciliata, Makrogameten im Ggs. zu den Mikrogameten, Makromeren bei inäqualer Furchung; Gttg. Macracanthorhynchus = Riesen-Kratzwurm; Macrolepidoptera = Großschmetterlinge. –
2. Groß in zwei Dimensionen: Fläche der Blätter von Cicerbita macrophylla, der Schuppen von Chalceus macrolepidotus (Salmler), der Flossen von Centrarchus macropterus (Art der Sonnenbarsche). –

3. Nur in einer Dimension ausgedehnt, auffällig lang: Stiel des Pilzes Macropodia macropūs = Grauer Langfüßler, Hinterbeine von Macroscelides (Gttg. der Insektenfresser), Schwanzfedern von Sterna macrura (Küsten-Seeschwalbe). –
4. Hoher Grad: Intensität und Stärke bei Funktionen (statt eu+): makrosmatische Säugetiere mit gutem Geruchsvermögen. –
5. Zeit, lange Dauer: Macrobiotus, Gttg. der Bärtierchen, die das Eintrocknen lange Zeit im latenten Zustand überleben können.

macul-, *Subst. macul·a, ·ae f. (= Fleck).* – Fleck im weiteren Sinne: umschriebenes Flächenstück, das sich durch Farbe oder Beschaffenheit von der Umgebung abhebt: 1. Farbige Flecken auf der Oberfläche von Pflanzen u. Tieren: a) Fleckung schlechthin: maculatus, maculosus; – b) Anzahl der Flecken: bei Käfern bi-, tri-, quadri-, quinque-maculatus usw.; – c) Färbung der Flecken: flavo-, nigromaculatus usw. – 2. Flächenteile innerer Organe mit bes. Funktionen: a) im Labyrinth: Macula sacculi, utriculi und lagenae als flache, mit Otolithen bedeckte Sinnesepithelflächen (Ggs. Cristae und Papillae); – b) im Auge: Macula lutea = gelber Fleck. – 3. Intrazelluläre Einschlüsse: die Schüffnersche Tüpfelung in den vom Plasmodium malariae befallenen roten Blutkörperchen: sie fehlt bei Pl. immaculatum.

magn-, *Adj. magn·us, ·a, ·um (= groß, geräumig, stark), Comp. maior, Superl. maxim·us*; s. maj- I. und maxim-. – Groß, umfangreich: 1. Körpergröße von Tieren: der Wasserfloh Daphnia magna im Ggs. zu D. pulex. – 2. Flächeninhalt: Foramen magnum, die Hinterhauptsöffnung des Wirbeltierschädels im Ggs. zu den kleineren Löchern für Nerven und Gefäße.

maj- I., *zum Adj. magn·us (= groß) gehöriger Comp. māior m. u. f. und māius n. → Demin. maiuscul·us, ·a, ·um (= etwas größer).* – 1. Größe als Volumen, Körpergröße: größere Arten im Vergleich zu verw. Arten (die kleineren als medius oder minor bezeichnet): a) Pflanzen: Alectorolophus major (Ggs. A. minor), Plantago major (Ggs. P. media), Vinca major (Ggs. V. minor); Neutra: Antirrhinum majus, Chelidonium majus, Tropaeolum majus; – b) Tiere: Parus major (Kohlmeise), die größte unter den europäischen Meisenarten; Dryobates major = der Große Buntspecht (Ggs. D. medius und minor). – 2. Größe als Länge: Curvatura maior des Magens, die größere untere Umrißlinie im Ggs. zur kürzeren oberen (C. minor).

maj- II., *Subst., ἡ Μαῖα = Mai·a, ·ae, altrömische Göttin des Wachstums in der Natur, der am 1. Mai Opfer dargebracht wurden) → maius mensis (= Mai, Monat der Maia).* – Im Mai blühende Pflanzen: Majanthemum bifolium (Schattenblümchen), Convallaria majalis = Maiblume, Rosa majalis = Mairose.

mal- I., *Subst. māl·us, ·i f. (= Apfelbaum) und māl·um, ·i n. (= Apfel).* – Apfelbaum: a) Gttg. Malus; – b) zum Apfelbaum in Beziehung: Psylla mali = Apfelsauger, ein Blattfloh; – c) im Apfel enthalten: Acidum malicum = Äpfelsäure.

mal- II., *Adj. mal·us, ·a, ·um (= schlecht, gering, übel), dazu Superl. pessim·us;* vgl. malari-.

malac-, *Adj. μαλακ·ός (= weich, weichlich, krank, sanft).* – 1. Weichgedeckte Oberfläche: dichte Behaarung beim Ringelspinner Malacosoma neustria. – 2. Weiches Chitin bei manchen Arthropoden: a) Malacodermata, Name für die Weichkäfer oder -flügler, dazu die Gttg. Malachius; – b) Ukl. Malacostraca, die höheren Krebse, als „Weichschaler" im Altertum im Ggs. zu den Muscheln u. Schnecken benannt. – 3. Ohne Innenskelett: a) Massiger weicher Körper der Mollusken = Weichtiere: Malakologie = Malakozoologie; im Sinne von Mollusken: malakophil nennt man Pflanzen, deren Blüten durch Schnecken bestäubt werden; – b) Gttg. der Schnurwürmer Malacobdella.

malari-, *von ital. mala aria (= schlechte Luft, Sumpfluft,* vgl. aer- I. – Malaria, eine fieberhafte Erkrankung, hervorgerufen durch einzellige Blutparasiten der Gttg. Plasmodium mit der Art P. malariae, Erreger der Malaria quartana.

mall-, *Subst. ὁ μαλλ·ός (= Zotte, Wolle; Locke).* – 1. Haar, Wolle, Pelz: a) Mallophaga, Ord. der Insekten, schmarotzen bei Säugetieren als „Haarlinge" oder bei Vögeln als „Federlinge"; – b) Insekten: Mallosia, Gttg. der Käfer mit dicht befilztem Halsschild. – 2. Blutgefäßreiche Ausstülpungen der äußersten Embryonalhülle der plazentalen Säugetiere: Choriomalli = Chorionzotten.

malle-, *Subst. malle·us, ·i m. (= Hammer).* – Mit der Form eines Hammers verglichene knöcherne Skeletteile: a) die Knöchel am Fußgelenk des Menschen und die ihnen zugrunde liegenden unteren Enden des Schienbeins (Malleolus tibialis = internus) und des Wadenbeins (M. fibularis = externus); – b) Malleus = Hammer, eines der drei Gehörknöchel der Säugetiere und des Menschen, mit dem Manubrium mallei (der dem Hammerstiel entspricht) am Trommelfell ansitzend.

mam-, mamm-, *Subst. mamm·a, ·ae f. (= Brust, Euter, Zitze).* – 1. Milchdrüse der Säugetiere (Mammalia): Mammae, Mammardrüsen = Glandulae mammales, bei den meisten Säugetieren gemeinsam auf einer warzenförmigen Erhebung der Haut mündend: Zitze, Papilla mammae = Mamilla oder Mammilla. – 2. Mit Zitzen verglichen: a) Höcker der Aszidie Phallusia mammillata; – b) Warzen von Kakteen: Gttg. Mammilaria = Warzenkaktus und Art Dolichothele longimamma; – c) knotige Erhebungen der Schale des Ammoniten Douvilleceras mammillare; – d) Gewinde der Weißen Nabelschnecke Natica mammilla.

mand-, *Verb mandĕre (= kauen, beißen, essen) und Verb manducāre (= kauen).* – Kauwerkzeug, Kiefer: 1. Wirbeltiere: a) allg.: Mandibularbogen = der erste Visceralbogen als embryonale Grundlage für Ober- und Unterkiefer; – b) Mandibula = Unterkiefer: Teile des Unterkiefers: Corpus, Ramus und Angulus mandibulae usw.; das Mandibulare (Mandibularknorpel), das nur der unteren Hälfte des Mandibularbogens entspricht, bildet nur die erste Grundlage für den Unterkiefer; – c) Hyomandibulare = das obere Glied des Hyoidbogens, das sich an der Aufhängung des primären Kiefergelenkes beteiligt. – 2. Insekten, das erste Paar von Mundgliedmaßen: Mandibulae = Mandibeln.

mane-, *Verb manēre (= bleiben, dauern, beharren), mit Präfixen: permanēre (= ausharren, fortdauern), remanēre (= zurückbleiben)*; vgl. men- II. – In der Entwicklung erhalten bleibend: permanent (per+), z. B. beim Erwachsenen die Dentes permanentes im Ggs. zum vorübergehenden Milchgebiß (D. decidui s. de+ 1. b).

manu-, *Subst. manus, ūs f. (= Hand; Macht; Arbeit)*; in Zus. auch in der Form man-. – 1. Hand: a) Vorder- und Hinterextremität: Quadrumana = Vierhänder, Affen und Halbaffen mit Greifhänden und -füßen, im Ggs. hierzu Menschen als Bimana = Zweihänder; – b) insbes. Hand des Menschen als Organ der Arbeit; manuelle Arbeit, Manufaktur. – 2. Extremitäten von Arthropoden: Zora spinimana, eine Spinne mit bestachelten Beinen; Bythotrephes longimanus, ein Wasserfloh (Cladocera) mit verlängertem ersten Beinpaar; Uca cultrimana, die Winkerkrabbe, mit sehr großer rechter Schere.

manubri-, *Subst. manubri·um, ·i n. (= Griff, Stiel) von manus (= Hand).* – Mit dem Handgriff oder Stiel eines Werkzeugs verglichen: 1. Knochenteile: a) Manubrium mallei = Hammergriff, s. malle-; – b) M. sterni, der obere bzw. vordere Teil des Brustbeins bei Säugetieren und Mensch (Ggs. zum Corpus sterni). – 2. Körperfortsatz aus weichem Gewebe: Manubrium = der herabhängende Magenstiel von Medusen.

mar-, *Subst. mar·e, ·is n. (= Meer, Meerwasser) → Adj. marīn·us und maritim·us, ·a, ·um (Meeres-, Küsten-).* – Meer: 1. Geographischer Begriff, z. B. Mare balticum = Ostsee; Adj. marin, maritim. – 2. Als Lebensbereich, allg.: marine Fauna = Meerestiere, marine Flora = Meerespflanzen, einzelne Arten: Zostera marina, das Gemeine Seegras. – 3. Am Strande (nicht im Wasser selbst): a) Pflanzen: Juncus marinus, Puccinella maritima, Triglochin maritimum; – b) Tiere: Calidris maritima = Meerstrandläufer; Scolioplanes maritimus = Meeres-Erdläufer (ein Vielfüßer).

margarit-, *Subst. τὸ μάργαρ·ον (= Perle, Perlenschnur) → ὁ μαργαρίτ·ης (= Perle) und lat. margarit·a, ·ae f. (= Perle).* – 1. Perle als Produkt von Margaritana margaritifera = Flußperlmuschel und Meleagrina margaritifera = Echte Perlmuschel. – 2. Perlenähnlich: Flecken auf dem Gefieder von Trachyphonus margaritatus = Perlvogel; Kapseln von Schildläusen der Gttg. Margarodes; Warzen von Haworthia margaritifera (Liliengewächs).

margin-, margo, *Subst. margo, margin·is m. u. f. (= Rand, Grenze).* – 1. Rand eines mehr oder weniger flächigen Gebildes: a) freier Rand als Begrenzung, äußerster Rand: die Ränder des Schulterblattes Margo lateralis, medialis u. superior (PNA); Margines foliorum = Blattränder; marginale Plazentation am Rande des Fruchtblattes und submarginale nahe dem Rande; Außenrand des Nagels s. liber; – b) Rand als Grenze zu einem gleichartigen Gebilde: Ränder der durch Nähte vereinigten Schädelknochen, z. B. Margo frontalis, occipitalis, sagittalis u. squamosus des Scheitelbeins; – c) Die Randregion im Unterschied zur mittleren Region, die am Rand liegenden Teile: Marginalia = Marginalplatten bei Schildkröten und bei Seesternen; Dytiscus marginalis = Gelbrandkäfer (durch bes. Färbung des Randes ausgezeichnet). – 2. Kante langer Gebilde: Margo lateralis u. medialis des Humerus; Blätter des Pilzes Pluteus atromarginatus schwarzschneidig; Spergularia marginata = Flügelsamige Schuppenmiere.

marmor-, *Subst. marmor,·is n. (= Marmor) → Adj. marmore·us, ·a, ·um (= marmorn, schimmernd).* – Dem Marmor ähnlich, insbes. im Sinne der unregelmäßigen Fleckenzeichnung: „marmoriert“: Torpedo marmorata, eine Art der Zitterrochen; Felis marmorata = Marmelkatze.

marsup-, *Subst. marsuppi·um, ·i n. (= Geldbeutel)*, verw. mit marsip. – Beutelförmige, auf einer S. offene Hohlräume: 1. der Brutraum der Marsupialia = Beuteltiere, in dem sich die Zitzen befinden und die Jungen heranwachsen; Außenwand durch Ossa marsupialia = Beutelknochen gestützt. – 2. Marsupella = Geldbeutelmoos, Gttg. der Lebermoose, benannt nach der zusätzlichen Hülle (Marsupium) des Archegonienstandes.

mas, mascul-, *Adj. und Subst. mās, maris (= männlich, Mann, Männchen) → Adj. Demin. mascul·us und masculīn·us (= männlich).* – 1. Das männliche Geschlecht betreffend: a) Geschlechtsorgane: Urethra masculina; – b) Pflanzen: Cornus mas (oder mascula), gelber Hartriegel oder Kornelkirsche, so benannt, weil die meisten Blüten männlich sind; – c) das gramm. Geschlecht: Masculinum. – 2. Mit dem Manne als dem größeren und stärkeren Geschlecht verglichen: Orchis mascula, das „Stattliche“ Knabenkraut; der Gem. Wurmfarn Dryopteris filix-mas im Ggs. zum „weiblichen“ Farn, s. femin-.

mass-, *Subst. mass·a, ·ae (= Teig, Klumpen, Masse), verw. mit Subst. ἡ μάζ·α = μᾶζ·α (= Teig) und Verb μάσσω (= knete).* – 1. Gewebsmasse oder Organteil von wenig charakteristischer Form; Massa intermedia des Zwischenhirns (= Adhesio PNA), Massa lateralis des ersten Wirbels (des Atlas). – 2. Menge, größere Anzahl: Massula aus verklebten Pollenkörnern bei Orchideen.

masse-, *Verb μασάομαι (= kauen, feucht machen) → Subst. ὁ μασητήρ (= der Kauende)*; vgl. Suffix ~ter. – Masseter = M. masseter, einer der Kaumuskeln bei Wirbeltieren; Adj. masseteric·us, ·a, ·um = zum Masseter gehörig.

mast-. *Subst. ὁ μαστ·ός (= Brustwarze, Brust; Anhöhe)*. – 1. Milchdrüse der Säugetiere: Hypermastie, das Auftreten überzähliger Milchdrüsen; Gynäkomastie s. gyn (aec)-. – 2. Der Zitze (Mamilla) vergleichbare Fortsätze: a) Processus mastoideus = Warzenfortsatz am Schläfenbein, bes. beim Menschen ausgebildet, als Ansatz des Musculus sternocleidomastoideus dienend; – b) Mastodonten = Gruppe fossiler Rüsseltiere mit zitzenförmigen Backenzahnhöckern im Ggs. zu den Elefanten mit Schmelzfalten; – c) Macrolepiota mastoidea = Gebuckelter Schirmling (Pilz).

mastic-, *Verb masticāre (= kauen), verw. mit μασάομαι*; s. masse-. – Kauen = mechanische Zerkleinerung der festen Nahrung durch Bewegung des Unterkiefers gegen den Oberkiefer: a) der Vorgang als solcher: Mastikation; – b) die dabei tätigen Muskeln: allg. Musculi masticatorii.

mastig-, *Subst. ἡ μάστιξ, ιγ·ος (= Peitsche, Geißel, Züchtigung)*. – Fortsätze, die wie eine Peitsche oder Geißel geformt sind und bewegt werden: 1. Zellfortsätze von Flagellaten = Mastigophora: Uord. Polymastigina mit vielen Geißeln; Zwischenform zu den Rhizopoda: Gttg. Mastigamoeba. – 2. Körperfortsätze vielzelliger Tiere: Uromastix aegypticus = Dornschwanz, eine Eidechse, die bei Erregung mit dem stacheligen Schwanz ausschlägt.

mater, matr-, *Subst. māter, matr·is f. (= Mutter, Schöpferin, Ursprung) → Adj. matern·us, ·a, ·um (= mütterlich, Mutter-), Subst. matrix, s. d.; zugehörig auch materi·a, ·ae (= Grundstoff, Bauholz; Ursache)*; vgl. metr- II. – 1. Mutter, das mütterliche Tier: Placenta materna (= uterina), der mütterliche Anteil der Placenta (s. foet- I.); matroklin = Eigenschaften von Kindern, die denen der Mutter zuneigen (klin-). – 2. Einer Mutter vergleichbar: a) ernährendes und umhüllendes Organ, insbes. die Hirnhäute, bei höheren Wirbeltieren und Mensch in Dura mater (= harte Hirnhaut) und Pia mater (= weiche Hirnhaut) differenziert, vgl. mening-; – b) Mutterboden, Grundstoff: Materie und Material.

matrix, *Subst. mātrīx, matrīc·is f. (= Muttertier, Gebärmutter)*. – Mutterboden, erzeugende Unterlage, insbes. von Epithelien: a) für Hornbildung: Matrix unguis = Nagelbett der Finger und Zehen des Menschen; – b) für Chitinbildung: bei Arthropoden die Hypodermis (hypo+ 1 c) als Matrix der

Chitinschicht. – 2. Matricaria, Gttg. der Compositae, „Mutterkraut“, früher gegen Frauenleiden angewendet.

maur-, *Subst. maur·us, ·i m. (= Maure, Mohr) → Adj. maur·us, ·a, ·um (= dunkelhäutig, -farbig, braunschwarz).* – 1. Säugetiere: Gymnopyga maura = Mohrenmakak. – 2. Andere Organismen: Wanze Eurygaster maura, Pilz Omphalia maura.

maxill-, *Subst. maxill·a, ·ae f. (= Kinnbacken).* – Kiefer = Kauwerkzeug: 1. Bei Wirbeltieren: a) beide Kiefer, daher Maxilla superior = Oberkiefer und M. inferior = Unterkiefer (Mandibula); – b) nur im Sinne von Oberkiefer: Maxillare und Inter- (Prae-) maxillare = die Knochen des Oberkiefers; Sinus maxillaris = Kieferhöhle im Os maxillare. – 2. Bei Arthropoden: a) Maxillae, das zweite und dritte Paar Mundgliedmaßen bei Insekten; – b) Pedes maxillares = Kieferfüße bei den Crustacea und Chilopoda.

maxim-, *Adj. maxim·us, ·a, ·um, Superl. zu magn·us.* – 1. Bez. für sehr große, umfangreiche Organe und Organismen: a) Tierarten: Lophococcus maximus, die größte aller bisher bekannt gewordenen Schildlausarten; Megalobatrachus maximus = Riesensalamander; – b) Organe: Glutaeus maximus = der größte der drei Gesäßmuskeln (Ggs. medius und minimus); – c) Pflanzenarten: Cucurbita maxima = Riesenkürbis; Rhododendron maximum. – 2. Grad: das Maximum = Höchstwert (Ggs. Minimum), Adj. maximal.

mea-, *Verb meāre (= sich bewegen, gehen) → Subst. meātus, ūs m. (= Gang, Lauf, Weg); mit Präfix: permeāre (= durchwandern).* – 1. Vorgang der Bewegung: a) Substanzen: Permeabilität = Durchgängigkeit durch Membranen; – b) Tiere: Amphiuma means = Aalmolch, ein Fischmolch, der sich infolge starker Rückbildung der Extremitäten wie ein Aal bewegt (danach Benennung der Uord. „Meantes“ statt Sirenida völlig unpassend). – 2. Zustand: Meatus = „Gang“, röhrenförmiges Gebilde, innerhalb dessen eine Bewegung stattfindet: a) Massenbewegung von Luft: in der Nase die durch die Muscheln abgeteilten Gänge Meatus nasi communis, superior, medius, inferior und nasopharyngicus; – b) Schwingungen der Luft im Meatus acusticus externus, dem äußeren Gehörgang; – c) Nervenleitung im VIII. Hirnnerven, der durch den Meatus acusticus internus vom Labyrinth zum Gehirn zieht.

mec-, *Subst. τὸ μῆκ·ος (= Länge, Größe, Breite), Adj. μήκιστ·ος (= längster, größter) = Superl. zu μακρ·ός;* s. macr-. – Bemerkenswerte Größe von Organen in einer oder mehreren Dimensionen: Mecostethus, Gttg. der Feldheuschrecken; Mecognathus, Gttg. der Käfer mit starken Kiefern.

mechan-, *Subst. ἡ μεχάν·η (= Werkzeug, Maschine, Hilfsmittel), von der gleichen Bedeutung τὸ μῆχ·ος oder με·χάνημα vom Verb μηχανάω (= ersinnen, verfertigen, bewerkstelligen).* – 1. Mechanismus, Vorgänge an materiellen

Gebilden: a) Anordnung im Sinne eines immer gleichmäßig arbeitenden Apparates, einer Maschine oder dergl.; – b) Vorgänge von regelmäßigem Ablauf an organischen Gebilden; man spricht z. B. vom Mechanismus der mitotischen Zellkernteilung, um deren Gesetzmäßigkeit zu betonen; – c) Entwicklungsmechanik oder -physiologie, Zweig der Biologie, der die Ursachen der ontogenetischen Entwicklungsvorgänge erforscht. – 2. Mechanistische Weltanschauung (mechanistischer Materialismus) sucht in der Biologie im Ggs. zum Vitalismus alle Vorgänge der Organismen physik.-chem. zu erklären und quantitativ zu erfassen; sie steht damit auch im Ggs. zum dialektischen Materialismus, der das Leben als höhere Qualität (auf der Grundlage der quantitativen Veränderung) auffaßt.

mecon(-), *Subst. ὁ μήκων, ων·ος (= Mohn), nach den langen Stengeln benannt (mec-).* – 1. Mohnpflanze: Gattungen der Papaveraceae Hylomecon und Meconopis = Scheinmohn. – 2. Aus dem Milchsaft des Mohns (Papaver somniferum) gewonnen: Meconium = Opium. – 3. Dem Opium nach Beschaffenheit und Farbe ähnlich: Mekonium = Kindspech, Dickdarminhalt des menschlichen Embryos.

medi-, *Adj. medi·us, ·a, ·um (= in der Mitte befindlich), substt. medi·um, i n. (= Mitte).*

1. Mittlere Lage: a) inmitten, verteilt zwischen: Medium = raumerfüllender Stoff, Wasser oder Luft als Lebensbereich; intermediäres Bindegewebe zwischen Organen und Organteilen; – b) ein Gebilde zwischen zwei anderen Gebilden in versch. Anordnung: Tunica media der Blutgefäße zwischen T. intima und T. externa; Gyrus frontalis medius zwischen G. f. superior und inferior; – c) bei bilateraler Symmetrie zwischen rechter und linker Hälfte und damit im Ggs. zu lateral: Medianebene = Symmetrieebene; medial = in Richtung zur Medianebene gelegen.
2. Mittlere Größe: a) von versch. Tierarten: Dryobates medius = der Mittlere Buntspecht (Ggs. major und minor); – b) von versch. Organen: Glutaeus medius = der beim Menschen in der Größe (aber auch in der Lage) mittlere der drei Gesäßmuskeln; – c) Pflanzen: Plantago media s. maj- I.; Circaea intermedia = Mittleres Hexenkraut; infolge nomenklatorischer Verschiebungen ist medius oft unzutreffend; Campanula medium bezieht sich auf antiken Pflanzennamen (*μήδιον*).
3. Zwischenform zwischen unterschiedlich ausgebildeten Merkmalen: intermediärer Bastard.
4. Zeitliche Aufeinanderfolge: Vorgang in der Mitte zwischen anderen Vorgängen: intermediärer Stoffwechsel s. inter+.

medic-, *Adj. mĕdic·us, ·a, ·um (= heilsam, heilend), substt. medic·us, ·i m. (= Arzt) → Verb medicāre → Subst. medicament·um, ·i n. (= Heilmittel).* – a) allg.: Medizin, Medikament; – b) zu med. Zwecken dienend: Hirudo medicinalis ist der zum Schröpfen benutzte Blutegel.

medull-, *Subst. medull·a, ·ae f. (= Mark, das Innerste).* – 1. Mark als das im Inneren (im Ggs. zur Rinde oder einer Hülle) Gelegene: a) das im Wirbelkanal gelegene Rückenmark der Wirbeltiere: Medulla spinalis mit der als seine Fortsetzung aufgefaßten Medulla oblongata (s. long-); – b) davon abgeleitet das ganze Zentralnervensystem einschließlich des Gehirns (als Medulla capitis), insbes. für embryonale Stadien: Medullarplatte, -rinne, -wulst, -rohr (statt neur-). – 2. Die an der einzelnen Nervenfaser außen (um den „Achsenzylinder" herum) befindliche „Markscheide" = Myelinscheide; daher medull- im Sinne von weißer Substanz, d. h. Masse markhaltiger Nervenfasern: Laminae medullares im Thalamus des Zwischenhirns, Striae medullares in der Rautengrube. – 3. Mark im Inneren von Knochen: Knochenmark = Medulla ossium.

medus-, *myth. Eigenname ἡ Μέδουσ·α = Medūs·a, ·ae, eine weibliche Person mit schlangenartigen Haaren.* – Meduse = Formtypus der Nesseltiere im Ggs. zum Polypen, in zwei versch. Klassen auftretend: als Scyphomedusae und als Medusen der Hydrozoa (Antho-, Lepto- und Trachymedusae).

mega(l)-, *Adj. μέγας, μεγάλ·η, μέγα (= groß, lang, geräumig; wichtig, mächtig) → Superl. μέγιστ·ος;* in Zus. vor Vokalen megal-, vor Kons. mega- oder megalo-. – Auffällige relative Größe: a) Tierarten: Megalobatrachus (s. maxim-), Megachiroptera, Megatherium = Riesenfaultier (Gttg. der Edentata); – b) Körperfortsätze und Organe in versch. Dimensionen ungewöhnlich ausgedehnt (massig, flächig, langgestreckt), was nicht immer scharf zu trennen ist: Megapodius = Großfußhühner, Ascaris megalocephala s. cephal-; Eragrostis megastachya, ein Gras mit langen Ähren. – 2. Grad, Leistung: a) Lautstärke: Megaphon; – b) Einheit mega- zur Bez. des 10^6-fachen einer physik. Einheit, z. B. Megawatt.

mei(o)-, *Verb μειόω (= verkleinern, verringern) vom Adj. Comp. μείων, μεῖ·ον;* s. mi-. – Verminderung einer Anzahl: 1. Meiosis = meiotische Kernteilung, die Reduktionsteilung bei der Reifeteilung der Keimzellen. – 2. Pflanzen: Verminderung der Blattzahl in einem Quirl: Meiophyllie.

mel- I., *Subst. τὸ μῆλ·ον (= Schaf, Ziege, Stück Kleinvieh).* – 1. Melophagus = „Schafzecke", Gttg. der Lausfliegen, sich (einer Zecke vergleichbar) als Parasit auf Schafen ernährend. – 2. Dem Weidevieh vergleichbar: Chrysomela, Gttg. der Blattkäfer, auf Blättern „weidend", in diesem Sinne (nach FRISK) wohl auch Melolontha (Maikäfer).

mel- II., *Subst. τὸ μῆλ·ον (= Apfel, Quitte) verw. mit lat. māl·um;* s. mal- I. – Obstbäume und ihre Früchte, bes. Apfel und Quitte: a) der Quitte verw.: Gttg. Chaenomeles (s. chaen-); – b) mit dem Apfel oder der Quitte verglichen: die Melone Cucumis melo; der Melonenkaktus, Gttg. Melocactus; Melonella, eine Gttg. fossiler Schwämme.

mel- III., *Subst. τὸ μέλ·ος (= Glied).* – 1. Med. Bez. für Mißbildungen: Amelie = Fehlen von Gliedmaßen, Polymelie, deren überzähliges Vorhandensein. – 2. Insekten: Tetramelus, Gttg. der Käfer mit viergliedriger Fühlerkeule.

mel- IV., wie mel-III. *vom Subst. τὸ μέλ·ος, aber im Sinne von gegliederter Weise, Lied, Melodie.* – Vogelstimmen: Melopsittacus (Wellensittich), Melierax canorus [musicus] = Singhabicht (mel-hierax).

melan-, melas, *Adj. μέλας, μέλαιν·α, μέλαν (= schwarz, dunkel, düster).* – Für dunkle bzw. schwarze Färbung, meist in der Form melan(o)-, manchmal an einen folgenden Lippenlaut angeglichen (Melampyrum), seltener in der Form mela (Melasoma) oder in der femininen Form (Corimelaena): 1. Schwarze Färbung von Gattungen u. Arten: Pilze mit schwarzen Sporen: Tuber melanosporum u. Stropharia melanosperma; Bidens melanocarpus mit schwärzlichen Früchten; Arocatus melanocephalus, eine Wanze mit schwarzem Kopf; Gttg. Melanogrammus, der Schellfisch mit schwarzer Seitenlinie und schwarzem Fleck über der Brustflosse; Presbytis melalophus = Schwarzkopf-Schlankaffe. – 2. Pigment als Ursache dunkler Färbung: a) normal: Melanin in Form feiner Körnchen in den Melanozyten u. a. Zellen; – b) abweichende Färbung: Melanismus durch ungewöhnlich starke Anhäufung von Melanin.

meli-, mell(i)-, *Subst. τὸ μέλι, μέλιτ·ος und mel, mellis n. (= Honig).* – 1. Blütensaft, Blütenhonig, Nektar: a) Pflanzen, die ihn reichlich hervorbringen und daher von Bienen besucht werden, z. B. die Lippenblütler Gttg. Melissa = Melisse und Melittis melissophyllum = Immenblatt; – b) Tiere, die Nektar genießen: Melisuga minima (Zwergkolibri), Meliphaga = Honigsauger, Gttg. der Singvögel. – 2. Der von den Bienen aus Blütensaft, Pollen u. a. Rohstoffen hergestellte Honig, Bienenhonig: a) der Produzent Apis mellifera = Honigbiene; – b) Tiere, die gern Bienenhonig genießen: Mellivora = Honigdachs. – 3. Dem Bienenhonig ähnlich: a) Geruch: Gttg. Melica (Perlgras), Melilotus (Steinklee), Pilz Russula meliolens; – b) Farbe: honigfarben der Hut des Hallimasch Armillaria mellea.

membr-, *Subst. membr·um, ·i (= Glied des Körpers, Teil eines Ganzen).* – 1. Die paarigen Extremitäten (Glieder): Membrum superius (Arm) und M. inferius (Bein). – 2. Membrum virile = Penis, das männliche Glied.

membran-, *Subst. membrān·a, ·ae f. (= zarte Haut, Häutchen).* – 1. Beiderseits freie Haut (Membran): a) einseitig befestigt: Membrana branchiostega = Kiemenhaut, eine bei Ganoiden und Knochenfischen an den Kiemendeckel anschließende Hautfalte; Membranellen = aus Cilien verschmolzene Plättchen der Ciliaten; – b) allseits befestigt, von Luft umgeben: Membrana tympani = Trommelfell der Landwirbeltiere; – c) allseits befestigt, von Körperflüssigkeit umspült: im Labyrinth die Membrana (= Lamina) basilaris, Membrana vestibularis (Reissneri), die Membrana tectoria über dem Cortischen Organ. – 2. Dünne Schicht auf oder zwischen anderen Geweben: a) sehr dünne strukturlose Häute: Membrana vitellina der Eizellen (Dotterhaut), Membrana limitans externa und interna der Netzhaut; – b) häutige Gebilde von Organcharakter: die flache Sehne des M. semimembranosus (Oberschenkel des Menschen). – 3. Aus weichem Gewebe, weichhäutig im Ggs. zu knöchern: Labyrinthus membranaceus im Ggs. zu L. osseus.

men- I., *Subst. ἡ μήν·η (= Mond) und ὁ μήν, μην·ός (= Monat, Mond) → Subst. ὁ μηνίσκ·ος (= mondförmiger Körper).* – 1. Halbmondförmige Gebilde: Meniscus = Knorpelscheibe in manchen Gelenken; Menura = Leierschwanz, Gttg. der Schreivögel. – 2. Monat: Menorrhoë = Menstruation, s. mens- II.

men- II., *Verb μένω (= bleiben, zurückbleiben, warten, standhalten).* – 1. Erhaltenbleiben (Persistenz) von Organen, die in der Entwicklung gewöhnlich zurückgebildet werden, z. B. die Kiemen bei geschwänzten Amphibien: Menobranchus [Necturus], Menopoma [Cryptobranchus]. – 2. Beibehaltung einer Bewegungsrichtung im Verhältnis zur Reizquelle: Menotaxis.

mening-, *Subst. ἡ μῆνιγξ, μήνιγγ·ος (= Häutchen, insbes. Hirnhaut).* – Meninges = Meningen, die Hirnhäute der Wirbeltiere, bei Säugern und Mensch gegliedert in Pachymeninx (= Dura mater) und Leptomeninx, bestehend aus Arachnoidea und Pia mater.

mens- I., *Subst. mens·a, ·ae f. (= Tisch, Essen).* – Im Sinne von Nahrung, Ernährung: Kommensalen leben an oder im Körper eines anderen Tieres, aber nehmen als „Mitesser" nur von seiner Nahrung, ohne es direkt (wie die Parasiten) zu schädigen.

mens- II., *Subst. mens·is, ·is (= Monat) → Adj. menstru·us, ·a, ·um (= monatlich; einen Monat dauernd) → menstruāl·is, ·e (= monatlich).* – Monatliche, d. h. alle Monate sich wiederholende Vorgänge: Menses, Menstruation = die monatliche Blutung aus dem Uterus des Weibes (= Menorrhoe s. men- I.).

ment-, *Subst. ment·um, ·i n. (= Kinn).* – 1. Mentum = Kinn am Unterkiefer des Menschen (vgl. geni-), Adj. mentalis = zum Kinn gehörig oder in Beziehung (Musculus mentalis). – 2. Mentum = unpaare Platte an der Unterlippe (Labium) der Insekten.

mer- I., *Subst. τὸ μέρ·ος (= Teil, Anteil, Abteilung) → Verb μερίζω (= teilen) → Subst. ὁ μεριστ·ής (= Teiler).* – 1. Teil des Organismus: a) Anteil, Organismus zum Teil betroffen: meroblastische Eier im Ggs. zu holoblastisch; merokrine Sekretion s. crin- III.; Merogonie = die Entwicklung eines Tieres (gon- 1 a) aus einem Teilstück der Eizelle (ohne Kern); – b) Gliederung eines organischen Gebildes, z. B. der Chromosomen in Chromomeren, der Gregarinen in Proto- und Deutomerit; – c) Gliederung des Organismus insbes. in aufeinanderfolgende Segmente = Metamerie: Myomeren = die segmentalen Abschnitte der Muskulatur; Vorhandensein der Segmente beim Schlüpfen von Insekten aus dem Ei s. hol- 3; – d) distale Folge von Gliedern: Einteilung der Käfer nach Anzahl der Tarsenglieder in Tri-, Tetra-, Pentamera usw.; – e) radiale Gliederung: Wirtel, z. B. der Blütenkrone aus drei, vier oder fünf Gliedern = tri-, tetra- oder penta-mer; geringere oder größere als normale Anzahl von Gliedern: Oligomerie oder Polymerie. – 2. Vorgang der Teilung, insbes. Zellteilung: a) bei der Eifurchung entstehen Blastomeren (Furchungszellen), bei Größenunterschied als Makro- und Mikromeren unterschieden; – b) bei Protozoen entstehen Merogameten durch Teilung, Hologameten durch Umwandlung eines ganzen Zellindividuums; Merozoiten entstehen durch Schizogonie (Zerfallsteilung); – c) Meristem = indifferentes Bildungsgewebe (-ist- = hist. = Gewebe) aus dem durch fortgesetzte Zellteilungen neues Gewebe entsteht, Adj. meristematisch.

mer- II., *Subst. ὁ μηρ·ός (= Schenkel, Hüfte).* – Extremität von Arthropoden, bes. Femur (Oberschenkel) von Insekten, z. B. in Gattungsnamen von Käfern: Cratomērus, Oedemēra, Glyptomērus.

merg-, *Verb mergĕre mit Sup. mers- (= tauchen, eintauchen, versenken), mit Präfixen: de+, e+, im+, sub+ mergĕre; Subst. merg·us, ·i m. (= Tauchervogel).* – 1. Allg.: Immersion = Eintauchen der Objektivlinse des Mikroskops in Wasser oder ein Öl vom Brechungsexponenten des Glases (Immersionsöl). – 2. Organismen im Wasser (Gewässer): a) vorübergehend: tauchende Vögel, insbes. Mergus merganser (Gänsesäger); – b) dauernd: „untergetauchte", d. h. ganz im Wasser befindliche Pflanzen, z. B. Ceratophyllum demersum und C. submersum. – 3. Anat. Gebilde: Auswüchse, die die Oberfläche überragen: Emergenzen a) bei Insekten im Ggs. zu den Ausstülpungen auf die Cuticula beschränkt und daher starr; – b) bei Pflanzen mehrzellige Auswüchse unter Beteiligung tieferer Gewebe, z. B. Stacheln, im Ggs. zu reinen Epidermisbildungen, z. B. Trichomen.

meridi-, *Subst. meridi·es, ·ēi f. (= Mittagszeit; Süden) von dies (= Tag) → meridiān·us (= mittäglich; südlich).* – Meridian = Mittags- oder Längenkreis, gedachter Kreis der Erdkugel, der durch beide Pole hindurchgeht; im Vergleich mit der Erdkugel nennt man die beiden ersten Furchungsebenen bei der typischen totalen Furchung meridional, weil sie durch den animalen und vegetativen Pol hindurchgehen.

mers-, Sup. zu merg-.

mes-, *Adj. μέσ·ος (= mittler, mäßig, neutral) → substt. τὸ μέσ·ον (= Mitte, Mittelpunkt, Abstand).* – Gewöhnlich am Anfang zusammengesetzter Wörter wie ein Präfix gehandhabt, s. mes+.

metall-, *Subst. τὸ μέταλλ·ον (= Grube, Stollen, Bergwerk) → lat. metall·um, ·i n. (= Bergwerk; Metall).* – 1. Metall als Mineral und chem. Grundstoff: Metallurgie (urg-). – 2. Metallähnlich, bes. nach Glanz und Farbe: der Käfer Scaphidema metallicum, die Libelle Somatochlora metallica, der Honigsauger (Singvogel) Nectarinia metallica.

metop-, *Subst. τὸ μέτωπ·ον (= Stirn; Vorderseite, Front), eig. μετά u. ὤψ, d. h. Raum hinter oder zwischen den Augen).* – Stirn oder vorderer Teil des Gesichtes: Metopocerus cornutus = Nashornleguan mit drei hornartigen Schuppen auf der Schnauze.

metr- I., *Subst. τὸ μέτρ·ον (= Maß, Maßstab, Richtschnur) und Verb μετρέω (= messen, zumessen) → Subst. ἡ γεωμετρί·α (= Feldmeßkunst, Geometrie).* – 1. Räumliche Ausdehnung: a) allg.: Geometrie s. ge-; – b) relative Ausdehnung der Körperteile als Symmetrie: Grundformen asymmetrisch (= anaxon), radialsymmetrisch mit gleichen Strahlen um eine Achse (= monaxon), bilateralsymmetrisch mit einer Symmetrieebene, die spiegelbildlich gleiche Hälften trennt. – c. iso- oder allometrisches Wachstum von Körperteilen mit gleicher oder verschiedener Geschwindigkeit führt zu verschiedener Form. – 2. Ortsveränderung von Tieren, dem Messen mit gleichen Strecken ähnlich: a) durch Krümmen des Körpers: Piscicola geometra (Gem. Fischegel), Raupen von Geometra → Fam. Geometridae = Spanner (s. ge-); – b) durch Laufen auf der Wasseroberfläche: Hydrometra, Gttg. der Wasserwanzen. – 3. Sehweite von den Maßen des Auges abhängig, daher -metr-op als normales Maß des Sehens s. op-. – 4. Messen: a) lineare Grundeinheit: das Meter; – b) Geräte für versch. Größen: Aero-, Hygro-, Thermo-meter; mit einem Hygrometer verglichen: das Drehmoos s. fun(i)-.

metr- II., *Subst. ἡ μήτηρ, μητρ·ός (= Mutter, Ernährerin, Heimat) und Subst. ἡ μήτρ.α (= Gebärmutter, Mutterleib); verw. mit mater;* s. mater, matr-. – 1. Das mütterliche Tier; bei lebendgebärenden Tieren der Uterus (Gebärmutter) mit den Schichten Peri-, Myo- und Endometrium und dem Aufhängeband Mesometrium (meso+). – 2. Das Mark der Sagopalme Metroxylon als Nährsubstanz, als „ernährende Mutter“ (?).

mi-, *Comp. (zum Adj. μικρ·ός) μείων, μεῖον (= kleiner, geringer) davon Verb μειόω,* s. meio-. – Miocaen = Zeitabschnitt und Formation des Tertiärs (mio- = weniger neu = älter als das Pliocaen); fossile Tiere des Miocaens: Gttg. Miohippus.

mic-, *Subst. mīc·a, ·ae (= Körnchen, Bissen).* – Mizelle, submikroskopische Teilchen in versch. Bedeutung: a) kolloid-chem.: disperse Teilchen einer Lösung; – b) im urspr. Sinne von NAEGELI: kristalline Primärteilchen von übermolekularem Charakter; – c) nach FREY-WYSSLING gerüstbildende Substanz als mizellarer Bestandteil eines Gels und weiterhin übertr. auf das Gerüst als Ganzes mit unselbständigen kristallinen Bereichen (Zellbestandteile).

mica-, *Verb micāre (= zucken; schimmern, funkeln).* – Glänzende Körperoberflächen: bei Spinnen (Gattungen Micaria, Micariolepis), Insekten (Artnamen micans, coeruleomicans usw.) und Pilzen (Coprinus micaceus = Glimmer-Tintling).

micr-, *Adj. μικρ·ός (= klein, gering);* Ggs. zu macr-. – 1. Geräte zur Untersuchung kleiner Objekte: Mikroskop; mikroskopisch klein = nur mit dem Mikroskop sichtbar; Mikrotom zum Herstellen mikroskopischer Schnitte; Mikrometer, ein Maßstab für das Mikroskop, gebräuchliche Einheit: das Mikron = 1 μ (= 1 μm im allg. Maßsystem). – 2. Geringe Größe (Volumen): a) allg.: Mikroorganismen als Gegenstand der Mikrobiologie (daher abgekürzte Wortform: die Mikroben); – b) kleine Zellen oder Zellbestandteile, mit größeren (macr-) zusammengehörig: Micronucleus, Mikrogameten, Mikrosporen, Mikromeren; – c) kleine Tierarten: Microlepidoptera (Ggs. macr-); Microchiroptera (Ggs. mega-); Microcebus = Zwergmaki; – d) Organe: Früchte von Camelina microcarpa, Ohren von Microtus (Gttg. der Wühlmäuse). – 3. Kleine Fläche: a) Blätter von Epipactis microphylla; – b) Öffnungen (Querschnitt): Micropyle = Öffnung an Eihüllen, durch die ein Spermium eindringen kann (Chorion von Insekten), bei Pflanzen der Zugang zur Samenanlage. – 4. Geringer Grad: mikrosmatische Säugetiere im Ggs. zu macr- 4.

migra-, *Verb migrāre (= wandern, ausziehen, überschreiten) → Subst. migrātio, ōn·is f. (= Auszug, Wanderung); mit Präfix: emigrāre (= auswandern), immigrāre (= einwandern).* – 1. Ortsveränderung von Tieren auf der Erdoberfläche: Locusta migratorius = Art der Wanderheuschrecken; Immigration = Einwanderung in einen geographischen Bereich; Remigration = Rückwanderung einer Population oder Fauna in einen früheren Wohnbereich, z. B. in der Eiszeit nach Rückgang des Eises; Migrationstheorie lehrt die Entstehung neuer Arten durch räumliche Trennung. – 2. Verlagerung von Teilen im Organismus: Immigration = Einwanderung von Furchungszellen, eine Form der Gastrulation.

mili-, *Subst. mĭli·um, ·i (= Hirse).* – 1. Grasarten mit kleinen rundlichen Samen: Panicum miliaceum = Gem. Hirse, Gttg. Milium = Flattergras. – 2. Den Samen der Gem. Hirse in Form und Größe ähnlich: a) Protozoen: Noctiluca miliaris = Art der Dinoflagellaten, Miliola = Gttg. der Foraminiferen; – b) Pisidium milium, Art der Erbsenmuscheln.

milit-, *Subst. miles, milit·is m. (= Soldat, Krieger).* – Mit Soldat verglichen: Orchis militaris = Helmorche.

mill-, *Num. mille (= tausend), Subst. Plur. mīlia n. (= Tausende).* – Große Anzahl: Millepora, Gttg. der Hydrokorallien mit Kalkskelett, das zahlreiche Öffnungen (Poren) für die einzelnen Polypen aufweist; Achillea millefolium (Gem. Schafgarbe) mit Blättern, die aus vielen Fiederteilen zusammengesetzt sind.

mim-, *Subst. ὁ μῖμ·ος und mīm·us, ·i (= Schauspieler, Darsteller) → griech. Verb μιμέομαι (= nachahmen, nachbilden) → Subst. ἡ μίμησις (= Nachahmung, Abbild) und Adj. μιμητικ·ός (= nachahmend).* – 1. Ausdruck des Gesichts bei Mensch und höheren Wirbeltieren: Mimik durch die mimische Muskulatur. – 2. Mit einem Schauspieler verglichen, nachahmend: a) Verhalten: die Spottdrossel Gttg. Mimus ahmt Gesang anderer Vögel nach; die Mimose, Gttg. Mimosa, verhält sich bezüglich ihrer Reizbarkeit und Bewegung nicht wie andere Pflanzen, sondern wie ein Tier; – b) Aussehen: Mimulus = Gauklerblume, Gttg. der Braunwurzgewächse, hat Rachenblüten mit „Maske" (Verschluß des Schlundes); – c) Form und Verhalten: Käfer Psyllomima (Gttg.) ähnelt einem Floh. – 3. Äußere Ähnlichkeit von Tieren mit anderen Tieren oder mit Gegenständen, als „Nachahmung" oder mimetische Anpassung (engl. Mimikry) bezeichnet, ohne daß damit eine bewußte Nachahmung gemeint oder das Zustandekommen in der Phylogenese erklärt wäre.

min- I., *Adj. mīnor, ōr·is, Neutr. minus (= kleiner) ist Comp. und minim·us, ·a, ·um = Superl. zu parvus; Verb minuĕre (= verkleinern, vermindern, schwächen) → Part. Pass. minūt·us, ·a, ·um (= verkleinert, klein, winzig).* – 1. Geringe Körpergröße im Verhältnis zu Verwandten: a) von Tieren: Dryocopus minor = Kleiner Buntspecht, Micromys minutus = Zwergmaus, Uroplitella minutissima (eine Milbe); – b) von Pflanzen: Najas minor = Kleines Nixkraut, Arctium minus = Kleine Klette; Myosurus minimus = Mäuseschwänzchen, Filago minima = Zwerg-Filzkraut, Sparganium minimum = Kleinster Igelkolben. – 2. Vergleich zwischen gleichartigen Organen: Digitus minimus = der kleine Finger, Glutaeus minimus s. max- und medi-. – 3. Vorgang der Verkleinerung: Diminution der Masse bzw. Größe einzelner Chromosomen im Ggs. zur Reduktion der Anzahl. – 4. Grad: das Minimum = kleinster Wert (Ggs. Maximum).

min- II., *vulgär- oder mittellat. Subst. min·a, ·ae f. (= Schacht).* – 1. Mine, Mineral, -ien. – 2. Mine, Gang in Blättern u. a. Pflanzenteilen durch Insektenfraß verursacht, Gegenstand der Minologie.

mine-, *Verb minēre (= ragen), bes. mit Präfixen: eminēre (= hervorragen, sichtbar werden, sich auszeichnen) → Subst. eminenti·a, ·ae f. (= Erhöhung), prominēre (= hervorragen, hervorstehen).* – Erhabenheiten oder Vorsprünge an versch. Organen: Eminentia, z. B. die E. medialis als paariger Längswulst am Boden der Rautengrube; Vertebra prominens = der siebente Halswirbel, dessen Dornfortsatz (Processus spinalis) beim Menschen einen deutlichen Vorsprung verursacht.

mini-, *Subst. mini·um, ·i n. (= Zinnober, Mennige).* – 1. Minium = Mennige (rotes Bleioxyd). – 2. Zinnoberrote Färbungen: a) Blütenfarbe von Clivia miniata; – b) Pilze: Hut u. Stiel von Hygrocybe miniata, Poren der

Röhren von Boletus miniatoporus; – c) Tiere: Xerolycosa miniata (eine Spinne), Apion miniatum = Mennigroter Spitzrüßler (ein Rüsselkäfer).

mir-, *Adj. mīr·us, ·a, ·um (= wunderbar, sonderbar) → Verb miror, mirāri (= sich wundern, bewundern).* – Auffällige und „wunderbare" Gebilde: a) Tierarten: die mit stachelförmigen Fortsätzen bedeckte Amöbe Dactylosphaerium mirabile, die fossile Meduse Rhizostomites admirandus; – b) Pflanzen: Gttg. Mirabilis = Wunderblume, Viola mirabilis mit zweierlei Blüten, daher „Wunderveilchen"; – c) Organe: Rete mirabile = Wundernetz aus verzweigten und anastomisierenden Blutgefäßen.

miracidi-, *Subst. τὸ μειρακίδι·ον (= kleiner Knabe).* – Miracidium, Flimmerlarve der Trematoden.

miss-, *Sup. des Verbs mittĕre,* z. B. in den Ableitungen Commissura, Mission, Emission u. a., s. mitt-.

mit-, *Subst. ὁ μίτ·ος (= Schlinge, Faden) → Adj. μιτώδης (= fadenartig).* – Fadenartige Gebilde, bes. im zellulären Größenbereich: 1. Freie Fortsätze, bes. die Geißel der Flagellaten: Gattungen Tetra-, Hexa-, Octo-mitus. – 2. Zellbestandteile (innerhalb des Protoplasmas oder Kernes): a) Mitochondrien sind Organellen, die als Fäden, Stäbchen oder Körnchen (chondri-) vorhanden sind; – b) Chromosomen: mitotische Zellteilung = Mitose, Teilung des Zellkerns mit Bildung der häufig fadenförmigen Chromosomen; bei der Amitose werden diese Fäden nicht gebildet.

mitt-, *Verb mittere mit Sup. miss- (= entlassen, senden, schicken; werfen), mit Präfixen committere (= zusammenfügen; überlassen) → Subst. commissūra f. (= Verbindung, Zusammenfügung); intermittere (= dazwischenlegen; unterlassen).* – 1. Vorgänge: Febris intermittens = Wechselfieber (mit Pausen); Emission von Strahlungen. – 2. Zustand: a) Commissurae = Kommissuren sind quere verbindende Stränge des Zentralnervensystems der Wirbeltiere und des Strickleiternervensystems (vgl. Konnective, s. nect- II.); b) Vena emissaria, eine Vene, die durch eine Öffnung in der Schädelkapsel (ein Emissarium) nach außen tritt.

mix-, *Subst. ἡ μῖξις, (= Vermischung; Begattung) vom Verb μιγνύω (= mischen, vereinigen, vermengen).* – Vereinigung, Verschmelzung: a) allg.: Mixocoel = die tertiäre Leibeshöhle der Insekten als ontogenetische Verschmelzung der primären und sekundären Leibeshöhle aufgefaßt; – b) Befruchtung: als Summation der Erbanlagen der beiden Eltern (Amphimixis) betrachtet oder im allg. Sinne: Automixis = „Selbstbefruchtung", d. h. Verschmelzung zweier aus einem Individuum durch Teilung hervorgegangener Gameten.

mnem-, *Subst. ἡ μνήμ·η (= Gedächtnis, Erinnerungsvermögen), verw. mit Verb μιμνήσκω (= erinnern; sich erinnern).* – a) Mneme = die Erhaltung von Sinneserregungen in Form von Engrammen nach Beendigung des Reizes; – b) Mnemotaxis = mnemotaktische Orientierung = Ortsveränderung von Tieren auf Grund von Engrammen, z. B. Heimfindevermögen; – c) bewußte Erinnerung: Anamnese, Mnemotechnik.

mobil-, *Verbaladj. mōbil·is, ·e (= beweglich, unbeständig) → immōbil·is, ·e (= unbeweglich) vom Verb movēre;* s. move. – Beweglichkeit von Körperteilen gegeneinander: Punctum mobile = Ansatz eines Muskels an einem im Verhältnis zum Punctum fixum beweglicheren Knochen; Vertebrae immobiles sind die verwachsenen Wirbel des Kreuzbeines im Ggs. zu den V. mobiles.

mod-, *Subst. mod·us, ·i m. (= Maß, Maßstab, Ziel, Regel, Art und Weise) → Verb modificāre = umformen; Adj. commod·us, ·a, ·um (= angemessen, zweckmäßig) → Verb accomodāre (= anpassen).* – Art und Weise, Eigenschaft, Qualität: a) allg.: modifizieren = abwandeln, z. B. eine Methode; – b) Art- u. Rassemerkmale: Modifikation, eine nichterbliche individuelle Abänderung durch Milieueinflüsse im Ggs. zur Mutation; – c) Akkommodation des Auges an verschiedene Entfernungen (s. ad+).

mol-, *Verb molĕre (= mahlen) und Subst. mol·a, ·ae f. (= Mühlstein, Mühle) → substt. Adj. molār·is (= Mühlstein, Felsblock).* – 1. Vorgang oder Funktion des Zermahlens: die Backenzähne der Säugetiere (auch soweit sie nicht Mahlzähne sind) eingeteilt in die vorderen Prämolaren (Dentes praemolares) und die hinteren Molaren (D. molares); die ersteren können molariform werden. – 2. Einem Mühlstein in Form und Größe vergleichbar: Mola, Gttg. der Knochenfische.

moll-, *Adj. moll·is, ·e (= weich, locker; sanft) → Verb mollescĕre (= weich werden, verweichlichen), Adj. mollusc·us, ·a, ·um (= weich).* – 1. Weiche Oberfläche: a) Gefieder der Eiderente Somateria mollissima; – b) mit weichem Haar bedeckte Pflanzenteile: Geranium molle = Weicher Storchschnabel. – 2. Ohne Innenskelett (weiche Masse): a) Organ: Palatum molle = der weiche Teil des Gaumens im Ggs. zum P. durum; – b) Tiere: Mollusca = Mollusken = Weichtiere; danach Molluscoidea, veralteter Name für Tentaculata (Bryozoen u. Brachiopoden).

moment-, *Subst. mōment·um, ·i n. (= Bewegungskraft, -dauer, entscheidendes Gewicht, Bedeutung, Beweggrund) aus movi-ment·um vom Verb movēre,* s. move-. – 1. Allg.: das Moment, Plur. die Momente = die für einen Vorgang oder eine Sache entscheidenden Umstände oder Merkmale. – 2. Physik: Drehmoment als Produkt von Kraft und Kraftarm, z. B. bei der Beugung eines Gliedes durch den Zug des Muskels als Produkt von Muskelkraft und senkrechtem Abstand vom Drehgelenk. – 3. Kurzer Zeitabschnitt: der Moment → Adj. momentan = augenblicklich.

mon-, *Adj. μόν·ος (= allein, einzeln, einsam) → Subst. ἡ μονάς, άδ·ος (= Einheit).* – 1. Ein Gebilde für sich allein betrachtet: Namen von Flagellaten, z. B. Gattungen Monas, Oicomonas, Trichomonas und Klassen Crypto-, Chloro-, Protomonadina u. a. – 2. Organe u. a. Gebilde in Einzahl im Ggs. zur Zwei- oder Mehrzahl: a) unpaar an Stelle eines symmetrischen Paares: Monorhina mit nur einer Nasenöffnung = Cyclostomata im Ggs. zu den übrigen Wirbeltieren (= Amphirhina); Monodelphia, Säugetiere mit einer Scheide im Ggs. zu den Didelphia (s. delphy-): Monocondylia s. condyl-; – b) ein Gebilde statt zwei nicht symmetrischer Gebilde: Monotremata mit nur einer Ausfuhröffnung für Urogenitalorgane und Darm (Kloakenöffnung); – c) nur ein Gebilde statt zwei oder mehr: Monothalamia = Foraminifera mit einkammeriger Schale (Ggs. poly-); monaxone Grundform s. axon- u. metr. I.; Malaxis monophyllos = Kleinblütiges Einblatt (Orchidee). – 3. Das einzelne Individuum: a) bei der Fortpflanzung: monocytogen, s. gen- 4.; – b) einzelner Partner zur Fortpflanzung: Monoim Ggs. zur Polygamie; – c) einzeln lebendes Individuum im Ggs. zur Koloniebildung: Monascidia (Ggs. syn+ 2.b). – 4. Merkmal: monohybrid ist ein Bastard, der die Anlagen beider Eltern bezüglich eines Merkmals enthält (s. hybrid-). – 5. Vorgang einmalig ablaufend: a) Vorgang durch phyausgedrückt: monophyodont sind Säugetiere mit einmaliger Zahnbildung (ohne Zahnwechsel); – b) Vorgang nicht bes. ausgedrückt: monokarpisch nennt man Pflanzen, die nur einmal Früchte tragen (Kräuter).

monil-, *Subst. monil·e, ·is n. (= Halsband).* – Ähnlichkeit mit Halskette oder Perlschnur: a) bei der Rotalge Batrachospermum miniliforme folgen runde Quirle von Zweigen linear aufeinander (vgl. sperm(at)-); – b) Populus monilifera, eine Pappel mit rosenkranzförmigen Kätzchen; – c) der Zungenwurm Pentastomum moniliforme zeigt aufeinanderfolgende Anschwellungen seines langen Körpers; – d) eine Form der Antenne bei Käfern heißt Antenna moniliformis.

mons-, mont-, *Subst. mons, mont·is m. (= Berg, Gebirge) → Adj. montan·us.* – 1. Berg, Hügel als Lebensbereich: a) Tiere: Montifringilla = Schneefink; Glomeris montivaga, ein Tausendfüßer, der in der Schweiz oberhalb der Baumgrenze gefunden wurde; – b) Pflanzen: Ranunculus montanus, Arnica montana, Epilobium montanum. – 2. Erhöhung an Körperteilen und Organen: Mons pubis (= veneris) = Schamhügel beim Menschen; Monticulus cerebelli, ein Teil des Kleinhirnwurmes; Promontorium, die durch die Gehörschnecke verursachte Vorwölbung des Felsenbeins im Mittelohr.

monstr-, *Subst. monstr·um, ·i n. (= Wahrzeichen, Ungeheuer), verw. mit Verb monstrāre (= zeigen, vorschreiben, belehren).* – Ungewöhnliche, absonderliche Formbildung: a) als normaler Zustand: Monstrilla, Gttg. der Krebse (Copepoda), Chimaera monstrosa; – b) als Mißbildung: Monstrum = Mißgeburt, Plur. Monstra; Monstrosität.

mor-, *Subst. τὸ μόρ·ον = mōr·um, ·i n. (= Brombeere, Maulbeere) und Subst. mōr·us, ·i (= Maulbeerbaum).* – 1. Maulbeerbaum: a) Gttg. Morus; – b) als Lebensbereich von Tieren: Bombyx mori, der Seidenspinner, dessen Raupe Blätter des Maulbeerbaumes frißt. – 2. Der Maulbeere oder Brombeere ähnlich gestaltet: Morula = Maulbeerkeim aus Furchungszellen.

mord-, *Verb mordēre (= beißen, verletzen, quälen)*; vgl. mors-. – Versch. Arten der Nahrungsaufnahme von Tieren: a) Parasiten: Gttg. Mordacia, Rundmäuler, die sich an Fischen festsaugen und sie schädigen; – b) Pflanzenfresser: Mordella, Gttg. der Käfer; von modernden Pflanzenstoffen lebt die Milbe Rhagidia mordax.

mori-, *Subst. τὸ μόρι·ον (= Teil, Stück, Glied), verw. mit τὸ μέρ·ος*; s. mer- I. – Tetramorium = Gttg. der Ameisen mit viergliedrigem Kiefertaster; Cynomorium coccineum, Pflanze, deren kolbenförmiger Stengel mit dem Penis eines Hundes verglichen wird (Hundsrute), in derselben Bedeutung Name der Fiederkoralle Verticillum cynomorium.

morph-, *Subst. ἡ μορφ·ή (= Gestalt, Form, Erscheinung, Schönheit) → Verb μορφόω (= gestalten) → Subst. ἡ μόρφωσις (= Gestaltung)*; vgl. form- I. – 1. Form im weitesten Sinne als Anordnung im Raum: a) Morphologie als Wissenschaft von dem körperlichen Aufbau der Organismen, einschließlich dessen zeitlicher Veränderung in der Onto- und Phylogenese, nicht in Gegensatz zur Physiologie, sondern mit ihr in engster Wechselbeziehung; Promorphologie = Lehre von den Grundformen, d. h. den einfachsten räumlichen Anordnungen der Organe und Körperteile (vgl. axon(-) 1 und metr- I); – b) Veränderung der Form in der Entwicklung = Metamorphosis, in der Jahreszeit = Cyclomorphosis, bei der Regeneration: Morphallaxis (allax-). – 2. Form als stammesgeschichtliche und syst. Zusammengehörigkeit; Benennung von Sippen nach einem ihrer Vertreter, ohne daß die anderen Mitglieder diesem äußerlich formähnlich sein müßten, z. B. bei Nagetieren die Sektionen Hystrico-, Myo- und Sciuromorpha. – 3. Äußere Form, morph. Merkmale: a) amorph (vgl. a+) = ohne bestimmte Form, formlos; – b) mit bestimmter Form, aber sehr groß, „unförmig“: Amorphophallus s. phall-; – c) Variabilität: stark variieren das Lebermoos Marchantia polymorpha und der Pilz Xylaria polymorpha; Polymorphismus ist die Verschiedengestaltigkeit der Individuen in Tierstöcken und bei sozialen Insekten; – d) Formvergleiche: einem Stück Darm ähnlich der Darmtang Gttg. Enteromorpha, einer Keule ähnlich Corymorpha s. coryn-.

mors-, *Sup. von Verb mordēre (= beißen, greifen, angreifen), Subst. morsus, ūs m. (= Biß, Beißen)*; s. mord-. – 1. Glossina morsitans = Tsetsefliege, saugt mit ihrem langen Stechrüssel Blut an Rindern und überträgt dabei die Erreger der Naganaseuche (Trypanosoma brucei); Scolopendra morsitans = Bissiger Skolopender. – 2. Übertr.: Hydrocharis morsus-ranae = Gem. Froschbiß, Blätter sollen am Rande „wie angebissen“ aussehen.

mors, mort-, *Subst. mors, mort·is f. (= Tod, Leiche), Verb morior, mortuus sum (= sterben) → Subst. mortu·us, ·i m. (= der Tote, die Leiche).* – Tod: a) Vorgang: mortalis = auf den Tod bezüglich; postmortale Veränderungen im mikroskopischen Präparat infolge der Autolyse (s. ly-); Blaps mortisaga = „Totenkäfer“, ein düsterer, nächtlich lebender Käfer, der abergläubischen Menschen als Vorbote des Todes galt; – b) Leiche: Cynomyia [Sarcophaga] mortuorum = Leichenfliege.

mosaik, *vom arabischen musauik (?).* – a) Mosaik, eine Flächenverzierung durch farbige Steinchen oder Glasstücke; – b) übertr. im Sinne einer Summe selbständiger Teile: Mosaikeier bzw. Mosaikfurchung = Kennzeichnung früher Embryonalstadien, deren Teile schon früh determiniert sind, so daß nach experimentellen Abänderungen keine Regulation mehr stattfinden kann.

mosch-, *Subst. ὁ μόσχ·ος (=Sprößling, Kalb; Moschus).* – 1. Moschus oder Bisam = Sekret der Moschusdrüse des Moschustieres Moschus moschiferus. – 2. Nach Moschus riechend: a) andere Tiere: Ovibos moschatus = Moschusochse, Hypsiprymnodon moschatus = Moschuskänguruh; – b) Pflanzen: Adoxa moschatellina = Gem. Moschuskraut, Mimulus moschatus = Moschus-Gauklerblume, Malva moschata = Moschus-Malve.

mot-, *Sup. vom Verb movēre (= bewegen) → Subst. mōtio, motiōn·is f. und mōtus, ūs m. (= Bewegung); Verb removēre (= zurückbringen, wegschaffen) → Part. Pass. remot·us, ·a, ·um (= entfernt, abgelegen).* – 1. Bewegung von Körperteilen oder Ortsveränderung von Tieren: motorius = motorisch = die Bewegung betreffend, insbes. motorische Nerven = zentrifugale Nerven, die zu den Muskeln führen und Bewegung veranlassen können, z. B. N. oculomotorius = III. Hirnnerv, innerviert die meisten Augenmuskeln; Lokomotion = Ortsveränderung s. loc- 1. – 2. Zustand: Pflanzen mit lockeren oder abstehenden Zweigen: Ährchen von Carex remota, Zweige des schlaffen Rispengrases Poa remota.

move-, *Verb movēre mit Sup. mot- (= bewegen, antreiben; bewirken, verursachen; fördern, fortschaffen), mit Präfixen: commovēre (=bewegen, reizen, erregen), emovēre (= wegschaffen, entfernen), promovēre (= vorwärts bewegen, befördern), removēre (= zurückbewegen, wegschaffen); bei folgendem Konsonanten in Ableitungen geht das v verloren, bzw. die Lautgruppe ove oder ovi wird zu o reduziert:* s. mot-, mobil-, moment-.

muc-, *Subst. muc·us, ·i m. (= Rotz, Schleim, Schlamm) → Adj. mucid·us, ·a, ·um u. mucos·us, ·a, ·um (= schleimig)*; vgl. myx-. – 1. Histologie: Mucus = Schleim, eine wässerige Flüssigkeit mit spezifischen Schleimstoffen, den Muzinen; Erzeugung in Zellen = Mukozyten, die entweder im Epithel verteilt oder zu Drüsen vereinigt sind: Glandulae mucosae und gemischte mukoide Drüsen; mit vielen Schleimzellen versehen ist die Schleimhaut = Tunica mucosa (darunter die Tela submucosa). – 2. Pflanzen: Pilz Mucidula mucida, ein Rübling mit stark schleimigem Hut.

mucro(n)-, *Subst. mūcro, mucrōn·is m. (= Spitze, Schneide, Schärfe) → Adj. mucronāt·us, ·a. ·um (= mit einer Spitze versehen).* – Spitz endende Gebilde sehr verschiedener Art: a) spitze Fortsätze an der Schale des Wasserflohs Scapholeberis mucronata; – b) spitz endet das Gewinde der Schale der Süßwasserschnecke Lymnaea mucronata; – c) Stachelspitzen haben die Deckblätter der Simsenart Scirpus mucronata.

mulg-, *Verb mulgēre (= melken) → emulgēre (= ausschöpfen).* – 1. Tiere melken: Caprimulgus = Ziegenmelker, Gttg. der Nachtschwalben, auf Grund einer alten Sage benannt. – 2. Kolloidchemisch: Emulsion, die Verteilung einer flüssigen Phase in einer anderen, z. B. Öl in Wasser; emulgieren = eine E. herstellen.

mult-, *Adj. mult·us, ·a, ·um (= viel, zahlreich), in Zus. mit Bindevokal ·i-; Comp. s. plur-, Superl. plurimus; Adj. multiplex (= vielfach).* – Große Anzahl, auf jeden Fall mehr als zwei: a) multiple Zellteilung bei Protozoen = Zerfall in viele Teilstücke statt der Zweiteilung; – b) multipolare Ganglienzellen besitzen mehr als zwei Fortsätze, d. h. mehr als einen Dendriten (Ggs. bi- oder unipolar); – c) Finne von Multiceps multiceps, dem Quesenbandwurm des Hundes, mit vielen Kopfanlagen (ceps); – d) viele Blüten in den Ährchen von Luzula multiflora (einer Hainsimse) und Lolium multiflorum (Lolchart).

mur-, *Subst. mūr·us, ·i m. (= Mauer).* – 1. Mauer (Bauwerk) als Lebensbereich: a) von Tieren: Lacerta muralis = Mauereidechse, Belaustium murorum, eine Milbe, die an sonnigen Mauern gefunden wird; – b) von Pflanzen: Gypsophila muralis = Mauer-Gipskraut, Chenopodium murale = Mauer-Gänsefuß, Asplenium ruta-muraria = Mauerraute, ein Farn an Mauern u. Felsen. – 2. Wandung von Hohlorganen: intramurales Nervennetz der Darmwand.

mur-, mus, *Subst. mūs, mur·is m. (= Maus), verw. mit mys;* s. my- A. – 1. Maus: a) Gttg. Mus (Ugttg. Mus) mit der Art M. musculus = Hausmaus, Fam. Muridae; – b) Parasiten der Mäuse: Ctenopsyllus musculi = Mäusefloh; Myocoptes musculinus, eine Milbe; Cordylobia murium, Geschwulstfliege der Mäuse. – 2. Der Maus ähnlich: Käfer wegen der Kleinheit, sehr schnellen Bewegung u. grauen Farbe: Cistela murina, Brachylacon murinus = Mausgrauer Schnellkäfer.

murex, muric-, *Subst. murex, muric·is m. (= Stachelschnecke, Purpurschnecke und -farbe) → Adj. muricat·us, ·a, ·um (= spitzig, stachelig).* –

1. Gttg. Murex = Stachelschnecke. – 2. Übertr.: mit „Stacheln" versehen: Carex muricata = Sperrfrüchtige Segge, Pontobdella muricata (Rochenegel) mit Warzen („weichen Stacheln").

mus-, *Subst. ἡ Μοῦσ·α (= Göttin der Künste usw.) → Subst. τὸ μουσεῖ·ον (= Musentempel, -sitz) → muse·um, ·i n. (= Museum) und Adj. μουσικ·ός (= musisch, musikalisch, künstlerisch u. wiss. gebildet).* – 1. Museum: Anthrenus museorum, ein Käfer, dessen Larve sich von Stoffen tierischer Herkunft ernährt und in Museen Schaden anrichtet (alter Name „Kabinettkäfer"). – 2. Musik: a) Gesang von Vögeln: Turdus musicus (Rotdrossel); – b) der Form eines Musikinstrumentes ähnlich: Tubipora musica, eine Orgelkoralle; – c) notenähnliche Zeichnung: auf der Schneckenschale von Voluta musica.

musc- I., *Subst. musc·a, ·ae f. (= Fliege), verw. mit ἡ μυῖ·α;* s. myi-. – Fliege: a) Gttg. Musca → Fam. Muscidae; – b) Tiere, die sich von Fliegen u. a. Insekten ernähren: Muscicapa = Fliegenschnäpper, Gttg. der Singvögel; – c) mit Fliegen verglichen: die Blüten der Fliegen- oder Mückenorche Ophrys muscifera.

musc- II., *Subst. musc·us, ·i m. (= Moos).* – Moospflanzen und -polster als Lebensbereich von Tieren: Muscicolae = die Tierwelt der Moospolster; Gnaphosa muscorum, eine Röhrenspinne, die im Nadelwald unter Moos lebt.

muscul-, *Subst. muscul·us, ·i (= Mäuschen, Muskel), Demin. von mus, mur·is, verw. mit μῦς;* vgl. my-. –
A. Maus, s. mur-, mus.
B. Muskel: a) der einzelne M. als Organ bzw. Gruppe solcher Organe, benannt nach der Funktion (M. abductor, dilatator, retractor), nach der äußeren Form (M. deltoideus, quadratus, teres, trapezius), nach der Größe (M. longissimus, maximus, minimus), nach der Lage (M. genioglossus, pectoralis, temporalis), nach der Anzahl der Köpfe (M. biceps, triceps) oder der Bäuche (M. biventer); Gesamtheit: Muskulatur; – b) Muskelgewebe nicht in Form umschriebener „Muskeln", Schichten um Hohlorgane: Lamina muscularis mucosae; – c) Muskelgewebe allg.: Textus oder Tela muscularis.:

musiv-, *opus musīvum = musivische Arbeit = Mosaik, musīvus also Adj. zu Mosaik.* – Einem Mosaik ähnlich: musivisches Sehen mit Facettenauge, wobei das Gesamtbild aus den Teilbildern der einzelnen Ommatidien zusammengesetzt ist.

mustel-, *Subst. mustēl·a, ·ae (= Wiesel).* – 1. Marderartige Raubtiere: Gttg. Mustela. – 2. Mit Marder oder Wiesel verglichen: a) Fische als

Raubtiere: Mustelus mustelus [vulgaris] = Glatthai; – b) Bewegungsweise (?): Ciliata [Onos] mustela = Seewiesel (Fünfbärtelige Seequappe); – c) Farbe: Pilz Russula mustelina mit „wieselfarbigem" Hut.

muta-, *Verb mūtāre (= bewegen, wechseln, ändern).* – 1. Veränderung: a) ontogenetische Veränderung: Blütenfarbe von Lupinus mutabilis; Mutieren = Stimmwechsel in der Pubertätszeit; – b) path. Veränderungen herbeiführend: Milbe Cnemidocoptes mutans erzeugt „Kalkbeinigkeit" bei Hühnern. – 2. Erbliche Veränderungen, in der Genetik Mutation im Ggs. zur Modifikation; Mutante = ein durch Mutation entstandenes Merkmal oder Individuum; Adj. mutagen → Subst. das Mutagen, ein Mittel zur Auslösung von Mutationen, z. B. mutagene Stoffe.

mutu-, *Adj. mutu·us, ·a, ·um (= geborgt, wechselseitig)*; – Mutualismus, eine Lebensgemeinschaft (Symbiose) mit gleichem Vorteil für beide Partner.

my-, *Subst. ὁ μῦς, μυ·ός (= Maus; M.), verw. mit mus*; s. mur-, mus.

A. Maus: 1. Mausartige Nagetiere: Myomorpha, bes. Angehörige der Muridae: Gattungen Dendromys, Otomys, Pitymys und Untergattungen von Mus: Epimys, Micromys. – 2. Andere, im Habitus mit Mäusen verglichene Säugetiere: a) Nagetiere: Myoprocta, Myocastor, Cynomys; – b) Insektenfresser: Spitzmäuse (Neomys), Maulwürfe (Myogale). – 3. Einzelne an die Maus erinnernde Merkmale: a) das Mäuseohr: Myotis = Gttg. der Fledermäuse, Myosotis, Gttg. der Boretschgewächse; – b) Schwanz: die Ähre von Myosurus, Gttg. der Hahnenfußgewächse.

B. Muskel: 1. Muskulatur im allg.: a) Gewebe: Myofibrille = Muskelfibrille, aus Myosin bestehend, in der quergestreiften Muskulatur in Myocommata gegliedert; im Vergleich zur Myofibrille das Myonema bei Einzellern (bes. Ciliata); – b) Entwicklungsstadien der Muskulatur bei Wirbeltieren: die segmentalen Myotome = Myomeren (mit dem Myocoel), getrennt durch bindegewebige Myosepten. – 2. Besondere Formen: a) Schließmuskeln von Muscheln: Mono- und Dimyarier mit einem oder zwei Schließmuskeln; – b) glatte Muskulatur innerer Organe von Wirbeltieren: Myokard des Herzens, Myometrium des Uterus; – c) quergestreifte Skelettmuskulatur von Wirbeltieren: Myologie der med. Anatomie in diesem Sinne.

myc(et)-, *Subst. ὁ μύκης, ητ·ος auch μύκ·ον (= Pilz).* – 1. Pilze als Sippe von Pflanzen: a) Mycophyta = Pilze, mit den Unterabteilungen Myxomycetophytina (s. 2.) u. Eumycetophytina = Fungi, diese in Phycomycetes = Algenpilze u. Eumycetes = Höhere Pilze eingeteilt; Mykologie = Pilzkunde; – b) Pilze in Beziehung zu höheren Pflanzen: Mykorrhiza = Pilzwurzel; – c) Fruchtkörper von Hutpilzen: Gttg. Aniso-, Choiro-, Elapho-, Strobilo-myces u. a.; als Lebensraum und Nahrung von Tieren, vor allem

Larven von Insekten (= Fungicolae): Mycetophilidae = Pilzmücken, Käfergattungen Mycetochara, -drepa, -phagus, -phila. – 2. Einem Hutpilz vergleichbar: Mycetozoa = Schleimtiere (in der Botanik als Myxomycetes = Schleimpilze zu den Pflanzen gerechnet) bilden Fruchtkörper, die denen der Hutpilze ähnlich sehen. – 3. Im erweiterten Sinne in der Zoologie für symbiontische Hefen und Bakterien, die im Darmlumen, in bes. Zellen (Myzetozyten) oder in bes. Organen (Myzetomen) bei Insekten u. a. Tieren vorkommen.

myel-, *Subst. ὁ μυελ·ός (= Mark, insbes. Gehirn) → Adj. μυελόεις (= markreich, markig)*. – 1. Rückenmark = der im Inneren des Wirbelkanals befindliche Teil des Zentralnervensystems, das Myelencephalon (Medulla oblongata) als seine Fortsetzung; Myelitis = Entzündung des Rückenmarkes. – 2. Die Markscheide der einzelnen Nervenfaser aus Myelin, also: Myelinscheide; Myeloarchitektonik = räumliche Verteilung der markhaltigen Nervenfasern in der Großhirnrinde. – 3. Knochenmark: Bildung von Leukozyten im Knochenmark aus Myeloblasten und daraus hervorgehenden Myelozyten.

myi-, *Subst. ἡ μυῖ·α (= Fliege, Stuben-, Stech- oder Schmeißfliege)*. – Gattungsnamen verschiedener Mücken (Cecidomyia) und Fliegen, z. B. der Blumenfliegen (Anthomyidae): Hylemyia, Pegomyia.

myl-, *Subst. ἡ μύλ·η und ὁ μύλ·ος (= Mühle) → Subst. ὁ μύλαξ, ακ·ος (= Mühlstein, großer Stein)*; vgl. mol-. – 1. Mahlzahn, Backenzahn, Molar: a) als solcher: Mylarctos, Ugttg. von Ursus, Bären mit großen molariformen Backenzähnen; – b) in räumlicher Beziehung zu ihnen: der M. mylohyoideus, entspringt am Unterkiefer an der Linea mylohyoidea unter den Backenzähnen und wird vom N. mylohyoideus versorgt. – 2. Mit einem flachen Mühlstein verglichen: der Körper des Adlerrochens, Gttg. Myliobatis, und der Scheibensalmler: Gttg. Mylosoma.

myos-, *Gen. von μῦς*, an Stelle von my- vor Vokalen verwendet: Myos-otis, Myos-urus (my- A.3.), Myos-in (my- B.1.).

myri-, *Adj. μυρί·ος (= unzählig, unermeßlich, tausendfach), Plur. μύρι·οι (= 10000) → ἡ μυριάς, άδ·ος (= Myriade, Menge von 10000)*; vgl. ~ad. – Große Anzahl, z. B. der Extremitäten bei den Myriapoda = Tausendfüßern (Kl. der Arthropoda); der Fiederblätter von Myriophyllum = Tausendblatt, Gttg. der Seebeerengewächse; der Sternhaare bzw. Flecken von Astrophytum myriostigma (Kaktusart).

myrmec-, *Subst. ὁ μύρμηξ, ηκ·ος (= Ameise)*; auch Abänderung zu myrmic- und Kürzung zu myrm(e) – Ameisen: a) Gttg. Myrmica; – b) Tiere, die sich bevorzugt von Ameisen ernähren: Myrmecophaga = Ameisenbär, Gttg. der Edentata; Myrmecobius = Ameisenbeutler; Myrmeleon = Ameisenlöwe, Gttg. der Insekten (Netzflügler); – c) Tiere, die in Ameisenhaufen als Gäste leben (Myrmekophilie s. syn+) und ihnen in versch. Grade formähnlich sind (Myrmekoidie), z. B. der Käfer Myrmedonia, die Grabheuschrecke Myrmecophila.

mys, Nom. zu my-.

myst-, abgekürzte Form von mystac-: Mysticeti = Mystacoceti (Bartenwale).

mystac-, *Subst. ὁ μύσταξ, ακ·ος (= Schnurrbart).* – 1. Bart = lokale Behaarung: a) beim Schnurrbartäffchen Leontocebus mystax; – b) bei Insekten: Gttg. der Köcherfliegen Mystacides (Kiefertaster mit langen Haaren). – 3. Barten in der Mundhöhle der Bartenwale, s. myst-.

myx-, *Subst. ἡ μύξ·α (= Schleim, bes. Nasenschleim), verw. mit muc·us*; s. muc-. – 1. Schleim: Myxine glutinosa = Inger, Schleimaal, Art der Cyclostomata mit schleimiger Haut; Pilze der Gttg. Myxacium mit den Arten M. mucosum u. mucifluum bei feuchtem Wetter schleimig u. klebrig. – 2. Weiche organische Masse, mit Schleim verglichen: a) Protoplasma von amöboiden Einzellern: Pelomyxa = Gttg. der Amöben, Myxomyzeten s. myc(et)-; Myxosporidien, Ord. der Sporozoa mit Gttg. Myxobolus, Myxosoma, Myxidium; – b) Myxospongien = Gallertschwämme (ohne Skelett).

myz-, *Verb μύζω (= saugen, einsaugen), Part. Präs. μύζων, μύζοντ·ος (= saugend).* – 1. Flüssige Nahrung mit dem Munde saugen: Myzomela, Gttg. der Honigsauger (Fam. der Singvögel); Blattläuse: Gttg. Myzus, Myzotoxoptera, Cryptomyzus; Haematomyzus proboscideus (Elefantenlaus). – 2. Sich festsaugen: a) mit Saugmund: Petromyzon, Gttg. der Petromyzontidae; – b) mit Haftscheibe oder Saugnäpfen andernorts: Myzopoda, Gttg. der Fledermäuse mit Saugscheiben an den Füßen.

N

naev-, *Subst. naev·us, ·i m. (= Muttermal).* – Flecken versch. Art: Raja naevia (Kuckucksroche) mit schwarz u. gelb marmoriertem Fleck auf jeder Brustflosse; Locustella naevia (Feldschwirl), ein Singvogel mit dunklen Flecken auf olivbraunem Grund.

nan(n)-, *Subst. νάνν·ος oder νᾶν·ος → lat. nān·us, ·i m. (= Zwerg).* – 1. Geringe Körpergröße von Organismen: a) Nannoplancton = Zwergplankton, der durch die Maschen der feinsten Planktonnetze hindurchgehende Anteil des Mikroplanktons; – b) kleiner als verw. Gattungen und Arten: Nannotragus = Zwergantilope, Betula nana = Zwergbirke (nur

30–80 cm hoch), Zostera nana = Zwerg-Seegras. – 2. Rückgebildete Organe: die Flügel von Nannopterum, Gttg. der Vögel (Phalacrocoracidae) auf den Galapagosinseln.

nar-, *Subst. nār·is, ·is, Plur. ·es f. (= Nasenloch, Nase).* – a) Nasenlöcher bei Wirbeltieren und Mensch: Naris = Apertura nasi externa = äußere Nasenöffnung; – b) Tiere nach Form der Nasenlöcher benannt: Tubinares, die Sturmvögel mit röhrenförmig ausgezogenen Nasenöffnungen.

narc-, *Subst. ἡ νάρκ·η (= 1. Erstarrung, 2. Zitterroche) → Verb ναρκόω (= lähmen, betäuben) → Subst. ἡ νάρκωσις (= Erstarrung, Betäubung) → Adj. ναρκωτικ·ός.* – 1. Med.: Narkose → Adj. narkotisch. – 2. Tiere, die durch elektrische Schläge Lähmung hervorrufen können, bes. Zitterrochen: Gttg. Narcine [Narke]; Art Torpedo narce [ocellata]. – 3. Pflanzen von betäubendem Geruch: Narcissus, vielleicht auch nach dem Jüngling Narcissus der griech. Mythologie benannt.

nas-, *Subst. nās·us, ·i m. (= Nase; scharfes Urteil) → Adj. nasūt·us, ·a, ·um (= großnasig)*; vgl. rhin-. – 1. Nasus = Nase: a) als Riechorgan der Wirbeltiere, bei Landtieren zugleich Teil der Atemwege: Cavum nasi = Nasenhöhle, durch die Conchae nasales = Nasenmuscheln untergeteilt in die Meatus nasales = Nasengänge, sich fortsetzend in die Sinus nasales oder paranasales = Nasennebenhöhlen; – b) Organe in örtlicher Beziehung zur Nase: Ossa nasalia (Nasalia) = Nasenbeine, bilden das knöcherne Dach der Nasenhöhle; von ihnen gehen die Nasoturbinalia aus; – c) äußere Nase als Gesichtsvorsprung, Namen von Tieren mit auffälliger Nasenbildung: Gattungen Nasua = Nasenbär, Nasalis = Nasenaffe. – 2. Gesichtsvorsprung ohne Beziehung zum Riechorgan: a) Schnauze von Knochenfischen: Chondrostoma nasus = Näsling; – b) Insekten: Gesichtsvorsprung, einer „Nase" vergleichbar: Tryxalis nasuta = Nasenschrecke mit kegelförmigem Kopfgipfel; Horn auf dem Kopf: Nashornkäfer Oryctes nasicornis.

nasc-, *Verb nāscor, nātus sum, nasci (= geboren werden, entstammen, wachsen)*; vgl. nat-. – 1. Entstehung eines Stoffes: Wasserstoff naszierend = in statu nascendi = im Augenblick des Entstehens. – 2. Verwachsung: Entstehung gemischter Knochen durch Konnaszenz = Verschmelzung von Haut- und Ersatzknochen so früh, daß deren Anteil später schwer nachweisbar ist.

nast-, *Verb νάσσω (= festdrücken, feststopfen) → Adj. ναστ·ός (= festgedrückt).* – In der Botanik stark abgewandelte Bedeutung für Bewegungen, die durch Druck, Berührung usw., bzw. durch einseitigen „Wachstumsdruck" hervorgerufen werden: Nastien = nastische Bewegungen, bei Pflanzen die Bewegungen von Organen unter dem Einfluß äußerer Reize, daher als Elektro-, Geo-, Nycti-, Photo-, Seismo-, Thermo- und Thigmonastie unterschieden; bes. Formen: Epinastie = epinastisches Wachstum bei Blättern und Seitenzweigen stärker auf der Oberseite, Hyponastie = hyponastisches Wachstum dagegen auf der Unterseite.

nat-, *zum Verb. nascor gehöriger Sup., davon Subst. nātio, ōn·is f. (= Geburt, Gattung, Volksstamm) und natūr·a, ·ae f. (= Geburt, Wesen, Welt), Subst. natus, ūs m. (= Geburt, Alter) → Adj. natal·is, ·e (= die Geburt betreffend), nativ·us, ·a, ·um (= geboren, angeboren)*; s. nasc-. – 1. Werden, Entstehen im allgemeinsten Sinne: die Natur → die Naturalien = Natur-, bes. Bodenerzeugnisse. – 2. Das Gewordene mit seiner Besonderheit, z. B. die Natur eines Organismus als individuelle oder spezifische Eigenart. – 3. Substanz im natürlichen oder durch Einwirkungen veränderten Zustand: native Stoffe, z. B. natives Eiweiß im Ggs. zum denaturierten (z. B. durch Hitze koagulierten) Eiweiß, natives Serum im Ggs. zum fermentativ gereinigten Serum. – 4. Geburt bei Säugetieren und Mensch: der Neonatus = das Neugeborene; pränatal und postnatal ist die ontogenetische Entwicklung vor und nach der Geburt; Natalität = Geburtenhäufigkeit, Anzahl der jährlichen Geburten auf je 1000 Einwohner. – 5. Zustand, als Vorgang des Wachens gedacht: Pflanzen, deren Blätter am Stengel angewachsen sind und an ihm herablaufen: Bidens connatus (con+), Epilobium adnatum (ad+).

nata-, *Verb natāre (= schwimmen, wogen, schwanken)*. – 1. Schwimmen als aktive Ortsveränderung im freien Wasser: Macrura natantia, die Garnelen im Ggs. zu den anderen zehnfüßigen Krebsen, die sich vorwiegend am Boden des Gewässers aufhalten (rept-); Pelagothuria natatrix s. pelag-. – 2. Auf dem Wasser: a) luftatmende Wirbeltiere: Gttg. Natrix = Wassernatter mit der Art N. natrix = Ringelnatter; – b) Pflanzen, die an der Wasseroberfläche schwimmen, entweder frei (Salvinia natans) oder nur mit Schwimmblättern: Potamogeton natans = Schwimmendes Laichkraut.

nau-, Kurzform für naus am Anfang zusammengesetzter Wörter: Naucoris, Gttg. der Wasserwanzen, s. naut-.

naupli-, *Subst. naupli·us m. (= ὁ ναύπλι·ος), ein Wassertier, das seine Schale wie ein Schiff benutzt, von naus; s. naus(-)*. – Nauplius = Larve der niederen Krebse, mit drei Beinpaaren sich schnell im Wasser fortbewegend.

naus(-), *Subst. ἡ ναῦς, νεώς (= Schiff), verw. mit lat. navis; in Zus. entweder zu nau- verkürzt oder mit Bindevokal ·i (nausi-) oder in der Form naut-*; s. nau-, naut- und nav-; vgl. auch naupli-.

naut-, statt nau- oder naus- in manchen zus. Wörtern, z. B. *Subst. ὁ ναυτίλ·ος (= Schiffer, Seefahrer) und Adj. ναυτικ·ός (= das Schiff oder die Seefahrt betreffend, seekundig)*. – 1. a) im urspr. Sinne: Schiff und Schiffahrt: Nautik, nautisch; – b) übertr.: Aeronautik = Luftfahrt, Astronautik

= Weltraumfahrt. – 2. Einem Schiff irgendwie vergleichbare Wassertiere: a) auf der Wasseroberfläche wie ein Boot schwimmend: Nautilus, Gttg. der Cephalopoda, lebt am Boden, kann aber durch Gasfüllung der letzten Schalenkammern auch an der Oberfläche schwimmen („Perlboot"); – b) im Wasser schwimmende Tiere: Argonauta argo, Art der Cephalopoda, wegen der dünnen Schale Papierboot genannt, schwimmt im Wasser oder kriecht am Boden, hat seinen Namen nur von einer alten Fabel; Fam. Naucoridae mit Naucoris cimicoides = Gem. Schwimmwanze; – c) Naucrates ductor = Lotsenfisch, folgt gelegentlich Schiffen, vor allem aber Haifischen, die er zu geeigneter Beute lotsen soll.

nav-, *Subst. nāv·is, ·is f. (= Schiff) → Demin. navicul·a, ·ae (= Schiffchen, Kahn), verw. mit ναῦς*; vgl. naus(-). – 1. Schiff: a) als solches: Navigation; – b) in Beziehung zum Schiff, insbes. Tiere, die in Bauholz bohren und daher auch Schiffe beschädigen: Teredo navalis = Schiffsbohrwurm, eine Röhrenmuschel; Lymexylon navale = Werftkäfer, s. lym-. – 2. Form von Gebilden, an ein Schiff erinnernd: a) Os naviculare (pedis) = Kahnbein in der Fußwurzel; – b) Navicula, Gttg. der Kieselalgen; – c) Navicellen = Pseudonavicellen heißen die spindelförmigen Sporen von Gregarinen; – d) Fossa navicularis urethrae = „schifförmige Grube" der Harnröhre beim Menschen.

ne-, *Adj. νέ·ος (= jung; neu, ungewöhnlich) → substt. ὁ νέ·ος (= Jüngling) und τὸ νέ·ον (= Jugendzeit).* – 1. In der Entwicklung das Jüngere, also frühere, insbes. in der Ontogenese das junge, noch nicht erwachsene (nicht alte) Tier: Neomelie = Brutpflege („Sorge für die Jungen"); Neotenie = Stehenbleiben (ten-) auf Jugendstadien; Neoptile = das erste Federkleid der Vögel (meist aus Dunen). – 2. Vom heutigen Zeitpunkt, d. h. vom menschlichen Standpunkt aus das Neuere, Jüngere, also im zeitlichen Ablauf das Spätere: a) phylogenetisch: Neencephalon, das Großhirn, und Neopallium, die Rinde des Großhirns als neuere Erwerbungen gegenüber dem urspr. Gehirn (s. arch- I.); – b) in der Geschichte: Amerika als Neue Welt: Neogaea, neotropische und nearktische Region in der Tiergeographie; – c) neuere Theorien mit dem Begriff der „Erneuerung": Neo-darwinismus, -lamarckismus, -vitalismus.

nebul-, *Subst. nebul·a, ·ae f. (= Dunst, Nebel, Gewölk) → Adj. nebulōs·us, ·a, ·um (= dunstig, nebelig).* – Dem Nebel vergleichbar: 1. Beschaffenheit: Vorticella nebulifera = Nebelglöckchen, schimmelartig auf Wasserpflanzen. – 2. Oberflächen: a) scheckig behaart der Nebelgraue Raubkäfer Leistotrophus nebulosus; – b) mit schimmelartigem Reif bedeckt der graue Hut des Pilzes Clitocybe nebularis; – c) einheitlich grau oder bräunlich gefärbt die Baumwanze Rhaphidigaster nebulosa.

neca-, *Verb necāre (= töten, vernichten).* – Parasiten, die tödliche Krankheiten hervorrufen können: Necator americanus, Art der Hakenwürmer

(Nematoden), Parasit des Menschen; Costia necatrix, ein Flagellat in der Haut von Fischen.

necr-, *Adj. νεκϱ·ός (= tot, unbelebt, träge) → substt. ὁ νεκϱ·ός (= Toter, Leichnam) → Verb νεκϱόω (= töten; absterben) → Subst. ἡ νέκϱωσις (= Tod).* – 1. Vorgang: Nekrose u. Nekrobiose, das (langsame) Absterben von Geweben innerhalb des lebenden Körpers. – 2. Leiche, toter Körper: a) nekrotrophe Organismen ernähren sich von totem Gewebe oder Leichen: Nekrophagie, Nekrophyta; der Aaskäfer Necrophorus = Totengräber begräbt Leichen kleiner Wirbeltiere als Futter für Larven. – 3. Ausgestorben, fossil: Gttg. Necrolemur.

nect- I., *Adj. νηκτ·ός (= schwimmend) und Subst. ὁ νηκτ·ής (= Schwimmer) vom Verb νήχω (= schwimme).* – Schwimmen als aktive Bewegung im Wasser: a) allg.: Nekton (Necton), die Gesamtheit der aktiv schwimmenden Tiere im Ggs. zum Plankton; – b) primäre Wassertiere: Nectophoren = Schwimmglocken (umgewandelte Medusen) bei Siphonophoren; Pleuronectes, -nectidae = Schollen, Plattfische; Nectochaeta, ein Larvenstadium mariner Borstenwürmer; – c) sekundäre Wassertiere: Chironectes = Schwimmbeutler, Eunectes (Anakonda), Gttg. der Boaschlangen.

nect- II., *Verb nectĕre mit Sup. nex- (= knüpfen, flechten, fesseln, anfügen), bes. mit Präfixen an+, ad+ und con+.* – 1. Verbindende Gebilde: Connective = Konnektive = Nervenstränge, am Strickleiternervensystem, die beiden Längsstränge, die die segmentalen Ganglien verbinden. – 2. Verwandtschaftliche Verknüpfung: Protopterus annectens, afrikanischer Lurchfisch, früher als Zwischenform zwischen Fischen und Amphibien aufgefaßt.

nectar(-), *Subst. τὸ νέκταϱ, αϱ·ος (Göttertrank, Nektar).* – Honigsaft der Blüten: a) als solcher: Nektarien sind Bildungen (Drüsen, Grübchen, Polster usw.), die Nektar erzeugen und enthalten; – b) Tiere, die sich von Blütenhonig ernähren: Nectarinia, südafrikanische Gttg. der Singvögel.

neglect-, *Adj. neglect·us, ·a, ·um (= vernachlässigt, unbeachtet), Part. Pass. zum Verb neglegĕre (= vernachlässigen) von nec- oder neg- (Negation) und legĕre;* vgl. leg- I. – 1. Bisher unbekannt oder unbeachtet: Macula neglecta im Labyrinth der Wirbeltiere (eine kleine Sinnesendstelle); Calamagrostis neglecta = Übersehenes Reitgras; Troglophilus neglectus, eine in Karsthöhlen verborgen lebende Heuschrecke. – 2. Gering geschätzt, verachtet: Malva neglecta, die Wegmalve.

nem-, *Subst. τὸ νέμ·ος (= Weide, Waldung, Hain) vom Verb νέμω;* s. nom- B.

nem(at)-, *Subst. τὸ νῆμα, νήματ·ος (= Faden, Garn) vom Verb νέω (= spinnen) mit Suffix ~μα, also eig. das Gesponnene (nē-ma).* – 1. Langgestreckte, mehr oder weniger fadenförmige Körper: a) Bakterien: Treponema s. trep-; – b) Würmer: Nemathelminthes = Rundwürmer mit der Kl. Nematoda = Fadenwürmer, Gttg. Allantonema, Atractonema, Trichonema; ferner Kl. Nematomorpha = Saitenwürmer. – 2. Lange dünne Körperfortsätze: Barteln von Fischen (Nemachilus [Noemacheilus] barbatus = Bartgrundel), Flossenstrahlen von Fischen (Polynemidae = Fädler), Antennen von Insekten (Nematocera, Uord. der Dipteren), Flügel von Insekten (Nemoptera), Tentakel von Medusen (Trachynema, Rhopalonema), Skelettteil von Schwämmen (Hyalonema). – 3. Zellbestandteile von Fadenform: a) Organelle von Protozoen: Myoneme (kontraktil), Neuroneme (erregungsleitend), der Nesselfaden von Nesselkapseln (= Nematozysten); – b) Chromonemata, die im Chromosom parallel nebeneinander liegenden feinen Fäden.

nemert-, *Subst. Νημερτής, eine Tochter des Meeresgottes Nereus.* – Nemertini = Schnurwürmer, selbständiger Kreis der vielzelligen Tiere, mit Ord. Palaeo-, Hetero- u. Hoplonemertini und den Gattungen Nemertes, Geo- u. Pelagonemertes.

nemor-, *Subst. nemus, nemor·is n. (= Hain, Wald, Park), verw. mit νέμ·ος in ähnlicher Bedeutung.* – Haine und Wälder als Lebensbereich: a) von Tieren: Cepaea nemoralis = Hainschnirkelschnecke bewohnt meist Gärten (seltener Haine); Xerolycosa nemoralis, eine Spinne in sonnigen Nadelwäldern; Macaca nemestrina, der in dichten Dschungeln lebende Schweinsaffe; – b) Pflanzen: Anemone nemorosa = Busch-Windröschen, Melampyrum nemorosum = Hain-Wachtelweizen, Stellaria nemorum = Hainmiere.

neph(el)-, *Subst. τὸ νέφ·ος = ἡ νεφέλ·η (= Wolke, Nebel, Finsternis), verw. mit nebula;* s. nebul-. – 1. Wolke: in der Meteorologie: Nephelo-graph -meter, -skop. – 2. Trübung durch schwebende Stoffe in Gasen und Flüssigkeiten: Nephelometrie = optische Messung mit Nephelometer. – 3. Färbung von Tieren dunkel und wolkenförmig: Flügel der Uferfliege Nephelopteryx nebulosa, Zeichnung des Zackenbarsches Epinephelus striatus.

nephr-, *Subst. ὁ νεφρ·ός (= Niere).* – 1. Exkretionsorgane: a) Nieren der Wirbeltiere, in der Form des Proto-, Meso- und Metanephros auftretend, embryonal aus den segmentalen Nephrotomen entstehend; – b) Ausscheidungsorgane Wirbelloser: Protonephridium blind, Nephridium (= Metanephridium) mit Nephrostom = Wimpertrichter beginnend. – 2. Form der menschlichen Niere: a) Insekten mit nierenförmigen Antennengliedern, Gattungen Nephrocerus, Nephrotoma; – b) Nephrodium (Aspidium), Gttg. der Farne mit nierenförmigem Schleier über den Sporangienhäufchen.

nerv-, *Subst. nerv·us, ·i m. (= Sehne, M., Saite; Lebenskraft);* vgl. neur-. – 1. Nerven: a) der einzelne Nerv aus Bündeln von Nervenfasern, das Zentralnervensystem mit den Erfolgsorganen, d. h. der „Peripherie" verbindend (also peripherer Nerv), entweder einzelner, sich verzweigender Strang, z. B.

N. facialis, trigeminus, ischiadicus, oder in netziger Verflechtung, z. B. Plexus nervorum spinalium; – b) Nervensystem als ganzes: Nervismus nach PAWLOW der zunehmende Einfluß des Nervensystems auf alle Körperfunktionen. – 2. Nerven = Adern oder Rippen: a) Insektenflügel: Hemerobius nervosus, Florfliege mit weißen, schwarz punktierten Adern; – b) Leitbündel im Pflanzenblatt (Nervatur): Moehringia trinervia mit dreinervigen Blättern.

nes-, *Subst. ἡ νῆσ·ος (= Insel).* – 1. Geographisch: Indo- und Polynesien. – 2. Tiere, die auf Inseln leben: Nesomys, Gttg. der Mäuse, auf Madagaskar.

net-, *Verbaladj. νητ·ός (= gesponnen) von νέω;* s. nem(at)-. – Argyroneta, Gttg. der Spinnen, s. argyr-.

neur-, *Subst. ἡ νευρ·ά und τὸ νευρ·όν (= Sehne, Pflanzenfaser, Schnur; Spannkraft, Stärke), verw. mit nerv·us;* s. nerv-. – 1. Nervensystem: a) allg.: Neurologie; – b) Nervengewebe: Neuron (Plur. Neuronen) = die Nervenzelle samt ihren Fortsätzen (Neurit und Dendriten) als selbständige Einheit aufgefaßt; Neurofibrillen sind die im ganzen Neuron enthaltenen feinen Fibrillen, in der markhaltigen Faser im Achsenzylinder; Neurolemm = Hülle der einzelnen peripheren Nervenfaser (Schwannsche Scheide); Neuroglia, s. gli-; – c) besondere Lage des Nervensystems: Großeinteilung der bilateralen Tiere nach der Lage des zentralen Nervensystems dorsal (Notoneuralia) oder ventral (Gastroneuralia); Amphineura sind Weichtiere mit parallelen Nervenlängssträngen auf beiden Seiten (bes. Placophora), dagegen Chiastoneurie s. chi-; – d) Entwicklung bei Wirbeltieren: Neuralplatte, -wülste, -rinne und -rohr [Syn. Medullar- usw.], das Rohr anfangs noch vorn offen (Neuroporus) und hinten mit dem Urdarm in Verbindung (Canalis neurentericus); das embryonale Stadium: Neurula, danach die Bildung der Neurula oder der Neuralanlage: Neurulation; – e) Gewebe und Organe in Beziehung zu Teilen des Nervensystems: Neurocranium = Hirnschädel; Neurohypophyse = der nervöse Anteil des Organs, Hinterlappen (Ggs. aden-); die Anlage der dorsalen Wirbelbögen, die das Rückenmark umschließen: Neurapophysen; – f) differenzierte Erregungsleitung bei manchen Protozoen (Ciliata) durch Neuroneme, vgl. nem(at)-. – 2. Nerven = Adern oder Rippen: a) Insekten: Ord. Neuroptera = Netzflügler, mit netzigem Geäder; – b) Pflanzen: Cratoneurum, Gttg. der Blattmoose mit kräftiger Blattrippe.

nex- I., *Subst. ἡ νῆξις (= das Schwimmen) vom Verb νήχω (= schwimmen);* vgl. nect- I. – Schwimmen als aktive Bewegung: Philonexis, Gttg. der Cephalopoda.

nex- II., *Sup. vom Verb nectĕre → Subst. nexus, ūs m. (= Zusammenknüpfen, Verbindung).* – Verbindung: 1. Morph. Zustand: Connexus intertendineus

= Verbindung von Sehnen. – 2. Begrifflich: Kausalnexus = Nexus causalis, der ursächliche Zusammenhang aufeinanderfolgender Geschehnisse; vgl. nect- II.

nict-, *Verb nictāre (= mit den Augen winken, blinzeln), davon Verb Frequ. nictitāre.* – Membrana nictitans = Nickhaut, das dritte Augenlid vieler Wirbeltiere, bei Affen und Mensch weitgehend zurückgebildet.

nid-, *Subst. nīd·us, ·i m. (= Nest; Wohnsitz).* – 1. Vogelnest: a) Collocalia nidifica [fuciphaga], Salangane (Fam. Cypselidae), verfertigen aus Speichel die eßbaren Vogelnester; – b) nidikole Insekten leben in Nestern von Vögeln und Säugetieren, eine als Nidikolie bezeichnete Erscheinung. – 2. Einem Vogelnest ähnlich: a) der verflochtene Wurzelstock der Orchidee Neottia nidus-avis = Nestwurz; – b) Gttg. der Bauchpilze Nidularia = Nestpilz, enthält im becherförmigen Fruchtkörper die runden Sporenbehälter wie das Vogelnest die Eier. – 3. Sich Einnisten im Sinne von Einwachsen: Nidation, die Ansiedelung des Säugetiereies in der Uterusschleimhaut.

nigr-, *Adj. niger, nigr·a, nigr·um (= schwarz, dunkelfarbig).* – Schwarze oder schwärzliche Färbung: a) von Tieren: Körper der Schwarzen Erdwanze Aethus nigritus, des Fisches Gobius niger, Gefieder von Oedemia nigra (Trauerente) und Ciconia nigra (Schwarzstorch); – b) von Pflanzen: Rinde von Populus nigra = Schwarzpappel, Wurzelstock von Helleborus niger, Samen von Gttg. Nigella = Schwarzkümmel, Beeren von Ribes nigrum, Sporenmasse von Bovista nigrescens.

niph-, *Verb νείφω oder νίφω (= schneien) → Adj. νιφόεις (= schneereich, schneebedeckt).* – Weiße Färbung: a) Niphona, Gttg. der Käfer mit weißer Binde; – b) Mangel an Pigment bei dem farblosen Brunnen-Flohkrebs Niphargus puteanus.

nit-, *Verb nitēre (= glänzen) → nitescĕre (= erglänzen, gedeihen), Adj. nītidus (= glänzend, schmuck) und Subst. nītor, ōr·is (= Glanz, Glätte, Schönheit).* – Glänzende Körperoberfläche: a) bei Tieren, insbes. bei Insekten: Nitidula, Gttg. der Glanzkäfer, ferner viele Artnamen, z. B. auronitens, cupronitens, nitens, nitescens, nitidus, nitidulus, viridinitens usw.; – b) bei Pflanzen: Potamogeton nitens = Glänzendes Laichkraut.

niv-, *Subst. nix, nĭv·is f. (= Schnee) → Adj. nivālis, nĭveus und nivōsus (= Schnee-, schneeweiß, schneereich);* vgl. niph-. – 1. Schnee in der Umwelt von Tieren: a) im Hochgebirge: Microtus nivalis = Schneemaus in Höhen über 1000 m; Montifringilla nivalis = Schnee- oder Steinfink; – b) in nördlichen Gebieten: Plectrophenax nivalis = Schneeammer, in Mitteleuropa Wintergast aus Skandinavien; – c) im Frühjahr, wenn noch Schnee fällt, blühend: Galanthus nivalis = Kleines Schneeglöckchen. – 2. Schneeweiße Färbung: Gefieder beim ♂ des Schreivogels Procnias niveus; Fruchtkörper von Coprinus niveus.

noct-, *Subst: nox, noct·is f. (= Nacht) → Adj. nocturn·us (= nächtlich) und Subst. noctu·a, ·ae f. (= Nachteule).* – Nacht oder Abend im Ggs. zur Tageszeit: a) nächtlich lebende (tags ruhende) Tiere, z. B. unter den Vögeln die Eulen (Athene noctua = Steinkauz), ferner die danach benannten Nachtschmetterlinge Noctuidae (nach altem Gattungsnamen Noctua); – b) Noctiluca miliaris, Art der Cystoflagellata, erzeugt an ruhigen Abenden bei Reizung (Erschütterungen) das Meeresleuchten; – c) nachts blühende Pflanzen: Melandrium noctiflorum = Echte Nachtnelke.

nod-, *Subst. nōd·us, ·i (= Knoten, Knorren, Band) → Adj. nodos·us, ·a, ·um (= knotig, voller Knoten).* – 1. Knotenähnliche Verdickung an einem langen Gebilde: a) Nerven: Ganglion nodosum des N. vagus; – b) path. Schwellung: Nodositäten = knotige Gallenbildung an Wurzeln durch die Reblaus erzeugt; – c) normale Anschwellung des Stengels an den Blattansatzstellen mancher Pflanzen: Nodien = Knoten; der zwischen zwei Knoten liegende Abschnitt des Stengels: Internodium; bes. starke Knotenbildung am Stengel von Scrophularia nodosa und am Wurzelstock von Symphytum nodosum. – 2. Höcker, Warze, auf Oberflächen: Megaptera nodosa = Buckelwal; Pecten nodosus, Art der Kammuscheln mit knotigen Strahlen. – 3. Selbständiges knotenförmiges Gebilde: Nodus lymphaticus = Lymphknoten (-„drüse"), Nodulus lymphaticus = Lymphknötchen oder -follikel, s. lymph-.

nom-, *Subst. ὁ νόμ·ος (= Brauch, Sitte, Regel), ὁ νομ·ός (= Wohnsitz, Gebiet) und ἡ νομ·ή (= Verteilung, Weideplatz, Futter, Nahrung) vom Verb νέμω (= teilen, zuteilen, verteilen; besitzen), also eig. das Zugeteilte, die Zuteilung;* vgl. nem- I.

A. Verteilung, Zuteilung, Regel, Norm: 1. Aufeinanderfolge, Reihe: Segmentierung homo- oder heteronom, je nachdem die Segmente gleich oder verschieden sind. – 2. Norm oder Typ: Nomarthra sind die „Edentata" mit typischen Wirbelgelenken (Ggs. Xenarthra); Anomodontia sind fossile Reptilien mit abweichender (a + nom-) Bezahnung (odont-). – 3. Gesetz als Bestimmung oder Verursachung: Autonomie = Eigengesetzlichkeit im Sinne der Unabhängigkeit von lenkenden äußeren Einwirkungen: das vegetative Nervensystem fälschlich als autonom, d. h. unabhängig vom zerebrospinalen bezeichnet. – 4. Begrifflich: Einordnung in ein System: Tax(i)onomie, s. tax- I.

B. Weide, Nahrung: Bezeichnung des Aufenthaltsortes und der Nahrung im Namen von Tieren: Anthonomus, Gttg. der Rüsselkäfer auf Blüten; insbes. Weideplatz minierender Larven: Phyllonomium = Blattmine, nach der unterschiedlichen Form als Ophio-, Ptycho-, Stigmato-nomium bezeichnet.

nomen-, *Subst. nōmen, nōmin·is, Plur. nomina n. (= Name, Benennung) → Verb nomināre (= benennen, erwähnen); Subst. nomenclātūr·a, ·ae f. (= Namenverzeichnis) aus nomen und calāre.* – Nomenklatur = Namengebung oder Gesamtheit von Namen; die binäre N. (s. bin-) der Tier- und Pflanzenarten ist seit LINNÉ binominal, d.h., die beiden Glieder der Bezeichnung sind in sich einheitlich = uninominal; durch Hinzufügung eines dritten Namens wird die Bezeichnung für die Unterart trinominal (auch „trinär"), z. B. Corvus corone cornix, Natrix natrix natrix.

norm-, *Subst. norm·a, ·ae f. (= Winkelmaß, Regel, Vorschrift) → Adj. normāl·is (= nach dem Winkelmaß gemacht).* – Norm = Regel, Regelfall; normal = der Norm entsprechend (Zustand, Vorgang, Verhalten) im Ggs. zu abnorm oder enorm = aus der Norm heraus, über das normale Maß hinaus; Reaktionsnorm = die ererbte Fähigkeit, auf Umweltfaktoren in bestimmter Weise, d. h. mit bestimmten Formbildungen zu reagieren.

nos-, *Subst. ἡ νόσ·ος (= Krankheit, Seuche, Unglück).* – Krankheit: a) allg.: Nosologie, die Lehre von den Krankheiten als Hauptgebiet der Pathologie; – b) Nosema bombycis, der Erreger der Pebrinekrankheit der Seidenraupen.

not- I., *Subst. τὸ νῶτ·ον = ὁ νῶτ·ος (= Rücken; Oberfläche).* – Rücken bilateralsymmetrischer Tiere im Ggs. zur Bauchseite: a) Notoneuralia s. neur-; – b) Nōtum = das unpaare Chitinstück der drei Thoraxringe der Insekten (Pro-, Meso- und Metanōtum); Nōtotrema, Gttg. der Laubfrösche mit dorsaler Bruttasche (mit schlitzförmiger Öffnung, trem-); – d) Dendronotus s. arbor(-); – e) Umkehr der Orientierung: Nōtonecta = Rückenschwimmer, Gttg. der Wasserwanzen.

not- II., *Subst. ὁ νότ·ος (= Südwind, Süden) → not·us, ·i m. (= Südwind, Sturm).* – Südliche Halbkugel der Erde: a) tiergeographisches Gebiet: Nŏtogaea, umfaßt Australien und die umliegenden Inseln; – b) Vorkommen von Arten: Nŏtoryctes typhlops = Beutelmaulwurf, in Südaustralien vorkommend („Süd-graber").

not- III., *Subst. not·a, ·ae f. (= Zeichen, Merkmal, Marke) → Verb notāre (= bezeichnen, bemerken), verw. mit noscĕre (= erkennen) → Part. Pass. nōt·us (= bekannt).* – 1. Erkennen, feststellen, bemerken: a) allg. anerkannte Feststellung: notorisch = offenkundig, allbekannt, keines Beweises bedürfend; – b) das Erkannte schriftlich festlegen: notieren, Notiz, Note. – 2. Punkt- und fleckenförmige Zeichnung: Wanze Stenotus notatus, Käfer Anisodactylus binotatus und Hister quadrinotatus.

novem-, *Num. novem (= neun).* – Neun gleichartige Gebilde, z. B. in rostrokaudaler Folge: Dasypus [Tatusia] novemcinctus, ein Weichgürteltier mit neun Gürteln des Hautpanzers.

nub-, *Subst. nūbes, ·is f. (= Wolke, dichte Menge) → Demin. nubecul·a, ·ae f. (= Wölkchen).* – 1. Wolke: Sonderfall der Fisch Brachydanio albonubes, der nach dem „Weißewolkenberg“ bei Canton (China) benannt sein soll. – 2. Wolkenartig: a) unscharf begrenzte Flecken: auf den Flügeln der Mücke Limnobia nubeculosa; – b) dunkelbraune homogene Färbung von Bathysolen nubilus (Wanzenart).

nuc-, *Subst. nux, nuc·is f. (= Nuß) → Demin. nucul·a, ·ae f. und nucle·us, ·i m;* s. nucle-. – 1. Nuß, Same als Nahrung von Tieren: Nucifraga, Gttg. der Singvögel mit der Art N. caryocatactes = Nußknacker (vgl. cary-); Balaninus nucum = Haselnußbohrer, ein Rüsselkäfer. – 2. Einer Nuß ähnlich geformt: Gttg. Nucula = Nußmuschel.

nuch-, *aus dem Arabischen mit veränderter Bedeutung (*HYRTL*), in der Anatomie als lat. behandelt: Subst. nuch·a, ·ae f. (= Nacken).* – Ligamentum nuchae = das elastische Nackenband, bei großen Säugetieren (Rind) bes. stark ausgebildet, verbindet die Halswirbel mit dem Schädel; Nuchalplatte des Schildkrötenpanzers.

nucle-, *Subst. nucle·us, ·i m. (= Kern) → Demin. nucleol·us, ·i, Verb enucleāre (= entkernen);* vgl. nuc-. – 1. Kern von Früchten als Nahrung: Pinicola enucleator = der Hakengimpel, der sich vor allem von Samen der Nadelbäume ernährt. – 2. Kernförmiges Gebilde im Inneren von Zellen: Nucleus = Zellkern; Nucleolus = das im Zellkern enthaltene Kernkörperchen; Nukleïne, Nukleïnsäuren, Nukleoproteide = insbes. im Zellkern enthaltene Substanzen; Lebewesen mit oder ohne Zellkern: Nucleo- und Anucleobionten; bei den Ciliata Kerndimorphismus: Macro- und Micronucleus. – 3. Gewebliche Einheit: a) Nucleus als Ansammlung von Ganglienzellen im Bereich des Zentralnervensystems im Unterschied zum Ganglion, z. B. N. dentatus im Kleinhirn; – b) Nucleus pulposus im Gewebe zwischen den Wirbeln s. pulp-.

nud-, *Adj. nūd·us, ·a, ·um (= nackt, entblößt, kahl).* – 1. Fehlen der Körperbedeckung, allg. oder lokal: a) bei Säugetieren die Behaarung, z. B. Taphozous nudiventris, eine Fledermaus mit nackter Unterseite; – b) die Behaarung der Blätter von Nepeta nuda (Art der Katzenminze), des Stengels von Teesdalea nudicaulis (Bauernsenf); – c) Nacktschnecken ohne Schale: Nudibranchia, Gttg. der Hinterkiemer, Ggs. tect-. – 2. Fehlen einzelner Körperfortsätze: Nuda = Atentaculata heißen die Rippenquallen ohne Tentakel, z. B. Gttg. Beroe.

null-, *Adj. null·us, ·a, ·um (= klein; gering, nichtig).* – Negation: Nullipara, eine Frau, die noch nicht geboren hat; in der Entwicklungsphysiologie: nullipotent = zu keiner Organisationsleistung fähig.

numer-, *Subst. numer·us, ·i m. (= Zahl, Anzahl, Reihe, Rang; Menge) → Adj. numerōs·us, ·a, ·um (= zahlreich) und Verb numerāre (= zählen, rechnen, bezahlen).* – 1. Zahl allg.: Numerale = Zahlwort. – 2. Anzahl,

z. B. Individuen: Pseudotarsonemoides innumerabilis, eine Milbe, die in „unzähligen" Exemplaren auf Borstenkäfern vorkommt.

numm-, *Subst. numm·us, ·i m. (= Münze, Geld) → Demin. nummul·us, ·i m. (= kleines Geldstück).* – Rund und platt wie ein Geldstück: Nummulites = Gttg. der Foraminiferen mit vielen Kammern, im Nummulitenkalk der Kreidezeit; Lysimachia nummularia = Münz- oder Pfennigkraut wegen der runden Blätter.

nuta-, *Verb nūtāre (= mit dem Kopfe nicken, schwanken).* – a) Pflanzen mit überhängenden Blüten: Silene nutans = Nickendes Leimkraut, Carduus nutans = Nickende Distel; – b) Namen festsitzender Tiere mit gekrümmtem Stiel: Corymorpha nutans, ein Hydroidpolyp mit häufig abwärts hängendem Köpfchen; Opercularia nutans = Nickendes Schirmglöckchen, ein peritriches Infusor.

nutri-, *Verb nutrīre (= säugen, nähren, pflegen) → Subst. nutrix, nutrīc·is f. (= Amme, Ernährerin) u. nutrici·us m. (= Erzieher).* – Ernährung der Tiere: a) allg.: Nutritorium = Zusammenfassung aller der Ernährung dienenden Organsysteme (Ernährungsapparat); nutritorisch = der Ernährung dienend, z. B. Darmabschnitt, Ggs. respiratorisch; – b) Ernährung eines Knochens durch eine Arteria nutricia, die durch ein Foramen nutricium eintritt.

nux, Nom. zu nuc-.

nyct-, *Subst. ἡ νύξ, νυκτ·ός (= Nacht, Finsternis) → Adj. νύκτερ·ος oder νυκτεριν·ός (= nächtlich, nördlich) → Subst. ἡ νυκτερίς, ίδ·ος (= Fledermaus);* s. noct-. – 1. Nacht im Ggs. zur Tageszeit, bes. zur Bez. nächtlich „lebender", d. h. tags ruhender Tiere: a) Säugetiere: Fledermäuse, Gattungen Nycteris, Phyllonycteris, Nyctinomus; Halbaffe Nycticebus; – b) Vögel: Nyctea, Gttg. der Eulen; Gttg. Nycticorax = Nachtreiher; Gttg. Nyctibius = Riesennachtschwalbe; – c) Insekten: Acronycta, Gttg. der Eulen, s. acr-; – d) nachts blühende Pflanzen: Fam. Nyctaginaceae; nach deren Blütenform: Petunia nyctaginiflora. – 2. Dunkel gefärbt: a) Tiere: Gennaeus nycthemerus, der Silberfasan, wegen des schwarz-weißen Gefieders (hemer-); – b) Pflanzen: Nycterinia, Gttg. der Scrophulariaceae, schwärzlich aussehend.

nymph-, *Subst. ἡ νύμφ·η (= Mädchen, Braut; Nymphe = weibliche Gottheit niederen Ranges).* – 1. Entwicklungsstadium, noch nicht voll entwickelt (jungfräulich) bei Insekten mit unvollkommener Metamorphose die letzten Larvenstadien mit kleinen Flügelanlagen: Nymphe, bisweilen vorangehend die Pronymphe. – 2. Den Nymphen heilig und wie sie im Wasser lebend: Nymphaea, Gttg. der Seerosen; ihnen ähnlich Nymphoides peltata (Limnanthemum nymphaeoides), die „Seekanne", ein Enziangewächs.

O

o-, *Subst. τὸ ᾠ·όν (= Ei, insbes. Hühnerei).* – 1. Eizelle bei Tieren: a) Entwicklung im Eierstock (Oophoron): Oogenese von den Oogonien (= „Primordialeiern") zu den Oozyten I. und II. Ordnung (häufig lat.-griech. Mischform Ovozyten) und zur reifen Eizelle mit Ooplasma und Oolemma; – b) weibliche Gameten bei Sporozoen: Oozyste, ferner die bewegliche Zygote bei den Malariaparasiten: Ookinet (eig. „bewegliches Ei"). – 2. Fortpflanzungszellen bei Pflanzen: Oogamie = Verschmelzung einer männlichen und weiblichen Eizelle; Oosphäre, eine kugelig geformte weibliche Fortpflanzungszelle; Oogonium = Eibehälter, d. h. ein die Eizelle enthaltender einfacher Behälter. – 3. Ei als ganzes, d. h. Eizelle samt ihren Hüllen: Oologie = Lehre von den Vogeleiern als Zweig der Ornithologie. – 4. Einem Vogelei, bes. Hühnerei, ähnlich geformt, z. B. eirunde Käfer: Oomorphus, Oosphaerula, Ootypus.

obliqu-, *Adj. oblīqu·us, ·a, ·um (= seitwärts gerichtet, schräg, schief).* – Schräge Lage, z. B. von Muskeln: Augenmuskeln M. obliquus bulbi superior und inferior, die paarigen Bauchmuskeln M. obliquus abdominis externus und internus; Ggs. rect-.

obscur-, *Adj. obscūr·us, ·a, ·um (= dunkel, versteckt; unbekannt) → Verb obscurāre (= verdunkeln, verbergen).* – Dunkle Färbung: a) von Tieren, z. B. beim dunklen Saatschnellkäfer Agriotes obscurus, dem dunklen Aaskäfer Silpha obscura; – b) von Pflanzen: beim dunkelgrünen Weidenrös'chen Epilobium obscurum, dem Pilz Inocybe obscura.

obtura-, *Verb obtūrāre (= verstopfen).* – Foramen obturatum, Öffnung am Hüftbein der Wirbeltiere, durch Membran aus straffem Bindegewebe (Membrana obturans) größtenteils verschlossen.

obtus-, *Adj. obtūs·us, ·a, ·um (= abgestumpft, stumpf) vom Verb obtundĕre (= schlagen auf; übertr.: abstumpfen);* vgl.- tus-. – Stumpf endend: a) räumliches Gebilde: Chalcochloris obtusirostris = Stumpfmull, ein Insektenfresser mit kurzer, stumpfer Schnauze; – b) flächenhafte Gebilde, bes. Pflanzenblätter: Laubblätter von Rumex obtusifolius u. Potamogeton obtusifolius; Perigonblätter von Juncus obtusiflorus = Stumpfblütige Binse.

ocean-, *Subst. ὁ ὠκεαν·ός → Ocean·us, ·i m. = Ozean, das Weltmeer, das nach antiker Vorstellung die Erdscheibe umfließt).* – 1. Ozean, Meer: a) allg.: Ozeanographie; – b) als Lebensraum: allg. Oceanal; insbes. Oceanites oceanicus = Meerläufer, Art der Sturmschwalben; Ligia oceanica, Art der Asseln an Küsten auf Felsen. – 2. Ozeanien, die Südseeinseln (im Stillen Ozean): Gehyra oceanica, eine Art der Geckos (Eidechsen).

ocell-, *Subst. ocell·us, ·i m. (= Auge, Äuglein), Demin. von ocul·us;* s. ocul- und ~ell·us 1. b).

ochr-, *Adj. ὠχρ·ός (= bleich, gelb) und Subst. ὁ ὦχρ·ος (= Blässe).* – Gelbliche oder bräunliche Färbung, z. B. des Gefieders beim Rotschwanz Phoenicurus ochrurus (ur- I.), gelblich-weiße Färbung der Blüten der Gelben Skabiose Scabiosa ochroleuca und des Gelbweißen Klees Trifolium ochroleucum.

oct(o)-, *Num. griech. ὀκτώ = lat. octo (= acht); Ordnungszahl octav·us, ·a, ·um (= achter);* vor Vokalen oct-, vor Konsonanten octa- oder octo-. – Acht Gebilde, bes. Körperfortsätze: 1. Radialsymmetrische Anordnung a) bei den Coelenterata: Octocorallia, eine Ord. der Octanthida in einigen Systemen, Ggs. hex(a)-; – b) bei Pflanzen: Dryas octopetala (Silberwurz) mit acht Blumenkronblättern. – 2. Bilaterale Anordnung: a) acht = vier Paare, z. B. Arme von Cephalopoden: Octopoda (Ggs. deca-) mit Gttg. Octopūs; – b) acht = acht Paare: Nervus octavus = der achte Hirnnerv der Wirbeltiere (= N. statoacusticus).

ocul-, *Subst. ocul·us, ·i m. (= Auge, Augenlicht, Blick), Demin. ocell·us (= Auge, Äuglein);* vgl. ~ell·us. – 1. Auge: a) als solches, insbes. bei Wirbeltieren: Bulbus oculi = Augapfel, seine Wandung bestehend aus Tunica fibrosa, vasculosa und interna oculi, im Inneren vor der Iris die Camera oculi anterior, dahinter die C. o. posterior (vordere und hintere Augenkammer); – b) in Beziehung zum Auge: N. oculomotorius, der III. Hirnnerv der Wirbeltiere, innerviert die meisten Augenmuskeln. – 2. Auge wirbelloser Tiere: Ocellus, das einfache Auge der Arthropoden in Ggs. zum Komplexauge (Oculus compositus); Pigmentbecher-ocellus bei Turbellarien; deutsche Sprechweise: der Ozellus, die Ozellen. – 3. Fleckenzeichnung, einem Auge ähnlich, d. h. Augenfleck: a) bei Vögeln: Reinhardtius ocellatus, ein Fasan; – b) Reptilien: Lacerta ocellata = Perleidechse; – c) Fische: Augenflecken auf dem flachen Rücken von Torpedo ocellata, auf der Rückenflosse von Rasbora dorsiocellata, auf der Schwanzwurzel von Rivulus ocellatus; – d) Käfer: ein Paar Flecken auf dem Halsschild von Oberea oculata und auf der Stirn von Cryptocephalus ocellatus erscheinen als Augen durch ihre bes. Lage.

ocy-, *Adj. ὠκύς (= schnell, rasch, behende) → ὠκύπους (= schnellfüßig).* – Schnelle Fortbewegung: a) Ocydromus australis, eine flugunfähige, rasch laufende Rallenart; – b) Käfer: Gttg. der Laufkäfer Ocydromus [Syn.?], Gttg. der Staphylinidae Ocypūs.

-odon, Form von odūs, odont- in manchen Composita am Wortende: Carcharodon, Monodon, Rhinodon, Tetrodon.

odm- = osm- I., z. B. Gttg. Baryodma.

odont-, *Subst. ὁ ὀδούς, ὀδόντ·ος (= Zahn);* in Zus. auch Nominativform -odon; vgl. odus. – 1. Zahn in der Mundhöhle der Wirbeltiere: a) der einzelne Zahn als Ganzes, benannt nach dem Verhältnis zum Kieferknochen (z. B. thecodont in Alveolen) oder nach der Form der Oberfläche (bun-, loph- oder selenodontes Gebiß); – b) Gesamtheit der Zähne im Gebiß: alle Zähne von gleicher Form (Homodontie) oder in Schneide-, Eck- und Backenzähne differenziert (Heterodontie); zeitliche Aufeinanderfolge der Zahnbildungen (Dentitionen): Mono-, Di- und Polyphyodontie; – c) Namen von Tieren auf Grund ihrer Bezahnung: Säugetiere (Hyperoodon, Loxodonta; Di- und Polyprotodontia); fossile Vögel (Odontornithes); fossile Reptilien (Dicynodon, Therodontia), Amphibien (Plethodon), Haifische (Carcharodon), Knochenfische (Cyprinodontidae = Zahnkarpfen; Odontogadus); – d) insbes. das Dentin: Odontoblasten sind Zellen, die an der Bildung des Dentins (nicht des ganzen Zahnes) beteiligt sind. – 2. Dem Zahn ähnlich: a) Schloß der Muscheln is- oder heter-odont; Gttg. Anodonta u. Pseudanodonta ohne Schloßzähne; – b) Käfer: Gttg. Odontonyx mit gezähnelten oder gesägten Klauen; – c) Ränder der Laubblätter von Leontodon = Löwenzahn mit großen Einschnitten und Zähnen.

odor-, *Subst. odor, odōr·is m. (= Geruch, Duft; Wohlgeruch).* – 1. Geruchsvermögen allg.: Odorimetrie. – 2. Stark riechend: a) Tiere: Cinosternum odoratum = Moschusschildkröte; – b) Pflanzen: Lathyrus odoratus, Reseda odorata, Anthoxanthum odoratum; dagegen geruchlos Tripleurospermum inodorum = Geruchlose Strandkamille.

-odus, Nom. zu Stamm odont-. – Selten in Gattungsnamen, z. B. Ceratodūs; dabei ist zu berücksichtigen, daß die Silbe us zum Stamm gehört, daher der abgeleitete Familienname Ceratodont-idae.

oec-, *Subst. ὁ οἶκ·ος = ἡ οἰκί·α (= Haus, Wohnung, Heimat) → Subst. ὁ, ἡ οἰκονόμ·ος (= Hauswirt, Haushälterin) → Subst. ἡ οἰκονομί·α (= Haushaltung, Verwaltung);* vgl. oic- und eth-. – 1. Umwelt, Lebensraum, Wohnort: a) allg.: Oecologie = Ökologie, die Lehre von der Lebensweise und den Umweltbedingungen der Tiere; – b) Kennzeichnung nach der Umwelt: eury- und stenöke Organismen mit großem oder kleinem Bereich; – c) wohnen, sich aufhalten: Synökie = Wohngemeinschaft (z. B. bei Fledermäusen), Käfer als Einmieter bei Wespen (Metoecus) oder bei Ameisen (Myrmoecia); – d) in engerem Sinne: Gehäuse oder Schale, z. B. Gehäuse von Moostieren (Zooecium), Röhren von Borstenwürmern (Gttg. Hyalinoecia), Cocon von Spinnen (Gttg. Agroeca, s. agr- 3.). – 2. Haus als Sitz der Geschlechter: a) bei Pflanzen: Androeceum = Gesamtheit der Staubblätter einer Blüte; Gynoeceum (fälschlich auch Gynaeceum = Gynäzeum) die Gesamtheit der Fruchtblätter mit Samenanlagen und Griffeln; Individuen mon- oder di-özisch = ein- oder zweihäusig; Arten Antennaria, Bryonia,

Carex, Urtica dioeca; – b) diözisch in der Zoologie im Sinne von getrenntgeschlechtlich: Gttg. Dioecocestus (bei einem Bandwurm eine bemerkenswerte Ausnahme).

oed-, *Verb οἰδέω (= schwellen machen; anschwellen).* – Gebilde, die dick und umfangreich sind: a) normal bes. für die Extremitäten von Wirbeltieren: Gttg. Oedicnemus; und Insekten: Oedipoda, Gttg. der Heuschrecken; Oedemera, Gttg. der Käfer; – b) Ödem, path. Schwellung durch Flüssigkeit im Gewebe.

oen-, *Subst. ὁ οἶν·ος (= Wein) und ἡ οἴν·η (= Weinstock).* – 1. Weinstock, Weinrebe: an ihr schmarotzt die Rebenblatt-Gallmücke Perrisia oenophila. – 2. Dem Wein (Getränk) ähnlich: a) weinartiges Getränk in Brasilien aus den Früchten der Wein- oder Mostpalme Oenocarpus (Gttg.); – b) wie Wein duften die Blüten von Oenanthe = Rebendolde, Gttg. der Doldenblütler; – c) rötliche (eig. weinrote) Färbung: bei den Oenocyten der Insekten; Oenanthe [Saxicola] oenanthe = Weißkehlchen, vielleicht nach der rötlichweißen Unterseite benannt; Taube (Vogel), zunächst Columba oenas = Hohltaube, laut Leunis wegen der weinroten Färbung der Brust (Kropfgegend) nach dem Wein benannt, dann für verschiedene Gattungen von Tauben verwendet: Alectroenas (vgl. alector), Caloenas, Chrysoenas.

oesophag-, *Subst. ὁ οἰσοφάγ·ος (= Speiseröhre), zus. aus οἰσ- (= tragen) u. φαγ- (= essen).* – Oesophagus = Speiseröhre, Schlund, Abschnitt des Vorderdarmes der Wirbeltiere zwischen Schlundkopf (oder Kiemenregion) und Magen; allg.: Vorderdarm wirbelloser Tiere.

oestr-, *Subst. ὁ οἶστρ·ος (= Bremse; Stachel, Stich; Leidenschaft), davon Verb οἰστράω u. οἰστρέω (= anstacheln, reizen; Intrans.: toben, wütend sein).*

A. Bremse (das Insekt): Gttg. Oestrus = Bies- oder Dasselfliegen, mit der Art Oestrus ovis = Schafbiesfliege.

B. Brunst, geschlechtliche Erregung: a) bei beiden Geschlechtern: Oestrum oder Oestrus = Brunst, östrische Zyklen = Brunstzyklen; – b) insbes. beim weiblichen Geschlecht: Follikelhormon und verw. Stoffe: Oestran, Oestradiol, Oestriol.

officin-, *Subst. officīn·a, ·ae f. (= Werkstätte, Fabrik) vom Subst. offici·um, ·i n. (= Dienst, Verrichtung).* – In Apotheken oder Drogerien käuflich: a) Pflanzen als Heilmittel, die der Vorschrift der amtlichen Arzneibücher entsprechen (Artnamen officinalis); – b) bei Tieren selten: Euspongia officinalis = Badeschwamm, Sepia officinalis (wegen des Schulpes, der kalkigen Schale).

oic-, selten verwendete Form von oec-, z. B. Gattungen Oicomonas (Flagellat), Oicopleura (Manteltier).

ole- I., *Subst. ole·um, ·i n. (= Öl) und ole·a, ·ae f. (= Olive; Ölbaum) → Adj. oleāri·us, ·a, ·um (= zum Öl gehörig).* – 1. Oleum = Öl versch. Art, z. B. Olea aetherea = ätherische Öle, O. pinguia = fette Öle; – b) nach der Herkunft benannt: Oleum lini = Leinöl, O. rapae = Rüböl, O. ricini = Ricinusöl; – c) Bestandteile: Olein, ein flüssiges Fett = Ester der Ölsäure (Ölsäure), deren Salze Oleate heißen. – 2. Pflanzen, aus denen Öl gewonnen wird: a) Olea = Ölbaum, Olivenbaum; – b) Schädlinge des Ölbaumes: der Käfer Hylesinus oleiperda im Holz, der Blattfloh Psylla oleae an den Früchten; – c) zum Ölbaum in Beziehung: Clitocybe olearia (Omphalotus olearius), ein Pilz, der an Ölbäumen wächst.

ole- II., *Verb olēre (= riechen) → Part. Präs. olens, olent·is (= wohl- oder übelriechend) und Adj. olid·us, ·a, ·um (= stinkend);* vgl. olfact-. – Namen von Pflanzen und Tieren von starkem Geruch: a) Pflanzen: Anethum graveolens (Gem. Dill), Apium graveolens (Gem. Sellerie), Chenopodium olidum = Stinkender Gänsefuß, Bocksmelde; Trametes suaveolens, s. suav-; – b) Tiere: Ocypus olens = Stinkender Moderkäfer.

oler-, *Subst. olus, oler·is (= Kohl, Gemüse).* – a) Pflanzen, die als Gemüse verwendet werden: Sonchus oleraceus = Kohl-Gänsedistel oder Gemüse-Saudistel, Brassica oleracea = Gemüse-Kohl, Cirsium oleraceum = Kohl-Kratzdistel (Gänsekohl); – b) Insekten, die an Gemüsepflanzen leben und ihnen schädlich werden können: Eurydema oleraceum = Kohlwanze; Haltica oleracea, der Kohlerdfloh (ein Käfer).

olfact-, *Sup. von Verb olfacĕre (= riechen), aus Verb olēre (= riechen) und facĕre (= machen, tun).* – Geruchsvermögen: Organon olfactūs = die Nase als Geruchsorgan der Wirbeltiere mit der Riechschleimhaut (Regio olfactoria der Nasenschleimhaut), innerviert durch die vom Tractus olfactorius kommenden Fila olfactoria.

olig-, *Adj. ὀλίγ·ος (= wenig, gering, klein, selten).* – 1. Geringe Anzahl (Ggs. zu poly-): Oligotricha, Infusorien (Ciliata) mit wenig Zilien; Oligochaeta, Borstenwürmer mit wenig Borsten; Oligomerie = geringe Anzahl von Segmenten (bei Arthropoden) und von Gliedern des Blattwirtels einer Blüte; Oligozän, Abschnitt des Tertiärs zwischen Eo- u. Miozän, urspr. auf die geringe Anzahl der heute noch rezenten Molluskenarten bezogen. – 2. Geringe Größe (Ggs. zu eu+ oder megal-) des Körpers (Käfergttg. Oligella, Oligota) oder einzelner Körperteile (Oligomerus). – 3. Geringe Menge: oligodynam(isch) = in kleinster Menge wirksam; oligotrophe Pflanzen auf nährstoffarmen Böden; med.: Verringerung der Harnmenge: Oligurie.

oliv-, *Subst. olīv·a, ·ae f. (= Olive; Ölbaum) und olīv·um, ·i n. (= Öl, Salbe);* verw. mit ole-I. – 1. Olive, a) die Frucht des Ölbaums Olea europaea, liefert Oleum olivarum = Olivenöl; – b) in Beziehung zum Ölbaum oder der Olive:

Aleurodes olivinus = Oliven-Mottenlaus, Olivina, Gttg. der Blattflöhe (Käfer). – 2. Der Olive ähnlich: a) Form: Oliva, Gttg. der Schnecken; Oliva, eine ovale Anschwellung an der Medulla oblongata des Menschen (mit dem Nucleus olivae), dann ähnliche Bildungen ohne diese Form; – b) Farbe olivgrün: Pilz Russula olivacea; Käfer Phyllodecta olivacea u. Agrilus olivicolor.

om-, *Subst. ὁ ὦμ·ος (= Schulter, Achsel, Oberarm), verw. mit (h)umer·us, ·i.* – Schulter = Ansatzstelle der vorderen Extremität am Thorax und ihres Skelettes am Gürtelskelett („Schultergürtel"): Musculus omohyoideus von der Schulter zum Zungenbein; Acromion = Schulterhöhe.

omas-, *Subst. omās·um, ·i n. (= Rinderkaldaunen).* – Omasus, der Blättermagen der Wiederkäuer; Abomasus = der auf ihn folgende Labmagen (ab+ heißt wohl: die Nahrung vom Omasus wegführend).

ombr-, *Subst. ὁ ὄμβρ·ος (= Regenguß, Platzregen) → Adj. ὄμβρι·ος (= zum Regen gehörig) und Subst. ἡ ὀμβρί·α (= Regen).* – a) Einmaliger Regen: Ombrohydrochore sind Pflanzen, deren Früchte oder Samen durch Regenwasser verbreitet werden; – b) Regenzeit wird gut oder schlecht vertragen von ombriophilen oder -phoben Pflanzen.

oment-, *Subst. ōment·um, ·i n. (= Netzhaut in den Gedärmen).* – Omentum majus und minus = großes und kleines Netz, großflächige Falten des Bauchfelles mit netzartiger Verteilung der Fetteinlagerung entlang der Blutgefäße.

omma(t)-, *Subst. τὸ ὄμμα, ματ·ος (=Auge, Blick, Antlitz; Anblick);* s. op- und ~ma(t). – Augen (Lichtsinnesorgane) wirbelloser Tiere: 1. Bei Lungenschnecken sitzen die Augen an der Basis des einen Fühlerpaares (Basommatophora) oder auf eigenen Fühlern (Stylommatophora). – 2. Ommatidien = die Einzelaugen der Komplexaugen, Ggs. Ozellen, s. ocul-.

omn-, *Adj. omn·is, ·e, Plur. ·es, ·ia (= alle, allerlei, ganz).* – 1. Omnivora = Allesfresser, Tiere, die von pflanzlicher und tierischer Nahrung leben (Ggs. herb-, carn-). – 2. Omnipotenz, der Besitz aller Entwicklungsmöglichkeiten, s. potent-.

omphal-, *Subst. ὁ ὀμφαλ·ός (= Nabel; Schildbuckel; Mittelpunkt).* – 1. Nabel der Wirbeltiere: Stelle am Körper des Embryos, an der der Dottersack bzw. Nabelstrang (Funiculus umbilicalis) abgeht; die hier durchtretenden Gefäße des Dotterkreislaufes heißen Arteriae und Venae omphalomesentericae. – 2. Dem Nabel vergleichbar: a) die vertiefte Stelle zwischen den Windungen von Schneckenschalen (Umbilicus): gut ausgeprägt bei Gttg. Euomphalia; – b) Hut des Pilzes Omphalia [Omphalina] mit Vertiefung in der Mitte; – c) Früchte (Nüßchen) des Nabelkrautes Gttg. Omphalodes napfförmig mit ansitzendem Griffel, der wie die zugehörige Nabelschnur aussieht.

on-, *Subst. ὁ, ἡ ὄν·ος (=Esel, Eselin).* – 1. Esel (Equus asinus) und verw. Unpaarhufer: Equus hemionus (= „Halbesel") und Equus onager (= „Wildesel", s. agr. 4). – 2. Zum Esel in Beziehung, bes. Pflanzen, die er frißt: Onobrychis (Esparsette), Ononis (Hauhechel), Onopordon (Eselsdistel). – 3. Mit dem Esel verglichen: a) graue Färbung: Oniscus (Assel, Kellerassel), Gttg. der Krebse (Isopoda); – b) wegen des Geschreies: Pelecanus onocrotalus (Subst. *τὸ κρόταλ·ον* = Klapper); – c) Form der Blätter, die den Ohrmuscheln des wilden Esels ähnlich sind: Fam. Onagraceae = Oenotheraceae, dies von der Gttg. Oenothera (falsch statt Onothera = „Esels-futter").

onc-, *Subst. ὁ ὄγκ·ος (=Krümmung, Haken), verw. mit unc·us;* s. unc(in)-. – Haken, gekrümmtes Hartgebilde bei Tieren: Oncosphaera, die kugelige, mit sechs kleinen Haken versehene Larve mancher Bandwürmer (Dibothriocephalus); Oncopoda = Krallenfüßer, dazu gehörig die Onychophora s. onych-.

ont-, *Part. Präs. οὖν = ὤν, ὄντ·ος von εἰμί (=sein, wirklich sein) → substt. τὸ ὄν (= das Seiende, Wirklichkeit, Wahrheit).* – 1. Allg. Begriff in der Philosophie: „das Seiende" (Ontologie). – 2. Lebendes Einzelwesen: Ontogenesis = die Entwicklung des Individuums im Ggs. zur Phylogenesis; in diesem Sinne auch die Endung ~ont von griech. Verbaladjektiven (s. S. 53).

onth-, *Subst. ὁ (ἡ) ὄνθ·ος (= Mist, Kot).* – Dünger oder Mist als Lebens- und Nahrungsbereich, bes. von Käfern: Gattungen Onthophagus, Onthophilus, Philonthus.

onych-, onyx, *Subst. ὁ ὄνυξ, ὄνυχ·ος (=Nagel, Kralle, Huf).* – 1. Kralle am Ende von Extremitätengliedern: a) bei Wirbeltieren (Hornbildung): Onychodactylus, Gttg. der Schwanzlurche; Trionyx, Gttg. der Schildkröten; – b) bei Arthropoden (Chitingebilde): Onychophora (Protracheata, Protopodiata) tragen Krallen an ihren Stummelfüßen; Besonderheiten der Krallen bei Käfern: Gttg. Crat-, Pri-, Prist-onychus. – 2. Krallen oder ihnen ähnliche Gebilde andern Ortes: a) an Armen von Cephalopoda: Onychoteuthis; – b) Zilienbündel bei dem Wimperinfusor Stylonychia.

onym-, *Subst. τὸ ὄνυμα = ὄνομα, ὀνόματ·ος (=Name, Benennung, Wort).* – 1. Allg.: Synonym = eine andere Bezeichnung für die gleiche Sache, insbes. ein anderer Name für die gleiche Art oder Gttg.; Homonym = das gleiche Wort zur Bezeichnung verschiedener Dinge (vgl. S. 16). – 2. Benennung einer Gttg.: a) nach einem Autornamen, z. B. bei Käfern Aubeonymus (nach Aubé), Thomsoneonymus (nach Thomson); – b) nach ihrem Ruf, d. h. mit Bewertung: Euonymus (Evonymus) s. ev+), Gttg. der Spindelbaumgewächse, wörtl. „in gutem Ruf stehend", aber umgekehrt zu verstehen: wegen der Giftigkeit und des üblen Geruches.

onyx, Nom. zu onych-, am Wortende, z. B. Trionyx, Acinonyx (s. cin-).

op-, *Subst. ἡ ὤψ, ὠπ·ός (= Auge, Gesicht, Antlitz);* vgl. ops- und opt-. – 1. Auge (Lichtsinnesorgan): a) Tiere nach Besonderheiten der Augen (Farbe usw.) benannt: Gattungen Chrysopa (goldglänzend), Lasiopa (behaart); – b) Sehleistung: Sehschärfe (Oxyopie, vgl. ox(y)- 2.), Ausdauer des Nahsehens (gering: Asthenopie), Kurz- und Weitsichtigkeit in Abhängigkeit von den Maßen des Auges (A-, Eu-, Hypermetropie). – 2. Gesicht = Antlitz, vordere Kopfregion: a) Gttg. Prosopis = Maskenbiene, Gesicht durch gelbe und weiße Zeichnungen wie eine Maske entstellt; – b) Stirn s. metop-.

opac-, *Adj. opāc·us, ·a, ·um (= schattig, dunkel).* – a) dunkel gefärbte Tiere, z. B. Larven und Imagines des Rübenaaskäfers Blitophaga opaca; – b) Pflanzen mit glanzloser (nicht glatter) Oberfläche: Veronica opaca = Glanzloser Ehrenpreis, Ggs. V. polita, s. poli- II.

opal-, *Subst. opal·us, ·i m. (= Opal, Halbedelstein).* – 1. Opal, ein Mineral, amorphe Kieselsäure. – 2. Dem Opal ähnlich: a) opalisieren = wie ein Opal schimmern → Subst. Opaleszenz = durch Beugung des Lichtes an kleinsten Teilchen hervorgerufener Lichtschimmer; – b) Tiere von opalisierendem Glanz: Opalina, Gttg. der Protozoen; Pipra opalizans = Opalmanakin, ein Schreivogel mit schimmernder Kopfplatte.

opercul-, *Subst. opercul·um, ·i n. (= Deckel) vom Verb operīre (= bedecken, verbergen).* – Operculum, Bez. für verschiedenartige deckelartige Gebilde: a) Kiemendeckel bei Ganoiden und Knochenfischen (Operkularapparat), eine durch mehrere Knochenplatten (Operculum, Prae-, Sub-, Interoperculum) verfestigte Hautfalte; – b) Deckel der Schneckenschale.

ophel-, *Verb ὠφελέω (= helfen, nützen) → Adj. ἀνωφελής (= schädlich, verderblich).* – Anopheles = Gttg. der Stechmücken, Überträger von Malariaparasiten.

oph(i)-, *Subst. ὁ ὄφις, ὄφεως (= Schlange).* – 1. Schlangen: Ophidia = Serpentes, Uord. der beschuppten Reptilien: Gattungen Cylindrophis, Dendrophis, Dryophis, Psammophis u. a. – 2. Wirbeltiere von schlangenähnlichem Habitus: a) Eidechsen mit rückgebildeten Extremitäten: Ophisaurus apus; – b) Amphibien: Gymnophionen = Blindwühlen (Gattungen Ichthyophis, Hypogeophis); – c) Fische: Nerophis ophidion = Kleine Schlangennadel. – 3. Schlangensterne = Ophiuroidea, Stachelhäuter mit schlangenartigen Armen: Gattungen Ophiactis, Ophiothrix, Ophiura u. a. – 4. Mit der Zunge einer Schlange verglichen: der sporentragende Sproß des Farnes Gttg. Ophioglossum = Natternzunge.

ophry-, *Subst. ἡ ὀφρῦς, ύ·ος oder ἡ ὀφρύ·η (= Augenbraue, Stirn; Anhöhe, Hügelrand).* – 1. Augenbraue oder Augenlid bei Wirbeltieren: übertr. auf Zeichnung oberhalb der Augen: Diomedea melanophrys, eine Albatrosart; Chrysophrys aurata = Goldbrassen, ein Knochenfisch. – 2. Mit Augenwimper verglichen: a) Zilien der Ciliata: Gattungen Ophrydium, Ophryoscolex; – b) Pseudopodien bei Heliozoen: Gttg. Actinophrys; – c) Saugtentakel von Suktorien: Gattungen Podophrya, Sphaerophrya. – 3. Ophrys = Ragwurz, Gttg. der Orchidaceae, Abl. zweifelhaft.

ophthalm-, *Subst. ὁ ὀφθαλμ·ός (=Auge, Gesicht).* – 1. Auge (Sehorgan): a) Ophthalmologie = Augenheilkunde und Wissenschaft vom Auge; Nervus ophthalmicus, ein Zweig des N. trigeminus, verläuft in der Umgebung des Auges und versorgt die Tränendrüse; – b) Augen mit bes. Merkmalen: Scardinius erythrophthalmus (Rotfeder) mit goldglänzendem Augenkreis, Fisch Anableps tetrophthalmus mit beidseits geteilter Hornhaut. – 2. Fleckenzeichnung, einem Auge ähnlich: am Schwanz des Fisches Rasbora urophthalma = Schwanzfleckiger Bärbling.

opisth-, *Adv. ὄπισθεν (= hinten, von hinten) und Adj. ὀπίσθι·ος (= hinterer, hinten befindlich), in Zus. ὀπισθο-.* – Lage am Körper hinten = kaudal: opisthocoel sind Wirbel, deren Körper hinten konkav ist (Ggs. pro+ und amphi+coel); Opisthobranchia = Hinterkiemerschnecken (Ggs. proso+); Opisthocomus = Schopfhühner, mit Federschopf am Hinterhaupt.

-opl-, in manchen Namen statt hopl-, z. B. Anoplocephala, Gttg. der Bandwürmer ohne Hakenkranz.

-ops, Nom. zu Stamm ōp-, in Zus. als 2. Wortbestandteil. – 1. Auge = Sehorgan, mit bes. Merkmalen: Chrysops, Gttg. der Tabanidae; Anops u. Ophiops, Gattungen der Eidechsen; Typhlops, Gttg. der Schlangen; beim Beutelmaulwurf Notoryctes typhlops (s. not- II.) Augen rückgebildet. – 2. Gesicht = Antlitz: Triceratops, Gttg. der Dinosaurier mit drei Hörnern auf dem Vorderkopf.

ops(-), *Subst. ἡ ὄψ·ις, ·εως (= Sehen, Gesicht, Auge, Aussehen);* vgl. opt- und Suffix ~s·is. – 1. Sehen, Lichtsinn, Funktion des Auges: Photopsie = Lichterscheinung, Funkensehen (ohne Lichtreiz), Chromopsie = Farbensehen. – 2. Aussehen, Erscheinung: Gttg. von Pflanzen nach einer anderen Gttg. benannt: Thuja (Lebensbaum) → Thujopsis, Cardamine (Schaumkraut) → Cardaminopsis.

opt-, *Adj. ὀπτικ·ός (= zum Sehen gehörig), verw. mit ὄψις und ὤψ* (s. op-); vgl. optr-. – Mit dem Sehen zusammenhängend: 1. Physik. Voraussetzungen: Optik als Zweig der Physik; Optik eines Mikroskops = Gesamtheit seiner Linsensysteme. – 2. Sehorgane: Pars optica der Netzhaut (Retina) im Ggs. zur Pars caeca; Nervus [Tractus JNA] opticus = Sehnerv; Kreuzung der Sehnerven s. chi-.

optim-, *Adj. optim·us, ·a, ·um (= der beste), Superl. von bonus.* – Optimum = der beste oder günstigste Zustand oder Wert, z. B. innerhalb eines Variationsbereiches von Umweltfaktoren (Temperatur usw.) im Unterschied zum Minimum oder Maximum, Ggs. zum Pessimum.

optr-, *Subst. τὸ δίοπτϱ·ον (= Spiegel);* verw. mit ops- und opt-. – 1. Dioptrie = Brechkraft einer Linse, ausgedrückt durch den reziproken Wert der Brennweite in Metern. – 2. Dioptrischer Apparat des Auges = der der Netzhaut vorgeschaltete Apparat, durch den die Lichtstrahlen hindurchgehen müssen, wobei sie durch Hornhaut und Linse gebrochen werden.

or- I., *Subst. ōs, ōr·is n. (= Mund, Maul; Öffnung) → Demin. oscul·um, ·i n. (=Mündchen, Lippen);* vgl. os- II. und orifici-. – Allg. Bedeutung Mund, Mundöffnung, Maul: 1. Eingang in den Darmkanal der vielzelligen Tiere: a) die Öffnung: Rima, Angulus und Labia oris (Spalt, Winkel und Lippen); – b) die Mundhöhle als erster Abschnitt des Darmkanals: Cavum oris mit Tunica mucosa oris und Glandulae oris (Speicheldrüsen der Mundhöhle); – c) lokale Kennzeichnung ad- und aboral = in der Nähe oder vom Mund weg gelegen. – 2. Zellmund bei Protozoen: adorale Wimperzone.

or- II., *Subst. ōr·a, ·ae (= Rand, Grenze, Ziel).* – Ora serrata, der beim Menschen gezackte Rand der Pars optica der Netzhaut als Grenze gegen den Strahlenkörper.

or- III., *Subst. τὸ ὄϱ·ος (= Berg, Gebirge), Adj. ὄϱει·ος oder ὀϱειν·ός (= gebirgig; auf Bergen lebend).* – a) Tiere, die im Gebirge bzw. auf Bergen leben, bes. Huftiere: Oreamnus (= Schneeziege), Oreotragus (= Klippspringer), Oreas (= Elenantilope); – b) Pflanzen: Oreophyten sind für den Gebirgswald charakteristisch (Adj. oreal); Gttg. Oreodaphne = Berglorbeer; Oreocereus (eine Kaktee); Thelypteris [Lastrea] oreopteris = Berg-Lappenfarn

orb(i)-, *Subst. orb·is, ·is m. (= Rundung, Kreis, Scheibe, Erdkreis).* – 1. Kreisförmiger Ring: Ringmuskeln um Öffnungen, z. B. um den Mund der Säugetiere und des Menschen (M. orbicularis oris) und um das Auge (M. orbicularis oculi). – 2. Kreisförmige Fläche: Schalenwindungen der Schnecke Planorbis planorbis liegen fast in einer Ebene, Gttg. Planorbarius = Posthornschnecke; flach und kreisförmig die Schale der Foraminifere Gttg. Orbitolina. – 3. Kugelförmig: a) die Blütenköpfe von Phyteuma orbiculare = Kopfige Teufelskralle (Campanulaceae); – b) Fruchtkörper des Pilzes Agrocybe orbicularis hat halbkugeligen Kopf.

orbit-, *Subst. orbit·a, ·ae f. (= Wagenspur, von den Rädern ausgefahren), verw. mit orb·is (= Kreis)*; s. orb-. – Orbita = Augenhöhle der Wirbeltiere, Adj. orbitalis = zur Augenhöhle gehörig, infraorbitalis = unterhalb der Orbita gelegen (Foramen, Nervus).

orc-, *Subst. orc·a, ·ae (= bauchiges Gefäß, Tonne).* – Orcula, eine Gttg. der Land-Lungenschnecken mit tonnenförmiger Schale, vgl. doli-.

orch(i)-, *Subst. ὁ ὄϱχ·ις, ·εως (= Hode).* – 1. Hoden, die männliche Gonade (Keimdrüse): Mesorchium = Aufhängeband des Hodens bei Wirbeltieren. –

2. Mit Hoden verglichen: Wurzelknollen von Orchis = Knabenkraut, meist in Zweizahl vorhanden und daher dem Hoden eines Knaben ähnlich; Ausnahme die Art Herminium monorchis = Einknollige Honigorchis.

ordin-, *Subst. ordo, ordin·is m. (= Ord., Reihe, Glied).* – 1. Ordnung im allg. Sinne: koordinieren = in geordneten Zusammenhang bringen. – 2. Ordnung als syst. Kategorie oder Sippe zwischen Fam. und Kl.: Ordo = Ordnung; ihr untergeordnet der Subordo = die Unterordnung.

organ-, *Subst. τὸ ὄργαν·ον (= Werkzeug, Gerät, Organ), verw. mit ἔργ·ον,* s. erg-, vgl. ~an· (Seite 40). – 1. Organ: a) umschriebener Körperteil von bestimmter Form und Struktur sowie einer oder mehreren Funktionen im Rahmen des ganzen vielzelligen Körpers, vielfach in Organsystemen zusammengefaßt; Namen einzelner Organe oder Organsysteme: Organon auditus, visus usw., Organa urinalia und genitalia; Organismus = das Lebewesen als geordnete Gesamtheit von Organen (und Organsystemen); – b) organisieren = Organe bilden; Organisator, ein Körperteil oder Faktor, der in der Embryonalentwicklung die Bildung bestimmter Organe oder Differenzierungen verursacht; – c) übertr. auf die Zelle: Organell, eine dem Organ vielzelliger Tiere vergleichbare Differenzierung der Zelle (z. B. pulsierende Vakuole, Golgiapparat). – 2. Von Organismen herrührende oder in ihnen vorkommende Substanzen, im weiteren Sinn die Kohlenstoffverbindungen: organische Chemie.

orient-, *Subst. oriens, orient·is m. (= Sonnenaufgang, Osten) vom Verb oriri (= sich erheben, aufgehen, anfangen).* – 1. Im Osten, d. h. in Richtung der aufgehenden Sonne gelegen, insbes. Länder östlich oder südöstlich von Europa: Orient, orientalische Region (tiergeographisch); Tierarten: Ovis orientalis = asiatisches Mufflon; Pflanzenarten: Conringia orientalis (Weißer Ackerkohl), Sisymbrium orientale = Orientalische Rauke, Biota orientalis = Morgenländischer Lebensbaum (Ggs. Thuja occidentalis). – 2. Richtung schlechthin: Orientierung, insbes. die der Tiere im Raum.

orifici-, *Subst. orifici·um, ·i n. (= Mündung, Öffnung) aus os, or·is und facere;* s. or- I. und fac-. – Orificium = Öffnung innerer Organe, z. B. O. ureteris, des Ureters in die Harnblase.

origin-, *Subst. orīgo, orīgin·is f. (= Ursprung, Herkunft, Fam.).* – Morph. Anfang eines in bestimmter Richtung funktionierenden Organes: a) Muskelkontraktion: Origo ist die proximale Anheftungsstelle eines Skelettmuskels im Ggs. zum distalen Ansatz (Insertio); – b) Nervenleitung: bei Hirnnerven Nucleus originis im Ggs. zum N. terminalis.

orna-, *Verb ornāre (= ausrüsten, schmücken, auszeichnen) → Part. Pass. ornat·us, ·a, ·um → inornat·us, ·a, ·um (= ungeschmückt, schmucklos).* – Durch bes. Merkmale „geschmückte" Tiere: a) Körperfortsätze: Ceratophrys ornata = Schmuckhornfrosch; – b) Zeichnungen: Ursus (Tremarctos) ornatus = Brillenbär; Eurydema ornatum = Schmuckwanze; – c) Laubsänger Phylloscopus inornatus als schmucklos bewertet.

ornis, ornith-, *Subst. ὁ, ἡ ὄρνις, ὄρνιθ·ος (= Vogel, bes. Huhn).* – 1. Vögel: a) allg.: Ornithologie = Vogelkunde; Ornis = die Vogelfauna eines Landes; – b) Namen zahlreicher Gattungen: Agapornis, Dinornis, Heliornis (→ Ord. Heliornithes = Binsenrallen), Steatornis (→ Fam. Steatornithidae = Fettvögel), Archaeornis = Archaeopteryx. – 2. Beziehung zu Vögeln: a) Parasiten: Gttg. Ornithodorus (eine Zecke), Ornithomyia (eine Lausfliege); – b) Pflanzen: ornithophile Pflanzen übertragen den Pollen auf die Narbe: Ornithogamie. – 3. Ähnlichkeit mit Vögeln in einzelnen Merkmalen: a) Flug: Ornithoptera, Gttg. der Tagschmetterlinge; – b) Bau der Hinterextremitäten und ihres Skelettes: Ornithopoda, Ord. fossiler Reptilien (Dinosaurier); – c) Geschlechtsorgane: Ornithodelphia = Monotremata; – d) Schnabel: Ornithorhynchus = Schnabeltier (Gttg. der Monotremata); – e) Fuß: Schoten von Ornithopūs, Ährchen von Carex ornithopoda.

orth-, *Adj. ὀρθ·ός (= aufrecht, geradlinig; richtig, unversehrt).* – 1. Geradlinige langgestreckte Gebilde: a) gerade = nicht krumm: orthorrhaphe Fliegen (Ggs. cycl-); Orthoceras, fossile Cephalopoda mit gestreckter Schale im Ggs. zu den spiralig gewundenen Ammoniten; – b) gestreckte Gebilde einander parallel: orthoneures Nervensystem (Orthoneurie) bei Schnecken ohne Kreuzung (Ggs. s. chi-); – c) nicht faltbar: die Flügel der Orthoptera = Geradflügler. – 2. Geradlinige Reihe einzelner Gebilde: Orthostichen = Gerad- oder Längszeilen der Blätter an der Sproßachse. – 3. Aufrecht, senkrecht, vertikal im Raum: a) Zustand: orthokonche Muscheln im Ggs. zu den auf der Seite liegenden pleurokonchen Muscheln; – b) Vorgang (aufrichten): Anorthura (Zaunkönig) hält den Schwanz aufrecht, vgl. ana+; orthotrope Pflanzen wachsen senkrecht aufwärts (Orthogeotropismus). – 4. Entwicklungsvorgang unmittelbar auf einen höheren Zustand zulaufend: Orthogenesis als gerichtete Stammesentwicklung

oryct-, *Adj. ὀρυκτ·ός (= gegraben, ausgegraben) vom Verb ὀρύσσω (= graben, ausgraben).* – Tiere, die im Erdboden graben oder wühlen: Oryctolagus cuniculus = Kaninchen, Orycteropus = Erdferkel (Gttg. der „Edentata"), Notoryctes = Beutelmaulwurf (s. not- II.); vgl. oryz- 1. b).

oryz-, *Subst. ἡ ὄρυζ·α → lat. oryz·a, ·ae f. (= Reis).* – 1. Reispflanze: a) Oryza, Gttg. der Gräser; – b) Tiere, die sich von Reis ernähren oder in Reisfeldern leben: Oryzornis [Munia] oryzivora = Reisfink; Oryzoryctes = Reisgraber (oryct-), Gttg. der Borstenigel; – c) auf Reisfeldern wachsende Pflanzen: Leersia oryzoides = Gem. Reisquecke, dem Reis auch nahe verwandt. – 2. Mit Reis verglichen: mit dem Reiskorn nach Größe, Form und Farbe die Schale der Schnecke Oliva oryzae.

os I., Nom. zu oss- (Knochen).

os II., Nom. zu or- I. (Mund), *davon Demin. Subst. ōsculu·um, ·in. (= Mündchen).* – 1. Anat.: Os = Mund. – 2. Oscula, die weiten Öffnungen der Schwämme (Spongia), aus denen das durch die Poren eingeführte Wasser ausströmt.

osm- I., *Subst. ἡ ὀσμ·ή = ὀδμ·ή (= Geruch, Duft, Gestank).* – 1. Geruchsvermögen (vgl. olfact- und osphr-): bei den Säugetieren werden nach der Leistung des Geruchssinnes an-, mikr- und makrosmatische Arten unterschieden. – 2. Riechen, duften: Osmerus eperlanus = Stint, nach dem fauligen Geruch seines Fleisches benannt; Osmoderma eremita, ein Käfer, der wie Juchtenleder riecht; Lactaria glycyosma, ein süßlich-aromatisch riechender Pilz; Hedyosma, Gttg. der Lippenblütler.

osm- II., *Subst. ὁ ὠσμ·ός (= Stoß).* – 1. Osmose = Austausch, Aufnahme oder Abgabe von gelösten Stoffen durch Membranen hindurch; im engeren Sinne die Aufnahme von Nährstoffen durch die äußere Haut: osmotische Ernährung (bei Parasiten ohne Darmkanal). – 2. Molekulare Konzentration, durch den osmotischen Druck definiert, der bei Trennung durch Membranen auftritt: Osmoregulation ist die Regulierung der molaren Konzentration der Körpersäfte.

osphr-, *Verb ὀσφραίνομαι (Trans.: = riechen, wittern) → Subst. ἡ ὄσφρησις (= Geruchssinn).* – 1. Geruchsvermögen oder -sinn: Osphradium ist ein Sinnesorgan in der Mantelhöhle von Mollusken, das als Geruchsorgan gedeutet wird. – 2. Osphromenus, Gttg. der Kletterfische, soll nach der falschen Annahme benannt sein, daß sein „Labyrinth" (Atmungsorgan) ein Geruchsorgan sei.

oss-, *Subst. os, oss·is n. (= Knochen), verw. mit ὀστέ·ον;* s. ost(e)-. – 1. Knochengewebe oder -substanz: Ossein = Grundsubstanz des Knochens, Ossifikation = Knochenbildung (in der Ontogenese). – 2. Knochen als Organ: a) Os, Plur. Ossa; Bez. nach der Lage (Os coxae, ilium, maxillare; Ossa pharyngea der Knochenfische) oder nach der Form (Os hyoideum, pisiforme, sphenoidale); häufig wird das substantivierte Adj. (im Neutrum!) allein genannt: das Nasale, Squamosum; Plur. die Parietalia; – b) Ossiculum, Bez. für einige kleinere Knochen: Ossicula auditus, die Gehörknöchel.

ost(e)-, *Subst. τὸ ὀστέ·ον oder ὀστοῦν (= Knochen, Gräte) → Demin. τὸ ὀστάρι·ον* (~ari·on). – 1. Knochen (nur bei Wirbeltieren vorhanden): a) Knochen allg.: Osteologie = Lehre vom Aufbau und den Lagebeziehungen der Knochen; – b) Knochen als Gewebe: Zellen, die Knochen bilden (Osteoblasten) oder für den Umbau zerstören (Osteoklasten); Periost = die den Knochen umhüllende bindegewebige Knochenhaut; – c) Knochen als Organ des Binnenskelettes: Teleostei = Knochenfische; Ostariophysi sind Knochenfische, bei denen die Schwimmblase (phys-) durch die WEBERschen

Knöchel mit dem Schädel verbunden ist; – d) Knochen als Bestandteil des Hautskelettes: Gttg. Gasterosteus mit Knochenplatten am Rumpf (Stichling). – 2. Hart wie Knochen: das Holz von Lonicera xylosteum.

osti-, *Subst. osti·um, ·i n. (= Mündung, Eingang, Tür).* – Öffnungen röhrenförmiger Organe im Inneren des Körpers, z. B. die Durchgänge des Blutes von den Vorhöfen in die Herzkammer (Ostia atrioventricularia) und von diesen zu den großen Arterien (Ostia arteriosa); Ostium abdominale der Tuba uterina in der Leibeshöhle.

ostrac-, *Subst. τὸ ὄστρακ·ον (= Scherbe, Tongefäß; Schale der Schildkröte) → τὸ ὀστράκι·ον (= Schaltier).* – 1. Schale der Mollusken: a) allg. Aufbau aus Schichten: Ostracum, Peri- und Hypostracum. – 2. Der Molluskenschale wegen der Härte vergleichbar: der Chitinpanzer der Krebse: Malacostraca (s. malac-) = Höhere Krebse mit den Sektionen Lept- u. Eumalacostraca; fossile Verwandte: Gigantostraca = Eurypterida. – 3. Der zweiklappigen Muschelschale ähnlich: die Schale der Ostracoda (Ostrakoden) = Muschelkrebse. – 4. Knochenpanzer (Hautskelett) von Wirbeltieren: Gttg. Ostracion (Kofferfische) → Fam. Ostraciidae (Ostraciontidae falsch); fossile Fischähnliche: Ostracodermi mit Kl. Osteostraci und Heterostraci.

ostre-, *Subst. τὸ ὄστρε·ον oder ὄστρει·ον (= Muschel, Auster) und lat. ostre·a, ·ae f. (= Auster).* – 1. Ostrea = Austern, Gttg. der Muscheln; der sog. Austernfischer Haematopus ostralegus (ein Regenpfeifervogel) fischt sicher niemals Austern, sondern lebt von Gewürm usw. am Strande. – 2. Der Austernschale ähnlich: die Schildlaus Aspidiotus ostreiformis, der Fruchtkörper des Pilzes Pleurotus ostreatus = Austernseitling.

ot-, *Subst. τὸ οὖς, ὠτ·ός (= Ohr, Gehör) → Demin. τὸ ὠτί·ον (Ohr).* – 1. Ohr als Gehörorgan der Wirbeltiere: a) als Ganzes: Otologie = Ohrenheilkunde und Wissenschaft vom Ohr, Otitis media = Mittelohrentzündung; – b) inneres Ohr (Labyrinth): Otolithen = Statolithen auf den Maculae; – c) Knochen der Labyrinthkapsel: Periotica, Prooticum u. a.; – d) in der Nähe des Ohres gelegen (ohne funktionelle Verbindung): Glandula parotis = Ohr-Speicheldrüse. – 2. Ohrmuschel (= Auricula): Namen von Säugetieren mit bes. großen oder sonstwie bemerkenswerten Ohren: Otaria, Otocyon megalotis = Löffelhund, Myotis, Plecotus; vgl. lag-. – 3. Der Ohrmuschel ähnlich: a) paarige Bildungen am Kopf von Vögeln: Federbüschel bei der Wald-Ohreule Asio otus, der Zwerg-Ohreule Otus scops, bei den Trappen Gttg. Otis → Fam. Otididae, oder Hautlappen bei Gttg. Otogyps; – b) Herzohren bzw. Vorkammern bei Schnecken: Mon- u. Diotocardia; – c) unpaar: Schneckenschale mit weiter, wie eine Ohrmuschel ausgebreiteter Endwindung: Gttg. Haliotis = Meerohr; – d) Blätter vom Vergißmeinnicht Gttg. Myosotis und von Silene otites = Ohrlöffel-Leinkraut; – e) Fruchtkörper des Pilzes Gttg. Otidea = Ohrling (s. cochl-). – 4. Statozyste von Strudelwürmern: Otomesostoma auditivum.

ov-, *Subst. ōv·um, ·i n. (= Ei).* – 1. Eizelle: a) Ovum = Ovulum, die reife Eizelle; Vorstufen ihrer Entwicklung: Ovogonien usw. statt Oo- (s. o-); – b) Organe in Beziehung zur Eizelle: Ovarium = Eierstock, Ovulation = der Austritt der Eizelle aus dem Ovarium, Ovidukt = Eileiter. – 2. Ei als Ganzes (samt Nährstoffen und Hüllen); seine biol. Bedeutung: ovi- und ovovivipare Tiere (Ggs. zu vivipar); Nototrema oviferum, ein Frosch, der die Eier in einer Bruttasche auf dem Rücken trägt. – 3. Einem Vogel-, insbes. Hühnerei ähnlich geformt: a) räumliche Gebilde: Sporenkapsel des Laubmooses Grimmia ovata; Ovula, Gttg. der Porzellanschnecken; – b) flächige Gebilde mit ovalem Umriß: Blätter von Listera ovata und Ligustrum ovalifolium, die Schuppen des Zapfens von Picea obovata (Sibirische Fichte). – 4. Pflanzen: Ovarium = Fruchtknoten, aus den Fruchtblättern gebildeter Raum, in den die Ovula = Samenanlagen eingeschlossen sind.

ov(i)-, *Subst. ovis, is f. (= Schaf).* – a) Schaf: Gttg. Ovis und andere Wiederkäuer: Ovibos (Moschusochse); – b) Parasiten des Schafes: Melophagus ovinus (mel- I.), Oestrus ovis = Rachenbremse des Schafes.

ox(y)-, *Subst. τὸ ὄξ·ος (= Essig, säuerliches Getränk) → Adj. ὀξύς (= scharf, spitzig, herb, heftig usw.).* – 1. Spitze Gebilde: a) Amphioxus (Branchiostoma), das Lanzettfischchen mit vorn u. hinten zugespitztem Körper; – b) mit spitzen Dornen der Gem. Weißdorn Crataegus oxyacantha; – c) das Schiffchen der Schmetterlingsblüte von Gttg. Oxytropis hat eine Stachelspitze. – 2. Schärfe (Genauigkeit) des Sehens: a) beim Menschen: Oxyopie (s. op-) = Scharfsichtigkeit; – b) bei Tieren: Gttg. Oxyopes → Oxyopidae = Luchsspinnen, die mit gut funktionierenden Augen Beute erkennen und im Sprung überwältigen. – 3. Geschmack: a) Früchte säuerlich: Beeren von Vaccinium oxycoccus (Moosbeere); – b) die Pflanze: Gttg. Oxalis = Sauerklee enthält Kristalle von Salzen der nach ihm benannten Oxalsäure; Oxyria = Säuerling, Gttg. der Knöterichgewächse. – 4. Sauerstoff als Oxygenium = Säureerzeuger benannt, weil er an der Bildung von Säuren beteiligt ist: a) das Wortelement oxy-, oft zu ox- verkürzt, wird in der Chemie weiterhin im Sinne von Sauerstoff verwendet (Oxid = ox-id); – b) biol.: Lebensvorgänge mit oder ohne Sauerstoff: Oxy- oder Anoxybiose.

P

pabul-, *Subst. pabul·um, ·i n. (= Futter, Nahrung) von pascĕre,* d. h. Stamm pa- mit Suffix ~bul·um. – Pflanzen als Futter für Haustiere (Artepitheton pabularis) oder Nahrung für Insekten: Pabularium, ein Herbarium mit Fraßbildern; Lygus pabulinus = Grüne Futterwanze, auf Wiesen und in Gärten (auf Futterpflanzen?).

pach(y)-, *Subst. τὸ πάχ·ος (= Dicke, Masse) und Adj. παχύς (= dick, dicht, plump).* – Organismen oder Organe, die relativ dick oder massig sind:

a) flächige Gebilde: Pachymeninx = harte Hirnhaut im Unterschied zur Leptomeninx; – b) lange Gebilde: Pachytänstadium der Chromosomen (s. lept-); Stiel des Pilzes Boletus pachypūs = Dickfußröhrling.

paed-, *Subst. ὁ, ἡ παῖς, παιδ·ός (= Kind; Sohn, Tochter; Nachkomme).* – 1. Kind als Nachkomme, d. h. in bezug auf die Eltern: Paedogamie (bei Protozoen) = die Verschmelzung von Gameten, die von einem Zellindividuum durch Teilung gebildet wurden. – 2. Kind als jugendlicher Organismus, der schon seinerseits Nachkommen hervorbringt: Paedogenesis = Pädogenese, eine Form der Parthenogenese.

pag-, *Subst. ὁ πάγ·ος (= Eis, Frost) → Adj. πάγι·ος (= dicht, fest).* – 1. Verwachsung zweier Embryonen (Doppel-Mißbildungen), z. B. mit den Köpfen: Cephalopagus. – 2. Eis (= das Festgewordene, Gefrorene): Tiere im hohen Norden: Pagophila, Gttg. der Möwen; Pagophoca, Gttg. der Seehunde.

palae-, *Adv. πάλαι (= ehemals, einst) und Adj. παλαι·ός (= alt, bejahrt; ehemalig, früher).* – Alt, altertümlich, d. h. vom heutigen Zeitpunkt aus vor langer Zeit entstanden, vorhanden oder bekannt: 1. Erd- und Stammesgeschichte: a) frühe Zeitabschnitte: Palaeozoicum = palaeozoisches Zeitalter; Palaeolithicum = frühe Steinzeit; – b) fossile Organismen: Palaeozoologie und -botanik, Palaeontologie; Palaeodictyoptera, eine Gruppe fossiler Insekten; – c) phylogenetisch früher entstanden, aber heute noch existierend: Palaeencephalon = Urhirn (Ggs. s. ne-). – 2. Schon im Altertum bekannt, insbes. die „Alte Welt": tiergeographischer Bereich: palaearktische Region.

palat-, *Subst. palat·um, ·i n. (= Gaumen; Geschmack; Wölbung).* – 1. Palatum = Gaumen, Mundhöhlendach, teils durch Knochen gestützt (P. durum), teils nicht (P. molle); Raphe palati s. rhaph-. – 2. Gaumenbeine, d. h. Knochen, die am harten Gaumen beteiligt sind: Ossa palatina sowie die onto- und phylogenetischen Vorstufen: Palatoquadratknorpel = der primäre obere Kieferbogen, der die Grundlage für die Knochen der Palatinreihe oder -spange bildet (Vomer, Palatinum, Pterygoide).

pale-, *Subst. pale·a, ·ae (= Spreu).* – 1. Paleae = die Blütenspelzen der Gräser sowie häutige verkümmerte Blätter von Blütenkörbchen („Spreublätter"). – 2. Gelbliche Färbung (der Spreu ähnlich): Cosmia paleacea, ein Schmetterling (Noctuidae).

pall-, *Verb pallēre (= blaß sein) → Part. Präs. pallens und Adj. pallid·us (= blaß, bleich, gelblich), Verb pallescĕre (= erblassen, gelb werden).* – Blasse, schwache, insbes. gelbliche Färbung: a) Pflanzen: Blüten von Orchis pallens, Ähren von Carex pallescens, Blätter von Bryum pallens = Bleiches Birnmoos, Fruchtkörper von Lactarius pallidus und von Russula depallens

(Hut oft völlig verblaßt); – b) Tiere: Schale der Schnecke Lacuna pallidula, Flügeldecken des Käfers Cantharis pallida, Strudelwurm Opistomum pallidum.

palli-, *Subst. palli·um, ·i n. (= griechischer Mantel; Bettdecke).* – 1. Fell von Säugetieren mantelartig überhängend: Alouatta palliata = Mantel-Brüllaffe. – 2. Mantel der Mollusken: a) allg.: Pallialkomplex sind die von der Mantelhöhle umschlossenen Organe; – b) Muscheln: Sinu- u. Integripalliata mit eingebuchteter oder zusammenhängender Mantellinie; – c) Cephalopoda: Musculus retractor pallii bewegt den Mantel. – 3. Mantel des Großhirns bei Wirbeltieren: Pallium im Ggs. zum Stammteil; Neopallium s. ne-.

palm- I., *Subst. palm·a, ·ae f., verw. mit ἡ παλάμ·η (= flache Hand; Hand).* – 1. Die Hand des Menschen und verwandter Säugetiere, bes. die Innenfläche: Palma; in der Hand befindliche Muskeln: M. palmaris brevis und longus, Musculi interossei palmares. – 2. Schwimmfüße von Vögeln mit der Hand verglichen: Pedes palmati, semipalmati, fissi-palmati. – 3. Andere handähnliche Gebilde: Alcyonium palmatum, Art der Anthozoen („Totemannshand“).

palm- II., *Subst. palm·a, ·ae f. (= Palme, Palmfrucht, Dattel).* – 1. Palmen: a) Fam. Palmae; – b) von Palmen gewonnen: Palmitin = Glycerinester der Palmitinsäure (einer Fettsäure), kommt im Palmöl vor; – c) zu Palmen in Beziehung stehend: Aspidiotus palmarum, eine Schildlaus; Rhynchophorus palmarum = Palmenbohrer, ein Rüsselkäfer. – 2. Mit Palmwedel verglichen: Plicae palmatae im Uterushals beim Menschen (Schleimhautfalten).

palm- III., *Subst. ὁ παλμ·ός (= das Zittern, Zucken; Pulsschlag) vom Verb πάλλω (= schwingen, schütteln, erschüttern).* – 1. Path.: Cardiopalmus = Herzklopfen; Palmospasmus. – 2. Bei Erschütterung leicht bewegliche Gallerte, danach Benennung von niederen Algen: Palmella, Palmodictyon u. a.

palp-, *Subst. palp·us, ·i m. (= Taster) → Verb palpāre (= tasten, streicheln) → Iterativ: palpitāre (= zucken).* – Zum Tasten dienende Körperfortsätze bei Arthropoden: 1. Bei Spinnentieren: a) allg.: Maxillar- oder Pedipalpen, das 2. Paar Mundextremitäten mit gegliedertem Palpus (= Taster); – b) das verlängerte tasterartige Beinpaar der Geißelskorpione oder Skorpionspinnen, die danach Pedipalpa heißen („Tastfüßer“). – 2. Bei Insekten: a) Antennen: Subuli- und Filipalpia (Gruppen von Plecopteren); – b) der Stechrüssel der Stechfliege Glossina palpalis.

palpebr-, *Subst. pạlpebr·a, ·ae f. (= Augenlid), verw. mit palpāre*; s. palp-. – Palpebrae = die Augenlider, das Auge von Wirbeltieren schützende Hautfalten, gestützt durch den bindegewebigen Tarsus palpebrae; zwischen ihnen die Lidspalte Rima palpebrarum.

palud-, *Subst. palūs, palūd·is f. (= stehendes Wasser) → Adj. palustr·is, ·e (= sumpfig, im Sumpf);* vgl. ~ester. – In oder an stehenden Gewässern, Sümpfen usw. lebend: a) Tiere: die Schnecke Paludina vivipara, die Gttg. der Moostiere Paludicella, der Käfer Eubria palustris; – b) Pflanzen: Myosotis palustris, Equisetum palustre, Senecio paludosus.

pan- I., *Adj. πᾶς, πᾶσα, πᾶν, Gen. παντ·ός (= ganz, völlig, äußerst; allerlei, jeder), substt. τὸ πᾶν, τὰ πάντ·α (= Gesamtheit, Weltall); in Zus. vom Charakter eines Präfixes;* s. pan+ und pant-.

pan- II., *Subst. pān·is, ·is m. (= Brot);* vgl. panic-. – Brot als Nahrung von Tieren: Stegobium [Sitodrepa] paniceum = Brotkäfer.

pan- III., *Subst. ὁ Πᾶν, Παν·ός (ein Wald- und Hirtengott) = Pan → Demin. Paniscus = kleiner Pan.* – Mit dem mythischen Waldgott wegen des Vorkommens oder Aussehens verglichen: Ateles paniscus (Schwarzer Klammeraffe); Tragopan satyra = Satyrhuhn, ein Fasanvogel mit hornartigen Bildungen hinter den Augen.

pancreas, *griech. Herkunft, Zus. aus πᾶν und κρέας, aber ohne sinnvolle Bedeutung, daher als einheitlich zu behandeln;* vgl. cre- III. – Pancreas = Bauchspeicheldrüse; dazu Adj. pancreaticus.

pand-, *Verb pandĕre (= ausbreiten, eröffnen, wegsam machen);* s. pans- und pass- II.

panic-, *Subst. pānic·um, ·i n. (= italienische Hirse, Borstenhirse) und Subst. panicul·us, ·i m. (= Rispe, Rohrbüschel).* – 1. Hirse: a) als solche: Panicum, Gttg. der Gräser mit der Art P. miliaceum = Echte oder Rispenhirse; die Abl. von panis = Brot (weil zum Backen von Brot brauchbar) ist unzutreffend; – b) mit der Hirse verglichen: Carex panicea = Hirse-Segge. – 2. Panicula = Rispe, Form des Blütenstandes, danach: Gypsophila paniculata = Rispiges Gipskraut, Phleum paniculatum [asperum] = Rauhes Lieschgras.

pans-, *Form des Sup. des Verbs pandĕre;* s. pand-, vgl. pass- II. – 1. Vorgang der Ausbreitung: Expansion von Gasen; expansives Wachstum von Geweben, Ggs. appositiv, s. posit-. – 2. Zustand, auffällige Größe (Ausdehnung): Podocnemis expansa (Arrau-Schildkröte).

pant-, Form von pan- I., z. B. Pantopoda, eine Gruppe von Gliederfüßern, die fast ganz aus den langen Extremitäten zu bestehen scheinen (Syn. Pycnogonida s. gon(i)-).

panther, *Subst. ὁ πάνθηρ, ηρ·ος (= Panther).* – 1. Katzenartige große Raubtiere: Gttg. Panthera. – 2. Dem Panther (Panthera pardus, Leopard) in der Fleckung ähnlich: Amanita pantherina = Pantherpilz.

papaver(-), *Subst. papāver, er·is n. (= Mohn) → Adj. papāvere·us, ·a, ·um (= Mohn-).* – 1. Mohnpflanze: a) Gttg. Papaver; – b) zur Mohnpflanze in Beziehung: Osmia papaveris = Klatschmohn-Mauerbiene. – 2. Aus dem Milchsaft von P. somniferum (= Schlafmohn) gewonnen: das Alkaloid Papaverin.

papilio(n-), *Subst. papilio, ōn·is m. (= Schmetterling).* – 1. Tagfalter: Gttg. Papilio → Fam. Papilionidae. – 2. Einem Schmetterling (allg.) vergleichbar: Papilionaceae = Schmetterlingsblütler (= Fabaceae).

papill-, *Subst. papill·a, ·ae f. (= Brustwarze; Brust).* – Warzenähnliche Erhebung: a) auf Oberflächen: Papilla mammae = Mamilla = Brustwarze; Aeolidia papillosa = Breitwarzige Fadenschnecke, Rücken mit zahlreichen abgeplatteten Anhängen; – b) in Körperhöhlen hineinragend: auf der Zunge von versch. Form: Papillae circumvallatae, filiformes usw.; Papillae renales = Nierenpapillen; Papilla nervi optici; – c) von Gewebe überdeckt: Papillen des Coriums = Cutispapillen, von der Lederhaut in die Epidermis hineinragend.

papyr-, *Subst. ὁ, ἡ πάπυϱ·ος (= Papyrusstaude, Schreibpapier) = papyr·us, ·i f. und papyr·um, ·i n.* – 1. Die Blattscheiden von Cyperus papyrus lieferten das „Papier" des Altertums. – 2. Dem Papier ähnlich: die dünne Knochenplatte am Siebbein: Lamina orbitalis (= papyracea).

par- I., *par, par·is als Adj. (= gleich, entsprechend) und Subst. (= Genosse, Gatte, Paar) → Verb parāre, mit Präfixen: vor allem comparare (= vergleichen), Adj. dispar und impar (= ungleich).* – Zwei oder mehr gleichartige Gebilde zusammen betrachtet: 1. Ein Paar, d. h. zwei zusammengehörige Gebilde: bei bilateraler Symmetrie sind unpaare Bildungen bes. bemerkenswert: Lobus impar in der Rautengrube karpfenartiger Fische; – b) die beiden Geschlechter einer Art als Paar zusammengehörig, aber durch Merkmale mehr oder weniger verschieden: bei Cyprinodon dispar (ein Zahnkarpfen), Lymantia dispar (Schwammspinner). – 2. Vergleichung von zwei oder mehr Objekten: Tertium comparationis, das zum Vergleich dienende Merkmal.

par- II., *Verb parāre (= bereiten, besorgen), verw. mit Verb parĕre (= gebären, hervorbringen; erwerben) → Part. Präs. substt. parens, ent·is,* s. parent-. – 1. Vor- oder Zubereitung, Anordnung: a) Apparat; Apparatur = Gesamtheit von Apparaten für bestimmte Untersuchungen; – b) übertr.: Gesamtheit zusammenwirkender Organe: Apparatus digestorius, A. respiratorius (PNA) = Verdauungs- u. Atmungsapparat (JNA: Systema); – c) Präparat, das durch Präparieren für die Untersuchung vorbereitete Objekt. – 2. Bereiten, hervorbringen: a) Produktion von Sekreten durch Drüsen: Glandulae sudoriparae = Schweißdrüsen; – b) Entstehung verursachend: Coccus manniparus = Mannaschildlaus; – c) Wiederherstellung: Reparation = Regeneration durch Umordnung vorhandener Teile. – 3. Nachkommen hervorbringen: a) Tiere: ovo-, ovovivi- u. vivipare Tiere;

insbes. Gttg. der Schnecken Viviparus [Paludina], Art V. viviparus, die lebendgebärende Sumpfdeckelschnecke; – b) Pflanzen: echte Viviparie besteht in der Keimung von Samen an der Mutterpflanze, von der sich also junge Pflänzchen lösen (Mangroven); als unechte Viviparie bezeichnet man eine Form der vegetativen Fortpflanzung, z. B. beim Gras Poa alpina, forma vivipara.

paramaeci-, *Adj. παραμήκης (= länglich) von Subst. τὸ μῆκ·ος (= Länge);* s. mec-. – Paramaecium = Paramecium, Gttg. der Ciliata.

pard-, *Subst. ὁ παρδ·ος = ὁ, ἡ πάρδαλ·ις, ·εως → lat. pardal·is, is f. (= Panther).* – 1. Raubtiere: Panthera pardus = Leopard, und Felis pardalis = Pardelkatze (Ozelot). – 2. Dem Leopard ähnlich gefleckt: Testudo pardalis, Coluber leopardinus, Giraffa camelopardalis.

pare-, *Verb parēre (= erscheinen, sichtbar werden).* – Durchscheinend, lichtdurchlässig: transparent → Subst. Transparenz.

pare(i)-, *Subst. ἡ παρει·ά = τὸ παρήι·ον (= Wange, Backe).* – Wange, Kopfseite: a) Platyparea, Gttg. der Dipteren mit großflächigen Backen; – b) Pareiosauria, Gruppe fossiler Reptilien mit flachem, breitem Schädel; – c) Scleroparei = Panzerwangen, Gruppe von Knochenfischen mit Verwachsung seitlicher Knochenplatten.

parent-, *Subst. parens, parent·is m. u. f. (= Vater, Mutter, Eltern, Vorfahr) vom Verb parěre;* s. par- II. – Parental- (= Paternal-) generation, die Ausgangsgeneration beim Kreuzungsexperiment.

pariet-, *Subst. paries, pariet·is m. (= Wand, Mauer).* – 1. Nach der Oberfläche zu gelegene Körperteile und Organe: a) Körperwand allg.: parietales Blatt des Mesoderms; – b) seitliche Körperwand, Parietalplatten = Seitenplatten (seitlich von den Urwirbeln gelegene Mesodermplatten); Parietalganglien der Mollusken; – c) Schädeldach, Scheitel: Ossa parietalia (die Parietalia); Parietalauge = Scheitelauge. – 2. Wand (Abhang, Mauer) als Aufenthaltsort: a) Tiere: Anthophora parietina = Wand-Pelzbiene, baut Nester an Lehmwänden; – b) Pflanzen: an Baumstämmen, Bretterwänden und Steinen wächst die Rindenflechte Xanthoria parietina.

pars, parti-, *Subst. pars, partis f. (= Teil, Stück, Stelle) → Demin. particul·a, ·ae, Verb partire mit Sup. partīt- (= zerlegen, teilen; verteilen); Verb participare (= teilnehmen) von capěre (= nehmen).* – 1. Nur einen Teil eines Gebildes betreffend: bei der partiellen Furchung wird nur ein Teil der Eizelle (Oberfläche oder Keimscheibe) in Blastomeren aufgeteilt (Ggs. total); in der Anatomie nennt man Pars das Teilgebiet eines Organes: Pars optica und P. caeca retinae. – 2. Gliederung eines Gebildes: a) Uterus bipartitus mit fast durchgehender innerer Scheidewand (Ggs. duplex, bicornis, simplex); –

b) Flächen: Blätter von Bidens tripartitus sind dreiteilig. – 3. Kleines Gebilde als Ganzes betrachtet: Nahrungspartikel: Partikelfresser ernähren sich von Mikroorganismen und Detritus.

parthen-, *Subst. ἡ παρθέν·ος (= Mädchen, Jungfrau, junge Frau), auch adj. (= jungfräulich, keusch).* – Weibliches Individuum, das nicht begattet, Eizelle, die nicht befruchtet wurde: Parthenogenese = „Jungfernzeugung"; Parthenokarpie, Fruchtbildung ohne Befruchtung.

parv-, *Adj. parv·us, ·a, ·um (= klein, gering), Comp. minor, Superl. minimus; Demin. parvul·us, ·a, ·um (= sehr klein).* – 1. Geringe Größe: a) von Tieren: Muscicapa parva = Zwerg-Fliegenschnäpper, Microtus parvus, eine Art der Feldmäuse; – b) von Pflanzen und ihren Organen: Eleocharis parvula = Kleine Sumpfsimse, Cardamine parviflora = Kleinblütiges Schaumkraut. – 2. Geringe Anzahl: a) Drüsen mit wenig Ausführgängen: Glandula sublingualis parvicanalaris; – b) Blüten von Potentilla parviflora = Wenigblütiges Fingerkraut.

pasc-, *Verb pāscĕre (= weiden usw.) → Adj. pascu·us, ·a, ·um (= Weide-);* vgl. past- und pabul-. – Auf Viehweiden wächst der Pilz Hyporhodius pascuus.

pass- I., *Verb patior, passus sum, pati (= leiden, dulden; erleiden, erfahren) → Adj. patiens, ent·is → Subst. patienti·a, ·ae f. (= Erduldung, Geduld); ferner Subst. passio, ōn·is f. (= Erdulden).* – 1. Im allg. Sinne: von einem Vorgang oder einer Handlung betroffen werden: a) Passivum = die „Leideform" eines Verbs im Ggs. zum Activum; – b) passive Bewegung, z. B. von Blutkörperchen im Blutstrom, Ggs. zu ihrer aktiven Bewegung im Gewebe. – 2. Durch Reize leicht beeinflußbar, empfindlich: Impatiens (Gttg.) = Springkraut mit der Art I. noli-tangere, vgl. tang. – 3. Im Sinne von Schmerzen leiden: a) der Kranke als Patient; – b) Passion im christlichen Sinne: Passionsblume Gttg. Passiflora.

pass- II. *(= pans-), Sup. des Verbs pandĕre; damit verw. das Subst. passus, ūs m. (= Schritt, Bewegung; auch Längenmaß).* – a) Allg. im Sinne von Wegsammachen, einen Weg finden, hindurchgehen: Paß, passieren, Passage; – b) biol.: Darmpassage von Protozoen; Übertragung von Mikroorganismen von einem lebenden Wirt oder von einem Nährboden auf einen anderen: Passage.

passer(-), *Subst. passer, ·is (= Sperling).* – 1. Sperling: a) Gttg. Passer; – b) Parasiten: Analges passerinus = Vogelhautmilbe. – 2. Mit dem Sperling verglichen: Glaucidium passerinum (Zwergeule).

past-, *Sup. des Verbs pascĕre (= auf die Weide führen, füttern, wachsen lassen) → Subst. pastor, ōr·is m. (= Hirt);* s. pasc-. – 1. Auf Viehweiden vorkommend: der Rosenstar Pastor roseus. – 2. Einer von Hirten benutzten Tasche ähnlich: die Schötchen des Hirtentäschelkrautes Capsella bursa-pastoris, vgl. caps(ul)-.

pat-, *Verb patēre ohne Sup. (= offen sein, offen stehen; sich ausbreiten, sich erstrecken) → Part. Präs. patens, ent·is (= offen, ausgedehnt) und Verb pate-facĕre (= öffnen, offenbar machen).* – 1. Weite Öffnung oder Vertiefung: der Nabel der Schneckenschale von Patula (Gttg.), die Schalenmündung der Schnecke Purpura patula = Weitmundschnecke; Napf- oder Schalenform s. patell-. – 2. Verzweigtes Gebilde, das sich locker ausbreitet: Zweige von Atriplex patula = Ausgebreitete Melde, Blütenstand von Campanula patula (Wiesenglockenblume), Blüten von Pulsatella patens (Finger-Kuhschelle).

patell-, *Subst. patell·a, ·ae f. (= Schale, Opferbecken), Demin. von pater·a, ·ae f. in gleicher Bedeutung vom Verb patēre;* s. pat-. – Rundliche, mit Schale verglichene Gebilde: a) Napfschnecken, Gttg. Patella; – b) Kniescheibe bei Wirbeltieren: Patella; in ihrer Umgebung befindliche Schleimbeutel: Bursa infra-, prae- u. suprapatellaris (beim Menschen); Patellarreflex, ein durch Schlag oberhalb der Kniescheibe ausgelöster Sehnenreflex.

pater(-), *Subst. pater, patr·is m. (= Vater; Schöpfer). → Adj. patern·us, ·a, ·um (= väterlich, vaterländisch);* s. parent-. – Paternalgeneration, die väterliche Generation als Ausgangsmaterial für Kreuzung, Syn. von Parentalgeneration.

path-, *Subst. ἡ πάϑ·η und τὸ πάϑ·ος (= Erleiden, Erlebnis, Schicksal, Leiden) → Adj. συμπαϑ·ής (= mitleidend).* – 1. Geschehen, Betroffensein, Wirken: a) Sympathie = Mitfühlen, -empfinden; – b) sympathisches Nervensystem (Nervi sympathici, Plexus sympathicus). – 2. Krankheit, Leiden: Pathologie = Lehre von den krankhaften Veränderungen (Nosologie) und Abweichungen (Teratologie); pathogen = Krankheit verursachend (z. B. Bakterien).

pati-, Präsensstamm zum lat. Verb patior, s. pass- I.

pauc-, *Adj. pauc·us, ·a, ·um (= klein, gering), Plur. pauci (= wenige).* – Geringe Anzahl: a) Blüten der Armblütigen Segge Carex pauciflora und der Wenigblütigen Gänsekresse Arabis pauciflora.

paur-, *Adj. παῦρ·ος (= wenig, klein, gering).* – 1. Anzahl: Pauropoda, Ukl. der Myriapoda mit geringer Anzahl von Beinen. – 2. Grad: bei der Paurometabolie sind die Umwandlungen der Larve zur Imago nur geringfügig (z. B. bei den Wanzen).

paus-, *Verb παύω (= aufhören) → Subst. ἡ παῦσ·ις (= Beendigung, Stille); Verb διαπαύομαι (= aufhören; eine Pause machen).* – 1. Unterbrechung,

Pause: Diapause = Ruhezustand in der Entwicklung, z. B. bei Insekten in versch. Lebensstadien, bes. Puppenruhe. – 2. Aufhören, Beendigung, Menopause = Wechseljahre der Frau (s. men- I.).

pavo(n-), *Subst. pāvo, ōn·is (= Pfau).* – 1. Pfau: Gttg. Pavo. – 2. Mit dem Pfau verglichen: a) mit dem ausgebreiteten Schwanz die Pilzkoralle Pavonia; – b) mit der Zeichnung der Schwanzfedern verglichen: Saturnia pavonia = Kleines Nachtpfauenauge.

pecten, pectin-, *Subst. pecten, in·is m. (= Kamm, Harke; Kammuschel) und Verb pectĕre (= kämmen, hecheln), verw. mit Verb πέκω (= kämmen).* – 1. Einem Kamm (mit Zinken) vergleichbar: a) Pecten, ein Fortsatz im Auge der Vögel; – b) Kammuschel mit gezähntem Schalenrand: Gttg. Pecten; andere Muschel mit gekerbter Schale: Gttg. Pectunculus; – c) Anordnung der Nadeln von Abies alba [pectinata] in einer Ebene wie Kammzinken, aber beidseitig. – 2. Zusammenhängende Kante, Grat (einem Gebirgskamm vergleichbar), insbes. an Knochen: Pecten ossis pubis = Schambeinkamm, dort entspringender Muskel: M. pectineus (= „zum Pecten in Beziehung").

pector-, *Subst. pectus, pector·is n. (= Brust).* – Brustregion des Körpers: a) Rippenkorb (Thorax): M. pectoralis major u. minor entspringen am Brustbein und Rippenkorb; – b) Brustflossen von Fischen: Pinnae pectorales = thoracicae; – c) äußere Merkmale: Färbung des Gefieders bei Garrulus pectoralis.

ped-, *Subst. pēs, pĕd·is (= Fuß, Huf; Fußvolk) → Demin. pedicul·us, peduncul·us.* – 1. Extremitäten der Wirbeltiere (als Körperstützen und Bewegungsorgane): a) Endabschnitte beider Paare bei Säugetieren: Raubtiere als Fissi- und Pinnipedia unterschieden; – b) Hinterextremitäten der Vögel: nach ihrer Tätigkeit als Pedes cursorii, gressorii, scansorii, nach morph. Merkmalen als Pedes fissi, stegani usw. benannt. – 2. Einem Wirbeltierfuß ähnlich geformt: a) die Schneckenschale von Aporrhais pespelicani; – b) der Pes hippocampi im Gehirn des Menschen. – 3. Extremitäten der Arthropoden: a) Gangbeine, bes. bei Insekten in vielen Artnamen, z. B. brevi-, crassi-, hirti-, longi-, nigri-, rufi-pes usw.; – b) Extremitäten mit anderen Funktionen: bei den Cirripedia zum Herbeistrudeln der Nahrung; über die Pedipalpen der Spinnentiere s. palp-; Maxillipeden = Pedes maxillares s. maxill-. – 4. Fortbewegungsorgane versch. Art bei Wirbellosen: a) Molluskenfuß: Pedalganglion = Fußganglion, durch Cerebro-pedalkonnektive mit den Hirnganglien verbunden; – b) Ambulakralfüßchen der Stachelhäuter: Pedata, eine Abt. der Seegurken. – 5. Stiel festsitzender Tiere: Pedicellina = eine Gttg. der Moostierchen; Pollicipes = eine Gttg. der festsitzenden Cirripedier (s. peduncul-).

pedicul-, *Subst. pedicul·us, ·i m. (= kleine Laus), Demin. von pedis (= Laus), verw. (?) mit pes, pedis, d. h. eig. „laufendes Getier".* – 1. a) Läuse: Gttg.

Pediculus; – b) Tiere von ähnlichem Habitus: Polyphemus pediculus, Art der Wasserflöhe; Pediculoides, Gttg. der Milben; Trichodina pediculus, ein Infusor. – 2. Pedicularis, Gttg. der Scrophulariaceae, gegen Läuse verwendet, daher „Läusekraut".

peduncul-, Demin. zu ped-, s. ~uncul·us. – 1. Stiel festsitzender Tiere: Pedunculata, Uord. der Cirripedia. – 2. Stiel von Pflanzenorganen: Pedunculus = Stiel eines Blütenstandes; Obione pedunculata = Stielfrüchtige Salzmelde. – 3. Faserzug, der einen Hirnteil mit einem anderen verbindet (als „Stiel"): Pedunculi (= Crura) cerebri = Hirnschenkel; Pedunculus flocculi; P. corporis mamillaris.

pel-, *Subst. ὁ πηλ·ός (= Lehm, Schlamm, Sumpf).* – Schlamm oder sumpfige Gewässer als Lebensbereich: a) von Tieren: Gattungsnamen von Protozoen (Pelomyxa), Amphibien (Pelobates, Pelodytes) und Schildkröten (Pelomedusa); – b) von Pflanzen: pelogene Pflanzen = Sumpfpflanzen.

pelag-, *Subst. τὸ πέλαγ·ος (= hohe See, Meer).* – Meer, insbes. das freie Meer, im Ggs. zum Boden, als Lebensbereich: Pelagial; pelagische Tiere (zum Nekton oder Plankton gehörig), z. B. Pelagia, Gttg. der Scyphomedusen, und Pelagothuria natatrix, eine freischwimmende Holothurie.

pelarg-, *Subst. ὁ πελαργ·ός (= Storch).* – Mit dem Schnabel des Storches verglichen: a) der lange Schnabel von Pelargopsis, Gttg. der Rakenvögel; – b) Pelargonium, Gttg. der Storchschnabelgewächse mit langem Fruchtknoten u. Griffel.

pelecy-, *Subst. ὁ πέλεκ·υς, ·εως (= Beil, Axt).* – Einem Beil ähnlich: der Fuß bei den Muscheln = Pelecypoda (Syn. für Lamellibranchia); Körper von Argyropelecus, Gttg. der Fische.

pell-, *Subst. ἡ πέλλ·α (= Fell, Haut) und lat. pellis, is f. (= Haut, Fell, Pelz) → Demin. pellicul·a, ·ae f. (= Häutchen).* – 1. Dünne Deckschicht: Pellicula = äußerste Protoplasmaschicht von Zellen (Blutzellen). – 2. Abgezogene Haut von Säugetieren: die Larven der Pelzmotte Dystinea pellionella leben in Fellen, Pelzen usw.

pelm(at)-, *Subst. τὸ πέλμα, ματ·ος (= Sohle).* – Der die Unterlage berührende Körperabschnitt festsitzender Tiere: Pelmatozoa, die Haarsterne (Crinoidea) im Ggs. zu den übrigen Echinodermen, s. eleuther-; Pelmatohydra, Gttg. der Süßwasserpolypen mit deutlich abgesetztem, verschmälertem „Stiel".

pelt-, *Subst. ἡ πέλτ·η (= Schild aus Leder) und pelt·a, ·ae f. (= Schild).* – Schildförmige Gebilde: a) die Schuppen von Schlangen: Gattungen Dasypeltis, Coelopeltis; – b) peltate Blätter von Pflanzen, z. B. bei Pelargonium peltatum und Nymphoides peltata.

pelv-, *Subst. pelv·is, ·is f. (= ein Becken, eine Schüssel).* – Mit einer Schüssel verglichene Gebilde: 1. Behälter, der Flüssigkeit aufnimmt: Pelvis renis = Nierenbecken. – 2. Nur grob der Form eines Beckens entsprechend: beim Menschen die verwachsenen Knochen des hinteren Extremitätengürtels: Pelvis = Becken; Teile innerer Organe, die hier gelegen sind, z. B. Pars pelvina recti.

pend-, *Verb pendĕre (= schwingen lassen; abwägen; wiegen = schwer sein), mit Präfixen: adpendere → appendere (= zuwägen) → Subst. appendix, īc·is f. (= Zugabe, Anhang), suspendere (= aufhängen, schweben lassen), Subst. perpendicul·um, ·i n. (= Bleilot, Richtschnur); Verb pendēre (= herabhängen, abhängen von) → pendul·us, ·a, ·um (= herabhängend, schwebend, ungewiß).*

1. Herabhängen: a) Anthoscopus pendulinus = Beutelmeise (baut hängendes Nest); Filipendula, Gttg. der Rosengewächse, mit Knollen, an denen die dünnen Wurzelfasern hängen; Zweige der Hängebirke Betula pendula; – b) zugleich schwingend: Pendel, Perpendikel der Pendeluhr.
2. Lotrecht in bezug auf andere Gebilde (ohne Bezug auf die Schwerkraft): Lamina perpendicularis, eine Knochenplatte am Gaumenbein und am Siebbein des Menschen.
3. Schwingend (ohne den Begriff des Hängens): Pendulationstheorie von SIMROTH erklärt Verteilung von Tieren auf der Erde durch langfristige Schwingungen der Erdachse.
4. Anhang, ohne Rücksicht auf die Richtung: Appendix vermiformis = Wurmfortsatz des Blinddarmes; Appendices pyloricae = Pförtneranhänge bei vielen Fischen; Appendicularia (= Copelata), Tunicaten mit Ruderschwanz („Anhängsel“).
5. In der Schwebe halten: Teilchen in einer Flüssigkeit suspendieren = so fein verteilen, daß sie schweben (s. pens-).

penetra-, *Verb penetrāre (= hineinführen, tief eindringen, durchdringen).* – Ein- oder durchdringend: 1. Körperlich: Penetrante = große Nesselkapsel (Knide), deren Faden in den Körper des Beutetieres oder Feindes eindringt; Sarcopsylla penetrans = Sandfloh, bohrt sich tief in die Haut ein. – 2. Graduell: penetranter Geruch, der sich auch räumlich stark ausbreitet.

pen(i), *Subst. pēnis, is m. (= das männliche Glied).* – Penis = Rute, männliches Begattungsglied, versteift durch die Corpora cavernosa penis, bei manchen Säugetieren durch einen Penisknochen (Os penis = priapi).

penicill-, *Subst. penicill·us, ·i m. (= Pinsel), Demin. von penicul·us, ·i (= Büschel), dies Demin. von penis,* s. pen(i)-. – Pinselartige Gebilde: a) Haarbüschel bei Säugetieren: Callithrix penicillata = Schwarzpinseläffchen; – b) Borstenbüschel und Kiemen beim polychäten Meereswurm Sabella penicillus; – c) Penicillium, Gttg. der Schimmelpilze; aus einigen Arten wurde das danach benannte Penizillin gewonnen.

penn-, *Subst. penn·a, ·ae f. (= Flügel, Gefieder, Feder), verw. mit Verb πέτομαι (= fliegen);* auch Form pinn-. – 1. Flügel, bes. bei Insekten: a) alle vier Flügel betreffend: Planipennia, Ord. der Netzflügler; – b) bei Käfern meist auf die Elytren bezogen, nach deren Farbe, Form und Oberflächenbeschaffenheit viele Arten benannt sind, z. B. flavi-, fusci-, viridi-, rufi-, brevi-, glabripennis. – 2. Flosse von Fischen: Squamipennes s. squam-. – 3. Vogelfeder: Pennae = Konturfedern; Impennes = Pinguine, d. h. Vögel ohne Schwungfedern. – 4. Federähnliche, fiederige Anordnung: a) bei Tieren: Pennaria, Gttg. der Hydroidpolypen, bei der die Einzelpolypen fiederartig an der Hauptachse der Kolonie sitzen; Pennatula, Gttg. der Octocorallia, erinnert an eine Vogelfeder; – b) bei Pflanzen: Stipa pennata = Echtes Federgras; – c) bei Muskeln: bei einem Musculus uni- oder bipennatus sitzen die Fasern ein- oder beidseits an einer Sehne.

pens-, *Sup. des Verbs pendĕre → Subst. pens·um, ·i n. (= das Abgewogene, die Aufgabe), Verb Intens. pensāre (= wägen, abwägen) → compensāre (= abwägen, ausgleichen);* vgl. pend-. – 1. Hängen: bei Forsythia suspensa hängen die alten Zweige herab und bewurzeln sich bei Berührung des Bodens. – 2. Zum Aufhängen bzw. zur Befestigung dienend: Suspensor = Embryoträger in der Samenanlage von Pflanzen; Suspensorium = Suspensorialapparat = Kieferstiel sind die Skelettstücke, die den Unterkiefer von Wirbeltieren am Hirnschädel aufhängen (Hyomandibulare, Quadratum). – 3. Schweben: Suspension = Flüssigkeit mit suspendierten Teilchen. – 4. Abwägen, ausgleichen, kompensieren: a) Kompensator, ein Meßgerät für feine elektrische Spannungen (z. B. für pH-Messungen); – b) kompensatorisches Wachstum eines Organs bei Verlust eines anderen, z. B. Niere; – c) Kompensation, Ausgleichen einer Wirkung durch eine andere.

pent-, *Num. πέντε (= fünf), in Zus. πεντε-, πεντα- oder vor Vokalen πεντ-.* – Anzahl von Körperteilen oder Organen in versch. Anordnung: a) fünfstrahlige Symmetrie (5 Organe um eine Achse) bei Stachelhäutern: Pentactula, Pentacrinus, Pentagonaster; bei Pflanzen: Spergula pentandra; – b) proximodistale Reihe: pentamere Käfer mit fünfgliedrigem Tarsus; – c) rostrokaudale Reihe: bei bilateralen Tieren 5 Paare z. B. pentanche Haie mit 5 Paar Kiemenspalten (vgl. hex-, hept-); – d) Endglieder der Extremität: pentadaktyle = fünffingerige Extremität.

peps-, *Subst. ἡ πέψις (= Kochen; Verdauung) und Verbaladj. πεπτ·ός (= gekocht; verdaut).* – Zur Verdauung dienende Fermente (Pepsin) und bei der Verdauung entstehende Zerfallsprodukte der Eiweißkörper (Peptide, Peptone).

per-, *Subst. ἡ πήρ·α → lat. pēr·a, ·ae f. (= Reisesack, Ranzen).* – Beutel- oder sackförmige Tiere (Peromedusae = Taschenquallen) oder Organe, insbes. der Brutbeutel der Marsupialia: Gattungen Peragale, Perameles, Peramys; die Backentaschen der Känguruhmäuse Gttg. Perodipus.

perd-, *Verb perdĕre (= zugrunde richten, verderben, zerstören).* – In Namen von Parasiten die Schädigung des Wirtes: a) Parasiten von Tieren: Trypanosoma equiperdum, s. equ-; – b) Pflanzenschädlinge: Blastophagus piniperda, vgl. lign-.

peregrin-, *Adv. per-egre oder peregri (= im Ausland, in die Fremde, aus der Fremde), eig. per agri (= außerhalb des Landes) → Adj. peregrin·us, ·a, ·um (= fremd, ausländisch) → substt. peregrīn·us, ·i m. (= Pilger).* – 1. Aktive Ortsveränderung, Wanderung: Falco peregrinus = Wanderfalke, Schistocerca peregrina = Ägyptische Wanderheuschrecke. – 2. Aus einem anderen Gebiet stammend, daher „fremd“: die Schlammschnecke Lymnaea balthica, forma peregra; Veronica peregrina = Fremder Ehrenpreis (aus Südamerika eingeführt).

perenn-, = per+ann, d. h. durch das ganze Jahr hindurch (oder länger) ausdauernd, s. ann-.

periss-, *Adj. περισσ·ός (= übergroß, überflüssig; von Zahlen: ungerade).* – Ungerade Anzahl von Teilen: Perissodactyla sind Huftiere, deren Zehen von 5 auf 3 oder eine (Pferde) reduziert sind, Ggs. arti-.

peristaltic-, *Verb. στέλλω (= stellen, ordnen, senden) → Adj. σταλτικ·ός (= zusammenziehend, hemmend).* – Peristaltik, die durch die ringsum (peri+) erfolgende Verengerung und ihr Fortschreiten bewirkte Darmbewegung.

person-, *Subst. persōn·a, ·ae f. (= Maske, Rang, Persönlichkeit), Adj. personāt·us, ·a, ·um (= maskiert, verkleidet).* – 1. Maske, Maskierung: a) allg.: Tarnung: Reduvius personatus (Große Raubwanze), die Larven bedecken den Körper mit Sandkörnern u. a. Fremdstoffen (daher „Kotwanze“); – b) Gesicht, bes. Zeichnung oder Färbung einer Maske ähnlich: Poephila personata = Masken-Grasfink; Helictis personata (Sonnendachs). – 2. Person als Einzelwesen: a) in der Antike die vom maskierten Schauspieler dargestellte Person, danach allg. die Person, Persönlichkeit; – b) Personen werden auch die Mitglieder eines Tierstockes (Korallen, Staatsquallen), die nicht mehr selbständig sind, genannt.

perth-, *Verb πέρθω (= zerstören, vernichten, töten).* – Schädigung von Pflanzen: a) durch Tiere: Phyllopertha horticula = Garten-Laubkäfer; – b) durch Pflanzen: Perthophyta sind pathogene pflanzliche Organismen, die zwar lebende Pflanzen befallen, aber sich von dem abgetöteten Gewebe ernähren.

pes, Nom. zu ped-.

pet-, *Verb petĕre (= eine Richtung einschlagen, nach etwas streben; eilen).* – 1. Gerichteter Vorgang: a) Richtung einer Kraft: zentripetal = bei Kreisbewegung auf den Mittelpunkt „zustrebend“ (Ggs. s. fug-). – b) physiologisch: zentripetale Erregungen verlaufen von der Peripherie (von Sinnesorganen) zum nervösen Zentrum. – 2. Merkmale mit Bezug auf die ontogenetische Entwicklung: imaginipetal sind Merkmale, die in der Richtung zur Imago liegen und nicht davon abweichen (imaginifugal).

petal-, *Subst. τὸ πέταλ·ον (= Blatt, Platte) vom Verb πετάννυμι (= ausbreiten, entfalten; sich ausbreiten).* – Petalum, Plur. Petala, verdeutscht: die Petalen, sind die Blüten- oder Kronblätter im Unterschied zu den Kelchblättern (s. sepal-); Besonderheiten: a) Adj. petaloid = kronblattähnlich → Subst. Petaloidie = Umwandlung von Staubgefäßen (-blättern) in Kronblätter; – b) je nachdem die Kronblätter getrennt oder verwachsen sind, werden die Blüten als chori- oder sympetal unterschieden und die Blütenpflanzen in Dialy- und Sympetalidae eingeteilt; – c) Namen einzelner Arten: Sagina apetala = Kronenloses Mastkraut, Cerastium brachypetalum = Kleinblütiges Hornkraut (Blütenblätter so kurz wie der Kelch).

petr-, *Subst. ἡ πέτρ·α (= Fels, Felsgebirge, Stein) → lat. petr·a, ·ae (= Fels).* 1. Stein, Gestein, Felsen als Lebensbereich: a) Landtiere in felsigen Gegenden: Petrogale = Felsenkänguruh, Petronia petronia = Steinsperling; – b) Wassertiere auf steinigen Gewässerböden: Petromyzon, Gttg. der Cyclostomata, saugt sich an Steinen u. a. Gegenständen fest (s. myz-); – c) Pflanzen in felsigen Gegenden, Gebirgen: Quercus petraea, Ribes petraeum; Gttg. Empetrum auf Moorboden in den Alpen u. a. Gebirgen. – 2. Gestein als Substanz: Petrefakten = Versteinerungen. – 3. Dem Gestein oder Steinen ähnlich; insbes. steinhart: Os petrosum = Felsenbein, beim Menschen als Pars petrosa zum Schläfenbein gehörig.

pez-, *Subst. ἡ πέζ·α (= Fuß, Spitze) und Adj. πεζ·ός (= zu Fuß).* – 1. Fortbewegung mit Gangbeinen, bes. bemerkenswert bei Vögeln, z. B. beim Erdpapagei Pezoporus, bei der ausgestorbenen flugunfähigen Dronte Pezophaps u. dem Blätterhühnchen Phyllopezus, das auf Schwimmblättern von Wasserpflanzen läuft. – 2. Extremitäten von Insekten: bei den Mückengattungen Macropeza und Dolichopeza durch bes. Länge ausgezeichnet.

ph. . ., s. Sonderliste S. 342.

pi-, *Adj. pi·us, ·a, ·um (= fromm, mild, zärtlich).* – Zart, weich: Pia mater (kurz Pia), die weiche Hirnhaut, Teil der Leptomeninx.

pic(e)-, *Subst. pix, pic·is f. (= Pech) → pice·a, ·ae f. (= Kiefer, Föhre).* – 1. Pechschwarze Färbung, bes. von Insekten: Hydrous piceus = Kolbenwasserkäfer, Attagenus piceus = Dunkler Pelzkäfer. – 2. Die Harz oder Pech liefernden Nadelbäume: a) Picea = Fichte; – b) als Lebensbereich: Pissodes piceae = Tannen-Rüsselkäfer, Caccoecia piceana = Kiefernnadelwickler.

picr-, *Adj. πικρ·ός (= schneidend, spitz, scharf; bitter).* – 1. Spitz, stechend: Gttg. der Wanzen Picromērus mit Dorn am Vorderschenkel. – 2. Geschmack bitter: a) chem.: Pikrinsäure = Bittersäure; – b) Gttg. Picris = Bitterkraut, Wurzel bitter schmeckend.

pict-, *Adj. pict·us, ·a, ·um (= bemalt, bunt, gefleckt, zierlich) Part. Pass. vom Verb pingĕre (= malen, schmücken);* vgl. pig-. – 1. Färbung: a) von Tieren: einfarbig oder bunt gefleckt, z. B. Artnamen pictus, picturatus, pictipennis, nigropictus, rubropictus; – b) von Pflanzen: Melica picta = Buntes Perlgras. – 2. Zur Malerei in Beziehung: Unio pictorum = Malermuschel, deren Schalen früher als Farbnäpfchen verwendet wurden.

pig-, *Stammform des Verbs pingĕre (= malen usw.) → Subst. pig-ment·um, ·i n. (= Mittel zum Malen, Farbe, Schmuck).* – Pigmente = Farbstoffe in Zellen des tierischen Körpers, vor allem in bes. Pigmentzellen als Pigmentkörnchen, enthalten (Melanine, Lipochrom); sie bedingen die Färbung und spielen eine bes. Rolle zur Abschirmung des Lichtes im Pigmentepithel der Wirbeltieraugen und im Pigmentbecher einfacher Augen bei Würmern.

pil- I., *Subst. pĭl·us, ·i (= das einzelne Haar; Kleinigkeit).* – Haar: a) Säugetiere und Mensch: allg. Pilum, Plur. Pili mit der Haarwurzel (Radix pili) im Haarbalg (Folliculus pili), bewegt von den Arrectores pilorum; – b) Insekten: Artnamen pilosus, pilosellus, longipilus usw.; Beisp. Haematopinus piliferus = Hundelaus, auf dem Abdomen dicht behaart; – c) Pflanzen: Behaarung als Merkmal von Lupinus pilosus, Genista pilosa, Hieracium pilosella.

pil- II., *Subst. ὁ πῖλ.ος (= Filz; Filzhut) → Verb πιλέω (= stampfen, verdichten) → τὸ πίλημα, ματ·ος (= Filzwerk); Demin. τὸ πιλίδι·ον (= Filzkäppchen), verw. (?) mit pilus (= Haar);* s. pil- I. – 1. Filzartig verflochten: Neuropilem = Fasergeflecht im Nervensystem. – 2. Einer Filzkappe ähnlich geformt: a) Pilidiumlarve (= „Fechterhutlarve") der Nemertini mit zwei seitlichen Lappen; – b) Clitopilus, Gttg. der Pilze mit seitlich gestieltem Hut.

pil- III., *Subst. pil·a, ·ae f. (= Ball, Ballspiel, Kügelchen).* – Von der Form einer Pille oder kleinen Kugel: a) Körperform des Gem. Pillenkäfers Byrrhus pilula; – b) Blütenstand der Pillen-Brennessel Urtica pilulifera; – c) Sporenfrüchte des Pillenfarns Gttg. Pilularia; – d) Früchte der Pillensegge Carex pilulifera.

pile-, *Subst. pile·us, ·i m. u. pile·um, ·i (= runder Hut, Filzhut).* – Einem Hut vergleichbare Bildungen: 1. Haarschopf beim Affen Leontocebus pileatus. – 2. Einheitliche Wölbung: Tiara pileata, eine Meduse mit hutförmigem Aufsatz; Pisidium pileus, eine Erbsenmuschel, deren Wirbel einen spitzen Aufsatz trägt.

pin- I., *Subst. pīn·us, ·i oder ·ūs m. (= Föhre, Kiefer).* – 1. Nadelbäume: a) Kiefer, Gttg. Pinus; Arten P. pinaster = Strandkiefer, P. pinea = Pinie; – b) als Lebensbereich von Tieren: Pinicola = Hakengimpel s. nucle-; Blastophagus piniperda = Großer Kiefernmarkkäfer, Lophyrus pini = Gem. Kiefernblattwespe; – c) Cetraria pinastri eine Flechte an alten Kiefernbäumen. – 2. Dem Zapfen eines Nadelbaumes ähnlich: Corpus pineale = Zirbeldrüse, Epiphyse.

pin- II., *Verb πίνω (= trinken; aussaugen).* – Saugende Ernährung: Haematopinus („Blutsauger"), Gttg. der Läuse; vgl. pot-.

pinac-, *Subst. ὁ πίναξ, ακ·ος (= Brett, Teller, Tafel, Gemälde).* – Pinakozyten = die platten Deckzellen der Schwämme.

pingui-, *Adj. pingu·is, ·e (= fett, feist, wohlgenährt).* – Ähnlichkeit mit Fett: der Glanz der Blätter von Pinguicula (Gttg.) = Fettkraut.

pinn-, *Subst. pinn·a, ·ae f. (= Feder, Schwungfeder, Schwinge), Nebenform von penn·a;* s. penn-. – 1. Flosse: a) Fische: paarige Flossen (Pinnae pectorales und abdominales) und unpaare (Pinna dorsalis u. a.); bei Molliensia latipinna die Rücken- u. Afterflosse, bei Hyphessobrycon pulchripinnis nur die Afterflosse gemeint; – b) Säugetiere als sekundäre Wassertiere: Pinnipedia = Robben als Flossenraubtiere (Ggs. fiss-). – 2. Bewegungsorgan im Wasser (übertr. von der Fischflosse): Bipinnaria, Larve vieler Seesterne mit zwei in sich geschlossenen Wimperschnüren. – 3. Fiederung: a) Pinnulae = Anhänge an den Armen von Crinoideen; – b) Laubblätter von Cosmos pinnatus, Staphylea pinnata und Brachypodium pinnatum.

pio(n)-, *Adj. πίων, πίον, Gen. πίον·ος (= fett, feist, fruchtbar).* – 1. Fett als Nahrung: Piophila casei = Käsefliege. – 2. Körper von Tieren feist, rundlich: Piona, Gttg. der Wassermilben.

piper(-), *Subst. piper, er·is n. (= Pfeffer) → Adj. piperāt·us, ·a, ·um (= gepfeffert); griech. Subst. τὸ πέπερι (= Pfeffer) → Adj. πεπερίτ·ης (= dem Pfeffer ähnlich; gepfeffert) → lat. piperit·us, ·a, ·um.* – 1. Pfeffer: Gttg. Piper. – 2. Pfefferartig, scharf schmeckend: a) Pflanzen: Polygonum hydropiper = Pfefferknöterich, Mentha piperita = Pfefferminze, Pilz Lactarius piperatus = Pfeffer-Milchling; – b) Tiere: Scrobicularia piperita = Pfeffermuschel.

pir-, *Subst. pīr·us, ·i f. (= Birnbaum) und pīr·um, ·i n. (= Birne);* vgl. pyr-. – 1. Birnbaum: a) Gttg. Pirus; – b) Schmarotzer: Eriophyes piri = Birnblattgallwespe. – 2. Der Birne (Frucht des Birnbaums) ähnlich gestaltet: a) freie Gebilde: Piroplasma, Gttg. der Sporozoa, Blutparasiten mit birnförmigen Entwicklungsstadien; Sporenkapsel des Mooses Leptobryum piriforme, Fruchtkörper des Pilzes Lycoperdon piriforme = Birnenstäubling; – b) nur einseitige Vorwölbung: Lobus piriformis des Gehirns vieler Wirbeltiere.

pis-, *Subst. pis·um, ·i f. (= Erbse) und Subst. ὁ πίσ·ος oder τὸ πίσ·ον (= Hülsenfrucht, Erbse).* – 1. Erbsenpflanze: Gttg. Pisum. – 2. Same der Erbsenpflanze: in ihm schmarotzt der Erbsenkäfer Bruchus pisorum. – 3. Der Erbse ähnlich, kleine rundliche Gebilde: Gttg. Pisidium = Erbsenmuschel; Os pisiforme = Erbsenbein (in der Handwurzel).

pisc-, *Subst. pisc·is m. (= Fisch) → Subst. piscīn·a, ·ae f. (= Fischteich, Wasserbehälter), Verb piscāri, davon Subst. piscātor, ōr·is m. (= Fischer).* – 1. Fische: a) Pisces, Kl. der Wirbeltiere; – b) sich von Fischen ernährend: Ancistrodon piscivorus = Wasserotter; – c) Parasiten an oder in Fischen: Piscicola, Gttg. der Rüsselegel. – 2. „Fischen", d. h. Fangen von Fischen u. a. Wassertieren: Lophius piscatorius = Angler, ein Knochenfisch.

pistill-, *Subst. pistill·um, ·i n. (= Mörserkeule), eig. ein kleines Werkzeug zum Stampfen (pisere);* vgl. ~ill-. – 1. Pistill zum Pulverisieren und Mischen von Chemikalien und Drogen im Mörser. – 2. Einer Mörserkeule formähnlich: Pistill(um) = Stempel in der Blüte aus Fruchtknoten, Griffel u. Narbe bestehend; der Fruchtkörper des Pilzes Clavariadelphus pistillaris = „Herkuleskeule".

pithec-, *Subst. ὁ πίθηκ·ος (= Affe).* – Namen: a) von Affen, bes. Altweltaffen (Gattungen Pithecus, Cercopithecus) und fossilen Menschenaffen (Dryopithecidae, Australopithecus) sowie Affenmenschen (Pithecanthropus); – b) Halbaffen (Gttg. Propithecus).

pituit-, *Subst. pituīt·a, ·ae f. (= Schleim, Schnupfen) → Adj. pituitōs·us (= voll Schleim, verschleimt).* – Sekret der Hypophyse = Glandula pituitaria; deren Über- oder Unterfunktion als Hyper- oder Hypo-pituitarismus bezeichnet; Pituizyten sind besondere, sekretorisch tätige Zellen des Hinterlappens der Hypophyse.

pity-, *Subst. ἡ πίτυς, πίτυ·ος (= Fichte, Föhre, Pinie).* – Nadelbäume: a) Bot. Namen: Sciadopitys u. a.; – b) Säugetiere und Vögel an oder auf Nadelbäumen: Pitymys pinetorum = Fichtenmaus, Emberiza pityornis = Fichtenammer, Loxia pityopsittacus = Kiefernkreuzschnabel; – c) Borkenkäfer: Gttg. Pityo-genes, -kteines, -phthorus.

plac-, *Subst. ἡ πλάξ, ακ·ός (= Platte, Tafel, Fläche, Ebene), davon Subst. ὁ πλακοῦς (= Kuchen), verw. mit placenta;* vgl. plax. – 1. Deckende Platte aus Hartsubstanz: Plakoidschuppen der Haifische, die knöchernen Panzerplatten fossiler Fische (Placodermi), die Schalenteile der Käferschnecken (Placophora = Polyplacophora). – 2. Plattenförmige weiche Gebilde: Plakoden sind embryonale Ektodermverdickungen, aus denen Sinnesorgane und Ganglien hervorgehen.

placent-, *Subst. placent·a, ·ae f. (= Kuchen), verw. mit Subst. πλακοῦς;* s. plac-. – Placenta = Frucht- oder Mutterkuchen, mit embryonalem und mütterlichem Anteil (Pl. foetalis u. Pl. uterina), nach der Form beim Menschen (diskoidale Placenta) mit einem flachen runden Kuchen verglichen, jedoch bei den damit versehenen Säugetieren (Placentalia im Ggs. zu den Aplacentalia) von sehr verschiedener Form, z. B. Placenta cotyledonaria, zonaria usw.; Placentom = Teil einer gegliederten Placenta; Plazentarkreislauf = Blutkreislauf für die P. – 2. Übertr. bei Pflanzen: Placenta (Plazenta) das Bildungsgewebe der Samenanlage; daher die Anheftung der Samenanlage am Fruchtblatt als marginale, submarginale oder laminale Plazentation bezeichnet.

plagi-, *Adj. πλάγι·ος (= quer, seitwärts, schräg).* – 1. Quer zur Längsrichtung des Körpers liegende Öffnungen: a) bei den Haien und Rochen die Mundöffnung (daher: Plagiostomata) im Ggs. zu den Rundmäulern; – b) bei den beschuppten Reptilien die Kloakenöffnung, daher: Plagiotremata. – 2. Schräg zur Sproßachse s. trop-.

plan- I., *Adj. plān·us, ·a, ·um (= platt, flach, eben) und Subst. plan·um, ·i n. (= Fläche, Ebene).* – 1. Flächenhafte platte Gebilde: a) Körper von Tieren: Planaria, Gttg. der Strudelwürmer; bemerkenswert im Unterschied zu verwandten Arten, also „abgeplattet“: Körper einiger Rippenquallen (Ctenoplana, Coeloplana); Planorbis, Gttg. der Schnecken (Schalenwindungen in einer Ebene statt kegelartig aufsteigend); – b) Organe: Planipennia (= Platt- oder Netzflügler), Ord. der Neuroptera, die Flügel werden nicht gefaltet. – 2. Oberfläche eines allseits ausgedehnten Gebildes eben: biplane Wirbelkörper.

plan- II., *Adj. πλάν·ος (= umherirrend, täuschend) und Verb πλανάω (= 1. irreführen, 2. umherirren) → πλανητ·ός oder πλᾰνήτης (= umherirrend; Planet).* – Freie Ortsveränderung: a) Planosporen von Pflanzen = Zoosporen (mit Geißeln) im Ggs. zu den unbeweglichen Aplanosporen; – b) Planula, die freischwimmende Flimmerlarve von Zölenteraten; – c) Planositen sind freilebende Tiere, die nur zeitweilig und an versch. Wirtsindividuen schmarotzen, im Ggs. zu den ortsfesten Parasiten.

planct-, *Verb πλάζω (= schlagen, vertreiben) → Adj. πλᾰγκτ·ός (= in die Irre getrieben, umhergetrieben) → substt. τὸ πλάγκτ·ον (= das Umhergetriebene).* – Plancton = Plankton, Gesamtheit der frei im Salz- oder Süßwasser schwebenden Lebewesen (als Zoo- und Phytoplankton unterschieden) im Ggs. zum Necton und zur Bodenfauna; Planktont = das einzelne zum Plancton gehörige, d. h. planktonische Lebewesen.

plant- I., *Subst. plant·a, ·ae f. (= Pflänzling, Pfropfreis).* – a) künstliche Pfropfung tierischer Zellen, Gewebe oder Organe: Entnahme aus dem Organismus u. Überpflanzung in einen anderen (Transplantation) oder auf einen künstlichen Nährboden (Explantation); – b) Implantation, bei Säugetieren u. Mensch die natürliche Einpflanzung des Keimes in den Uterus und die Verwachsung mit seiner Wand.

plant- II., *Subst. plant·a, ·ae f. (= Fußsohle).* – 1. Planta pedis = Fußsohle, die dem Fußrücken entgegengesetzte, untere Seite des Fußes; Adj. plantar = der Fußsohle zugekehrt, zu ihr gehörend; Plantigrada = Sohlengänger, d. h. Säugetiere, die mit der ganzen Sohle auftreten; Ggs. digit- und ungu-, vgl. grad-. – 2. Blätter von Plantago major mit dem Abdruck einer Fußsohle verglichen.

plas-, *Verb πλάσσω (= bilden, formen) → Subst. ἡ πλᾰσις und τὸ πλάσμα, ματ·ος (= Gestaltung, Gebilde, Bildwerk) sowie Verbaladj. πλαστ·ός (= gebildet, geformt).* – 1. Organisches Gebilde im weitesten Sinne: a) Protoplasma als Ur- oder „Erstgebilde", im engeren Sinne als Cytoplasma im Unterschied zum Kern (Karyoplasma) u. zu anderen Einschlüssen: protoplasmatisch = aus Protoplasma bestehend oder zu ihm in Beziehung; Ecto- u. Entoplasma von Protozoen als differenzierte Regionen des Cytoplasma; Plasmogamie = Verschmelzung des Protoplasmas zweier Zellen ohne gleichzeitige Kernverschmelzung; Idioplasma = Protoplasma u. Kern als Träger von Erbsubstanzen (s. idi-); Protoplast = der Protoplasmakörper samt seinen lebenden Einschlüssen, Plasmolyse = seine Loslösung von der Zellwand bei Pflanzen (die Umkehr: Deplasmolyse); Plasmodesmen = Zellbrücken, bes. in Epithelien; – b) Namen einzelliger Organismen: Gattungen Plasmodium, Piroplasma (s. pir-). – 2. Blutplasma = der flüssige Bestandteil des Blutes ohne die Blutzellen. – 3. Vorgang der Bildung, Entstehung, Gestaltung: a) Entwicklung und Umwandlung von Zellen u. Geweben, bes. path.: Hyper-, Hypo- u. Metaplasie; – b) Pfropfung: Arten der Transplantation (plant- I.) je nach den verwandtschaftlichen Beziehungen zwischen Wirt und Transplantat als auto-, homo- oder heteroplastisch bezeichnet; – c) Blepharoplast bei Flagellaten, als Bildner der Geißel aufgefaßt (vgl. blephar- 2.).

plasm(at)- s. plas-.

plast- s. plas-.

plat(y)-, *Subst. τὸ πλάτ·ος (= Breite, Umfang, Ebene) und Adj. πλατύς, πλατεῖα, πλατύ (= platt, eben, weit, breit).* – In den Formen plat- u. platy- ohne Unterschied der Bedeutung für breite oder abgeplattete Gebilde: a) dorsoventral abgeplattete Körper der Plat-helminthes = Plattwürmer, bes. im Unterschied zu dem runden Querschnitt der Nematodes; – b) platte oder breite Körperteile: Platyrhina = Breit- oder Plattnasenaffen im Ggs. zu den Catarhina (s. cata+ 1); – c) flächenhafte Gebilde mit großer Ausdehnung: die Blätter der Sommerlinde Tilia platyphyllos.

plax, Nom. zu plac-, z. B. Goneplax, Labidoplax.

plec(t)-, *Verb πλέκω (= flechten, drehen, winden, zusammenfügen) → Adj. πλεκτ·ός; verw. mit Verb plectĕre (= flechten);* s. plex-. – 1. Netz oder Gewebe: a) Netz der Adern im Insektenflügel: Ord. Plecoptera; – b) Geflecht der Skelettnadeln von Schwämmen: Euplectella, Gttg. der Glasschwämme; – c) Plectenchym, ein Geflecht von Pilzfäden (ein Scheingewebe). – 2. Verbindung zweier Gebilde: a) die Gebilde genannt: Verwachsung der Ohrmuscheln in der Mitte bei Fledermäusen: Gttg. Plecotus (-ot); unbewegliche Verbindung des Zwischen- mit dem Oberkiefer bei Knochenfischen: Ord. Plectognathi = Haftkiefer (gnath-); – b) die Gebilde nicht genannt: Symplecticum, ein Knochen, der bei Fischen Kiefergelenk und Schädel verbindet.

plectr-, *Subst. τὸ πλῆκτρ·ον (= Schlägel, Griffel) vom Verb πλήσσω (= schlagen); lat. plectr·um, ·i n. (= Stäbchen für Saiteninstrument, Zither).* – 1. Bei Vögeln: a) Sporne: Gttg. Polyplectron an den Läufen, bei Plectropterus an den Flügeln; – b) Kralle an den Hinterzehen bei Gttg. Plectrophenax. – 2. Fortsatz an Blütenblättern: Plectranthus = Spornblume, Hahnensporn, Gttg. der Lippenblütler. – 3. Gehörknöchel von Amphibien: Plectrum, der Columella der Reptilien u. Vögel entsprechend, Form mit einem Schlaggriffel verglichen.

plei-, pli-, *Adj. πλείων (= mehr, häufiger, größer), Superl. zu πολύς.* – 1. Gleichartige Teile in größerer Anzahl als normal: a) Glieder im Blütenkreis: Pleiomerie, bes. Kronblätter in pleiopetalen Blüten; – b) mehrere Blätter an der Stelle eines einzigen: Pleiophyllie; – c) zymöser Blütenstand mit mehr als zwei Seitenachsen: Pleiochasium. – 2. Wirkung eines Gens: Manifestation in mehreren Merkmalen: Pleiotropie = Polyphaenie. – 3. Zeitlich: a) Abschnitt der Erdgeschichte: Pliocaen = Pliozän, Abteilung der Tertiärformation, urspr. nur im Vergleich zu Eo- und Miocaen, wozu das noch spätere Pleistocaen (Diluvium) hinzutrat; – b) fossile Tiere, die im Pliocaen gelebt haben: Pliohippus, Gttg. der Equidae.

pleist-, *Adj. πλεῖστ·ος (= meist, größt, längst), Superl. zu πολύς.* – Pleistozän s. plei-, pli-.

pleo(n)-, *Verb πλέω (= schiffen, segeln, schwimmen).* – Urspr. für das Abdomen von Krebsen eingeführter Name, der sich auf die Fortbewegung im Wasser durch den Schlag des Abdomens bezieht, danach allg. Syn. für das Abdomen von Arthropoden: Pleopoden = Abdominal-Extremitäten von Krebsen und Insektenlarven (u. -embryonen); Uord. der Springschwänze: Arthro- u. Symphyopleona.

pler-, *Adj. πλήρης (= voll, gesättigt; vollständig), Verb πληρόω (= füllen, sättigen, ergänzen) → Subst. τὸ πλήρωμα (= Füllung, Fülle).* – Voll ausgefüllt, kompakt: a) Plerocercoid = die Finne mancher Bandwürmer im Ggs. zur hohlen Blasenfinne der anderen (cyst- 1); – b) Plerom im Vegetationskegel der Phanerogamen.

plesi-, *Adj. πλησί·ος (= nahe, benachbart) → substt. ὁ πλησί·ος (= Nachbar, Mitmensch, Kamerad).* – 1. Nahe gelegen: a) bei Körperfortsätzen proximal: Plesio-metacarpalia ist Name für Gattungen von Hirschen, bei denen die seitlichen, reduzierten Mittelhandknochen (Metacarpale II. und IV.) nur oben, d. h. am proximalen Ende erhalten sind; Ggs. Tele-metacarpalia; – b) Plesiasmie ist die abnorme Annäherung der Stengelknoten durch Verkürzung der Internodien. – 2. Nahe verwandt, nahestehend: Plesiosaurus, Gttg. fossiler Reptilien, den Sauriern zugehörig; Plesippus (Abk. für plesiohipp-), Gttg. fossiler Pferde.

pleur-, *Subst. ἡ πλευρ·ά und τὸ πλευρ·όν (= Seite des Körpers, Weichen; Rippen) → ἡ πλευρῖτις, ιδ·ος (= Rippenfell-Entzündung).* – 1. Außenseite, Wandung, im bes. Sinne des Zöloms und seiner Wände: a) allg.: Somato- und Splanchnopleura; – b) insbes. Brustfell: Pleura, als P. pulmonalis die Lunge bedeckend. – 2. Laterale Seite bilateralsymmetrischer Tiere: a) beide Seiten betreffend: Pleurae, bes. thorakale Chitinteile der Insekten, Pleuralganglien der Mollusken, Dipleurula = bilaterale Larve der Echinodermen; – b) nur eine Seite betreffend: Tiere, die auf einer der beiden Seiten liegen: Pleuronectidae = Plattfische und pleurokonche Muscheln, z. B. Auster (Ggs. orth-); Schildkröten, die den Hals seitwärts wenden: Pleurodira = Halswender. – 3. Rippen: Pleurodeles = Rippenmolch (s. del-). – 4. Seitlich am Stengel von Laubmoosen: pleurokarp s. carp- I. 3.

plex-, *Sup. vom Verb plectĕre und Form des Verbs πλέκω; Subst. plexus, ūs m. (= Geflecht); in Zus. simplex, duplex usw.*, vgl. plec(t)-, plic-, simplic- und duplic-. – 1. Geflecht, netzförmige Verbindung: a) von Nervbündeln: Plexus cervicalis, lumbo-sacralis, bes. von sympathischen Fasern: Pl. caroticus, coeliacus („solaris"); – b) von Blutgefäßen: Plexus chorioidei = Gefäßnetze der Tela chorioidea (chori-). – 2. Mehr- oder vielfach: a) math.: Multiplikation; – b) Organe: Uterus simplex u. duplex (s. duplic-), Placenta multiplex; Komplexauge von Krebsen u. Insekten aus vielen Einzelaugen bestehend (Ommatidien). – 3. Begrifflich: Komplex = Gesamtheit, Adj. komplex = kompliziert (plic-).

pli-, s. plei-, pli-.

plic-, *Subst. plic·a, ·ae f. (= Falte) und Verb plicāre (= zusammenfalten, -rollen) → complicāre (= zusammenfalten);* s. plec(t)- und plex-. – 1. Morph. Bildung: a) Plica = Falte, langgestreckte Verformung einer Fläche: Plicae circulares und semilunares sind Falten der Darmschleimhaut; – b) Faltenbildungen bei Tieren: Schneckenschale mit gefalteter Mundsaumlippe: Laciniaria plicata; – c) bei Pflanzen: Blätter von Rubus plicatus u. Glyceria plicata. – 2. Begrifflich: kompliziert = vielfaltig, verwickelt, verflochten → Subst. Komplikation = Komplizierung (vgl. plex- 3).

-ploid, aus den Wörtern haploid u. diploid (s. dipl-) abgeleiteter, aus plo u. id zusammengesetzter Wortbestandteil, der den einfachen Chromosomensatz bezeichnet und in vielen Ausdrücken bezüglich des Chromosomenbestandes selbständig verwendet wird: a) mit Angabe der Zahl: tri-, tetra-, oktoploid und allg. polyploid; – b) mit allg. Kennzeichnung: heteroploid (hyper- oder hypoploid) = von der normalen, orthoploiden Anzahl abweichend.

plum-, *Subst. plūm·a, ·ae f. (= Flaumfeder, Gefieder).* – 1. Federn der Vögel, insbes. die Plumae = Flaumfedern (Dunen) u. die fadenförmigen Filoplumae. – 2. Fiederige Anordnung bei den verschiedensten Gebilden: Polypenstöckchen von Plumularia (Gttg. der Hydroidpolypen); Antennen von Insekten: Corethra plumicornis; Kronblätter von Dianthus plumarius = Federnelke.

plumb-, *Subst. plumb·um, ·i n. (= Blei; Gegenstand aus Blei) → Adj. plumbe·us, ·a, ·um (= aus Blei, bleiern).* – 1. Blei als Metall und Element: Plumbum (Pb). – 2. Bleifarbig: Nototrema plumbeum = Bleifarbener Taschenfrosch; Plumbago = Bleiwurz, Gttg. der → Plumbaginaceae, bei einigen Arten mit bleigrauer Färbung der Blätter.

plur-, *Comp. plūs, plūr·is (= mehr, größer, höher) vom Adj. multus; Superl. plurim·us, ·a, ·um;* s. mult-. – Unbestimmte größere Anzahl: a) von Entwicklungsmöglichkeiten: Pluripotenz, vgl. Omnipotenz (s. omn- u. potent-); – b) gramm.: Plural = Mehrzahl.

plute-, *Subst. plute·us, ·i m. und plute·um, ·i n. (= Schirmwand, Brustwehr).* – a) Pluteus (sprich plute-us), Larvenform der Seeigel (Echinopluteus) und der Schlangensterne (Ophiopluteus), mit einem halbgeöffneten Regenschirm verglichen; – b) Fruchtkörper von Gttg. Pluteus = Dachpilz, einem Schirm ähnlich.

pluvi-, *Subst. pluvi·a, ·ae f. (= Regen), Adj. pluvi·us, ·a, ·um und pluviāl·is, ·e (= zum Regen gehörig).* – a) Beziehung zum Regen: die Regenbremse Haematopota pluvialis sticht bes. an schwülen Tagen; – b) Benennung nach dem Regen bei den (nicht verwandten) Gattungen der Laro-Limicolae Pluvialis (Regenpfeifer) und Pluvianus (Krokodilwächter) fraglich.

pneum(at)-, *Subst. τὸ πνεῦμα, ματ·ος (= Wind, Duft, Atem, Leben) vom Verb πνέω (= wehen, duften, atmen);* vgl. pneumon-, pneust-, pno-. – 1. Lufthaltige Räume oder Gebilde: a) Pneumatophor = die Luftkammer am oberen Ende des Stammes vieler Röhrenquallen (Siphonophoren); – b) pneumatische Knochen enthalten statt des Markes Lufträume, die von der Nasenhöhle, vom Mittelohr sowie bei den Vögeln von den Luftsäcken der Lunge aus entstehen (Pneumatisation). – 2. Atmung: Pneumatometer zur Messung des Druckes beim Atmen.

pneumon-, *Subst. ὁ πνεύμων, ον·ος (= Lunge; Eingeweide) vom Verb πνέω (= atmen);* vgl. pneum(at)-, pneust- und pno-. – 1. Lunge der Wirbeltiere: a) Einteilung der Lurchfische (Dipnoi s. pno-) in solche mit einem Lungensack (Monopneumona) oder mit paarigen Lungen (Dipneumona); – b) Krankheiten der Lunge beim Menschen: Pneumokoniose (coni- I.), Pneumonie = Lungenentzündung; Gentiana pneumanthe als vermeintliches Heilmittel gegen Lungenleiden benannt. – 2. Fächerlunge von Spinnentieren in Zwei- oder Vierzahl vorhanden: Di- und Tetrapneumones.

pneust-, *Form des Verbs πνέω (= wehen, duften, atmen);* vgl. pneum(at)- u. pno-. – Atmung versch. Tiere: Enteropneusten = Darmatmer, Wassertiere, deren Darm in seinem vordersten Abschnitt Kiemenspalten besitzt (Syn. Eichelwürmer s. balan- 2. a); Dipneusten = Syn. für Dipnoi s. pno-; Heteropneustes, Gttg. der Welse mit einer für Fische ungewöhnlichen Art der Atmung.

pno-, *Subst. πνο·ή oder πνοι·ή = πνεῦμα;* vgl. pneust-. – Dipnoi (Dipnoer) = Dipneusten = Doppelatmer, Name der Lurchfische, die neben den Kiemen auch die Schwimmblase (= Lunge) zur Atmung benutzen können.

po-, *Subst. ἡ πό·α (= Gras, Futter; Pflanze, Kraut).* – Gras im allg. Sinn: Tiere, die sich vorwiegend von Gräsern ernähren: Poephagus grunniens (der Yak), von Grassamen: Poephila, Gttg. der Webefinken. – 2. Insbes. Poa (Rispengras), Gttg. der → Poaceae = Gramineae (Gräser); danach: Eragrostis poaeoides = Kleines Liebesgras (richtig gebildet wäre po~ides).

pod-, *Subst. ὁ πούς, ποδ·ός (= Fuß, Bein, Schritt, Lauf), Demin. τὸ πόδι·ον = ποδί·ον → lat. podi·um, ·i (= Tritt, Balkon);* der Familienname, der von einem auf -pūs = Fuß endenden Gattungsnamen abgeleitet wird, muß auf -pod~idae enden, z. B. ist von Xenopus nicht „Xenopidae" sondern Xenopodidae abzuleiten.

1. Extremitäten der Wirbeltiere als Körperstützen u. Bewegungsorgane: a) Vorder- und Hinterbeine: Bradypodidae = Faultiere, Dasypodidae = Gürteltiere, Tylopoda = Schwielensohler (Kamele); – b) Hinterbeine bei Säugetieren (Dipūs → Dipodidae), Reptilien (Ornitho- u. Theropoda, Pygopūs → Pygopodidae) u. Amphibien (Xenopūs → Xenopodidae = Spornfrösche); – c) Beine (Hinterextremitäten) der Vögel: Steganopodes = Ruderfüßer mit Pedes stegani; Megapodius, Gttg. der Großfußhühner; ferner Gattungen Chloropūs, Lagopūs u. a.; – d) vordere Extremitäten bei den Fledermäusen als Flugorgane: Pteropūs → Pteropodidae.
2. Gebilde, die einem Wirbeltierfuß ähnlich geformt sind: a) Schneckenschale mit fingerförmigen Fortsätzen: Chenopūs = Aporrhais s. ped- 2. – b) Pflanzenorgane: die Blätter einiger Arten der Gttg. Chenopodium sind dem Fuß einer Gans vergleichbar, die Blütenblätter der Gttg. Aegopodium dem Fuß einer Ziege; – c) einem Hufeisen („Pferdefuß") ähnlich: Hippopūs, Gttg. der Muscheln; Hippopodius hippopūs, Art der Siphonophoren, hat hufeisenförmig angeordnete Schwimmglocken.
3. Extremitäten der Arthropoden: a) allg.: Arthropoda = Gliederfüßer s. arthr-; – b) Gang- u. Schwimmbeine bei Krebsen: Decapoda, Schizo-

poda, Isopoda, Copepoda, Branchipūs → Branchipodidae; – c) Gangbeine anderer Arthropoden: Archipodiata mit primitiven (arch- I), ungegliederten Stummelfüßen, Myriapoda = Tausendfüßer, Hexapoda = Insekten (wegen ihrer sechs = drei Paar Gangbeine), Pantopoda s. pant-, Physopoda = Blasenfüße (Insekten mit Haftblasen an den Tarsenendgliedern); Oedipoda, Gttg. der Heuschrecken mit dicken Schenkeln zum Springen; – d) Extremitäten mit anderen Funktionen: Mundgliedmaßen bei den Chilopoda.

4. Fortbewegungsorgane versch. Art bei niederen Wirbellosen: a) Parapodien polychaeter Anneliden; – b) Fuß der Mollusken als Merkmal der Klassen Gastropoda (Schnecken), Pelecypoda (= Beilfüßer, Muscheln), Scaphopoda (= Grabfüßer); – c) Ambulakralfüßchen der Stachelhäuter, z. B. Gttg. der Seegurken Stichopūs; – d) Protoplasmafortsätze bei Einzellern: Pseudopodien = „Scheinfüßchen" der Rhizopoda (= Wurzelfüßer), unterschieden als Filo-, Axo-, Lobo-podien; ferner die Geißeln u. Zilien als Undulipodien zusammengefaßt.
5. Tentakel oder Arme versch. Wirbelloser: a) Cephalopoda = Kopffüßer, nach Anzahl der Arme in Octopoda (mit Gttg. Octopūs) u. Decapoda eingeteilt; – b) Brachiopoda = Armfüßer s. brachi- 2. c); – c) bei Bryozoen (Moostierchen) Einteilung in Lopho- und Stelmatopoda.
6. Stiel festsitzender Tiere: Hydroidpolypen (Gttg. Podocoryne); Protozoen (Podophrya, Gttg. der Suctoria).
7. Stengel oder Stiel von Pflanzen: a) Fruchtkörper von Pilzen: Phlegmacium cyanopūs u. glaucopūs, Macropodia macropūs; – b) Sproß: Monopodium = einheitliche durchgehende Sproßachse, die nur an den Seiten Zweige bildet (z. B. Fichte u. Tanne), Ggs. das zusammengesetzte Sympodium, bei dem die Mittelachse jeweils durch einen Seitenzweig ersetzt wird; – c) Stiel von Organen: Branchypodium, Gttg. der Gräser mit kurzen Ährchenstielen.

podic-, *Subst. podex, ic·is m. (= After, der Hintere, der Podex).* – Gttg. der Vögel Podiceps (Lappentaucher), eig. podici-pes = „Füße am Hinterteil", Name der Ord. dementsprechend Podicipedes, aber Podicipidae als Name der Fam. willkürlich.

poe-, *Verb ποιέω (= hervorbringen, ausführen, verursachen) → Subst. ἡ ποίησ·ις (= das Hervorbringen usw.).* – Haematopoesis = Hämatopoēse = Blutbildung, Erythropoēse, die Bildung roter Blutkörperchen.

poecil-, *Adj. ποικίλ·ος (= bunt, gefleckt; abweichend);* vgl. poikil-. – 1. Färbung von Tieren: bunt, mehrfarbig: Fische (Gattungen der Zahnkarpfen Poecilia u. Platypoecilus), Käfer (Gattungen Poecilus, Poecilonota), Spinnen (Gttg. Poecilochroa). – 2. Einfarbige Fleckung: auf den Flügeln der Spargelfliege Platyparea poeciloptera, auf den Bauchflossen von Cottus poecilopūs = Buntflossenkoppe.

pogon-, *Subst. ὁ πώγων, ων·ος (= Bart; Schweif).* – 1. Bartähnliche Haarbüschel: bei Fliegen (Gttg. Dasypogon), Mücken (Ceratopogon), Käfern (Pogonophorus), Ameisen (Pogonomyrmex). – 2. Barteln von Fischen: Gttg. Pogonias mit kurzen Barteln am Kinn. – 3. Tentakel der Pogonophora (Kl. wirbelloser Tiere) in großer Anzahl als „Bart" erscheinend. – 4. Mit Bart verglichene Bildungen bei Pflanzen: a) Behaarung an den Staubfäden von Pogostemon (Gttg. der Lippenblütler), an den Früchten von Tragopogon = Bocksbart (s. trag-), an den Ähren des Bartgrases Andropọgon; – b) verzweigter strauchiger Thallus von Bartflechten: Gttg. Bryopogon; – c) Zipfel der Blütenkrone von Epipogon, Gttg. der Orchideen.

poikil-, statt poecil- (s. d.), bes. in allg. Fachausdrücken mit verdeutschter Schreibweise: poikilotherm = mit veränderlicher Körpertemperatur.

pol-, *Subst. ὁ πόλ·ος = lat. pol·us, ·i m. (= Pol der Erd- und Himmelsachse, Himmelsgewölbe).* – 1. Erdpol: zirkumpolare Regionen (arktische und antarktische) in der Tiergeographie: Brenthis polaris, ein Tagfalter im hohen Norden. – 2. Kugeliges Gebilde mit entgegengesetzten Polen wie die Erdkugel: a) der Augapfel mit vorderem u. hinterem Pol: Polus anterior u. posterior; – b) Eizelle und frühe Entwicklungsstadien mit animalem u. vegetativem Pol, am animalen die Polkörperchen = Polozyten. – 3. Übertr.: Gebilde mit ein, zwei oder mehr ausgezeichneten Punkten des Umfangs: uni-, bi- oder multipolare Ganglienzellen.

poli- I., *Adj. πολι·ός (= grau, weißlich), verw. mit pallidus;* vgl. pall-. – Graues oder weißliches Aussehen: a) Pflanzen: Teucrium polium, Poley-Gamander, schon in der Antike als *τὸ πόλι·ον* benannt, die ganze Pflanze weißfilzig; Polianthes, Gttg. der Amaryllidaceae (zu den Agaven) falsch statt poly-anthes = mit vielen Blüten; – b) Tiere: Porphyrio poliocephalus, das Grauköpfige Sultanshuhn; – c) Organe: Poliomyelitis u. Polioencephalitis, Entzündungen der grauen Substanz (Substantia grisea) im Rückenmark u. Gehirn.

poli- II., *Verb polīre (= glätten, feilen, polieren) → Part. Pass. polīt·us, ·a, ·um (= fein, geschmackvoll).* – 1. Menschliche Tätigkeit: polieren, Politur. – 2. Glatte Oberflächen: a) bei Pflanzen: Veronica polita = Glänzender Ehrenpreis mit glatten, dunkelgrünen Blättern (Ggs. opac-); – b) bei Tieren: Philonthus politus, ein Käfer mit glattem Chitinpanzer; Acicula polita, eine Schnecke mit glatter Schale.

pollen, *Subst. pọllen, pọllin·is m. (= Staubmehl).* – Pollen = Blütenstaub, die Gesamtheit der männlichen Fortpflanzungskörper (Pollenkörner); bei den Orchideen zum Pollinium = Pollinarium verklebt.

pollex-, pollic-, *Subst. pollex, pollic·is m. (= Daumen).* – 1. Pollex = Daumen, 1. Finger der Hand, beim Menschen und bei kletternden Säugetieren opponierbar (betr. Muskeln s. flect-, posit-). – 2. Nach Form u. Größe mit dem menschlichen Daumen vergleichbar: der Stiel von Pollicipes, Gttg. der Cirripedia.

poly-, *Adj. πολύς, πολλή, πολύ (= viel, häufig, groß; langdauernd; stark), Comp. πλείων, Superl. πλεῖστ·ος;* vgl. polyp-. – Anzahl mehr als zwei (viele). – 1. Körperteile, -fortsätze oder Organe: Geißeln bei den Polymastigina, Saugnäpfe bei Polystomum (Trematode), Darmverzweigungen bei den polycladen Strudelwürmern, Borsten bei den Polychaeta, Augenflecken beim Strudelwurm Polycelis, Öffnungen beim Röhrenpilz Polyporus, Blättchen bei Lupinus polyphyllus, Blüten bei Ranunculus polyanthemus. – 2. Überzähliges Vorkommen von Organen gleicher Art (mehr als normal): Polydaktylie, Polythelie; Polyphyllie. – 3. Mehr als zwei Individuen in geschlechtlicher Verbindung: a) Polyspermie = Eindringen von mehr als einem Spermatozoon in die Eizelle; – b) Polygamie = Vielehe, meist als Polygynie (bei Hühnervögeln u. vielen Huftieren), selten als Polyandrie. – 4. Vielerlei: a) Polymorphismus = Vielgestaltigkeit s. morph- 3. b); – b) polyphage Tiere (z. B. Uord. der Käfer Polyphaga) sind nicht schlechthin Vielfresser, sondern nehmen verschiedenerlei Nahrung zu sich (etwa im Sinne von omnivor); – c) Polychorie = Verbreitung einer Pflanzenart auf versch. Art u. Weise. – 5. Vorgänge: a) Aufeinanderfolge gleichartiger Vorgänge in der Entwicklung: Polyphyodontie (vgl. mon-); – b) gleichzeitige Rolle unabhängiger Vorgänge: polyphyletische Abstammung.

polyp-, *Adj. πολύπους, -ποδ·ος (=vielfüßig), durch Verlust der Endsilben (die urspr. zum Stamm gehören) entstandener, selbständig verwendeter Wortstamm,* deutsch: Polyp: – a) bei den Hohltieren die festsitzende Tierform im Ggs. zur Meduse: Hydroidpolypen, Skyphopolypen; – b) bei den Moostierchen (ektoprokten Bryozoen) das Polypid als eigentlicher Tierkörper im Ggs. zur Außenwand (Zystid).

pom-, *Subst. pōm·um, ·i n. (= Obstfrucht, Obstbaum) u. pom·us, ·i f. (= Obstbaum).* – 1. Obstbäume als Lebensbereich: Biston pomonarius, ein Schmetterling (Spanner), dessen Raupe auf Obstbäumen lebt. – 2. Obstfrüchte als Lebensbereich u. Nahrung: Anthonomus pomorum = Apfelblütenstecher, Carpocapsa pomonella = Apfelwickler. – 3. Einem Apfel formähnlich: die Sporenkapsel des Laubmooses Bartramia pomiformis.

pom(at)-, *Subst. τὸ πῶμα, πώματ·ος (= Deckel).* – Deckel oder deckelförmige Gebilde: a) Kiemendeckel bei Fischen (Gattungen Pomacentrus, Eupomotis, Pristipoma) und bei geschwänzten Amphibien (Menopoma = Cryptobranchus); – b) Deckel der Schneckenschale (Operculum): Helix pōmatia = Weinbergschnecke.

pon-, *Verb ponĕre (= setzen, legen, stellen), bes. mit Präfixen ap+, com+, op+, prae+, pro+ u. trans+;* s. posit-.

pons, pont-, *Subst. pons, pont·is m. (= Brücke).* – Pons = Hirnbrücke, der quere Wulst am vorderen Ende des Nachhirns, beidseits durch das Brachium pontis mit dem Kleinhirn in Verbindung, bes. stark beim Menschen entwickelt; in der Pars basilaris pontis die Fibrae pontis transversae sowie die Nuclei pontis.

pont-, *Subst. ὁ πόντ·ος (= Meer, hohe See) → lat. pont·us, ·i m. (= Meer, Woge, Flut).* – Namen von Meerestieren: a) ohne spezielle Bedeutung: Pontoria (Garneele), Pontella (Copepode); – b) Tiere, deren Verwandte im Süßwasser leben: Pontarachne, Pontocypris, Pontobdella.

popul- I., *Subst. popul·us, ·i m. (= Volk; Volksmenge).* – Population = Bevölkerung, die Gesamtheit der in einem begrenzten Gebiet vorhandenen Individuen einer Art.

popul- II., *Subst. pōpul·us, ·i f. (= Pappel).* – a) Baum: Gttg. Populus = Pappel; – b) zur Pappel in Beziehung: Smerinthus populi = Pappelschwärmer, Melasoma populi = roter Pappelblattkäfer, Saperda populnea = Kleiner Pappelbock.

por-, *Subst. ὁ πόρ·ος (= Weg, Durchgang, Pfad; Meerenge, Brücke; Hilfsmittel).* – 1. Loch, Öffnung: a) Vertiefung für die Einzeltiere von Kolonien, an den mazerierten Skeletten sichtbar, bei Korallen (Gttg. Tubipora), Hydrozoen (Millepora) und Moostierchen (Membranipora, Tubulipora); – b) bei den Schwämmen (Porifera) sind die Poren die zahlreichen feinen Öffnungen, durch die das Wasser einströmt (Ggs. osculum, s. os II.); – c) Öffnungen von Ausführgängen oder Hohlräumen: Nephroporus der Nephridien von Ringelwürmern, Pori abdominales von Knochenfischen, Neuroporus = vordere Öffnung des Neuralrohres (s. neur- 1.d); – d) Öffnungen von Röhrenpilzen: Gttg. Polyporus = Porling, Löcherschwamm. – 2. Ortsveränderung von Tieren: a) mit Betonung der Bewegung (Pezoporus); – b) mit Betonung des Aufenthaltsortes (des gewohnten Weges!), insbes. bei Gattungen von Käfern: Bryo-, Copro-, Drymoporus, Phloeopora.

porc-, *Subst. porc·us, ·i m. (= Schwein), porc·a, ·ae f. (= Sau); Demin. porcell·us, ·i und porcell·a, ·ae (= Ferkel).* – 1. Schweine: Gttg. Porcula = Zwergwildschwein. – 2. Mit dem Schwein verglichen: a) Säugetiere: Hyelaphus porcinus = Schweinshirsch, Cavia porcellus, Art (?) des Meerschweinchens; – b) Wirbellose: Porcellio = Kellerassel; Porcinolus, Gttg. der Käfer.

porphyr-, *Subst. ἡ πορφύρ·α (= Purpur, Purpurschnecke und -saft) → Adj. πορφύρε·ος = πόρφυρ·ος (= purpurfarbig, dunkelrot).* – Purpurfarbig: a) Tiere: Gttg. Porphyrio = Sultanshuhn; Porphyrus, Gttg. der Käfer; – b) Pflanzen: Porphyra laciniata = Porphyrtang, eine Rotalge; Pilz Porphyrellus porphyrosporus.

port-, *Subst. port·a, ·ae (= Zugang, Tor, Pforte).* – Porta = Pforte, Eintrittsstelle von Blutgefäßen an versch. Organen, insbes. an der Leber: Porta hepatis mit dem Eintritt der Vena portae = Pfortader.

portio(n)-, *Subst. portio, portiōn·is f. (= Anteil).* – Portio, in der Anatomie Teilgebiet eines Muskels, Nerven oder inneren Organs, z. B. Portio vaginalis des Uterushalses beim Menschen.

posit-, *Sup. von Verb ponĕre; Subst. positio, ōn·is f. (= Stelle, Lage) und positūr·a, ·ae f. (= Lage); meist mit Präfixen: ap+, com+, de+, op+.* – 1. Stellung (Zustand): gegenständige Blätter: Saxifraga oppositifolia = Gegenblättriger Steinbrech, Chryosplenium oppositifolium = Paarblättriges Milzkraut. – 2. Legen, stellen: a) im Sinne von ablegen: Ovipositor = Legeröhre bei Insekten; – b) in eine Stellung bringen: Opposition des Daumens bei der Greifhand des Menschen und kletternder Säugetiere durch Tätigkeit des Musculus opponens pollicis (s. pollic-); – c) Ablagern: Wachstum, z. B. des Knochens, durch Apposition, d. h. Anlagerung (ad+) im Ggs. zum expansiven Wachstum. – 3. Lokalisation von Lichtstrahlen im Komplexauge der Insekten: Apposition = Aneinanderlegung der Bilder isolierter Teilaugen, Superposition = Überlagerung der von mehreren Linsen entworfenen Bildpunkte im Empfangsapparat jedes einzelnen Teilauges.

poster-, *Adj. poster·us, ·a, ·um (= nachfolgend), Comp. posterior, ior·is, Neutr. ius posterius (= letzterer, hinterer, geringerer), von post.* – Von mehreren gleichartigen Organen das hintere, kaudal oder dorsal gelegene, z. B. bei Blutgefäßen: Arteria cerebri posterior, Vena cardinalis posterior; Ggs. anterior.

postul-, *Verb pōstulāre (= verlangen, fordern) → Subst. pōstulāt·um, ·i n. (= Forderung, Verlangen).* – Postulat = Forderung, Voraussetzung, d. h. eine nicht sicher bewiesene, aber im Rahmen einer Theorie notwendige Annahme.

pot-, *zum Verb πίνω (= trinken) gehörige Wörter mit Abänderung des Stammvokals: Subst. ὁ πότης, ητ·ος (= Trinker) u. Subst. τὸ ποτήρι·ον (= Trinkgefäß, Becher, Kelch); damit verw. das lat. Verb 1. potāre (= trinken, einsaugen) u. Subst. potēri·um, ·i oder potōri um, ·i (= Trinkgeschirr, Becher);* vgl. pin- II. – 1. Trinkende oder saugende Tiere: a) Blut: Haematopota = „Blutsauger“, Gttg. der Tabanidae; – b) Wasser: Chiropotes chiropotes, Art der südamerikanischen Affen, soll Wasser aus der hohlen Hand trinken. – 2. Einem Becher oder Kelch ähnlich geformt: der Blütenkelch der Becherblume Poterium, Gttg. der Rosengewächse; der Körper des Meeresschwammes Poterion neptuni = Neptunsbecher.

potam-, *Subst. ὁ ποταμ·ός (= Fluß, Strom, Kanal).* – Flüsse als Lebensbereich: a) von Wassertieren: Potamobius astacus = Flußkrebs; – b) von

Säugetieren, die an Flüssen leben (Potamochoerus), auch im Wasser schwimmen (Potamogale = Otterspitzmaus, Hippopotamus = Flußpferd); – c) von Wasserpflanzen: Potamogeton s. geiton(-).

potent-, *Adj. potens, potent·is (= mächtig, kräftig, vermögend) → Subst. potenti·a, ·ae (= Macht, Kraft, Vermögen), verw. mit Verb posse (= können, vermögen).* – Potenz = Fähigkeit, Möglichkeit, insbes. von Teilen eines Keimes bezüglich der künftigen Entwicklung (also „prospektive" Potenz); je nach der Breite der Möglichkeiten unterscheidet man nulli-, uni-, pluri- und omnipotente Zellen und Keimregionen.

praecox, *Adj. praecox (= frühreif, vorzeitig).* – Früh, d. h. zeitig im Jahr: a) blühen Carex praecox = Frühe Segge, Veronica praecox = Früher Ehrenpreis; b) erscheint der Fruchtkörper von Agrocybe praecox = Frühlings-Schüppling.

praegn-, *Adj. praegnans, ant·is (= schwanger, trächtig, eig. im Begriff zu gebären) Subst. praegnatio, ōn·is f. (= Befruchtung, Schwangerschaft).* – 1. Schwangerschaft, Trächtigkeit bei Tier u. Mensch: vom Gelbkörperhormon abgeleitete Stoffe: Pregnan, Pregnandiol. – 2. Besamung, Befruchtung: Imprägnation = Eindringen des Spermatozoons in die Eizelle. – 3. Übertr.: mit etwas erfüllen, durchtränken: in der histol. Technik die Silberimprägnation als Niederschlag im Gewebe.

pras-, *Subst. τὸ πράσ·ον (= Lauch, Porree) → Adj. πράσιν·ος = latin. prasin·us (= lauchgrün).* – 1. Lauch = Allium, Gttg. der Liliengewächse mit den Arten A. schoenoprasum = Schnittlauch u. A. scorodoprasum = Schlangenlauch. – 2. Lauchähnlich: a) lauchgrün Palomena prasina = Grüne Stinkwanze, Dryophis prasinus = Grüne Baumschlange; Zooprasinin, ein grüner Farbstoff in den Federn mancher Vögel; – b) Geruch: Pilz Marasmius prasiosmus = Knoblauchpilz (vgl. osm- I.).

prat-, *Subst. prāt·um, ·i n. (= Wiese, Rasen) → Adj. pratens·is, ·e (= auf Wiesen wachsend).* – Wiese als Lebensbereich a) für Tiere: Glareola pratincola = Brachschwalbe; – b) für Pflanzen: Lathyrus pratensis = Wiesenblatterbse, Trifolium pratense = Wiesenklee.

pregn-, Form für praegn-.

press-, *Sup. des Verbs premĕre (= drücken, pressen) → Verb pressāre (= pressen);* vgl. prim- II. – 1. Hydrostatischer Druck: Nervi depressores setzen den Blutdruck herab. – 2. Durch den Druck benachbarter Organe verursacht (?): a) Eindrücke an weichen Organen: an der Leber die Impressio cardiaca, gastrica, renalis u. a.; – b) an Knochen: Impressio trigemini am Felsenbein, Impressiones digitatae (= gyrorum) am Schädeldach, den Hirnwindungen entsprechend. – 3. Zustand als Folge einer Druckwirkung gedacht: a) Pflanzenstengel seitlich zusammengedrückt bei Poa compressa; – b) flacher Körper von Insekten unter Rinde dorsoventral abgeflacht: Wanze Aradus compressus, Käfer Platysoma depressum; – c) Bubalis depressicornis, ein Büffel mit „niedergedrückten" Hörnern. – 4. Abwärtsbewegung nicht durch Druck, sondern durch Zug von Muskeln: a) direkt: M. depressor anguli oris zieht Mundwinkel nach unten; – b) M. depressor mandibulae öffnet den Schnabel der Vögel, indem er das Hinterende des Unterkiefers nach oben zieht. – 5. Intensität eines Vorganges: Depressionserscheinungen = Herabsetzung der Vitalität.

prim- I., *Adj. prim·us, ·a, ·um (= vorderster, erster, vornehmster) → Subst. primordi·um, ·i n. (= Anfang, Urbeginn);* vgl. princip-. – 1. In einer Reihe von Gebilden das erste: Digitus mănūs primus = der Daumen (Pollex), D. pedis primus = Hallux, die große Zehe. – 2. In der Entwicklung bzw. zeitlich vorangehend, früher oder zuerst auftretend: a) allg.: primitiv = ursprünglich, urtümlich; primordial = ursprüngl., uranfänglich, z. B. Primordialkranium der Wirbeltiere (onto- u. phylogenetisch); – b) Ontogenese: primäre Keimblätter (Ekto- und Entoderm) im Unterschied zu dem meist erst von diesen aus entstehenden dritten Keimblatt; Keimblätter auch als Primitivorgane bezeichnet; Primärfollikel, bei Säugetieren ein junger Eifollikel, der erst nur eine Lage von Follikelzellen besitzt; primäre Leibeshöhle s. secund-; – c) Phylogenese bzw. Erdgeschichte: Primärzeit = Palaeozoisches Zeitalter; Primordialzeit, das ihm vorangehende archaeozoische Zeitalter; Elephas primigenius = Mammut (als urtümliche Elefantenart). – 3. Jahreszeit: Primula = Primel, blüht als eine der ersten Blumen im Frühjahr. – 4. Rang: Primates, Ord. der Säugetiere (Halbaffen, Affen, Mensch) als höchstentwickelte Tiere („Herrentiere"), davon die Menschenaffen und der Mensch als allerhöchste: Summoprimaten.

-prim- II., *Verb, Umlaut von prem- nach Präfixen: primĕre (= zusammendrücken, unterdrücken, hemmen), deprimere (= herabdrücken, einsenken), exprimere (= auspressen; ausdrücken), imprimere (= eindrücken) u. a.;* s. press-. – Beispiele: komprimieren = zusammendrücken, verdichten → Subst. Kompression; deprimieren = niederdrücken → Subst. Depression.

princip-, *Adj. und Subst. princeps, cip·is (= erst; Haupt, Urheber, Herrscher) → Subst. principi·um, ·i n. (= Anfang, Ursprung).* – 1. Von mehreren ähnlichen Gebilden das wichtigste oder größte: Arteria principalis, Name für die Aorta als Hauptschlagader. – 2. Prinzip = Ursprung, daher auch Grundsatz u. Regel → Adj. prinzipiell = grundsätzlich.

pri(on)-, *Verb πρίω (= sägen) → Subst. ὁ πρίων, ον·ος (= Säge);* s. prist-. – 1. Einer Säge nicht nur morph., sondern auch funktionell ähnlich, d. h. zum Schneiden benutzt: die scharfzackigen Backzähne von Prionodon, Gttg. der Schleichkatzen. – 2. Mit Zähnen versehen, gezackt, aber nicht zum Schneiden dienend: a) die Kiemendeckel von Polyprion (Gttg. der Knochenfische); – b) die Antennen u. das Halsschild des Bockkäfers Prionus; – c) die kammförmig gesägten Fußklauen von Prionychus, Gttg. der Käfer.

prior(-), *Adj. (Comp.) prior, or·is (= früher, erst, vorder).* – Priorität, das zeitliche Vorangehen, daher Vorrang u. Vorrecht: a) bei Veröffentlichung von wiss. Ergebnissen; – b) insbes. von Namen in der zool. u. bot. Taxionomie.

prisma(t)-, *Subst. τὸ πρίσμα, ατ·ος (= kantige Säule, eig. „das Herausgesägte" von πρίω);* vgl. pri-. – a) Prisma als math. Körper; – b) optisches Prisma, ein Glaskeil mit drei eben geschliffenen Grenzflächen; – c) Abra prismatica, eine Muschelart mit gestreckter Schale; – d) Prismata adamantina = Schmelzprismen der Zähne.

prist-, *Verbaladj. πριστ·ός (= gesägt) vom Verb πρίω; Subst. ὁ πρίστης, lat. pristis, ·is f. (= Sägefisch);* vgl. pri(on)-. – Wie eine Säge mit spitzen Fortsätzen bzw. Zähnen versehene Gebilde: a) das Rostrum (Kopffortsatz) bei Knorpelfischen, Gattungen Pristis u. Pristiophorus mit bes. gestalteten Placoidschuppen; – b) die obere Kante des Schwanzes bei Haifischen: Pristiurus; – c) Kiemendeckelknochen bei Pristipoma, Gttg. der Knochenfische.

probosc-, *Subst. ἡ προβοσκίς, ίδ·ος → lat. proboscis, id·is f. (= Rüssel).* – 1. Proboscis = Rüssel, verlängerter Fortsatz des die Nasenöffnungen tragenden Gesichtsteiles, insbes. der Proboscidea = Rüsseltiere (Elefanten). – 2. Einem Rüssel vergleichbar: Geryonia proboscidalis s. ~al·is 5.

procer-, *Adj. procer·us, ·a, ·um (= gestreckt, schlank gewachsen).* – a) Körperlänge eines Tieres: Strudelwurm Gttg. Procerodes; – b) Höhe des Fruchtkörpers von Macrolepiota procera = Riesen-Schirmling.

proct-, *Subst. ὁ πρωκτ·ός (= Steiß, After).* – 1. After: a) Proctodaeum, die ektodermale Einstülpung, aus der der Enddarm entsteht; – b) Bryozoen wurden, je nachdem der After innerhalb oder außerhalb des Tentakelkranzes mündet, in die Entoprocta (Kamptozoa) und Ectoprocta (eig. Bryozoa) eingeteilt. – 2. Umgebung des Afters, hinteres Körperende: Euproctis chrysorrhoea = Goldafter (Schmetterling); Dasyprocta = Aguti mit dicht behaartem Körperende; Proctotrupidae, kleine Wespen, deren Legebohrer (trup- = tryp-) am Ende des Hinterleibes austritt.

profund-, *Adj. profund·us, ·a, ·um (= tief, bodenlos) → substt. profund·um, ·i n. (= Tiefe, Abgrund; Meerestiefe).* – 1. Tiefe von Gewässern, als Lebensbereich: a) Süßwasser: Profundal, der Tiefenboden von Süßgewässern (vgl. Abyssal); – b) Meer: Scylliorhinus profundorum, ein Haifisch. – 2. Im Inneren des Organismus gelegene Organe: Arteria profunda brachii im Ggs. zur Oberfläche (superficialis).

prol-, *Subst. prōl·es, ·is (= Sprößling, Nachwuchs, Brut).* – 1. Erzeugung von Nachkommen, insbes. bei Salpen eine Art terminaler Knospung an einem Fortsatz, dem Stolo prolifer. – 2. Allg.: wuchern, proliferieren, z. B. Proliferation des Bindegewebes.

pron-, *Adj. prōn·us, ·a, ·um (= vorwärts geneigt, sich senkend) → Verb pronāre (= vorwärts neigen, bücken).* – Pronation = Einwärtsdrehung, z. B. des Unterarms beim Menschen derart, daß der Daumen zum Rumpf und die Handfläche nach hinten gekehrt ist; die Muskeln, die diese Drehung herbeiführen: M. pronator quadratus und teres; Ggs. Supination.

propaga-, *Verb propagāre (= fortpflanzen, ausdehnen) und Subst. propāgo, propagin·is f. (= Setzling, Sprößling, Kind).* – Fortpflanzung: a) allg.: Propagationszellen = Fortpflanzungszellen; – b) geschlechtliche Fortpflanzung: Propagatorium, Gesamtheit der Geschlechtsorgane eines Körpers.

propri-, *Adj. propri·us, ·a, ·um (= eigen, eigentümlich, wesentlich).* – 1. Eigentlich, wesentlich, hauptsächlich: a) Glandulae gastricae propriae, die den eigentlichen Verdauungssaft erzeugenden Lab- oder Fundusdrüsen des Magens; – b) Gewebsschicht: Membrana propria des Trommelfelles; Lamina propria der Schleimhäute im Unterschied zum Epithel und zu den tieferen Schichten. – 2. Eigen, allein zugehörig: a) zu einem Organ gehörig: Musculi pedum proprii, die innerhalb der Beine befindlichen, ihnen eigenen Muskeln bei den Insekten; – b) physiologisch: propriozeptiv nennt man Reize oder Erregungen, wenn sie vom eigenen Körper ausgehen, bes. durch Propriozeptoren, d. h. Rezeptoren, die in Muskeln, Sehnen oder Gelenken selbst liegen (Ggs. Exterozeptoren).

prote-, *Myth. Name Πρωτεύς, έως → lat. Proteus, -ei (ein Meeresgott, der sich in vielerlei Gestalten verwandeln konnte).* – 1. Zur Bez. der veränderlichen Form: Amoeba proteus = Wechseltierchen. – 2. Nach Ansicht mancher Autoren sollen die Proteine (Eiweißstoffe) in ähnlichem Sinne benannt sein.

prot(er)-, *Adj. πρότερ·ος (= vorderer, früher, besser), eig. Comp. von pro+; dazu Superl. πρῶτ·ος (= erster, vorderster, frühester, wichtigster).* – 1. Räumlich zuerst kommend: a) bei bilateralen Tieren rostral, z. B. die Schneidezähne: nach ihrer Anzahl bei Beuteltieren werden diese als Di- und Polyprotodontia unterschieden; Protocerebrum = der vorderste Gehirnabschnitt bei Insekten; – b) bei Körperfortsätzen proximal: Protopodit an den Extremitäten der Krebse. – 2. Zeitlich vorher, in der Entwicklung zuerst: a) Ontogenese bzw. Lebenslauf: Protandrie = Proterandrie s. andr-; – b) Phylogenese, insbes. für fossile Vorfahren heutiger Tiere: Protohippus, Proterosaurier, Protocetus; und Pflanzen: Protofilicineae. – 3. Heute lebend, aber einfach gebaut, daher als primitiv, als Urform aufgefaßt: Protozoa, Protociliata, Protohydra, Protopterus, Protonephridium; auch Protoplasma (urspr. als embryonale Substanz) kann in diesem Sinne als „Urstoff" betrachtet werden.

proxim-, *Adv. proxime (= am nächsten) u. Adj. proxim·us, ·a, ·um (= nächster).* – 1. Räumlich: Adj. proximal·is, ·e = proximal = näher zur Körpermitte gelegen, Ggs. distal(is). – 2. Begrifflich: approximativ = annähernd.

psalid-, psalis, *Subst. ἡ ψαλίς, ίδ·ος (= Schere).* – 1. Wie eine Schere benutzt: die Schneidezähne beim Scherenbiß = Psalidodontie. – 2. Wie eine spitze Zange geformt und auch benutzt: die Kieferfühler (Chelizeren) von Ischyropsalis, Gttg. der Weberknechte. – 3. Einer Schere formähnlich: der Federschweif einiger Vögel, Gttg. Macropsalis, Hydropsalis.

psamm-, *Subst. ἡ ψάμμ·ος (= Sand; Düne, Strand).* – 1. Sand als Lebensbereich: a) Sandboden im Wasser, bes. im Meere: Endo-, Meso- und Epipsammion = Lebensverein in u. auf dem Sande; Psammechinus, Gttg. der Seeigel; Gttg. Psammobia = Sandmuschel; – b) Landtiere: Psammophis = Sand- oder Wüstenschlangen; – c) Landpflanzen: Psammophyten = Sandpflanzen. – 2. Aus Sand bestehend: Schalen von Amöben: Gttg. Psammosphaera.

pselaph-, *Verb ψηλαφάω (= tasten, berühren), Verschmelzung der Verben ψάλλω (= zupfen) und ἀφάω (betasten, befühlen).* – Tastorgane, insbes. Benennung von Insekten nach Besonderheiten der Antennen oder Palpen: Pselaphus, Gttg. der Käfer; Pselaphognatha, Gruppe der Diplopoda.

pseud-, *Verb ψεύδω (= täuschen; sich täuschen), Subst. τὸ ψεῦδ·ος (= Lüge, Täuschung) und Adj. ψευδ·ής (= lügnerisch; erlogen, falsch).* – 1. Vorgetäuscht, unecht, scheinbar: a) Organe und Gewebe: Pseudopodien = „Scheinfüßchen"; Pseudoparenchym, ein pflanzliches Gewebe, das durch Verflechtung von Zellfäden, aber nicht durch Zellteilungen (wie das Parenchym) entsteht; Pseudozöl = die primäre, im Vergleich zum Coelom „unechte" Leibeshöhle; – b) Tiere im Vergleich zu anderen: Pseudoscorpionides = „Afterskorpione", den echten Skorpionen ähnliche Ord. der Spinnentiere. – 2. Nach Art u. Grad abweichend, nicht typisch: a) mangelhaft entwickelt, rudimentär: Pseudobranchie = Spritzlochkieme; – b) ungewöhnlich, von der Norm abweichend: Pseudochirus, Gttg. der Beuteltiere mit Zangenhand.

psil-, *Adj. ψιλ·ός (= kahl, glatt, nackt).* – Nackt: a) unbehaart: Gttg. Psila = Nacktfliegen; Viola epipsila, eine Veilchenart mit oberseits (epi+) kahlen u. nur unterseits behaarten Blättern; – b) Pflanzen ohne Blätter: die fossilen Psilophyten, Vorläufer der Farnpflanzen.

psittac-, *Subst. ὁ ψιττακ·ός → lat. psittac·us, ·i m. (= Papagei).* – 1. a) Papageien, Gttg. Psittacus u. Psittacula; – b) Psittacosis = Psittakose, eine zuerst an Papageien beobachtete Infektionskrankheit. – 2. Einem Papagei ähnlich: a) buntfarbig: Hygrocybe psittacina, ein grüner Pilz; – b) mit krummem Schnabel: Loxia pityopsittacus = Kiefern-Kreuzschnabel.

psych-, *Subst. ἡ ψυχ·ή (= Leben; Seele, Gemüt).* –
A. Bewußtseinsvorgänge: Psyche = Seele, Geist; Adj. psychisch = auf Bewußtseinsvorgänge bezüglich; Psychologie, Psychiatrie. –
B. Name von Insekten, insbes. Schmetterlingen als Sinnbild des Lebens: Psyche, Gttg. der Spinner (Sackspinner), ferner Gttg. der Mücken: Psychoda = Schmetterlingsmücken mit dichter Behaarung der Flügel.

psychr-, *Verb ψύχω (= blasen, atmen; abkühlen) → Adj. ψυχρ·ός (= kühl, frisch, frostig).* – Niedrige Temperatur, Kälte als Milieufaktor für Pflanzen u. Tiere: Psychrophyten sind Pflanzen, die Standorte mit niedriger Temperatur bevorzugen.

psyll-, *Subst. ἡ ψύλλ·α (= Floh).* – 1. Flöhe: Sarcopsylla penetrans = Sandfloh, Xenopsylla cheopis = Rattenfloh. – 2. An Flöhe erinnernde Insekten: a) Blattflöhe: Psyllidae mit Gttg. Psylla; – b) Käfer: Platypsylla.

pten-, *Adj. πτην·ός (= befiedert, geflügelt; flüchtig), verw. mit Verb πέτομαι (= fliegen)*, vgl. die verw. Stämme pter-, pteryg-, ptil-. – 1. Flügel bei Insekten: Lipoptena s. lip-. – 2. Feder der Vögel: Aptenodytes, Gttg. der Pinguine. – 3. Fiederige Anordnung: die Radulazähne der Ptenoglossa = Federzüngler, Gruppe von Schnecken.

pter-, *Subst. τὸ πτερ·όν (= Schwungfeder, Feder, Flügel) vom Verb πέτομαι (= fliegen);* auch in der Form pteryg-.
1. Fliegen in der Luft, mit „Flügeln" verschiedener Bauart bei Wirbeltieren: a) Vögel: Gattungen Hoplopterus (Sporenkiebitz), Phoenicopterus (Flamingo), Pterocles (Flughuhn); – b) Säugetiere: Chiroptera („Handflügler") = Fledermäuse mit den Gattungen Pteropūs, Pteralopex, Miniopterus; – c) fliegende fossile Reptilien: Ord. Pterosauria, Gttg. Pterodactylus.
2. Flügel der Insekten: a) als wesentliches Merkmal der syst. Einteilung: A-, Archi-, Ortho-, Hemi-, Coleo-, Neuro-, Hymeno-, Di-, Aphani-, Tricho-, Lepido-, Palaeodictyo-ptera u. a.; – b) Gattungs- und Artnamen: von Dipteren: Ptychoptera = Faltenmücken, Platyparea poeciloptera (s. poecil-); – c) bei Käfern die Elytren, z. B. Gattungen Brachy-, Serico-, Stenopterus und Artnamen chalco-, chryso-, haemo-pterus u. a., selten die Hinterflügel: Gttg. Gymnopterion.
3. Flosse von Wassertieren: a) paarige Flossen von Fischen (Gttg. Protopterus, Cyclopterus) und Walen (Gttg. Megaptera); – b) unpaare Flossen von Fischen (Polypterus, Malapterurus, Tetragonopterus) und Walen (Balenoptera, Delphinapterus); – c) verschiedenartige flossen- oder flügelartige Körperfortsätze bei wirbellosen Wassertieren: Pteropoda = Flügelschnecken; Pterotrachea, Gttg. der Kielfußschnecken; Tomopteris, Gttg. der marinen Borstenwürmer mit segmentalen Ruderplatten.

4. Flächenförmiger, an Flügel erinnernder Fortsatz: a) Pteroticum, ein zu den Otica gehöriger Knochen bei Fischen; – b) am Pflanzenstengel: bei Hypericum tetrapterum.
5. Vogelfeder: Pterylen = Federfluren (yl- = hyl- = Wald), in denen die Konturfedern angeordnet sind; Philopterus communis = ein auf Singvögeln lebender Federling.
6. Federähnliche Anordnung, Fiederung: a) Pteroides, Gttg. der Fiederkorallen (Fam. Pennatulidae, s. penn- 4); – b) Pterophorus, Federmotten, Federgeistchen, Kleinschmetterlinge mit fiederig aufgeteilten Flügeln; – c) nach den gefiederten Blättern benannt: die Pteridophyta = Farne mit Gttg. Pteridium, Struthio-, Cysto-, Dryo-pteris.

pteryg-, pteryx, *Subst.* *ἡ πτέρυξ, υγ·ος = πτερ·όν*, s. pter-. –
1. Flügel der Vögel: Archaeopteryx, Gttg. der fossilen Urvögel (Archaeornithes).
2. Flügel der Insekten: Einteilung in die primär ungeflügelten A-pterygota und in die geflügelten (bzw. sekundär ungeflügelten) Pterygota; Namen von Gattungen: Calopteryx (Libelle), Gonepteryx (Schmetterling), Trichopteryx (Käfer).
3. Flosse von Wassertieren: a) Wirbeltiere: allg. Anatomie der paarigen Extremitäten: Archi-pterygiumtheorie und Ptycho-pterygium- = Seitenfaltentheorie; – b) paarige und unpaare Flossen von Knochenfischen: mit Knochenstacheln bei den Acanthopterygii = Stachelflossern, mit weichen Flossenstrahlen bei den Malacopterygii; – c) paarige Flossen bei Fischen: Crossopterygii = Quastenflosser; – d) unpaare Flossen von Fischen: Tripterygium, Gttg. der Schleimfische mit 3 Rückenflossen; – e) Flossen bei fossilen Amphibien: Ichthyopterygia = Ichthyosauria mit den Gattungen Eury- und Stenopterygius; – f) flossenförmige Beine fossiler Reptilien: Sauropterygia = Plesiosaurier; – g) flossenartige Bildungen bei Wirbellosen, z. B. das unpaare Pterygopodium, der differenzierte vordere Teil des Fußes bei den Kielschnecken (Heteropoda).
4. Flächige Fortsätze an Schädelknochen: Pterygoidea = Flügelbeine, eine Reihe von Belegknochen auf dem Palatoquadratknorpel, bei den meisten Säugetieren u. beim Menschen mit dem benachbarten Keilbein verschmolzen u. zum paarigen Processus pterygoideus = Flügelfortsatz des Keilbeins geworden.
5. Feder der Vögel: Macrodipteryx longipennis = Flaggennachtschwalbe mit stark verlängerter Schmuckfeder in jedem Flügel beim ♂.

ptil-, *Subst. τὸ πτίλ·ον (= Feder, Flügel) vom Verb πέτομαι;* verw. mit pten-, pter-, pteryg-. – 1. Feder der Vögel: a) Federarten: Neoptile, das erste Federkleid (Nestdunen), Teleoptile = das Federkleid des Erwachsenen; – b) Gattungen nach Eigenschaften des Gefieders benannt: Leptoptilus, Malacoptila, Ptilorhis. – 2. Mit Federn oder Befiederung verglichen:

a) Haar von Säugetieren: Ptilocercus, Gttg. der Spitzhörnchen; – b) Behaarung von Insekten: Ptilium, Gttg. der Federflügler (Käfer); – c) gefiederte Antennen bei der Käfergattung Ptilinus.

pto-, *Subst. τὸ πτῶμα = ἡ πτῶσις (= Fall, Leichnam, Verderben), dazu Adj. πτωτικ·ός, vom Verb πίπτω (= fallen, stürzen); vor allem συμπίπτω → Subst. τὸ σύμπτωμα, ματ·ος (= Zufall, Unfall);* vgl. pipt-. – 1. Räumlich: herabfallen oder -sinken: path. Senkung eines Organs, z. B. des Augenlids (Ptosis), des Darmes (Enteroptose), der Niere (Nephroptose). – 2. Leiche als das Gefallene oder Zerfallende: Ptomaine = bei Fäulnis auftretende Gifte, z. T. Leichengifte; Ptomaphagus, Gttg. der Käfer an Faul- oder Aasstoffen. – 2. Begrifflich: Zusammentreffen oder -fallen: Symptom, eig. Zufall oder Begebenheit; Adj.: symptomatisch.

pty-, *Verb πτύω (= speien, spucken), verw. mit spūere;* s. spu- u. spum-. – 1. Speichel: Ptyalin = ein im Speichel enthaltenes Ferment (Diastase). – 2. Dem Speichel ähnlich: Ptyelus [Philaenus] spumarius = Wiesenschaumzikade, Larve hüllt sich in Schaumballen.

ptych-, *Subst. ἡ πτύξ, πτυχ·ός (= Falte, Schicht) vom Verb ptyssō (= falten, zusammenrollen; sich biegen).* – 1. Faltung eines flächigen Gebildes, insbes. seitliche Hautfalten bilateraler Tiere: nach der Ptychopterygium- = Seitenfaltentheorie sind die Extremitäten der Wirbeltiere aus Längsfalten des Körpers entstanden; Gttg. Ptychozoon = Faltengecko; Ptychoptera = Faltenmücken, mit faltig eingeschlagenen Flügeln. – 2. Zellschichten von Epithelien: mono- und polyptyche Hautdrüsen von Wirbeltieren.

pub-, puber(-), *Subst. pūb·es, ·is f. (= 1. Schamgegend, 2. mannbare Jugend); Adj. pubens, pubent·is (= strotzend) von einem ungebräuchlichen Verb pubēre → Incoh. pubescĕre (= mannbar werden, heranwachsen); Adj. puber, er·is (= mannbar, erwachsen) → Subst. pubertas, at·is f. (= Mannbarkeit, Zeugungskraft).* – 1. Mannbar, d. h. geschlechtsreif: Pubertät beim männlichen und weiblichen Geschlecht. – 2. Die äußeren Geschlechtsorgane betreffend: Pubes = Schamgegend: Regio pubica, Mons pubis, Os pubis (= Schambein); Phthirius pubis = Schamlaus. – 3. Behaarung (als Zeichen der Mannbarkeit beim Menschen): a) Tiere: Portunus puber = Samtkrabbe; – b) Pflanzen: Quercus pubescens = Flaumeiche, Betula pubescens (Moorbirke), Lactarius pubescens = Blasser Zottenreizker.

pud-, *Verb 3. Person pudet (= erfüllt mit Scham), Adj. pudic·us, ·a, ·um (= schamhaft, keusch) → impudic·us, ·a, ·um (= unzüchtig, unkeusch), pudend·us, ·a, ·um (= schändlich, schimpflich).* – 1. Äußere Geschlechtsteile, bes. die weiblichen: Pudendum femininum mit der Rima pudendi zwischen den Labia majora und minora pudendi. – 2. Form Geschlechtsteilen ähnlich: Phallus impudicus s. phall-.

pugn-, *Subst. pūgn·us, ·i m. (= Faust) → Verb pūgnāre (= fechten, kämpfen) und Adj. pūgnax, ac·is (= kampflustig).* – Aktiver Kampf: Betta pugnax = Großer Kampffisch; Philomachus pugnax = Kampfläufer, s. mach-.

pulch(r)-, *Adj. pulcher, pulchr·a, ·um (= schön, vortrefflich), Superl. pulcherrim·us; Demin. pulchell·us, ·a, ·um (= hübsch).* – Schön: a) Tiere: Schnecke Vallonia pulchella; – b) Pflanzen: Rhinanthus pulcher, Hypericum pulchrum, Euphorbia pulcherrima.

pulex, pulic-, *Subst. pulex, pulic·is m. (= Floh).* – 1. Floh: Gttg. Pulex. – 2. Mit Floh verglichen: a) nach Bewegungsweise u. Größe: Daphnia pulex = Gem. Wasserfloh, Gammarus pulex = Gem. Flohkrebs; – b) nach Größe u. Form: Samen von Carex pulicaris. – 3. Flohkraut Gttg. Pulicaria soll Flöhe vertreiben.

pulmo(n)-, *Subst. pulmo, pulmōn·is m. (= Lunge);* vgl. pneumon-. – 1. Lunge: a) von Wirbeltieren u. Mensch: Pulmo mit Alveoli pulmonis = Lungenalveolen; Adj. pulmonalis = zur Lunge gehörig, z. B. Arteria pulmonalis; – b) Lunge in der Mantelhöhle von Lansdchnecken = Pulmonata. – 2. Zur Lunge des Menschen in Beziehung: das Lungenkraut Pulmonaria, früher als Heilmittel gegen Lungenkrankheiten verwendet.

pulp-, *Subst. pulp·a, ·ae f. (= das eßbare Fleisch).* – Weiches Füllgewebe in versch. Organen: Pulpa dentis = Zahnpulpa in der Pulpahöhle des Wirbeltierzahnes; Pulpa lienis = Milzpulpa im Ggs. zur Kapsel u. den Trabekeln; Nucleus pulposus = der sog. Gallertkern in der Zwischenwirbelscheibe (bes. beim Menschen); Pulpa, das saftige Fleisch der Beeren.

puls-, *Sup. des Verbs pellĕre (= stoßen, schlagen, klopfen) → Subst. pulsus, ūs m. (= Stoß, Schlag) u. Verb pulsāre (wie pellĕre).* – 1. Schlagen, wiederholtes Klopfen: a) Atropos pulsatoria, die Bücherlaus, die bei entsprechender Resonanz (auf Papier) einen ziemlich lauten Klopfton hervorbringen kann; – b) Puls der Arterien (Puls- oder Schlagadern) durch fühlbare rhythmische Erweiterung als Folge des Blutstromes vom Herzen. – 2. Rhythmische Vorgänge anderer Art: pulsierende = kontraktile Vakuolen bei Protozoen.

pulver-, *Subst. pulvis, pulver·is m. (= Staub) → Adj. pulvereus u. pulverulent·us, ·a, ·um (= staubig).* – Bei Artnamen: staubähnlich, wie bestäubt aussehend, bepudert: pulvereus, pulverosus, pulverulentus.

pulvin-, *Subst. pulvīn·us, ·i m. und pulvīnar, ār·is n. (= Kissen, Polster) → Demin. pulvill·us, ·i m.* – 1. Als Druckpolster dienend: die Pulvillen an den Fußendgliedern vieler Insekten. – 2. Polsterartige Verdickung: Pulvinar thalami des Zwischenhirns (insbes. beim Menschen); wie Kissen geformt: Foraminifere Pulvinula.

pumil-, *Subst. pūmil·us, ·i und pumilio, ōn·is m. (= Zwerg).* – Klein oder zwergenhaft im Verhältnis zu verw. Arten: a) Tiere: Trichopsis pumilus (ein

Aquarienfisch), Clausilia pumila (eine Schnecke); – b) Pflanzen: Festuca pumila = Zwergschwingel (ein Gras), Galium pumilum (Heide-Labkraut).

punct-, *Subst. punct·um, ·i n. (= Stich; Punkt, Augenblick) vom Verb pungĕre;* s. pung-. – 1. Feine Öffnung: Punctum lacrymale = Öffnung des Tränenröhrchens für den Abfluß der Tränenflüssigkeit, Plur. Puncta lacrymalia. – 2. Kleiner rundlicher Fleck, auf den Elytren von Käfern oft im Sinne von „Stich" (kleine Vertiefung); in zahlreichen Artnamen: allg. „mit Flecken versehen" punctatus, punctulatus, punctellus; nach der Anzahl der Punkte uni-, bi-, quadri-, septem-punctatus usw.; nach der Farbe albo-, flavo-, viridi-punctatus; nach dem betroffenen Körperteil puncti-ceps, -collis, -ventris. – 3. Klein wie ein Punkt: Punctum pygmaeum, Art der Land-Lungenschnecken, vgl. pygmae-.

pung-, *Verb pungĕre (= stechen);* vgl. punct-. – a) mit Stacheln versehene Tiere: Gasterosteus pungitius, der kleine Stichling (mit Flossenstacheln); – b) Picea pungens = Stechfichte, mit spitzen Nadeln.

pup-, *Subst. pūp·a, ·ae f. (= Mädchen, Puppe) → Demin. pupill·a, ·ae f. (= Waise, Mündel) u. pūpul·a, ·ae f. (= Pupille, Augenstern, Auge).*

A. Entwicklungsstadium der holometabolen Insekten: 1. Puppe, Puppenstadium: a) als solches als Pupa libera, tecta, coarctata (die tönnchenförmige Hülle: Puparium); Pupipara, Name für Insekten, die verpuppungsreife Larven zur Welt bringen (Pupiparie); – b) Schmarotzer: Pteromalus puparum = Puppenzehrwespen in Schmetterlingspuppen. – 2. Einer Tönnchenpuppe (von Fliegen) ähnlich: die Schneckengattung Pupilla.

B. Pupille (wörtl.: kleines Kind) = Sehloch im Auge, wegen des kleinen Spiegelbildes, das sie entwirft, so benannt.

purpur-, *Subst. purpur·a, ·ae f. (= Purpurschnecke, -farbe) → Adj. purpure·us, ·a, ·um (= purpurfarbig).* – 1. Purpurschnecke, Gttg. Purpura, als Erzeugerin des Purpurs, eines in der Antike viel benutzten Farbstoffes. – 2. Purpurrote Färbung: a) bei Tieren: Spatangus purpureus (ein Seeigel), Ardea purpurea = Purpurreiher, Hister purpurascens (ein Käfer); – b) Pflanzen: Tetragonolobus purpureus, Orchis purpurea, Lamium purpureum.

-pus, Nom. zu pod-, in Gattungsnamen als abschließender Wortbestandteil: Bradypūs, Chloropūs, Dipūs, Pteropūs, Xenopūs; Bildung des Familiennamens -pod-idae, vgl. pod-.

pusill-, *Adj. pusill·us, ·a, ·um (= klein, winzig, zwergartig), Demin. von Subst. pūs·us m. (= kleiner Knabe).* – Arten, die im Vergleich zu Verwandten bes. klein sind: a) Tiere Ochotona pusillus = Zwergpfeifhase, Emberiza pusilla = Zwergammer, Microthrombidium pusillum, eine Milbe; – b) Pflanzen: Potamogeton pusillus, Campanula pusilla, Geranium pusillum.

pustul-, *Subst. pustul·a, ·ae f. (= Bläschen) → Verbaladj. pustulat·us, ·a, ·um (= mit Bläschen versehen).* – Kleine punktartige Flecken bei Tieren: Wanze Liocoris tripustulatus, Käfer Panagaeus bipustulatus [quadripustulatus].

put(r)-, *Verb putēre (= modrig riechen, stinken) → Adj. puter, putr·is, ·e (= verwest, faul) u. putrid·us, ·a, ·um (= faul, morsch) sowie Subst. putor, or·is m. (= Fäulnis).* – 1. Übelriechend: Putorius putorius = Stinkmarder, Iltis; Paramaecium putrinum in Abwässern. – 2. Fäulnis, Zerfall organischer Substanz durch Wirkung von Bakterien: Putreszenz, putride Erreger, z. B. Bacillus putrificus; Putreszin, ein durch Fäulnis im Darm entstehender Stoff. – 3. Zerbrechlich: die Schale der Bernsteinschnecke Succinea putris (andere Deutung des Wortes kaum möglich).

pycn-, *Adj. πυκν·ός (= dicht, festgefügt, gehäuft) → Verb πυκνόω → Subst. ἡ πύκνωσις (= Verdichtung, dichte Menge) und Adj. πυκνωτικ·ός (= dicht machend).* – Masse oder Anzahl von Teilen in einer räumlichen Einheit: a) dreidimensional: Pyknose = Verdichtung der Zellkernsubstanz als Zeichen der Degeneration (pyknotische Kerne); Pycnidium von Pilzen, Behälter aus dicht gedrängten Hyphen, an denen viele kleine Pyknosporen erzeugt werden; – b) linear: Pycnogonida, s. gon(i).

pyg-, *Subst. ἡ πυγ·ή = τὸ πυγαῖ·ον (= Steiß, Bürzel).* – 1. Hinteres Körperende: Bürzel der Vögel: Uropygium mit der Bürzeldrüse Glandula uropygii u. dem Endabschnitt der Wirbelsäule (Pygostyl) als Träger der Schwanzfedern; Pygalplatte des Rückenschildes bei den Schildkröten. – 2. After, Öffnung zur Ausstoßung von Exkrementen: a) hintere Darmöffnung der Metazoen: Prosopygier = Zusammenfassung wirbelloser Tiere (Moluscoidea u. a.), bei denen durch Krümmung des Darmes der After in die Nähe der Mundöffnung gerückt ist (nach vorn s. proso+); – b) Zellafter Cytopyge bei manchen Protozoen.

pygmae-, *Subst. ἡ πυγμ·ή (= Faust) → Adj. πυγμαῖ·ος (= eine Faust groß, daumenlang) → substt. Plur. οἱ Πυγμαῖ·οι (= Pygmäen, myth. Zwergenvolk).* – 1. Klein, zwergenhaft: a) Tiere: Dendrobaena pygmaea (ein Regenwurm), Punctum pygmaeum s. punct-; – 3. Phalacrocorax [Microcarbo] pygmaeus; – b) Pflanzen: Juncus pygmaeus = Zwergbinse. – 2. Kleine Menschenrassen, a) Pygmäen oder Zwergenvölker, die in Afrika, Südasien u. auf Neuguinea bes. im Urwald leben; – b) danach der Orang-Utan (malayisch: Waldmensch), der nächst dem Gorilla der größte Affe ist, als Pongo pygmaeus bezeichnet.

pyl-, *Subst. ἡ πύλ·η (= Tor, Tür, Öffnung) → Subst. ὁ πυλωρ·ός (= Türhüter, Torwart).* – 1. Kleine Öffnungen in zellulärem Ausmaß: Mikropyle der Eihüllen s. micr-; Poren oder Porenfelder der Zentralkapsel von Radiolarien, die danach in Mono-, Tri- und Peripyleen eingeteilt werden. – 2. Größere Durch- u. Austrittsöffnungen bei Metazoen: a) Genitalporen von

Bandwürmern: Gttg. Dipylidium; – b) Öffnung des Magens in den Darm: Pylorus = Pförtner; hier befinden sich bei vielen Fischen Appendices pyloricae (s. pend-).

pyr- I., *Subst. τὸ πῦρ, πυρ·ός (= Feuer, Licht, Flammenröte) → Subst. ὁ πυρετ·ός (= Feuerglut, Hitze; Fieber) u. Adj. πυρρ·ός*, s. pyrrh-. – 1. Leuchtende, selbst Licht erzeugende Tiere: Pyrodinium, Gttg. der Peridineae; Pyrosoma = Feuerwalzen, Kolonie freischwimmender Seescheiden; Pyrocypris, Gttg. der Muschelkrebse. – 2. Beziehung zum Licht oder Feuer: Pyralis = Zünsler, Lichtmotten (Kleinschmetterlinge), die gern zum Licht fliegen. – 3. Feuerfarbig: Pyrochroa coccinea = scharlachroter Feuerkäfer.

pyr- II., Schreibweise statt pir- = Birne: Blattflöhe des Birnbaums Psylla pyrisuga u. pyricola; Fruchtkörper von Lycoperdon pyriforme.

pyr- III., *Subst. ὁ πυρ·ός (= Weizen, Weizenkorn)*. – Mit dem Weizen verglichen: a) mit der Pflanze: Gttg. Agropyron (Quecke), s. agr- 4. c); – b) mit der Form der Weizenkörner: die Samen des Wachtelweizens Melanopyrum, Gttg. der Lippenblütler; – c) Verwendung wie Getreide: die Samen des Buchweizens Fagopyrum, Gttg. der Knöterichgewächse.

pyramid-, *Subst. ἡ πυραμίς, ίδ·ος (= Pyramide)*. – Pyramidenförmig: 1. Pyramiden- oder kegelförmige Organismen: a) Wuchsform von Pflanzen: Ajuga pyramidalis = Pyramidengünsel, Koeleria pyramidata = Pyramiden-Schillergras, Populus (nigra, var.) pyramidalis = Pyramiden-Pappel; – b) Tiere: Schale von Schnecken: Gttg. Pyramidula u. Pyramidella. – 2. Im Zentralnervensystem der Wirbeltiere: a) Zellen der Großhirnrinde, bei denen an der Spitze der Dendrit, an der breiten Fläche (der „Basis" der Pyramide) der Neurit abgeht, als Pyramidenzellen bezeichnet; – b) Pyramis, paarige keilförmige Vorwölbung an der Ventralseite der Medulla oblongata hinter der Brücke (bes. ausgeprägt beim Menschen); – c) Fasciculi pyramidici (JNA) = Fibrae pyramidales (PNA) = Pyramidenbahn (= Tractus corticospinalis), aus Neuriten der Pyramidenzellen bestehende Nervenbündel, die durch die Pyramis hindurchlaufen u. hinter ihr sich überkreuzen (Decussatio pyramidum). – 3. In der Niere die kegelförmig ins Nierenbecken ragenden Pyramides renales.

pyren-, *Subst. ὁ πυρήν, ῆν·ος (= Kern)*. – 1. Frucht von Samenpflanzen: Pyrēn = Steinkern → Pyrenarium = Steinfrucht aus mehreren Fruchtblättern mit einem bis mehreren Steinkernen. – 2. Fruchtkörper von Pilzen: Pyrenomycetales = Kernpilze, Ord. der Ascomycetes mit geschlossenem Fruchtkörper von runder oder flaschenförmiger Gestalt. – 3. Zellkern: abnorme Spermien mit vermindertem Chromatinbestand heißen oligopyrēn im Ggs. zu den normalen = eupyrenen.

pyrrh-, *Adj.* *πυρρ·ός (= feuerfarben, gelbrot, braun)*; vgl. pyr- I. – Feuerrote Farben von Tieren: Pyrrhula = Gimpel, Gttg. der Singvögel, Pyrrhocoris = Feuerwanze.

Ph

phae-, *Adj.* *φαι·ός (= dämmerig, grau)*. – Braun oder graubraun: 1. Natürliche Färbung: a) Tiere: Fell von Cricetulus phaeus, Füße von Numenius phaeopūs; – b) Pflanzen: Fruchtkörper der Pilze Gttg. Phaeolus u. Phaeolepiota; Blüten von Geranium phaeum; – c) Zellinhalt: Phaeodarium, ein dunkelbrauner, grünlicher oder schwärzlicher Körper bei den danach benannten Phaeodaria, Gruppe der Radiolarien. – 2. Phaeochrome = chromaffine Zellen in der Nebenniere färben sich durch Chromsalze braun.

phaen-, *Verb* *φαίνω (= leuchten, erscheinen; zeigen)*; vgl. phan-. – 1. Erscheinung, Naturerscheinung: a) im weiteren Sinne: Phänomen; – b) die Entwicklungsstufen im Lebenslauf von Organismen in Abhängigkeit von den klimatischen Veränderungen, bei den Pflanzen bes. von den Jahreszeiten, als Gegenstand der Phänologie = „Erscheinungslehre". – 2. Phaenotypus = Phänotyp, in der Vererbungslehre die äußere Erscheinung im Ggs. zu der Summe ererbter Anlagen (Genotyp) entweder für die Population oder für das Individuum als Gesamtheit von Phänen = „fertigen" Merkmalen; Polyphänie ist die Abhängigkeit mehrerer Phäne von einem Gen, s. gen- 6. b).

phag-, *Verb* *φαγεῖν (= essen, fressen) u. Subst. ὁ φάγ·ος (= Fressen)*; vgl. oesophag-. – 1. Nahrungsaufnahme: a) Zellen nehmen kleinere feste Gebilde auf: Phagozytose bei Protozoen und Zellen von Vielzellern (z. B. Darmepithel); insbes. sind Phagozyten Zellen im Bindegewebe (Histiozyten, Makrophagen, Leukozyten), die bei normalen Entwicklungsvorgängen u. path. Vorgängen Gewebstrümmer, rote Blutkörperchen, Bakterien usw. in sich aufnehmen. – 2. Bakteriophagen = Phagen, zu den Viren gerechnete Organismen, die Bakterien zerstören. – 3. Nahrung: a) Tiere nach ihrer Nahrung benannt: Meliphagidae = Honigfresser u. Campephagidae = Raupenfresser (Fam. der Vögel), Sarcophaga = Fleischfliege (Gttg. der Diptera), Mallophaga (Haar- oder Federlinge); – b) Tiere nach anderen Tieren oder ihren Organen benannt, an denen sie Nahrung finden: Melophagus ovinus, Buphagus = Madenhacker (s. bu-); – c) Tiere nach Pflanzen oder Pflanzenteilen benannt, an denen sie fressen: Blitophaga, Blastophagus.

phalacr-, *Adj.* *φαλακρ·ός (= kahlköpfig)*. – Kahlheit, d. h. örtliches Fehlen von Haaren beim Menschen (Phalacrosis), von Federn bei Vögeln (Phalacrocorax), von Haaren bei Insekten (Phalacrocera).

phalang-, phalanx, *Subst. ἡ φάλαγξ, φάλαγγ·ος (= Balken; Gelenk; Spinne; Schlachtordnung) → phalanx, phalang·is f. (= Schlachtreihe) u. phalang·a, ·ae f. (= Walze, Rolle).* –

A. In Reihen geordnete Gebilde, insbes. die Knochen der Finger- u. Zehenglieder der Wirbeltiere: a) Phalanx = Finger- oder Zehenglied, beim Menschen als Ph. proximalis, media u. distalis unterschieden; – b) Hyperphalangie = Vermehrung der Glieder, normal in der Flosse von Walen; – c) Tiere mit Besonderheiten der Zehenglieder: Phalangeridae, Kletterbeutler mit Verwachsung der zweiten u. dritten Zehe der Hinterfüße.

B. Spinnen (mit gelenkigen Beinen!): a) Phalangium, Gttg. der Weberknechte; – b) Leptus phalangii, eine Milbe, die sich an Spinnentieren (oder Insekten) aufhält.

phall-, *Subst. ὁ φαλλ·ός (= Holzpfahl; männliches Glied).* – 1. Phallus oder Phallos = Penis. – 2. Dem Penis formähnlich: Phallusia, Gttg. der Ascidia; der Fruchtkörper des Pilzes Phallus impudicus (Stinkmorchel); der Blütenkolben von Amorphophallus, Gttg. der Aronstabgewächse. – 3. Andere Begattungsorgane: Gonopodium von Fischen, bei der Gttg. der Zahnkarpfen Heterophallus von dem verwandter Gattungen etwas verschieden.

phan-, phaner-, *Verb φαίνω (= leuchten lassen, sichtbar machen; Pass. leuchten, glänzen) → Adj. φανερ·ός (= leuchtend, sichtbar); mit Präfix: Verb διαφαίνω → Adj. διαφανής (= durchscheinend, -sichtig);* vgl. phaen- u. phas-. 1. Äußere Erscheinung: Insektengattungen mit bes. Färbung: Gttg. Chlorophanus u. Chrysophanus. – 2. Organe: a) gut entwickelt bzw. im Ggs. zu ihrem Fehlen (bei Verwandten) vorhanden: Phaneroglossa, Gruppe von Froschlurchen (Ggs. Aglossa); Plectrophanes, Gttg. der Singvögel mit spornartiger Zehenkralle; Phanerogamen, die Blütenpflanzen im Ggs. zu den Kryptogamen, s. crypt-; – b) fehlend: Aphaniptera = Flöhe, deren Flügel durch Rückbildung fehlen (= „nicht erscheinen"). – 3. Lichtschein: Adj. diaphanus = durchscheinend (dia+), z. B. Schneckenschalen von Gttg. Diaphana, Art Eucobresia diaphana; Krebs Chirocephalus diaphanus; Tiefseefisch Barathronus diaphanus.

pharyng-, *Subst. ὁ (ἡ) φάρυγξ, φάρυγγ·ος (= Schlund, Kehle, Gurgel).* – 1. Bei Wirbeltieren und Mensch der Pharynx = Schlundkopf; N. glossopharyngeus, der IX. Hirnnerv, der die Zunge und den Pharynx versorgt; Ossa pharyngea superiora und inferiora, die manchmal bezahnten Schlundknochen von Knochenfischen, s. gnath-. – 2. Insekten: in der Mundhöhle der Hypopharynx = Innenlippe. – 3. Bei Protozoen (Ciliata): Cytopharynx = Vertiefung, die sich an das Cytostoma anschließt.

phas-, *Subst. ἡ φάσις, εως (= Schein, Erscheinung) vom Verb φαίνω;* vgl. phaen-, und phan-, phaner-. – 1. Erscheinungsform in einer zeitlichen Folge von Vorgängen (entsprechend den Mondphasen): a) Ontogenese und Lebenslauf:

progressive und regressive Phase; – b) Bilder der mitotischen Kernteilung, bei denen die Zellbestandteile, insbes. die Chromosomen irreversible Veränderungen durchmachen: Pro-, Meta-, Ana- und Telo-phase; – c) Anzahl der Chromosomensätze (Haploidie und Diploidie) als rhythmisch wechselnde Zustandsformen des Zellkerns, wobei die Phase (Erscheinungsform!) nur während der Teilung zur Geltung kommt: Haplo- und Diplophase; ferner: Generationswechsel homo- oder heterophasisch, je nachdem die Kernphase (haploid, diploid) dabei gleichbleibt oder sich verändert. – 2. Gleichzeitig nebeneinander bestehende Zustände, z. B. disperse Phase = die im Dispersionsmittel kolloidal verteilte Substanz.

phascol-, *Subst. τὸ φασκώλι·ον (= Ranzen, Geldbeutel).* – 1. Brutbeutel (Marsupium) der Beuteltiere: Phascolarctus = Beutelbär, Koala; Phascolomys = Wombat; Phascologale = Beutelbilch. – 2. Beutelförmige „Würmer": Gattungen Phascolion, Phascolosoma.

phell-, *Subst. ὁ φέλλ·ος (= Kork).* – Kork, ein pflanzliches Gewebe aus toten, lufthaltigen Zellen, in deren Wänden Korkstoff (Suberin) eingelagert ist: das Phellogen = Korkkambium bildet nach außen Korkzellen, nach innen Korkrinde (Phelloderm); Phellodendron = Korkbaum, Gttg. der Rutaceae.

phil-, *Adj. φίλ·ος (= lieb, angenehm; liebend, befreundet), substt. ὁ φίλ·ος (= Freund, Kamerad, Liebhaber), in zahlreichen Zus. φιλ- oder -φιλος die Liebe, Zuneigung, Begierde usw. ausdrückend.* – 1. Benennung von Tieren und Pflanzen nach dem Wohnbereich: a) Aufenthaltsort in der Landschaft: Gewässer (Gttg. Hydrophilus), Meer (Thalassophilus), Süßwasser (Limnophilus), Flüsse (Potamophilus) oder allg. strömendes Wasser (Rhyacophilus), Ufer (Actephilus), Sand (Ammophila); – b) Nahrungsbereich: Drosophila, Piophila; Copro-, Necro- und Thanatophilus. – 2. Bevorzugte Bewegungs- u. Verhaltensweise: Philodina (din- II.), Philodromus. – 3. Beziehung zu anderen Organismen: a) Parasitismus: Philichthys, Gttg. der Krebse, auf der Haut von Fischen; Boophilus = Rinderzecke, Gastrophilus = Magenbremse; – b) Symbiose versch. Grades: Myrmecophilie, Symphilie; – c) Pflanzen werden nach den Faktoren, die die Bestäubung herbeiführen, bes. nach den Tieren, als anemo-, chiroptero-, entomo- oder ornitho-phil bezeichnet, s. gam. – 4. Affinität von Farbstoffen zu Gewebsbestandteilen, somit deren Färbbarkeit: chromophil = färbbar im Ggs. zu chromophob; azidophil (= oxyphil) = durch saure Farbstoffe färbbar, z. B. Eosin, also eosinophil; basophil = durch basische Farbstoffe färbbar.

phleb-, phleps, *Subst. ἡ φλέψ, φλεβ·ός (= Blutader; Ader).* – 1. Blutgefäße: a) insbes. Vene: Phlebitis (Entzündung); – b) stechende, blutsaugende Insekten: Phlebotomus, Gttg. der Schmetterlingsmücken. – 2. Adern: a) des Insektenflügels, z. B. Gattungen Aphlebia, Phlepsius, Tetraphleps; – b) des Pflanzenblattes: Artname phlebophyllus.

phloe-, *Subst. ὁ φλοι·ός (= Bast, Borke, Kork).* – 1. Rinde von Holzgewächsen: a) als solche: Phloeoterma = „Rindengrenze", die innerste Schicht der Rinde; Phloēm = der an der Bildung der Rinde beteiligte äußere Teil des Gefäßbündels; – b) Tiere, die an, unter oder von Rinde leben: Phloeothrips, Gttg. der Blasenfüße; Gattungen der Käfer Hypnophloeus, Phloeonomus, -phthorus, -stichus u. a. – 2. Wie Rinde oder Borke aussehend: Trachyphloeus, Gttg. der Käfer, deren Körper mit grauer Kruste bedeckt ist.

phob-, *Subst. ὁ φόβ·ος (= Furcht, Angst) → Verb φοβέομαι (= erschrecken, fliehen, sich fürchten);* vgl. fug- und phil-. – 1. Verhalten von Tieren: Phobotaxis, phobische Reaktion = Schreckreaktion, ungerichtete Ortsveränderung u. Flucht aus dem Reizbereich. – 2. Verhalten von Zellen u. Geweben gegenüber histol. benutzten Farbstoffen: chromophob = schlecht färbbar im Ggs. zu chromophil.

phoenic-, *Adj. φοίνιξ, ικ·ος (= purpurrot, rotbraun) → substt. ὁ φοίνιξ (= Purpurfarbe).* – Rote, purpurrote oder violette Färbung: am Gefieder des Flamingos Gttg. Phoenicopterus, Federschweif des Gartenrotschwanzes Phoenicurus phoenicurus, Blüten von Verbascum phoeniceum.

pholid-, **pholis**, *Subst. ἡ φολίς, ιδ·ος (= Schuppe).* – 1. Schuppe, flaches Deckgebilde: a) Haut von Wirbeltieren: Pholidophoridae (fossile Fische), Pholidosaurier (Reptilien), Pholidōta = Schuppentiere (Ord. der Säugetiere); – b) Schuppe auf dem Fruchtkörper von Pilzen: Gttg. Pholiota = Schüpplinge, Art Inoloma pholideum = Schuppiger Dickfuß. – 2. Schuppenartige Bildungen: Pholidoptera [Thamnotrizon], Gttg. der Laubheuschrecken mit rückgebildeten schuppenförmigen Vorderflügeln.

phon- I., *Subst. ἡ φωνή → Verb φωνέω (= tönen, rufen, sprechen) → Subst. τὸ φώνημα (= Stimme, Ton, Rede) und Adj. φωνητικ·ός (= zum Tönen usw. gehörig bzw. geschickt).* – 1. Schall, physik. Vorgang: Telephon, Grammophon. – 2. Biol. Schallerzeugung: a) Tiere: Phonygammus jamesi = Purpurblaue Schalldrossel; – b) Mensch: Phonation, Phonetik.

phon- II., *Subst. ὁ φόν·ος (= Mord, Gemetzel).* – Gefährlich, tödlich: a) Ichthyophonus, Syn. von Ichthyosporidium, einzelliger Parasit von Fischen; – b) Telyphonus (eig. thely-, also = Frauen-tötend), Gttg. der Geißelskorpione, wegen des giftigen Bisses gefürchtet.

phor-, *Verb φέρω (= tragen, ertragen, wegführen) u. φορέω in verstärkter Bedeutung, ferner Subst. ἡ φορ·ά (= Tragen, Fruchtbarkeit; Bewegung, Lauf);* vgl. fer-. – 1. Bewegung als solche: Phoronomie = Kinematik. – 2. Tragen, transportieren: Necrophorus = „Leichenträger" oder Totengräber, Gttg. der Käfer, die Leichen kleiner Tiere in den Boden einwühlen. – 3. Träger im Sinne von Behälter: a) Organe: Oophoron = Ovarium, das die Eizellen erzeugende u. enthaltende Organ; Spermatophore (Samenträger oder -paket) = Behälter von Spermien bei manchen Würmern, Mollusken, Arthropoden u. Urodelen; – b) Zellen: Chromatophoren = Pigmentzellen, in denen Farbstoffkörnchen enthalten sind. – 4. Träger = Besitzer eines Merkmals: a) der Bewegung dienende Fortsätze: Ctenophora, Ukl. der Coelenterata, tragen Wimperplättchen; Trochophora besitzt eine oder mehrere Wimperschnüre; Allolobophora s. all-; – b) Zeichnung: Doryphora decemlineata mit Streifen; – c) allg.: Calliphora („Schönheit tragend") = Schmeißfliege.

phos-, phot-, *Subst. ὁ φῶς, φωτ·ός (= Licht, Tageslicht; Fackel, Laterne);* vgl. luc-. – 1. Licht als physik. Vorgang, mit Beziehung zu chem. Vorgängen: Phosphor = „Lichterzeuger"; Photographie = Herstellung von Bildern mit Hilfe des Lichtes. – 2. Wirkung des Lichtes auf Organismen: a) allg. Wirkung: Photosynthese = Aufbau organischer Stoffe unter Mitwirkung von Lichtenergie (grüne Pflanze); – b) Verhalten gegenüber dem Licht: Phototaxis, Phototropismus; Phosphuga, Gttg. der Käfer unter Steinen und Erdschollen; – c) Lichtsinn: Photorezeptoren = Lichtreize aufnehmende Organe, insbes. die Augen. – 3. Tiere, die Licht erzeugen: die Meduse Pelagia phosphorea, der polychaete Meereswurm Photocharis, die Fische Photoblepharon und Photichthys, der Leuchtkäfer Phosphaenus. – 4. Einer Leuchte ähnlich geformt: die Schnecke Phos (Gttg.), deren Form an eine Fackel erinnert.

phract-, *Verbaladj. φρακτ·ός (= umzäunt, verschanzt, gepanzert);* vgl. phragm(at). – 1. Hautpanzer, z. B. bei fossilen Fischen (Phractosomata), bei fossilen u. rezenten Amphibien (Phractamphibia), bei Gürteltieren (Chaetophractus). – 2. Binnenskelett: Acanthophractae sind Radiolarien mit Gitterkugeln, die die Stacheln (acanth-) miteinander verbinden.

phragm(at)-, *Subst. ὁ φραγμ·ός und τὸ φράγμα, ματ·ος (= das Einzäunen, Verschluß, Zaun, Wand) vom Verbalstamm φραγ- = φρακ-;* vgl. phract-. – 1. Platte, eine Höhlung nach außen abschließend: Epiphragma, der Kalkdeckel von Schneckenschalen. – 2. Scheidewand: a) in gekammerten Schalen: Phragmoconus bei Cephalopoden; – b) Diaphragma = Zwerchfell, die quere, muskulöse u. bewegliche Scheidewand zwischen Brust- u. Bauchhöhle bei Säugetieren u. Mensch; in Beziehung zu ihm: Facies diaphragmatica der Leber u. der Milz; – c) Phragmoplast bei Teilung der Pflanzenzelle; in ihm bildet sich nach vollendeter Mitose die neue Querzellwand. – 3. Zaun, Umzäunung: Gttg. Phragmites = Schilfrohr, zum Bau von Zäunen benutzt.

phryn-, *Subst. ὁ, ἡ φρύν·ος (= Kröte).* – 1. Froschlurche: a) Kröten (Nectophryne, Rhinophrynus), – b) Frösche (Phrynixalus, Phrynobatrachus). – 2. Mit der Kröte verglichen: a) Reptilien mit krötenähnlichem Körper (Phrynosoma) oder Kopf (Phrynocephalus); – b) Phrynus [Tarantula], Gttg. der Geißelspinnen, wegen des giftigen Bisses gefürchtet.

phthor-, *Subst. ἡ φϑορ·ά (= Verderben, Zerstörung, Tod) vom Verb φϑείρω (= schädigen, verderben).* – Namen von Pflanzenschädlingen: a) Gattungen der Käfer: Dryo-, Phloeo- u. Pityophthorus; – b) Pilze: Phytophthora, schädigt bes. die Kartoffel.

phy-, *Verb φύω (= 1. erzeugen; 2. entstehen, wachsen) u. Subst. ἡ φυ·ή (= Wuchs, Gestalt);* vgl. phym-, phys-, phyt-. – 1. Vorgang des Wachsens, Entstehens: Bildung der Zähne (Dentition) bei Wirbeltieren: urspr. unbeschränkter Wechsel (Polyphyodontie), dann Beschränkung auf einmaligen Wechsel (Diphyodontie, z. B. beim Menschen), schließlich nur einmalige Bildung (Monophyodontie). – 2. Zustand, als Ergebnis eines Entwicklungsvorganges gedacht, z. B. diphyzerke Schwanzflosse von Fischen, symmetrisch über u. unter der Wirbelsäule (Ggs. heter- oder hom-).

phyc-, *Subst. τὸ φυκ·ός (= Tang, Alge).* – Bez. für umfangreiche Gruppen niederer Pflanzen: 1. a) Phycophyta = Algen mit den Kl. der Chlorophyceae = Grünalgen, Phaeophyceae = Braunalgen, Rhodophyceae u. a.; – b) bei vielen Phycophyta vorkommende Farbstoffe: Phykozyan, Phykoerythrin. – 2. Phycomycetes = Algenpilze, Niedere Pilze.

phyg-, *Subst. ἡ φυγ·ή (= Flucht) → Adj. φυγάς, άδ·ος (= flüchtig; substt. Flüchtling), verw. mit fuga,* s. fug-. – 1. Schnelle Bewegung von Tieren, Flüchtigkeit: Phygas, Gttg. der Laufkäfer. – 2. Standort u. Ausbreitung von Pflanzen: a) Phygelius, Gttg. der Scrophulariaceae, liebt schattige Standorte u. „flieht die Sonne" (-eli = heli-); – b) Ergasiophygophyten, Bez. für Kulturflüchtlinge, d. h. verwildernde Pflanzen.

phyl-, *Subst. τὸ φῦλ·ον (= Familie, Stamm, Gattung) u. Fem. ἡ φυλ·ή (= Volksstamm, Volk, Bezirk) → Subst. ὁ φυλέτης (= Stammesgenosse, Kamerad); verw. mit Verb φύω;* s. phy-. – 1. Entwicklung der Organismen in der zeitlichen Aufeinanderfolge: Phylogenesis, Phylogenese = Stammesgeschichte; Adj. phylogenetisch oder phyletisch = die Phylogenese betreffend. – 2. Taxionomische Gruppe (Sippe) in älteren Systemen: Phylum = Stamm.

phylact-, phylax-, *Subst. ἡ φυλακ·ή (= Wache, Bewachung, Wachsamkeit), Subst. ὁ φύλαξ, ακ·ος (= Wächter, Wärter, Aufseher) u. Adj. φυλακτικ·ός (= wachsam).* – 1. Schutz eines Tieres vor Feinden, insbes. deren Fernhaltung durch Schutztrachten: kryptophylaktische Tracht = Tarntracht, sematophylaktische Tracht = Abschreckung durch auffällige Erscheinung, vgl. sem(at)-. – 2. Schutz durch Bedeckung: Phylactolaemata = Deckelmünder, mit Munddeckel (Epistom) versehene Bryozoen (Ggs. Gymnolaemata). – 3. Reaktion gegen stoffliche Einwirkung: Anaphylaxie = Überempfindlichkeit gegen artfremdes Eiweiß, insbes. als künstliche A. bei wiederholter Injektion von Serum, also eig. Verlust des Schutzes.

phyll-, *Subst. τὸ φύλλ·ον (= Blatt, Kraut); verw. mit folium;* s. foli-.

1. Blatt der höheren Pflanze: a) allg.: Chlorophyll = Blattgrün; Mesophyll = mittlere Schicht der Laubblätter zwischen den Epidermen; Sklerophyllie = harte Beschaffenheit der Laubblätter; – b) Benennung von Gattungen u. Arten nach Vorhandensein, Beschaffenheit oder Form der Laubblätter: Gttg. Ceratophyllum = Hornblatt, Epipogium aphyllum = Blattloser Widerbart, Euphorbia platyphyllos = Breitblättrige Wolfsmilch; – c) Benennung nach der Anzahl der Teile bei gegliederten Blättern: Myriophyllum, Lupinus polyphyllus, Potentilla heptaphylla.
2. Dem Laubblatt ähnliche Pflanzenorgane: Phylloid oder Phyllidium, ein blattartiges Gebilde bei niederen Pflanzen; Phyllodium zum Assimilationsorgan umgewandelter Blattstiel; Phyllokladien sind grüne Flachtriebe (blattartig verbreiterte Kurztriebe), z. B. bei Gttg. Phyllocladus.
3. Beziehung von Tieren zum Pflanzenblatt oder -laub: a) Aufenthalt: Phylloscopus = Laubsänger (Gttg. der Singvögel), Phyllobates (Gttg. der Frösche); – b) Nahrung in versch. Form: Phyllopertha horticola = Garten-Laubkäfer s. perth-; Phyllotreta, Gttg. der Erdflöhe (Flohkäfer), Löcher (tret-) in die Blätter fressend; Phyllobius, Gttg. der Rüsselkäfer; – c) indirekte Schädigung der Blätter durch Phylloxera vastatrix [Syn. von Viteus vitifolii].
4. Form von Tieren, Körperanhängen oder Organen blattähnlich: a) Form u. Farbe: Gttg. Phyllium = Blattheuschrecke (s. foli-); – b) Form: Saugscheibe von Bandwürmern, bei der Gttg. Diphyllobothrium am Rande wie Kohlblätter gekräuselt; – c) blattförmig dünn, platt, membranös: Extremitäten von Krebsen (Ord. Phyllopoda), Nasenaufsätze von Fledermäusen (Phyllostomidae).

phys- I., *Subst. ἡ φύσις, εως (= Erzeugung, Geburt, Geschöpf, Natur, Weltall usw.) → Adj. φυσικ·ός (= die Natur betreffend, natürlich) und Subst. ἡ φυσιολογί·α (= Naturforschung);* s. phy-. – 1. Vorgänge und Zustände im allg.: a) Physik als Wissenschaft von den Zustands- und Energieveränderungen; – b) Physiologie, die Wissenschaft, die die Funktionen der Körperteile (Zellen, Gewebe, Organe) durch Experiment u. kausale Analyse erforscht, daher: Entwicklungsphysiologie, die Lehre von den Ursachen der ontogenetischen Vorgänge. – 2. Geformtes Gebilde mit Beziehung auf ein anderes: a) Hypo- und Epiphyse des Wirbeltiergehirnes an dessen unterer (ventraler) u. oberer (dorsaler) Seite; – b) Symphysis = Symphyse = Verbindung von Knochen, insbes. die von Scham- und Sitzbeinen.

phys- II., *Subst. ἡ φύσ·α (= Blase, Blähung) → Verb φυσέω (= blasen, hauchen, schnauben) → Subst. ὁ φυσητήρ, ῆρ·ος (= Blasröhre), Subst. ἡ φυσαλίς, ίδ·ος (= Blase).* – 1. Blase mit bestimmtem Inhalt: a) luftgefüllte Schwimmblase der Knochenfische, bei den Physostomi mit dem Darm in offener Verbindung, bei den Physoclisti geschlossen; – b) luftgefüllte

Blase, Luftflasche bei Siphonophoren (Röhrenquallen): Ord. Physonectae, Gttg. Physophora; – c) Physopoda = Blasenfüßer mit schwellbarer Haftblase an den Tarsen. – 2. Blasige Gebilde: a) Physa = Blasenschnecke, Gttg. der Lungenschnecken mit „aufgeblasen" erscheinender Schale; – b) Physalis = Blasenkirsche, Gttg. der Solanaceae, Frucht von aufgeblasenem Kelch umgeben. – 3. Vorgang des Blasens: Physeter (Pottwal), Gttg. der Zahnwale (das „Blasen" der Wale ist das Ausatmen, aber nicht das Ausspritzen von Wasser).

phyt-, *Verbaladj. φυτ·ός, substt. τὸ φυτ·όν (= Erzeugnis, Gewächs, Pflanze) vom Verb φύω;* s. phy-, vgl. phys- I. – Pflanze: a) als solche: Thallophyten, Xerophyten; – b) Protozoen von pflanzlichem Charakter: Phytoflagellaten (mit Chlorophyll); – c) Tiere zu Pflanzen in Beziehung: Phytophagen = Pflanzenfresser, insbes. Name für Blatt- und Holzwespen; Phytoparasiten sind tierische Parasiten, die auf Pflanzen schmarotzen; Phytophthires = Pflanzenläuse, Uord. der Pflanzensauger (Homoptera).

Q

quadr-, *in Zus. statt quattuor (= vier); Subst. quadr·a, ·ae f. und quadr·um, ·i n. (= Viereck) → Verb quadrāre (= viereckig machen, auch passen) → Part. Pass. quadrāt·us, ·a, ·um (= viereckig) → substt. quadrāt·um, ·i n. (= Quadrat).* – 1. Anzahl von vier gleichartigen Gebilden oder Merkmalen: a) Organe: Corpora quadrigemina = Vierhügel, s. coll(i)-; Muskeln mit vier Köpfen, z. B. M. quadriceps femoris; – b) Tiere: mit vier Flecken der Käfer Coccinella quadripunctata u. die Spinne Araneus quadratus (die Flecken bilden Trapezfigur); – c) Pflanzen: Paris quadrifolia = Vierblättrige Einbeere; die Außenhülle des Pilzes Geastrum quadrifidum spaltet sich meist in vier Lappen. – 2. Viereckig: Quadratum = Quadratbein, Knochen des Wirbeltierschädels, aus dem hinteren Teil des danach benannten Palatoquadratknorpels hervorgehend, bei den Vögeln selbständig u. annähernd viereckig; Wasserflöhe mit grob viereckiger Schale: Alona quadrangularis und Ceriodaphnia quadrangula.

qual-, *Pronomen quāl·is, ·e (= wie beschaffen; irgendwie beschaffen) → Subst. qualitas, tāt·is f. (= Beschaffenheit, Eigenschaft).* – Qualität = Beschaffenheit, Eigenart, insbes. im Unterschied zur Quantität; qualitativ = die Beschaffenheit betreffend.

quant-, *Pronomen quant·us, ·a, ·um (= wie groß, wie lange) → substt. quant·um n. (= wieviel, inwieweit). Subst. quantitas, tāt·is (= Größe, Zahl).* – Quantum = Menge, Größe, Summe (verdeutscht das Quant, Plur. Quanten); Quantität = Menge, Zahl, Summe, insbes. im Unterschied zur Qualität; Adj. quantitativ = die Menge betreffend.

quart-, *Ordnungszahl: quart·us, ·a, ·um (= der vierte).* – 1. Zustand: das vierte Gebilde in einer Reihe: Ventriculus quartus = der vierte Hirnventrikel (im Rautenhirn); Digitus (manus oder pedis) quartus = der vierte Finger („Ringfinger“) oder die vierte Zehe. – 2. Zeitliche Folge: Quartärzeit (das Quartär), die geologische Epoche nach dem Tertiär; Malaria quartana mit Fieberanfall an jedem vierten Tage.

querc-, *Subst. quercus, ūs f. (= Eiche) → quercēt·um, ·i n. (= Eichenwald).* – 1. Eiche: a) Gttg. Quercus; – b) Tiere in Beziehung zur Eiche, z. B. Cynips quercus-calycis = Knopperngallwespe. – 2. Mit der Eiche verglichen: mit ihren Blättern die des Eichenlattichs Lactuca quercina.

quinque, *Num. quinque (= fünf).* – Anzahl von fünf Gebilden oder Merkmalen, bes. in Artnamen, z. B. quinquecinctus, -dentatus, -fasciatus, -guttatus, -maculatus, -vittatus u. a.

R

racem-, *Subst. racem·us, ·i m. (= Beere, Traube) → Adj. racemos·us, ·a, ·um (= beerenreich) u. racemat·us, ·a, ·um (= mit Beeren versehen).* – 1. Traube, bes. Weintraube, mit Hauptachse u. seitlich ansitzenden Blüten: grundsätzlich gleichen Bau haben die razemösen Blütenstände, z. B. bei den Arten Bromus racemosus = Traubige Trespe, Sambucus racemosa = Trauben-Hollunder, Muscari racemosum = Traubenhyazinthe. – 2. Weinbeere, in ihrem Saft die Traubensäure Acidum racemicum. – 3. Stoffe, die durch Mischung gleicher Mengen optisch links u. rechts drehender Isomere optisch inaktiv sind, wie zuerst an der Traubensäure beobachtet, daher razemisches Gemisch.

rad-, *Verb radĕre (= kratzen, schaben, nagen) → Subst. radul·a, ·ae f. (= Schabeisen).* – 1. Zum Abkratzen dienend: die Radula der Schnecken, s. ~ul·us II. – 2. Einer Raspel vergleichbar: Rubus radula = Raspel-Brombeere, wegen der Bestachelung des Blütenstandes; Gttg. Radula = Kratzeisenmoos, dessen Perianth an das Kratzeisen der Schornsteinfeger erinnern soll.

radi-, *Subst. radi·us, ·i m. (= Stab, Speiche des Rades; Strahl).* – 1. Vorgang der Strahlung: a) physik.: Radium, Radioaktivität; – b) biol.: Irradiation = Ausstrahlung nervöser Erregung, insbes. der Schmerzen von einem erkrankten Organ aus. – 2. Räumliche Anordnung: a) math.: Radius eines Kreises, vom Mittelpunkt zur Peripherie; – b) Organe um eine Achse angeordnet: radiale Symmetrie bei Schwämmen (Radialtuben); bei Coelenteraten, z. B. Haliclystus octoradiatus, einer Becherqualle mit acht Armen; bei Stachelhäutern: Radien, Inter- und Adradien; – c) strahlige Anordnung allseitig um einen Mittelpunkt: Radiolaria = Strahlentierchen, Strahlinge; – d) Anordnung in einer Fläche ohne Mittelpunkt: Radii branchiostegi = Kiemenhautstrahlen bei Knochenfischen; in Konturfedern der Vögel die parallelen Seitenzweige der Rami: Radii u. deren Seitenzweige Radioli. – 3. Der Speiche eines Wagenrades ähnlich: Radius = Speiche, einer der Unterarmknochen; seine Teile: Corpus, Collum u. Caput [Capitulum] radii; in Beziehung zur Speiche die Arteria radialis, daher Radialispuls an der Daumenseite des Vorderarms.

radic-, **radix**, *Subst. rādix, radic·is f. (= Wurzel, Rettich; Ursprung) → Demin. radicul·a, ·ae f. (= kleine Wurzel);* vgl. rhiz-. – 1. Wurzel von Pflanzen: a) als solche: Radicula = Keimwurzel, die erste Wurzel des Embryos; als Droge: Radix Arnicae = Arnikawurzel, Radix valerianae = Baldrianwurzel; – b) an, in oder von Wurzeln lebende Organismen: Bacillus radicicola in den Wurzelknöllchen der Leguminosen; Anthomyia radicum = Wurzelfliege (Larve an Wurzeln von Kohlarten); – c) den Wurzeln ähnliche Bildungen an Fruchtkörpern von Pilzen: Arten Hebeloma radicosum u. Mucidula radicata. – 2. Gebilde bei Tieren: a) verzweigter Ursprung: Radices aortae = Aortenwurzeln; – b) aus einem anderen Gebilde entspringend, in ihm „wurzelnd": Radix = Wurzel von Gehirn- und Rückenmarksnerven; Radix dentis = Zahnwurzel im Kieferknochen; – c) Basalstück, Ursprung (ohne Begriff der Verzweigung u. des Wurzelns): Radix linguae = Zungenwurzel.

ram-, *Subst. ram·us, ·i m. (= Ast, Zweig) → Demin. ramul·us, ·i m. u. Adj. ramos·us, ·a, ·um (= verzweigt, vielästig).* – 1. Zweig von Pflanzen: a) Sproßpflanzen: Anthericum ramosum = Ästige Graslilie, Bromus ramosus (Waldtrespe); – b) Fruchtkörper von Pilzen: Gttg. Ramaria = „Koralle". – 2. Tiere: Verzweigte Kolonien von Hydroidpolypen: Antennularia ramosa und Eudendrium rameum. – 3. Organe: a) äußere Verzweigung: Konturfedern der Vögel mit parallelen Rami am Schaft (vgl. radi- 2.d); – b) baumförmige Verzweigung innerer Organe, z. B. Blutgefäße (Ramus dexter u. sinister der Arteria pulmonalis), Nerven (Rami communicantes); – c) einfacher, nicht verzweigter Fortsatz von Knochen: Ramus ossis pubis, Ramus mandibulae.

ran-, *Subst. rān·a, ·ae f. (= 1. Frosch, 2. Seeteufel, ein Fisch) → Demin. ranuncul·us, ·i m. (= kleiner Frosch).* – 1. Frösche: a) Gttg. Rana; – b) Schmarotzer: Opalina ranarum (Wimperinfusor), Opistoglyphe ranae (Trematode). – 2. Mit dem Frosch verglichen: a) breite Kopfform von Raniceps raninus = Froschquappe (ein Dorschfisch); – b) viele Arten der Gttg. Ranunculus = Hahnenfuß wachsen im Wasser oder an feuchten Stellen (aus diesem Grunde mit dem Frosch verglichen?).

raph- = **rhaph-**, *Subst. ἡ ῥαφ·ή (= Naht) vom Verb ῥαπτω (= nähen).* – 1. Durch Verwachsung zweier gleichartiger Teile entstandene Naht: a) Haut-

oder Schleimhaut: Raphe (= Rhaphe JNA) palati (Gaumen), R. scroti (Hodensack), R. perinei (Damm); – b) Raphe, bei anatropen Samenanlagen die Verwachsung des Integuments mit dem Funiculus. – 2. Linie, an der eine Trennung erfolgt: zyklo- u. orthorrhaphe Fliegen mit vorbereiteter Sprengung der Puppenhülle.

rap(t)-, *Verb rapĕre → raptāre (= rauben, mit Gewalt ergreifen), Adj. rapax, ac·is (= raffend, räuberisch).* – Raptatores, veraltete Zusammenfassung von Tag- u. Nachtraubvögeln; Velociraptor, Gttg. fossiler Reptilien; Aspius aspius [rapax], ein Raubfisch, der Rapfen; Formica (Raptiformica) sanguinea = Blutrote Raubameise.

rat(i)-, *Subst. rat·is, ·is f. (= Floß, Kahn, Barke).* – Ratites = Laufvögel, veraltete Zusammenfassung der Straußenvögel, deren Brustbein einem Floß vergleichbar ist, Ggs. carin-.

recent-, *Adj. recens, recent·is (= neu, jung, frisch).* – Recent = rezent = in der Jetztzeit lebend im Ggs. zu fossil.

rect-, *Sup. vom Verb regĕre → rector, ōr·is m. (= Lenker, Herrscher), Adj. rect·us, ·a, ·um (= gerade, recht, richtig);* s. reg-. – 1. Langgestreckte Gebilde geradlinig (Ggs. gekrümmt): a) Körperfortsätze: Wasserfloh Moina rectirostris mit geraden I. Antennen; Rüsselkäfer Furcipes rectirostris mit geradem Rüssel; – b) röhrige innere Organe: der Enddarm bei Mensch u. Säugetieren: Intestinum rectum, kurz das Rektum; Kanälchen der Niere u. des Hodens: Tubuli recti (Ggs. contorti). – 2. Relative Richtung: a) rechtwinklig: rectangularis = rektangulär; – b) senkrecht zur Erdoberfläche, Pflanzen aufrecht (nicht liegend oder kriechend): Potentilla recta, Moenchia erecta, Rubus suberectus; – c) die in der Ebene eines Achsenschnittes verlaufenden Augenmuskeln sind Musculi recti im Ggs. zu den obliqui. – 3. Vorgang: a) aufrichten, in senkrechte Stellung bringen: Musculi arrectores pilorum u. plumorum richten Haare u. Federn auf (bewirken also Sträuben des Haarkleides u. Gefieders); Erektion = Aufrichtung des Penis durch Tätigkeit der Schwellkörper; – b) richten, eine Richtung bei der Vorwärtsbewegung geben: Rectrices, die Steuerfedern des Vogelschwanzes.

reg-, *Verb regĕre (= richten, lenken, bestimmen, beherrschen) → Subst. regio, iōn·is f. (= Richtung, Grenzlinie, Gebiet), Subst. rex, rēg·is m. (= König);* vgl. rect- und regn-. – 1. Gebiet: a) Erdoberfläche, z. B. tiergeographische Region; – b) Teil flächiger Organe und Körperteile: Regiones corporis des menschlichen Körpers; Regio olfactoria u. respiratoria der Riechschleimhaut. – 2. Wegen Größe, Schönheit oder anderer Merkmale als „königlich" bezeichnet: a) Tiere: Regulus = Goldhähnchen (Gttg. der Singvögel), Hyla regilla (ein Laubfrosch), Stichopūs regalis (eine Seegurke); – b) Pflanzen: Juglans regia (Echte Walnuß), Siningia regina (eine Gloxinie), Osmunda regalis (ein Farn).

regn-, *Subst. regn·um, ·i n. (= Herrschaft, Königtum, Reich) vom Verb regĕre;* vgl. reg-. – Reiche der Natur: Regna naturae (Regnum animale, vegetabile, minerale); Subregnum = Unterreich der Tiere (Protozoen, Metazoen).

regul-, *Subst. rēgul·a, ·ae f. (= Richtholz, Richtschnur, Regel) vom Verb regĕre, eig. reg~ul·a;* s. reg- u. ~ul·us II. – 1. Zustand: regulär = dem für eine Tiergruppe typischen Bau entsprechend: Regularia, die radiärsymmetrischen Seeigel im Ggs. zu den sekundär bilateralsymmetrischen, den Irregularia. – 2. Normaler Ablauf eines Vorganges: a) allg.: regulieren, z. B. Wärmeregulation = Regelung der Körpertemperatur eigenwarmer Tiere; – b) ontogenetischer Entwicklungsvorgang nach experimenteller Störung: „Regulationseier" (Ggs. Mosaikeier) können, solange die einzelnen Teile noch nicht determiniert sind, sich normal entwickeln.

relict-, *Verb linquĕre (= lassen) → relinquĕre mit Sup. relict- (= hinter-, ver-, zurücklassen).* – Relikte sind Tiere (Reliktenfauna) u. Pflanzen (Reliktenflora), die aus einem urspr. größeren Verbreitungsgebiet sich in umschriebenen Räumen erhalten haben, insbes. bei Rückgang der Eiszeiten als Glazialrelikte oder in Seen als marine Relikte, z. B. der Krebs Mysis oculata, forma relicta.

rem-, *Subst. rēm·us, ·i m. (= Ruder, Riemen).* – Fortbewegung von Tieren mittels Extremitäten: a) im Wasser: Remipes, Gttg. der Sandkrebse; – b) in der Luft (fliegen): Remiges, die Schwungfedern der Vögel.

ren-, *Subst. Plur. rēn·ēs, ren·ium oder ·um m. (= die Nieren) → Adj. renal·is, ·e (= zu den Nieren in Beziehung), Demin. reniculus und renculus;* vgl. nephr-. – 1. Niere: Ren, Plur. Renes; dazugehörig: Hilus renalis, Pelvis renalis, Lobi renales; Renculi = Teile einer gegliederten Niere (z. B. Rind). – 2. Räumlich an oder zwischen den Nieren gelegene innersekretorische Organe: Adrenal- und Interrenalsystem, in der Nebenniere der Säugetiere u. des Menschen vereinigt (Mark und Rinde); Adrenalin (Suprarenin), das Hormon des Nebennierenmarkes. – 3. Der Niere des Menschen ähnlich geformt: a) Tiere: Renilla reniformis, eine Federkoralle mit mehr oder weniger nierenförmigen Polypenträgern; – b) Pflanzenorgane: Heteranthera reniformis, Trichomanes reniforme, Pyrola renifolia.

rep(t)-, *Verb repĕre mit Sup. rept- (= kriechen), davon Adj. reptil·is (= kriechend, schleichend) und Verb reptāre (= langsam kriechen);* vgl. serp- und herp-. – 1. Kriechende Fortbewegung von Tieren ohne oder mit kurzen Extremitäten: a) Landtiere: Reptilia = Kriechtiere; – b) Wassertiere: Reptantia, Gruppe der langschwänzigen höheren Krebse (Ggs. Natantia s. nata-). – 2. Am Boden liegend oder sich langsam ausbreitend: a) festsitzende koloniebildende Tiere: Plumatella repens, Art der Bryozoa; – b) Pflanzen: Ranunculus repens, Potentilla reptans.

resin-, *Subst. resīn·a, ·ae (= Harz).* – Harz, pflanzliche Ausscheidung: 1. Harzerzeugende Pflanzen: Pinus resinosa (die Kanadische Kiefer). – 2. Tiere, die an Harzflüssen von Bäumen gefunden werden (Resinacarus resinatus, eine Milbe) oder Harz zum Bauen verwerten: Hyla resinifictrix, ein Laubfrosch; Evetria resinella = Kiefernharzgallenwickler.

rest(i)-, *Subst. rest·is, ·is f. (= Seil, Strick).* – Langgestreckte Gebilde: Corpus restiforme (JNA) = Strickkörper, ein Faserstrang vom Rückenmark zum Kleinhirn.

ret-, *Subst. rēte, ret·is n. (= Netz) → Demin. reticul·um, ·i n. (= kleines Netz).* – 1. Netz aus langgestreckten Gebilden, die sich überkreuzen oder unmittelbar verbunden sind: a) Blutgefäße: Rete mirabile = Wundernetz; – b) Samenkanälchen im Hoden der Wirbeltiere: Rete testis; – c) retikuläres Bindegewebe mit argyrophilen Fibrillen = Gitterfasern (aus „Retikulin" im Unterschied zum Kollagen und Elastin) u. freien Zellen in den Maschen, zusammen als retikulo-endotheliales Gewebe, kurz Retothel bezeichnet. – 2. Bild des Netzes ohne freie Maschen: a) Leisten oder Falten: Reticulum = Netzmagen der Wiederkäuer mit netzartig verbundenen Falten der Innenwand; Calosoma reticulatum, ein Laufkäfer mit netzartig gerunzelten Flügeldecken; – b) Zeichnungen: Python reticulatus = Netzschlange; Deroceras reticulatum, eine Nacktschnecke; Fell von Giraffa reticularis mit hellem Liniennetz.

retin-, *im Mittelalter von rete = Netz abgeleitet: retīn·a, ·ae f. = Netzhaut des Auges, weil sie den Glaskörper umfaßt „wie ein Fischernetz den Fang"* (Hyrtl). – Retina = Netzhaut: a) bei Wirbeltieren ein abgegliederter Teil der Wandung des Zwischenhirns, die innerste Schicht der Wandung des Augapfels, aus Pars optica u. Pars caeca retinae bestehend; – b) das Wort wird auf das lichtempfindliche Epithel der Augen Wirbelloser übertragen, auch auf die Gruppen von Sehzellen (Retinula) in jedem Ommatidium der Komplexaugen.

rh . . . s. Sonderliste S. 357.

rib-, *latin. aus arab. ribas.* – 1. Pflanze: a) Ribes, Gttg. der Saxifragaceae; – b) Insekten, deren Larven auf Ribespflanzen leben: Cryptomyzus ribis (eine Blattlaus), Pteronidea ribesii (eine Blattwespe). – 2. Stoff aus Ribesfrüchten gewonnen: Ribose, ein Zucker mit 5 C-Atomen (Pentose), wichtig als Bestandteil der Nukleinsäuren (Ribo- und Desoxy-ribo-nukleinsäure).

ricin-, *Subst. ricin·us, · i m. von ῥίκιν·ος (= Rizinuspflanze).* – 1. Ricinus (Wunderbaum), Gttg. der Euphorbiaceae: a) Oleum Ricini (pharm.); – b) mit ähnlichen Blättern Acanthopanax ricinifolius [Kalopanax pictus]. – 2. Ähnlichkeit: a) mit der stacheligen Frucht die Schnecke Gttg. Ricinula; – b) mit den glatten Samen das vollgesogene ♀ von Ixodes ricinus (Holzbock).

rid-, **ris-**, *Verb ridēre mit Sup. ris- (= lachen) → ridibundus, ·a, ·um (=lachend).* – 1. Lachen oder lächeln: Musculus risorius zieht Mundwinkel seitwärts. – 2. Lautäußerung von Tieren: Larus ridibundus = Lachmöwe, Rana ridibunda (Seefrosch), Streptopelia risoria = Lachtaube.

-rig-, *Umlaut aus reg-, z. B. Verben erigĕre, corrigĕre; Sup. -rect-;* s. reg- und rect-. – Beisp.: korrigieren → Korrektur, erigieren → Erektion, dirigieren → Direktion.

rim-, *Subst. rīm·a, ·ae f. (= Ritze, Spalte, Riß).* – Spaltförmige Öffnungen: Rima oris = Mundspalte, Rima glottidis = Stimmritze.

rip-, *Subst. rīp·a, ·ae f. (= Ufer).* – Ufer von Gewässern als Lebensbereich: a) Landtiere: Riparia riparia = Uferschwalbe, baut Nester an Ufer- u. a. Steilwänden; Käfer Elaphrus riparius = Gem. Uferläufer; Lycosa riparia, eine Wolfsspinne, bes. auf Wiesen; – b) Landpflanzen: Carex riparia, ein Riedgras; – c) im Wasser: Hippeutis riparius, Art der Tellerschnecken (Planorbidae).

riv-, *Subst. rīv·us, ·i m. (= Bach, Strom) → Demin. rivul·us, ·i m. (= kleiner Bach).* – 1. Bach als Lebensbereich: a) im Bach lebende Wassertiere, z. B. Tubifex rivulorum [tubifex], Erbsenmuschel Pisidium rivulare; – b) an Bächen lebende Landtiere, z. B. Käfer Omalium rivulare, u. Landpflanzen: Geum rivale = Bach-Nelkenwurz, an Wiesengräben. – 2. Einem Bach vergleichbar: a) Rivus lacrimalis = Tränenbach, Rinne zwischen Augapfel u. geschlossenen Lidern führt zum Tränensee; – b) Furchen, Rinnen: auf dem Fruchtkörper des Pilzes Clitocybe rivulosa. – 3. Begrifflich: Derivat = etwas Abgeleitetes (de+ 4).

rod-, **ros-**, *Verb rodĕre mit Sup. ros- (= nagen, benagen), mit Präfix: corrodere (= zernagen).* – 1. Namen nagender Tiere: Rodentia = Nagetiere, Ord. der Säugetiere; Corrodentia (Staub- u. Rindenläuse), dazu die Art Troctes corrodens. – 2. Substanzverlust an Oberflächen durch chem. u. physik. Vorgänge: Erosion des Gesteins, Korrosion von Metall.

ros- I., *Subst. ros·a, ·ae f. (= Rose, Rosenstrauch).* – 1. Rose: a) Rosenstrauch: Gttg. Rosa; – b) Tiere, an der Rosenpflanze lebend: Rhodites rosae = Rosengallwespe, Blattlaus Macrosiphon rosae. – 2. Blüte der Rose, ihr ähnlich: a) Blütenfarbe anderer Pflanzen: Atriplex rosea, Epilobium roseum; – b) Farbe von Pilzen: Russula rosea; – c) Farbe von Tieren: Gefieder von Phoenicopterus roseus u. Pastor roseus = Rosenstar; – d) Form, allg.: Rosette, insbes. Rosettenstadium.

rostell-, **rostr-**, *Subst. rostr·um, ·i (= Rüssel, Schnabel, Schnauze) vom Verb rōdĕre, also eig. ein Nagewerkzeug; Demin. rostell·um.* – 1. Die Mundöffnung tragender Vorsprung, insbes. Schnabel der Vögel: Lamellirostres = Gänsevögel; Recurvirostra = Säbelschnäbler, Gttg. der Regenpfeifervögel;

Loxia curvirostra s. curv-. – 2. Fortsatz des Kopfes ohne Beziehung zur Mundöffnung: a) Rostrum = Knorpelfortsatz am Schädel der Haifische u. Rochen; – b) Rostellum der Bandwürmer, ein muskulöser Zapfen, der den Hakenkranz trägt; – c) der verlängerte Vorderkopf der Rüsselkäfer: abgeflacht bei Gasterocercus depressirostris. – 3. Allg.: Fortsatz am Vorderende: daher rostral = am Vorderende oder in Richtung zum Vorderende gelegen (bei Wirbeltieren meist soviel wie kranial) im Ggs. zu kaudal.

rot-, *Subst. rot·a, ·ae f. (= Rad; Wechsel) → Verb rotāre (= drehen; sich drehen), Adj. rotund·us, ·a, ·um (= rund).* – 1. Zustand: Rad oder allg. ein rundes, mehr oder weniger kreisförmiges Gebilde: Rotalia, Gttg. der beschalten Amöben; rundliche Blattform von Pflanzen: Mentha rotundifolia, Geranium rotundifolium. – 2. Drehung, Kreisbewegung: a) Rotatoria = Rädertiere, am Vorderende mit Wimperapparat (Räderorgan, Radscheibe), dazu die Gttg. Rotifer; – b) Musculi rotatores = Drehmuskeln, insbes. Wirbeldreher (drehen Wirbel um Längsachse).

rub- I., *Verb rubēre (= rot sein; erröten) → Part. Präs. rubens (= rot), Adj. rubid·us, ·a, ·um (= rot), Adj. ruber, rubr·a, ·um (= rot, gerötet, rotglühend), Verb rubescĕre (= rot werden) u. a. Ableitungen.* – Rote Färbung: a) Tiere: Fell von Cacajao rubicundus u. Lemur rubiventer; Gefieder von Phoenicopterus ruber, Erithacus rubecula u. Saxicola rubetra; Regenwürmer Dendrobaena rubida u. Lumbricus rubellus; – b) Pflanzen: Blüten von Melandrium rubrum u. Rosa rubiginosa; Beere von Ribes rubrum; Ährchen von Festuca rubra; Blätter von Quercus rubra; Stengel von Chenopodium rubrum; Fruchtkörper der Pilze Amanita rubescens u. Russula rubicauda.

rub- II., *Subst. rub·us, ·i m. (= Brombeerstrauch).* – Brombeerstrauch (Gttg. Rubus) als Lebensbereich von Diastrophus rubi = Brombeergallwespe, Osmia rubicola = Brombeermauerbiene.

rud-, *Adj. rud·is, ·e (= roh, unbearbeitet) → rudiment·um, ·i n. (= erster Anfang).* — 1. Roh, wild: Ceryle rudis = Graufischer, ein sehr räuberischer Eisvogel. – 2. Rauhe Oberfläche: Blütenstand von Rubus rudis = Rauhe Brombeere mit feinen kurzen Stacheln. – 3. Unentwickelt oder rückgebildet, jedenfalls unvollkommener Zustand eines Organs: Rudiment, rudimentäre Organe.

ruder-, *Subst. rudus, ruder·is n. (= Schutt von eingestürzten Gebäuden).* – Ruderalpflanzen auf Schutt und an Wegrändern, z. B. die Schuttkresse Lepidium ruderale.

ruf-, *Adj. rūf·us. ·a, ·um (= rothaarig).* – Rote Färbung bei Tieren: a) Behaarung von Nasua rufa (Nasenbär); Gefieder von Branta ruficollis u. Netta rufina; Osmia rufa (eine Mauerbiene); Flügeldecken von Stenopterus rufus (Bockkäfer); Nacktschnecke Arion rufus; – b) Pflanzen: Ährchen von Blysmus rufus; Fruchtkörper von Leccinum rufescens u. Phlogiotis rufa.

rug-, *Subst. rūg·a, ·ae f. (= Runzel) → Adj. rugōs·us, ·a, ·um (= runzelig) u. Verb corrugāre (= runzelig machen).* – 1. Zustand, runzelig, faltig: a) Strukturen freier Oberflächen: Rugosa = Runzelkorallen (fossil); Silpha rugosa, ein Käfer mit quergerunzelten Flügeldecken; Xerophila rugosiuscula, eine Schnecke mit fein rippenstreifiger Schale; Rosa rugosa (Kartoffelrose) mit runzeligen Blättchen; – b) Innenflächen von Hohlräumen: Scheide des Weibes mit den Rugae vaginales, Querfalten in zwei Längsreihen (Columnae rugarum). – 2) Vorgang: M. corrugator glabellae runzelt die Stirnhaut.

rumin-, *Subst. rūmen, rūmin·is n. (= Schlund, Gurgel) → Verb rumināre (= wiederkäuen).* – Rumen = Pansen, Abschnitt des Magens der Wiederkäuer = Ruminantia, die das Futter erst in den Vormägen zum Kauen vorbereiten, im Ggs. zu den Nonruminantia.

rup-, *Subst. rūpes, ·is f. (= Fels, Klippe, Schlucht).* – Felsen oder felsiges Gebirge als Aufenthaltsort a) von Tieren: Rupicapra = Gemse, Rupicola rupicola = Klippenvogel, Riparia rupestris = Felsenschwalbe; – b) Pflanzen: Potentilla rupestris = Felsen-Fingerkraut, Sedum rupestre = Fels-Mauerpfeffer.

rur-, *Subst. rus, rur·is n. (= Land, Feld) → Adj. rustic·us, ·a, ·um (= ländlich; schlicht, grob).* – 1. Trockenes Land im Ggs. zum Wasser: Gecarcinus ruricola = Gem. Landkrabbe (nur vorübergehend im Wasser). – 2. Land (Acker, Feld): Hirundo rustica, Stall- oder Rauchschwalbe, Ggs. Stadt (Delichon urbica).

rutil-, *Adj. rutil·us, ·a, ·um (= rötlich, goldgelb).* – Rötliche Färbung: a) von Tieren: Rutilus [Leuciscus] rutilus, ein Fisch mit roten Flossen (Plötze); – b) von Pflanzen: Potamogeton rutilus = Rötliches Laichkraut.

Rh

rhabd-, *Subst. ἡ ῥάβδ·ος (= Stab, Rute, Stift).* – Langgestreckte Gebilde: a) selbständig: Körper von Rhabditis u. Rhabdonema (Gattungen der Nematodes); – b) Teile von Organen: Rhabdocoela, Strudelwürmer mit geradem, unverzweigtem Darmrohr (Ggs. dendr-); Rhabdom = stäbchenförmiges, lichtempfindliches Gebilde an den Sehzellen wirbelloser Tiere.

rhach(i)-, *Subst. ἡ ῥάχις (= Rücken, Rückgrat; Gebirgskamm).* – Langgestreckte Gebilde sehr versch. Art: 1. Wirbelsäule oder Rückenmark:

Mißbildungen beim Menschen: Rhachipagus, Rhachischisis. – 2. Freie Gebilde aus harter Substanz: Rhachis = solider Teil des Schaftes (Scapus) u. Hyporhachis = Neben- oder Afterschaft der Vogelfeder; – b) Rhachis von Pflanzen: die Hauptachse eines traubigen Blütenstandes oder eines gefiederten Blattes. – 3. Gratförmige Organteile: Rhachiglossa = Grat- oder Schmalzüngler, Schnecken mit schmaler langer Radula.

rhag- I., *Form des Verbs ῥήγνυμι (= brechen, zerreißen).* – 1. Vorgang: Haemorrhagie = Blutung durch Riß der Gefäßwand. – 2. Zustand: Rhagonycha, Gttg. der Käfer mit gespaltenen Klauen.

rhag- II., *Subst. ἡ ῥάξ, ῥαγ·ός (= Beere, bes. Weinbeere u. Weintraube) → Adj. ῥαγώδης (= traubenähnlich).* – 1. Beeren: a) Gttg. Halorrhagis, trägt Früchte, die der Weinbeere ähnlich sehen; – b) als Nahrung für tierische Schädlinge: Rhagoletis cerasi, eine Bohrfliege (Larve in Kirschen). – 2. Einer Beere ähnlich geformt: Hinterleib von Rhagodes, Gttg. der Spinnen.

rhamph-, *Subst. τὸ ῥάμφ·ος (= Schnabel der Vögel).* – 1. Schnabel der Vögel: Sarcorhamphus Gttg. der Geier mit fleischigem Kamm (sarc) an der Schnabelwurzel; Rhamphastos, Gttg. der Pfefferfresser (Tukane) mit riesigem Schnabel. – 2. Dem Vogelschnabel vergleichbare Verlängerung der Schnauze: a) Reptilien: Rhampholeon, Gttg. der Chamäleons; Gttg. Rhamphorhynchus, zu den fossilen Flugsauriern gehörig; – b) Fische: Gttg. Rhamphichthys, Hemirhamphus, Macrorhamphosus (Centriscus); – c) Rüsselkäfer: Gttg. Rhamphus.

rhe-, *griech. Verb ῥέω (= fließen, strömen, zerfließen).* – 1. Strömung in Gewässern: a) rheophile Tiere bevorzugen als Lebensbereich Gewässer mit starker Strömung, z. B. Gebirgsbäche; – b) Verhalten gegenüber der Wasserströmung: Rheotropismus, Rheotaxis. – 2. Elektrischer Strom: Rheobase, Bez. für galvanischen Strom von Schwellenstärke.

rhin- I., *Subst. ἡ ῥίς, ῥιν·ός (= Nase).* – 1. Nase von Landwirbeltieren als Atemweg und als Riechorgan: a) med.: Rhinologie, Rhinitis; – b) Parasiten der Nase: Rhinoestrus purpureus = Rachenbremse des Pferdes; Rhinosporidium, Gttg. der Sporozoen, in der Nasenschleimhaut. – 2. Nase als Riechorgan (vgl. olfact- u. osm- I).: a) bei Wirbeltieren bes. die zum peripheren Riechorgan in Beziehung stehenden Gehirnteile: Rhinencephalon = Riechhirn; – b) Wirbellose: Rhinophoren von Schnecken. – 3. Nase als Gesichtsvorsprung, äußere Nase: a) bei Affen: Platy- u. Catarrhina s. plat(y)-; – b) bei Fledermäusen: Phyllorhina, Fledermäuse mit häutigen Anhängen = Blattnasen, Rhinolophus = Hufeisennase; – c) Huftiere: Rhinoceros → Rhinocerotidae = Nashörner; – d) Robben: Macrorhinus leoninus = See-elefant. – 4. Gesichtsvorsprung ohne Beziehung zum Riech- und Atmungsorgan: a) Rostrum der Haie u. Rochen: Gattungen Rhinobatis, Cetorhinus, Scylliorhinus; – b) Schnauze von Reptilien (Rhinophis) u. Amphibien (Rhinoderma, Rhinophrynus); – c) Insekten, z. B. Wanzen (Gattungen Conorhinus, Rhinocoris) u. Käfer (Oryctes rhinoceros).

rhin- II., *Subst. ἡ ῥίν·η (= Feile, Raspel).* – Rhina (Meerengel), Gttg. der Rhinidae, zu den Rochen gerechnet, nach der rauhen Haut benannt, die wie eine Feile zum Polieren benutzt wurde.

rhin- III., *Subst. ἡ ῥιν·ός = τὸ ῥιν·όν (= Haut, Fell, Leder).* – Haut von Haifischen: Gttg. Rhinodon, nach den Plakoidschuppen („Hautzahn") benannt.

rhiz-, *Subst. ἡ ῥίζ·α (= Wurzel, Sproß; Ursprung) → Verb ῥιζόω (= wurzeln lassen, befestigen) → Subst. τὸ ῥίζωμα, ματ·ος (= Festwurzelung; Stamm, Geschlecht).*

1. Wurzel, Organ höherer Pflanzen: a) als solche, z. B. bei Wasserlinsen: Spirodela [Lemna] polyrrhiza mit vielen Wurzeln an jedem Glied, Wolffia arrhiza ohne Wurzeln; – b) Tiere, die sich von Pflanzenwurzeln ernähren: Rhizotrogus, Gttg. der Käfer.
2. Der Pflanzenwurzel in Form u. Verhalten ähnlich: a) Rhizocephala = Wurzelkrebse (parasitische Cirripedia), senden dünne wurzelartig verzweigte Stränge in den Wirtskörper (höherer Krebse), aus dem sie Nahrung aufsaugen; – b) auf Unterlage festsitzende Tiere: Rhizocrinidium, im Boden der Tiefsee mit wurzelartigen Ausläufern befestigte Seelilien; Hydrorhiza = wurzelartiges Geflecht, mit dem Hydrozoenkolonien auf Steinen oder Pflanzen befestigt sind.
3. Der Pflanzenwurzel nur formähnliche, frei verzweigte Gebilde: a) Rhizopodien, eine Form der Pseudopodien, danach Rhizopoda = Wurzelfüßer; – b) verzweigte Mundarme der Qualle Rhizostoma.

rho-, *Subst. ἡ ῥο·ή oder ὁ ῥο·ός (= Strömung, Fließen, Fluß, Flut), verw. mit Verb ῥέω*; s. rhe-. – 1. Frei schwimmend: die pelagische Schnecke Gttg. Phyllirhoe. – 2. Abfließen von Sekreten, Blut usw., med.: Diarrhoe (aus dem Darm), Menorrhoe (s. men- I); Hämorrhoiden sind Erweiterungen von Venen am After, die zu Blutungen Anlaß geben können. – 3. Mit hämorrhoidalen Blutungen verglichen: rotgefärbtes Hinterende bei manchen Insekten mit Artnamen haemorrhoidalis (Gattungen Elater, Sarcophaga, Thrips).

rhod-, *Subst. τὸ ῥόδ·ον (= Rose).* – 1. Rose: Tiere zur Rosenpflanze in Beziehung: Rhodites rosae = Rosengallwespe. – 2. Der Rosenblüte ähnlich, insbes. rosenrot, rosa: Rhodeus amarus (Bitterling), nach der roten Farbe des ♂ zur Laichzeit; Pilz Rhodophyllus rhodopolius nach den rosa werdenden Blättern (Sporenstaub!); Rhodopsin = Sehpurpur.

rhomb-, *Subst. ὁ ῥόμβ·ος (= Kreisel) vom Verb ῥέμβω (= drehen).* – Rauten- oder rhombenförmiger Umriß: a) Körper von Tieren: Scophthalmus rhombus (Glattbutt), Hinterleib der Rautenwanze Syromastus rhombeus; – b) Blätter von Rhombophyllum rhomboideum, Art der Aizoaceae; – c) Organe: Fossa rhomboidea = Rautengrube, den Boden des vierten Hirnventrikels bildend, danach Rhombencephalon = Rautenhirn (Kleinhirn + Medulla oblongata); rautenförmige Schuppen bei den Rhomboganoidea, bes. Lepidosteus (Knochenhechte).

rhopal-, *Subst. τὸ ῥόπαλ·ον (= Keule, Knüttel), verw. mit Verb ῥέπω (= sich neigen, herabsinken).* – Keulenförmige Körperfortsätze: Rhopalocera, die echten Tagfalter mit knopf- oder keulenförmig endenden Antennen; Rhopalien, die Sinneskolben am Schirmrande von Skyphomedusen.

rhynch-, *Subst. τὸ ῥύγχ·ος (= Schnauze, Rüssel).* –

1. Die Mundöffnung tragender Fortsatz des Kopfes: a) Schnabel der Vögel: Gattungen Rhynchops, Rhynchotus; häufig Artname erythrorhynchus = mit rotem Schnabel; – b) Schnabel oder Rüssel von Wanzen u. verw. Insekten, durch umgewandelte Mundextremitäten gebildet: Rhynchota = Schnabelkerfe (Syn. von Hemipteroidea); – c) Verlängerung des Kopfes, die am Ende die Mundöffnung trägt: Rhynchites, Rhynchophora, Gattungen der Rüsselkäfer.
2. Bei Säugetieren die Nase: Rhynchocyon = Rüsselhündchen, Gttg. der Insektenfresser.
3. Rüssel von Würmern mit Mundöffnung: a) der ausstülpbare Pharynx (Schlundkopf) vieler Turbellarien: Gttg. Rhynchodemus; – b) der vorstreckbare Rüssel der Rüsselegel = Rhynchobdellidae (Ggs. gnath-); – c) der einziehbare bestachelte Rüssel der Kinorhyncha.
4. Rüssel von „Würmern“: a) unabhängig von der Mundöffnung: Nemertini (Schnurwürmer), deren Rüssel durch Rhynchodaeum nach außen mündet u. im Innern das Rhynchocoelom = Rüsselscheide enthält; – b) bei Würmern ohne Darm u. Mund: Macracanthorhynchus, Gttg. der Kratzwürmer (Acanthocephala); Tetrarhynchus, Gttg. der Bandwürmer mit vier hakentragenden, rückziehbaren Rüsseln.
5. Frucht von Pflanzen: Rhynchospora = Schnabelried, Gttg. der Riedgräser (Griffelbasis bleibt auf der Frucht und bildet einen „Schnabel“).

rhytid-, *Subst. ἡ ῥυτίς, ίδ·ος (= Falte, Runzel).* – a) flächiges Gebilde mit Falten: Blätter des Runzelmooses Rhytidium rugosum; – b) runzelige Oberfläche: bei Rhytidosomus, Gttg. der Käfer.

S

sabell-, sabul-, *Subst. sabul·um, ·i n. (= grobkörniger Sand, Kies) → Adj. sabulos·us, ·a, ·um (= sandig, sandreich), Demin. sabell·um neu gebildet.* – Sand als Lebensbereich von Tieren; a) Landtiere: die Sandwespe Ammophila sabulosa, die Spinne Xysticus sabulosus; – b) Wassertiere, insbes. Meereswürmer: Gattungen Sabella, Sabellaria.

sacc-, *Subst. ὁ σάκκ·ος (= Sack, grobes Gewand) und sacc·us, ·i m. (= Sack) → Demin. saccul·us. ·i m. (= Säckchen, Geldbeutel).* – 1. Hohler, nach außen offener Sack: a) einseitig offen (Beutel, Tasche): Backentaschen von Saccostomus [Eosaccomys], Gttg. der Nagetiere; – b) beidseits offen: für den Durchgang von Flüssigkeit der Saccus lacrimalis = Tränensack des Wirbeltierauges. – 2. Geschlossener Hohlraum: Sacculus mit Macula sacculi sowie Saccus endolymphaticus des Labyrinthes der Wirbeltiere (nur bei Selachiern offen). – 3. Kompaktes sackförmiges Gebilde: Sacculina, Gttg. der Wurzelkrebse. – 4. Für Herstellung von Säcken benutzt: der zähfaserige Bast des Sackbaumes Antiaris saccadora.

sacchar-, sachar-, *Subst. τὸ σάκχαρ = σάκχαρ·ον (= Zucker).* – 1. Substanz: a) Zucker als solcher: Sacharose (Rohrzucker), Mono-, Di- und Polysacharide; – b) übertr. auf anderen süßen Stoff: Sacharin; – c) in zuckerhaltigen Flüssigkeiten alkoholische Gärung hervorrufend: Saccharomyces, Gttg. der Hefepilze. – 2. Tiere, die sich u. a. von süßen Stoffen ernähren: Lepisma saccharina = Zuckergast, Silberfischchen. – 3. Zuckerrohr: a) Gttg. Saccharum; – b) Schädlinge des Zuckerrohrs die Zikadenarten Delphax u. Perkinsiella saccharicida.

sacr-, *Adj. săcer, sacr·a, ·um (= heilig; verflucht).* –

A. Heilig, für heilig gehalten: Scarabaeus sacer = der heilige Pillendreher, bei den alten Ägyptern als Symbol des Sonnengottes verehrt. –
B. Os sacrum = Kreuzbein in der Bedeutung des größten Knochens der Wirbelsäule (durch Übersetzung aus dem griech. ἱερός = heilig, sehr groß), Adj. sacralis = zum Kreuzbein gehörig oder in Beziehung: Sakralregion, prae- u. postsakraler Abschnitt der Wirbelsäule.

saep- = sep- I.

sagin-, *Subst. sagīn·a, ·ae (= Fütterung, Ernährung, Futter) → Verb sagināre (= mästen, fett machen).* – 1. Name des Rinderbandwurmes Taenia saginata im Sinne von dick, feist. – 2. Arten von Sagina = Mastkraut, Gttg. der Nelkengewächse, sollen gute Weidekräuter für Schafe sein.

sagitt-, *Subst. Fem. sagitt·a, ·ae (= Pfeil).* – 1. Einem Pfeil ähnlich: a) in Form und Bewegungsweise: Sagitta, Gttg. der Chaetognatha = Pfeilwürmer, die im Meer horizontal schwimmen u. pfeilschnell auf die Beute zuschießen; – b) Form: Sagitta = Otolith im Sacculus der Knochenfische, nach der schmalen, mit Flügeln versehenen Form bei Karpfenfischen benannt; pfeilförmig sind die Blätter des Pfeilkrautes Sagittaria sagittifolia u. des Buchweizens Fagopyrum sagittatum. – 2. Richtung des fliegenden Pfeiles: Sagittalachse der bilateralsymmetrischen Tiere als Längsachse des

Körpers (vorn-hinten) u. damit zugleich Richtung der Vorwärtsbewegung (wie beim Pfeil); als Sagittalebene (oder Sagittalschnitt) bezeichnet man die durch die Sagittalachse senkrecht hindurchgelegte Medianebene (Mediansagittale) u. die ihr parallelen Ebenen.

sal-, *Subst. sāl, sal·is (= Salz; Meer; Witz) → Adj. salīn·us, ·a, ·um → substt. Plur. salin·ae, ·ārum f. (Salzlager, Salzgrube)*; vgl. hal- I. – 1. Salz als Mineral oder Substanz: Saline = Salzwerk, -siederei. – 2. Salzböden u. Salzwässer als Lebensbereich von Organismen: Artemia salina, Krebsart in salzigen Binnengewässern; Amoeba salinarum in Salinen; Spergularia salina, Salicornia u. Salsola wachsen auf Salzböden.

sali-, *Verb salire mit Sup. salt- (= springen, hüpfen)*; vgl. salt-. – 1. Sich springend fortbewegen: Alactaga saliens, ein Springnager. – 2. Sich am Ort schnell bewegen: Punctum saliens = der springende Punkt, alte Bez. für das pulsierende Herz im Hühnerembryo.

salic-, *Subst. salix, salic·is (= Weide, Weidenbaum) → Adj. salign·us, ·a, ·um (= Weiden-) u. a. Abl.* – 1. Weide (Baum): a) Gttg. Salix; – b) als Lebensbereich: Aphrophora salicina (eine Schaumzikade), Aphidula saliceti (eine Blattlaus), Helicomyia saliciperda (eine Gallmücke). – 2. Stoff, der in der Rinde und den Blättern der Weide vorkommt: Salicin, davon Salicylsäure u. verw. Stoffe. – 3. Der Weide vergleichbar: ihren Blättern die von Aster salignus, Lactuca saligna, Lythrum salicaria (Weiderich).

saliv-, *Subst. salīv·a, ·ae (= Speichel).* – Speichel: a) Saliva, Sekret der Mundhöhlendrüsen = Glandulae salivales oris; – b) Salivarium, Speicheltasche bei Insekten.

salmo, *Subst. salmo, salmōn·is m. (= Lachs, Salm).* – 1. a) Lachs: Gttg. Salmo → Fam. Salmonidae; auch übertr. auf andere Fische: Gattungen Salminus, Serrasalmo; – b) Salmin, ein Protamin in den Spermatozoen des Lachses. – 2. Dem Fleisch des Lachses ähnlich, lachsfarben: bot. Epitheton salmoneus.

salt-, *Verb saltāre (= tanzen, d. h. wiederholt springen) u. Subst. saltus, ūs m. (= Springen, Sprung) vom Verb salire;* s. sali-. – Tiere, die sich springend fortbewegen, a) Arthropoden: die Heuschrecken = Saltatoria, die Springspinnen = Saltigradae mit Gttg. Salticus; Talitrus saltator = Strandfloh (ein Flohkrebs), Isotoma saltans = Gletscherfloh (ein Urinsekt); – b) Wirbeltiere: Saltopūs, Gttg. fossiler Reptilien.

sangui(n)-, *Subst. sanguis, in·is m. (= Blut) → Adj. sanguine·us, ·a, ·um (= blutig, blutrot) u. sanguinolent·us, ·a, ·um (= blutig, blutüberströmt).* – 1. Blut: a) als solches: Sanguis: Cruor sanguinis = geronnenes Blut; Crassamentum sanguinis = Blutkuchen (s. crass- 2.); – b) blutsaugende Parasiten: Conorhinus sanguisuga, eine Wanze; Haemopis sanguisuga

(Pferdeegel), ein Blutegel. – 2. Blutrot: a) Tiere: Elater sanguineus = Blutroter Schnellkäfer, Formica sanguinea = Blutrote Waldameise, Chrysomela sanguinolenta (Blattkäfer), Pinthaeus sanguinipes (Baumwanze); – b) Pflanzen: Fruchtkörper der Pilze Stereum sanguinolentum u. Lactarius sanguifluus (Milchsaft!).

sap-, *Adj. sapiens, ent·is (= weise, klug), substt. (= der Weise, Feinschmekker) vom Verb sapĕre (= schmecken, weise sein); Adj. sapid·us, ·a ·um (= schmackhaft).* –

A. Geschmack, schmecken, d. h. genießbar sein, Namen eßbarer Tiere: Alosa sapidissima, ein dem Hering verwandter Speisefisch; Callinectes sapidus, eine eßbare Krabbe.

B. Vernunft, Weisheit: Homo sapiens = der denkende, vernünftig handelnde Mensch als höchste Art der Hominiden.

sapr-, *Adj. σαπϱ·ός (= verfault; ranzig) vom Verb σήπομαι (= verfaulen, verwesen).* – Faulende organische Stoffe: a) als solche: Sapropel = Faulschlamm, Ablagerungen am Grunde von manchen stehenden Gewässern; – b) als Lebensbereich u. Nahrung saprophiler Organismen: Tiere = Saprozoen und Pflanzen = Saprophyten.

sarc-, *Subst. ἡ σάϱξ, σαϱκ·ός (= Fleisch, Fleischstück; Leib) → Adj. σαϱκώδ·ης (= fleischig).* – Das weiche Gewebe des Tierkörpers im Ggs. zum Skelett: 1. Allg.: a) Protoplasma der Einzeller: Sarkode, Ento- und Ectosark = Ento- und Ectoplasma; – b) fleischige, weiche Körperteile vielzelliger Tiere, insbes. bei Coelenterata: Coenosark (Zönosark) = die gemeinsame Grundmasse stockbildender Cnidaria, die die Einzeltiere verbindet; Sarkosepten = Scheidewände, die in den Magenraum vorspringen (Ggs. Sklerosepten). – 2. Als Nahrung anderer Tiere: a) allg.: Sarcophaga = „Fleischfresser", Tiere (bes. Insekten), die sich von frischen, nicht verwesten Leichen u. abgestorbenen Teilen lebender Tiere (Zoosarcophaga) oder Pflanzen (Phytosarcophaga) ernähren; – b) Sarcophaga carnaria = graue Fleischfliege (Larve lebt in faulenden Stoffen), Sarcophilus ursinus = Beutelteufel (ein Raubbeutler), Sarcopsylla penetrans u. Sarcoptes scabiei in der Haut (vgl. penetra- u. scal- 2.). – 3. Muskelfleisch: a) Muskelgewebe: Sarcoplasma der Muskelzelle u. -faser im Ggs. zu den Fibrillen; Sarcolemma, die strukturlose Hülle der (mehrkernigen) Muskelfasern; – b) Parasiten der Muskulatur: Sarcosporidia; – c) Farbe des Muskelfleisches, fleischfarbig: Sarcogeranus leucogeranus, Kranichart mit nacktem, fleischrotem Kopfe. – 4. Fruchtfleisch von Pflanzen: Sarkokarp, ein fleischiges, saftiges Mesokarp.

sat-, *Sup. des Verbs serĕre (= säen, pflanzen; ausstreuen, verursachen) → Adj. sativ·us, ·a, ·um (= was gesät oder gepflanzt wird), verw. mit semen;* vgl. semin. – Pflanzen, die angebaut werden: Cucumis sativus = Gartengurke, Avena sativa = Saathafer, Allium sativum (Knoblauch).

satellit, *Subst. satelles, satellit·is m. (= Leibwächter, Trabant).* – 1. Freibeweglicher Begleiter: Satellit, ein Himmelskörper. – 2. Kleineres Anhängsel: an einem größeren Chromosom, das folglich als Satellitenchromosom bezeichnet wird.

saur-, *Subst. ὁ σαῦρ·ος oder ἡ σαύρ·α (= Eidechse, Salamander).* – Namen von Reptilien: 1. Allg.: a) fossile Gattungen oder Gruppen, z. B. Brontosaurus, Dinosauria, Pterosauria, Sauropoda, Sauropterygia. – 2. Eidechsen: a) Saurier = Lacertilia; – b) Ähnlichkeit: Saururae sind fossile Urvögel mit langem Schwanz wie eine Eidechse; die Blütentrauben von Gttg. Saururus sollen einem Eidechsenschwanz ähneln.

sax-, *Subst. sax·um, ·i n. (= Stein, Klippe, Fels)*; vgl. petr- u. lith-. – Lebensbereich von Tieren und Pflanzen: 1. Bewohner steiniger, felsiger Gegenden, a) Vögel: Saxicola, Gttg. der Sylviidae; Monticola saxatilis = Steindrossel; – b) Pflanzen: Alyssum saxatile = Steinkraut. – 2. Beziehung zum einzelnen Stein oder zum Gestein: Saxicava, Gttg. von Muscheln, die in Steinen bohren; die Wurzeln des Steinbrechs, Gttg. Saxifraga, können in Spalten des Gesteins eindringen.

scab-, *Verb scabĕre (= kratzen) → Subst. scabies, scabiēi f. (=Krätze, Aussatz; Jucken), Adj. scaber, scabr·a, ·um (= rauh, schäbig).* – 1. Rauhe Oberfläche als normales Merkmal, a) Tiere: Eierschlange Dasypeltis scabra mit stark gekielten Schuppen; – b) Pflanzen: Boletus scaber, der Birkenpilz, nach seinem flockig-schuppigen, rauhen Stiel benannt. – 2. Krätze = Scabies, durch die Krätzmilbe Sarcoptes scabiei = [Acarus siro] hervorgerufen; Scabiosa (Skabiose), Gttg. der Dipsacaceae, wurde zur Heilung der Krätze verwendet („Krätzkraut").

scal-, *Subst. Plur. scāl·ae, ·ārum f. (= Stiege, Leiter, Treppe) vom Verb scandĕre;* s. scand-. – 1. Einer Treppe oder Leiter ähnlich: a) schräger linearer Anstieg: Pterophyllum scalare, Art der Knochenfische (Maulbrüter), nach den stufenförmig zu- u. abnehmenden Flossenstrahlen benannt; – b) spiraliger Anstieg, einer Wendeltreppe ähnlich: Schale der Schnecke Scalaria scalaris. – 2. Gradeinteilung, bei der Querstriche wie Sprossen einer Leiter senkrecht übereinanderliegen: Skala z. B. am Thermometer.

scand-, scans-, *Verb scandĕre mit Sup. scans- (steigen, hinaufsteigen);* vgl. scal-. – 1. Tiere, die sich am Boden oder an Pflanzen aufwärts bewegen: a) Anabas scandens = Kletterfisch, tropischer Fisch, der zeitweise aufs Land steigt; Tylenchus scandens, Syn. von Anguina tritici = Weizenälchen, ein Nematode, der an Weizenhalmen emporsteigt; – b) mit Kletterfüßen = Pedes scansorii klettern die Scansores (Zusammenfassung der Papageien, Kuckucksvögel u. Spechte) auf Bäumen. – 2. Kletternde Pflanzen: Cobaea scandens, Asarina scandens [Maurandya].

scap-, *Subst. scăp·us, ·i m. (= Walze).* – 1. Scapus = Kiel der Vogelfeder im Unterschied zur Fahne, aus der hohlen Spule (Calamus) u. dem soliden Schaft (Rhachis) bestehend. – 2. Scapus = Schaft, bei Blütenpflanzen der blattfreie Teil der Sproßachse, der am Ende eine Blüte oder einen Blütenstand trägt.

scaph-, *Subst. τὸ σκάφ·ος = ἡ σκάφ·η (= ausgehöhlter Körper: Wanne, Becher, Kahn) mit Demin. τὸ σκαφίδι·ον vom Verb σκάπτω (= graben, hacken).* – 1. Einem Boot form- u. funktionsähnlich: Scapholeberis, Gttg. der Daphnidae, gleitet an der Oberfläche des Wassers mit dem gewölbten Rücken der Schale nach unten. – 2. Einem Kahn oder Trog nur formähnlich: a) äußerlich: Os scaphoideum, das Kahnbein in der Handwurzel; Käfer, Gttg. Scaphium, Scaphidium u. Scaphosoma; – b) trogartig vertieft: das Rostrum von Scaphirhynchus, Gttg. der Störe; Scapha, die Vertiefung der Ohrmuschel des Menschen zwischen Helix u. Anthelix.

scapul-, *Subst. Plur. scapul·ae, ·ārum f. (= Schulterblätter).* – Scapula = Schulterblatt, dorsales Knochenstück des Schultergürtels mit Spina scapulae u. Collum scapulae.

scat-, *Subst. ὁ σκατ·ός (= Dung, Kot).* – Kot, Exkremente von Tieren u. Mensch: a) Substanz im Kot: Skatol, durch Fäulnis aus Eiweißstoffen entstehend; – b) Tiere, die sich von Kot ernähren, bes. Larven von Fliegen (Scatophaga = Dungfliege) u. Mücken (Scatopsidae = Dungmücken).

scel- I., *Subst. τὸ σκέλ·ος (= Schenkel, Schienbein, Bein, Fuß).* – 1. Extremität von Wirbeltieren: Ornithoscelidae = „Vogelbeinige", Name der Dinosaurier, soweit ihre hinteren Extremitäten denen der Vögel ähnlich sind; Pygoscelis, Gttg. der Pinguine (vgl. pyg- 2.); Macroscelides (Rüsselspringer), Gttg. der Insectivora; – b) von Arthropoden: Platyscelus, Gttg. der Flohkrebse, deren Basalglieder z. T. zu breiten Platten (platy-) ausgebildet sind.

scel- II., *Verb σκέλλω (= dörren, austrocknen) → σκελετ·ός (= ausgetrocknet) → substt. ὁ σκελετ·ός (= Gerippe, Mumie);* s. scler-. – 1. Skelett der Wirbeltiere, embryonal durch skeletogenes Gewebe gebildet; Skeletotopie s. top-. – 2. Die verschiedensten Stützgebilde wirbelloser Tiere werden ebenfalls als Skelette bezeichnet, z. B. das cuticuläre (chitinöse) Hautskelett der Arthropoden, die Kiesel-, Kalk- oder Hornskelette von Schwämmen und Coelenteraten, die intraplasmatischen Skelette der Radiolarien.

-scend-, *Form des Verbs scandĕre nach Präfixen: bes. ascendere u. descendĕre;* vgl. scand-. – 1. Räumliche Anordnung: Richtung von Blutgefäßen im Verhältnis zur aufrechten Haltung des menschlichen Körpers benannt: Aorta ascendens u. descendens = der vom Herzen aufsteigende u. der aus dem Aortenbogen hervorgehende, absteigende Teil der Aorta. – 2. Stammesgeschichtliche Entwicklung: Deszendenten = Nachkommen, danach: Deszendenzlehre = Abstammungslehre; Aszendenten = Vorfahren (Abstammung nach rückwärts betrachtet, in „aufsteigender" Richtung).

schis-, schist-, schiz-, *sprich s-ch-, Verb σχίζω (= spalten, zerreißen, trennen) → Subst. ἡ σχίσις, εως (= Spaltung), Subst. τὸ σχίσμα, ματ·ος (= Spalt, Riß) und Adj. σχιστ·ός (= gespalten, geschlitzt).* –

1. Vorgang der Zellteilung als „Spaltung": a) kernlose Zellen: Bakterien als Schizomycetes = Spaltpilze, Cyanophyceae (Blaugrüne Algen) als Schizophyceae = Spaltalgen bezeichnet u. beide früher als Schizophyta = Spaltpflanzen zusammengefaßt; – b) kernhaltige Zellen: Begriff der Spaltung jedoch nur auf die multiple Teilung = Zerfallsteilung angewendet: die im Generationswechsel der Sporozoa stattfindende Schizogonie ist der Zerfall einer Zelle, des Schizonten, in viele kleine Zellen; Schizotrypanum cruzi, Art der Trypanosomen, die sich außer durch Zweiteilung auch durch multiple Teilung vermehrt.
2. Vorgang der Trennung in einem Zellkomplex, Entstehung von Innenräumen durch Auseinanderweichen von Zellen oder Geweben: a) bei Pflanzen schizogene Interzellularräume, Ölbehälter oder Harzgänge, Ggs. lysigene; – b) in der Ontogenese der Tiere: Schizozöl, Syn. für primäre Leibeshöhle; Schizamnion im Ggs. zu der gewöhnlichen Bildung (durch überwachsende Falten).
3. Spalt, Spalte in einer Fläche: a) längliche rinnenförmige Vertiefung am Körper des ♂ von Schistosoma (Bilharzia) s. gyn- 2; – b) Stirnspalte (Bogennaht) bei Fliegen, aus der beim Schlüpfen aus der Puppenhülle die Stirnblase heraustritt: Familiengruppe der Schizophora im Ggs. zu den Aschiza; – c) offene Spalte infolge Ausbleibens der embryonalen Verwachsung, z. B. Cheiloschisis = Lippenspalte („Hasenscharte").
4. Gabelung am Ende freier Gebilde: a) langes Gebilde: Beine von Krebsen: Schizopoda = Spaltfußkrebse; Flügeladern von Insekten: Gttg. Schizoneura; – b) flächiges Gebilde: Wedel von Schizaea, Gttg. der Farne, fein aufgeteilt; Blumenkrone von Schizanthus (Gttg. der Labiatae) zweilippig gespalten.

schoen- (s-chön), *Subst. ὁ, ἡ σχοῖν·ος (= Binse; Strick).* – 1. Pflanze: Schoenus (Kopfried), ein binsenartiges Riedgrasgewächs. – 2. Mit der Binse verglichene andere Pflanzen: Gttg. Schoenocaulon mit binsenartigem Stengel; Allium schoenoprasum (Schnittlauch) mit röhrenförmigen Blättern, die an Binsenstengel erinnern. – 3. Sumpf- oder Uferpflanzen als Aufenthaltsort für Tiere: Acrocephalus schoenobaenus = Schilf-Rohrsänger s. baen-; Emberiza schoeniclus (Etymologie unklar) = Rohrammer.

sci-, *Subst. ἡ σκι·ά (= Schatten) → Subst. ἡ σκιάς, σκιάδ·ος (= Schattendach, Schirm) und Adj. σκιαρ·ός (= schattig).* – 1. Schatten erzeugend u. spendend: die Schirmtanne oder Schattenfichte Sciadopitys, Gttg. der

Taxodiaceae. – 2. Einem Schirm ähnlich, doldenförmig (ohne Schatten zu geben): die niedere Alge Sciadium mit doldenförmiger Verzweigung. – 3. Dunkelfarbig: Sciaena, Gttg. der Knochenfische; Sciara = Trauermücken (Gttg. der Pilzmücken) mit dunkel getrübten Flügeln.

scind-, sciss, *Verb scindĕre (= zerreißen, zerteilen, spalten), Sup. sciss- → Subst. scissur·a, ·ae f. (= Zerteilung; Spalte), mit Präfix: abscindere → Part. Pass. absciss·us, ·a, ·um (= abgeteilt).* – 1. Spalt, Einschnitt am Rande eines Gebildes: am Schalenrande der Schneckengattung Scissurella. – 2. Abschnitt im übertr. Sinne: Abszisse als horizontale Achse in einem rechtwinkeligen Koordinatensystem im Unterschied zur vertikalen Ordinate.

sciur-, *aus Subst. ἡ σκι·ά (= Schatten) u. ἡ οὐρ·ά (= Schwanz), latin. zu sciūr·us, ·i m. (= Eichhörnchen, d. h. ein Tier, das sich mit seinem [aufrecht gehaltenen] Schwanz beschattet).* – 1. Sciurus = Eichhörnchen, Gttg. der Nagetiere; Parasiten: Ceratopsylla sciurorum (ein Floh), Dermacarus sciurinus (eine Milbe). – 2. Dem Eichhörnchen ähnlich: Petaurus sciureus (Beuteltier).

scler-, *Adj. σκληρ·ός (= trocken, hart, rauh), verw. mit σκέλλω;* s. scel- II. 1. Skelette wirbelloser Tiere aus anorganischen Hartsubstanzen (Kalk u.a.): Skleroblasten = skelettbildende Zellen; Sklerosepten bei Korallentieren im Ggs. zu den Sarkosepten, s. sarc-. – 2. Feste Gewebe u. Organe bei Wirbeltieren: a) Skelett: Sklerotome, die von den Ursegmenten (tom-) ausgehende, die Wirbel bildende Zellmasse; – b) Auge: Sclera = Sclerotica, die schützende äußere Schicht des Augapfels, bindegewebig, bei Vögeln u. vielen Reptilien mit Ring aus Knochenplättchen (Skleral- oder Sklerotikalring). – 3. Hautskelett der Arthropoden: Sklerite, die durch dünnere Membranen getrennten sklerotisierten Stücke des Chitinpanzers der Insekten (Tergite, Pleurite, Sternite). – 4. Harte Pflanzenteile, vor allem infolge von Verholzung: Sklerenchym = Hartgewebe, Fasergewebe mit verholzten Zellwänden; Sklerenchymzellen oder Sklereiden sind einzelne harte Zellen (besondere Formen: Astro- u. Brachysklereiden); Sklerophyllie = harte Beschaffenheit von Laubblättern.

scolex-, *Subst. ὁ σκώληξ, ηκ·ος (= Wurm, bes. Regenwurm), verw. mit Adj. σκολι·ός (= krumm), also eig. der sich Krümmende.* – 1. Wurmförmige Tiere: a) Scolecida in versch. Systemen Name für „Würmer" ohne Coelom; – b) Oligochaeten (mit Coelom!): Megascolex, Microscolex; – c) Rhynchoscolex, Gttg. der Turbellarien mit wurmförmigem Körper u. rüsselförmigem Vorderende. – 2. Kopf der Bandwürmer, Scolex, im Unterschied zu den Proglottiden.

scop- I., *Subst. ὁ, ἡ σκοπ·ός (= Späher, Aufseher; Ziel, Zweck), Verb σκοπέω (= spähen, betrachten, untersuchen).* – 1. Zur Beobachtung u. Untersuchung dienendes Gerät: Mikroskop, Teleskop (Teleskopaugen

s. tele- II.). – 2. Tiere durch bes. Blickrichtung charakterisiert: a) Stellung der Augen, bes. bei Fischen dorsalwärts verlagert, daher die Namen Uranoscopus (Sterngucker), Gobio uranoscopus (Steingreßling), Astroscopus (s. aster 1 b); – b) Bewegung: die Eidechse Phrynocephalus helioscopus dreht den Kopf oft schief nach oben.

scop- II., *Verb scopāre (= ausfegen) → Adj. scopari·us, ·a, ·um → substt. Masc. (= Feger, Auskehrer).* – Äste zahlreich u. rutenförmig bei der Besen-Radmelde Kochia scoparia; besenartig u. zur Herstellung von Besen verwendet: die Zweige des Besenginsters Cytisus [Sarothamnus] scoparius.

scorpi-, *Subst. ὁ σκορπί·ος → lat. scorpi·us, ·i m. und scorpio, scorpiōn·is m. (= Skorpion).* – 1. Skorpion: Gttg. Scorpio und Euscorpius; verw. Ord. Pseudoscorpionida = Afterskorpione. – 2. a) mit dem Skorpion verglichen: Fische, die durch ihre Stacheln Verletzungen hervorrufen können: Cottus scorpius = Seeskorpion, Gttg. Scorpaena (Drachenköpfe); – b) mit dem Schwanz eines Skorpions verglichen der zurückgerollte Blütenstand von Omphalodes scorpioides.

scot- *Subst. ὁ, τὸ σκότ·ος (= Dunkelheit, Nacht, Blindheit) → Adj. σκότι·ος und σκοτειν·ός (= dunkel, finster, blind), Verb σκοτόω (= verdunkeln).* – 1. Dunkelheit: a) Scotornis, Gttg. der Nachtschwalben; – b) dunkel gefärbte Tiere, die sich an dunklen Orten aufhalten: Gattungen der Spinnen Scotina, Scotophaeus. – 2. Fehlen des Sehvermögens (Blindheit): Skotom = blinde Stelle der Netzhaut, normal im Dämmerungssehen (die Fovea centralis) sowie bei krankhaften Veränderungen.

scrib-, script-, *Subst. scrib·a, ·ae m. (= Schreiber), Verb scrībere (= schreiben, zeichnen; beschreiben), Part. Pass. script·us, ·a, ·um → substt. script·um, ·i n. (= Linie, Buchstabe, Aufsatz).* – 1. Schrift u. darin ausgedrückte geistige Tätigkeit: Manuskript; Adj. deskriptiv, insbes. deskriptive Anatomie. – 2. Morph. Merkmale: wie Schrift aussehende Fleckenzeichnungen: Serranus scriba = Schriftbarsch, Tragelaphus scriptus (Schirrantilope), Graphis scripta = Schriftflechte (s. graph-).

scrob(i)-, *Subst. scrobis, is m. (= Grube, Grab) → Demin. scrobicul·us, ·i m.* – 1. Grubige Vertiefungen: Scrobis antennarum = Fühlerpfanne von Insekten; Pilz Lactarius scrobiculatus mit grubigem Stiel. – 2. Gttg. der Muscheln Scrobicularia vielleicht nach ihrer Fähigkeit, sich im Schlamm einzugraben, so benannt (?).

sculpt-, *Sup. von Verb sculpĕre (= schnitzen, meißeln, stechen) → Part. Pass. sculpt·us, ·a, ·um, Subst. sculptur·a, ·ae f. (= Skulptur).* – Skulptur, die feine Oberflächenform der Cuticula bei Insekten; die in feinen Unebenheiten bestehende Mikroskulptur ist die Ursache von Skulpturfarben (Opalisieren, Seidenglanz); Artnamen von Käfern sculptus, sculptilis, sculpturatus u. a.

scut-, *Subst. scūt·um, ·i n. (= der mit Leder überzogene Langschild der römischen Fußsoldaten) → Demin. scutul·um, ·i n. (= Schildchen).* – 1. Schützende Hartgebilde, z. B. Scuta = dorsale Kalkplatten bei den Cirripedia. – 2. Einem Schild ähnliche Gebilde: a) Teile des Hautpanzers bei Arthropoden: Scutellum = Schildchen auf dem zweiten Thoraxsegment der Insekten; Scutigera, Gttg. der Schildasseln mit acht Rückenschildern (Chilopoda); – b) Körper von Tieren platt, scheiben- oder schildförmig: Scutariella, Gttg. der Strudelwürmer; Scutellidae, Fam. der Seeigel; – c) Pflanzen: schildförmiger Fortsatz am Kelch von Scutellaria = Helmkraut, Gttg. der Lippenblütler.

scyph-, *Subst. ὁ, τὸ σκύφ·ος (= Trinkgeschirr, Becher).* – Scyphozoa, Kl. der Cnidaria (Coelenterata) im Unterschied zu den Hydro- u. Anthozoa; die beiden Formen: Skyphomeduse u. Skyphopolyp (in ungeschlechtlicher Fortpflanzung Scyphistoma s. strobil-).

secal-, *Subst. secāl·e, ·is (= Roggen), verw. mit secāre,* s. sec(t)-. – 1. Roggen: a) Secale, Gttg. der Gräser; – b) zum Roggen in Beziehung: Bromus secalinus = Roggentrespe als Unkraut auf Roggenfeldern; Ustilago secalis = Roggenbrand, ein Pilz in Roggenkörnern. – 2. Einem Roggenkorn vergleichbar die Schale der Tönnchenschnecke Abida secale.

sec(t)-, *Verb secāre (= schneiden, zerschneiden, verwunden) mit Sup. sect- → Subst. sectio, iōn·is (= Zerschneiden, Aufteilung).* – 1. Zerteilen, zerschneiden: a) Tätigkeit des Anatomen: sezieren → Sektion; Resektion = operative Wegnahme eines Organs oder Teiles; – b) Zerteilung der Nahrung durch die Zähne; sekodontes Gebiß der Raubtiere und Insektenfresser, insbes. Dens sectorius = lacerans (Reißzahn). – 2. Einschnitt: a) Insecta = Kerbtiere, d. h. Tiere mit Einschnitten zwischen den Segmenten; – b) Beziehung zu Insekten: Insectivora = Insektenfresser, Ord. der Säugetiere; Insektizide sind Stoffe zur Tötung schädlicher Insekten; – c) Ähnlichkeit mit Insekten: die Blüten der Fliegen-Ragwurz Ophrys insectifera [muscifera].

secund-, *Num. secund·us, ·a, ·um (= folgend, zweit, geringer) vom Verb sequor; secundari·us, ·a, ·um (= der zweite).* – 1. In einer Reihe von Gebilden das zweite: Digitus pedis secundus = zweite Zehe nach dem Hallux. – 2. Der gleiche Vorgang oder Zustand nach Zwischenstadium wiederholt: bei Pflanzen sekundäres Meristem = Folgemeristem aus Dauergewebe, das aus dem primären Meristem hervorging, durch erneute Zellteilungen entstehend. – 3. Ähnlicher, aber auf anderer Grundlage verlaufender Vorgang, vom ursprünglichen Vorgang verschieden: sekundäres Dickenwachstum der Sproßachse, sekundäre Leibeshöhle (Coelom). – 4. Andersartige Bildungen als Folge von primären Bildungen: sekundäre Geschlechtsorgane von Tieren zusätzlich zu den Gonaden (den primären Geschlechtsorganen); Secundinae = Nachgeburt, die dem Embryo zeitlich folgenden Hüllen. – 5. Abwertend: weniger wichtig, von sekundärer Bedeutung.

secur(i)-, *Subst. securis, ·is f. (= Beil).* – 1. Beil als Werkzeug zum Holzhacken: Securinega, Gttg. der Euphorbiaceae, mit sehr hartem Holz. – 2. Einem Beil formähnlich: Artnamen von Pflanzen: securifolius = beilblättrig, securiformis = beilförmig.

sed-, *Subst. sēd·ēs, ·is f. (= Sitz, Wohnsitz, Heimat, Platz) u. Verb sedēre (= sitzen, verharren; sich setzen, sich senken) → Subst. sediment·um, ·i n. (= das Sichsetzen) u. Verb sedāre (= sinken machen, zum Sitzen bzw. zur Ruhe bringen);* vgl. sess- und sid-. – 1. Am Ort bleibende Tiere: a) an sich frei beweglich: Sedentariae, alte Zusammenfassung für Spinnen, die im Netz auf Beute lauern; – b) festsitzend: Sedentaria = Polychaeta sedentaria = Sitzende Borstenwürmer (Ggs. P. errantia). – 2. Sich senken: Sediment = Ablagerung, Bodensatz, bes. die geschichteten Sedimentgesteine im Ggs. zu vulkanischen Bildungen. – 3. Übertr.: Sedativum = beruhigendes Mittel.

seget-, *Subst. seges, sęget·is f. (= Saat, Saatfeld).* – Felder bzw. angebaute Pflanzen als Lebens- u. Nahrungsbereich: a) von Tieren: Agrotis segetum = Saateule (Larve schädigt Kulturpflanzen); – b) von Pflanzen: allg.: Segetalflora auf Äckern; Arten Chrysanthemum segetum = Saat-Wucherblume, Spergularia segetalis = Saat-Schuppenmiere.

segment(-), *Subst. segment·um, ·i n. (= Schnitt, Abschnitt, Stück) vom Verb secāre;* s. sec(t)- und ~ment·um. – 1. Aufeinanderfolgende Körperabschnitte: Segmente = Metamere; Adj. segmental = zum Segment gehörig oder in Beziehung, z. B. Segmentalorgane = Nephridien; Segmentierung = Tatsache der Gliederung in Segmente. – 2. Kreis- oder Kugelstück: a) math.: Kreissegment, im Unterschied zum Sektor durch eine Sehne begrenzt; – b) Kugelausschnitt: Segment bei Pflanzen: Teilungsprodukt einer Scheitelzelle; – c) Segmentation, alter Ausdruck für Furchungsteilung.

seism-, *Verb σείω (= schütteln, erschüttern, schleudern) → Subst. ὁ σεισμ·ός (= Erschütterung, bes. Erdbeben).* – 1. Erdbeben: Seismologie, Seismograph, -meter, -skop. – 2. Erschütterung als Reiz für Pflanzen: Seismonastien sind die dadurch hervorgerufenen Bewegungen, z. B. bei der Mimose, s. nast- I.

selach-, *Subst. τὸ σέλαχ·ος (= Knorpeltier, -fisch).* – Selachii, Ukl. der Knorpelfische, als Euselachii im Ggs. zu den fossilen Cladoselachii; davon Selachoidei, Ord. der Knorpelfische, Haie (im Unterschied zu Rochen u. Seedrachen) mit der Gttg. Chlamydoselachus (Krausenhai).

selen-, *Subst. ἡ σελήν·η (= Mond, Mondschein).* – 1. Mond als Gestirn: Selenographie = Mondbeschreibung. – 2. Halbmondförmig: a) selenodont nennt man Backenzähne mit gebogenen Schmelzfalten, Selenodontia daher die wiederkäuenden Paarhufer; – b) halbmondförmige Flecken auf den Flügeln von Schmetterlingen: Gttg. Selenephera, Art Dasychira selenitica. – 3. Pflanzennamen nach Mondgöttin Selene: Selenia, Selenipedium, Selinum.

sell-, *Subst. sell·a, ·ae f. (= Stuhl, Sessel) vom Verb sedēre*, s. sed-. – 1. Sessel, insbes. Polstersessel, daher Tinea biselliella, eine Motte, deren Larven in Polstern vorkommen. – 2. Sattelförmig: a) Articulatio sellaris = Sattelgelenk; – b) Sella turcica = Türkensattel, Vertiefung auf der dorsalen Fläche des Keilbeins; seine Teile: Dorsum sellae, Tuberculum sellae usw.; prä- u. postsellärer Teil der Schädelbasis vor u. hinter dem Türkensattel.

sem(at)-, *Subst. τὸ σῆμα, ματ·ος (= Merk-, Vor-, Kennzeichen; Signal, Abzeichen, Fahne) → Verb σημαίνω (= bezeichnen, befehlen, beweisen).* – 1. Merkmal von Tieren u. Pflanzen: Aposema = Warnsignal, ein auffälliges Farb- oder Formmerkmal von Tieren, das den Feind abschreckt; aposematische Trachten mit solchen Merkmalen bedeuten daher einen Schutz, d. h. sind sematophylaktisch, s. phylact-. – 2. Einer Fahne oder Flagge ähnlich: a) Flosse von Fischen: Gttg. Aphyosemion; – b) die Mundarme mancher Scheibenquallen: Semaeostomae oder -stomeae = Fahnenquallen. – 3. Schriftzeichen u. Wort als Träger einer Bedeutung: Semantik, Semasiologie = Bedeutungslehre.

semen, semin-, *Subst. sēmen, semin·is n. (= Pflanzensamen, Keim, Geschlecht), verw. mit Verb serĕre (= säen);* vgl. sat-. – 1. Pflanzensamen: a) als Droge: Semen lini = Leinsamen, S. cucurbitae = Kürbissamen; – b) wie Samen ausgestreut, disseminiert, z. B. Coprinus disseminatus = Gesäter Tintling mit rasenartig verteilten Fruchtkörpern; – c) einem Pflanzensamen ähnlich: Seminolus, Gttg. der Käfer. – 2. Samen = Geschlechtsprodukt männlicher Tiere: Samenflüssigkeit mit den darin enthaltenen Geschlechtszellen, die in den Tubuli seminiferi des Hodens gebildet werden; Receptaculum seminis weiblicher Tiere (Plattwürmer, Mollusken u. a.) zur Aufbewahrung des bei der Begattung aufgenommenen Samens.

semper-, *Adv. semper (= immer; von jeher), in Zus. semper-viv·us, ·a, ·um (= immer lebend) u. Subst. semper-flori·um, ·i (= Immergrün).* – Namen von Pflanzen, die a) fast das ganze Jahr hindurch blühen (und fruchten): Begonia semperflorens, Fragaria vesca semperflorens; – b) derbe immergrüne Blätter besitzen, die auch im Winter und oft mehrere Jahre hindurch grün bleiben: Buxus sempervirens = Buchsbaum; – c) auch bei Wassermangel lange lebensfähig bleiben: Sempervivum tectorum (Dachwurz).

sen-, *Adj. senex, sen·is (= alt, bejahrt) → substt. Masc. (= Greis); Verb senēre (= alt sein), senescĕre (= alt werden); Adj. senīl·is, ·e (= greisenhaft).* – 1. Hohes Alter des Individuums: Seneszenz = Lebensabschnitt des Alterns nach der Geschlechtsreife; senilis = senil = alternd, greisenhaft; Senium = Greisenalter. – 2. Wie ein alter Mann aussehend: Alouatta seniculus = roter Brüllaffe.

sens-, *Sup. des Verbs sentīre (= fühlen, empfinden, wahrnehmen) → Subst. sensus, ūs m. (= Gefühl, Sinn; Gesinnung, Vernunft).* – Reizbarkeit, Sinnesfunktionen, allg.: Sensibilität; sensible Nerven leiten Erregungen von sensiblen Nervenendungen oder Sinnesorganen zum Zentralnervensystem (centripetal); Sinnesorgane = Organa sensuum; Sensilla = Sensille, eine kleine Gruppe von Sinneszellen, z. B. Geschmacksknospen; sensorisch = zur Sinnesempfindung in Beziehung.

sent(i)-, *Subst. sentis, ·is m. (= Dornstrauch).* – Dornen oder Stacheln: a) Pflanzen: Acanthopanax senticosus = Stachel-Kraftwurz; – b) Tiere: Nassa senticosa, Art der Schnecken.

sep- I., *Subst. sepes = saepes, ·is f. (= Zaun, Gehege), Verb saepire (= umzäunen) → dissaepīre (= abzäunen, trennen).* – 1. Zaun: an Zäunen wachsen die Zaunwinde Calystegia [Convolvulus] sepium u. die Zaunwicke Vicia sepium. – 2. Übertragen: Dissepiment = Scheidewand, insbes. als quere Trennwand zwischen den Zölomsäckchen der Anneliden, vgl. sept-.

sep- II., *Verb σήπω (= faulen lassen; verwesen) → Verbaladj. σηπτ·ός (= verfault), Subst. ἡ σῆψ·ις (= Fäulnis, Verwesung);* vgl. sapr-. – Sepsis = Allgemeininfektion durch Verbreitung von Erregern in der Blutbahn; antiseptisch = Infektion verhindernd.

sepal-, *neue Wortbildung in Analogie zu petal-.* – Sepalum, Plur. Sepala, verdeutscht (die) Sepalen, die Kelchblätter → Adj. sepaloid = kelchähnlich → Subst. Sepaloidie = Verwandlung von Kronblättern in Kelchblätter.

sept-, *Subst. sept·um, ·i = saept·um n. (= Einfriedigung, Gehege) vom Verb saepīre,* s. sep- I. – Septum, Plur. Septa = Scheidewände versch. Art in Körperhohlräumen: Sklero- u. Sarkosepten im Gastralraum der Anthozoa; Scheidewand zwischen den beiden Vorhöfen und zwischen den beiden Kammern des Wirbeltierherzens: Septum atriorum u. S. ventriculorum; Septum nasi = Nasenscheidewand.

septem, *Num. septem (= sieben);* vgl. hept-. – Anzahl von sieben Merkmalen: Coccinella septempunctata = Siebenpunktkäfer; Schnecke Cochlostoma septemspirale (mit 8–9 Umgängen).

septentrion-, *Subst. septentrio, ōn·is m. (= Norden) → Adj. septentrional·is, ·e (= nördlich).* – Nach ihrem Vorkommen in nördlichen Gegenden benannte Pflanzen (Asplenium septentrionale) u. Tiere (Rana septentrionalis).

ser- I., *Subst. sĕr·um, ·i n. (= Molke, Käsewasser).* – Wässerige Ausscheidungen oder Körperflüssigkeiten u. damit in Zusammenhang stehende Organe: 1. Seröse Höhlen sind Hohlräume, die zur Leibeshöhle (Coelom) des Wirbeltierkörpers gehören, seröse Häute ihre Auskleidung, z. B. die Tunica serosa der Darmwand. – 2. Serosa = die äußere, ektodermale Embryonalhülle der Amnioten, so genannt, weil sie (wie das Amnion) die „seröse" Flüssigkeit im Inneren der Fruchtblase umschließt. – 3. Seröse Drüsen scheiden im Ggs. zu den Schleimdrüsen ein dünnes eiweißreiches (dem Blutserum vergleichbares) Sekret ab. – 4. Blutserum = der von den Blutkörperchen u. dem Fibrin (Fibrinogen) befreite flüssige Bestandteil des Blutes: Serologie, Serodiagnostik.

ser- II., *Verb. serĕre (= zusammenreihen, -fügen, -knüpfen; verknüpfen), mit Präfixen: disserĕre (= auseinandersetzen), inserere (= einfügen, einverleiben);* vgl. seri- und sert-.

seri-, *Subst. seri·es, ·ēi f. (= Reihe, Ord.) vom Verb serĕre (= aneinanderreihen, anknüpfen).* – Reihe gleichartiger Gebilde oder Merkmale: a) Flossenstrahlen des Archipterygium uni- u. biseriale bei Lurchfischen (Dipnoi); – b) Vitellarfollikel der Seriata u. Proseriata, Ord. u. Uord. der Strudelwürmer.

seric-, *Adj. σηρικ·ός (= seiden) → substt. τὸ σηρικ·όν (= Seide), lat. Subst. Plur. seric·a, ·orum n. (= seidene Stoffe); benannt nach den Serern (Σῆρες) = Chinesen.* – 1. Spinnfaden: a) Sericterien = Spinndrüsen bei manchen Insektenlarven u. den echten Spinnen; – b) Seide von Seidenraupen: daraus Sericin = Seidenleim, ein Eiweißkörper. – 2. Der Seide ähnlich: a) seidig glänzend der Hut des Pilzes Rhodophyllus sericeus; – b) „seidig behaart": Spermophagus sericeus, Art der Samenkäfer; – c) dicht mit Härchen besetzt die Schale der Schnecke Isogonostoma holosericeum.

serotin-, *Adj. sēr·us, ·a, ·um (= spät, verspätet) → Adj. serotīn·us, ·a, ·um (= spät kommend).* – 1. Spät in der Tages- oder Jahreszeit: Vesperugo serotinus, die spätfliegende Fledermaus; Poa serotina = Spätes Rispengras, blüht erst im Juli u. August, Rhinanthus serotinus bis September. – 2. Bei einem Entwicklungsvorgang später als verwandte oder zugehörige Teile auftretend: Dens serotinus = Weisheitszahn (beim Menschen); Decidua serotina (substt. Serotina) = D. placentalis.

serp-, *Verb serpĕre (= kriechen, schleichen; um sich greifen), Part. Präs. substt. serpens, serpent·is m. u. f. (= Schlange);* verw. mit herp- u. rep-. – 1. Schlangen: a) Serpentes = Ophidia, Uord. der Schuppenechsen; – b) Beziehung zu Schlangen: Sagittarius serpentarius (Sekretär), Raubvögel, deren Nahrung unter anderem Schlangen bilden. – 2. Schlangenähnlich: a) wie eine Schlange gestaltet u. sich bewegend: Ophichthys serpens, ein Aalfisch; – b) geschlängelt: Serpula, Gttg. der marinen Borstenwürmer in gewundenen Röhren. – 3. Am Boden „kriechend": Grammaria serpens, Kolonie von Hydroidpolypen.

serr-, *Subst. serr·a, ·ae f. (= Säge) → Adj. serrāt·us, ·a, ·um (= gezackt, zackig).* – Organe u. Körperteile, mit einer Säge verglichen: 1. Form u. Funktion: Mergus serrator, ein Gänsevogel mit gezähnten Schnabelrändern, mit denen tierische Nahrung (Fische) gefaßt (aber nicht etwa zersägt) wird. – 2. Form: freier gezackter Rand der Legescheide von Barbatistes serrícauda

(Sägeschwanzschrecke), des Abdomens von Streblocerus serricaudatus (Wasserfloh), der Laubblätter von Gttg. Serratula = Scharte, der Blätter des Laubmooses Ephemerum serratum, der Lamellen des Pilzes Rhodophyllus serrulatus (Gesägtblättriger Zärtling). – 3. Bild der Säge innerhalb einer Fläche: a) einseitige Zacken beim Musculus serratus am Rippenkorb der Säugetiere; Ora serrata s. or- II.; – b) zwei am Rande gezackte Flächen zusammentreffend: flache Schädelknochen in einer Zackennaht = Sutura serrata.

sert-, *Sup. des Verbs serĕre → Subst. Plur. sert·a, ·orum n. (= Blumengewinde, Kränze), mit Präfix Verb inserĕre (= hineinfügen) → Subst. insertio, on·is f.;* vgl. ser- II. – 1. Anheftung, Verbindung: Insertion = Befestigung der Blätter am Stengel (Blattansatz), die des Muskels am Knochen (Ansatz im Unterschied zum Ursprung, s. origin-). – 2. Anordnung mit einem Blumengewinde vergleichbar: Sertularia, eine Gttg. der Hydroidpolypen mit reihenweise angeordneten Einzeltieren.

sesam-, *Subst. τὸ σήσαμ·ον (= Sesam, Sesampflanze) → lat. sesam·a, ·ae f. (= Sesam, Sesamfrucht).* – 1. Sesamum (Gttg.), Pflanze, deren Samen zur Öl- u. Mehlgewinnung dienen; Oleum sesami aus Samen von S. indicum. – 2. Den Samen der Sesampflanze in Größe u. Form ähnlich: Os sesamoides = Sesambein, kleine Verknöcherung in Sehnen u. Bändern.

sess-, *Sup. vom Verb sedēre (auch von sidere); Subst. sessio, sessiōn·is f. (= das Sitzen; Sitzplatz, Gesäß), Adj. sessil·is, ·e (= zum Sitzen geeignet);* vgl. sed-. – Sessil: a) am Boden festsitzend im Ggs. zu frei beweglich; sessile Tiere sind Schwämme, viele Coelenterata, die meisten Ascidia u. a. Wassertiere; Sessilität = festsitzende Lebensweise; Sessilia, peritriche Ciliata im Ggs. zu den Mobilia; – b) nicht gestielt: Früchte von Quercus sessilis (Syn. von Qu. petraea), Blätter von Epipactis sessilis (Violette Sumpfwurz).

set-, *Subst. saeta = sēt·a, ·ae f. (= starkes Haar, Borste).* – 1. Starkes Haar oder Borste bei Säugetieren: allg. Seta, Plur. Setae; Ericulus setosus = Igel-Tanrek. – 2. Borsten versch. Art bei Wirbellosen: Triarthra longiseta, ein Rädertier; Borstenwürmer: Pristina longiseta, Disoma multisetosum. – 3. Borstenartige Bildungen bei Pflanzen: a) lange Borsten am Grunde der Ährchen der Borstenhirse Gttg. Setaria; – b) die Äste von Equisetum s. equ-; – c) Zweige u. Blätter des Lebermooses Telaranea setacea; – d) Seta = der dünne Stiel der Mooskapsel.

sex-, *Num. sex (= sechs), verw. mit hex,* s. hex(a)-. – Anzahl von sechs Merkmalen oder Organen: a) von vorn nach hinten aufeinanderfolgend: Dasypus sexcinctus, Art der Gürteltiere (s. cinct-); – b) in der Längsrichtung nebeneinander: Cnemidophorus sexlineatus = Gestreifte Renneidechse; Epiplatys sexfasciatus = Sechsbandhechtling (ein Zahnkarpfen).

sexu-, *Subst. sexus, ūs m. (= das männliche oder weibliche Geschlecht).* – 1. Allg. Begriff des Geschlechts: Sexus; sexualis = sexuell = geschlechtlich, auf die geschlechtliche Fortpflanzung oder auf das Geschlecht bezüglich; Sexualität = Geschlechtlichkeit. – 2. Das geschlechtlich differenzierte Individuum: Sexualdimorphismus = das Vorhandensein ausgeprägter Unterschiede der männlichen u. weiblichen Individuen; Intersexe sind sexuelle Zwischenformen durch Umwandlung des Geschlechtes im Lauf des Lebens; Sexupara, im Generationswechsel mancher Insekten (Blattläuse) ein Weibchen, das parthenogenetisch die Geschlechtsformen hervorbringt.

sicc-, *Adj. sicc·us, ·a, ·um (= trocken; durstig) → Verb siccāre (= trocknen).* – a) vertrocknete Pflanze: Phyllium siccifolium s. foli- (2. a); – b) Apparat zur Wasserentziehung: Exsiccator.

sid-, *Verb sidĕre (= sich setzen, herabsinken);* vgl. sed- u. sess-. – Residuum = Rückstand, z. B. Residualluft in der Lunge, s. re+.

sider- I., *Subst. ὁ σίδηρ·ος (= Eisen, Stahl, Waffe).* – 1. Eisen a) als Metall: Haemosiderin, eisenhaltiges Zerfallsprodukt des Hämoglobins; – b) aus Eisen geformter Gegenstand: das Hufeisen, ihm ähnlich der Nasenaufsatz der Fledermaus Rhinolophus hipposideros. – 2. Dem Eisen ähnlich: hart wie Eisen das Holz von Sideroxylon = Eisenbaum, Eisenholz (Gttg. der Sapotaceae).

sider- II., *Subst. sīdus, sider·is n. (= Sternbild, Gestirn) → Adj. sidere·us, ·a, ·um (= gestirnt).* – 1. Gestirn: siderische Umlaufzeit eines Planeten. – 2. Mit Stern oder Sternbild verglichen: Bathysidus pentagrammus, ein Tiefseefisch mit fünf Reihen von Leuchtorganen.

sigm-, *der Buchstabe σ, Σ = s, S;* S. 27. – Form des Schriftzeichens: Colon sigmoideum, ein doppelt gekrümmter Abschnitt des Dickdarms; Zähne mit s-förmigen Schmelzfalten hat Sigmodon, Gttg. der Nagetiere.

sign-, *Subst. sign·um, ·i n. (= Zeichen, Merkmal) → Verb signāre (= bezeichnen; abbilden; beobachten) → Subst. signatur·a, ·ae f. (= Kennzeichnung, Siegel), Adj. insign·is, ·e (= kenntlich, auffallend, ausgezeichnet).* – Mit auffälligen Merkmalen versehen: a) allg.: Pseudomugil signatus (ein Fisch), Belontia signata (Fisch), Trypodendron signatum (ein Borkenkäfer), Orthezia insignis (Gewächshausröhrenlaus); – b) auffällige Merkmale von Pflanzen wurden nach der Irrlehre der „Signatur" als Zeichen für bestimmte Heilwirkungen betrachtet, z. B. die Blattform von Hepatica für Leberleiden, von Leonurus cardiaca für Herzleiden.

silic-, *Subst. silex, silic·is m. u. f. (= Gestein, Kiesel, Fels).* – 1. Chem. Stoff: Element Silicium, kieselsaure Salze: Silikate. – 2. Kieselskelette von Tieren: Silicispongia = Kieselschwämme.

siliqu-, *Subst. siliqu·a, ·ae f. (= Schote, Plur.: Hülsenfrüchte) → Demin. silicul·a, ·ae (= Schötchen).* – 1. Schote: Lotus siliquosus = Schotenklee, mit auffälligen Schoten. – 2. Mit einer Schote verglichen: Schalen von Schnecken (Gttg. Siliquaria) und Muscheln (Ensis siliqua).

silv-, *Subst. silv·a, ·ae f. (= Wald, Gehölz, Park) → Adj. silvestr·is, ·e (= bewaldet; im Wald lebend);* auch Schreibweise sylv-. – Wald als Lebensbereich: a) Pflanzen: Scirpus silvaticus, Fagus sylvatica, Brachypodium silvaticum; Anemone silvestris; – b) Tiere: Mus silvaticus = Waldmaus, Nemobius silvestris = Waldgrille, Lucilia silvarum = Waldgoldfliege.

simi-, *Subst. sīmi·a, ·ae f. (= Affe).* – Affen: a) allg.: Simiae = Affen, Prosimiae = Halbaffen; – b) insbes. Gttg. Simia (mit wechselnder nomenklatorischer Geltung), vgl. pithec-.

simil-, *Adj. simil·is, ·e (= ähnlich, gleich), mit Präfixen: assimilis (= ziemlich ähnlich), dissimilis (= unähnlich);* vgl. simul-. – 1. Der arteigenen Substanz gleich: Assimilation („Angleichung"), der Aufbau der spezifischen Körpersubstanzen, bei den Tieren aus den organischen Stoffen der (gewöhnlich erst durch Verdauung zerlegten) Nahrung, bei den Pflanzen insbes. die Bildung von Kohlehydraten aus Kohlensäure u. Wasser unter Verwertung der Lichtenergie (Photosynthese); Dissimilation = der Abbau der spezifischen Substanz, bes. die Oxydation zum Energiegewinn (im „Betriebsstoffwechsel"). – 2. Bei Artnamen Vergleich mit verw. Arten: Theridium simile (eine Spinne), Cimex dissimilis (eine Wanze).

simplic-, *Adj. simplex, simplic·is (= einfach, einzeln) im Unterschied zu doppelt (duplex) oder mehrfach (kompliziert);* vgl. plex-, plic-, duplic-. – 1. Einfach im Sinn von einheitlich: a) ungegliedert: Ligula simplicissima, ein Bandwurm ohne äußere Gliederung in Proglottiden; – b) unverzweigt: Sparganium simplex im Ggs. zu Sp. ramosum. – 2. Einzahl: Simplicidentata = Rodentia, mit zwei Zähnen im Oberkiefer, Ggs. duplic-.

simul-, *Verb simulāre (= ähnlich machen; darstellen, vorspiegeln) → Subst. simulatio, iōn·is f. (= Vorspiegelung, Täuschung), verw. mit Adj. similis.* – Anderen Tieren ähnlich, sie „nachahmend" (im Sinne der Mimikry), z. B. Ecitomorpha simulans, ein Käfer, der als Gast von Ameisen diesen ähnlich ist.

simultan, *Adv. simul (= zugleich) → Adj. simultane·us, ·a, ·um (= gemeinschaftlich, gleichzeitig).* – Adj. simultan = gleichzeitig, z. B. simultane Teilung von Protozoen in viele kleine Zellen (multiple Teilung); Simultankontrast beim Sehen gleichzeitig im Ggs. zum Sukzessivkontrast.

sin-, *Subst. τὸ σίν·ος (= Schaden) → Verb σίνομαι (= schaden, beschädigen, verwüsten).* – Schädlinge von Pflanzen, bes. Käfer: Gattungen der Borkenkäfer Hylesinus u. Phloeosinus, Gttg. der Lucanidae Sinodendron.

sinister, *Adj. sinister, sinistr·a, ·um (= link).* – Auf der linken Körperseite gelegen bzw. bei symmetrischen Gebilden der linke Teil: Atrium sinistrum und Ventriculus sinister des Herzens, vgl. dextr-.

sinu-, *Subst. sinus, ūs m. (= Krümmung, Busen, Bucht) → Adj. sinuōs·us (= voller Krümmungen), Verb sinuāre (= krümmen).* – 1. Räumliches Gebilde, Einsenkung, Bucht, Hohlraum: a) flache Bucht, z. B. Sinus tonsillaris beim Menschen zwischen den Gaumenbögen; – b) blind end gende Höhle, insbes. die lufthaltigen Nasennebenhöhlen, z. B. Sinus frontalis = Stirnhöhle, Sinus maxillaris = Kieferhöhle; – c) Räume des Blutgefäßsystems, Venensinus, z. B. innerhalb der harten Hirnhaut der Sinus sigmoideus; insbes. heißt Sinus venosus der Venenraum vor dem Herzen bei Fischen u. Amphibien. – 2. Lineare Einbuchtung: a) an freien Rändern: Thallus von Delesseria sinuata, Blätter von Salpiglossa sinuata; – b) innerhalb einer Fläche: Mantelbucht der Sinupalliata, s. palli-.

sipho(n-), *Subst. ὁ σίφων, ων·ος (= Röhre, Rinne; Spritze, Springbrunnen), lat. sipho, siphōn·is m. (= Feuerspritze) → Demin. siphunculus = sipuncul·us, ·i m. (= kleine Röhre).* – 1. Beidseits offene Röhren: bei Muscheln röhrenförmige Verlängerung des Mantelrandes am Hinterende, der Branchialsipho für Frischwasser, der Kloakalsipho für Abwasser und Exkremente. – 2. Durchgehende Röhren zur Nahrungsaufnahme: a) Rüssel bei Blutegeln: Gttg. Glossiphonia; – b) Mundgliedmaßen von Insekten: Siphonaptera = Flöhe, Siphunculata = Läuse. – 3. An den Enden geschlossene Röhre bei koloniebildenden Zölenteraten: Siphonophora = Röhrenquallen. – 4. Röhrenähnlich, nur an einem Ende offen: Siphonanthie = röhrenförmige Ausbildung der Strahlblüten im Blütenkorb von Kompositen; Blütenkrone von Aristolochia macrophylla [sipho] erinnert an eine Tabakspfeife. – 5. Röhrenwand ohne Lumen: bei der Siphonostele bilden die Leitbündel einen geschlossenen Zylinder, der von Mark erfüllt ist. – 6. Einem Schlauch formähnlich: a) Stamm der Sipunculida, wurmförmige Tiere mit Gttg. Sipunculus u. Siphonomecus; – b) der Sipho von Cephalopoden mit gekammerter Schale ist ein Strang, der den Tierkörper mit der Anfangskammer verbindet; – c) Pollenschlauch: Siphonogamae = Blütenpflanzen.

-sist-, *Verb sistĕre (= hinstellen; hemmen, befestigen), verw. mit Verb stāre u. ἵστημι; mit Präfix: resistere (= stehenbleiben; Widerstand leisten);* vgl. sta-, stat-. – 1. Beschaffenheit, insbes. Festigkeit, Dichte: Konsistenz, z. B. Gewebe von knorpeliger Konsistenz. – 2. Erhaltung oder Beharrung eines Zustandes: a) allg.: Existenz (= Exsistenz); – b) Entwicklung auf frühen Zuständen beharrend: persistent, Persistenz (vgl. per+ 2.); – c) Resistenz = Widerstand gegen schädigende Einflüsse, z. B. Frostresistenz.

sit-, *Subst. ὁ σῖτ·ος (= Weizen, Korn; Brot, Nahrung).* – 1. Getreide u. Getreideerzeugnisse als Nahrung tierischer Schädlinge: Käfer Stegobium [Sitodrepa] paniceum = Brotbohrer; die Getreidemotte Sitotroga cerealella befällt Getreide am Halm oder in Speichern. – 2. Nahrung, Ernährung: a) Parasiten = Schmarotzer ernähren sich am oder im Körper (als Ekto- oder Entoparasiten) anderer Tiere oder Pflanzen, vor allem auf Kosten von deren Körpersubstanz; – b) die Seerose Calliactis parasitica ist nach ihrer Symbiose mit Einsiedlerkrebsen benannt, aber kein Parasit.

situ-, *Subst. situs, ūs m. (= Lage, Stellung).* – Situs = die natürliche Lage oder Anordnung der Organe im Inneren des Körpers, insbes. der Eingeweide: S. viscerum; betr. S. inversus s. vers- 2.

soci-, *Adj. soci·us, ·a, ·um (= gemeinsam, verbündet), substt. (= Genosse, Gefährte) → Adj. sociāl·is, ·e (= kameradschaftlich), Subst. societas, tātis f. (= Gemeinschaft, Bündnis); mit Präfixen as+, con+.* – 1. Vereinigung tierischer oder pflanzlicher Organismen: a) freie Individuen: Association = Gesellschaftsbildung; insbes. werden die staatenbildenden Termiten, Ameisen, Bienen u. a. als soziale Insekten bezeichnet; Philetairus socius = Siedelweber, -sperling, brütet in Kolonien; Cynomys socialis [ludovicianus] = Präriehund, ein Nagetier, dessen Erdhöhlen dicht beieinander angelegt werden; – b) Kolonien festsitzender Tiere, z. B. Lacinularia socialis (ein Rädertier); – c) Assoziationen u. Konsoziationen sind versch. Pflanzenbestände. – 2. Verknüpfung nervöser Erregungen u. Bewußtseinsinhalte im Zentralnervensystem: Assoziationsbahnen = Tractūs nervosi associationis verbinden Teile des Gehirns miteinander sowie das Gehirn mit dem Rückenmark.

sol(-) I., *Subst. sōl, sol·is m. (= Sonne; Sonnenschein).* – 1. Sonne, das Gestirn sowie seine Ausstrahlungen (Insolation). – 2. Beziehung zur Sonne: zur Sommer-Sonnenwende (Solstitium): a) Pflanzen: Centaurea solstitialis = Sommer-Flockenblume; – b) Tiere: Rhizotrogus solstitialis = Juni-Brachkäfer. – 3. Strahlig gebaute Tiere oder Organe, mit der Sonne verglichen: a) Fortsätze allseits im Raum ausstrahlend: Actinophrys sol, Art der Sonnentierchen, vgl. heli-; – b) ebene Anordnung, z. B. Solaster, Gttg. der Seesterne mit vielen Armen; Plexus solaris = Sonnengeflecht, veraltete Bez. für den sympathischen Nervenplexus der Eingeweide beim Menschen (Pl. coeliacus).

sol- II., *Adj. sōl·us, ·a, ·um (= allein, einzig, einsam) → Adj. solivag·us, ·a, ·um (= allein umherstreifend), solitari·us, ·a, ·um (= alleinstehend, abgesondert, einsam).* – 1. Vereinzelt = solitär lebend: Pezophaps solitarius = Solitär, Einsiedler, eine ausgestorbene flugunfähige Taube. – 2. Einzelne oder isolierte Organe: Solitärfollikel, einzelne Lymphfollikel (-knötchen) im Ggs. zu den gehäuften Knötchen (s. greg-).

solen(-), *Subst. ὁ σωλήν, σωλῆν·ος (= Röhre, Kanal).* – Geschlossene Röhren (Kanäle) oder offene Rinnen: 1. Zellorganelle: Solenocyten sind Exkretionszellen bei Annelidenlarven u. Akraniern. – 2. Organe u. Körperteile vielzelliger Tiere: a) Molluskenschalen: Solen vagina = Scheidenmuschel, deren röhrenförmige Schale verlängert ist; Solenoconcha = Scaphopoda, Kl. der Mollusken, deren Mantel u. Schale ventral zu einer Röhre verwachsen sind; – b) Schnauze von Wirbeltieren: Solenostoma = Röhrenmaul, Gttg. der Knochenfische; Solenichthyes = Syngnathiformes, Ord. der Fische; – c) Zähne von Schlangen: Solenoglypha (Vipern u. Crotaliden) mit hohlem Giftzahn, vgl. glyph-. – 3. Wohnröhren: Larven von Solenobia (Gttg. der Sackmotten) in gesponnenen Säcken.

solid-, *Adj. solid·us, ·a, ·um (= ganz, vollständig; massig; fest; beständig) → Verb solidāre (= festigen, dicht machen).* – 1. Massig, nicht hohl: die solide Sterroblastula, s. sterr-. – 2. Fest, hart: die Schale mancher Muscheln (Mactra solida). – 3. Gesund: die Goldrute Solidago (Gttg. der Compositae) als Heilmittel „gesund machend" (solid- agere). – 4. Übertr.: beständig: solidieren, konsolidieren = festmachen, sichern.

som(at)-, *Subst. τὸ σῶμα, σώματ·ος (=Körper; Leiche; Person) → Demin. τὸ σωμάτι·ον und Adj. σωματικ·ός (=körperlich).* – 1. Körper als Ganzes: a) Gestalt, Habitus: Gttg. Trypanosoma s. tryp- I.; Gattungen der Käfer Dolicho-, Ischno-, Platy-, Sphaerosoma; – b) Körperoberfläche, äußeres Aussehen: Gttg. der Libellen Somatochlora, Gttg. der Gänsevögel Somateria (Eiderente). – 2. Körperteil, großer Abschnitt eines gegliederten Körpers: bei Skorpionen Prosoma = Vorderkörper, Meso- u. Metasoma = Prae- u. Postabdomen; bei Spinnmilben Gnatho-, Podo- u. Opisthosoma. – 3. In der Genetik ist das Soma der Körper ohne die Keimzellen (Keimbahn) u. im Ggs. zu ihnen; somatisch = das Soma betreffend, z. B. somatische Polyploidie. – 4. Körperchen, kleines Gebilde innerhalb der Zelle: a) Chromosomen = die bei der mitotischen Teilung entstehenden oder auch im Ruhekern persistierenden Gebilde aus Chromatin; in manchen Bez. Abk. zu som-, z. B. Polysomie = Vervielfachung einzelner Chromosomen in einem sonst normalen Satz; – b) Centrosoma = Zentralkörperchen mit Centriol, u. wenn dies verdoppelt: Diplosom; – c) andere Zellorganelle oder -differenzierungen: Plastosomen, Chondriosomen = Mitochondrien, Sarkosomen im Sarcoplasma, Desmosomen = Brückenknötchen in Plasmodesmen (s. desm-).

son-, *Subst. son·us, ·i m. (= Laut, Ton, Schall) → Verb sonāre (= ertönen, klingen), Subst. sonitus, ūs m. (= Geräusch, Getöse, Schall).* – 1. Schall als physik. Vorgang: Resonanz. – 2. Physiologie: die Helmholtzsche Resonanztheorie nahm Resonanzschwingungen der einzelnen Fasern der Basilarmembran an. – 3. Schallempfindung: Sonitus aurium = Ohrenklingen.

sorb-, sorpt-, *Verb sorbēre (= verschlucken, verschlingen), bes. mit Präfix: absorbēre (= hinunterschlürfen); Sup. sorpt-.* – Resorption, die Aufnahme gelöster Stoffe in die Zellen u. das Körperinnere, insbes. die Aufnahme der

Nährstoffe durch die Darmwand (Ggs. Phagocytose); resorptiv = die Resorption betreffend; resorbieren = aufsaugen, durch Resorption aufnehmen: absorbieren = aufsaugen.

spadic-, ix, *Subst. ὁ σπάδιξ → spadix, ic·is (= abgerissener, vertrockneter Palmenzweig) → Adj. spadice·us, ·a, ·um (= braun); Etymologie unsicher).* – 1. Form eines Kolbens: Spadix = Kolben, ein ährenartiger Blütenstand mit ungestielten Blüten an langer, verdickter Achse, danach zusammenfassende Bez. Spadiciflores (Palmen u. a.). – 2. Bräunliche Farbe: a) Blüten des Braunklees Trifolium spadiceum; – b) Fruchtkörper von Pilzen: Hygrocybe spadicea, Psathyra spadicea.

spars-, *Sup. vom Verb spargĕre (= streuen, ausstreuen, spritzen).* – 1. Wie ausgestreut, zerstreut: die locker stehenden Blüten von Myosotis sparsiflora (Hain-Vergißmeinnicht). – 2. Wie bestreut oder bespritzt: feine Flecken auf den Flügeldecken der Käfer Noterus sparsus und Pachytychius sparsutus.

spat(h)-, *Subst. ἡ σπάϑ·η (=Spatel, Schwert) → latin. spath·a, ·ae f. → Demin. spatul·a, ·ae f.* – Lange spatelförmige Gebilde: 1. Pflanzenorgane: a) Spatha, Blütenscheide, ein Hochblatt kolbiger Blütenstände, bes. bei den Araceae, daher Ord. Spathiflores, Gttg. Spathiphyllum mit der Art Sp. cochlearispathum; – b) spatelige Blätter von Senecio spathulifolius u. Gagea spathacea = Scheidiger Goldstern. – 2. Kopffortsätze von Tieren: a) Rostrum des Störs Polyodon spatula; – b) Schnabel der Löffelente, Gttg. Spatula.

speci-, *Subst. speci·es, ·ēi (= Sehen, Anblick, Bild, Anschein) vom Verb specio; Adj. specios·us, ·a, ·um (= schön, wohlgestaltet);* s. spect-. – Kennzeichnung durch Merkmale: a) Besonderheit: speziell, spezifisch; Spezifität der Keimblätter = deren bes. Beschaffenheit u. Rolle im Entwicklungsgeschehen; – b) Art als syst. Kategorie: Species, Adj. spezifisch = die Art betreffend: spezifische Merkmale sind solche, die die Art charakterisieren; Subspecies = Unterart; – c) mit Bewertung: Macaca speciosa = Bärenmakak; Käfer Cetonia speciosissima; Galeopsis speciosa = Bunter Hohlzahn, Lilium speciosum = Prachtlilie.

spect-, *Verb specio, spectum, specĕre (= schauen) → Verb spectāre (= schauen, betrachten) Adj. spectabil·is, ·e (= sehenswert, ansehnlich); Subst. spectr·um, ·i n. (= Bild, Vorstellung).* – 1. Aussehen, Anblick: a) ansehnlich, auffallend: Dicentra spectabilis (Zweifarbige Herzblume), Erionetta spectabilis = Prachteiderente; – b) gespenstisch: Tarsius spectrum = Koboldmaki, Art der Halbaffen (Tarsiidae). – 2. Berücksichtigung, Hinblick auf: prospektiv = vorausschauend, in der Entwicklungsmechanik das künftige Schicksal eines Keimteiles betreffend: prospektive Bedeutung = das wirkliche Schicksal, prospektive Potenz = das mögliche Schicksal.

spel-, *Subst. τὸ σπέ·ος = σπεῖ·ος oder σπήλαι·ον (=Höhle, Grotte).* – Höhlen: a) allg.: Speläologie = Höhlenforschung; – b) als Lebensbereich, bes. für Tiere (Höhlenfauna): Amblyopsis spelaeus, ein blinder Höhlenfisch; Typhlotriton spelaeus = Blinder Höhlensalmander; – c) nur zeitweise in Höhlen: die Fledermaus Eonycteris spelaea, der fossile Höhlenbär Ursus spelaeus.

sper-, *Wurzel des griech. Verbs σπείρω (= säen, ausstreuen, erzeugen) und der Substantive σπέρμα und (Ablaut zu o) ὁ σπόρ·ος sowie ἡ σπορ·ά*; s. sperm(at)- u. spor-.

sperm(at)-, *Subst. τὸ σπέρμα, ματ·ος (=Same, Saat, Herkunft)*; vgl. sper-. –

1. Same von Tieren, d. h. Samenflüssigkeit oder Gesamtheit der Samenfäden (Spermien): Sperma; darin enthaltener Stoff Spermin; Funiculus spermaticus = Samenstrang, ein vom Hoden ausgehender Strang, in dem der Samenleiter (Spermaductus = Vas deferens) verläuft.
2. Männliche Geschlechtszellen: a) Entwicklung im Hoden (Spermarium), d.h. Spermato- = Spermiogenese: aus Spermato- (Spermio-) gonien bilden sich Spermato- (Spermio-)zyten u. durch die Reifeteilungen die Spermatiden, die sich durch die Spermiohistogenese in reife Spermatozoen (Samentierchen) = Spermien umwandeln; – b) Besamung der Eizelle: Eindringen eines oder mehrerer Spermien = Mono- oder Polyspermie; bei der seltenen Merospermie stirbt der Spermakern ab, während das Centrosom (Spermacentrum) sich an der Befruchtung und Furchung beteiligt.
3. Laich, d. h. abgelegte Eier, durch Schleim zusammengehalten, ihm ähnlich: Batrachospermum = Froschlaichalge, vgl. monil-.
4. Samen von Blütenpflanzen: a) als solche: Spermatophyten = samenbildende Pflanzen; nach Anzahl u. Eigenschaften der Samen benannt: Gttg. Lithospermum = Steinsame, Vicia tetrasperma = Viersamige Wicke, Chenopodium polyspermum = der Vielsamige Gänsefuß; – b) als Nahrung von Tieren: Spermophilus (= Citellus, Ziesel), Gttg. der Sciuridae.

sphaer-, *Subst. ἡ σφαῖρ·α (=Kugel, Erdkugel, Ball) → Demin. τὸ σφαιρί·ον (= kleine Kugel), Adj. σφαιροειδής (= kugelförmig, rund).* – 1. Körper von kugeliger Form: a) sphärische Symmetrie einzelliger Tiere: Radiolarien: Gattungen Aulosphaera, Collosphaera, Sphaerozoum; – b) rundliche Tiere von radialer Symmetrie: Sphaerechinus, Gttg. der Seeigel; – c) bilateralsymmetrische Tiere von annähernd kugeliger Körperform, z. B. Rädertiere (Sphaeroidea), Muscheln (Gttg. Sphaerium), Käfer (Gattungen Sphaericus, Sphaeridium, Oosphaerula). – 2. Kugelige Körperteile oder Organe: a) bei Tieren: Articulatio sphaeroidea = Kugelgelenk; – b) bei Pflanzen: Fruchtkörper des Pilzes Sarcosphaera, Sporenkapsel des Laubmooses Physcomitrium sphaericum, Früchte der Binse Juncus sphaerocarpus, Blütenstand von Echinops sphaerocephalus. – 3. Tiere, die sich vorübergehend zusammenrollen: Sphaeroma, Gttg. der Asseln = Kugelasseln (Krebse); Sphaerotherium, Gttg. der Glomeridae (Tausendfüßer). – 4. Wirkungsbereich: die Astrosphäre = Protoplasmastrahlung um das Centrosom bei der mitotischen Zellteilung.

sphen-, *Subst. ὁ σφήν, σφην·ός (= Keil).* – 1. Keilförmig: a) räumlich: Zähne der Reptilien (Gttg. Sphenodon = Brückenechse), der Schnabel von Vögeln (Spheniscus, Gttg. der Pinguine); – b) flächig: die Blätter von Sphenophyllum (fossile Pflanzen). – 2. Keilbein, Schädelknochen der Wirbeltiere (Etymologie nicht sicher, vielleicht statt Os sphecoides = „Wespenbein"): a) Os sphenoidale = Keilbein beim Menschen, durch Verschmelzung mehrerer Knochen entstanden; – b) Sphenoidalia, Knochen, die an der Bildung des menschlichen Keilbeins beteiligt, aber bei Tieren meist selbständig und nicht keilförmig sind: unpaar Basi- u. Praesphenoid, paarig Ali- u. Orbitosphenoide, dazu das unpaare Parasphenoid an der Schädelbasis der Fische und anderer Wirbeltiere.

sphinct-, *Subst. ὁ σφιγκτήρ, τῆρ·ος (= Schnur, Band), von Verb σφίγγω (= schnüren, zusammenziehen)* – Sphinkteren = Schließmuskeln, z. B. Musculus sphincter ani, pupillae, pylori, vesicae.

spic-, *Subst. spīc·a, ·ae f. und spīc·um, ·i n. (= Ähre; Spitze) → Demin. spicul·um, ·i n. (= Spitze, Stachel, Pfeil).* – 1. Spiculum, Plur. Spicula, Bez. für kleine spitze Gebilde, z. B. in Kalk- oder Kieselskeletten von Schwämmen, von Spiculoblasten gebildet. – 2. Ähre (Blütenstand): a) Grasart Apera spica-venti = Windhalm mit großer Rispe (vent- II. 1.), Mentha spicata (Grüne Minze), Myriophyllum spicatum = Ähren-Tausendblatt; – b) Tiere in Beziehung zu Ähren: Mus spicilegus, vgl. leg-.

spil-, *Subst. ὁ σπίλ·ος = σπῖλ·ος (= Schmutz, Schmutzfleck) → Verbaladj. σπιλωτ·ός (= befleckt).* – Verschiedenfarbige Flecken: a) Pflanzen: Gttg. Spilanthes, deren weiße Blüten durch schwärzliche Antheren gefleckt erscheinen; – b) Tiere, z. B. die Fische Barbus trispilus, Ctenobrycon spilurus, Luciosoma spilopleura.

spin-, *Subst. spīn·a, ·ae (= Dorn, Stachel; Rückgrat) → Adj. spinos·us, ·a, ·um (= voller Dornen, stechend).* – 1. Spitzer Fortsatz, Stachel, Dorn: a) Knochenfortsatz, z. B. Processūs spinosi = Dornfortsätze der Wirbel, danach Musculi spinales; Spina ossis ischii u. a; – b) Sporen bei Vögeln: bei Hoplopterus spinosus = Sporenkiebitz am Vorderrande des Flügels; – c) Flossenstacheln bei Fischen: Gttg. Spinax = Dornhai, Gasterosteus spinachia = Seestichling; – d) Stacheln oder dergl. bei Arthropoden, Artnamen: spinicornis, -frons, -fer, -ger, -pes, longispinus; – e) versch. spitze Bildungen bei Pflanzen, z. B. an den Fiederblättern des Dornigen Wurmfarnes Dryopteris spinulosa [austriaca], an den Blättern der Gelben Alpendistel Cirsium spinosissimum, Dornen an den Zweigen des Schwarzdorns (der Schlehe) Prunus spinosa. – 2. Grat, Kamm (einem Gebirgsgrat oder -kamm vergleichbar): Spina scapulae, vertikale Knochenplatte auf dem Schulterblatt, daneben flache Vertiefungen: Fossa supra u. infra spinam. – 3. Rückgrat (Wirbelsäule) und Rückenmark: Canalis spinalis = Rückgratskanal, in dem die Medulla spinalis = das Rückenmark verläuft; von diesem ausgehend die Nervi spinales = Rückenmarksnerven mit den Spinalganglien.

spir-, *Subst. ἡ σπεῖρ·α (= Windung, Gewinde, Geflecht, Netz), Verb σπειράω (= wickeln, winden) → Subst. τὸ σπείρημα, ματ·ος (= Windung, Flechte, Schnur); lat. Subst. spir·a, ·ae f. (= Windung der Schlange).* – 1. Spiralige Form: a) ebene Spirale: Spirula, Gttg. der Cephalopoda mit ventralwärts eingerollter Schale; Spirorbis, Gttg. der polychaeten Röhrenwürmer; – b) Schraubenspirale mit gleich großen Windungen: Spirochaeta [Syn. Treponema], Gttg. der Bakterien; Valvula spiralis = Spiralklappe im Darm von Haien u. Rochen; Blütenstiel von Valisneria spiralis = Schrauben-Vallisnerie; Chloroplasten der Algen-Gttg. Spirogyra; – c) typische Schneckenspirale, nach ihr benannt: in der Gehörschnecke der Säugetiere das Organum spirale (Corti) u. Ganglion spirale. – 2. Vorgang: Zellteilungen in spiraliger Richtung bei der Spiralfurchung mancher Tierstämme, die danach als Spiralia = Spiralier zusammengefaßt wurden. – 3. Unregelmäßig aufgeknäuelt: Spirem = Knäuelstadium der mitotischen Kernteilung.

spira-, *Verb spīrāre (= hauchen, blasen, atmen) → Subst. spiracul·um, ·i n. (= Luftloch); mit Präfixen ex+, in+, re+.* – 1. Atmung: a) allg.: Respiration. – b) äußere Atmung: Ex- und Inspiration = Aus- und Einatmung. – 2. Atmungsorgane = Respirationsorgane: a) ihre Gesamtheit: Systema respiratorium (JNA) = Apparatus respiratorius (PNA); – b) Spiraculum = Atmungsloch, z. B. bei Lungenschnecken.

splanch-, *Subst. τὸ σπλάγχν·ον (= Eingeweide).* – Eingeweide = die in den großen Körperhöhlen befindlichen inneren Organe (insbes. bei Wirbeltieren): a) Splanchnologie = Lehre von den Eingeweiden; – b) Splanchnocoel = der aus den Seitenplatten (im Ggs. zu den Coelomsäckchen) hervorgehende Teil des Coeloms; – c) bei Säugetieren u. Mensch bes. die Organe der Bauchhöhle: Nervus splanchnicus major u. minor = großer u. kleiner Eingeweidenerv.

splend-, *Verb splendēre (= glänzen, strahlen), Part. Praes. splendens, Adj. splendid·us, ·a, ·um (= glänzend, strahlend, prächtig).* – 1. Licht zurückstrahlend: schimmernd u. farbenprächtig, z. B. Calopteryx splendens (eine Libelle) u. Betta splendens (Kampffisch). – 2. Selbst Licht erzeugend: Lampyris splendidula (Leuchtkäfer).

spondyl-, *Subst. ὁ σπόνδυλ·ος (= Wirbel, Scharnier).* – 1. Spondylus = Wirbel (Vertebra): a) normale Besonderheiten: astro- u. zyklospondyle Haie mit versch. Form der Verkalkung des Wirbelknorpels; – b) path.: Spondylose. – 2. Scharnierartiges Schloß bei der Klappmuschel Gttg. Spondylus.

spong(i)-, *Subst. ὁ σπόγγ·ος u. ἡ σπογγι·ά (=Schwamm).* – 1. Spongia (Porifera) = Schwämme, festsitzende Meerestiere mit Skelett aus Kalk (Calcispongia), aus Kiesel (Hyalo- oder Silicispongia) oder aus einer organischen Substanz (Spongin oder Spongiolin) oder ohne Skelett (Myxospongida); im Süßwasser: Spongilla lacustris. – 2. Schwammiger Aufbau von Geweben u. Organen, insbes. beim Knochen: Substantia spongiosa = Spongiosa aus räumlichem Netz von Knochenbälkchen mit Markräumen (Ggs. Compacta).

spontan, *Subst. spons, spont·is f. (= freier Wille, Trieb) → Adj. spontane·us, ·a, ·um (= freiwillig, frei).* – Spontan = anscheinend ohne äußere Einwirkung, „von selbst" erfolgend, z. B. Generatio spontanea = Urzeugung (ohne Eltern).

spor-, *Subst. ὁ σπόρ·ος = ἡ σπορ·ά (=Säen, Same, Saat), verw. mit Verb σπείρω;* vgl. sperm(at)-.

1. Bei Pflanzen: a) Sporen = Zellen, die sich ungeschlechtlich zu neuen Individuen entwickeln können (Sporogonie) u. entweder frei beweglich sind (Zoosporen, Planosporen) oder nicht (Aplanosporen); Sporophyt, im Generationswechsel diejenige Pflanze, die die Sporen hervorbringt; Sporophylle sind umgewandelte Blätter, die die Sporangien (Sporenbehälter) tragen, darunter auch die Staubgefäße der Blütenpflanzen; – b) Same von Samenpflanzen (Spermatophyta): Gttg. der Riedgräser Rhynchospora (Schnabelried).
2. Einzellige Tiere: Sporozoa = Sporentierchen, Kl. der Protozoen: bei den Coccidia erfolgt die Sporogonie = Sporenbildung aus der eingekapselten Zygote, in der aus vier Sporoblasten vier Sporocysten = Sporen mit je zwei Sporozoiten entstehen; bei den Haemosporidien nennt man die entsprechende Teilungsfolge (nach der Befruchtung) ebenfalls Sporogonie und die beweglichen Endstadien Sporozoiten, obwohl hier keine freien Sporen mit Kapsel entstehen.
3. Vielzellige Tiere: die Bez. Sporocysten (= „Sporoblasten") für Entwicklungsstadien mancher Trematoden (Leberegel) beruht auf der irrtümlichen Annahme, daß in ihnen die Larven aus Agameten („Sporen") entstehen, während es sich um Eizellen handelt.

spu-, *Verb spuĕre (=speien) → Part. substt. spūt·um, ·i n. (=Speichel, Auswurf) u. Verb sputāre (= spucken, ausspeien);* vgl. spum-. – Sputum, med.: der Auswurf aus Mundhöhle u. Luftwegen (nicht nur der Speichel als Produkt der Speicheldrüsen).

spum-, *Subst. spūm·a, ·ae (= Schaum) → Verb spumāre (schäumen), Adj. spumōs·us, ·a, ·um (= schäumend).* – 1. Schaum (von feinen Gas-

oder Luftbläschen erfüllte Masse): von Zikaden als Aufenthaltsort ihrer Larven erzeugt: von der Wiesenschaumzikade Philaenus spumarius. – 2. Schaumähnlich: das wabige Protoplasma der Spumellaria, Ord. der Radiolaria.

spuri-, *Adj. spuri·us, ·a, ·um (= unehelich).* – 1. Organe, die im Vergleich zu entsprechenden Organen als nicht vollständig, als rückgebildet oder unentwickelt erscheinen; a) die hinteren Rippen, die nicht mit dem Brustbein in Verbindung stehen: Costae spuriae = unechte Rippen (Ggs. verae); – b) die Bauch- oder Afterfüße am Abdomen von Raupen sowie die rudimentären Fußstummel bei Insektenembryonen: Pedes spurii. – 2. Pflanzenarten als unecht oder zweifelhaft benannt: Petasites spurius, Veronica spuria, Sedum spurium.

squal-, *Verb squalēre (= rauh sein; vor Schmutz starren) → Adj. squalid·us, ·a, ·um (= rauh; schmutzig).* – Mit rauher Oberfläche versehene Fische: Squalus [Acanthias], Gttg. der Haifische, benannt nach der mit Placoidschuppen bedeckten Haut; Leuciscus [Squalius] cephalus, Art der Karpfenfische, vielleicht nach den großen, schwarzgesäumten Schuppen benannt.

squam-, *Subst. squām·a, ·ae f. (= Schuppe der Fische) → Adj. squamōs·us, ·a, ·um (= voller Schuppen, schuppig).* – 1. Hautschuppen versch. Natur bei Wirbeltieren: a) Hornschuppen bei Reptilien: Squamata = Schuppenkriechtiere (die Eidechsen und Schlangen); – b) Knochenfische: Squamipennes = Schuppenflosser (die Schuppen bedecken z. T. die unpaaren Flossen); – c) abgeschilferte Stücke der verhornten Epidermis beim Menschen: Desquamatio = Abschuppung. – 2. Schuppen bei Pflanzen: a) schuppenförmige Blätter am Wurzelstock von Lathraea squamaria; – b) Schuppen am Fruchtkörper der Pilze Inocybe squamata, Stropharia squamosa, Clitocybe squamulosa. – 3. Flache schuppenförmige Teile von Schädelknochen: a) Squama frontalis des Stirnbeins, Squama occipitalis des Hinterhauptbeines, Squama temporalis (Pars squamalis ossis temporalis) des Schläfenbeines beim Menschen; – b) insbes. Os squamosum (kurz Squamosum), der der Squama temporalis homologe, selbst meist nicht schuppenförmige Knochen der meisten Wirbeltiere.

squarros-, *etymologisch zweifelhaftes Wort von lat. Form.* – Sparrig, abstehend, bes. pflanzliche Bildungen: a) bogig abstehende Zweige der Sparrigen Binse Juncus squarrosus; – b) abstehende Schuppen beim Sparrigen Schüppling Pholiota squarrosa; – c) abgebogene Blattspitzen beim Sparrigen Torfmoos Sphagnum squarrosum.

sta-, *Wurzel zum Verb ἵστημι (= stellen, anhalten; sich stellen, stehen) u. der Verben sistĕre (= stellen, hinstellen) u. stāre (= stehen); Sprachform u. Bedeutungen in den Fachausdrücken oft schwer zu trennen;* – s. dista-, stabil-, stabul-, stagn-, stamin-, stas-, stat-, statu-, stem(on)-, stel-.

stabil-, *Adj. stabil·is, ·e (= feststehend, standhaft, dauerhaft) → Subst. stabilitas, āt·is (= Festigkeit, Stetigkeit, Dauer) u. Verb stabilīre (= befestigen; aufrechterhalten)*; vgl. sta-. – Adj. stabil → stabilisieren (auch stabilieren) u. Stabilität = Beständigkeit, Ggs. Instabilität und Labilität; stabile Gene haben geringe Neigung zu Mutationen.

stabul- *Subst. stabul·um, ·i (= Standort, Gehege, Stall) vom Verb stāre*, s. sta-. – Tierstall als Lebensraum für die Stallfliege Muscina stabulans und für die Milbe Eulaelaps stabularis.

stachy-, *Subst. ὁ στάχυς, στάχυ·ος (=Ähre; übertr. Ernte, Saat)*. – Ähre, ein Blütenstand mit langer Spindel u. sitzenden Blüten auf versch. Höhe: a) Eragrostis megastachya (Großes Liebesgras), Eriophorum polystachyon [angustifolium]; – b) insbes.: Stachys (Ziest), Gttg. der Lippenblütler, nach dem ährigen Blütenstand einiger Arten benannt.

stadi-, *Subst. τὸ στάδι·ον u. stadi·um, ·i n. (= ein Längenmaß; danach Rennbahn, Wettlauf)*. – Stadium = Zeitabschnitt oder Zustand in der ontogenetischen Entwicklung, bes. bei sprunghaftem Wachstum (Häutungsstadien von Insekten) sowie bei ausgeprägten Stufen der Frühentwicklung (Stadium der Morula, Blastula, Gastrula usw.).

stagn-, *Subst. stagn·um, ·i n. (= See, Teich, Lache) vom Verb stāre (= stehen), also eig. „stehendes Gewässer", davon Verb stagnāre (= zu einem stehenden Gewässer machen, überschwemmen)*. – 1. Stehendes = stagnierendes Gewässer als Lebensraum: a) für Tiere: Schlammschnecke Lymnaea stagnalis, Hydrometra stagnorum = Gem. Teichläufer (Wasserwanze); – b) für Pflanzen: Viola stagnina = Gräbenveilchen (an Gräben usw.). – 2. Stauung, Stockung, Verlangsamung: a) bei Körperflüssigkeiten, bes. beim Blut, dadurch Stagnationsthromben; – b) auch auf andere Vorgänge übertragen: Stagnation = Stillstand, Stockung.

stamin-, *Subst. stāmen, min·is n. (= eig. das Aufrechtstehende: Aufzug, Kette am Webstuhl; Faden)*; vgl. stem(on)-. – Stamen, Plur. Stamina, Staubblatt oder -gefäß, bestehend aus Staubfaden (Filament) u. -beutel (Anthere); intra- oder extra-staminal = innerhalb oder außerhalb des Kreises der Staubfäden befindlich; Staminodien sind unfruchtbare, fehlgeschlagene Staubgefäße.

stapes, *künstliche neuere Wortbildung, vielleicht aus stāre (= stehen) und pes, pedis (= Fuß), jedenfalls wie lat. Wort behandelt*. – Stapes, Gen. stapedis = Steigbügel, ein Gehörknöchel, der in der Form einem Steigbügel ähnelt; M. stapedius ist der am Stapes ansitzende Binnenohrmuskel.

staphyl-, *Subst. ἡ σταφυλ·ή (= Weintraube, Traube)*. – 1. Blütenstand einer Traube oder Rispe bei Gttg. Arctostaphylos = Bärentraube u. Gttg. Staphylea (Pimpernuß). – 2. Mit Weintraube oder -beere verglichen:

Staphylococcus, Arten von Kugelbakterien (Kokken), die trauben- oder haufenförmig zusammenhängen. – 3. Staphylinus, Gttg. der Käfer (Kurzdeckenkäfer), schon bei ARISTOTELES Name eines Insekts, etymologische Beziehung zweifelhaft.

stas-, *Subst. ἡ στάσις, εως (= Stehen, Stillstand, Standort) vom Verb ἵστημι (Wurzel sta-)*; s. stat-.

stat-, *Adj. στατ·ός (= stehend, eingestellt) vom Verb ἵστημι (= stellen); Verb stāre (= stehen, sich befinden, stehenbleiben) → Adj. statīv·us, ·a, ·um (= stillstehend), Subst. statio, iōn·is f. (= Stillstehen, Aufenthalt)*; vgl. sta-. – 1. Lage im Raum: a) allg.: Organe, die die Stellung des Organismus im Raum regulieren: Statorezeptoren = statische Sinnesorgane, bei Wirbellosen als Statocysten, bei den Wirbeltieren als Labyrinth mit den Maculae u. Cristae staticae; Statolithen, bei Wirbeltieren auch Otolithen genannt, sind spezifisch schwere Gebilde, die die Sinneszellen statischer Organe je nach der Lage im Raum verschieden reizen; – b) Wassertiefe: Schwimmblase der Fische bringt als hydrostatisches Organ das spezifische Gewicht des Tieres mit der Wassertiefe in Einklang; Physophora hydrostatica ist eine Röhrenqualle (Siphonophore), die mit Hilfe ihrer „Gasflasche" (Pneumatophor) im Wasser schwebt. – 2. Beharrung im Ablauf der Zeit: a) Stase = Stillstand, z. B. der Blutzirkulation (vgl. stagn-); – b) stationärer Zustand = scheinbar unveränderter Zustand des Organismus bei fortlaufendem Stoffwechsel; – c) stationäre Parasiten leben nicht nur vorübergehend (tempor- I.), sondern zeitlebens ununterbrochen parasitisch; – d) der stationäre Kern verbleibt bei der Konjugation der Ciliaten im zugehörigen Individuum, während der Wanderkern in den Partner übergeht.

staur-, *Subst. ὁ σταυρ·ός (= Pfahl; spät auch: Kreuz).* – 1. Pfahlförmige Gebilde: der Stiel, mit dem die Stauromedusae wie Polypen festsitzen. – 2. Kreuz: a) räumliche Form: mit vier Tentakeln die Gttg. der Hydromedusen Stauridiosarsia und der polychäte Meereswurm Staurocephalus; kreuzförmige Kieselnadeln hat der Glasschwamm Gttg. Stauroderma; – b) Bild des Kreuzes: die vier Radialkanäle der Hydromeduse Gttg. Staurophora erscheinen auf dem tellerförmigen Schirm als Kreuz.

steat-, *Subst. τὸ στέαρ, στέατ·ος (=Fett, Talg, Tran).* – 1. Fett als Substanz: a) Steapsin = fettspaltendes Ferment des Pankreas (eine Lipase); – b) Gewebe: Steatornis = Fettschwalk, Gttg. der Caprimulgidae reich an Fettgewebe. – 2. Dem Fett ähnlich: Steatoda = Fettspinne, deren beim Weibchen angeschwollenes Abdomen fettglänzend aussieht.

steg-, **stegan-**, *Verb στέγω (= bedecken; verbergen) und Subst. ἡ στέγ·η = τὸ στέγ·ος (= Decke, Dach) → Adj. στεγαν·ός (= bedeckend; bedeckt).* – 1. Form eines schrägen Hausdaches: Joche auf den Zähnen fossiler Elefanten, Gattungen Stegodon u. Stegomastodon. – 2. Deckel über einem Hohlraum: a) die Membrana branchiostega mit den Radii branchiostegi (radi- 2. d) überdeckt im Anschluß an den Kiemendeckel die Kiemenhöhle von Fischen; – b) Deckel der Sporenkapsel von Laubmoosen (von stegokarpen Moosen): Gttg. Rhynchostegium hat Deckel mit langem Schnabel. – 3. Decke, Auflage: Stegocephali = Panzerlurche, deren Kopf mit Hautknochenplatten bedeckt ist. – 4. Verbindung aller Zehen durch Schwimmhäute bei den Pedes stegani (Schwimmfüße) der Steganopodes = Ruderfüßer.

stel-, *Subst. ἡ στήλ·η (= Pfeiler, Säule).* – 1. Stele bei Pflanzen: der Zentralzylinder der Sproßachse, bes. die Gesamtheit der Leitbündel, deren phylogenetische Entwicklung die Stelär-Theorie zu erklären versucht; vgl. siphon-. – 2. Bei Wirbeltieren: Stelepodium = Stylopodium.

stell-, *Subst. stell·a, ·ae f. (= Stern, Gestirn) → Adj. stellat·us, ·a, ·um (= mit Sternen bedeckt).* – 1. Sternförmig: a) Knochenschilder in der Haut von Acipenser stellatus = Sternhausen; – b) Ganglion mit ausstrahlenden Nervenfortsätzen: Ganglion stellatum; – c) die Blüten der Sternmiere Stellaria, Gttg. der Nelkengewächse. – 2. Gesamtheit heller Flecke (dem Sternenhimmel verglichen) auf dem Gefieder des Sterntauchers Gavia stellata.

stemm(at)-, *Subst. τὸ στέμμα, ματ·ος (= Binde, Kopfbinde, Kranz) vom Verb στέφω = στεφανόω*; s. steph-. – 1. Kranz, Krone: Halistemma, Gttg. der Siphonophora mit vielen Schwimmglocken; Gttg. Agrostemma (Kornrade), zum Binden von Kränzen verwendet bzw. übertr. die „Krone“ des Ackers. – 2. Augen als Kopfschmuck oder -zierde: Stemma, Plur. Stemmata = Punktaugen bei Arthropoden u. a. Wirbellosen, z. B. Schnurwürmern (Gttg. Tetrastemma).

stem(on)-, *Subst. ὁ στήμων, μον·ος (= Aufzug am Webstuhl, Kette)*; s. stamin-. – Staubfäden oder -gefäße der Blütenpflanzen: a) als Gesamtheit: haplostemon sind Blüten mit nur einem (einfachen) Kreis von Staubgefäßen, diplostemon mit zwei Kreisen in alternierender Stellung; Gynostemium = „Griffelsäule“ ist die Verwachsung von Stempel u. Staubgefäßen, bes. bei den Orchideen; – b) das einzelne Staubgefäß: behaart bei der Gttg. Pogostemon, s. pogon.-

sten-, *Adj. στεν·ός (= eng, schmal).* – 1. Körper, Körperteile oder Organe schmal (nicht breit): a) schmales Gebilde bei den Gattungen Stenocranus (Zikade), Stenopterus (Käfer), Stenopteryx (Lausfliege), Stenorhynchus (Krabbe); – b) geringer Abstand zwischen zwei Gebilden: Stenops, Gttg. der Halbaffen mit engstehenden Augen (= Loris). – 2. Bereich von Umweltfaktoren, der für eine Art erträglich ist: a) allg.: stenöke oder stenözische

Arten; – b) speziell bezüglich der Temperatur (stenotherm), der Nahrung (stenophag), des Salzgehaltes (stenohalin), der Wassertiefe (stenobath) usw., Ggs. eury-.

steph-, stephan-, *Verb στέφω → Subst. ὁ στέφαν·ος (= Stirnband, Kranz, Ring) → Verb στεφανόω (= rings umgeben, bekränzen, schmücken)*; vgl. stemm-. – Kranz- oder ringförmige Gebilde oder Anordnungen von Gebilden; a) geschlossener Ring: Stephoideen = Radiolarien, deren Skelett aus einem oder mehreren Ringen besteht; – b) Kranz aus Einzelteilen: Stephanocerus, Gttg. der Rotatorien mit langen Fortsätzen am trichterförmigen Räderorgan; Stephanophyes, Gttg. der Siphonophoren mit einem Kranz von Schwimmglocken; der Blütenstand von Korbblütlern: Gttg. Callistephus = Garten- oder Sommeraster.

stercor-, *Subst. stercus, stercor·is n. (= Kot, Dünger, Mist) → Adj. stercore·us, ·a, ·um (= kotig) u. stercorari·us, ·a, ·um (= zum Mist gehörig)*. – 1. Tiere, die im Dung oder Mist leben: Geotrupes stercorarius = Großer Roßkäfer (ein Mistkäfer), Scatophaga stercoraria = Gem. Dungfliege. – 2. Nach Kot oder Dünger riechend: der indische Strauch Sterculia foetida = Stinkbaum. – 3. Tierleichen als Nahrung der Raubmöve, Gttg. Stercorarius.

stere-, *Adj. στερε·ός = στερρ·ός (=starr, hart, massiv)*; s. sterr-. – 1. Fest, starr, unbeweglich: Stereocilien mancher Epithelien. – 2. Massiv, nicht hohl: Stereospondylia sind fossile Amphibien (Stegocephalia) mit massiven Wirbelkörpern (spondyl-); Stereoblastula = Sterroblastula, s. sterr-. – 3. Räumlich ausgedehnt, dreidimensional: Stereochemie; Stereoskop zum plastischen Sehen von Bildern.

steril-, *Adj. steril·is, ·e (= unfruchtbar) → Subst. sterilitas, tāt·is f. (= Unfruchtbarkeit)*. – 1. Unfruchtbar = steril → Sterilität = Unfruchtbarkeit = Fehlen der Fähigkeit zur Fortpflanzung; sterilisieren = zeugungsunfähig machen; Sterilantia (Sterilisantia) sind Mittel, um Schädlinge, bes. Insekten, durch Sterilisieren zu bekämpfen. – 2. Keimfrei, d. h. frei von Infektionserregern, daher sterilisieren = keimfrei machen.

stern-, *Subst. τὸ στέρν·ον (= Brust; Herz, Gemüt)*. – 1. Brustregion bei Wirbeltieren: a) allg.: Cinosternum, Gttg. der Schildkröten mit beweglichem Stück des Bauchpanzers; – b) Brustbein, bei Mensch u. Affen aus Corpus sterni, Manubrium sterni u. Schwertfortsatz bestehend. – 2. Thorax von Insekten, insbes. die ventrale Chitinplatte (Sklerit) jedes Segmentes: Sternit = Sternum im Ggs. zum Tergum.

sterr-, an Stelle von stere- in gleicher Bedeutung; Sterroblastula = solide Blastula mit reduzierter Furchungshöhle.

steth-, *Subst. τὸ στῆϑ·ος (=Brust; Inneres, Gemüt).* – 1. Brust bei Wirbeltieren u. Mensch: a) die inneren Organe: Stethoskop = Hörrohr des Arztes; – b) ventrale Außenfläche: Rhodostethia rosea = Rosenmöve mit rosenrotem Gefieder auf der Brust. – 2. Thorax (Brustabschnitt) bei Arthropoden: in den Gattungsnamen Mecostethus (Heuschrecke), Cyphostethus (Wanze), Platystethus (Käfer).

stich-, *Subst. ὁ στίχ·ος (=Reihe, Linie; Vers), verw. mit Verb στείχω (= schreiten, gehen).* – 1. Reihe von Gebilden: a) die Ambulakralfüßchen von Stachelhäutern: bei Gttg. Stichopūs in drei Reihen (Seegurke); – b) die Sporangien bei Farnen (s. acr- I. 1. d); – c) die Blüten oder Samen in einer Ähre: zweizeilig bei Hordeum distichum (distichon) u. Carex disticha; – d) Blattstellung an der Achse bei Sproßpflanzen: Orthostichen = Geradzeilen (Blätter unmittelbar übereinander) im Ggs. zu Parastichen = Schrägzeilen; – e) Blätter zweizeilig bei Gttg. der Laubmoose Distichum, der Sumpfzypresse Taxodium distichum, der Haferart Avena distichophylla. – 2. Lokomotion von Tieren: Phloeostichus, Gttg. der Käfer auf Rinde im Sinne des Aufenthaltsortes.

stict-, stigm(at)-, *Verb στίζω (=stechen, punktieren, tätowieren) mit Verbalstamm στιγ-, στικ- → Adj. στικτ·ός (=punktiert, gefärbt, bunt) und Subst. τὸ στίγμα, ματ·ος (=Stich, Punkt, Fleck).*– Umschriebene Besonderheiten der Oberfläche: 1. Stigma, ein kleines, als Fleck erscheinendes lichtempfindliches Körperchen (Augenfleck) bei Flagellaten (Euglena) und Schwärmern niederer Pflanzen. – 2. Stigma = Narbe, der oberste, zur Aufnahme der Pollenkörner differenzierte Teil des Stempels. – 3. Stigmata sind die Öffnungen der Atemröhren (Tracheen) von Arthropoden, danach Namen von Myriapoden (Notostigmophora u. a.) u. Milben (Stomatostigmata u. a.); Lestes macrostigma, eine Libelle. – 4. Flecken, durch bes. Färbung oder Beschaffenheit der Oberfläche hervorgehoben: a) Stigma, Pterostigma = Flügelmal am Vorderrand der Vorderflügel vieler Insekten; – b) Punktierung, Fleckung: Gttg. der Käfer Anisosticta mit unregelmäßig verteilten schwarzen Punkten, Art Aphodius stictus = Gesprenkelter Dungkäfer.

stimul-, *Subst. stimul·us, ·i m. (= Stachel, Sporn, Antrieb) → Verb stimulāre (= anspornen, reizen, quälen).* – 1. Sinnesreiz: a) Stimulatoren sind Borsten oder Haare, die an Tastsinnesorganen den Reiz übertragen oder verstärken; – b) Stimulationsorgane sind mechanische Sinnesorgane, die durch wiederholte Reizungen die allg. Aktivität steigern, z. B. die Halteren der Dipteren. – 2. Parasiten, die den Wirt quälen u. in Erregung versetzen: die Larven von Cephenomyia stimulator in Nase u. Rachen des Rehwildes.

-stit- *Sup. vom Verb sistĕre mit den Präfixen con+, inter+, re+ u. a.,* vgl. -sist-, stat-. – 1. Räumliche Anordnung: interstitiell = in Zwischenräumen befindlich, sie ausfüllend, z. B. das interstitielle Bindegewebe, die interstitiellen Zellen im Hoden zwischen den Samenkanälchen. – 2. Vorgang:

Restitution („Wiederherstellung") = physiologische Regeneration, Restitutio ad integrum (med.) = völlige Wiederherstellung nach Krankheit oder Verletzung.

stol-, *Subst. ἡ στολ·ή (= Ausrüstung, Kleidung) → stol·a, ·ae f. (= Frauenkleid, Talar), verw. mit Verb στέλλω (= ausrüsten; aufbrechen); mit Präfixen Subst. ἡ διαστολ·ή (= Ausdehnung, Intervall) und ἡ συστολ·ή (= Zusammenziehung, Verdichtung). –*

A. Zustand, Aussehen („Kleidung"): a) Körperform: Stenostola, Gttg. der Käfer; – b) Färbung: Cyanostolus, Gttg. der Käfer. –

B. Vorgang: Diastole u. Systole, die Ausdehnung und Kontraktion des Herzens s. Präfixe dia+ und syn+.

stolo, *Subst. stolo, stolōn·is m. (= Ausläufer an Pflanzen).* – 1. Stolonen, Ausläufer: a) bei Pflanzen seitlich auswachsende, ober- oder unterirdisch verlaufende Zweige, die der vegetativen Fortpflanzung dienen, z. B. beim Gras Agrostis stolonifera; – b) ähnliche Bildungen festsitzender Tiere. – 2. Stolo prolifer freibeweglicher Tiere s. prol-.

stom(at)-, *Subst. τὸ στόμα, ματ·ος (= Mund, Rachen, Öffnung);* vgl. Beispiele der Einleitung S. 18.

1. Mund = Öffnung des Verdauungsraumes oder -kanals zur Aufnahme der Nahrung: a) Entwicklung: Prostoma = Urmund (Blastoporus); Stomodaeum = ektodermale Mundbucht; Einteilung der vielzelligen Tiere in Proto- u. Deuterostomia, je nachdem der Mund aus dem Urmund hervorgeht oder sekundär entsteht: – b) Besonderheiten der Mundöffnung: Cyclostomata = Rundmäuler im Ggs. zu den übrigen Wirbeltieren, den Gnathostomata = Kiefermäulern, insbes. den Plagiostomata (Haie und Rochen) mit querer, ventral gelegener Mundspalte; Microstomus, Gttg. der Plattfische mit kleiner Mundspalte; Branchiostoma s. branchi-; – c) Mundextremitäten von Arthropoden: Ord. der Krebse Stomatopoda = Maulfüßer, nach den fünf Thorakalfüßen, die als Maxillarfüße in den Dienst der Nahrungsaufnahme gestellt sind; Stomoxys, Gttg. der Fliegen mit spitzem Stechrüssel; – d) Öffnung des Gastralraumes der Coelenterata als Ein- u. Ausführöffnung: Rhizostoma, Gttg. der Scheibenquallen s. rhiz-.
2. Vorspringender Teil des Vorder- oder Kopfendes: a) Prostomium = Kopflappen vor (über) der Mundöffnung bei Ringelwürmern; – b) Fische mit röhrig verlängerter Schnauze: Gattungen Aulostoma, Solenostoma; – c) Amblystoma = Axolotl, Gttg. der geschwänzten Amphibien (stumpfe Schnauze); – d) Phyllostoma, Gttg. der Fledermäuse mit blattförmigem Aufsatz.
3. Mündung, Öffnungen versch. Art: a) Eintrittsöffnung: Nephrostom = Nierentrichter nimmt Flüssigkeit u. Exkrete aus dem Coelom auf; – b) Austrittsöffnung für Sekrete, insbes. Speichel: Abteilungen der Glandula sublingualis (mono- und polystomatica); – c) Stomata = Spalt-

öffnungen von Pflanzen für Ein- und Austritt (Gaswechsel und Transpiration); – d) Saugnäpfe, bes. bei Trematoden: Gattungen Mono-, Di-, Tri-, Polystomum u. a.; – e) Öffnung der Schneckenschale, z. B. Gttg. Cyclostoma = Kreismundschnecke; – f) Poren von Foraminiferenschalen: Gttg. Polystomella.
4. Einmündung, Verbindung von Gefäßen und Nerven s. ana+ 1c.

stramin-, *Subst. stramen, min·is n. (= Stroh, Streu), eig. das Ausgebreitete vom Verb sternere;* vgl. strat-. – Strohähnlich, strohgelb: Gelbe Haube auf der Sporenkapsel des Laubmooses Orthotrichum stramineum.

strat- I., *Subst. străt·um, ·i n. (= Decke, Lager), Part. Pass. vom Verb sternĕre (= ausbreiten, hinstrecken, bedecken).*
1. Flächenhaft ausgebreitete Schichten: a) Erdrinde: Stratifikation = Bildung von Gesteinsschichten, Stratigraphie = Lehre von den geologischen Schichten u. ihrer Fossilführung; – b) Stratum, Plur. Strata, in der Ökologie die Schichten eines Biotops, z. B. Humus-, Moos-, Kraut- u. Strauchschicht; Stratocoenose = die Organismengesellschaft eines Stratums; – c) Schicht oder Lage von Zellen oder Geweben: an der mehrschichtigen Epidermis der Wirbeltiere Stratum germinativum u. corneum, in der Lederhaut Str. papillare u. reticulatum, in der Kleinhirnrinde Stratum moleculare u. granulosum.
2. Substrat = Grundlage, Unterlage, z. B. Skeletteil aus Knorpel als Substrat für den auf seiner Grundlage entstehenden Knochen.

strat- II., *Subst. ὁ στρατ·ός (=Lager, Heerlager, Armee) → Adj. στράτι·ος (= zum Heer gehörig; kriegerisch), Subst. ὁ στρατιώτ·ης (= Soldat).* – Körperfortsätze u. Organe, die an Waffen erinnern, ohne als solche benutzt zu werden: a) Stratiomyidae = Waffenfliegen mit Dornen auf dem Schildchen sind harmlose Tierchen; – b) Stratiotes, Gttg. der Froschbißgewächse, hat schwertförmige Blätter.

streph-, *Verb στρέφω (=drehen, wenden, umwandeln) → Adj. στρεπτ·ός und Subst. ἡ στρέψις, εως;* in manchen Ableitungen in der Form strob- oder stroph-; vgl. strobil-. – 1. Vorgang: a) Die ♂♂ der Strepsiptera (Ord. der Insekten) können ihre Hinterflügel fächerartig zusammenfalten; – b) Streptostylie = die drehbare Verbindung des Kiefergelenkstieles mit dem Hirnschädel (bei Schlangen); – c) beim Strepsinemstadium vor den Reifeteilungen sind die beiden homologen Chromosomen vorübergehend umeinander gewunden. – 2. Zustand (in der Entwicklung durch langsamen Vorgang erreicht): a) Strepsiceros strepsiceros = Schraubenantilope, Kudu, mit spiralig gedrehten Hörnern; – b) Streptoneurie = Chiastoneurie = Überkreuzung der Nerven bei Schnecken, s. chi; – c) Streptopūs, Gttg. der Liliaceae mit langem Blütenstiel (pūs), der sich um den Stengel herumkrümmt, so daß die Blüte sich unter dem Blatt befindet.

streps-, *Subst. ἡ στρέψις, εως; = Drehung);* s. streph-.

strept-, *Adj. στρεπτ·ός (= gewunden, geflochten, umgedreht, biegsam) vom Verb στρέφω;* s. streph-.

stri-, *Subst. stri·a, ·ae f. (= Kerbe, Riefe, Furche) → Verb striāre (= mit Riefen usw. versehen).* – 1. Farbige Streifen auf der Körperoberfläche: a) bei Säugetieren: Tamias striatus = Streifenhörnchen; – b) Vögel: Muscicapa Striata mit dunklen Längsstrichen auf dem Gefieder; – c) Fische: Ophiocephalus striatus = Gestreifter Schlangenkopf; – d) Insekten: Corixa striata = Gestreifte Ruderwanze; – e) Pflanzen: Blütenkrone von Daphne striata = Gestreifter Seidelbast. – 2. Streifen oder Züge weißer Substanz im Gehirn des Menschen: a) Striae medullares = Markstreifen, z. B. Striae acusticae am Boden der Rautengrube; – b) Corpus striatum (das Striatum) = Streifenhügel, zu den Stammganglien des Großhirns gehörig.

strict-, *vom Verb stringĕre gebildetes Adj. (Part. Pass.) strict·us, ·a, ·um (= straff, stramm; kurz, bündig);* s. string-. – 1. Steif, straff, aufrechtstehend, insbes. in Pflanzennamen: a) der Thallus des Pilzes Clavaria stricta = Steifer Ziegenbart; – b) die Blätter des Borstengrases Nardus stricta u. der Steifen Segge Carex stricta = elata; – c) die Stengel des Steifen Sauerklees Oxalis stricta. – 2. Vorgang: Konstriktion = Verengerung eines Hohlorgans durch Kontraktion von Muskeln: a) Vasokonstriktoren verengern Blutgefäße; – b) M. constrictor pharyngis verengert den Schlund; – c) durch Zusammenschnüren erwürgt die Riesenschlange Boa constrictor ihre Beute.

strid-, *Verb stridēre und stridĕre in gleicher Bedeutung (= zischen, knirschen, pfeifen) → Subst. stridor, ōr·is m. (= das Zischen, Pfeifen, Geschrei)* u. *Adj. stridul·us, ·a, ·um (= zischend, schwirrend, knarrend).* – 1. Lauterzeugung von Tieren: stridulieren von Insekten mit Hilfe von Stridulations-, Schrill- oder Zirpapparaten; insbes. Stridulantia = Name für die Singzirpen (Cicadidae); Psophus stridulus = Klapperschrecke. – 2. Med.: Stridor, pfeifendes Atemgeräusch.

strig- I., *Subst. strig·a, ·ae f. (= Strich, Streifen) → Adj. strigōs·us, ·a, ·um (= 1. mit Streifen versehen, 2. dürr, schmächtig), verw. mit einem Verb stringĕre (= streichen, abstreifen) u. davon (?) Subst. strigil·is, ·is f. (= Schabeisen, Striegel), etymologische Zusammenhänge nicht klar.* – 1. Mit Streifen oder Strichen versehen: Barbus lateristriga, Carnegiella strigata, Rivulus strigatus. – 2. Dünn (wie ein Strich?), mager: die Dünnährige Segge Carex strigosa, der Körper der Schnepfenfliege Leptis strigosa. – 3. Rauh, mit Borsten versehen (Zusammenhang mit den anderen Bedeutungen unklar): Avena strigosa = Rauhhafer.

strig- II., *Subst. strix, strig·is f. (= die Ohreule).* – 1. Eulen: a) Gttg. Strix → Fam. Strigidae; – b) im Darm von Raubvögeln der Saugwurm Strigea strigis. – 2. Mit Eulen verglichen: a) Habitus und Lebensweise von Gttg. Strigops [Stringops] = Eulenpapagei; – b) Schnabel der Zahntaube Didunculus strigirostris.

string-, *Verb stringĕre* mit *Sup. strict- (= straff anziehen, zusammenschnüren), meist mit Präfixen ad+, con+, re+*; s. strict-.

strobil-, *Subst. ὁ στρόβιλ·ος (= Wirbel, Kreisel), verw. mit ὁ στρόβ·ος (= Wirbel, das Wirbeln) und Verb στρέφω;* s. streph-. – 1. Kreisel, kegelförmiges Spielzeug, das zur Drehung gebracht wird, u. Gebilde, die ihm ähnlich sind: a) Strobilus = Zapfen der Coniferen; – b) zum Koniferenzapfen in Beziehung stehende Insekten: der Zapfenspanner Eupithecia strobilata, die Fichten-Gallaus Cnaphalodes strobilobius. – 2. Dem Zapfen von Koniferen wegen der Schuppen vergleichbar: der Fruchtkörper des Pilzes Strobilomyces strobilaceus = Schuppen-Röhrling. – 3. Strobila, das (einem Tannenzapfen ähnliche) Polypenstadium mancher Scyphomedusae (Scyphistoma), das durch ringförmige Einschnürungen scheibenförmige Medusenanlagen ausbildet; danach wird diese Form der ungeschlechtlichen Fortpflanzung als Strobilation = Strobilisierung bezeichnet.

stroma(t-), *Subst. τὸ στρῶμα, ματ·ος (= Lager, Bett, Teppich).* – Das Stroma = Grundlage oder -masse: a) die farblose Grundmasse der Plastiden in der Pflanzenzelle; – b) Stroma = Grundgewebe, bes. das bindegewebige Gerüst (mit Blutgefäßen) in drüsigen Organen im Ggs. zu den epithelialen Anteilen (dem Parenchym).

strongyl-, *Adj. στρογγύλ·ος (= abgerundet, rund, bauchig).* – Langgestreckte Gebilde von rundem Querschnitt: a) Körper der Nematoden (= Rund- oder Fadenwürmer): Gttg. Strongylus; – b) die Stacheln von Strongylocentrotus, Gttg. der Seeigel.

stroph-, *Subst. ἡ στροφ·ή (= Drehung, Wendung);* vgl. streph-. – 1. Zustand: Ring um den Stiel von Pilzen: Hebeloma strophosum, Gttg. Stropharia. – 2. Vorgänge: a) Epistropheus (Axis PNA), der zweite Halswirbel der höheren Wirbeltiere, um dessen Fortsatz (Dens epistrophei) sich der erste Halswirbel (Atlas) dreht; – b) Apostrophe der Chlorophyllkörner vom Licht weg, vgl. apo+; – c) Katastrophe s. cata+.

stru-, **struct-**, *Verb struĕre (= schichten, aneinanderreihen, aufbauen) mit Sup. struct- → Subst. structur·a, ·ae f. (= Zusammenfügung, Mauerwerk) und instrument·um, ·i n. (= Gerät, Werkzeug);* mit Präfixen in+, con+, de+. – 1. Struktur = Aufbau eines Organismus, Organs oder Gewebes, insbes. der Feinbau, das Gefüge der Teile; Konstruktion nach BÖKER Gesamtheit von Organen, die funktionell in Zusammenhang stehen u. dementsprechend gestaltet sind. – 2. Destruktiv = zerstörend, Cecidomyia destructor, eine Art der Gallmücken, gefährlicher Schädling des Getreides. –

3. Instrument = Gerät zur wiss. Arbeit, z. B. das Mikroskop als optisches Instrument; Instrumentarium = Gesamtheit der für eine bestimmte Aufgabe benötigten u. verwendeten Geräte.

styl-, *Subst. ὁ στῦλ·ος (= Säule, Pfeiler, Stütze) vom Verb στύω (= aufrichten, stützen).* – 1. Freie Körperfortsätze von Tieren: a) versch. Art, z. B. fadenförmige Verlängerung des Kopflappens von Stylaria (Gttg. der oligochäten Würmer); Stylonychia, Gttg. der Ciliaten mit krallenförmigen großen Wimpern der Unterseite; Styli = Griffel am Abdomen mancher Insekten; – b) Stiel, Träger von Organen: Stylommatophora = Lungenschnecken mit gestielten Augen. – 2. Stylus = Griffel in der Blüte zwischen Fruchtknoten u. Narbe, bei Gttg. Adenostyles mit Drüsen besetzt, bei Gttg. Stylidium = Säulenblume mit den Staubblättern zu einer Säule verwachsen; Heterostylie s. heter-. – 3. Skeletteile: a) am menschlichen Schläfenbein: Processus styloideus, von dem das Ligamentum stylohyoideum zum Zungenbein zieht; – b) Befestigung des Kiefergelenkes am Hirnschädel: Auto-, Hyo-, Streptostylie, s. aut-, hy- (I. 2.), streph-. – 4. Langgestrecktes, stabförmiges, aber nicht freies Gebilde: Endostyl = ventrale Flimmerrinne im Kiemendarm von Manteltieren.

suav-, *Adj. suav·is, ·e (= angenehm, lieblich, reizend).* – Geruch, Geschmack oder Anblick von Tieren u. Pflanzen angenehm: Trametes suaveolens, ein Röhrenpilz, dessen Fruchtkörper nach Anis riecht.

suber(-), *Subst. sūber, er·is n. (= Kork, Korkeiche).* – 1. Kork: a) Suberin = Korkstoff, vgl. phell-; – b) der Baum Quercus suber = Korkeiche, deren Rinde den Kork bildet. – 2. Mit Kork verglichen: die Korkschwämme Gttg. Suberites.

subit-, *Adj. subit·us, ·a, ·um (= plötzlich, unerwartet) vom Verb sub-eo;* vgl. -it-. – Subitaneier = Sommereier mancher Krebse u. Würmer des Süßwassers, entwickeln sich sofort (im Ggs. zu den Latenzeiern).

subtil-, *Adj. subtīl·is, ·e (= fein, feinsinnig, genau).* – Körperbau u. Beschaffenheit zart oder fein: a) Pflanzen: Coleanthus subtilis = Feines Scheidengras; – b) Tiere, z. B. Käfer: subtilis, subtilissimus.

subul-, *Subst. subul·a, ·ae f. (= Pfrieme, Ahle), ein Werkzeug zum Nähen (suĕre);* s. sut-. – Pfriemenförmig: a) Körper des Tintenfisches Allotheutis subulata (Rumpfende stark zugespitzt); – b) Schale der Pfriemenförmigen Schraubenschnecke Terebra subulata; – c) die Blätter der Pfriemenkresse Subularia (Gttg.); – d) Stachelspitzen an den Blättern des Pfriemenmastkrautes Sagina subulata.

succ-, *Subst. sūc·us, ·i m. (= Saft, Trank, Geschmack), verw. mit Verb sūgere;* s. sug-. – 1. Gewebssaft im Körper fleischiger Pflanzen (Sukkulenten). – 2. Drüsensekret von Tieren: Succus gastricus = Magensaft.

succin-, *Subst. sucin·um, ·i n. (= Bernstein) → Adj. sucine·us, ·a, ·um (= aus Bernstein), sucinaci·us, ·a, ·um (= bernsteinfarbig).* – 1. Bernstein: a) Herkunft: Pinus succinifera, eine fossile Kiefer, von der der Bernstein der Ostseeküste stammt; – b) Beschaffenheit: Sukzinylsäure = Bernsteinsäure; – c) im Bernstein aufgefundene fossile Insekten: Gttg. Succinagonia, Arten Dorcaschema succineum, Palaegnathus succini. – 2. Dem Bernstein ähnlich: bernsteingelb die Schale der Bernsteinschnecke, Gttg. Succinea.

suct-, *Sup. vom Verb sugĕre;* s. sug-. – Tiere, die flüssige Nahrung aufnehmen, insbes. die Suctoria = Sauginfusorien.

sud-, *Verb sudāre (= schwitzen, feucht sein), Subst. sudor, ōr·is m. (= Schweiß).* – Sudor = Schweiß, das Sekret der Glandulae sudoriparae (oder sudoriferae), Hautdrüsen bei Säugetieren u. Mensch.

sug-, *Verb sugĕre (= saugen);* vgl. suct-. – Nahrungsaufnahme durch Saugen: a) Pflanzensäfte: plantisuge Insekten, z. B. Psylla pyrisuga = Birnsauger, ein Blattfloh (Homoptere); – b) Blut: Ixodes canisuga, eine Zecke, vgl. can(i)-; sangui- 1. b).

sulc-, *Subst. sulc·us, ·i m. (= Furche) → Verb sulcāre (= durchfurchen, durchfahren).* – Furche, langgestreckte Vertiefung: a) Rinnen auf Flügeldecken von Käfern: Acilius sulcatus = Furchenschwimmer; – b) Knochenrinne, in der Sehnen verlaufen, z. B. Sulcus malleoli tibiae am Schienbeinknöchel für die Sehne von Wadenbeinmuskeln; – c) Furchen zwischen den Windungen (Gyri) des Großhirns beim Menschen u. vielen Säugetieren: Sulci cerebri, z. B. Sulcus centralis = Zentralfurche; ähnlich am Kleinhirn die Sulci cerebelli (JNA) = Fissurae cerebelli (PNA); – d) Sproßachse der Schößlinge von Rubus sulcatus mit Furchen.

sulfur(-), **sulphur(-)**, *Subst. sulfur oder sulphur, ur·is n. (= Schwefel) → Adj. sulfureus = sulphure·us, ·a, ·um (= schwefelig, schwefelgelb).* – 1. Stoff, als Element (Zeichen S) → Verbindungen Sulfat, Sulfid usw. – 2. Schwefelgelb: a) Tiere: Balaenoptera sulfurea [Sibbaldius sulfureus] = Schwefelbauch, Art der Finnwale; Cteniopus sulphureus = Schwarzfüßiger Schwefelkäfer; – b) Pflanzen: Fruchtkörper der Pilze Polypilus sulfureus und Tricholoma sulfureum.

sum(pt)-, *Verb sumĕre mit Sup. sumpt- (= nehmen, annehmen, unternehmen), mit Präfix: praesumere (= vorher zu sich nehmen; voraussetzen, vermuten).* – Annehmen im Sinne von voraussetzen, vermuten: präsumieren; präsumptiv (präsumtiv) = als wahrscheinlich angenommen, voraussichtlich: in der Entwicklung, z. B. das künftige Schicksal eines Keimteiles als präsumptive Medullarplatte.

summ-, *Adj. summ·us, ·a, ·um (= oberster, höchster, wichtigster), Superl. von super·us, ·a, ·um (= ober, oben befindlich) von super;* s. super+. –

Höchster Rang oder Grad: Summoprimaten, Bez. für Gorilla, Schimpanse u. Mensch als die höchststehenden der Primaten.

superb-, *Adj. superb·us, ·a, ·um (= hervorragend, prächtig; hochmütig).* – Prächtige Farben u. Formen: a) bei Vögeln: Lophorina superba, ein Paradiesvogel; Spreo superbus = Prachtglanzstar; Menura superba = Leierschwanz; – b) bei Pflanzen: Dianthus superbus = Prachtnelke.

supin-, *Adj. supīn·us, ·a, ·um (= rückwärts gebogen) → Verb supināre (= rückwärts beugen).* – 1. Zustand: a) Pisidium supinum, eine Muschel mit rückwärts gelegenem Wirbel (Umbo); – b) Pflanzen: Potentilla supina = Liegendes Fingerkraut; Scirpus supinus (Zwergsimse) mit kurzem, z. T. liegendem Stengel. – 2. Vorgang: Supination = die Drehung der Extremität, z. B. des Unterarms beim Menschen derart, daß der Daumen vom Körper hinweg u. die Handfläche nach oben weist (Auswärtsdrehung); sie wird durch den Musculus supinator herbeigeführt; Ggs. Pronation, s. pron-.

sut-, *Sup. vom Verb suĕre (= nähen, zusammenfügen) → Subst. sūtor, ōr·is m. (= Schuster) und sutūr·a, ·ae f. (= Naht).* – Sutura = Sutur, Naht oder Verbindungslinie: 1. Knochennaht als Verbindungs- oder Grenzlinie platter Schädelknochen: Sutura coronalis = Kranznaht, Sutura serrata s. serr-. – 2. Bei den gekammerten Schalen der fossilen Ammoniten u. rezenten Nautilusarten die Ansatzlinie (Suturlinie) der Kammerscheidewände an der Außenwand.

syc-, *Subst. τὸ σῦκ·ον (= Feige) → Subst. ἡ συκομορέα (= Maulbeerfeigenbaum);* vgl. fic-. – 1. Feigenbaum: Ficus sycomorus oder Gttg. Sycomorus = Sykomore. – 2. Körperform von Tieren mit einer Feige verglichen: a) Kalkschwämme: bei Gttg. Sycon (Art S. raphanus) gehen die Geißelkammern als Radialtuben vom Zentralraum aus, daher dieser Aufbau als Sycon- oder Syconaltypus bezeichnet (Ggs. Ascon- und Leucontyp); – b) Aszidien: Gttg. Sycozoa; – c) Schale der Schnecke Sycotypus (Ficula).

synovi-, ein von Paracelsus gebildetes Wort (Hyrtl), das nicht aus antiken Wortelementen besteht, aber wie ein lat. Subst. Fem. behandelt wird: Synovia = Gelenkschmiere; Membrana synovialis = Synovialhaut, die innere Schicht der Gelenkhaut; Bursa synovialis s. burs-.

syring-, *Subst. ἡ σύριγξ, σύριγγ·ος (= Röhre, Flöte, Blutader).* – 1. Röhrenform: Spule der Vogelfeder (Calamus); Milben, die darin leben: Gattungen Syringobia u. Syringophilus. – 2. Einer Flöte vergleichbar: die Syrinx der Vögel an der Verzweigungsstelle der beiden Bronchen.

system(at-), *Subst. τὸ σύστημα, ματ·ος (= Zusammenstellung, Gesamtheit) vom Verb συνίστημι (= zusammenstellen usw.);* s. syn+, vgl. stas-. – 1. Bestandssystem: Organsystem = Gesamtheit anatomisch und funktionell zusammengehöriger Organe, z. B. Systema digestorium, urogenitale, vasorum bei Wirbeltieren und Mensch (PNA Apparatus s. par- II). – 2. Begriffssystem: im zoologischen und botanischen System werden Tiere u. Pflanzen auf Grund ihrer abgestuften Mannigfaltigkeit in Gruppen versch. Umfangs (Sippen) geordnet: Systematik, die Wissenschaft, die sich damit beschäftigt.

T

tabul-, *Subst. tabul·a, ·ae f. (= Brett, Tafel, Schrift) → Demin. tabell·a, ·ae f. (= Brettchen, Täfelchen, Brief).* – Plattenförmige Gebilde: a) Hornplatten des Hautskelettes von Schildkröten: Testudo tabulata = Waldschildkröte; – b) Tabulare, paariger Schädelknochen bei Reptilien, auch bei Säugern nachgewiesen.

tach(y)-, *Subst. τὸ τάχ·ος (= Schnelligkeit) → Adj. ταχιν·ός (= schnell) und ταξύς (= schnell).* – 1. Geschwindigkeit, Weg in der Zeiteinheit: Tachometer. – 2. Schnelle Bewegungen von Tieren oder Organen: a) Ortsveränderung von Tieren: Gattungen der Käfer Tachypūs (ein Laufkäfer), Tachyta, Tachyūsa u. a.; Gttg. der Schwertschwänze Tachypleus (Molukkenkrebs) als schneller Schwimmer benannt; der Fregattvogel hieß früher „schneller Flieger“ (Tachypetes); – b) Organe: Tachyglossus (Syn. von Echidna), Gttg. der Monotremata mit sehr beweglicher Zunge. – 3. Wiederholungen in der Zeiteinheit bei rhythmischen Bewegungen: Tachykardie = beschleunigter Herzschlag.

tact- I., *Sup. vom Verb tangĕre → Subst. tactio, on·is f. und tactus, ūs m. (= Berührung; Gefühl); mit Präfix: contingere (= unmittelbar anstoßen, berühren) → Subst. contactus, ūs m. (= Berührung);* vgl. tang-. – 1. Berührung: a) vorübergehende Übertragung von Erregern: Kontaktinfektion, von Giften: Kontaktinsektizide; – b) dauernder Zustand: Facies contactūs, die Flächen, mit denen die Zähne sich in der Reihe berühren. – 2. Tastsinn: Organa tactūs = Tastorgane (Tangorezeptoren); taktil = zum Tastsinn gehörig, insbes. taktile Reize = Tast- oder Berührungsreize.

tact- II., *Adj. τακτ·ός (= festgesetzt, bestimmt) und τακτικ·ός (= die Aufstellung eines Heeres betreffend).* – Wirkung von Reizen auf den Organismus: taktische = richtende Reize s. tax- 1.

taeni-, *Subst. ἡ ταινί·α = lat. taeni·a, ·ae f. (= Band, Binde).* – 1. Band, d. h. langgestrecktes flaches Gebilde (ohne Funktion des Bindens): a) Zellorganell: Chromosomen in Vorbereitung der Reifeteilungen im lepto-, pachy- u. diplotaenen Stadium; – b) Organe: Taenioglossa (Mesogastropoda), Schnecken mit schmaler, bandförmiger Radula; – c) Zeichnung, farbiges

Band z. B. bei Fischen: Cobitis taenia, Rasbora taeniata, Nannaethiops uni- u. tritaeniata. – 2. Bandwurm: a) Gttg. Taenia; – b) einem Bandwurm ähnlich: Pentastomum taenioides, Art der Linguatulidae.

tal-, *Subst. tāl·us, ·i m. (= Knöchel).* – Talus, ein Knochen der Fußwurzel, der die gelenkige Verbindung des Fußes mit Schien- u. Wadenbein herstellt (Articulus talo-cruralis).

talp-, *Subst. talp·a, ·ae f. (= Maulwurf).* – 1. Maulwurf: a) Gttg. Talpa; – b) Parasiten: die Milbe Labidophorus talpae im Nest des Maulwurfs. – 2. Mit dem Maulwurf verglichen: Gryllotalpa = Maulwurfsgrille (gräbt Gänge in die Erde).

tang-, *Verb tangĕre (= berühren, treffen, schlagen; reizen) mit Sup. tact-;* vgl. tact-. – 1. Berührung in bes. Richtung: Tangente, eine gerade Linie, die eine gekrümmte Linie berührt; danach tangential = in der Richtung der Tangente, senkrecht zum Radius, auch parallel zu geraden Teilen der Oberfläche. – 2. Berührung ohne Betonung der Richtung: a) Tangorezeptoren sind Sinnesorgane oder Nervenendungen, die durch Berührung der Körperoberfläche gereizt werden; – b) bei leichter Berührung springen die reifen Samenkapseln von Impatiens noli-tangere auf (noli me tangere = rühr mich nicht an), vgl. pass- I.

tapet-, *Subst. ὁ τάπης, ητ·ος (= Teppiche, Decke) → lat. tapēt·e, ·is und tapēt·um, ·i n. (= Teppich).* – 1. Wandbekleidung in menschlichen Behausungen als Lebensbereich: Trichophaga tapetiella [tapetzella] = Tapetenmotte, deren Larve an Pelzwerk, Stoffen sowie an oder unter Tapeten vorkommt. – 2. Auskleidung von Hohlorganen: a) lichtreflektierende Schicht in der Wand des Auges vieler Tiere: Tapetum lucidum; – b) Tapetum (JNA) = Wandteile der Seitenventrikel im menschlichen Großhirn, soweit sie von der Balkenstrahlung („Tapetumstrahlung") gebildet werden.

tard-, *Adj. tard·us, ·a, ·um (= langsam, träge) → Adj. tardigradus (= langsam schreitend), Verb tardāre und retārdare (= verzögern, hemmen) → Subst. retardatio f. (= Verzögerung).* – 1. Allg.: Geschwindigkeit eines Vorganges (physik.): Retardation = Verzögerung. – 2. Ortsveränderung von Tieren: a) Tardigrada = Bärtierchen, bewegen sich mit ihren 4 Paar stummelförmigen Füßen nur träge vorwärts; – b) Otis tarda = Großtrappe, hat gewöhnlich einen langsamen, gemessenen Gang. – 3. Wachstum von Pflanzen: a) langsam wachsend: tardivus; – b) spät blühend: tardiflorus.

tars-, *Subst. ὁ ταρσ·ός (= 1. Darre, Flechtwerk, 2. platte Fläche, insbes. Fußblatt, Sohle).*

A. Fuß als Endteil von Extremitäten: 1. Fußwurzel der Wirbeltiere: Tarsus mit den Ossa tarsi oder Tarsalia; Metatarsus = Mittelfuß mit den Metatarsalia. – 2. Tarsus = Fußabschnitt der Insektenbeine, aus mehreren

Tarsalgliedern bestehend; danach Macrotarsus, Platytarsus, Tarsostenus, Harpalus rufitarsis = Rotfüßiger Schnellkäfer.
B. Tarsus = „Lidknorpel", bindegewebige Platte in den Augenlidern des Menschen u. mancher Säugetiere.

taur-, *Subst. ὁ ταῦϱ·ος, lat. taur·us, ·i m. (= Stier, Ochs).* – 1. Stier, Rind: Bos taurus, alter LINNÉscher Name für das Hausrind. – 2. Dem Rind ähnlich: a) Gebrüll: Botaurus s. bo-; – b) Gehörn: Onthophagus taurus = Zweihörniger Kotkäfer.

tax-, *Subst. ἡ τάξις, εως (= Ord., Anordnung, Stellung; Schlachtreihe, Heer) vom Verbalstamm ταγ = ταϰ;* vgl. tact- II.
1. Physiologische Vorgänge: Taxis = Taxie, Plur. Taxien = durch Reize ausgelöste (gewöhnlich gerichtete) Ortsveränderung von Tieren im Unterschied zum Tropismus; die Reize, die eine Taxis hervorrufen, heißen taktisch; Einteilung nach Art der reaktiven Bewegung in Phobo- und Topotaxis, die letztere nach der Richtung zur Reizquelle in Tropo-, Telo- und Menotaxis; Einteilung nach Art des Reizes in Chemo-, Galvano-, Phototaxis usw.; vgl. phob-.
2. Lineare Anordnung: a) taxodonte Muscheln = Taxodonta haben mehr oder weniger gleichartige Schloßzähne in langer Reihe; – b) Phyllotaxis, die Anordnung der Blätter an der Sproßachse, meist in erkennbarer Reihe (s. stich-).
3. Begriffliche Ordnung: Tax(i)onomie = Beschreibung, Benennung u. Einordnung der Organismen in ein phylogenetisches System; Tax(i)onom etwa svw. Systematiker; die natürliche Sippe (syst. Einheit) heißt das Taxon mit dem Plur. Taxa in der Botanik, Taxone in der Zoologie (richtig Taxa, da das ·on Flexionsendung ist).

tect-, *Sup. von tegĕre → Part. Pass. tectus (= bedeckt, versteckt) → substt. tect·um, ·i n. (= Dach, Zimmerdecke, Haus), Adj. tectori·us, ·a, ·um (= zum Bedecken dienend);* s. teg-.

teg-, *Verb tegĕre (bedecken, verdecken, verbergen) → Subst. tegmen, min·is n. (= Decke, Hülle) und tegment·um, tegiment·um oder tegument·um n. (= Bedeckungsmittel).* – 1. Deckgebilde, Oberfläche bedeckend: a) den Körper allseits bedeckend: das Integumentum commune = Integument (auch Tegument) = äußere Haut, bei den Wirbeltieren aus Corium und Epidermis bestehend; – b) Tectrices = Deckfedern am Flügel der Vögel; – c) in der Mumienpuppe, Pupa obtecta, liegen die Gliedmaßen dicht am Körper unter der chitinösen Puppenhaut (Ggs. P. libera). – 2. Einen Hohlraum dorsal überdachend: a) am Gehirn: Tegmentum = Mittelhirndach („Haube"), auch Tectum opticum genannt, soweit hier die meisten Sehnervenfasern enden; Lamina tectoria ventriculi quarti (JNA) = Decke der

Rautengrube; – b) Tegmen tympani, das knöcherne Dach der Paukenhöhle. – 3. Hausdächer als Lebensbereich für Pflanzen: Sempervivum tectorum = Dach-Hauswurz, Bromus tectorum = Dach-Trespe.

tel- I., *Subst. tēl·a, ·ae f. (= Gewebe, Spinngewebe; Weberbaum), vom Verb texĕre;* s. text-. – 1. Gewebe oder Netz von Spinnentieren: a) Webespinnen: die Tubitelae bauen Netz mit Wohnröhre, die Inaequitelae unregelmäßige Gewebe, die Orbitelae ein Radnetz aus strahlig und spiralig angeordneten Fäden; – b) Milben: Larven von Eotetranychus telaris = „Spinnmilbe" überziehen die Unterseite von Blättern mit Gespinst. – 2. Gewebe im histol. Sinne: a) Gewebe, z. B. Tela adiposa, T. conjunctiva, T. nervea; – b) Gewebsschicht in Wandungen innerer Organe: Tela submucosa zwischen Tunica mucosa u. muscularis der Darmwand; – c) freie Membran (Organ oder Organteil): Tela chorioidea des III. u. IV. Hirnventrikels.

tel- II., *Subst.* τὸ τέλ·ος *(= Ende, Grenze, Ziel; Vollendung, Höhepunkt), Verb* τελέω *(= beendige, vollende, erfülle); ferner Adj.* τέλει·ος *(= vollendet, vollkommen) und* τελήεις *(= vollendet, makellos).*

1. Zustand: irgendein „Ende" betreffend oder an ihm befindlich: a) vegetativer Pol bei telolecithalen Eizellen; – b) Vorderende bilateraler Tiere: Telencephalon = Endhirn; – c) Hinterende: Oxytelus, Gttg. der Staphylinidae mit hinten zugespitztem Körper; – d) bei Pflanzen das Telom als primitiver Trieb; die Telomtheorie führt alle Gliederungen des Kormus höherer Pflanzen auf dieses Grundorgan zurück.
2. Zustand mit Hinblick auf gerichteten Vorgang: a) das „Ende" als Beginn des Vorganges: Teloblasten sind embryonale Ausgangszellen von Zellreihen, z. B. die Urmesodermzellen von Anneliden; bei telotrophen Eiröhren von Insekten erfolgt Ernährung der Eizelle von dem proximalen „Ende" aus, von dem aus auch die Geschlechtszellen gebildet werden; – b) Beginn oder Ende eines Vorganges: die Erregung bei den Telodendrien = Endbäumchen von Nervenfasern.
3. Zeitlich: a) Telophase = Endphase der mitotischen Kernteilung; – b) Telosporidia sind Sporozoen, bei denen die Sporen am Ende der ungeschlechtlichen Periode gebildet werden (z. B. Coccidia).
4. Richtung oder Ziel eines Vorganges: a) räumlich: Telotaxis = gerichtete Bewegung auf die Reizquelle zu (eine Form der Topotaxis); – b) vorausgedachtes Ziel einer Entwicklung im idealistischen Sinne: Teleologie, Entelechie.
5. Vollendung als Ergebnis einer Entwicklung: a) Teleostei = Knochenfische mit vollständig verknöchertem Skelett (was nicht für alle Arten zutrifft); – b) Teleiocerata = die Krebse wegen ihrer vollen Zahl von 2 Antennenpaaren (Ggs. Insekten als Atelocerata).

tele- I., *Verb* τελέω, s. tel- II.

tele- II., *Adv. τῆλε (= fern, weit; weithin).* – 1. Räumliche Entfernung groß: Teleskop = Fernrohr, diesem ähnlich geformt die Teleskopaugen von Tiefseefischen u. -cephalopoda, jedoch mit riesiger kugeliger Linse nicht zum Fernsehen, sondern zur Erfassung geringer Lichtmengen. – 2. Zeitliche Entfernung u. indirekte Wirkung: Telegonie = „Fernzeugung", der von Tierzüchtern angenommene Einfluß, den eine Befruchtung und Geburt auf die Eigenschaften von später erzeugten Nachkommen haben kann.

tempor- I., *Subst. tempus, tempor·is n. (= Zeit, Zeitspanne; Zeitumstände, Schicksal) → Adj. temporarius (= den Umständen angepaßt, kurze Zeit dauernd).* – 1. Zeitlicher Ablauf: Temporalvariation = die periodische Formveränderung im Lauf eines Jahres, z. B. bei pelagischen Daphniden. – 2. Auf einen Zeitraum beschränkt: a) temporär = vorübergehend, zeitweilig, z. B. temporärer Parasitismus (bei Wanzen, Stechmücken usw.) im Ggs. zum stationären P.; – b) Rana temporaria soll nach Gaupp als kurzlebig bezeichnet worden sein, nicht wegen des braunen Fleckes in der Schläfenregion (tempor- II.).

tempor- II., *Subst. tempus, tempor·is n. (= Schläfe).* – Regio temporalis = Schläfenregion des Kopfes; hier beim Menschen die Squama oder Pars squamalis ossis temporalis, der bei den meisten Säugetieren das selbständige Os temporale entspricht.

ten-, *Verb tenēre (= halten, fassen, besitzen, dauern) → Adj. tenax, tenāc·is (= festhaltend, zäh, fest);* vgl. tenta-. – 1. Beharrung von Entwicklungszuständen: Neotenie ist das Geschlechtsreifwerden von Larven (z. B. Axolotl), d. h. das Stehenbleiben der Entwicklung mit Ausnahme der Geschlechtsorgane u. -funktionen. – 2. Verhalten von a) Tieren: Eristalis tenax (Schlammfliege), nach Leunis wegen der Lebenszähigkeit der Larven; – b) Pflanzen: Pseudohiatula tenacella, ein knorpelstieliger ungenießbarer Pilz.

tend-, *Verb tendĕre (= dehnen, spannen, strecken, hinlenken);* s. tens-, vgl. tendin-.

tendin-, *neuere Wortbildung in Anklang an lat. Verb tendĕre: Subst. tendo, tendin·is f. (= Sehne), danach Adj. tendineus u. tendinōsus (= sehnig),* s. tend- u. tens-. – Tendo, Plur. Tendin·es = Sehnen; Tendo calcaneus = Achillessehne; Intersectiones tendineae = sehnige Querstreifen im geraden Bauchmuskel.

tenebr-, *Subst. Plur. tenebr·ae, ·arum f. (= Dunkel, Finsternis) → Adj. tenebros·us, ·a, ·um (= dunkel, finster) u. Subst. tenebrio, on·is (= lichtscheuer Mensch).* – Dunkel gefärbte u. meist auch an dunklen Orten lebende Tiere: Gttg. der Käfer Tenebrio → Fam. Tenebrionidae; Timarcha tenebricosa = Dunkelkäfer.

tens-, *Sup. von tendĕre, mit Präfix extendĕre (= ausstrecken, ausbreiten) → Part. Pass. extens·us, ·a, ·um (= ausgedehnt, weitläufig).* – 1. Spannung durch Muskeln: der M. tensor tympani spannt (?) durch seine Kontraktion das Trommelfell, der M. tensor veli palatini das Gaumensegel, der M. tensor fasciae latae die Oberschenkelfaszie. – 2. Streckung eines Gliedes (im Ggs. zum Beugen) durch Muskeln, z. B. des Daumens durch M. extensor pollicis brevis und longus.

tent- I., = tens-, *Sup. von tendĕre → Subst. tentōri·um, ·i n. (= Zelt);* vgl. tend-. – Einem Zelt vergleichbare Bildungen: a) Tentorium cerebelli = Kleinhirnzelt, ein flächenhafter Fortsatz der harten Hirnhaut über dem Kleinhirn; – b) bei Insekten ein chitiniges Gerüst innerhalb der Kopfkapsel.

-tent- II., *Sup. zum Verb tenēre, mit Präfix: z. B. retinēre, Sup. retent- (= zurückhalten);* vgl. -tin- und ten-. – Retention (med.) = Zurückhaltung auszuscheidender Stoffe im Körper, z. B. von Sekreten, dadurch Bildung von Retentionszysten.

tenta-, *Verb tentāre (= betasten, berühren, versuchen), davon Subst. tentācul·um, ·i n.;* vgl. ~acul·um. – Tentakel = Fühler, Taster, Körperfortsatz mit bes. Beweglichkeit u. Ausstattung mit Sinnesendigungen, vor allem bei wirbellosen Tieren; insbes. Tentaculata (= „Kranzfühler"), Name für Bryozoa u. Brachiopoda; auch Name für Ctenophora mit Tentakeln: Tentaculifera im Ggs. zu den Atentaculata.

tenu-, *Adj. tenu·is, ·e (= dünn, schmal, zart) → Verb tenuāre u. attenuāre (= verdünnen, vermindern, schwächen).* – 1. Habitus schmächtig, zart: Juncus tenuis = Zarte Binse, Bupleurum tenuosissimum = Feines Hasenohr. – 2. Dünn in versch. Dimensionen: a) geringer Querschnitt eines langen Gebildes: oligochäter Wurm Dendrobaena tenuis, Käfer Strangalia attenuata = Verschmälerter Schnürbock, Schale der Schnecke Murex tenuispina (Ggs. crass-); – b) schmale Fläche der Blätter von Vicia tenuifolia; – c) dünne Fläche der Blätter von Minuartia tenuifolia.

terebr-, *Subst. tẹrebr·a, ·ae f. (= Bohrer) → Verb terebrāre (= bohren, durchbohren).* – 1. Einem Bohrer (Werkzeug zum Bohren) ähnlich geformt: Terebra, Gttg. der Schnecken mit langer, spitz zulaufender Schale. – 2. Terebra = Legebohrer weiblicher Insekten, insbes. der Terebrantia = Schlupf- u. Gallwespen (Über-Fam.). – 3. Loch, das nicht durch Bohren entstanden ist: Terebratula, Gttg. der Brachiopoda mit Loch in der unteren Schale für den Stiel.

teres, *Adj. teres, tẹret·is (= länglichrund, geglättet).* – Lange Gebilde mit rundem Querschnitt: a) Muskeln: M. teres major u. minor; – b) Körperteile u. -anhänge, von Käfern: Artnamen tereticollis, tereticornis.

terg-, *Subst. terg·um, ·i n. (= Rücken, Hinterseite; Decke, Fell).* – Rückenseite von Tieren: a) Tergit (Plur. Tergite oder Terga) = Chitinplatte, die bei Insekten die Rückenfläche der Abdominalsegmente bedeckt; – b) Terga (Plur.) sind paarige Kalkplatten am Hinterende der Rankenfüßer.

term-, *Subst. τὸ τέρμα, ματ·ος, auch ὁ τέρμων, μον·ος (= Ende, Grenze, Ziel, Entscheidung);* vgl. termin-. – Entscheidung über den Ablauf eines Vorganges, Bestimmung: Termone = Wirkstoffe, die das Geschlecht bestimmen, Androtermone das männliche und Gynotermone das weibliche.

termin-, *Subst. termin·us, ·i m. (= Grenze, Ende, Ziel) → Verb termināre (= begrenzen, bestimmen, beendigen), mit Präfix: determināre (= begrenzen);* vgl. tel- II. – 1. Zustand: an irgendeinem „Ende" befindlich: a) Ende eines Sprosses mit einer Terminalknospe oder -blüte; – b) Vorderende des Stammhirns u. damit der vordere Abschluß des III. Ventrikels: Lamina terminalis; – c) Hinterende des Rückenmarkes: Filum terminale; – d) Peripherie eines flächigen Gebildes: Vena terminalis = Randgefäß des primären Dotterkreislaufes bei Vögeln; – e) Grenze innerhalb eines Gebildes: Sulcus terminalis zwischen Zungenkörper und -wurzel beim Menschen. – 2. Zustand mit Beziehung auf gerichteten Vorgang: a) Protonephridien der parenchymatösen Würmer beginnen mit den Terminalorganen (Wimperflammen); – b) Erregung in Hirn- und Rückenmarksnerven endet im Nucleus terminalis (Ggs. origin-). – 3. Ergebnis eines Vorganges: Determination = Bestimmung, Entscheidung über das Schicksal eines Keimteiles. – 4. Begrifflich: a) Terminus = Wort, Benennung, insbes. T. technicus = Fachausdruck; Terminologie = Lehre von den wiss. Benennungen; – b) ein Tier oder eine Pflanze determinieren = bestimmen heißt, ihre Zugehörigkeit zu einer Art und damit auch ihren Namen ermitteln.

terr- I., *Subst. terr·a, ·ae f. (= Erde, Erdkörper, Erdreich) → Adj. terrestr·is, ·e (= irdisch, Land-), Subst. territori·um, ·i n. (= Gebiet).* – 1. Erdreich, Boden als Lebensbereich: a) Ggs. zum Wasser: Terricolae = Erdwürmer, Name für die in feuchter Erde lebenden Oligochäten; Lumbricus terrestris; – b) am oder im Boden: die Spinnen Trochosa terricola u. Zelotes subterraneus; – c) Terrarium im Ggs. zum Aquarium. – 2. Eigenschaften des Erdbodens (der Substanz): Pilz Tricholoma terreum von erdigem Geruch. – 3. Bereich der Erdoberfläche: a) Territorium, z. B. territoriale Charakterarten (bot.); – b) übertr. auf Gewebe: Territorien des hyalinen Knorpels im mikroskopischen Schnittbild.

terr- II., *Verb terrēre (= erschrecken, verscheuchen) → Subst. terror, ōr·is m. (= Schrecken), Adj. terribil·is, ·e (= schrecklich).* – Tiere, die „Schrekken erregen", z. B. Crotalus terrificus, eine Klapperschlange.

terti-, *Num. terti·us, ·a, ·um (= der dritte) von trēs, tria.* – 1. Zustand: das dritte in einer Reihe von Gebilden; a) Ventriculus tertius = der

III. Hirnventrikel; – b) Digitus pedis tertius, die dritte Zehe. – 2. Zeitliche Folge: a) Tertiärzeit = geologische Epoche nach dem Mesozoicum (der Sekundärzeit); – b) Malaria tertiana mit Fieberanfall an jedem dritten Tage (Erreger Plasmodium vivax).

tessel-, tesser-, *Subst. tesser·a, ·ae f. (= Würfel) → Demin. tesserul·a → tessel·a, ·ae (= Würfelchen).* – 1. Würfelform der Becherquallen Gttg. Tessera u. Tesserantha. – 2. Viereckige Flecken: Käfer Corymbites tesselatus, Natrix tesselata = Würfelnatter.

test- *Subst. test·a, ·ae f. (= Ziegelstein, Scherbe; Schaltier) → Adj. testace·us, ·a, ·um (= aus Backstein)*; s. testudin-. – 1. Schale oder Panzer von Tieren; Testacea = beschalte Amöben, Testa = Panzer der Schildkröten. – 2. Einem Dachziegel ähnlich, ziegelfarben, z. B. die Käferarten Claviger testaceus, Leptura testacea, Sphaeroderma testaceum.

test(i)-, *Subst. testis, ·is m. und Demin. testicul·us, ·i m. (= Hode).* – Testis = Testiculus = Testikel, Hoden (männliche Gonade); Teile bei Säugetieren: Lobuli testis, Rete testis s. ret-; zum Hoden gehörig: Arteria testicularis.

testudin-, *Subst. testūdo, testūdin·is (= Schildkröte, Gewölbe, Schilddach), von testa,* s. test-. – 1. Schildkröten: Gttg. Testudo → Fam. Testudinidae (Landschildkröten). – 2. Einer Schildkröte vergleichbar: a) die Schnecke Pleurobranchus testudinarius; – b) die Hypokotylknolle von Gattg. Testudinaria.

tetr(a)-, *Num. τέτταρες, Neutr. τέτταρα, in Zus. τέτρα-, vor Vokalen τέτρ- (= vier) → Subst. ἡ τετράς, άδ·ος (= Vierzahl).* – Anzahl von vier gleichartigen Körperteilen oder Organen: 1. Vier Gebilde in einer Reihe, bes. in proximodistaler Folge: die Tarsenglieder der Tetramera (Käfer), die Fühlerglieder von Käfern Gttg. Tetramelus u. Tetratoma. – 2. Zwei Paar: a) Tetrade = Gruppe von vier Chromosomen (= zwei Paar homologe bei Reifungsteilungen); – b) symmetrische Gebilde: Extremitäten der Tetrapoda = Vierfüßer (Wirbeltiere); Zähne von Tetrodon im Vergleich zu Diodon (Gttg. der Fische); Kiemen der Tetrabranchiata (Cephalopoda); Lungen der Tetrapneumones (Spinnentiere). – 3. Radiale Stellung: Tetracorallia (= Rugosa) sind vierstrahlige Korallen; Erica tetralix hat vierstrahlige Blattwirtel. – 4. Viereckig: a) Fläche des Strudelwurmes Mesostoma tetragonum; – b) Querschnitt des Regenwurmes Eiseniella tetraedra (Körper also vierkantig).

text-, *Sup. vom Verb texĕre (= weben, zusammenfügen, verfertigen) → Subst. textor, ōr·is m. (= Weber) → textrix, ic·is f. (= Weberin).* – 1. Aus fadenförmigen Gebilden zusammengefügt, gesponnen oder geflochten: das Nest der Webervögel (Gttg. Textor), das Netz von Webespinnen (Gttg. Textrix). – 2. Gefüge, Aufbau im allg.: Textur für Organe u. Gewebe im ähnlichen Sinne wie Struktur; bei Pflanzen die Beschaffenheit der Oberfläche oder der Aufbau der Zellwand.

th-, s. besondere Liste S. 418.

tibi-, *Subst. tībi·a, ·ae f. (= Schienbein; Flöte).* – Tibia: a) Schienbein im Unterschenkel der Landwirbeltiere, daher Tibiale, ein Knochen der Fußwurzel an der dem Schienbein entsprechenden Seite = Talus; – b) der auf das Femur folgende Abschnitt der Extremität bei den Insekten; mit bes. Merkmal: Artnamen nigrotibialis, fuscitibia.

tigr-, *Subst. ὁ, ἡ τίγρις → latin. tigris, ·is (= Tiger) → Adj. tigrin·us, ·a, ·um (= getigert).* – 1. Katzenartige Raubtiere: Felis tigris = Tiger, Felis tigrina = Tigerkatze, Genetta tigrina (Art der Ginsterkatzen). – 2. Dem Tiger ähnlich: a) Streifen: Stegostoma tigrinum = Getigerter Katzenhai; – b) Flecken wie bei einem Leoparden („Tiger"): die Nißlkörper in Ganglienzellen als Tigroidschollen oder -substanz; Blütenblätter von Lilium tigrinum = Tigerlilie und Tigridia pavonia = Tigerblume.

-tin-, *Umlaut vom Verb tenēre nach Präfixen, z. B. continēre (= zusammenfassen, einschließen, bewahren) → Adj. continu·us, ·a, ·um (= zusammenhängend, ununterbrochen).* – Zusammenhängend: a) Landmasse: Kontinent, Adj. kontinental, z. B. Klima; – b) allg.: kontinuierlich, Kontinuität = räumlicher oder zeitlicher Zusammenhang.

tinct-, ting-, *Verb tingĕre (= benetzen, eintauchen, färben) mit Sup. tinct- → Subst. tinctor, or·is m. (= Färber).* – 1. Farbig u. zum Färben benutzt: a) natürliche Farben von Tieren oder Pflanzen: Thrombidium tinctorium = Färbermilbe, Genista tinctoria = Färberginster, Rubia tinctorum = Färberröte; – b) in der Histologie: tingieren = färben, tingibel = färbbar, z. B. „tingible Körperchen" im mikroskopischen Präparat. – 2. Tinktur, ein aus Drogen gewonnener farbiger Auszug, z. B. Tinctura jodi = Jodtinktur.

toc-, *Subst. ὁ τόκ·ος (= Gebären, Geburt; Kind, Brut) u. Subst. ὁ τοκεύς, έως (= Erzeuger, Plur.: Eltern).* – 1. Fortpflanzung: Tokogonie = Elternzeugung, d. h. Entstehung von Organismen durch Fortpflanzung im Ggs. zur Urzeugung. – 2. Nachkommen als Ergebnis der Fortpflanzung: Erzeugung männlicher Nachkommen = Arrhenotokie, Erzeugung weiblicher Nachkommen = Thelytokie.

tom-, *Subst. ἡ τομ·ή (= Schneiden, Schnitt, Hieb), ὁ τόμ·ος (= abgeschnittenes Stück) u. Adj. τομ·ός (= schneidend, scharf), verw. mit Verb τέμνω (= schneiden, zerschneiden).*

1. Tätigkeit des Menschen: a) Zergliederung zum Studium des Aufbaues: Anatomie, Zootomie (zootomischer Kurs); – b) Eröffnung einer Vene zum Aderlaß: Phlebotomie; – c) operative Eröffnung = Aufschneiden von Organen, z. B. Magen: Gastrotomie.
2. Tätigkeit von Tieren: a) Zerbeißen zur Nahrungsaufnahme: Larven der Blattwespe Hylotoma an Rosenblättern; – b) Anstechen: Phlebotomus, Gttg. der Mücken, Gnitzen, s. phleb-, phleps; – c) Abtrennen von Körperteilen bei der „Selbstverstümmelung" = Autotomie.
3. Zustand: der Schnitt, Einschnitt oder Spalt: a) Einschnitt oder Schlitz am Rande von Schneckenschalen: Gattungen Pleurotoma, Pleurotomaria; – b) durchgehender Spalt: Tomochonien (Cephalopoda mit gespaltenem Trichter); – c) Spaltung = Gabelung am Ende: dichotome Verzweigung s. dicho-.
4. Zustand: der Abschnitt, das durch Einschnitt oder Furche getrennte Gebilde: a) rostrokaudal im Sinne von Segment (Metamer), bei Wirbeltieren Myotom, Sklerotom, Nephrotom; entomon = Insekt (Entomologie); – b) proximodistale Folge: Antennen der Gattungen Tomocerus (Urinsekt) u. Pentatoma (Wanze).
5. Aufteilung im allgemeinsten Sinne: a) Atom früher als kleinstes, nicht weiter zerlegbares Teilchen der Materie betrachtet; – b) übertr. auf sehr kleine Tiere, z. B. Käfer: Gttg. Atomaria, Art Polydrosus atomarius.

toment-, *Subst. tōment·um, ·i n. (= Stopfwerk, Polsterung).* – Filzig oder flaumig behaarte Oberflächen: a) Pflanzen: Rubus tomentosus = Filzige Brombeere, Rosa tomentosa = Filzrose, Arctium tomentosum = Filzige Klette; – b) Tiere, z. B. Käfer: Tychius tomentosus u. Staphylinus parumtomentosus (parum = wenig).

ton- *Subst. ὁ τόν·ος (= Strick, Saite; Spannung; Ton), verw. mit Verb τείνω (= strecken, spannen).*

1. Ausdehnung oder Spannung eines langen Gebildes: a) nicht kontraktil: Chordotonalorgan von Insekten zwischen festen Ansatzpunkten saitenartig ausgespannt; in ähnlichem Sinne wohl auch die Tonofibrillen in Epithelzellen; – b) kontraktil: Tonus = Spannungszustand von Muskelfasern, teils im M. selbst begründet (Autotonus), teils durch Reiz hervorgerufen, bei Wirbeltieren insbes. der labyrinthäre Tonus.
2. Innere Spannung, innerer Druck eines räumlichen Gebildes: a) hydrostatischer Druck im Blutgefäß = Blutdruck, über der Norm Hypertonie, unter der Norm Hypotonie; – b) osmotischer Druck, auf unterschiedlicher Konzentration beruhend: isotonisch = isosmotisch nennt man Flüssigkeiten, die mit der im Inneren von Zellen, Geweben usw. herrschenden Molekularkonzentration übereinstimmen (hyper- oder hypotonisch, wenn dies nicht der Fall ist); – c) Turgor der Pflanzenzelle: Tonoplast, die innere Grenzschicht des Protoplasmas, die die Vakuolen umgibt.

3. Umspannend im Sinne von umfassend (also ohne Spannung im engeren Sinne): Peritonaeum (Peritoneum) = Bauchfell als Haut, die die Leibeshöhle bzw. Eingeweide umgibt.

top-, *Subst. ὁ τόπ·ος (= Ort, Platz, Gegend, Gebiet) → Adj. τοπικ·ός (= örtlich).* – 1. Örtlichkeit, räumlicher Bereich für Lebewesen (ohne Betonung der Ausdehnung), Biotop: a) im weiteren Sinne Orte, an denen Organismen existieren; – b) im engeren Sinne der Bereich einer Biozönose. – 2. Räumliche Anordnung u. Lagebeziehungen von Organen: Topographie, topographische Anatomie, insbes. Skeletotopie = Lagebeziehungen innerer Organe zum Skelett usw.; Topologie = topologische Morphologie, Lehre von den Lagebeziehungen der Teile im Organismus.

tormin-, *Subst. Plur. tormin·a, ·um n. (= Leibschmerz, Ruhr) → Adj. tormināōs·us, ·a, ·um (= an Ruhr leidend).* – Leibschmerzen u. Durchfall: a) erzeugend: der Giftreizker Lactaria torminosa; – b) heilend: die Früchte der Els-Vogelbeere Sorbus torminalis, die gegen Durchfall gebräuchlich waren.

torp-, *Verb torpēre (= starr sein, betäubt sein) → Subst. torpor, ōr·is m. (= Erstarrung, Betäubung) u. Adj. torpid·us, ·a, ·um (= erstarrt, betäubt), Subst. torpēdo, -edin·is f. (= Lähmung; Zitterroche).* – Betäubung, Lähmung bewirkend: Torpedo → Torpedinidae = Zitterrochen, Gttg. u. Fam. der Rochen, mit elektrischen Organen, deren Entladung für kleine Tiere tödlich sein kann.

torqu-, tort-, *Verb torquēre mit Sup. tort- (= drehen, winden, wälzen, verdrehen, martern) → Subst. torqu·is, ·is m.u.f. (= Halskette) → torquāt·us, ·a, ·um (= mit einer Halskette geschmückt).* – 1. Vorgang des Drehens: a) Jynx torquilla = Wendehals, ein Spechtvogel, der den Hals geschickt dreht und wendet; – b) Tortrix → Tortricidae = Wickler, Gttg. u. Fam. der Kleinschmetterlinge, wahrscheinlich so genannt, weil die Larven „zwischen zusammengerollten u. zusammengesponnenen Blättern" leben (LEUNIS). – 2. Zustand als Folge einer Entwicklung: a) die spiralige Aufwindung des Eingeweidesackes u. der Schale von Schnecken als phylogenetische Torsion oder Detorsion; – b) Tubuli contorti = gewundene Kanälchen in der Niere u. im Hoden (Ggs. rect-); – c) Pflanzenteile: Wurzelstock des Schlangenknöterichs Polygonum bistorta u. der Blätter von Vallisneria spiralis forma tortifolia = Schrauben-Vallisnerie. – 3. Halsband als Merkmal: a) Zeichnung bei Palaeornis torquatus = Halsbandsittich u. Cercocebus torquatus = Halsbandmangabe; – b) aus Haaren am nackten Hals der Fledermaus Chiromeles torquatus; – c) übertr. Ring am Stiel (unter dem Hut!) mancher Pilze: Agaricus bitorquis = Kragenegerling.

tot-, *Adj. tōt·us, ·a, ·um (= ganz, sämtlich), substt. tōt·um, ·i n. (= das Ganze) → Adj. totāl·is, ·e (= gänzlich, völlig).* – 1. Total, völlig, vollständig im Ggs. zu teilweise (partiell): totale Furchung ist die Aufteilung der ganzen Eizelle in Furchungszellen. – 2. Ganzheit = Totalität des Keimes oder Organismus: Totipotenz ist die Fähigkeit eines Teiles, sich zum Ganzen zu entwickeln, z. B. die Totipotenz einer isolierten Blastomere von „Regulationseiern".

tox-, *Subst. τὸ τόξ·ον (= Bogen zum Schießen; Pfeil, Geschoß) → Subst. ὁ τοξότης (= Bogenschütze), Adj τοξικ·ός (= zum Bogen gehörig, des Bogenschießens kundig).* – Bogen, Pfeil und Schießen: 1. Bogenförmig, gekrümmt: a) Toxoplasma, Gttg. der Sporozoa (halbmondförmig); b) Toxodontia, Uord. der Huftiere mit starker Krümmung der Mahlzähne; – c) Eutoxeres, Gttg. der Kolibris mit stark gekrümmtem Schnabel. – 2. Pfeilartig: a) Toxoglossa, Gruppe der Schnecken, deren große Radulazähne pfeilartig aus dem Munde vorgestreckt werden können; – b) pfeilförmig die Blätter von Sisymbrium toxophyllum. – 3. Schießen (ohne Pfeil und Bogen): Toxotes jaculator = Schützenfisch, s. jac-.

tox(ic)-, *Abl. von tox-: Adj. τοξικ·ός → substt. τὸ τοξικ·όν (φάρμακ·ον) → lat. toxic·um, ·i n. (= Pfeilgift, dann Gift überhaupt).* – Gift: 1. Allg.: Adj. toxisch = giftig, Intoxikation = Vergiftung; Toxikologie = Lehre von den Giften und Vergiftungen. – 2. Besondere Gifte: a) Toxine sind von Pflanzen u. Tieren gebildete giftige Stoffe, insbes. von pathogenen Bakterien; – b) giftige Pflanzen: Rhus toxicodendron, Cynanchum vincetoxicum; – c) Toxophore sind Gift- oder Brennhaare von Insekten.

trab-, *Subst. trabs, trab·is f. (= Balken; Schiff, Haus) → Demin. trabecul·a, ·ae f. (= Bälkchen).* – 1. Stützende Gewebe in weicherer Umgebung: a) aus Knorpel die Trabeculae cranii = Schädeltrabekel von Wirbeltierembryonen (in der ersten Anlage des Primordialschädels); – b) aus Bindegewebe die Trabekel in Lymphknoten sowie in der Milz. – 2. Balkenähnliche Bildungen aus weichem Gewebe: a) Trabeculae carneae = Fleischbälkchen im Wirbeltierherzen, entweder in ganzer Länge oder nur an beiden Enden der Wand anliegend; – b) die gefäßhaltigen Falten der Lunge von Lungenschnecken.

trache-, *Subst. ἡ τραχεῖ·α (= Luftröhre), eig. ἡ ἀρτηρία τραχεῖα (= rauhe Arterie, wegen der Knorpelspangen)*; vgl. trach(y)-. – Röhren (mit Wandverstärkung) zur Leitung von Luft oder Wasser: 1. Wirbeltiere: a) Trachee = Luftröhre, von den Cartilagines tracheales umgeben, am Ende in die beiden Bronchen gegabelt (Bifurcatio tracheae); – b) als Aufenthaltsort von Parasiten: Syngamus trachealis, ein Nematode bei Hühnern. – 2. Arthropoden: a) soweit im Besitz von Tracheen (Luftröhren) als Tracheata zusammengefaßt, die Onychopoden als Protracheata betrachtet; – b) bei Landasseln: Gttg. Tracheoniscus u. a. – 3. Pflanzen: Wasserleitung in den Tracheen und Tracheïden.

trachel-, *Subst. ὁ τράχηλ·ος (= Hals, Nacken).* – 1. Hals zwischen Rumpf u. Kopf, beim Menschen: ehemals gegen Halsleiden verwendet: die Nesselblättrige Glockenblume Campanula trachelium = „Halskraut". – 2. Im Sinne von Nacken: das dorsale Halsschild (Scutellum) von Käfern mit bes. Merkmalen bei den Gattungen Eurytrachelus, Stenotrachelus, Trachelomorphus. – 3. Als „Hals" (ohne Kopf!) aufgefaßte Bildung bei Protozoen: Trachelomonas, Gttg. der Flagellata, mit erhabener Geißelöffnung auf der eiförmigen Hülle; Trachelius, Gttg. der Ciliata, mit rüsselartigem Vorderteil.

trach(y)-, *Adj. τραχύς, τραχεῖα, τραχύ (= rauh, zackig, steinig).* – 1. Körperoberfläche „rauh" durch Schuppen, Haare oder Stacheln: a) Trachysaurus = Stutzechse, Gttg. der Eidechsen mit großen Schuppen; – b) Trachinus, Gttg. der Knochenfische mit bestacheltem Kiemendeckel und Flossenstacheln; – c) Trachypūs, Gttg. der Pilze mit schuppig rauhem Stiel. – 2. Beschaffenheit, Konsistenz: Trachylina, Ord. der Hydrozoa, Medusen von starrer oder derber Körperbeschaffenheit. – 3. Lautäußerung: Trachyphonus („rauhstimmig"), Gttg. der Bartvögel, mit eigentümlichem Gesang.

tract-, *Sup. zu trahĕre → Part. Pass. tract·us, ·a, ·um (= hergezogen, herstammend), Subst. tractus, ūs m. (= Ziehen, Zug, Ausdehnung), Verb tractāre (= schleppen, betasten, besorgen)*; vgl. trah-. – 1. Vorgang: a) lineare Verkürzung: Kontraktion = Zusammenziehung, insbes. von Muskelfibrillen; kontraktil = zusammenziehbar (kontraktile Fibrillen); Musculi retractores = Rückzieher, z. B. M. r. penis der Weinbergschnecke; M. protractor quadrati bei den Vögeln; – b) Verkleinerung des Volumens: kontraktile Vakuole verkleinert sich bei Ausstoßung des Inhaltes; – c) aus einem Substanzgemisch herausgezogen: Extrakt. – 2. Zustand: Zug, Strang: a) zusammenhängende Hohlorgane, z. B. Tractus digestivus oder intestinalis = Darmkanal, Darmtrakt; Tr. genitalis = der Geschlechtsapparat von den Gonaden bis zur Ausmündung; – b) Strang von Nervenfasern, Faserbündel: Tractus opticus (JNA) = „Sehnerv" (N. opticus PNA) und die Tractūs im Rückenmark.

trag-, *Subst. ὁ τράγ·ος (= Bock, Ziegenbock) → Adj. τραγικ·ός (= 1. bocksartig, 2. tragisch).* – 1. Huftiere: a) Gattungen von Boviden: Tragelaphus, Taurotragus, Hippotragus u. a.; – b) Zwerghirsche: Gttg. Tragulus. – 2. Tragus = Ohrbock, Vorsprung am vorderen Rande der Ohrmuschel, Antitragus = Gegenbock, zwischen beiden die Fissura intertragica. – 3. Mit dem Ziegenbock verglichen: a) mit dem Ziegenbart: der Haarschopf an den Früchten von Tragopogon = Bocksbart; – b) mit dem Gehörn die Antennen von Bockkäfern, Gttg. Tragosoma, die Hörnchen der Satyrhühner, Gttg. Tragopan (s. pan- III.), sowie die Hülsen des Tragants (aus griech. trag-acantha); – c) Geruch: Fleisch des Pilzes Inoloma traganum mit „Bocksgestank".

trah-, *Verb trahĕre mit Sup. tract- (= ziehen, schleppen, verleiten), mit Präfixen: con-, ex-, re-trahĕre;* vgl. tract-. – Vorgänge und Tätigkeiten: kontrahieren → Kontraktion, extrahieren → Extraktion.

trapez-, *Subst. ἡ τράπεζ·α (= Tisch, Tafel, Platte).* – Gebilde von viereckigem Umriß: a) Musculus trapezius = Trapezmuskel; – b) Adiantum trapeziforme, ein Farn mit rhombisch-eiförmigen Fiedern; – c) Rücken des Prothorax von Trapezonotus, Gttg. der Wanzen.

traum(at)-, *Subst. τὸ τραῦμα, ματ·ος (= Verletzung, Wunde, Schaden).* – Verletzung, Wunde: a) Trauma: durch Gewalteinwirkung hervorgerufene Beschädigung oder nervöse Reaktion, z. B. bei Unfällen (dadurch z. B. traumatische Neurose); – b) Pflanzen: Traumatotropismus = Änderung der Wachstumsrichtung als Folge einer Verwundung; – c) Tiere an Wunden von Bäumen, aus denen Saft ausfließt: Traumoecia, Gttg. der Käfer.

trem-, *Verb τρέμω u. lat. tremĕre (= zittern, beben) → Part. Präs. tremens, ent·is und Adj. tremul·us, ·a, ·um (= zitternd, zuckend, bebend).* – 1. Zittern durch Muskelbewegungen, path.: Tremor, Delirium tremens. – 2. Passive zitternde Bewegungen: a) im Winde leicht beweglich die Blätter der Zitterpappel Populus tremula; – b) infolge gallertiger Beschaffenheit in zitternde Bewegung geratend: die Fruchtkörper der Pilze Gttg. Tremella u. Tremellodon.

trem(at)-, *Subst. τὸ τρῆμα, ματ·ος (= Loch, Öffnung)*; vgl. tret-. – 1. Öffnung von Hohlräumen: a) Kloakenöffnung bei Wirbeltieren: Plagiotremata, Name für Eidechsen u. Schlangen wegen ihrer queren Kloakenöffnung; Monotremata, s. mon- 2. b); – b) Bruttasche auf dem Rücken von Nototrema, Gttg. der Laubfrösche; – c) Kiemenspalten: Pliotrema, Gttg. der Haifische mit 6 Spalten, d. h. mehr (pli-) als gewöhnlich; Ramus prae- u. posttrematicus sind Nervenzweige vor u. hinter jeder Kiemenspalte. – 2. Saugnäpfe, insbes. bei den Trematodes = Saugwürmern (in Namen von Gattungen Saugnapf meist stom(at) oder cotyl).

trep-, *Verb τρέπω (= drehen, wenden)*; vgl. trop-. – Treponema (= Spirochaeta), Gttg. der Bakterien mit spiralig gedrehtem Körper, s. spir-.

tres-, **tret-**, *Verbaladj. τρητ·ός (= durchbohrt, durchlöchert, durchbrochen), das entsprechend gebildete Subst. ἡ τρῆσις*; vgl. trem(at)-. – Öffnungen: a) dauernd bestehende: Hyperotreta, s. hypero-; – b) Eröffnung: atretische Eifollikel im Eierstock von Säugetieren u. Mensch bleiben geschlossen und degenerieren (Follikelatresie).

tri-, *Num. τρεῖς, Neutr. τρία (= drei) → tris (= dreimal), Subst. ἡ τριάς, άδ·ος (= Dreizahl, Dreiheit); lat. trēs, tria, davon triquetr·us, ·a, ·um (= dreieckig), trīni und terti·us;* vgl. trin-, terti-, trit-. – 1. Drei gleichartige Gebilde in versch. Anordnung: Höcker von Zähnen (trituberkulare oder trikonodonte Backenzähne), Hörner von Dinosauriern (Triceratops), Zehen von Wirbeltieren (Bradypus tridactylus, Rissa tridactyla = Dreizehenmöwe), Tarsenglieder von Insekten (Trimera), Blütenorgane (bei Elatine triandra drei Staubblätter). – 2. Dreiteiligkeit eines Gebildes: triklade Turbellarien mit drei Darmschenkeln; Trilobita = fossile Krebse mit zwei seitlichen u. einem mittleren Körperabschnitt; Trifolium (= Klee), Gttg. der Papilionaceae, mit dreizählig gefingerten Blättern. – 3. Färbungen: a) Farben: Viola tricolor; – b) Flecken: Barbus trispilus = Dreipunktbarbe; – c) Streifen: Nannostomus trifasciatus = Dreibindensalmler (Fisch). – 4. Dreieckig: a) Fläche: Rhytidiadelphus triquetrus, ein Laubmoos mit dreieckigen Blättern; Trigonum vesicae urinariae auf der Innenfläche der Harnblase; – b) Querschnitt der Röhre von Pomatoceros triqueter; – c) räumlich: Os triquetrum in der Handwurzel.

tribu-, *Subst. tribus, ūs (= Gau, Bezirk, Volk) → Verb. tribuĕre (= teilen, zuteilen, beimessen).* – Tribus als syst. Einheit zwischen Stamm u. Klasse oder zwischen Unterfamilie u. Gattung verwendet.

trich-, *Subst. ἡ θρίξ, τριχ·ός (= Haar, Haupthaar, Borste, Wolle) → Adj. τρίχιν·ος (= aus Haaren verfertigt)*; s. thrix. – 1. Haar: a) Säugetiere: Gttg. der Beuteltiere Trichosurus mit allseits behaartem Schwanz, Cheirogaleus trichotis = Büschelohriger Katzenmaki (ot-); Trichodectes, Gttg. der Haarlinge (Mallophaga), ernährt sich von Haaren und Epidermisschuppen; – b) Insekten: Ord. Trichoptera mit behaarten Flügeln; Gttg. der Käfer Trichius = Pinselkäfer; – c) Schnecken, Schale der Gttg. Trichia (mit Arten hispida, sericea, villosa!); – d) Pflanzen: Trichophorum = Haarsimse (ein Riedgras); Haube von Polytrichum, Gttg. der Laubmoose. – 2. Haarähnlich, lang u. dünn: a) Körper der Fadenwürmer Gttg. Trichinella (Trichine) u. Trichocephalus; – b) Blätter des Haarförmigen Laichkrautes Potamogeton trichoides; – c) Antennen von Insekten: Gttg. Trichocera (Mücke); – d) Flossenstrahlen von Trichogaster = Fadenfisch; – e) Protozoen: Klassen der Ciliata nach Verteilung der Zilien: Holo-, Spiro-, Peri- u. Chonotricha, Ord. Trichostomata, Hetero-, Oligotricha u. a., Gattungen Dasy- u. Isotricha; Geißeln von Trichomonas, Gttg. der Flagellata; Trichozysten sind Schutz- u. Angriffsorganelle bei vielen Ciliata und auch bei manchen Flagellata.

trin- *Num. Distributiv trīn·i, ·ae, ·a (= je drei, dreifach)*; vgl. bin-. – Trinär, richtiger trinominal, werden Namen von Tieren u. Pflanzen durch Anfügen eines Namens für die Unterart, s. nomen.

trist-, *Adj. trist·is, ·e (= traurig, schmerzlich, finster).* – Dunkle Färbung, z. B. bei den Käfern Chlaenius tristis = Düsterer Samtläufer, Silpha tristis = Trauriger Aaskäfer.

trit- I., *Num. τρίτ·ος (= dritter) von τρεῖς (= drei)*; s. tri-. – Tritocerebrum, der dritte Abschnitt des Gehirns der Insekten, s. cerebr-.

trit- II., *Sup. vom Verb terĕre (= reiben, abnutzen, dreschen); mit Präfix: deterĕre (= abreiben, vermindern).* – 1. Vorgang des Reibens: Backenzähne von Pflanzenfressern als Triturationsorgan, wobei nicht nur die Nahrung zermahlen, sondern auch die Oberfläche der Zähne abgenutzt wird. – 2. Feine Zerteilung organischer Substanz: Detritus, s. de+.

tritic-, *Subst. trītic·um, ·i n. (= Weizen).* – 1. Weizenpflanze: Gttg. Triticum; Schädlinge: Agrotis tritici = Weizeneule (Schmetterling), Larven der Erzwespe Isosoma tritici. – 2. Einem Weizenkorn ähnlich: Cartilago triticea = ein kleiner Knorpel des menschlichen Kehlkopfes; Triticites, fossile Gttg. mehrkammeriger Foraminifera.

troch-, *Subst. ὁ τρόχ·ος (= Lauf, Umlauf, Umdrehung) und ὁ τροχ·ός (= Rad, Wagenrad), ἡ τροχιλί·α (= Winde, Rollenzug).*

1. Drehbewegung von Körperfortsätzen: a) hintere Extremität bei Wirbeltieren: Trochanter major u. minor = großer u. kleiner Rollhügel, Vorsprünge am Oberschenkelknochen zum Ansatz von Muskeln; – b) Trochanter = Schenkelring, ein ringförmiges Glied zwischen Coxa u. Femur bei den Insekten; – c) Articulatio trochoidea = Radgelenk, Teil des Ellbogengelenkes (Pars radioulnaris).
2. Ortsveränderung von Wassertieren durch Wimperschnüre: a) Trochus = Wimperring der Trochophoralarve; je nach Anordnung u. Lage der Wimperringe (Prototroch vor der Mundöffnung, Metatroch hinter ihr) werden versch. Formen der Trochophora unterschieden: meso-, telo-, polytroche Larven; – b) andere Larven: Protrochula von Turbellarien als phylogenetische Vorstufe der Trochophora aufgefaßt; Trochophoroidea = Einheit der Tiergruppen mit Trochophora oder ähnlichen Larven.
3. Einem Kreisel ähnlich (ohne Begriff der Drehbewegung): Trochus, Gttg. der Schnecken mit kegel- oder turmförmiger Schale.

trochle-, *Subst. trochle·a, ·ae f. (= Winde), verw. mit τροχιλί·α*, s. troch-. – 1. Trochlea = Rolle, eine sehnige Schleife, durch die die Sehne eines Augenmuskels, des M. obliquus superior, hindurchläuft; daher Nervus trochlearis, der IV. Hirnnerv, der diesen Muskel innerviert. – 2. Gelenkrolle (Form des Gelenkhöckers), z. B. Trochlea humeri am Ellbogengelenk (s. humer-).

trog-, *Verb τρώγω (= nagen, benagen, abfressen, essen).* – Nahrungsaufnahme u. Ernährungsweise von Tieren: a) im allg. Sinne von fressen, anfressen: Trox, Erdkäfer, Ufam. Troginae; Rhizotrogus s. rhiz-; – b) Nagen harter Pflanzenteile (Holz, Samen): Käfergattungen Trogoxylon, Trogosita, Xylotrogus; – c) im bes. Sinn der Nagetiere (Rodentia): die fossile Gruppe der Protrogomorpha; – d) Gttg. der Vögel Trogon (Fam. Trogonidae) = Nageschnäbler, ihr Schnabel kurz, stark u. am Rande gezähnt, als ob er bes. zum Nagen geeignet sei (die Vögel fressen Insekten, Früchte u. Samen).

trogl-, *Subst. ἡ τρώγλ·η (= Höhle, Loch) → Subst. ὁ τρωγλοδύτ·ης (= Höhlenbewohner).* – 1. Höhle in der Natur als Lebensraum: Troglodytes troglodytes (Zaunkönig), Troglocaris (ein Krebs), Troglophilus (eine Heuschrecke); Sagartia troglodytes, eine in Gesteinsspalten vorkommende Seerose. – 2. Pan troglodytes (Schimpanse) baut Nester. – 3. Höhlung, Vertiefung am Körper: Gttg. der Käfer Troglorrhynchus.

trop-, *Subst. ὁ τρόπ·ος (= Richtung, Eigentümlichkeit, Sitte, Charakter) und ἡ τροπ·ή (= Wendung, Umkehr), verw. mit Verb τρέπω*; s. trep-. – 1. Räumlich: a) Orientierung auf die Reizquelle: Tropismus = Einstellung von Pflanzen u. Tieren am Ort, d. h. ohne Ortsveränderung (Taxie, s. tax-); Tropotaxis = die den Tropismen vergleichbare Einstellung des sich bewegenden Tieres in Richtung auf die Reizquelle; – b) Richtung von Zellteilungen bei der spiraligen Furchung dexio- und leiotrop; – c) Lage pflanzlicher Seitenorgane in Richtung zur Sproßachse: ortho-trop = aufrecht, plagio-trop = schräg; Blütentraube nach einer Seite gerichtet bei Monotropa = Fichtenspargel. – 2. Wirkung von Wirkstoffen auf Organe, z. B. thyreotropes Hormon der Hypophyse wirkt auf die Schilddrüse, regt deren Tätigkeit an.

troph-, *Subst. ἡ τροφ·ή (= Ernährung, Erziehung; Nahrung, Futter), ὁ, ἡ τροφ·ός oder τροφεύς, εώς (= Züchter, Amme, Wärter) vom Verb τρέφω (= dicht machen; nähren, züchten, erziehen).* – Ernährung: 1. Ernährungsweise: Auto- oder Heterotrophie, die Verwertung anorganischer oder organischer Stoffe s. heter- 2. a). – 2. Organe: a) bei Pflanzen die assimilierenden Trophophylle im Ggs. zu den Sporophyllen; – b) Ernährungsorgan des Embryos der Säugetiere: Trophoblast = Nährkeim, durch die sog. Trophoblastfurchung als erste Anlage der Placenta entstehend; – c) Nahrungsaufnahme: die apterygoten Insekten werden als ekto- oder entotroph bezeichnet, je nachdem die Mundwerkzeuge frei an der Kopfkapsel ansitzen oder ins Innere versenkt sind (Entotrophie = Entognathie); – d) aufgenommene Nahrung im Mitteldarm von Insekten von der peritrophen Membran umgeben.

tropi(d)-, *Subst. ἡ τρόπις, εως oder ιδ·ος (= Schiffskiel).* – Mit einem Schiffskiel verglichen, gekielt: a) Schiffchen (carina) der Schmetterlingsblüte, bei Gttg. Oxytropis mit Stachelspitze; – b) Schwanz von Tropidurus, Gttg. der Leguane, mit gekielten Schuppen; – c) Halsschild von Käfern mit Leisten: Gttg. Tropideres, Tropithorax u. a.

trunc-, *Subst. trunc·us, ·i m. (= Stamm, Rumpf) → Adj. trunc·us, ·a, ·um (= verstümmelt, der Äste beraubt) → Verb truncāre (= verstümmeln,* *beschneiden).* – 1. Stamm, Anfangs- oder Hauptteil eines verzweigten Gebildes: a) Gefäßsystem bei Wirbeltieren: Truncus aortae = Aortenstamm oder -stiel, geht bei Wassertieren in die Kiemenarterien, bei Landtieren in den oder in die Aortenbögen über; – b) Nerven: Truncus sympathicus (= Grenzstrang), der paarige Hauptstrang des sympathischen Nervensystems im Rumpf und Hals. – 2. Baumstumpf, Rest eines gefällten Baumes: a) als Lebensbereich von Formica truncicola, die unter Baumstümpfen nistet (Ameise); – b) stumpfe, gestutzte Gebilde (mit Baumstumpf verglichen): Strudelwurm Castrella truncata mit abgestutztem Vorderende, Milbe Arrhenurus truncatellus, Schneckengattung Truncatellina mit stumpf beginnendem Gewinde.

tryp- I., *Verb τρυπάω (= durchbohren, durchlöchern) → Subst. τὸ τρύπαν·ον (= Bohrer) und ὁ τρυπητ·ής (= der Bohrende).* – 1. Tätigkeit des „Bohrens“: Tiere, die Pflanzenteile anstechen, in sie eindringen u. in ihnen Gänge graben: Fam. Trypetidae = Bohrfliegen; Trypodendrum, Gttg. der Borkenkäfer; Gttg. Trypoxylon = Töpferwespen, benutzen Bohrgänge von Käferlarven in Holz zu Nistplätzen. – 2. Einem Bohrer (Werkzeug) formähnlich, insbes. die Trypanosomen, Gttg. Trypanosoma, nach der länglichen gewundenen Form benannt.

tryp- II., *Verb θρύπτω (= zerbröckeln, zerreiben) → Subst. ἡ θρύψις (= das Zerreiben).* – Chem. Zerlegung der Nahrung durch Fermente, bes. durch Trypsin.

tub-, *Subst. tub·us, ·i m. (= Röhre, Wasserröhre), tub·a, ·ae f. (= Trompete) → Demin. tubul·a, ae f. (= kleine Trompete).* – 1. Röhrenförmige Organe oder Körperteile: a) Hohlrohr, in dem Stoffe erzeugt oder transportiert werden: Tubuli contorti u. recti von Nieren u. Hoden; tubulöse Drüsen (Ggs. acinös); – b) die Tuba uterina leitet die Eizellen zum Uterus; – c) Luftröhren Tuba pharyngotympanica (= Eustachii) bei Landwirbeltieren vom Rachen zum Mittelohr; Tubinares s. nar-. – 2. Röhrige Verfestigung der Oberfläche: Tubularia, Gttg. der Hydroidpolypen mit chitiniger Hülle; Gttg. Tubipora = Orgelkoralle. – 3. Wohnröhren: a) von Ringelwürmern: Hyalinoecia tubicola im Meer, Tubifex → Tubificidae im Süßwasser; – b) Spinnen: Tubitelae s. tel- I. 1. – 4. Einer Trompete ähnlich geformt: a) Blumenkronen der Tubiflorae = Lamiales (Lippenblütlerartige); – b) der Fruchtkörper des Trompetenpfifferlings Cantharellus tubaeformis.

tuber(-), *Subst. tūber, ·is n. (= Höcker, Buckel, Beule).* – 1. Vorsprung, Höcker auf Oberflächen, bes. von Gebilden aus Hartsubstanzen: a) Knochen: Tuber, Tuberculum, Protuberantia für verschiedene Knochenvorsprünge, Tuberositas für rauhe Stellen (Rauhigkeiten) der Knochenoberfläche; – b) Zahnhöcker: Multituberculata, Gruppe fossiler Säugetiere mit vielen

Zahnhöckern; trituberkular heißen Backenzähne mit drei Höckern im Dreieck (Ggs. trikonodont in einer Reihe). – 2. Selbständige Gebilde: a) Knollen von Pflanzen: Helianthus tuberosus, Phlomis tuberosa, Solanum tuberosum (Kartoffel); – b) Gttg. Tuber (Echte Trüffel) → Ord. Tuberales (Trüffelpilze) mit knollenförmigem Fruchtkörper in der Erde; – c) im Gewebe: path. Knötchen (Tuberkeln) bei Tuberkulose.

tum-, *Verb tumēre (= geschwollen sein) → Verb tumescĕre (= zu schwellen anfangen), Adj. tumid·us, ·a, ·um (= schwellend, aufgeblasen), Subst. tumor, ōr·is m. (= Schwellung, Geschwulst).* – 1. Zustand: a) lokale Anschwellung an einem langen Gebilde: Intumescentia cervicalis u. lumbalis des Rückenmarkes; – b) sonstige Verdickungen: Unio tumidus, Flußmuschel mit breit gerundeter Schale. – 2. Path. Vorgang: Tumoren = Geschwülste.

tunic- *Subst. tunic·a, ·ae f. (= Unterkleid; Haut, Hülle) → Adj. tunicāt·us, ·a, ·um (= mit einer Tunica bekleidet).* – 1. Gewebsschicht um Hohlorgane: a) Darm u. Atemwege: Tunica mucosa, T. muscularis, T. serosa; – b) Auge der Wirbeltiere, Wandung aus Tunica fibrosa, vasculosa u. interna; – c) Blutgefäßwandung aus Tunica externa, media u. intima; – d) Niere umgeben von der Tunica fibrosa, der Hoden von der T. albuginea. – 2. Hülle, Mantel, insbes. bei den Manteltieren = Tunicata; die zelluloseähnliche Substanz des Mantels als Tunicin bezeichnet.

turb-, *Subst. turbo, turbin·is m. (= Wirbel, Windung, Kreisel), Stamm bei Bildung des Demin. verändert: turbell-*; vgl. ~ell·us. – 1. Zustand: a) Form eines Kreisels: Gattungen der Schnecken Turbo u. Turbinella; – b) gekrümmte oder gewundene Gebilde: dünne Knochenplatten als Stütze der Nasenmuscheln: Turbinalia, meist mit Schädelknochen verwachsen: Ethmoturbinalia, Maxillo- u. Nasoturbinale bei Säugetieren. – 2. Wirbelbewegung: Turbellaria = Strudelwürmer, erzeugen durch die Wimpern ihrer Körperoberfläche Wasserstrudel.

turg-, *Verb turgēre (= geschwollen sein, strotzen) → Verb turgescĕre (= anschwellen), Adj. turgid·us, ·a, ·um (= geschwollen), Subst. turgor, ōr·is m. (= Schwellung).* – Schwellung, Binnendruck, innere Spannung: a) Turgor der Pflanzenzelle; – b) Turgeszenz von Geweben durch Blutreichtum.

turr(i)-, *Subst. turris, ·is f. (= Burg, Palast; Turm).* – Einem Turm (Bauwerk) formähnlich: a) lange, zugespitzte Schale bei Schnecken (Gttg. Turritella) u. Ammoniten (Gttg. Turrilites); – b) Pflanzen: das Turmkraut Turritis, Gttg. der Cruciferae nach seinem aufrechten Wuchs, vielleicht nach seinem Vorkommen auf alten Türmen (Leunis); – c) abnorme Schädelform beim Menschen: Turricephalus = Turmschädel.

-tus-, *Sup. vom Verb tundĕre (= stoßen, schlagen, hämmern), nur mit Präfixen gebraucht, z. B. Part. Pass. obtusus;* s. obtus-.

tyl-, *Subst.* *ὁ τύλ·ος = ἡ τύλ·η (= Wulst, Höcker, Schwiele, Nagel).* – Wulstige Gebilde: a) die Schwielen an den Füßen der Tylopoda = Schwielensohler (Kamele); – b) die in drei Reihen angeordneten Zahnhöcker der Tritylodontida (Gruppe fossiler Reptilien); – c) der Hut des Fruchtkörpers von Tylopilus, Gttg. der Boletaceae.

tympan-, *Subst.* *τὸ τύμπαν·ον (= Handpauke, -trommel) vom Verb τύπτω (= schlagen)*; vgl. typ- und ~an·. – Mit einer Trommel verglichene Organe der Lautäußerung und des Gehörs: 1. Schallerzeugung: Tympanuchus americanus = Präriehuhn, beim ♂ zur Paarungszeit mit Aussackungen der Luftröhre, die bei der Lauterzeugung mitwirken. – 2. Schallempfang: a) Mittelohr der Wirbeltiere: Cavum tympani = Trommelhöhle, nach außen durch die Membrana tympani = Trommelfell abgeschlossen; umgebender Knochen Os tympanicum oder Pars tympanica des Schläfenbeines; – b) Gehörorgan von Insekten, bes. Heuschrecken: Tympanalorgane mit trommelfellähnlichem Chitinhäutchen.

typ-, *Subst.* *ὁ τύπ·ος (= Schlag, Gepräge, Spur, Bildwerk, Gestalt) → Adj. τυπικ·ός (= vorbildlich), verw. mit Verb τύπτω;* vgl. tympan-. – 1. Typus als Urbild oder Gepräge: a) allg. Typus = Typ, Plur. Typen = die mehreren Dingen gemeinsame Grundform; typische Merkmale sind für den Typ charakteristisch, wesentlich u. kennzeichnend; – b) Typen der großen Tierstämme auf Grund der idealistischen Typentheorie von Cuvier; – c) in der Nomenklatur der zool. u. bot. Taxionomie ist der Typus für die Art (Spezietypus) ein bestimmtes einzelnes Individuum, der Typus für die Gttg. (Genotypus, s. gener- 3.) eine bestimmte Art. – 2. In der Genetik ist der Idiotypus (= Genotypus + Plasmotypus) die in der Ausgangssubstanz vorhandene Gesamtheit der Erbanlagen, die als das „Prägende" den Phänotypus als Gesamtheit der „fertigen" Merkmale, also „das Geprägte", bestimmen. – 3. Prägung als Formgebung schlechthin, bes. der Vergleich mit einer anderen Form: Schnecke Sycotypus mit feigenförmiger Schale, Käfer Ootypus mit eiförmigem Körper. – 4. Buchdruck: a) bei den Typotherien, einer Gruppe fossiler Säugetiere, erinnern die Oberflächen der Backenzähne an Drucktypen; – b) die Fraßfiguren der Larven von Borkenkäfern, z. B. Ips typographus („Buchdrucker") haben eine Ähnlichkeit mit Druckplatten, vgl. graph- 2.

typhl-, *Adj.* *τυφλ·ός (= blind; unsichtbar, dunkel) → Verb τυφλόω (= akt.: blenden; pass.: erblinden)*; vgl. caec-. – 1. Blind, nicht sehend: Typhlops, Gttg. der Wurmschlangen; Spalax typhlus = Blindmaus; Notoryctes typhlops = Beutelmaulwurf (s. not- II.). – 2. Blind endigende Organe von Röhrenform: a) der Blinddarm (Caecum), danach die Insectivora eingeteilt in Menotyphla mit und Lipotyphla ohne Blinddarm; – b) Typhlosolis, eine rinnenförmige Einstülpung der dorsalen Darmwand bei Regenwürmern.

tyr-, *Subst. ὁ τυρ·ός (= Käse).* – a) Käse als solcher: Tyrosin ein Eiweißspaltprodukt, das im Käse vorkommt (Aminosäure); – b) als Nahrung und Lebensbereich: Tyrophagus casei = Käsemilbe.

Th

thalam-, *Subst. ὁ θάλαμ·ος (= Wohnung, Lager, Schlafgemach).* – 1. Kammer (Hohlraum): Thalamophora („Kammerlinge"), insbes. die mehrkammerigen Foraminifera (Polythalamia, vgl. loc- 2.), von denen man früher die einkammerigen Monothalamia unterschied. – 2. Lager, kompakte Masse: a) Thalamus opticus = Sehhügel an den Seiten des Zwischenhirns (= Thalamencephalon); die darüber u. darunter gelegenen Gebiete: Epi- u. Hypothalamus; – b) Thalamus = oberes Ende der Blütenachse.

thalass-, *Subst. ἡ θάλασσα (= Meer, See).* – Meer als Lebensbereich von Pflanzen u. Tieren: a) im Meere Thalassochelys (Gttg. der Schildkröten) u. Thalassicolla (Radiolarie); – b) über dem Meere Thalassogeron (ein Sturmvogel); – c) am Meeresstrand Gttg. der Käfer Thalassophilus.

thall-, *Subst. ὁ θαλλ·ός (= belaubter oder sprossender Zweig; Sproß, Sprößling), verw. mit Verb θάλλω (= blühen, sprossen, wachsen).* – Form des Körpers niederer Pflanzen in sehr weiter Bedeutung als Thallus oder nur als thallös bezeichnet, eig. nur als Ggs. zum Kormus (s. corm-) verständlich; Thallophyten (= „Lagerpflanzen") daher Sammelbezeichnung im Ggs. zu den Kormophyten; Prothallium ist der einfach gebaute Vorkeim der Farnpflanzen.

thamn-, *Subst. ὁ θάμν·ος (= Busch, Strauch; Gebüsch).* – 1. Strauch: a) Pflanzen: Gttg. Sarothamnus, Gttg. der Laubmoose Thamnium = Bäumchenmoos; – b) Tiere an Sträuchern oder im Gebüsch: Buschschrecke Gttg. Pholidoptera [Thamnotrizon]. – 2. Strauchförmige Verzweigung bei Tieren: Zoothamnium, Gttg. der Ciliata, Kolonien mit verästeltem Stiel.

thaum(at-), *Subst. τὸ θαῦμα, ματ·ος (= Wunder).* – Tiere mit ungewöhnlichen Merkmalen: a) Verhalten: Thaumatopoea [Cnethocampa] = Prozessionsspinner, bemerkenswert durch die Wanderung der Raupen in langen Zügen (Prozession); – b) Körperbau: Thaumatoxena („Wundergast"), wanzenähnliche Fliegenart in Nestern von Termitenarten.

the-, *Wurzel u. Stammform des Verbs τίθημι (= setzen, legen, stellen; festsetzen, anordnen; veranlassen) → Subst. ἡ θέσις, εως (= Aufstellung, Lage, Lehrsatz) u. τὸ θῆμα, ατ·ος (= das Gesetzte, der Satz);* s. auch thec-. – 1. Geistige Tätigkeit: a) These = Behauptung, Satz, Lehrsatz, sowie Antithese als Gegen-Satz; Synthese, Ggs. zu Analyse; – b) Thema einer wiss. Arbeit; – c) Epitheton (eig. das Hinzugesetzte, Beiwort) = Artname im engeren Sinne (als „Zusatz“ zum Gattungsnamen). – 2. Materielle Vorgänge: Synthese = der Aufbau komplizierter chem. Verbindungen (Ggs. zur Analyse), bes. im Sinne der Assimilation (Photosynthese u. Chemosynthese).

thec-, *Subst. ἡ θήκ·η (= Behälter, Kiste, Kapsel, Sarg), verw. mit Verb τίθημι;* s. the-. – Hüllen versch. Art bei Tieren, Pflanzen, Organen: a) Schalen von Einzellern: Thekamöben = Name beschalter Amöben; – b) chitinöse Hüllen von Hydroidpolypen: Theca vorhanden bei den Thecata, fehlend bei den Athecata; – c) allseits geschlossene bindegewebige Hülle des Eifollikels bei Wirbeltieren: Theca folliculi; – d) Höhlung im Kieferknochen (Alveole) für die Zähne von Säugetieren u. Krokodilen: thekodontes Gebiß (Ggs. acr- u. pleur-); – e) Theke = Behälter für Sporen, insbes. die Mooskapsel (Gattungen Brachy-, Iso-, Orthothecium u. a.); – f) Theke = Pollensack, d. h. Behälter für die Pollenkörner, danach die Staubgefäße mit einem oder zwei Pollensäcken als mono- oder di-thezisch benannt; Endothecium, die innere Wand des Pollensackes.

thei-, *Subst. τὸ θεῖ·ον (= Schwefel) → Adj. θειώδης (= schwefelartig, -gelb).* – Schwefelgelb der Milchsaft des Pilzes Lactarius theiogalus, die Blätter des Pilzes Hygrophorus hypotheius.

thel- I., *Subst. ἡ θηλ·ή (= Mutterbrust, Brustwarze).* – 1. Milchdrüse und Brustwarze der Säugetiere u. des Menschen: Poly- oder Hyperthelie = abnormes Auftreten überzähliger Milchdrüsen bei Mensch und Tier. – 2. Übertr.: Warzenförmige Bildungen: a) bei Pflanzen: Dolichothele, Gttg. der Cactaceae; – b) Spinnwarzen bei den Mesothelae (Uord. der Aranea) nicht am Ende, sondern in der Mitte des Hinterleibes; nach Anzahl der Spinnwarzen Gttg. Heptathela u. Gttg. Hexathele benannt.

thel- II., Abl. wie thel- I. – Flächenförmig ausgedehnter Epithelverband, urspr. nur im Wort Epithel (Epithelium) für die oberflächliche Zellschicht der papillenreichen Lippenhaut beim Menschen (im Unterschied zur typischen mehrschichtigen Epidermis) gebraucht, dann mit anderen Präfixen verbunden und verallgemeinert: Epithelgewebe = aus mehr oder weniger dicht aneinanderschließenden Zellen in einer oder mehreren Schichten bestehendes Gewebe, das äußere Oberflächen bedeckt oder Hohlräume auskleidet; Formen: Mesothel = Mesepithel = das epitheliale Mesoderm im Ggs. zum Mesenchym; Endothel (endo+) = das flache Epithel der Blutgefäße und anderer innerer Hohlräume.

thely-, *Adj. θηλύς (= weiblichen Geschlechts, weiblich), eig. säugend (Verb θάω);* s. thel-. – Weibliches Individuum: Thelytokie = die Entstehung weiblicher Nachkommen bei der Fortpflanzung (toc-), Thelyidie = Auftreten weiblicher Merkmale bei einem männlichen Individuum (s. arrhen-).

ther- I., *Subst. ὁ θήρ, θηρ·ός u. τὸ θηρί·ον (= Tier, Raubtier, Wild, Bestie), Subst. ἡ θήρ·α (= Jagd, Wild) → Verb θηράω (= jagen).* – 1. Räuberische

Tiere (die Jagd auf andere Tiere machen): Theridium = Wildspinne. – 2. Säugetiere: a) Einteilung der Edentata in Mani-, Pholido- u. Bradytheria; – b) den Säugetieren ähnliche fossile Reptilien: Theriosaurier, Theriodonta, Theromorpha.

ther- II., *Subst. τὸ θέρ·ος (= Wärme, Sommer).* – Sommer als Lebensbedingung für Pflanzen: a) Therophyta sind einjährige Pflanzen, die die ungünstige Jahreszeit (Winter oder Trockenperiode) auf versch. Weise überdauern; – b) Bryotherophyta sind kurzlebige Moospflanzen.

therm-, *Adj. θερμ·ός (= warm, heiß), Subst. ἡ θέρμ·η (= Wärme, Hitze; Fieber; warme Quelle), verw. mit θέρ·ος;* s. ther- II. – 1. Temperatur: a) als Lebensbedingung: eury- u. stenotherme Tiere; – b) als Reiz: Thermorezeptoren sind Sinnesendungen, die für Änderungen der Temperatur, für thermische Reize (Wärme oder Kälte) empfänglich sind; Thermotaxis s. tax- I.; c) Innentemperatur: idio- oder homoio-therme Tiere im Ggs. zu den poikilothermen; – d) Thermomorphosen bei Pflanzen sind durch Einfluß der Temperatur verursachte Gestaltsveränderungen. – 2. Wärme = höhere Temperatur, als bes. Lebensbedürfnis: a) thermophile Pflanzen u. Mikroorganismen (Bakterien); – b) wärmeliebende Tiere: Thermobia domestica (Ofenfischchen), ein Urinsekt; Thermobaena mirabilis, ein in warmen Quellen lebender Krebs.

thigm-, *Subst. τὸ θίγμα, ματ·ος (= Berührung) vom Verb θιγγάνω (= berühren, betasten).* – Auf Berührung mit festen Körpern gerichtete Reaktionen, entweder als Wachstum u. Formänderung, z. B. an den basalen Teilen festsitzender Hydroidpolypen (Hydrorhiza), gewissermaßen ein Anschmiegen an den festen Körper (Thigmo- oder Stereotropismus) oder als aktive Bewegung (Thigmo- oder Stereotaxis); bei Pflanzen Thigmomorphosen = durch Kontakt mit festen Körpern hervorgerufene Formbildungen.

thorac-, *Subst. ὁ θώραξ, ακ·ος (= Rumpf, Brustkasten; Brustharnisch) → lat. thōrāx, āc·is (= Brustharnisch usw.).* – 1. Thorax = Brustregion, der durch den Rippenkorb gekennzeichnete Körperteil der höheren Wirbeltiere; zum Thorax gehörig: Vertebrae thoracicae = Thorakalwirbel, Musculi thoracis, Venae thoracicae internae, Aorta thoracica. – 2. Thorax = Brustabschnitt der Arthropoden, bei den Insekten aus drei Segmenten: Pro-, Meso- u. Metathorax; bei Krebsen u. Spinnentieren Vereinigung von Kopf und Brustsegmenten zum Cephalothorax. – 3. Körper anderer Tiere: a) Thoracica, Ord. der Cirripedia, mit Kalkplatten im Ggs. zu den von Chitinsack umgebenen Acro- u. Ascothoracica; Ordnungen der Heliozoa mit Kieselskelett: Desmo- u. Chalarothoracica, aber Aphrothoracica ohne Skelett.

thrix, *Subst. ἡ θρίξ, τριχ·ός (= Haar usw.);* s. trich-. – Form des Nom. nur am Ende von Wörtern: Gttg. Lagothrix = Wollaffe.

thromb-, *Subst.* *ὁ θρόμβ·ος (= geronnene Masse, Klumpen, dicker Tropfen).* – Blutgerinnung: a) Thrombozyten, im Blut enthaltene zellige Gebilde, bei Säugetieren u. Mensch in Form der Blutplättchen, erzeugen ein Ferment der Blutgerinnung (Thrombokinase), das mit dem Thrombogen (Prothrombin) der Blutflüssigkeit zusammen das eigentliche Ferment Thrombin ergibt; – b) Form der Gerinnung: Bildung eines Thrombus (Blutpfropfes) innerhalb des geschlossenen Blutgefäßes (Thrombose).

thylac-, *Subst.* *ὁ θύλακ·ος → Demin. τὸ θυλάκι·ον (= Sack, Beutel, Ranzen).* – Namen von Beuteltieren, z. B. Thylacinus = Beutelwolf.

thym- I., *Subst.* *τὸ θύμ·ον (= Thymian, Quendel) vom Verb θύω (= räuchern, als Rauchopfer verbrennen).* – 1. Pflanzengattung: a) Thymus = Thymian (Quendel); – b) aus ihm gewonnen: Thymianöl (Oleum thymi), in dem Thymol enthalten ist; – c) auf dem Thymian schmarotzend die Quendelseide Cuscuta epithymum. – 2. Dem Thymus ähnlich: Geruch u. Blattform von Seidelbastgewächsen, Fam. Thymelaeaceae (vgl. elae- 2.).

thym- II., *Subst.* *ὁ θυμ·ός (= Lebenskraft, Wille, Gemüt, Geist, Seele).* – Med.: Thymopathie = Gemütskrankheit; Cyclo- u. Schizothymie sind typische Verhaltensweisen und Abweichungen.

thym- III., *Etymologie unsicher; vielleicht zu thym- I. gehörig.* – Der Thymus = die Thymusdrüse, ein teils lymphatisches, teils innersekretorisches Organ der Wirbeltiere, meist gelappt (Lobuli thymi); Thymozyten: die Lymphozyten des Thymus (nicht alle seine Zellen).

thyre-, *Subst.* *ὁ θυρε·ός (= Türstein; großer viereckiger Schild) vom Subst. ἡ θύρ α (= Türflügel, Tor, Tür).* – 1. Schildförmige Gebilde: a) Scutellum von Insekten mit bes. Merkmalen Gattungen Thyreocoris (eine Wanze), Thyreophora (eine Dungfliege), Eurythyrea (Käfer); – b) Schildknorpel des Kehlkopfes des Menschen u. der Säugetiere: Cartilago thyreoides (JNA) oder thyreoidea; vgl. Suffixe ~e·us, ~ide·us. – 2. Zum Schildknorpel des Kehlkopfes gehörig oder in Beziehung: a) Teile: Incisura thyreoidea, Tuberculum thyreoideum; – b) Muskeln: M. thyreo-hyoideus u. a.; – c) in der Nähe gelegen die Glandula thyreoidea (JNA). – 3. Zur Schilddrüse in Beziehung: a) zugehörig: Isthmus glandulae thyreoideae, Ductus thyreoglossus = der rudimentäre Ausführgang, Arteria thyreoidea cranialis u. caudalis; – b) funktionelle Beziehung: thyreotropes Hormon der Hypophyse, Hyper- u. Hypothyreoidismus; – c) in der Nähe gelegen (ohne funktionelle Beziehung): Glandulae parathyreoideae = „Beischilddrüsen"; deren Funktion: Hyper- u. Hypoparathyreoidismus.

thysan-, *Subst.* *ὁ θύσαν·ος (= Troddel, Quaste).* – Fransen- oder zottenartige Gebilde: an den Flügeln der Thysanoptera (Ord. der Insekten), am Körperrande der Zottenplanarie Thysanozoon (Gttg.).

U

ubi, *Adv. ubi (= wo) → Adv. ubīque (= überall).* – Ubiquisten sind Tiere, die in versch. Lebensbereichen vorkommen u. an kein bestimmtes Biotop gebunden sind.

uligin-, *Subst. uligo, uligin·is f. (= Feuchtigkeit des Bodens, Morast) → Adj. uliginos·us, ·a, ·um (= feucht).* – Pflanzen auf feuchtem Boden: Lotus uliginosus = Sumpfhornklee, Viola uliginosa = Moorveilchen, Galium uliginosum = Moorlabkraut.

ulm-, *Subst. ulm·us, ·i f. (= Ulme, Rüster).* – 1. a) Gttg. Ulmus = Ulme, Rüster; – b) Tiere auf Ulmen: Tetraneura ulmi = Ulmengallaus; Fadenpilz Graphium ulmi verursacht Ulmenkrankheit. – 2. Blätter von Spiraea ulmifolia denen der Ulme ähnlich.

uln-, *Subst. uln·a, ·ae f. (= Arm; Elle als Maß).* – Ulna = Elle, einer der beiden Unterarmknochen der Wirbeltiere; ulnaris = auf der Seite der Ulna gelegen, insbes. das Ulnare, ein Knochen der proximalen Reihe der Handwurzel, beim Menschen u. Säugetieren Os triquetrum genannt.

umbell-, *Subst. umbell·a, ·ae f. (= Schatten, Schirm), Demin. von Subst. umbra;* vgl. umbr-. – 1. Schirmförmig mit zusammenhängender Fläche: die Staatsqualle Porpita umbella (Luftbehälter eine runde Scheibe). – 2. Dolde, ein Blütenstand, der eine gewisse Ähnlichkeit mit einem Schirm hat (aber keine zusammenhängende Fläche bildet): a) im engeren Sinne Blütenstand der Fam. Umbelliferae (Ammiaceae) = Doldengewächse; – b) andere Pflanzen mit doldenähnlichem Blütenstand: Butomus umbellatus, Hieracium umbellatum, Gttg. Umbellularia (Berglorbeer).

umbilic-, *Subst. umbilīc·us, ·i m. (= Nabel, Mittelpunkt), verw. mit umbo.* – 1. Umbilicus = Nabel, bei Mensch u. Säugetieren die eingezogene Narbe an der ehemaligen Abgangsstelle des embryonalen Nabelstranges (Funiculus umbilicalis = Nabelschnur), in dem die Gefäße des Allantoiskreislaufes (zwei Arteriae umbilicales u. die Vena umbilicalis) verlaufen. – 2. Mit Nabel verglichen: a) Nabel = Umbilicus der Schneckenschale; – b) Einsenkung des Hutes von Clitocybe umbilicata = Nabel-Trichterling.

umbo, *Subst. umbo, umbōn·is m. (= Schildbuckel, Schild).* – 1. Konvexe Seite: Umbo, bei Muscheln der meist etwas vorgewölbte älteste Schalenteil beiderseits neben dem Schloß. – 2. Konkave Seite: Umbo membranae tympani in der Mitte des Trommelfelles, etwa dem Ende des Hammergriffes entsprechend.

umbr-, *Subst. umbr·a, ·ae f. (= Schatten, Dunkelheit) → umbracul·um, ·i n. (= schattiger Gang; Sonnenschirm), franz. Subst. ombrelle (= Sonnenschirm), danach die neuere Wortbildung umbrell·a, ·ae f.* – 1. An schattigen

Orten lebend: a) Pflanzen: Carex umbrosa = Schattensegge, Saxifraga umbrosa (Porzellanblümchen); – b) Tiere: die Schnecke Monacha umbrosa in Laubwäldern, die Wasserwanze Microvelia umbricola an schattigen Orten. – 2. Schattengebender Schirm (Sonnenschirm): einem Schirm ähnlich geformt: die Umbrella = Glocke oder Schirm der Medusen, die obere Seite als Exumbrella, die untere als Subumbrella bezeichnet. – 3. Dunkelfarbig, bräunlich: Umbra krameri, ein hechtartiger Fisch von brauner Farbe; der Schattenvogel Scopus umbretta (in Afrika).

un-, *Num. und Adj. un·us, ·a, ·um (= ein; einzig, ein und derselbe) → Adj. unic·us, ·a, ·um (= einzig, alleinig, ausgezeichnet).* – 1. Gebilde, Merkmal oder Eigenschaft in Einzahl: a) statt unbestimmter Mehrzahl: unipotent im Ggs. zu pluri-, omni- oder totipotent; Pflanzen mit einer Blüte am Sproß (Moneses uniflora) oder bei Gräsern im Ährchen (Melica uniflora); ein- statt mehrfarbig: Käfer Tipnus unicolor; – b) statt bestimmter Anzahlen: das Nashorn Rhinoceros unicornis im Ggs. zu Diceros bicornis. – 2. Mehrere Gebilde verglichen oder in Zusammenhang: a) uniform = gleichartig, gleichförmig (nicht etwa Unterschied zu Gebilden mit zwei oder mehr Formen), z. B. Uniformität = das gleiche Aussehen („Phänotyp") der Individuen der ersten Filialgeneration bei Kreuzungen; – b) Vereinigung vieler Erscheinungen oder Dinge im weitesten Sinne: Universum = Weltall (Kosmos); universal = allumfassend; Universität = Einrichtung, die alle Wissenschaften umfaßt (Universitas litterarum).

unc(in)-, *Subst. unc·us, ·i m. (= Haken, Widerhaken), Adj. unc·us, ·a, ·um (= hakig, gekrümmt) → Subst. uncīn·us, ·i m. (= Haken) → uncināt·us, ·a, ·um (= mit Haken versehen);* vgl. onc-. – Gekrümmte Gebilde versch. Beschaffenheit u. Funktion, z. B. der gekrümmte Anteil einer Hirnwindung (Uncus gyri hippocampi), der Körper des Infusors Chilodon uncinatus, Knochenfortsätze an den Rippen von Vögeln und Krokodilen: Processūs uncinati; Blätter von Moosen: Drepanocladus uncinatus u. aduncus.

und-, *Subst. und·a, ·ae f. (= Welle, Woge; Gewässer) → Verb undāre (= wogen, Wellen schlagen) → inundāre (= überschwemmen).* – 1. Wellenbewegung: Undulierende Membranen von Protozoen; Undulipodien = Name für Flagellen u. Zilien. – 2. Zustand: gewellt, wellig: a) auf Oberflächen: Buccinum undatum = Wellhornschnecke (Schale mit welligen Längsfalten), Melopsittacus undulatus = Wellensittich mit welliger Zeichnung des Gefieders; – b) an freiem Rand: Rheum undulatum (Rhabarberart) mit welligen Blatträndern. – 3. Feuchter („überschwemmter") Boden als Lebensbereich: Lycopodium inundatum = Sumpf-Bärlapp.

ungu-, *Subst. ungu·is, ·is m. (= Fingernagel, Klaue, Kralle) → Demin. unguicul·us, ·i (= Nagel), ungul·a, ·ae (= Klaue, Huf).* – 1. Horngebilde der Zehenendglieder vierfüßiger Wirbeltiere: a) Kralle: Unguis, Plur. Ungues, z. B. Trionyx triunguis (Schildkröte); – b) Nagel (bes. bei Mensch u. Affen):

Unguis, Teile: Radix unguis = Nagelwurzel u. a.; – c) Huf = Ungula, daher Ungulata = Huftiere, von denen die meisten mit dem Zehenendglied und Huf auftreten, also unguligrad sind (Unguligrada = Zehenspitzengänger). – 2. Unguis = Kralle an den Tarsenendgliedern der Insekten, wird durch den M. flexor unguinum (kurz Unguiflexor) bewegt; Insekten, die den Boden beim Laufen nur mit den Krallen oder nur mit den Krallenspitzen berühren, werden unguigrad bzw. unguligrad genannt.

ur- I., *Subst. ἡ οὐρ·ά (= Schwanz, Schweif, Hinterteil).* – 1. Der hinter dem After gelegene Körperteil der Wirbeltiere: a) als solcher mit Endteil der Wirbelsäule in Namen von Fischen (Trichiurus lepturus), Amphibien (Urodela u. Anura), Reptilien (Uromastix, Uropeltis) und Säugetieren (Dasyurus, Trichosurus); – b) Schwanzflosse von Fischen, z. B. Synaptura, Gttg. der Schollen, bei der die Schwanzflosse (ur) mit der Rücken- u. Afterflosse verbunden ist (syn-apt-ur-); – c) Federschweif der Vögel: bei Pitta brachyura, Saxicola leucura, Menura = Leierschwanz, Lyrurus (Birkhuhn). – 2. Abdomen bei Arthropoden, insbes. bei Krebsen: Brachyura = Krabben im Ggs. zu den langschwänzigen Krebsen = Macrura. – 3. Dem Schwanz von Wirbeltieren ähnlich: a) die Arme von Stachelhäutern, bes. Gttg. Ophiura → Kl. Ophiuroidea = Schlangensterne; – b) der Habitus der Pflanzengattung Hippuris (eig. „Pferdeschweif"); – c) die Blütenstände von Myosurus = Mäuseschwanz, von Alopecurus = Fuchsschwanzgras, von Leonturus (Gttg. der Lippenblütler); – d) der Blütenkolben von Anthurium (Gttg. der Araceae).

ur- II., *Subst. τὸ οὖρ·ον (= Harn, Urin) → οὐρέω (= harnen, Urin lassen) → Adj. οὐρητικ·ός (= harntreibend).* – 1. Harn = Urin, die von den Exkretionsorganen erzeugte Flüssigkeit: a) im Harn vorhandene Stoffe: Ureum = Harnstoff, Hippursäure, Ornithursäure (ornith-ur); – b) path. Zusammensetzung: Albuminurie, Glykosurie, Lipurie. – 2. Harn- oder Ausscheidungsorgane: Organa urinalia, bei den meisten Wirbeltieren mit den Geschlechtsorganen zum Systema urogenitale verbunden; einzelne Organe: Vesica urinalis = Harnblase; Ureter, Ausführgang vom Nierenbecken bis zur Harnblase, Urethra von dieser bis zur äußeren Öffnung; Urachus = Gang der Allantois.

ur- III., *Verb ūrere (= brennen, verbrennen, dörren, versehren) → Subst. ūrēdo, in·is (= Brand, Getreidekrankheit);* vgl. urtic- und ust-. – 1. Brennenden Schmerz erzeugend: Urtica urens = Kleine Brennessel. – 2. Wie verbrannt aussehend, rostbraun: Uredo, rostbraune Flecke auf Blättern u. Halmen von Getreidearten, durch Rostpilz verursacht, danach: Uredineae u. Uredinales = Rostpilze.

urb-, *Subst. urbs, urb·is f. (= Stadt) → Adj. urbān·us, ·a, ·um und urbic·us, ·a, ·um (= städtisch).* – In Städten vorkommend: Delichon urbica = Mehl- oder Hausschwalbe (Ggs. rur-); Chenopodium urbicum = Straßen-Gänsefuß.

urg-, *zusammengezogen aus ο-εργ-, z. B. ἡ ξυλουργί·α (= Holzbearbeitung);* s. erg-. – Arbeit, Tätigkeit: a) Objekt der Arbeit: Hylurgus, Gttg. der Borkenkäfer (wörtl. Holz-Bearbeiter); – b) Mittel: Chirurg, eig. Handarbeiter → Acanthurus chirurgus, ein Fisch mit aufrichtbaren Stacheln am Schwanz, die mit chirurgischen Instrumenten verglichen werden; – c) Ort: Crypturgus, Gttg. von Käfern, die im Holz und unter Rinde, d. h. im Verborgenen, tätig sind.

urs-, *Subst. urs·us, ·i m. (= Bär) und urs·a, ·ae f. (= Bärin);* s. arct-. – 1. Bär, a) Gttg. Ursus; Melursus ursinus = Lippenbär; – b) zum Bären in Beziehung (?): Arctostaphylos uva-ursi = Immergrüne Bärentraube; Allium ursinum = Bärenlauch (beliebte Nahrung). – 2. Mit Bären verglichen (Habitus, Behaarung): a) Beuteltiere: Phascolarctus ursinus (= Wombat); – b) Robben: Arctocephalus ursinus = Seebär.

urtic-, *Subst. urtīc·a, ·ae f. (= Brennessel), verw. mit Verb urĕre (= brennen);* s. ur- III. – 1. Brennessel: a) Pflanze: Gttg. Urtica; – b) auf Brennesseln lebende Tiere: Orthezia urticae = Brennesselröhrenlaus (eine Schildlaus), Raupe von Vanessa urticae (ein Tagschmetterling). – 2. Der Nessel ähnlich: a) mit Nesselkapseln versehen, nesselnd: Urticina, Gttg. der Seerosen (Cnidaria); – b) Raupen-Urtikaria, durch Brennhaare von Raupen verursachte Hautreizung.

ust-, *Sup. vom Verb urĕre, Part. Pass. ūst·us, ·a, ·um (= verbrannt usw.), Demin. ustulāre (= verbrennen);* vgl. ur- III. u. urtic-. – Wie verbrannt aussehend, rostbraun, bes. bei Pflanzen: Ustilago = Brandpilz, Gttg. niederer Pilze, deren schwarze Sporen auf Getreidearten ein gleichsam verbranntes Aussehen hervorrufen; Orchis ustulata = Brandorche mit kleinen dunklen, z. T. schwarzpurpurnen Blüten; Russula adusta, ein Pilz mit graubraunem Hut.

us-, ut-, *Verb ūtor, ūsus sum, uti (= gebrauchen, benutzen, genießen) → Adj. ūtil·is, ·e (= brauchbar, tauglich, nützlich), Subst. ūsūr·a, ·ae f. (= Gebrauch, Nutzung) u. Subst. ūsus, ūs m. (= Benutzung, Übung; Vorteil; Bedarf), ferner vom ungebräuchlichen Intens. usitari das Adj. ūsitāt·us, ·a, ·um (= gebräuchlich, gewöhnlich).* – 1. Praktisch verwendet: Linum usitatissimum (Flachs, Lein) als Faserpflanze u. zur Ölbereitung. – 2. Durch Gebrauch abgenutzt oder langdauernde Einwirkung beschädigt: Usur = Gewebsschwund an Knorpel u. Knochen an Stellen mechanischer Beanspruchung.

uter-, *Subst. uter·us, ·i m. (= Unterleib, Bauchhöhle; Mutterleib).* – Uterus = Gebärmutter, der Abschnitt der weiblichen Geschlechtswege, in dem sich der Embryo viviparer Tiere „intrauterin" entwickelt, insbes. bei Säugetieren u. Mensch; Placenta uterina = P. materna, der von der Uterusschleimhaut gebildete mütterliche Anteil der Placenta.

utr-, *Subst. uter, utr·is m. (= Schlauch, bes. Wasserschlauch) → Demin. utricul·us, ·i m. (= kleiner Schlauch).* – 1. Offener Schlauch oder Behälter: Gttg. Utricularia = „Wasserschlauch“, Wasserpflanzen mit blasenartigen Erweiterungen an Blattzipfeln, die dem Fang von kleinen Wassertieren dienen. – 2. Nach außen abgeschlossener Hohlraum: Utriculus = Teil des häutigen Labyrinthes der Wirbeltiere; sein vorderer Abschnitt (Recessus utriculi) mit der Macula utriculi ist eins der „Labyrinthbläschen“.

uv-, *Subst. ūv·a, ·ae f. (= Weintraube, Traube).* – 1. Traube oder Beere: Ribes uva-crispa = Stachelbeere. – 2. Mit Beere verglichen: a) Uvula palatina = Zäpfchen, Vorsprung am hinteren Ende des weichen Gaumens mit dem Musculus uvulae; – b) Uvula vermis, ein oberflächlicher Teil am Kleinhirn des Menschen.

V

vacc-, *Subst. vacc·a, ·ae f. (= Kuh) → Adj. vaccin·us, ·a, ·um (= zur Kuh gehörig, in Beziehung).* – 1. Futter für Kühe: Vaccaria = Kuhkraut oder -nelke. – 2. Von der Kuh stammend, zu ihr in Beziehung: Variola vaccina = Kuhpocken, Hautausschlag infolge Übertragung von Menschenpocken auf Kühe zwecks Gewinnung von Impfstoff = Variola-Vakzine; danach Vakzine = Impfstoff auch gegen andere Krankheitserreger.

vacu-, *Adj. vacu·us, ·a, ·um (= leer, frei).* – 1. Raum, räumliches Gebilde leer, ohne Inhalt: a) allg.: evakuieren = leer machen, entleeren; – b) Vacuum (Vakuum) = luftleerer bzw. -verdünnter Raum. – 2. Von Protoplasma freie Räume innerhalb der Zelle: a) Vakuolen als bläschenförmige Gebilde mit bestimmten Funktionen: Nahrungsvakuolen, pulsierende Vakuole; – b) path.: vakuoläre Degeneration von Zellen mit Auftreten flüssigkeitsgefüllter Räume im Protoplasma.

vag-, *Adj. vag·us, ·a, ·um (= unstet, umherschweifend; wankend) → Verb vagāre (= umherschweifen, -laufen) → vagabund·us, ·a, ·um (= umherschweifend).* – 1. Bewegung von Tieren: a) mit Betonung der Ortsveränderung: vage Tierarten = Ubiquisten, s. ubi; vagile Arten erscheinen in einem Biotop nur zufällig u. vorübergehend (Vagilität); vagiles Benthos im Unterschied zum sessilen B.; – b) mit Betonung des Aufenthaltes in bestimmten Lebensbereichen: Glomeris montivaga = Berg-Saftkugler; Mazama nemorivaga = grauer Spießhirsch. – 2. Zustand: N. vagus = der Vagus, umherschweifender Nerv, der X. Hirnnerv der Wirbeltiere, versorgt mit seinen Zweigen die Organe des Halses, Thorax u. z. T. auch des Abdomens.

vagin-, *Subst. vagin·a, ·ae f. (= Scheide des Schwertes).* – 1. Hohlraum des Urdarmes und das Entoderm entstehen bei der typischen Gastrulation durch Invagination [Embolie] = Einstülpung. – 2. Hohlrohr: a) Abschnitt der weiblichen Geschlechtswege zur Aufnahme des Penis: Vagina, am inneren

Ende mit dem Fornix vaginae = Scheidengewölbe; – b) in der Scheide des Menschen vorkommende Art der Flagellata: Trichomonas vaginalis. – 3. Scheidenförmige Umhüllung von Pflanzenteilen: a) Vagina = Blattscheide, z. B. zähfaserig bei Eriophorum vaginatum, Tragblattscheiden etwas aufgeblasen bei der Scheiden-Segge Carex vaginata; – b) Stiel von Pilzen: Amanitopsis [Vaginaria] vaginata = Scheiden-Streifling. – 4. Allseits geschlossene Hülle von inneren Organen: a) Sehnenscheiden außen Vagina fibrosa u. innen V. synovialis tendinis, insbes. der Finger u. Zehen: Vaginae tendinum digitorum (manus et pedis) mit den verstärkenden Ligamenta vaginalia JNA = Vaginae fibrosae PNA; – b) Muskeln: Vagina musculi recti abdominis; – c) Nervenstrang: Vagina fasciculi [nervi] optici als Fortsetzungen der Hirnhäute, zwischen V. externa u. interna das Spatium intervaginale. – 5. Schalen u. Gehäuse: a) Vaginicola, Gttg. der Ciliata mit chitinigem Gehäuse; – b) Schale der Muschel Solen vagina (auctorum) hat flache, gerade Form einer Messerscheide.

val-, *Verb valēre (= stark sein, gesund sein; gelten, vermögen) → Part. Praes. valens, ent·is und Adj. valid·us, ·a, ·um (= kräftig, gesund, wirksam).* – 1. Allg.: äquivalent = gleichwertig, entsprechend; prävalent = vorherrschend. – 2. Anpassungsfähigkeit an Umweltbedingungen: ökologische Valenz einer Art. – 3. Gesundheit, Stärke: a) Invalide = körperlich nicht vollwertig, Rekonvaleszenz = Wiedergesundwerden; – b) gesund machend, Heilwirkung von Pflanzen: Gttg. Valeriana = Baldrian. – 4. Chromosom als Wirkungseinheit: a) während der Reduktionsteilung das einzelne Chromosom als univalent, das Paar homologer Chromosomen als bivalent (das Bivalent); – b) Anzahl von Sammelchromosomen bei Ascaris megalocephala uni- u. bivalens. – 5. Ausbildung von Merkmalen u. Organen: a) Prävalenz = unvollständige Dominanz über das Allel; – b) gut ausgebildetes Organ, z. B. der Rüssel des Käfers Pissodes validirostris.

vall- I., *Subst. valles oder vallis, ·is f. (= Tal).* – 1. Tal in der Landschaft als Lebensbereich: Convallaria (Maiblume), Gttg. der Liliengewächse. – 2. Vertiefung an Organen: Vallecula auf der Unterseite des Kleinhirns, Vallecula epiglottica beidseits zwischen Hinterzunge u. Kehldeckel.

vall- II., *Subst. vall·us, ·i m. = vall·um, ·i n. (= Pfahlwerk, Verschanzung, Wall) → Verb vallāre (= umwallen, verschanzen).* – Wallartige Erhebung, die eine Fläche bzw. ein Gebilde umgibt: a) ganz: Papillae circumvallatae der Zunge von Ringfurche u. Wall umgeben; – b) teilweise: Vallum unguis = Nagelwall, eine Hautfalte, die die Nagelwurzel und die Seitenränder des Nagels umgibt.

valv-, *Subst. Plur. valv·ae, ·ārum f. (= Türflügel, Doppeltür).* – 1. Deckelartige Klappe: a) Valvae = Muschelschale aus zwei durch Scharnier („Schloß") verbundenen Klappen, daher Bivalvia = Lamellibranchia; – b) Schnecke mit Schalendeckel: Gttg. Valvata. – 2. Bewegliche Klappe im

Verlauf des Gefäßsystems: a) Herz: jede Valva atrioventricularis (zwischen Vorhöfen u. Kammern) mit 2 oder 3 Zipfeln (cuspid-), die Valva trunci pulmonalis (zwischen rechter Kammer u. Lungenarterie) und die V. aortae (zwischen linker Kammer u. Aorta) mit je drei Valvulae semilunares; – b) in Gefäßen die Valvulae venosae und V. lymphaticae. – 3. Falte oder Ventil im Darmkanal: a) Valva ileocaecalis PNA = Valvula coli JNA zwischen Dünn- u. Dickdarm; – b) Valvula (Plica) spiralis = Spiralfalte im Darm von Fischen; – c) bei Insekten die Valvula cardiaca als Sperrventil zwischen Vorder- u. Mitteldarm.

vapor(-), *Subst. vapor, ōr·is (= Dampf, Dunst, Hitze) → Subst. vaporāri·um, ·i n. (= Heizeinrichtung für Bäder, Dampfleitungsrohr).* – Trialeurodes vaporariorum, eine Mehlmotte, die in Gewächshäusern vorkommt.

vari-, *Adj. vari·us, ·a, ·um (= bunt; verschieden, mannigfaltig), Verb variāre (= bunt machen; verändern; wechseln) u. variegāre (= bunt machen; bunt sein) → Part. Pass. variegatus, ·a, ·um (= bunt).* – 1. Verschiedenheit an einem für sich betrachteten Individuum: a) Zustand, insbes. Buntheit: Coronilla varia = Bunte Kronwicke, Equisetum variegatum = Bunter Schachtelhalm, Spinne Poecilochroa variana, Köcherfliege Philopotamus variegatus, Regenwurm Lumbriculus variegatus; – b) vorübergehende Veränderlichkeit: Farbanpassung bei Virbius varians, einer Garneele, Variationsbewegungen bei Pflanzen; – c) Entwicklung: Lupinus varius = Veränderliche Lupine, wechselt die Blütenfarbe. – 2. Mehrere Individuen einer Population, Rasse, Art oder Generationenfolge miteinander verglichen: a) Unterschiede (Varianten) als Zustand nebeneinander betrachtet: Variation, ihre Darstellung als Variationsreihe zeigt eine gewisse Variationsbreite und kann bei quantitativen Merkmalen als Variationskurve aufgezeichnet werden; diese zeigt bei der fluktuierenden Variation nur einen Gipfel zwischen den extremen Werten (Plus- u. Minusvariante); Varietät = Gesamtheit von Individuen, die sich durch deutliche erbliche Abweichungen von den übrigen Mitgliedern der Art unterscheiden (Abart, Spielart); – b) Abänderung als Vorgang: variabel = veränderlich, wandelbar; Variabilität = Fähigkeit der Organismen zur Abänderung, die Variation im weitesten Sinne, also auch in der Folge der Generationen (auch das Wort Variation kann den Vorgang bezeichnen); – c) als variabel benannte Arten: Kopf des Pilzes Atelopūs varius, Schale der Muschel Pecten varius, Nacktschnecke Aeolosoma variegatum.

varic- I., *Subst. varix, ic·is m.u.f. (= Krampfader) → Adj. varicōs·us, ·a, ·um (= voller Krampfadern).* – 1. Med.: Varix, Plur. verdeutscht Varizen = Krampfadern, Venenknoten (lokale Erweiterung von Venen), Adj. varikös = krampfadrig. – 2. An Krampfadern erinnernde Anschwellungen oder Höcker: a) Phyllidea varicosa, eine schalenlose Schnecke mit Rückenwarzen; – b) Varikosität degenerierender Nervenfasern.

varic- II., *Adj. var·us, ·a, ·um (= auseinandergebogen; entgegengesetzt) u. varic·us, ·a, ·um (= mit gespreizten Füßen) → Verb varicāre → divaricāre (= auseinanderspreizen).* – 1. Auseinanderweichend: die Zweige des Ausgebreiteten Storchschnabels Geranium divaricatum. – 2. Spalte: Schale der Schnecke Lacuna divaricata mit Nabelspalte auf dem Spindelrand.

vas(-), *Subst. vās, vas·is, Plur. vas·a, ·ōrum n. (= Gefäß, Geschirr, Gerät) → Demin. vascul·um,·i n. (= kleines Gefäß).* – 1. Blutgefäße = Vasa sanguinis: a) Systema vasorum = Blutgefäßsystem; Vasa vasorum = die kleinen Gefäße in der Wandung der größeren; Area vascularis = Gefäßhof auf der Keimscheibe von Vögeln und Reptilien; – b) Nerven, die eine Veränderung der Gefäßweite veranlassen: Vasodilatatoren u. -konstriktoren, zus. Vasomotoren, vasomotorische Nerven. – 2. Dem Gefäßsystem funktionell vergleichbar der Verdauungsraum von Coelenteraten u. Turbellarien als Gastrovaskularsystem bezeichnet, weil er zugleich die Verteilung der Stoffe im Organismus besorgt. – 3. Andersartige röhrenförmige Organe von Tieren: a) Vasa efferentia u. Vas deferens der männlichen Geschlechtsorgane; – b) die Vasa Malpighi = Malpighische Gefäße der Insekten (Exkretionsorgane).

vast-, *Adj. vast·us, ·a, ·um (= öde, wüst; gewaltig, ungeschlacht) → Verb vastāre (= öde machen, entblößen, verwüsten).* – 1. Tierische Schädlinge an Pflanzen, z. B. Phylloxera vastatrix (Syn. von Viteus vitifolii) = Reblaus. – 2. Ausgedehntes, breites Organ: Musculus vastus (tibialis, intermedius u. fibularis) am Oberschenkel.

vegeta- *Verb vegēre (= in Kraft sein, blühen) → Adj. vęget·us = lebhaft, rüstig) → Verb vegetāre (= beleben, lebhaft erregen) → Adj. vegetabil·is, ·e (= belebend).* – 1. Pflanze: Regnum vegetabile, vegetabilische Nahrung, Vegetation; – b) Vegetationspunkt ist am Pflanzenkörper, insbes. an der Spitze des Sprosses, ein Bezirk mit Bildungsgewebe, aus dem neue Organe hervorgehen. – 2. Beim Tier die Funktionen der Ernährung und Fortpflanzung, die es mit der Pflanze gemeinsam hat: a) vegetative Funktionen im Ggs. zu den animalen; die entsprechenden Organe als vegetative Organe sowie der Teil der Eizelle u. des frühen Keimes, an dem sie sich entwickeln: vegetative Region u. vegetativer Pol; Ggs. anim-; – b) insbes. Fortpflanzung: vegetativ = ungeschlechtlich durch Zellkomplexe, z. B. Knospung.

veh-, *Verb vehĕre mit Sup. vect- (= führen, fahren, ziehen) → Subst. vehicul·um, ·i n. (= Fahrzeug).* – 1. Blutgefäße, die das Blut zu einem Organ hin oder von ihm wegführen: in der Niere des Frosches Venae renales advehentes (aus der Pfortader) und revehentes (zur hinteren Hohlvene). – 2. Vehiculum (Vehikel), als Träger von Arzneimitteln dienende, an sich wirkungslose Substanzen.

vel-, *Subst. vēl·um, ·i n. (= Segel, Hülle, Vorhang) → Verb velāre (= einhüllen, umgeben, verdecken) → Subst. velāmen, min·is n. (= Hülle, Schleier).* – 1. Dem Segel eines Schiffes in Form und Funktion ähnlich: Velella, Gttg. der Siphonophoren, an der Wasseroberfläche „segelnd". – 2. Der Bewegung innerhalb des Wassers dienende Gebilde: a) Velum am Rande des Schirmes der Hydromedusen; – b) Veligerlarve von Schnecken mit mehrlappigem, randständig bewimpertem Velum = „Segel"; – c) Rückenflosse von Molliensis velifera = Segelkärpfling. – 3. Beidseits freie flache Gebilde: a) Bedeckung der jungen Fruchtkörper von Pilzen durch das Velum universale und bei Amanita noch durch das innere V. partiale zum Schutz der Lamellen; – b) Velum palatinum = Gaumensegel (der weiche Gaumen) mit der Uvula (palatina) = Zäpfchen; – c) an der unteren Seite des Kleinhirns dünne Markplatten, die die Rautengrube bedecken: Velum medullare anterius u. posterius. – 4. Bedeckende, nur außen freie Schicht: Velamen auf Luftwurzeln tropischer Gewächse.

veller-, *Subst. vellus, veller·is n. (= Wolle, Schaffell).* – Wollige Behaarung: a) beim Affen Colobus vellerosus (Syn. von C. polykomos in ähnlicher Bedeutung); – b) beim Pilz Lactarius vellereus = Wollschwamm (durch Hyphen).

veloc-, *Adj. vēlox, velōc·is (= schnell, rasch, geschwind) → Subst. velocitas, tat·is f. (= Schnelligkeit).* – Tiere, die sich sehr schnell bewegen, z. B. Potamogale velox, Canis (Vulpes) velox, Gttg. Velociraptor (s. rap(t)-), Velocipedidae (Fam. der Wanzen).

velut-, *neuere Wortbildung, wahrscheinlich von vill- (franz. velouté) → Adj. velutin·us, ·a, ·um (= samtartig)* – Samtige oder filzige Flächen: 1. Das zarte Laubmoos Brachythecium velutinum bildet samtartig weiche Rasen. – 2. Filzig-faserig die Fruchtkörper von Collybia velutipes u. Lacrimaria velutina. – 3. Die Schale der Schnecke Velutina velutina ist von einer graubraunen, faserigen Schalenhaut umgeben.

ven-, *Subst. vēn·a, ·ae f. (= Pulsader, Wasserader) → Demin. venul·a, ·ae f. (= Äderchen).* – 1. Blutgefäße: Venae = Venen, die Gefäße, die das Blut vom Körper zum Herzen führen; da die Venen des Körperkreislaufes sauerstoffarmes Blut führen, wird dieses allg. als venös bezeichnet; die Lungenvene (Vena pulmonalis) führt jedoch arterielles Blut zum Herzen; über den Sinus venosus s. sinu-. – 2. Rippen des Insektenflügels, z. B. Vena stridens, die Schrillader des Zirpapparates von Heuschrecken.

vena-, *Verb venāri (= jagen) → Subst. venātor, ōr·is m. (= Jäger) u. Adj. venatic·us, ·a, ·um (= zur Jagd gehörig).* – Räuberische Tiere; a) allg.: Venatoren = Räuber, Jäger; – b) Speothos venaticus (Wald- oder Buschhund).

vent- I., *Sup. zum Verb venire (= kommen, herannahen), mit Präfixen: ad-, con-, prae-venire; Adj. adventīci·us, ·a, ·um (= von außen kommend; fremd; zufällig).* – 1. Zustand: hinzukommend im Sinne von zusätzlich, von außen aufgelagert: Adventitia = Tunica adventitia oder adventicia, die äußerste Gewebsschicht von Arterien u. a. röhrenförmigen Organen; Adventitiazellen (Pericyten) auf Blutkapillaren aufgelagert. – 2. Vorgänge in übertr. Bedeutung: a) Konvention = Zusammenkunft, daher auch Übereinkunft, Vereinbarung → Adj. konventionell = vertraglich, herkömmlich; – b) zuvorkommend, daher auch vorbeugend = präventiv.

vent- II., *Subst. vent·us, i m. (= Wind) → Demin. ventul·us, ·i und Adj. ventōs·us, ·a, ·um (= windig; unbeständig, eitel), ferner Verb ventilāre (= in der Luft schwenken, anfachen) → Subst. ventilātor, ōr·is (= der Worfler des Getreides).* 1. Wind, d. h. natürliche Luftbewegung in der Natur: leicht im Winde beweglich ist die Blütenrispe von Apera spica-venti = Acker-Windhalm (Grasart). – 2. Luftbewegung in Räumen: a) Ventilation in Wohnräumen mit Hilfe eines Ventilators verstärkt; – b) Durchlüftung der Lunge beim Atmen, ihre Steigerung über das durchschnittliche Maß: Hyperventilation.

venter, ventr-, *Subst. venter, ventr·is m. (= Unterleib, Bauch; Magen) → Demin. ventricul·us, ·i (= Bäuchlein, Magen).* – 1. Bauchseite des Körpers in ganzer Ausdehnung: im Unterschied zur Rückenseite: a) Ventral = an der Bauchseite (Ventralseite) gelegen oder zu ihr in Beziehung; bei einigen Tierarten bes. gekennzeichnet, z. B. Sciurus castaneoventris; – b) nur der hintere Teil = Abdomen: Pinna ventralis = P. abdominalis, die Bauchflosse im Unterschied zur Brustflosse. – 2. Magen = Ventriculus, Abschnitt des Verdauungstractus; seine Teile Corpus, Fundus und Pars pylorica ventriculi; vgl. gastr-. – 3. Hohlräume innerer Organe: die Herzkammern (Ventriculi cordis), die Hirnventrikel, die seitlichen Taschen des Kehlkopfes zwischen dem wahren u. falschen Stimmband (Ventriculi laryngis). – 4. Bauchige Form: Schale der Schnecke Clausilia ventricosa.

ver- I., *Adj. vēr·us, ·a, ·um (= wahr, wirklich, richtig, wahrhaftig) → Subst. vēritas, āt·is f. (= Wahrheit).* – Eigentlich, echt, wahr: a) Organe: Costae verae = sternales, die wahren, am Brustbein ansitzenden Rippen (Ggs. spuri-); – b) Arten: Galium verum = Echtes Labkraut (Ggs. Lein-Labkraut G. spurium); – c) Tiergruppen: Ungulata vera, systematisch unverbindliche Zusammenfassung der eigentlichen Huftiere im Ggs. zu den Subungulata.

ver- II., *Subst. vēr, vēr·is n. (= Frühling) → Adj. vernus,* s. vern-.

verg-, *Verb vergĕre (= sich neigen, gerichtet sein).* – Annäherung (Konvergenz) oder Auseinanderstreben (Divergenz) zweier Reihen oder Linien: 1. Räumlich: a) Formbeschreibung: zwei Gerade können in bestimmter

Richtung kon- oder divergieren, d. h. ihren Abstand verringern oder vergrößern; – b) Divergenz ist der Winkel, durch den bei zerstreuter Blattstellung das an der Achse jeweils folgende Blatt vom vorangehenden abweicht. – 2. Stammesgeschichte: a) Konvergenz, bei Organismen versch. Herkunft die Bildung ähnlicher Formen (Analogie); – b) Divergenz = zunehmende Abweichung voneinander und von der gemeinsamen Stammform.

verm-, *Subst. vermis, ·i m. (= Wurm) → Demin. vermicul·us, ·i m. (= kleiner Wurm).* – 1. Wurm als solcher: Vermes = Sammelname wurmförmiger Tiere verschiedener Stämme, vgl. helminth-. – 2. Einem Wurm durch rundlichen Querschnitt und Krümmung vergleichbar: a) die aufgelockerte Schale von Wurmschnecken, Gttg. Vermetus und Vermicularia; – b) die Zweige des Keulenpilzes Clavaria vermicularis; – c) der Wurmfortsatz, Processus vermiformis, des Blinddarmes. – 3. Einem segmentierten Wurm ähnlich: a) die mit hohen queren Rippen versehene Schale des Ammoniten Gttg. Vermiceras; – b) der nur auf der Außenseite freie Wurm des Kleinhirns: Vermis cerebelli.

vern-, *Adj. vern·us, ·a, ·um (= zum Frühling gehörig, Frühlings-) vom Subst. ver m. (also ver-n·us) → Verb vernāre (= sich verjüngen).* – 1. Frühling als Blütezeit: a) danach benannte Arten: Primula veris (Wiesenprimel), vgl. prim-; Lathyrus vernus = Frühlings-Platterbse, Ficaria verna = Frühlings-Scharbockskraut, Leucojum vernum = Märzbecher; Adonis vernalis (Ggs. zu aestivalis); – b) allg. Vernalisation = Verkürzung der Blütezeit durch Kältebehandlung des Samens. – 2. Knospe: Vernation = gefaltete Lage der Blattanlagen in der Knospe.

verruc-, *Subst. verrūc·a, ·ae f. (= Warze) → Adj. verrucōs·us, ·a, ·um (= voller Warzen, warzig).* – 1. Warze: a) Verruca, lockere Hautwucherung beim Menschen; – b) die Heuschrecke Decticus verrucivorus = Warzenbeißer wehrt sich durch Beißen u. läßt dabei einen braunen Saft ausfließen, der nach altem Volksglauben Warzen zum Verschwinden bringen soll. – 2. Warzige Erhebung der Oberfläche: bei der Hornkoralle Eunicella verrucosa, der nackten Schnecke Oncidium verruculatum, dem Hartbovist Scleroderma verrucosum.

vers-, vert-, *Verb vertĕre mit Sup. vers- (= wenden, drehen, verändern) → Adj. versicolor (= buntfarbig), Subst. vẹrtebra und vertex; mit Präfix Verb pervertere → Adj. pervers·us*; vgl. divers-, vertebr-, vertic-, vortic-. – 1. Vorgang: a) Veränderlichkeit eines Individuums: Farbanpassung beim Laubfrosch Hyla versicolor u. der Eidechse Calotẹs versicolor, Veränderung der Oberfläche beim Pilz Leccinum versipellis (Hut erst filzig, dann schuppig, endlich glatt); – b) Richtung des Vorganges: reversibel = umkehrbar, rückgängig zu machen; irreversibel = einsinnig ablaufend, z. B. Irreversibilität der phylogenetischen Entwicklung. – 2. Verschiedenheit innerhalb einer Sippe: a) Diversicornia, Familiengruppe der Käfer mit versch. gestalteten Antennen; – b) Individuen innerhalb der Art: Pilz Trametes versicolor mit buntem Hut, Crocus versicolor mit bunter Blüte. – 3. Lage u. Richtung innerhalb des Körpers: a) innen-außen: vom Licht abgewendet, also zum Körperinneren gerichtet sind die Sehelemente invertierter (umgekehrter) Augen, Ggs. evertiert; – b) oben-unten: der Haarwirbel (vertex) als höchste Stelle des Kopfes, daher (?) vertikal = scheitelrecht → verallgemeinert = lotrecht, senkrecht; – c) links-rechts bei bilateralen Tieren: transversal = quergerichtet (trans+), Situs inversus (perversus) der Eingeweide: spiegelbildliche Umkehr (z. B. Herz rechtsseitig); – d) Windungssinn der Schneckenschale: statt rechts (wie bei den meisten Schnecken) links gewunden: Potamides perversus, Triphora perversa, Fulgur perversum und Vertigo (widerspruchsvoll der Artname Vertigo antivertigo); – e) Abzweigung, seitliche Ausbuchtung eines Hohlorgans, z. B. des Darmrohres: Diverticulum = Divertikel.

vertebr-, *Subst. vertebr·a, ·ae f. (= Gelenk; bes. Wirbel der Wirbelsäule) vom Verb vertĕre, also eig. „drehbares Ding, Mittel zum Drehen“.* – Vertebra = Wirbel, der einzelne knorpelige oder knöcherne Abschnitt der Columna vertebralis = Wirbelsäule der danach benannten Vertebrata = Wirbeltiere; bei vollständiger Gliederung der Wirbelsäule folgen aufeinander die Vertebrae cervicales, thoracales (oder thoracicae), lumbales, sacrales u. caudales; der einzelne Wirbel besteht aus Corpus u. Arcūs vertebrae = Wirbelkörper u. -bögen sowie Fortsätzen.

vertic-, *Subst. vertex, ic·is m. (= Wirbel, Strudel; Scheitel, Höhe) → Demin. verticill·us, ·i m. (= der Wirtel an der Spindel)*; vgl. vers-, vert-, vortic-. – Wirtel, Quirl: a) Pflanzen: Blätter von Hydrilla verticillata u. Myriophyllum verticillatum; Blüten von Malva verticillata = Wirtelminze; – b) Tiere: Campanularia verticillata.

vesc-, *Adj. vesc·us, ·a, ·um (= eßbar, genießbar).* – Früchte von Fragaria vesca (Wald-Erdbeere), Fruchtkörper von Russula vesca = Fleischroter Speisetäubling.

vesic-, *Subst. vēsic·a, ·ae (= Blase, bes. Harnblase) → Demin. vesicul·a, ·ae (= Bläschen).* – 1. Blasiges Organ mit weicher veränderlicher Wandung u. flüssigem Inhalt: a) Vesica urinaria = Harnblase, kurz „Blase“: Musculus sphincter vesicae, Trigonum vesicae; – b) Vesica fellea = Gallenblase; – c) Vesicula germinativa = Keimbläschen, der Kern der Eizelle. – 2. Path. Hautbläschen, Pustel: Käfer, die Kantharidin enthalten u. auf der Haut Blasenbildung hervorrufen: Lytta vesicatoria = Spanische Fliege.

vesper(-), *Subst. vesper·a, ·ae f. und vesper, ·i m. (= Abend, Abendstern, Westen) → Adj. vespertīn·us, ·a, ·um (= abendlich, westlich); Subst. vespertīlio, -ōn·is m. (= Fledermaus).* – 1. Abend: a) Falco vespertinus = Abend- oder Rotfußfalke, fliegt bes. abends zum Insektenfang; –

b) Lychnis vespertina (Syn. von Silene alba) = Weiße oder Abend-Lichtnelke, blüht abends auf. – 2. Fledermaus: a) als solche: Gttg. Vespertilio → Fam. Vespertilionidae, Gttg. Vesperugo; – b) Parasiten Argas u. Ixodes vespertilionis; – c) Mit Fledermaus verglichen: der Fisch Malthe vespertilio mit eigenartiger Brust- u. Bauchflosse.

vest(i)-, *Subst. vest·is, ·is f. (= Kleid, Stoffe, Decke), Verb → vestīre (= kleiden, bedecken) → Subst. vestiment·um, ·i n. (= Kleidungsstück, Kleid).* – 1. Kleidung des Menschen: Pediculus vestimentorum, Syn. von P. humanus humanus = Kleiderlaus. – 2. Körperbedeckung von Tieren: Investiment, Investitur, das Haar- oder Schuppenkleid von Insekten.

vestibul-, *Subst. vestibul·um ,·i n. (= Vorplatz, Vorhalle, Eingang).* – Anderen Hohlräumen vorgeschaltete Räume: a) nach außen geöffnet: Vestibulum oris zwischen Kieferrändern u. Wangen als Vorraum der Mundhöhle (Cavum oris); Vestibulum nasi, der Zugang zur eigentl. Nasenhöhle; – b) in inneren Organen: Vestibulum = Vorhof des knöchernen Ohrlabyrinthes, Vorraum für Bogengänge u. Schnecke, danach benannt die von hier ausgehende Scala vestibuli (Vorhofstreppe) der Schnecke; übertr.: als „vestibuläre“ Funktionen die der Maculae und der Ampullenorgane.

veterin-, *Adj. veterīn·us (= tragend, ziehend) → veterina animalia (= Last- oder Zugvieh), Subst. veterinarius (= Tierarzt).* – Veterinär = Tierarzt, Veterinärmedizin = Tierheilkunde; den Tierärzten bekannt: Echinococcus veterinorum, die Finne von Taenia echinococcus.

vexill-, *Subst. vexill·um, ·i n. (= Fahne, Flagge), Demin. von velum*; vgl. vel-. – Freie flächige Gebilde: 1. Vexillum, die Fahne der Vogelfeder. – 2. Vexillum = Fahne, das obere Kronblatt der Schmetterlingsblüte im Ggs. zu Flügeln u. Kiel.

vi-, *Subst. vi·a, ·ae (= Weg, Straße, Bahn; Mittel).* – 1. Vom Menschen angelegter Weg, Fußweg; Pompilius viaticus = Gem. Wegwespe, oft auf Wegen zu finden. – 2. Fortbewegungsorgan von Tieren, insbes. Ambulakralreihe von Stachelhäutern: Trivium von Seegurken, Bivium von irregulären Seeigeln. – 3. Entwicklungsvorgang: Deviation ≙ Abweichung, z. B. Deviationsmerkmale (H. Weber) von Insektenlarven.

vibr-, *Verb vibrāre (= trans.: schwenken, schwingen; intrans.: zittern, zucken).* – Vibrieren = zittern, rasch schwingende Bewegungen kleiner Amplitude ausführend: Vibrationssinn = Sinneserregung durch Erschütterungen, nicht scharf von Tastsinn und vom Gehör abzugrenzen; Vibrotaxis, durch Vibration veranlaßte gerichtete Bewegung.

vid-, *Verb vidēre mit Sup. vis- (= sehen, wahrnehmen, erkennen) → Part. Präs. mit Präfix: evidens, ent·is (= augenscheinlich, einleuchtend)*; s. vis- I. – Adj. evident = offenkundig, einleuchtend → Subst. Evidenz.

viginti(-), *Zahlwort vīgintī (= zwanzig).* – Zwanzig Punkte beim Gefleckten Weidenblattkäfer Melasoma vigintipunctatum.

vill-, *Subst. vill·us, ·i m. (= Zotte, zottiges Haar) → Adj. villōs·us, ·a, ·um (= zottig).* – 1. Zottige Bildungen an Oberflächen verschiedener Organe: Villi intestinales = Darmzotten, Villi synoviales in Gelenkhöhlen; Zotten der Placenta (intervillöser Raum zwischen ihnen). – 2. Behaarung wollig, zottig: a) danach benannte Pflanzenarten: Rubus villicaulis, Rosa villosa, Hieracium villosum; – b) Tierarten: die Schnecke Trichia villosa mit behaarter Schale, der Käfer Orectochilus villosus mit dicht behaarter Körperoberfläche.

vimin-, *Subst. vīmen, in·is n. (= Rute, Weide, Geflecht) → Adj. vīmine·us, ·a, ·um (= aus Flechtwerk).* – Zweige: a) insbes. die zum Flechten von Körben dienenden dünnen, rutenförmigen Zweige der Korbweide Salix viminalis, danach Pontania viminalis = Weidenblatt-Gallwespe; – b) Zweige anderer Pflanzen: Lactuca viminea = Ruten-Lattich.

vin-, *Subst. vīn·um, ·i n. (= Wein, Weintraube), vine·a, ·ae f. (= Weinstock, -berg), vinēt·um, ·i n. (= Weingarten).* – 1. Wein (Getränk) wird gewonnen aus den Trauben (Beeren) des Weinstockes Vitis vinifera. – 2. Der Farbe des Weines ähnlich: die Raupen des Großen Gabelschwanzes Harpyia vinula mit weinroten Flecken. – 3. Weinberg als Lebensbereich: Allium vineale = Weinbergslauch.

viol-, *Subst. vi̦ol·a, ·ae f. (= Veilchen, Veilchenfarbe) → Adj. violace·us, ·a, ·um (= veilchenfarbig).* – 1. Pflanze: Viola odorata = Wohlriechendes Veilchen. – 2. Farbe des Veilchens, violett: a) Fruchtkörper von Pilzen: Russula violacea, Inoloma violaceum; – b) Blütenkrone von Petunia violacea; – c) Käfer Meloe violaceus, Cantharis violacea u. Platydema violaceum.

vir- I., *Verb virēre (= grünen, frisch sein) → Part. Präs. virens, ent·is (= grünend, blühend, jugendlich), Verb virescĕre (= grün werden) u. Verb viridāre (= grünen), Adj. virid·is, ·e (= grün, jugendlich, kräftig).* – Grüne Farbe von Tieren u. Pflanzen, Artnamen: virens, virescens, viridescens, viridis (viridi-aeneus, -caeruleus, -pennis u. a.), viridissimus, viridulus u.a.

vir- II., *Subst. vīr·us, ·i n. (= Feuchtigkeit, Schleim, Gift) → Adj. virōs·us ·a, ·um und virulent·us, ·a, ·um (= giftig, übelriechend).* – 1. Gifte: a) im allg. Sinn von Infektionsstoff: virulent = ansteckend, infektiös; Virulenz = Giftigkeit, d. h. infektiöse Eigenschaft von Erregern, z. B. Bakterien; – b) giftige Pflanze: Amanita virosa (Knollen-Blätterpilz), Cicuta virosa (Wasserschierling), Lactuca virosa = Giftlattich. – 2. Filtrierbare Krankheitserreger: das Virus, Plur. die Vira = Viren.

vir- III., *Subst. vir, vir·i m. (= Mann) → Adj. virīl·is, ·e (= männlich, mannhaft).* – Männliches Geschlecht: virilis = männlich (masculinus) → Subst. Virilität = Mannbarkeit; Virileszenz = Auftreten männlicher Eigenschaften bei weiblichen Individuen, insbes. Hahnenfedrigkeit bei alten Hennen, vgl. arrhen-.

virg-, *Subst. virg·a, ·ae f. (= dünner Zweig, Rute, Stab) → Adj. virgāt·us, ·a, ·um (= gestreift).* – 1. Dünner Zweig oder Stengel von Pflanzen, Rute: Solidago virgaurea = Echte Goldrute, Euphorbia virgata = Rutenförmige Wolfsmilch. – 2. Streifenzeichnung: a) schwarzfaserig der Hut des Pilzes Tricholoma virgatum; – b) schwarze Streifen auf dem Scheitel des Nachtaffen Aotes trivirgatus.

virgo, *Subst. virgo virgin·is f. (= Jungfrau).* – Virgo bei Blattläusen ein Weibchen, das sich parthenogenetisch fortpflanzt.

vis- I., *Sup. von vidēre (= sehen) → Subst. visus, ūs m. (= Sehen, Blick, Erscheinung).* – Gesichtssinn: Organon visūs = Sehorgan; Linea visūs = Sehlinie s. line-.

vis- II., *Subst. vīs, vir·is f. (= Kraft, Macht, Wirksamkeit), Plur. vīr·es, ·ium (= Körperkräfte, Streitkräfte).* – Vis vitalis s. vit- 2.

visc-, *Subst. visc·um, ·i n., auch visc·us, ·i m. (= Mistel; der aus ihren Beeren gewonnene Vogelleim)*; vgl. ix-. – 1. Mistelpflanze: a) Gttg. Viscum; – b) Tiere in Beziehung zur Mistel: Turdus viscivorus = Misteldrossel. – 2. Klebrige Oberflächen von Pflanzen: a) durch Drüsenhaare bei Senecio viscosus = Klebriges Greiskraut, Minuartia viscosa = Drüsiger Meirich, Melandrium viscosum = Klebrige Nachtnelke; – b) schleimige Pilze: Gomphidius viscidus, ein „Schmierling". – 3. Zähflüssigkeit durch innere Reibung: Viskosität.

viscer-, *Subst. viscus, viscer·is n., meist im Plur. viscer·a, ·um (= Eingeweide, Fleisch, Mark).* – 1. Eingeweide, innere Organe allg.: a) bei Mollusken: Viszeralganglien; – b) bei Wirbeltieren: Viszeralblatt, viszerales Blatt des Mesoderms, der innere Teil der mesodermalen Seitenplatten, der sich auf die inneren Organe auflagert (Ggs. Parietalblatt). – 2. Insbes. Vorderdarm der Wirbeltiere: die ihn zwischen den Kiemenspalten umgebenden Skelettbögen = Viszeralbögen nehmen z. T. am Aufbau des Schädels teil u. bilden hier das Viszeralkranium im Ggs. zum Neurokranium.

vit-, *Subst. vīt·a, ·ae (= Leben), verw. mit Verb vivĕre, Adj. vital·is, ·e (= das Leben betreffend, lebenskräftig).* – 1. Leben als Vorgang: a) Vitalfärbung ist die Anfärbung von Zellen u. Geweben innerhalb des lebenden Organismus mit sog. Vitalfarbstoffen im Ggs. zur postmortalen Färbung fixierter Gewebe; – b) Intensität des Lebensvorganges: Vitalität = Lebendigkeit, vital = lebenskräftig, gesund; – c) lebenswichtige Stoffe:

Vitamine. – 2. Allg. Begriff des Lebens, insbes. die metaphysische Vorstellung einer „Lebenskraft" = Vis vitalis; danach die Lehren des Vitalismus und Neovitalismus im Ggs. zur materialistischen Auffassung des Lebens.

vit(i)-, *Subst. vītis, ·is f. (= 1. Weinrebe, -stock; 2. Zaunrübe), bedeutet urspr. „Ranke"*. – Bez. von Pflanzen mit Ranken, in erster Linie des Weinstockes: 1. Weinstock: a) Vitis → Fam. Vitaceae; – b) Schädlinge des Weinstockes: Contarinia viticola (eine Gallmücke), Phyllocoptes viticolus u. vitis („Kräuselmilben"), Viteus vitifolii = Reblaus, s. vast-. – 2. Mit der Weinrebe verglichen: Arten der Waldrebe (Fam. Ranunculaceae): Clematis vitalba und viticella.

vitell-, *Subst. vitell·us, ·i m. (= 1. Kälbchen; 2. Eidotter, eig. Hühnchen), Demin. vom Subst. vitul·us, ·i m. (= Kalb, Füllen)*. – 1. Inhalt der Eizelle: aus Vitellus nutritivus = Nahrungsdotter u. Vitellus formativus = Bildungsdotter (dem Protoplasma) bestehend. – 2. Dotter im engeren Sinne in der Eizelle u. im Embryo, bes. bei sehr dotterreichen Eiern (s. lecith-): Vitellophagen, Zellen, die nach der Furchung innerhalb des Dotters an dessen Aufarbeitung (phag-) beteiligt sind; der nach der diskoidalen Furchung bei den Wirbeltieren entstehende Saccus vitellinus = Dottersack steht durch den Ductus vitellointestinalis mit dem Darm in Verbindung. – 3. Dotterfarbig, eigelb, goldgelb: a) die Samenlappen von Vitellaria, Gttg. der Sapotaceae: – b) Fruchtkörper von Pilzen: der Hut von Bolbitius vitellinus, die Blätter von Hygrocybe vitellina.

vitr-, *Subst. vitr·um, ·i n. (= Glas, Kristall) → Adj. vitre·us, ·a, ·um (= kristallrein; glänzend)*. – Dem Glas ähnlich: 1. Durchsichtig und hart: a) die Schale von Schnecken: Vitrea diaphana u. pellucida, Vitrina pellucida (Gattungs- u. Artname von gleicher Bedeutung); – b) die Flügel der Schwebfliege Syrphus vitripennis. – 2. Durchsichtig und weich: das Gewebe des Corpus vitreum = Glaskörper, im Auge der Wirbeltiere, danach Membrana vitrea (= hyaloidea JNA); Vitrella = intrazelluläre Sekretmasse in Kristallzellen von Insekten. – 3. Glashart: Substantia vitrea des Zahnschmelzes.

vitt-, *Subst. vitt·a, ·ae f. (= Kopfbinde, Band)*. – Streifen- oder Bindenzeichnung bei Fischen (Ctenops vittatus), Schlangen (Python bivittatus), Säugetieren (Mus univittatus) und Pflanzen (Amaryllis vittata).

viv-, *Verb vivĕre (= leben, sich ernähren, sich aufhalten), Adj. viv·us, ·a, ·um (= lebendig) → substt. viv·um, ·i n. (= das Lebendige); Adj. vivax, vivāc·is (= lebenskräftig)*; vgl. vit-. – 1. Leben im allg. Sinne: a) Unterschied zum Unbelebten: der alte Satz Omne vivum e vivo = alles Lebende stammt nur von Lebendem ab; – b) Unterschied zum Toten: Vivisektion im Ggs. zur Sektion von Leichen. – 2. Selbständig lebens- oder existenzfähig im Unterschied zum Keim innerhalb der Eischale oder des mütterlichen Körpers: vivipar = „lebendige" Junge gebärend, vgl. ov- und par- II 3.

voc-, *Subst. vox, vōc·is f. (= Stimme, Laut, Schall, Rede) → Adj. vocāl·is, ·e (= klangvoll, tönend), Verb vocāre (= rufen, nennen, benennen).* – 1. Organe der Lautäußerung, insbes. Teile des Kehlkopfes (Larynx): Ligamenta vocalia = Stimmbänder. – 2. Tiere nach ihrer Lautäußerung benannt: Haliaetus vocifer = Schreiseeadler.

vol- I., *Verb volāre (= fliegen, eilen) → Frequent. volitāre (= umherfliegen, flattern).* – Tiere mit der Fähigkeit zum Gleitflug: a) fliegende Fische: Exocoetus u. Dactylopterus volitans; große Brustflossen hatten den Irrtum verursacht, daß auch Pterois volitans, der Rotfeuerfisch, ein fliegender Fisch sei; – b) Eidechsen, insbes. der Flugdrache Draco volans; – c) Säugetiere: Petauroides volans = Riesenflugbeutler; Cynocephalus [Galeopithecus] volans = Flattermaki, Pelzflatterer; Glaucomys volans, ein Flughörnchen (Nagetier).

vol- II., *Subst. vol·a, ·ae f. (= hohle Hand).* – Vola = die ventrale Fläche der Hand u. des Fußes im Ggs. zum Rücken, insbes. an der Hand: Vola manūs; danach volar = zur Hohlhand gehörig (z. B. Ramus volaris von Arterien) oder ihrer Seite entsprechend (auch am Unterarm).

volt-, *vom Verb volvere stammende Wortform, wohl statt volut-*; s. volu-, volv-. – Entwicklung einer Generation: nach deren Anzahl im Jahr werden Insekten als uni-, bi- u. pluri-voltin bezeichnet.

volu-, volv-, *Verb volvĕre mit Sup. volut- (= wälzen, rollen, umdrehen) → Subst. volumen, min·is n. (= Windung, Buchrolle, Band), Subst. mit Präfix (in)volucr·um, ·i n. (= Hülle, Decke, Futteral), evolutio, on·is f. (= das Aufrollen, die Ent-wicklung); verw. Subst. volv·a, ·ae f. (= Hülle, Eihaut, Gebärmutter).*

1. Sich rollen, sich wälzen: die kugeligen Flagellatenkolonien der Gttg. Volvox → Ord. Volvocales; die Schraubenbakterie Spirillum volutans gleitet schraubenförmig vor- u. rückwärts (nach ihr benannt die in ihrem Protoplasma vorkommenden Volutinkörner).
2. Lange Gebilde sich einrollend oder um andere Gegenstände windend: a) Volvente = Form der Nesselkapseln, deren ausgestoßener Faden sich um Fortsätze des Beutetieres rollt; – b) Tier, das seinen Schwanz einrollt: Phrynocephalus caudivolvulus (eine Eidechse); – c) Pflanzen mit windendem Stengel: Gttg. Convolvulus = Winde, Polygonum convolvulus = Windenknöterich.
3. Einwickeln, einhüllen: a) Volva = Hauttasche am Stielgrund mancher Pilze, z. B. bei Volvaria volvacea; – b) Involucrum = Hüll- oder Außenkelch aus Hochblättern um Blütenkörbe von Kompositen oder Dolden von Umbelliferen, auch bei Lonicera involucrata; – c) Convoluta, Gttg. der Strudelwürmer mit aufgerollten Seitenrändern; – d) übertr. svw. eingewickelt, umschlossen: das Volumen = der Rauminhalt.

4. Vorgänge in übertr. Bedeutung: a) auswickeln, sich entwickeln oder entfalten: Evolution; – b) Rückbildung am Ende des Lebenslaufes: Involution; – c) Umwälzung: Revolution.

vomer(-), *Subst. vōmer, er·is m. (= Pflugschar).* – Vomer = Pflugscharbein, Schädelknochen von Wirbeltieren, paarig, urspr. bei den Säugetieren u. beim Menschen zu einem unpaaren Knochen der Nasenregion verschmolzen (die Form ähnelt der altrömischen Pflugschar mit gerader Platte!).

vor-, *Verb vorāre (= fressen, verschlingen) → Adj. vorax, vorāc·is (= gefräßig).* – Ernährung, Nahrung, Nahrungsaufnahme: a) Tiere allg. nach Art der Nahrung eingeteilt in Carni-, Herbi- u. Omnivora (= -voren); – b) besondere, die Namengebung veranlassende, Nahrung bei Tiergruppen (Frugivora = Macrochiroptera), Gattungen (Mellivora = Honigdachs) u. Arten (Turdus viscivorus); – c) im Sinne von gefräßig: Apion vorax = Gieriger Spitzrüßler, ein Rüsselkäfer.

vortic-, *Subst. vortex, ic·is m. = vertex (= Drehung, Strudel; Pol, Scheitel, Kopf, Bergspitze)*; s. vers-. – 1. Wasserstrudel, durch Wimperbewegung erzeugt: Vorticella (Glockentierchen), Gttg. der Ciliata. – 2. Zustand: a) in Gestaltung oder Anordnung an einen Wasserwirbel erinnernd, z. B. Venae vorticosae in der Aderhaut des Auges, die Anordnung der Muskelfasern an der Herzspitze (Vortex cordis); – b) die gewundene Schneckenschale, danach die Tellerschnecken Anisus vortex u. vorticulus.

vulg-, *Subst. vulg·us, ·i n. (= große Menge, Volk) → Adj. vulgār·is, ·e (=allgemein, gemein, alltäglich).* – Namen häufig vorkommender Arten: a) Tiere: Sciurus vulgaris = Eichhörnchen, Sturnus vulgaris = Star, Acanthias vulgaris = Dornhai, Phyllodecta vulgatissima (Blauer Weidenblattkäfer); – b) Pflanzen: Phaseolus vulgaris (Gartenbohne), Viscaria vulgaris = Gem. Pechnelke, Polypodium vulgare = Gem. Tüpfelfarn, Ophioglossum vulgatum = Gem. Natternzunge.

vulp-, *Subst. vulpes, vulpis f. (= Fuchs) → Demin. vulpēcul·a, ·ae f. (Füchslein) → Adj. vulpīn·us, ·a, ·um (= des Fuchses).* – 1. Fuchs: Vulpes vulpes. – 2. Dem Fuchs vergleichbar: a) im Habitus: Trichosurus vulpecula = Fuchskusu (ein Beuteltier); – b) als Raubtier: Alopecias vulpes = Fuchshai; – c) mit dem Fuchsschwanz Carex vulpina = Fuchs-Segge.

X

xanth-, *Adj. ξανθ·ός (= gelb, bräunlich, blond).* – Gelbe Färbung: a) Farbstoffe: Fukoxanthin bei Braunalgen, Anthoxanthin in Blütenblättern; – b) Farbzellen: Zooxanthellen sind Algenzellen in niederen Tieren, Xanthophoren (Lipophoren) mit gelben Farbgranula (Lipochrom) bei Wirbeltieren; – c) Fruchtkörper von Pilzen: gelb sind Blätter u. Stiel von Phylloporus rhodoxanthus; Fleisch läuft schwefelgelb an bei Agaricus xanthodermus; – d) höhere Pflanzen: gelb die Blüten des Ruchgrases Anthoxanthum, das Harz von Xanthorrhoea, das Holz von Xanthoxylum (Amerikan. Gelbholz); – e) Tiere: gelb die Kehle des Vogels Gttg. Xantholaema, der Fisch Rivulus xanthonotus, die Schmetterlinge (Eulen) der Gttg. Xanthia, die Käfer Xanthochroa u. Xanthodytes.

xen-, *Adj. ξέν·ος (= fremd; ungewöhnlich, neu), substt. ὁ ξέν·ος (= Fremdling, Gast).* – 1. Beziehung von Tieren zueinander: verschiedenartige „Gäste" anderer Tiere: Xenobalanus, Gttg. der Rankenfüßer siedeln sich auf Delphinen an; Xenus, Gttg. der Strepsiptera (Fächerflügler), als Parasit auf Bienen; Thaumatoxena u. Termitoxenia = in Termitenstaaten lebende Fliegen; Xenositen sind solche temporäre Parasiten, die nur in der Jugend parasitisch leben. – 2. Fremdartig, abweichend: a) zusätzliche Wirbelgelenke bei den Xenarthra (Faultieren, Ameisenfressern und Gürteltieren) im Unterschied zu den anderen Wirbeltieren; – b) Krallen an den Füßen des Krallenfrosches Xenopūs.

xer-, *Adj. ξηρ·ός (= trocken, dürr).* – 1. Trockenes Land: a) im Ggs. zum Wasser: Xerobdella, Gttg. der Kieferegel; Xeromys, Gttg. der Nagetiere im Ggs. zu der nahe verwandten Hydromys; – b) Ggs. zu feuchten Orten auf dem Lande: xerophile Tiere und Pflanzen (Xerophyten). – 2. Austrocknung, trockene Beschaffenheit von Organismen: a) normal: Pilze mit trockenem, nicht schleimigem Fruchtkörper: Gttg. Xerocomus, Xeromphalina, Xerula; – b) Vertrocknen verursacht Phylloxera vastatrix (s. vast-) = Reblaus durch Schädigung der Wurzeln; – b) path.: Xerosis conjunctivae = Xerophthalmie = Trockenheit der Binde- u. Hornhaut infolge Fehlens des A-Vitamins, das daher antixerophthalmisch genannt wurde.

xiph-, *Subst. τὸ ξίφ·ος (= Schwert) → Demin. τὸ ξιφίδι·ον (= kurzes Schwert, Dolch).* – Lange, mit einem Schwert verglichene Körperteile und Organe: 1. Form und Funktion: als Stoßwaffe benutzbar der spitze lange Kopffortsatz des Schwertfisches Xiphias gladius. – 2. Formähnlich: a) die Blätter der Schwertlilie Iris xiphium; – b) Körperfortsätze: der Schwanzstachel der Xiphosura, der untere Teil der Schwanzflosse des ♂ von Xiphophorus, Gttg. der Zahnkarpfen; – c) innere Organe: Processus xiphoideus (oder ensiformis JNA) = Schwertfortsatz des Brustbeins.

xyl-, *Subst. τὸ ξύλ·ον (= Holz, Balken, Baum) → Adj. ξύλιν·ος (= hölzern), Verb ξυλουργέω (= Holz bearbeiten);* vgl. urg-. – 1. Baum als Aufenthaltsort: Xylodrepa quadripunctatum (ein Aaskäfer) sucht auf Bäumen u. Sträuchern tierische Nahrung. – 2. Holz (lebendes oder trockenes): a) als Aufenthaltsort u. Nahrung von Tieren, z. B. für Borkenkäfer (Gattungen Xyloborus u. Xyloterus), die Holzbiene (Xylocopa), den Werftkäfer Lymexylon (s. lym-); – b) aus Holz gewonnen: Farbstoff Haematoxylin aus dem südamerikanischen Blutholz, Gttg. Haematoxylon.

Y

-yph-, statt hyph- in Zus., bes. in Namen von Spinnentieren: Gattungen von Spinnen Linyphia, Micryphantes, Dendryphantes; Gttg. der Milben Hydryphantes.

Z

zeug-, *Subst. τὸ ζεῦγ·ος (= Joch, Gespann, Fuhrwerk; Paar) Verb ζευνύω, ζεύγνυμι (= zusammenjochen, fesseln, vereinigen) → Adj. ζευκτ·ός (= eng verbunden).* – Meist statt zyg- in gleicher Bedeutung: a) Zeugl-odonta, fossile Wale, bei denen die hinteren Backenzähne mit mehreren hintereinandergelegenen Spitzen versehen sind (Vergleich mit einem Gebirgsgrat mit mehreren Jochen zwischen den Gipfeln). – b) Spermiozeugmen = Bündel von Spermien, bes. bei Insekten.

zo-, *Verb ζάω u. ζόω (= leben) → Subst. ἡ ζο·ή = ζω·ή (= Leben, Lebensdauer, -unterhalt), Adj. ζω·ός (= lebend, lebendig) → Subst. τὸ ζῶ·ον (= lebendes Wesen, Tier; Bildwerk, Gestalt).*

1. Allg. lebendes Wesen, mit bes. Betonung der Beweglichkeit, insbes. kleine einzellige „Tierchen“: a) Spermatozoen = Samentierchen (in der Samenflüssigkeit enthaltene Lebewesen); – b) Merozoiten u. Sporozoiten als kleine aktiv bewegliche Stadien im Generationswechsel von Sporozoen; – c) Zoosporen = bewegliche Sporen von Pflanzen s. spor-.
2. Tiere im Unterschied zu Pflanzen: a) allg. Abgrenzung: Zoologie als Teilgebiet der Biologie im Unterschied zur Botanik u. Mikrobiologie; Zooplankton = Gesamtheit der tierischen Planktonten im Ggs. zu den pflanzlichen (Phytoplankton); – b) Betonung der tierischen Natur festsitzender Tiere im Ggs. zu den Pflanzen, denen sie ähneln: Anthozoa (Blumentiere) u. a. Coelenterata; Bryozoa = Moostierchen; Zoothamnion s. thamn-; Sycozoa (Gttg. der Ascidia) s. syc-.
3. Tiere für sich betrachtet: a) Große syst. Einheiten Proto-, Meso- u. Metazoa; ferner Gruppen der Coelenterata: Hydrozoa, Scyphozoa u. a.; – b) Namen, in denen der Bau oder andere Merkmale des Körpers ausgedrückt sind u. zo- nur Körper oder Gestalt bedeutet: bei den Radiolarien Collozoum u. Sphaerozoum, der Planarie Thysanozoon und der Eidechse Ptychozoon (= Faltengecko).

zon-, *Subst. ἡ ζων·ή (= Gürtel, Erdgürtel; Weichen, Hüften) → Verb ζωνύω, ζώννυμι (= gürten, sich gürten); lat. zon·a, ·ae f. (= Zone).* – 1. Rand: a) Marginalplatten der Seesterne: bei den Phanerozonia stark entwickelt, bei den Cryptozonia rudimentär; – b) Zona pellucida umgibt die Eizelle zwar allseitig, aber erscheint im mikroskopischen Bild als „Zone“. –

2. Ring: a) geschlossener Kreis auf dem Hut des Pilzes Calodon zonatus; – b) Halbkreis auf Blättern von Pelargonium zonatum; – c) eine Öffnung umgebend: Zona ciliaris der Iris; – d) Gewässer, z. B. Uferzone. – 3. Gürtel um räumliches Gebilde: a) Zonen der Erdkugel; – b) Wirtel von Schuppen auf dem Schwanz von Zonurus, Gttg. der Eidechsen; – c) Placenta zonaria = Gürtelplacenta; – d) Querstreifen (als Teile eines unterbrochenen Gürtels aufzufassen): bes. bei Fischen: Barbus tetra-, penta- u. hexazona, Noemacheilus zonatus u. zonalternans.

zyg-, *Subst. τὸ ζυγ·όν, seltener ὁ ζύγ·ός (= Joch der Zugtiere, Fuhrwerk) → Verb ζυγόω (= zusammenjochen) → ζυγωτ·ός (= durch ein Doppelgespann gezogen).* – 1. Zweizahl von gleichen Gebilden ohne Betonung einer Verbindung: a) Zygoneura, Name für bilaterale Tiere mit zwei Nervenlängssträngen (Strickleiternervensystem); – b) zwei metamere Gebilde einander gleich: die vorderen u. hinteren Flügel der Zygoptera, Uord. der Libellen; – c) zwei haploide Chromosomensätze beim Zusammentreffen in der Zygote: sind sie völlig gleich, so nennt man den aus der Zygote sich entwickelnden Organismus homozygot, aber wenn Unterschiede der Geschlechtschromosomen vorhanden sind: heterozygot (meist das ♂). – 2. Verbindende Gebilde: a) Brücke: Zygoma = Jochbogen am Schädel der höheren Wirbeltiere u. des Menschen aus dem Os zygomaticum = Jugale sowie den Jochfortsätzen (Processūs zygomatici) des Oberkieferknochens u. des Schläfenbeins; – b) gelenkige Verbindung, Gelenk: Zygapophysen = Gelenkfortsätze von Wirbeln. – 3. Vorgang der Verbindung = Verschmelzung von zwei Gebilden: Zygote = das Ergebnis der Verschmelzung zweier Gameten bzw. der männlichen u. weiblichen Geschlechtszelle (also die befruchtete Eizelle).

zym-, *Subst. ἡ ζύμ·η (= Sauerteig) → Verb ζυμόω (= mit Sauerteig mischen, in Gärung setzen).* – 1. Gärung, Spaltung von Zucker durch Tätigkeit von niederen Organismen (Hefe, Bakterien) bzw. die in ihnen enthaltenen Fermente, meist langsam unter Gasbildung verlaufend; Zymasen = Gärungsfermente; zymotisch = Gärung bewirkend. – 2. Verallgemeinert: Spaltung organischer Stoffe durch Fermente: Encym = Enzym, urspr.: innerhalb von Zellen (en+) wirkender „Gärungsstoff", heute meist als Synonym für Ferment verwendet (d. h. allg. „Spaltungsstoff").

4. Literaturverzeichnis

BLANCHARD, R. 1889, De la nomenclature des êtres organisés. In: Bull. Soc. Zool. de France **14**, 87–157.

BLANCHARD, R. 1893, Deuxième rapport sur la nomenclature des êtres organisés. In: Mémoires Soc. Zool. de France **6**, 126–201.

BÖGEL, TH. 1955, Lehrbuch des klassischen Lateins, I. Grammatik. Halle (Saale), VEB Max Niemeyer (Halle).

BOISACQ, E. 1950, Dictionaire étymologique de la langue grecque. Heidelberg, C. Winter, Universitätsverlag.

BÖRNER, F. 1951, Taschenwörterbuch der botanischen Pflanzennamen. Berlin und Hamburg, Paul Parey.

BROWN, R. W. 1954, Composition of scientific words. Baltimore (USA), published by the author.

CARL, H. 1957, Die deutschen Tier- und Pflanzennamen, Deutung und sprachliche Ordnung. Heidelberg, Quelle u. Meyer.

DONÁTH, T. 1960, Erläuterndes anatomisches Wörterbuch, deutsch von Martha Karwinski. Budapest, Verlag Medicina.

ENGEL, F. 1963, Pilzwanderungen, Eine Pilzkunde für jedermann. Wittenberg, Ziemsen-Verlag.

ERNOUT et MEILLET 1939, Dictionaire étymologique de la langue latine, Histoire des mots. Paris, Librairie C. Klincksieck.

Exkursionsfauna von Deutschland, herausgegeben von E. STRESEMANN, Wirbellose I. 1961, Wirbeltiere 1961, Wirbellose II. 1. Teil 1964. Berlin, Volk u. Wissen, VE-Verlag.

FREY, H. 1959, Das Aquarium von A bis Z, 3. Aufl. Radebeul, Neumann-Verlag.

FRISK, H. 1960, Griechisches etymologisches Wörterbuch, Band I. und folgende Lieferungen. Heidelberg, Carl Winter.

GERKE, O. 1919, Botanisches Wörterbuch. Leipzig u. Berlin, B. G. Teubner.

GUTTENBERG, H. VON 1951, Lehrbuch der allgemeinen Botanik. Berlin, Akademie-Verlag.

HEINICHEN, F. A. 1931, Lateinisch-deutsches Schulwörterbuch, 10. Aufl. Leipzig u. Berlin, B. G. Teubner.

HERING, E. 1941, Lepidopterologisches Wörterbuch. Stuttgart, A. Kernen.

HIRSCH-SCHWEIGGER, E. 1925, Zoologisches Wörterbuch. Berlin u. Leipzig, Walter de Gruyter.

HOFMANN, J. B. 1949, Etymologisches Wörterbuch des Griechischen. München, Oldenbourg.

HYRTL, J. 1880, Onomatologia anatomica. Wien, Braumüller.

Internationale Regeln für die zoologische Nomenklatur 1962, deutsche Übersetzung von O. KRAUS, herausgegeben von der Senckenbergischen Naturforschenden Gesellschaft Frankfurt am Main.

JAEGER, E. C. 1955, A source-book of biological names and terms, 3. Aufl. Springfield (USA), Charles C. Thomas.

KAESTNER, A. 1965, Lehrbuch der Speziellen Zoologie, I. Wirbellose 1. Teil, 2. Aufl. Jena, VEB Gustav Fischer Verlag.

KÉLER, ST. VON 1963, Entomologisches Wörterbuch, 3. Aufl. Berlin, Akademie Verlag.

KREINER, J. 1960, Slownik etymologiczny lacińskich nazw i terminow uziwanych w biologii oraz medycynie. Wroclaw-Krakow, Wyd. Polsk. Akad. Nauk.

KRÜGER, G. 1964, Der anatomische Wortschatz usw., 8. Aufl. Leipzig, Hirzel.

LAVEN, L. 1949, Erklärung der wissenschaftlichen Pflanzennamen. Hannover, Bruno Wilkens.

LEUNIS, J. 1883 u. 1886, Synopsis der Thierkunde, 2 Bände, 3. Aufl. bearbeitet von H. LUDWIG. Hannover, Hahnsche Buchhandlung.

LEUNIS, J. 1883 u. 1886, Synopsis der Pflanzenkunde, 3 Bände, 3. Aufl. bearbeitet von A. R. FRANK. Hannover, Hahnsche Buchhandlung.

MANSFELD, R. 1949, Die Technik der wissenschaftlichen Pflanzenbenennung. Berlin, Akademie-Verlag.

Nomina anatomica, 1955, Zusammengestellt von der Internationalen Kommission für Anatomie. London und Colchester, Privatdruck.

RICHTER, A. 1948, Einführung in die zoologische Nomenklatur durch Erläuterung der internationalen Regeln, 2. Aufl. Frankfurt am Main, Verlag Dr. Waldemar Kramer.

ROTHMALER, W. 1956, Exkursionsflora, Ein Pflanzenbestimmungsbuch für Schulen und Hochschulen. Berlin, VEB Verlag Volk u. Wissen.

SAFTENBERG, F. 1948, Botanisches Wörterbuch, 5. Aufl. neu bearbeitet von J. G. Gärtner, Leipzig, Hachmeister u. Thal.

SCHENKLING, S. 1922, Nomenclator coleopterologicus, 2. Aufl. Jena, Gustav Fischer.

SCHMIDT, C. W. 1923, Etymologisches Wörterbuch der Naturwissenschaften und Medizin. Berlin u. Leipzig, Walter de Gruyter.

SCHULZ, K. H. 1957, Fachlatein für Drogisten und pharmazeutische Berufe. Leipzig, Fachbuchverlag.

SHERBORN, C. D. 1902, Index animalium. Cambridge, University Press.

STEINER, G. 1962, Wortelemente zoologischer Fachausdrücke, eine Gedächtnisstütze für Biologen und Mediziner, 3. Aufl. Karlsruhe, C. F. Müller.

STIEVE, H. 1949, Nomina anatomica. Jena, Gustav Fischer.

STRASSBURGER u. a. 1962, Lehrbuch der Botanik für Hochschulen, 28. Aufl. von HARDER u. a. Jena, VEB-Fischer-Verlag.

TERRA, P. DE 1913, Vademecum anatomicum, Kritisch-etymologisches Wörterbuch der systematischen Anatomie. Jena, Gustav Fischer.

TRIEPEL, H. 1965, Die anatomischen Namen, ihre Ableitung und Aussprache, 27. Aufl. neu bearbeitet von R. HERRLINGER. München, I. F. Bergmann.

TUCKER, T. G. 1931, A concise etymological dictionary of Latin. Halle (Saale), Max Niemeyer.

WEHRHAHN, H. R. 1952, Taschenbuch der botanischen Pflanzennamen für Gärtner, 5. Aufl. bearbeitet von R. HEBENSTREIT. Nordhausen am Harz, H. Killinger, Verlagsges.

WERNER, F. 1955, Die Fachausdrücke und ,,lateinischen" Namen in der Biologie. In: Sprachforum (Zeitschr. f. angewandte Sprachwiss.) **1**, 258–264.

WERNER, F., u. KAHLO, 1957, Wissenschaftliche Namen von Tieren aus malayischen Sprachen; 1959, Namen malayischer Herkunft in der botanischen und zoologischen Nomenklatur. In: Forschungen u. Fortschritte **31**, 263-266 und **33**, 84–88.

WERNER, F. 1963, Die Fachausdrücke in den Naturwissenschaften und der Medizin als fachliches und sprachliches Problem. In: Wiss. Z. der Karl-Marx-Univ. Leipzig **12**, Gesellsch. u. sprachwiss. Reihe 155-160.

WERNER, F., u. R. TILAK 1966, Zoologische Namen von Fischen aus indischen Sprachen. In: Forschungen u. Fortschritte **40**, 43–48.

Wörterbuch der Medizin 1963 mit Anhang Griechische Etymologie, bearbeitet von W. KATNER, 2. Aufl.; Berlin, VEB Verlag Volk u. Gesundheit.

WURMBACH, H. 1957 u. 1962, Lehrbuch der Zoologie, 2 Bände. Stuttgart, Gustav-Fischer-Verlag.

ZANDER, R. 1964, Handwörterbuch der Pflanzennamen und ihre Erklärungen, 9. Aufl. Stuttgart, Eugen Ulmer.

ZIEGLER u. BRESSLAU 1927, Zoologisches Wörterbuch, 3. Aufl. Jena, Gustav Fischer.

5. Sachregister

Die folgenden Fachausdrücke sind den Stichwortartikeln der Wortstämme entnommen, in denen sie nicht unmittelbar alphabetisch aufgefunden werden können, vor allem weil sie nicht mit dem Wortelement dieser Artikel beginnen, z. B. Embryo, das man sicherlich nicht unter bry- sucht. Das Register macht das Wortmaterial leichter zugängig, soll aber nicht den Eindruck erwecken, daß das Buch ein einfaches Nachschlagewerk sei, sondern soll zusätzlich zum Studium des sprachlichen Aufbaues der Fachausdrücke anregen.

Schwierigkeiten ergeben sich aus der lateinischen (in vielen Fachbüchern gebräuchlichen) und der deutschen Schreibweise, z. B. Amoeba und Amöbe, Cyclus und zyklisch, Cyste und Enzystierung, Eocaen und Eozän. Es ist unvermeidlich, daß Register und Wortstämme in der Orthographie bisweilen nicht übereinstimmen. Mit Rücksicht auf die lateinische Schreibweise werden ä und ö als ae und oe eingeordnet.

Werden im Verzeichnis der Wortstämme zwei oder drei Formen angegeben, z. B. limen, limin- oder schis-, schist-, schiz-, so wird nur auf die erste verwiesen. Anatomische Adjektive und Artepitheta werden entweder mit dem zugehörigen Substantiv, z. B. abducens (N.) = Nervus abducens, biloba (Gingko), oder ohne dieses nur mit der maskulinen Flexionsendung aufgeführt.